Chicago-Architektur
1872-1922

Chicago Architektur

1872-1922

Die Entstehung der kosmopolitischen Architektur des 20. Jahrhunderts

Herausgegeben von John Zukowsky

Mit Essays von

Robert Bruegmann, Sally Chappell, Meredith L. Clausen, Joan E. Draper, Roula M. Geraniotis, Elaine Harrington, Neil Harris, Heinrich Klotz, Gerald R. Larson, Henri Loyrette, Ross Miller, Martha Pollak, Thomas J. Schlereth, Stanley Tigerman, David Van Zanten, Lauren S. Weingarden, C. W. Westfall, Richard Guy Wilson und John Zukowsky

Prestel-Verlag

Dieses Buch erschien anläßlich der Ausstellung ›Chicago-Architektur, 1872-1922: Die Entstehung der kosmopolitischen Architektur des 20. Jahrhunderts‹ im Deutschen Architekturmuseum, Frankfurt am Main (5. Februar-25. April 1988).

Die französischsprachige Ausgabe erschien unter dem Titel ›Chicago. Naissance d'une métropole 1872-1922‹ zur gleichnamigen Ausstellung im Musée d'Orsay (2. Oktober 1987-4. Januar 1988), die englischsprachige Ausgabe erschien unter dem Titel ›Chicago Architecture, 1872-1922: Birth of a Metropolis‹ zur gleichnamigen Ausstellung im Art Institute of Chicago (16. Juli-5. September 1988), beide im Prestel-Verlag.

Die Übersetzungen aus dem Englischen besorgten Christiane Court (Schlereth; Westfall, Vom Haus zum Hochhaus; Katalog), Ralf Gesatzky (Pollak), Wolfgang Himmelberg (Bruegmann; Larson; Westfall, Bauten für Industrie und Handel; Wilson; Bibliographie), Eva Karcher (Weingarden), Bettina Runge (Clausen, Draper, Harris, Van Zanten), Gabriele Schickel (Chappell, Geraniotis) und Dagmar Türck-Wagner (Miller, Zukowsky). Der Essay von Henri Loyrette wurde von Christine Goetz aus dem Französischen übersetzt.
Wissenschaftliche Beratung:
Hans-Peter Schwarz, Deutsches Architekturmuseum, Frankfurt a. Main

Auf dem Umschlag
Vorderseite: Wrigley Building, 1921-25 (Photo 1985)
Rückseite: Aufriß des geplanten Civic Center, 1908 (Kat. 235)
Rücken: R. Y. Mine, Wettbewerbsbeitrag für den Chicago Tribune Tower, 1922 (Kat. 255)

Frontispiz
Luftaufnahme von Chicago, um 1930

CIP-Kurztitelaufnahme der Deutschen Bibliothek:

Chicago-Architektur: 1872-1922;
die Entstehung der kosmopolit. Architektur des 20. Jh.;
[anlässl. d. Ausstellung ›Chicago-Architektur 1872-1922‹
im Dt. Architekturmuseum, Frankfurt am Main
(5. Februar-25. April 1988)]/
hrsg. von John Zukowsky.
Mit Essays von Robert Bruegmann ...
– München: Prestel, 1987.
Engl. Ausg. u.d.T.: Chicago architecture

Layout und Herstellung: Dietmar Rautner

Printed in Germany
Papier: Phoeno-Matt der Papierfabrik
Scheufelen, Lenningen
Satz: Fertigsatz GmbH, München
Reproduktion: Repro Dörfel GmbH, München
Druck und Bindung: Passavia Druckerei GmbH, Passau

ISBN 3-7913-0820-3

Inhalt

Vorwort

Das Jahr 1987 ist ein Markstein in der Geschichte Chicagos, denn genau vor 150 Jahren erhielt die Stadt ihre Gründungsurkunde und wählte ihren ersten Bürgermeister, William B. Ogden. Wohl mehr noch als Bürgermeister machte sich Ogden einen Namen als einer der ersten Chicagoer Immobilienhändler. Er war es auch, der den ersten Architekten, John M. Van Osdel (1811-1891), nach Chicago holte. Wenngleich unser Museum und unsere Schule nicht so alt sind wie die Stadt Chicago selbst, so wurden sie doch immerhin schon 1879 – in der Blütezeit ihrer Architektur – als Chicago Academy of Fine Arts ins Leben gerufen. 1882 erhielt das Institut seinen jetzigen Namen und zog 1887 in ein Gebäude an der Michigan Avenue, das von einem der berühmtesten Chicagoer Architekturbüros, der Partner Daniel H. Burnham und John Wellborn Root, entworfen worden war. Sechs Jahre später, gegen Ende der Chicagoer Weltausstellung von 1893, bezog das Art Institute ein neues Gebäude, das von Shepley, Rutan and Coolidge an der Kreuzung von Michigan Avenue und Adams Street errichtet worden war und bis heute sein Standort geblieben ist. Im Laufe seiner gesamten Geschichte, die sich jetzt über mehr als ein Jahrhundert erstreckt, hat unser Institut maßgebend auf die Chicagoer Architekten und Architektur eingewirkt. 1912 hinterließ Daniel H. Burnham dem Art Institute die Mittel zur Gründung einer Architekturbibliothek. Die Burnham Library of Architecture wurde 1919 eröffnet und begann architektonische Entwürfe zu sammeln und auszustellen. Zusammen mit der dem Institut ebenfalls angeschlossenen Ryerson Library of Art gehört sie zu den größeren Forschungszentren für Kunst und Architektur in den Vereinigten Staaten.

Seit der Einrichtung des Department of Architecture im Jahre 1981 waren John Zukowsky (Curator) und Pauline Saliga (Assistant Curator) an Entwurfsgremien auf allen Ebenen – lokal, national und international – beteiligt. Ihr Aufgabengebiet reicht von der Organisation von Ausstellungen der Arbeiten des Chicago Architectural Club und des American Institute of Architects über die bedeutenden Publikationen zu unserer Architektursammlung, *Chicago Architects Design* (1982) und *Fragments of Chicago's Past* (im Erscheinen begriffen), bis zur Vorbereitung von Wanderausstellungen und ihren Katalogen, wie *Chicago and New York: Architectural Interactions* (1983) und *Mies Reconsidered: His Career, Legacy and Disciples* (1986). Letztere war als international angelegte Ausstellung im Deutschen Architekturmuseum, Frankfurt, im Centre Pompidou, Paris, und im Ministerio des Obras Publicas, Madrid, zu sehen.

›Chicago-Architektur, 1872-1922: Die Entstehung der kosmopolitischen Architektur des 20. Jahrhunderts‹ führt diese Tradition fort, und das nicht nur, weil die Ausstellung auch im Pariser Musée d'Orsay und im Deutschen Architekturmuseum in Frankfurt gezeigt wird, sondern vor allem, weil sie die Zusammenhänge der Architektur Chicagos und der Europas herausstellt. Sie ist darüber hinaus die erste internationale Ausstellung von über 250 Originalentwürfen und künstlerischen Arbeiten, die Chicagos Beitrag zur Architektur und Städteplanung in jenem Zeitraum dokumentiert. Als solche ist sie das umfassendste Projekt, das vom Department of Architecture in unserem Museum – unter der geschickten Leitung ihres Koordinators John Zukowsky und durch die großzügige Finanzierung des National Endowment for the Humanities sowie mit zusätzlicher Unterstützung des National Endowment for the Arts und des Illinois Humanities Council – zustande gekommen ist. Diese Ausstellung und ihr Katalog stehen für die enge Zusammenarbeit unseres Department of Architecture mit ähnlichen ausländischen Institutionen und für die langfristige Verpflichtung, die das Department und das Museum eingegangen sind, um Chicagos Architekturlandschaft zu dokumentieren und zu interpretieren. ›Chicago-Architektur, 1872-1922‹ ist ein würdiger Beitrag zur 150-Jahrfeier unserer Stadt und ein internationaler Tribut an die vielen Architekten, die das unverwechselbare Gesicht Chicagos prägten.

James N. Wood
Direktor des
Art Institute of Chicago

Vorwort zur deutschen Ausgabe

Die Architektur Chicagos hat für das Neue Bauen der Moderne Vorbildcharakter. Sie ist für die Avantgarde-Architekten der zwanziger Jahre von entscheidender Bedeutung gewesen, wobei besonders die Deutschen eine Entdeckerrolle gespielt haben. Erich Mendelsohn hat in seinem Buch *Amerika: Bilderbuch eines Architekten* (1926) ausdrücklich auf die Bauten Chicagos hingewiesen; Walter Gropius, Bruno und Max Taut, Mies van der Rohe und Hilberseimer sind ihre ersten Apologeten gewesen. Der Berliner Verlag Wasmuth hat im Jahre 1910 in einer wegweisenden Monographie zum ersten Mal das Werk Frank Lloyd Wrights publiziert, so daß die eindrucksvollen Tafelpublikationen mit den Grund- und Aufrissen der frühen Bauten des Amerikaners nicht nur die Architekten Mitteleuropas wie Oud, Gropius, Rietveld und andere inspirieren konnten, sondern auch den Amerikanern selbst seine herausragende Bedeutung und Anregerrolle für die Architektur der Moderne verständlich gemacht haben. Der Austausch zwischen der Chicagoer Architekturschule des späten 19. Jahrhunderts und der deutschen Architektur der klassischen Moderne war besonders intensiv. So hat zum Beispiel Walter Gropius, als er im Jahre 1922 an dem internationalen Wettbewerb der ›Chicago Tribune‹ teilnahm, das neue Aufrißsystem von Sullivans Schlesinger and Mayer Store (heute Carson Pirie Scott) zum Vorbild genommen und auf diesem Wege das horizontale Chicagoer Fenster als Grundelement des Aufrißsystems in die europäische Architektur eingeführt. Man kann sagen, daß die Deutschen und Niederländer die Chicagoer Errungenschaften aufgegriffen haben, nachdem in Chicago selbst während der ersten beiden Jahrzehnte dieses Jahrhunderts die französische Beaux-Arts-Tradition um sich griff. Noch einmal gab man der Stilarchitektur den Vorrang; die weitaus modernere Architektur eines Sullivan geriet ins Hintertreffen.

Bewußt berücksichtigt diese Publikation nicht allein die die Moderne vorwegnehmenden Entwicklungen Sullivans und Wrights, sondern wir versuchen das komplexere Bild unterschiedlicher und nebeneinander herlaufender Tendenzen zu vermitteln, um den historischen Reichtum der Chicagoer Szene zur Darstellung zu bringen und um den eindimensionalen Verkürzungen einer ›Vorgeschichte‹ der Moderne das der Realität nähere Bild widerstreitender Richtungen entgegenzusetzen.

Mit der Chicago-Ausstellung setzt das Deutsche Architekturmuseum die Serie seiner Stadtausstellungen fort, die im Herbst 1987 mit ›Rom – Neues Bauen in der Ewigen Stadt‹ begonnen wurde. Während wir uns mit dem Rom-Thema auf das zeitgenössische Bauen konzentriert haben, öffnen wir hier die Perspektive zurück in die Geschichte. Eine außergewöhnlich lange Vorbereitungszeit hat ermöglicht, eine Fülle von Themen aufzugreifen und viele der offenen Fragestellungen zum ersten Mal gründlicher zu behandeln. Ausstellung und Buch sind vom Art Institute of Chicago erarbeitet worden; doch haben sich die beiden anderen Partnerinstitutionen, das Musée d'Orsay in Paris und das Deutsche Architekturmuseum in Frankfurt, intensiv an diesen Vorarbeiten beteiligt. Deshalb auch sind europäische Perspektiven innerhalb dieser amerikanischen Themenstellung berücksichtigt worden. Das Deutsche Architekturmuseum war zusätzlich in der Lage, einige seltene Exponate beizusteuern.

Wenn diese erste große Ausstellung über die Frühgeschichte der Chicagoer Architektur auch in Europa gezeigt werden kann, so ist dies durch die Kooperation des Musée d'Orsay mit dem Deutschen Architekturmuseum möglich geworden, die die Kosten dafür zu gleichen Teilen getragen haben. Vor allem liegt uns daran, bei dieser Gelegenheit dem Art Institute of Chicago, seinem Direktor James N. Wood und dem Leiter der Architekturabteilung John Zukowsky, für die intensive und fruchtbare Zusammenarbeit zu danken, die zu dieser mit vielem neuen und unbekannten Material angereicherten Ausstellung geführt hat.

Heinrich Klotz
Direktor des
Deutschen Architekturmuseums
Frankfurt am Main

Dank

Dieses Projekt ist die Frucht achtjähriger Planungsarbeit, die 1979 bei der ersten Konferenz der International Confederation of Architectural Museums in Helsinki begann. Hier führte ich die Anfangsgespräche zu dieser Ausstellung mit Henri Loyrette, Conservateur am Musée d'Orsay, Paris, und Heinrich Klotz, Direktor des Deutschen Architekturmuseums, Frankfurt. Wir stellten fest, daß trotz allem, was über die klassische Periode der Chicagoer Architektur – vom verheerenden Brand im Jahre 1871 bis zum Wettbewerb für den Chicago Tribune Tower im Jahre 1922 – geschrieben worden ist, dem starken europäischen Einfluß, der den Charakter der berühmten Architekturschulen und Bauten der Stadt entscheidend mit geprägt hat, nicht ausreichend Rechnung getragen wurde.

So beschlossen wir, zahlreiche Experten, die sich mit diversen Aspekten der Chicagoer Architektur beschäftigen, gemeinsam einzuladen und ihre Ideen zu einer umfassenden Neubeurteilung dieser fruchtbaren Periode von Chicagos Architekturgeschichte zusammenzutragen. Mein besonderer Dank gilt Henri Loyrette und Heinrich Klotz, ohne deren Engagement und Begeisterung für das Unterfangen diese Ausstellung nie hätte verwirklicht werden können. In Europa werden die Ausstellung und der sie begleitende Katalog, so jedenfalls hoffen wir, interessante Diskussionen über die Entstehung einer neuen amerikanischen Architektur in dieser Metropole auslösen.

James N. Wood, Direktor des Art Institute of Chicago, und seine Stellvertreterin Katharine C. Lee ermutigten mich, die finanziellen Mittel zur Verwirklichung dieses internationalen Projektes aufzutreiben. Um die Diskussion der Experten über Form und Umfang des Projekts anzuregen, gewährte das National Endowment for the Humanities dem Art Institute einen Planungszuschuß. So konnten wir im April 1985 ein zweitägiges Symposium organisieren und alle Teilnehmer beherbergen. Sowohl die daraus entstandene Ausstellung und das Buch als auch die Installierung und die erläuternden Programme in Chicago wurden mit einem zweiten, äußerst großzügigen Zuschuß des National Endowment for the Humanities finanziert. Marsha Semmel, Acting Assistant Director der Abteilung General Programs for Museums and Historical Organizations des National Endowment, und Gabriel P. Weißberg, früher Assistant Director und heute Professor für Kunstgeschichte an der University of Minnesota, sei für ihren fachmännischen Rat und ihre Unterstützung, vor allem in der Anfangsphase des Unternehmens, gedankt. Neben dieser fortgesetzten Unterstützung durch das National Endowment for the Humanities erhielten wir auch Gelder vom National Endowment for the Arts, der Illinois Humanities Foundation und der Queene Ferry Coonley Foundation; jeder dieser Zuschüsse trug maßgebend dazu bei, die Zukunft des Projekts in seiner Endphase zu sichern.

Die Großzügigkeit unserer Gönner sowie einer internationalen Gruppe öffentlicher und privater Leihgeber haben die Ausstellung Wirklichkeit werden lassen. Schenkungen für die ständige Sammlung des Art Institute bestreiten den Hauptanteil der Ausstellung. Besonders den privaten Sammlungen sind wir für ihre Bereitschaft, Werke aus ihrem Besitz der Öffentlichkeit zur Verfügung zu stellen, zu großem Dank verpflichtet. Auch zahlreiche Vertreter verschiedener Institutionen haben uns sehr geholfen, uns Zugang zu Exponaten zu ermöglichen, die wir in die Ausstellung integrieren konnten. Zu diesem Personenkreis gehören Irwin J. Askow, Beauftragter des University Club of Chicago; Lisbet Balsler-Jorgensen, Curator der Architectural Drawings Collections, Det kongelige Bibliotek, Kopenhagen; John Carswell, Direktor, und Richard Born, Curator der David and Alfred Smart Gallery of the University of Chicago; Russell Bowman, Direktor des Milwaukee Art Museum, und Terrence Marvel, Curator der Prairie Archives desselben Museums; Maynard Brichford, Archivist, und William J. Maher, Assistant Archivist, an der University of Illinois, Urbana-Champaign; Ellsworth Brown, Direktor der Chicago Historical Society, und seine Belegschaft, Wim de Wit, Curator der Architektursammlungen, Larry Viskochil, Curator der Graphischen Sammlungen, und Joseph Zywicki, ehemaliger Curator der Gemäldesammlung; Yvonne Brunhammer,

Conservateur en Chef des Musée des Arts Décoratifs, Paris; Bruce A. Cerling, Vice-President der Chicago Tribune Company; Joseph Czestochowski, Executive Director des Cedar Rapids Museum of Art; Nancy Finlay, Assistant Curator der Sammlung Printing and Graphic Arts der Houghton Library, Harvard University, Cambridge, Mass.; Angela Giral, Leiterin der Avery Architectural and Fine Arts Library, Columbia University, New York, und Janet Parks, Curator der Architectural Archives derselben Universität; Paul A. Karas, Commissioner of Public Works for the City of Chicago; Alan K. Lathrop, Curator der Northwest Architectural Archives der University of Minnesota; Nell McClure, Direktor der Chicago Architecture Foundation, sowie ihr ehemaliger Curator Elaine Harrington; R. Craig Miller, Associate Curator des Twentieth-Century Decorative Art, The Metropolitan Museum of Art, New York; Richard Murray, Direktor der Archives of American Art, Smithsonian Institution, Washington, D.C.; Peter Nisbet, Assistant Curator des Busch-Reisinger Museum der Harvard University Art Museums, Cambridge, Mass.; Jane Preger, Curator of Exhibitions der Drawings Collection des Royal Institute of British Architects, London; Marie Cimino Spina, Archivarin des Architekturbüros von Haines Lundberg Waehler; Lila Stillson, Curator der Architectural Drawings Collection der University of Texas, Austin; Sirkka Valanto, Archivleiterin des Finnischen Architekturmuseums, Helsinki; und George M. Wittkopp, Associate Curator des Cranbrook Academy of Art Museum, Bloomfield Hills, Michigan.

Neben dem stetigen inspirierenden Gedankenaustausch mit Henri Loyrette und Heinrich Klotz wurde uns bei der Verwirklichung der Ausstellung und des Buches die tatkräftige Unterstützung zahlreicher weiterer Mitarbeiter der mitwirkenden Institutionen zuteil. Bei der Réunion des musées nationaux in Paris gilt unser Dank besonders Irène Bizot, die die verschiedenen Versammlungen der drei beteiligten Institutionen arrangierte; sowie Ute Collinet als Verantwortliche für die Koordination des französischen Katalogs. Françoise Cachin, Direktorin des Musée d'Orsay, setzte sich ebenfalls engagiert für die Vorbereitungen der französischen Ausstellung ein. Ebenso danken wir unseren Kollegen am Deutschen Architekturmuseum – Hans-Peter Schwarz, Volker Fischer und Lumi Sabau – für ihre aufmerksame Mithilfe an diesem detailreichen und aufwendigen Projekt.

Dank und Anerkennung gelten natürlich auch den vielen Mitarbeitern am Art Institute of Chicago: im Department of Architecture vor allem Assistant Curator Pauline Saliga, Technical Assistant Luigi Mumford und Secretary Angela Licup, die über ein Jahr lang an der Vorbereitung der Ausstellung und des Buches maßgebend beteiligt waren. Paolo Giradelli und John Wright verdanken wir die Rahmung der Exponate. Darüber hinaus waren zahlreiche andere Angestellte des Art Institute an Organisation, Recherchen, Zusammenstellung, Photographie, Erläuterungsprogrammen und Handhabung der Exponate beteiligt: die Sachverständigen des Department of Architecture Ines Dresel, Maya Moran und Gabriella Scanu; Mary Woolever, Architectural Archivist der Ryerson and Burnham Libraries; in der Abteilung Museum Education Celia Marriott und Jane Clarke, die bei der Zusammenstellung des Filmmaterials und der audiovisuellen Programme und der Planung von Symposien für die Chicagoer Ausstellung mitgewirkt haben; Alan Newman, Executive Director of Photographic Services und seine gesamte Belegschaft; George T. Preston, Executive Director of Physical Plant; Ron Pushka, Associate Director of Physical Plant; Darrell Willson, Executive Director of Protection Services; Virginia Mann, Registrar, Mary Solt, Assistant Registrar, sowie Reynold Bailey, Leiter der Ausstellungsabteilung. Die finanziellen und vertraglichen Aspekte unterstanden der kompetenten Aufsicht von Robert E. Mars, Vice-President der Verwaltung, und Dorothy Schroeder, Assistentin des Direktors und Koordinatorin der Ausstellung. Äußerst hilfreich bei der Finanzierung und Organisation des Projekts war schließlich auch, wie immer, das Committee on Architecture des Art Institute: David C. Hilliard (Vorsitzender), James N. Alexander, J. Paul Beitler, Edwin J. DeCosta, Stanley Freehling, Bruce J. Graham, Neil Harris, Carter H. Manny jr., Peter Palumbo, Mrs. J. A. Pritzker und Stanley Tigerman. Besondere Anerkennung für ihren Entwurf der Chicagoer Ausstellungsinstallierung gilt sowohl Stanley Tigerman als auch den Mitarbeitern seines Architekturbüros John Holbert, Rick Dakich, Melany Thompson und James Dallman.

Der große Katalog, der die Ausstellung begleitet und gleichzeitig in englischer, französischer und deutscher Sprache erscheint, bedurfte wegen seines enormen Umfangs der Zusammenarbeit eines besonders kompetenten und aufopferungswilligen Teams. Die Zusammenstellung des Buches und die redaktionelle Bearbeitung der

Aufsätze oblag Fannia Weingartner, deren profunde Sachkenntnis und große Begeisterung für das Unternehmen eine unschätzbare Bereicherung bedeuteten. Bei dieser umfangreichen Aufgabe wurde sie von Sarah C. Mollman, Assistant Editor des Publications Department des Art Institute, unterstützt, die auch intensive Recherchen und wichtige Korrekturarbeiten leistete. Associate Editor Robert V. Sharp, ebenfalls im Publications Department beschäftigt, war, zusammen mit mir, für die Bebilderung verantwortlich und überwachte die Entwurfs- und Herstellungsphasen mit der von ihm gewohnten Aufmerksamkeit und Einfühlungsgabe. Associate Editor Elizabeth Pratt und Tom Fredrickson, Publications Intern, assistierten uns in vielerlei Hinsicht. Holly Stec Dankert und Cris Ligenza haben tapfer einen Großteil des Manuskripts getippt. Dem Verleger Jürgen Tesch vom Prestel-Verlag, München, sei vor allem gedankt für seinen konstruktiven Rat bei Bebilderung und Design des Katalogs. Unser Dank gilt auch den Lektoren Michael Foster und Sabine Thiel-Siling vom Prestel-Verlag sowie dem Gestalter Dietmar Rautner. Besonders fühlen wir uns natürlich den achtzehn Autoren der Katalogbeiträge verpflichtet, die ihre Termine einhielten und den vielen an sie gestellten Anforderungen großzügig entsprachen. Für ihre konstruktive Hilfe bei den Recherchen, Korrekturen und Übersetzungen sind vor allem Grant Dean, Lydia Wills, Timothy Watson, Carol Presser, Gloria Groom und Evelyn Dorin hervorzuheben. Für ihre Hilfe bei der photographischen Dokumentation gelten unser Dank und unsere Anerkennung Michael Houlahan von Hedrich Blessing, Ltd., Raymond S. Waszak von Huey Reprographics, Jerry Kerto von Santa Fe Southern Pacific Corp., Alice Sinkevitch von Holabird and Root und, schließlich, den vielen hervorragenden Chicagoer Photographen, wie Bob Thall, Ron Gordon, Kathleen Culbert-Aguilar, Howard Kaplan, Don DuBroff, Harold Allen, John Gronkowski, Chester Brummel und Judith Bromley.

Besondere Dankbarkeit schulde ich auch Pablo Diaz und seinem Sohn Pablo, sowie Robert Weinberg und seiner Belegschaft am Chicago Conservation Center, die die meisten Exponate auf Papier für die Ausstellung präparierten. Pam Hayes von Frameway Studios stellte zahlreiche Vitrinen für die kleineren dreidimensionalen Arbeiten her. Terri Lane Enterprises lieferte einen Großteil der Rahmen. Richard Tickner aus Chicago und seine Belegschaft stellten mehrere ausgezeichnete Modelle für die Ausstellung her. Die Belegschaft des Museum of Southern Illinois University, Edwardsville – David C. Huntley, Direktor, Michael Mason, Curator, und Eric Barnett, Registrar –, besaß die Großzügigkeit, uns Gipsmodelle der Entwürfe von Louis Sullivan aus ihrer Sammlung für alle drei Ausstellungsstandorte zur Verfügung zu stellen. Schließlich danke ich Phyllis Lambert, Direktor des Canadian Centre for Architecture in Montreal, und Eve Blau, Curator of Exhibitions and Publications des Centre, die diesem Projekt gewissermaßen ein Nachleben geben wollen und die Ausstellung, wenn auch in kleinerem Rahmen, 1989 nach Montreal und an andere Stationen holen werden.

John Zukowsky
Curator of Architecture
The Art Institute of Chicago

Leihgeber

Archives of American Art, Smithsonian Institution, Washington, D. C.
The Art Institute of Chicago
Avery Architectural and Fine Arts Library, Columbia University
Mr. and Mrs. Edward H. Bennett jr., Chicago
The British Architectural Library: Drawings Collection,
Royal Institute of British Architects
Mr. and Mrs. Daniel H. Burnham IV, Del Mar, California
Cedar Rapids Museum of Art
Chicago Architecture Foundation, Glessner House
Chicago Historical Society
Chicago Tribune
City of Chicago, Department of Public Works, Bureau of Engineering
Mr. and Mrs. Dale Cowel, Wilmette, Illinois
Cranbrook Academy of Art Museum, Bloomfield Hills, Michigan
Deutsches Architekturmuseum, Frankfurt
Finnisches Architekturmuseum, Helsinki
Mr. and Mrs. Joseph A. Guyer, Chicago
Haines Lundberg Waehler, New York
Harvard University Art Museums (Busch-Reisinger Museum)
Alice Ryerson Hayes, Lake Forest, Illinois
The Houghton Library, Harvard University
Deborah and Helmut Jahn, Chicago
Kunstakademiets Bibliotek, Kopenhagen
John and Susan Dart McCutcheon, Lake Forest, Illinois
The Metropolitan Museum of Art, New York
Milwaukee Art Museum
More Collection, Evanston, Illinois
Musée des Arts Décoratifs, Paris
Rapp and Rapp Architectural Collection, Evanston, Illinois
Seymour H. Persky, Highland Park, Illinois
Robert H. Reinhold, Chicago
Rubloff, Inc., Chicago
Timothy Samuelson, Chicago
Patrick Shaw, Chicago
The David and Alfred Smart Gallery, The University of Chicago
The University Club of Chicago
The University of Illinois at Urbana-Champaign, University Archives
The University of Minnesota, Northwest Architectural Archives, St. Paul
The University of Texas at Austin, Architectural Drawings Collection

Chicago-Architektur 1872-1922

Essays

John Zukowsky

Einleitung: Zum Internationalismus in der Chicagoer Architektur

Weltweit wurde Chicago lange Zeit als Hauptstadt der amerikanischen Architektur bezeichnet. Die von der Chicagoer Schule entwickelten hohen Geschäftsgebäude und die Einfamilienhäuser im Prairie-Stil galten international als der amerikanische Beitrag zur Weltarchitektur schlechthin. Doch wurde die Architektur Chicagos allzu oft lediglich in einem regionalen oder nationalen Kontext gesehen. Unsere Ausstellung und dieses Buch zeigen deshalb einige der wesentlichen architektonischen Charakteristika der Stadt und ihre Entstehung aus einer erweiterten, internationaleren Perspektive.

Viele der Essays konzentrieren sich insbesondere auf den Austausch zwischen Chicago und Europa und auf den Einfluß, den diese Wechselbeziehungen auf die Stadtentwicklung in Amerika hatten. Aber vorab scheint ein kurzer Überblick über die Geschichte Chicagos angebracht.

Höchstwahrscheinlich leitet der Name Chicago sich von dem Fluß Checagou ab, den die eingeborenen Indianer nach den wilden Zwiebeln benannten, die auf dem Sumpfland zwischen den weiten Prärien und dem riesigen, später Lake Michigan genannten Binnensee wuchsen. Vor rund vierhundert Millionen Jahren war dieses Gebiet von einem Meer bedeckt, das eine Kalksteinschicht zurückließ, die heute als Niagara-Formation bekannt ist. Sie lieferte den Baumeistern der Stadt im 19. Jahrhundert reiche Vorräte an Baugestein und Mörtel.

Zwei Franzosen waren 1673 die ersten ausländischen Besucher. Der jesuitische Missionar Jacques Marquette und sein Expeditionsgefährte Louis Jolliet suchten die Begegnung mit den in der Nähe lebenden Potawatomi-Indianern, da Jolliet erfahren hatte, daß sie den Franzosen hervorragende Pelzlieferanten sein könnten. Erst ein volles Jahrhundert später – 1772 – etablierte sich hier der aus Haiti stammende Jean Baptiste Point du Sable mit seinem Pelzhandel. Obwohl der Einfluß der sporadischen französischen Expeditionen im allgemeinen nur kurz anhielt, finden sich einige deutliche sprachliche Reminiszenzen in Ortsnamen wie Des Plaines, Joliet und La Salle, und architektonische in Rekonstruktionen wie dem Fort de Chartres aus den fünfziger Jahren und dem Cahokia Courthouse aus den sechziger Jahren des 18. Jahrhunderts (Abb. 2), die beide im Süden von Illinois stehen.[1]

Erst nach dem Unabhängigkeitskrieg entwickelte sich im Anschluß an die Errichtung von Fort Dearborn am Chicago River im Jahre 1803 der nördliche Teil von Illinois. Dem Fort oblag die Überwachung der Westgrenze der neu gegründeten Vereinigten Staaten von Amerika – insbesondere der Schutz der Flußwege, die die Großen Seen mit dem Mississippi-Tal verbinden. Die günstige Lage des Forts und damit der Stadt, die nach der Niederlage der Briten im Krieg von 1812 ringsum entstand, bestimmte Chicagos künftige Bedeutung als Verkehrsknotenpunkt.

Mit dem Nordwest-Erlaß von 1785 wurde das relativ flache Land der nordwestlich des Ohio River gelegenen Territorien in ein riesiges Schachbrett von viereckigen Parzellen eingeteilt. Entscheidend für das weitere Schicksal der Stadt wurde der Beschluß von 1830, Chicago zur nördlichen Endstation eines großen Kanals zu machen, der die Großen Seen mit dem Mississippi verbinden sollte. Man erstellte einen Stadtpan, und die Bundesregierung begann mit dem Bau eines Hafens, der 1833 fertiggestellt wurde. Im gleichen Jahr wurde die am Reißbrett entstandene Stadt als solche registriert, nachdem sich ihre Einwohnerzahl von 60 auf 150 erhöht hatte, die Zahl, die gesetzliche Voraussetzung für die Registrierung war. Als 1848 der Illinois-Michigan-Kanal fertiggestellt wurde, war die Bevölkerung auf 20000 angestiegen.[2]

Zum rapiden Wachstum der Stadt trug die Erfindung des ›Ballongerüsts‹ (Abb. 4; Kat. 2) entscheidend bei. Diese Methode – leichtgewichtiges Holz wurde nicht vernutet, sondern einfach zusammengenagelt – soll einen Witzbold zu dem Ausspruch verlei-

Abb. 1 Ansicht von Chicago nach Norden mit Michigan Avenue und Brücke, um 1928

Abb. 2 Cahokia, Illinois, Courthouse, um 1760-70

Abb. 3 Union Stockyard, um 1900 (abgerissen)

tet haben, es sei nun ebenso leicht, ein Haus zu bauen wie einen Ballon aufzublasen. Dem Chicagoer George Snow wird das Verdienst zugeschrieben, diese Methode 1832 erfunden zu haben. Innerhalb kürzester Zeit wurden mittels dieser effektiven Technik Lagerhäuser, Wohnhäuser, öffentliche Bauten und Kirchen errichtet.[3]

Verglichen mit der Schnelligkeit, mit der sich Chicago im Laufe der nächsten drei Jahrzehnte weiter entwickelte, war das frühe Wachstum der Stadt noch gering. Bis 1870 war Chicago zu einem Handels- und Industriezentrum von rund 300000 Einwohnern geworden und wurde von der englischen Besucherin Sara Jane Lippincott als »lightning city« bezeichnet.[4] Chicagos gute Zugänglichkeit auf dem Wasserwege und seine nach 1860 zunehmende Bedeutung als Zentrum eines nationalen Eisenbahnnetzes beschleunigten sein ökonomisches Wachstum. Sägewerke und Fabriken für landwirtschaftliche Geräte (die McCormick Reaper Factory wurde 1847 gegründet) erlebten eine Hochblüte.

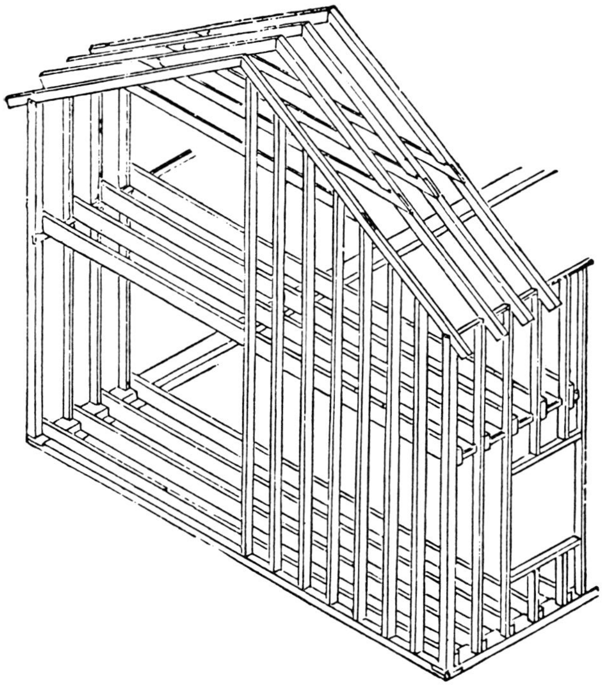

Abb. 4 Perspektivische Isometrie des ›Ballongerüsts‹; aus George Woodward, Woodward's Country Homes, *1865*

Als man gegen Ende des Bürgerkriegs (1861-65) die Schlachthöfe dieser Gegend durch neun verschiedene Eisenbahnlinien miteinander verband, wurde Chicago für mehr als ein Jahrhundert zum weltwichtigsten Zentrum der fleischverarbeitenden Industrie. Als 1865 der Union Stockyard eröffnet wurde, präsentierte er sich mit Unterkünften, Hotels, Restaurants und einer Wechselstube als eine Stadt in der Stadt. Die Ställe boten 20000 Rindern, 75000 Schweinen und 20000 Schafen Platz. 1871 verarbeiteten die Fleischwarenhersteller mehr als 500000 Rinder und rund 2400000 Schweine, und die Einführung der Kühlwaggons im Jahre 1869 erleichterte den Transport der Fleischprodukte quer durch das Land (Abb. 3). Auf dem Höhepunkt der Produktionsleistung um die Mitte des Jahrhunderts wurden jährlich drei Millionen Rinder und sechs Millionen Schweine in die Schlachthöfe geschleust. Kein Wunder, daß sie zum Symbol für die Stadt wurden. Der Dichter Carl Sandburg verlieh Chicago die Beinamen »Porko-

Abb. 5 John M. Van Osdel, Page Brothers Building, Südostecke State und Lake Street, 1872; Gußeisenfassade von Daniel Badger, New York; später verändert.

Abb. 6 Bauer und Loebnitz, Illinois Staats Zeitung Building, Nordostecke Washington und Wells Street, 1872-73 (abgerissen); aus Land Owner, *Juni 1872*

polis« und »Schweineschlachthaus der Welt«, und Upton Sinclair prangerte 1906 in *Der Sumpf* die Arbeitsbedingungen in den Schlachthöfen an.[5]

In den Jahren nach dem Bürgerkrieg wuchs Chicagos Bedeutung als Handels- und Transportzentrum, da man daran ging, die beiden Küsten durch den Bau transkontinentaler Bahnstrecken zu verbinden. Als erste wurde 1869 die Union Pacific Railroad fertiggestellt. Noch stärker identifizierte sich Chicago mit dem Eisenbahnbau, als George M. Pullman 1879 südlich der City eine Eisenbahnfabrik und eine Modellstadt zur Unterbringung seiner Arbeiter baute (die nach ihm benannt wurde; siehe Schlereth, Abb. 2, 4, 6, 8).[6]

Über die neu entstandenen Eisenbahnlinien wurden nicht nur Waren und Vieh in die Stadt transportiert und Maschinen, Gebrauchsgegenstände und Nutzholz aus der Stadt herausbefördert, sondern vor allem gelangten auf diesem Wege Menschen nach Chicago, um dort zu leben und zu arbeiten. Die frühen Siedler kamen vorwiegend von der Ostküste und waren nordeuropäischer Abstammung. Viele Iren wanderten in den dreißiger Jahren des 19. Jahrhunderts nach Chicago aus, um am Illinois-Michigan-Kanal zu arbeiten. Als im Jahre 1846 die große Hungersnot in Irland ausbrach, kamen noch weitere Tausende, um beim Eisenbahnbau – vor allem an der Illinois Central – mitzuarbeiten.[7] Irische Einwanderer waren zwar auch im Baugewerbe tätig, doch die ersten professionellen Architekten in Chicago kamen aus Städten der Ostküstenstaaten. John M. Van Osdel, der erste Architekt der Stadt, kam 1837 aus

Abb. 7 Carter, Drake and Wight, Stewart-Bentley Building, 112-14 Dearborn Street, 1872 (abgerissen)

Abb. 8 Holabird and Roche, Gage Building, 18-22 South Michigan Avenue; Fassade von Louis H. Sullivan; während der Bauarbeiten, 11. August 1899 (verändert)

Baltimore über New York nach Chicago. Aber erst nachdem Mitte des Jahrhunderts die Eisenbahnlinien fertig geworden waren, kamen zunehmend Architekten von der Ostküste und später aus Mitteleuropa, vor allem aus Deutschland.

Die gescheiterten Revolutionen von 1848, darauffolgende Unruhen und die Brachialmethoden des ›eisernen‹ Bismarck, mit denen er 1866 die deutschen Kleinstaaten vereinigte, veranlaßte eine wachsende Anzahl von Deutschen nach Chicago auszuwandern, unter ihnen eine ganze Schar von Architekten und Angehörige verwandter Berufe: Ingenieure, Techniker, Hersteller von Zeichenmaterial, Graveure und Drucker. Augustus Bauer, einer der ersten deutschen Architekten, die in Chicago arbeiteten (Abb. 6), kam schon 1853; Eugen Dietzgen etablierte sich mit seiner Fabrik für Zeichenmaterial im Jahre 1891. Aus Deutschland eingewanderte Arbeiter trugen wesentlich zur Entstehung der Labor-Bewegung in Chicago bei und waren auch in die Haymarket-Affäre vom 4. Mai 1886 verwickelt. Chicago wurde in gewisser Hinsicht die Hauptstadt eines ›kleinen Deutschlands‹ im mittleren Westen der USA, das sich von der Mitte des 19. Jahrhunderts bis zum Ersten Weltkrieg von Milwaukee über Indianapolis bis Cincinnati und St. Louis erstreckte. Im Jahre 1914 bildeten die Deutschen – bei einer Bevölkerungszahl von rund zweieinhalb Millionen – die größte ethnische Gruppe.[8]

Die Eisenbahnen brachten noch andere Profis aus dem Baugewerbe von der Ostküste nach Chicago, nämlich Bodenspekulanten. In vieler Hinsicht trugen sie ebenso wie Architekten, Ingenieure und Kapitalanleger zu dem erstaunlichen Wachstum der Stadt bei. Die Geschichte ihres Beitrags zur Entstehung Chicagos ist noch zu schreiben, jedenfalls prägten sie das Gesicht der Stadt vor und nach dem großen Brand von 1871 entscheidend mit.[9] Chicago verdankte seine Entwicklung nach dem Bürgerkrieg zu einem wesentlich größeren Teil der Eisenbahn als Schaluppen oder Dampfschiffen, wie es bei New York, Boston und vielleicht sogar San Francisco der Fall war, deren Wohlstand vor allem auf ihrer Bedeutung als Seehäfen basierte.[10]

Dann kam das große Feuer vom 8. bis 10. Oktober 1871. Die Stadt hatte schon früher Feuersbrünste erlebt, wie zum Beispiel am 27. Oktober 1839, als ein Feuer sich blitzschnell über die Holzbauten der Innenstadt ausbreitete. Doch keiner dieser vorangegangenen Brände richtete auch nur entfernt so großen Schaden an wie das Feuer von 1871, das ein Gebiet von fast 2000 Morgen verwüstete (Tafel 3).[11] Der Wiederaufbau lockte eine große Zahl von Architekten und Ingenieuren nach Chicago, in einer Zeit, als das Land einen Konjunkturrückgang erlebte.

Die unmittelbar nach dem Brand errichteten Geschäftshäuser ähnelten im wesentlichen den Vorgängerbauten. Viele Häuser, vor allem in der Lake Street, hatten Backstein- und Gußeisenfassaden, die sehr stark den niedergebrannten glichen (Abb. 5). In der Regel waren sie vier Stockwerke hoch, erbaut in einer Vielzahl verschiedener Stile, wie zum Beispiel spätviktorianische oder Ruskinsche Gotik, neogriechischer Stil oder romanischer Rundbogenstil. Das tief gesetzte Erdgeschoß und der erste Stock mit glei-

Abb. 9
Otto H. Matz, Criminal Courts Building, 54 West Hubbard Street, 1892

chermaßen großen Fenstern waren den Geschäftsräumen vorbehalten. Die Fenster in den oberen Stockwerken waren für gewöhnlich kleiner und deuteten auf Büros und andere Räumlichkeiten hin (Abb. 7; Tafel 8). Immerhin bewirkte das Feuer eine wesentliche Neuerung im Bauwesen: die Verwendung feuerfester Materialien. Auslöser für diese Entwicklung war die Erkenntnis, daß das von dem deutschen Einwanderer Otto Matz entworfene Nixon Building den Brand zum Teil unbeschadet überstanden hatte, weil die Bauteile mit Beton und Gipsmörtel überdeckt waren. George H. Johnson, Peter B. Wight und Sanford Loring gehörten dann zu denen, die Feuerfestigkeitssysteme entwickelten und patentieren ließen: Eiserne Bauteile wurden zum Beispiel mit Materialien wie Eichenholz oder Terracotta überzogen, um sie vor dem Schmelzen im Feuer zu bewahren. Die wirksamste dieser Techniken ließ Sanford Loring am 27. Oktober 1874 patentieren (siehe Larson).

Die Feuerfestmachung des Eisen- und Stahlgerüstes war eine der technischen Neuerungen – wie auch der von Elisha Otis entwickelte Personenaufzug mit Sicherheitssystem, der zum ersten Mal 1857 in New York in Betrieb genommen wurde –, die schließlich Ende der achtziger Jahre des 19. Jahrhunderts zur Errichtung der als ›Wolkenkratzer‹ bezeichneten hohen Geschäftshäuser in Chicago führten.[12] Zu diesen Bauten, entworfen von Architekten der später so genannten Chicagoer Schule, gehörten sowohl die in Richardsonscher Romanik errichteten Bauwerke von John Wellborn Root, Solon Spencer Beman, Henry Ives Cobb und Otto Matz (Abb. 9), als auch die skelettartigen, funktional wirkenden Konstruktionen von Holabird and Roche (Abb. 8; Tafel 20; Kat. 62) und anderen. Viele dieser Gebäude wurden sowohl in Architekturbüchern des 20. Jahrhunderts – wie zum Beispiel Sigfried Giedions *Space, Time and Architecture* (1941), Carl W. Condits *The Rise of the Skyscraper* (1952) und *The Chicago School of Architecture* (1964) – als auch in Ausstellungen wie ›100 Jahre Architektur in Chicago‹ im Jahre 1976 gebührend gewürdigt, da sie als Vorbilder gelten für die in den fünfziger und sechziger Jahren unseres Jahrhunderts errichteten modernen Bauten von Ludwig Mies van der Rohe, Skidmore, Owings, Merrill und Harry Weese. Neuere Untersuchungen, angeregt durch das Buch *Chicago Architects* und die 1976 von Stanley Tigerman und Stuart Cohen organisierte gleichnamige Ausstellung, setzten die Architektur Chicagos in einen erweiterten Zusammenhang, da sie die Beiträge der unbedeutenderen Architekten im Vergleich zu denen der großen Meister analysierten.[13]

Einer der Architekten, die das Bild amerikanischer Städte und insbesondere das von Chicago entscheidend mitprägten, war Louis H. Sullivan. Er wurde vor allem durch seine kunstvolle, eigenwillige Ornamentik bekannt (Tafeln 40, 41; Kat. 113, 115-16, 157-64), der eine rationale Geometrie zugrunde lag, die sich, wie er sagte, in allen natürlichen Formen wiederfände. Ebenso bedeutend war seine ›Dreiteiletheorie‹. Sie besagt, in knappen Worten ausgedrückt, daß man Wolkenkratzer, da sie im Wesen vertikal sind, nach dem Vorbild der Säule konzipieren sollte: mit deutlich ausgeprägter Basis, durchgehendem Schaft

Abb. 10 Adler and Sullivan, Schiller Theater, 64 West Randolph Street, 1891-92 (abgerissen)

Abb. 11 D. H. Burnham and Co., Conway Building, 111 West Washington Street, 1912

und einem abschließenden Kapitell.[14] Das Schiller Theater, das er 1891 gemeinsam mit Dankmar Adler entwarf, ist ein gutes Beispiel für die Umsetzung dieser theoretischen Konzeption (Abb. 10; Kat. 122-123).

Obwohl sich Sullivan bewußt darum bemühte, eine spezifisch amerikanische Architektur zu schaffen, wurzelt sein Gestaltungsdenken in Europa, vor allem im Rationalismus von Eugène-Emmanuel Viollet-le-Duc: Sullivan war einer der ersten Chicagoer Architekten, die an der Ecole des Beaux-Arts in Paris studierten. Vielleicht weil er ein so ausgeprägter Individualist und Exzentriker war, hatte Sullivan wenig Schüler. Doch fand er vor allem im Ausland – insbesondere in Frankreich und Skandinavien – noch zu seinen Lebzeiten Anerkennung.[15] Sein Meisterschüler Frank Lloyd Wright gilt vielen als der bedeutendste amerikanische Architekt überhaupt.

Abb. 12 Frank Lloyd Wright, Robie House, 5757 South Woodlawn Avenue, 1909

Abb. 13-15 D.H. Burnham and Co., Peoples Gas Company Building, 122 South Michigan Avenue, 1911; Ansicht des Lichthofs während der Bauarbeiten, um 1910; Außenansicht und Lobby

Wie Sullivan in seinen späteren Jahren, konzentrierte sich Wright auf die Planung kleinerer Bauten, vor allem privater Wohnhäuser. Er und seine Schüler verbreiteten die Ideen der Prairie-Schule zum Entwurf von Wohnhäusern im ganzen Land. Charakteristisch für diesen Stil waren die großzügigen, offenen horizontalen Räume, zu denen Wright, wie es heißt, durch seine sanft hügelige heimatliche Landschaft in Wisconsin inspiriert wurde. Wie dem auch sei – Bauten von Wright entstanden sowohl in den Vorstädten von Chicago (Abb. 12; Tafeln 50-53; Kat. 173-83) als auch in ländlichen Gebieten.

Die europäischen und orientalischen Einflüsse auf die Prairie-Schule sind bekannt. Ebenfalls sehr gut dokumentiert ist der spätere Einfluß der Prairie-Schule auf die moderne Architektur in Holland und Deutschland, besonders nachdem 1910 in Berlin die berühmte Publikation von Wasmuth – *Ausgeführte Bauten und Entwürfe von Frank Lloyd Wright* – erschien, C.R. Ashbee 1911 eine verkürzte Fassung des Wasmuth-Buches unter dem Titel *Frank Lloyd Wright: Ausgeführte Bauten* herausgab und der Holländer H.T. Wijdeveld 1925 in *Wendingen* einen Artikel über Wright veröffentlichte. Wright brachte den Prairie-Stil nach Asien, als er in den zwanziger Jahren in Japan arbeitete. In die südliche Hemisphäre gelangte der Stil durch seine Schüler Walter Burley Griffin und Marion Mahony Griffin, die nach Australien gingen (Kat. 184-85; siehe Van Zanten).

Während Wright die Vorstädte von Chicago prägte, gab Daniel H. Burnham – sogar mehr als Sullivan – der Stadt selbst ihr Gesicht. Er war es, der in Chicago eine Version dessen zu schaffen versuchte, was er für das Ideal städtischen Lebensraumes in Europa hielt. Nach dem Bürgerkrieg dominierten in der amerikanischen Architektur und in der Architekturausbildung die französischen Einflüsse, und Burnham inspirierte sich besonders an Paris. Zahllose

Abb. 16 Waldemar Hansteen, Norwegischer Pavillon, Weltausstellung, 1893; abgebaut und als Teil von Little Norway, Blue Monds, Wisconsin, wieder aufgebaut

Abb. 17 Krupp-Pavillon, Weltausstellung, 1893 (abgerissen)

Architekten aus Chicago und aus ganz Amerika studierten an der Ecole des Beaux-Arts und trugen ihre Gestaltungsprinzipien in die Architekturschule am Armour Institute of Technology und in die Architekturbüros der Stadt. Obwohl die erste Architekturschule in Illinois, in den siebziger Jahren des 19. Jahrhunderts von Nathan Clifford Ricker in Champaign-Urbana gegründet, sich im wesentlichen auf deutsche Lehrpläne stützte (siehe Geraniotis),[16] herrschte in Chicago der französische Einfluß vor, da er die meisten Architekten, unabhängig von ihrer ethnischen Abstammung, am stärksten ansprach. Ein frühes Beispiel dafür ist die Vorstadt Riverside, die 1868 von Olmsted, Vaux and Co. konzipiert wurde. Einer der Planer, William Le Baron Jenney, ließ sich durch die Pariser Schlafstadt Le Vésinet inspirieren, die Ende der sechziger Jahre des 19. Jahrhunderts entstanden war. Viele der von Potter Palmer in der gleichen Zeit initiierten Verschönerungen der State Street in Chicago – einige davon im Second Empire Stil – verglich man mit den Umgestaltungen, die Baron Georges-Eugène Haussmann ein paar Jahre zuvor in Paris vorgenommen hatte.[17] In einer mit der von Haussmann vergleichbaren Größenordnung arbeitete der Chicagoer Architekt Daniel Burnham (siehe Draper).

Obwohl Burnhams Firmen Burnham and Root und D. H. Burnham and Co. auf aufwendige Geschäftsgebäude (Abb. 11; Tafel 59; Kat. 215, 226), Genossenschaftshochbauten (Abb. 13-15; Tafel 54) und große Warenhäuser (Tafel 55; Kat. 219-24) spezialisiert waren, die sich zum Teil an Pariser Vorbildern orientierten, machte er sich seinen Namen vor allem durch die Koordination von Planungen großen Stils. Beginn dieser Karriere war die Übernahme der Bauleitung für die Weltausstellung im Jahre 1893. Die Ausstellung brachte Chicago internationales Renommee, und zwar nicht nur wegen der Beteiligung des Auslands (Abb. 16, 17), sondern vor allem, weil sie der Grund für die Entstehung einer ganzen Anzahl von wichtigen kulturellen und öffentlichen Einrichtungen war, die zum festen Bestandteil des Stadtbildes von Chicago wurden. Viele der wesentlichen Institutionen und Gebäude in den Bereichen Bildung und Kultur verdanken ihre Existenz zumindest teilweise der Weltausstellung: die Universität von Chicago, die 1891 begonnen wurde, das Gebäude des Art Institute of Chicago aus dem Jahre 1893 (Abb. 18), das ursprünglich als Tagungshalle für die Weltausstellung errichtet worden war, das Fine Arts Building der Ausstellung, das später zum Museum of Science and Industry umfunktioniert wurde, und der erste Abschnitt des Hochbahnsystems, das 1891 erbaut wurde, um das Ausstellungsgelände auf der South Side mit dem Geschäftszentrum zu verbinden. Alle diese Anlagen, wie unter anderem auch die 1904 bis 1905 von D. H. Burnham and Co. (Kat. 216-17) entworfene Orchestra Hall, der um 1907 auf dieses Gebäude aufgesetzte Cliff Dwellers Club (Kat. 218) und der in der Nähe gelegene University Club, der 1905 von Holabird and Roche (Tafel 38) errichtet wurde, machten die Stadt zu einem kulturellen Zentrum des Mittleren Westens.[18] Chicago setzte sich damit in eine Reihe mit den älteren und bekannteren Ostküstenstädten Boston und New York und erklärte sich zum amerikanischen Paris in der Prärie.

Burnham arbeitete weiterhin an zunehmend umfangreichen Projekten: 1902 in der MacMillan-Planungskommission für Washington D.C., 1905 am Projekt für das Behördenviertel in Cleveland und im gleichen Jahr gemeinsam mit Edward Bennett an der Planung für San Francisco. Gleichzeitig entwickelte er Entwürfe für Manila und Baguio auf den Philippinen und brachte damit die Idee des ›City Beautiful

Abb. 18 Shepley, Rutan and Coolidge, The Art Institute of Chicago, Ecke Michigan Avenue und Adams Street, 1891-93 (verändert)

Movement‹ nach Übersee. Dieses gesamte Entwurfswerk benutzte ein klassizierendes Vokabular mit imperialistischen Obertönen und nationalistischen Anklängen.[19] Burnhams ›Paradestück‹ war jedoch der Chicago-Plan aus dem Jahre 1909 (Tafeln 74-78; Kat. 227-36), den er mit Edward H. Bennetts Unterstützung entwickelte und der in den zwanziger Jahren, erst nach seinem Tod, unter Bennetts Leitung teilweise ausgeführt wurde. Stärker als Sullivan oder Wright prägte Burnham das Bild der Stadt und lieferte das Vokabular für die Architektur Chicagos in den zwanziger Jahren. Die öffentliche Meinung assoziiert das Chicago dieser Zeit vor allem mit Gangstern und Flüsterkneipen. Doch wuchsen damals in der ganzen Stadt Kalk- und Backsteinwolkenkratzer empor, vor allem jenseits des kurz zuvor erweiterten Michigan-Boulevards, dicht bei der von Bennett entworfenen Michigan-Avenue-Brücke, die zwischen 1918 und 1920 erbaut worden war (Abb. 19).

Das architektonische Spektrum in der Zeit der Hochkonjunktur nach dem Ersten Weltkrieg und vor der Großen Depression der dreißiger Jahre umfaßt so wichtige Bauten wie das Wrigley Building aus dem Jahr 1921, das 1924 vergrößert wurde (siehe Chappell), das in den Jahren 1923 bis 1930 errichtete Handelszentrum – für beide Bauten zeichneten Graham, Anderson, Probst and White verantwortlich, eine von Burnhams Nachfolger-Firmen – und nicht zuletzt die von Holabird and Root entworfenen lokalen Wahrzeichen der amerikanischen Moderne: North Michigan Avenue 333 (1927-28), das Board of Trade (1927-30) und das Palmolive (später Playboy) Building (1928-29; Abb. 20). Doch auch weniger bekannte, wenngleich sehr fähige Architekten wie Benjamin H. Marshall, Andrew Rebori, Frank A. McNally und James Edwin Quinn trugen mit ihren Bauten zum Stadtbild bei.[20] Ohne Zweifel angereizt durch das von

Abb. 19 Ansicht von Chicago nach Norden mit Michigan Avenue und Brücke, um 1928

Abb. 20 Holabird and Root, Palmolive Building (heute Playboy Building), 919 North Michigan Avenue, 1928-29

europäischen Architekten gezeichnete Bild von Chicago[21] kamen weiterhin Einwanderer aus Mitteleuropa in die Stadt. Andere, wie zum Beispiel Richard Yoshijiro Mine (Tafel 92), kamen aus so weit entfernten Ländern wie Japan, um hier zu studieren und zu arbeiten, da Chicago einen unbestritten erstrangigen architektonischen Ruf genoß.[22]

Obwohl die Depression, die auf den Börsenkrach vom 29. Oktober 1929 folgte, die architektonische Arbeit in Amerika und anderen Ländern erheblich einschränkte, wurde der Austausch zwischen Europa und Chicago fortgeführt. Er zeigt sich deutlich in Bauten für die Ausstellung ›Century of Progress‹ in den Jahren 1933-34 (Abb. 21, 22) – den von schwedischen, italienischen und tschechoslowakischen Architekten entworfenen Länderpavillons und in den hauptsächlich von Architekten aus Chicago konzipierten europäischen Phantasiedörfern – sowie in zahllosen, niemals realisierten Projekten. In den späten dreißiger Jahren erreichte der internationale Austausch neue Dimensionen, als aus Deutschland und anderen mitteleuropäischen Ländern Architekten nach Amerika auswanderten, die auf der Flucht vor den Nazis waren – unter ihnen Mies van der Rohe. Doch ist das eine andere Geschichte.[23]

Es sei hier bei der Feststellung belassen, daß von Mitte des 19. Jahrhunderts bis in die dreißiger Jahre unseres Jahrhunderts ein unablässiger Austausch architektonischer Strömungen zwischen Chicago und vielen Ländern der Welt, vor allem Mitteleuropa, im Gange war. Unabhängig davon, ob sie in Amerika oder Europa studiert hatten, schöpften die Chicagoer Architekten ungeniert aus der Schatzkiste europäischer Architektur und schufen zugleich eine ausgeprägt amerikanische Architektur, die in vielen Teilen der Welt ihre Zeichen setzte. Die Ausstellung und die Beiträge im vorliegenden Band untersuchen diese internationalen Zusammenhänge, unterziehen die Werke einiger der bedeutendsten Architekten Chicagos einer neuen, kritischen Beurteilung und lenken zudem das Augenmerk auf die Leistungen von weniger bekannten Architekten.

Das Buch beginnt mit einer Erörterung der geistigen Kräfte, die den spektakulären Wiederaufbau der Stadt nach dem großen Brand bewirkten. Die folgenden Essays sind teils nach chronologischen, teils nach thematischen Gesichtspunkten zu Kapiteln geordnet. Den Epilog schrieb der Architekt Stanley Tigerman, der das Ausstellungskonzept für Chicago erstellte.

Die Essays bieten unterschiedliche Annäherungen an die amerikanische Architektur, zeigen den aktuellen Forschungsstand zur gewachsenen Architektur

Abb. 21 Mario de Renzi und Adelberto Libera, Italienischer Pavillon, Ausstellung ›Century of Progress‹, 1933 (abgerissen)

Abb. 22 Schmidt, Garden and Erikson, Italienisches Dorf, Ausstellung ›Century of Progress‹, 1933 (abgerissen); gezeichnet von Vale Faro

Chicagos unter Verwendung einer Vielzahl von Methodologien und Disziplinen, von traditionellen Struktur- und Stilanalysen bis zu großzügiger Einbeziehung von Sozial- und Kulturgeschichte. Daraus ergibt sich – wie wir hoffen – eine wohl abgerundete, wenn auch keineswegs erschöpfende Untersuchung der architektonischen Leistung, die das flache Seengebiet in den fünfzig Jahren zwischen dem großen Brand von 1871 und dem internationalen Wettbewerb für den Chicago Tribune Tower im Jahre 1922 zur Metropolis der Mittelweststaaten Amerikas werden ließ.

Übersetzung: Dagmar Türck-Wagner

ANMERKUNGEN

1 Ausgezeichnete Zusammenfassungen dieser sehr frühen Geschichte Chicagos und der französischen Forschungsreisen finden sich in: Lois Wille, *Forever Open, Clear and Free: The Historic Struggle for Chicago's Lakefront*, Chicago 1972, S. 1-12; Anna Price, ›The French Regime in Illinois, 1718-1740‹, *Historic Illinois* 5, 3, Okt. 1982, S. 1-6; David Keene, ›Excavations at Fort de Chartres Answer Some Questions, Pose Others‹, *Historic Illinois* 9, 2, Aug. 1986, S. 5, 10-13; Harold M. Mayer und Richard C. Wade, *Chicago: Growth of a Metropolis,* Chicago 1969, S. 3-12, und Molly McKenzie, ›Reconstructing the Cahokia Courthouse‹, *Historic Illinois* 7, 1, Juni 1984, S. 8-10.

Einige der in der Einleitung verkürzt enthaltenen Informationen wurden in früheren Publikationen des Autors ausführlich dargestellt, siehe John Zukowsky, ›The Midwest‹, *American Architecture: Innovation and Tradition,* David D. DeLong, Helen Searing, Robert A. M. Stern (Hrsg.), New York 1986, S. 246-52; und ders., ›The First Chicago School and Chicago Architecture, 1872-1909‹, *Process Architecture* 35, 1982, S. 29-36.

2 Zur Bevölkerungsstatistik von 1848 siehe Wille (Anm. 1), S. 15, und Mayer und Wade (Anm. 1), S. 32.

3 Paul Sprague, ›Origin of Balloon Framing‹, *Journal of the Society of Architectural Historians* 40, Dez. 1981, S. 311-14.

4 Mayer und Wade (Anm. 1), S. 35.

5 Ibid., S. 50. Zu den dem Eisenbahnbau verbundenen Industrien siehe auch John Brinckerhoff Jackson, *American Space: The Centennial Years 1865-1876,* New York 1972, S. 72, 83, 85-86.

Vor allem zu den Vergleichen der 1860 im Pariser La Villete entstandenen Schlachthäuser mit denen von Chicago und zu den Erfindungen von Philip Armour und Gustavus Swift auf dem Gebiet der fleischverarbeitenden Industrie siehe Sigfried Giedion, *Mechanization Takes Command: A Contribution to Anonymous History,* 1948, Neudruck New York 1969, S. 209-42. Außerdem Carl S. Smith, *Chicago and the American Literary Imagination 1880-1920*, Chicago 1984, Kap. 7.

6 Mayer und Wade (Anm. 1), S. 432-50, passim. Chicago behielt seine Rolle als nationaler Verkehrsknotenpunkt auch nach dem Zweiten Weltkrieg, als der O'Hare International Airport – der betriebsamste der Welt – und mehrere zwischenstaatliche Highways gebaut wurden.

7 *Ethnic Chicago,* Melvin G. Holli und Peter d'A. Jones (Hrsg.), Neuauflage Grand Rapids, Mich. 1984, S. 413.

8 Ibid., S. 462 ff. Siehe auch *Wilhelm Liebknecht, Letters to the Chicago Workingman's Advocate,* Philip S. Foner (Hrsg.), New York 1982. National Register Nomination Form vom 4. April 1982 für das Eugene Dietzgen Building, W. Fullerton Avenue 954-990, Chicago. Das Gebäude wurde 1906 von E. Lawrence Hallberg errichtet.

9 Gerald Larson bereitet eine Studie zu diesem Thema zur Veröffentlichung vor. Solange dieses umfassende Werk noch nicht erschienen ist, siehe David Van Zanten, ›The Nineteenth Century: The Projecting of Chicago as a Commercial City and the Rationalization of Design and Construction‹, John Zukowsky, David Van Zanten und Herselle Krinsky, *Chicago and New York: Architectural Interactions,* Chicago 1984, S. 30-32.

10 Für nähere Erläuterungen zur Schlüsselbedeutung der Eisenbahnen für Chicago im Vergleich zu Schiffs- und Eisenbahnverkehr in anderen amerikanischen Städten siehe Jackson (Anm. 5) und Smith (Anm. 5), Kap. 5. Zum Vergleich siehe Carl W. Condit, *The Port of New York,* Chicago 1980, und ders., *Chicago, 1910-29: Building, Planning and Urban Technology*, Chicago 1973, Kap. 6.

11 Mayer und Wade (Anm. 1), S. 106-16.

12 Zur Feuerfestigkeit siehe Sarah Bradford Landau, *P. B. Wight: Architect, Contractor, and Critic, 1838-1925*, Chicago 1981, S. 44-50, und Sharon S. Darling, *Chicago Ceramics and Glass: An Illustrated History from 1871-1933,* Chicago 1979, S. 170-71. Zukowsky, ›The First Chicago School‹ (Anm. 1), S. 30, zu den ersten Aufzügen in New York im Jahr 1857 und in Chicago im Jahr 1864, nach Frank Randall, *History of the Development of Building Construction in Chicago,* Urbana, Ill. 1949, S. 14, 65, 71. Carl W. Condit, *American Building,* Chicago 1968, belegt auf S. 115 unter Bezugnahme auf Quellen von 1889, daß der Begriff ›Wolkenkratzer‹ zuallererst auf Bauten in Chicago angewendet wurde und erörtert auf S. 121 Feuerfestigkeit und das Nixon Building.

13 Sigfried Giedion, *Space, Time and Architecture,* Cambridge, Mass. 1941; Carl W. Condit, *The Chicago School of Architecture: A History of Commercial and Public Building in the Chicago Area, 1875-1925,* Chicago 1964; Oswald Grube, Peter Pran und Franz Schulze, *100 Years of Architecture in Chicago: Continuity of Structure and Form*, Chicago 1976 (dt.: *100 Jahre Architektur in Chicago: Kontinuität von Struktur und Form,* München 1973). Zur Diskussion dieser Interpretationen im Vergleich zu der kritischen, von Stanley Tigerman und Stuart Cohen 1976 mit Buch und Ausstellung *Chicago Architects* vorgenommenen Annäherung siehe Zukowsky, ›The First Chicago School‹ (Anm. 1), S. 29, und *New Chicago Architecture,* Maurizio Casari und Vincenzo Pavan (Hrsg.), New York 1981, bes. S. 41-49 und S. 71-73.

14 Louis H. Sullivan, ›The Tall Office Building Artistically Considered‹, *Kindergarten Chats and Other Writings,* Isabella Athey (Hrsg.), New York 1947, S. 202-13.

15 Leonard Eaton, *American Architecture Comes of Age: European Reaction to H. H. Richardson and Louis Sullivan,* Cambridge, Mass. 1972, und Lauren Weingarden, ›Louis H. Sullivan: Investigation of a Second French Connection‹, *Journal of the Society of Architectural Historians* 39, 4, Dez. 1980, S. 297-303. Siehe auch DeLong, Searing und Stern (Anm. 1), S. 69-70, zu H. P. Berlages Würdigung von Sullivans Bedeutung und seiner dagegenstehenden Unfähigkeit, den persönlichen Stil des Amerikaners zu erkennen.

16 Roula Geraniotis, ›The University of Illinois and German Architectural Education‹, *Journal of Architectural Education* 38, Sommer 1985, S. 15-21.

17 Theodore Turak, ›Riverside, French Roots‹, *Inland Architect* 25, Nov.-Dez. 1981, S. 12-21; und Mayer und Wade (Anm. 1), S. 54-55.

18 Jean F. Block, *The Uses of Gothic: Planning and Building the Campus of the University of Chicago 1892-1932,* Chicago 1983; John Zukowsky, ›The Art Institute of Chicago: Constructions, Concepts, and Queries‹, *Threshold* 3, 1985, S. 60-63, 71; Helen Lefkowitz Horowitz, *Culture and the City: Cultural Philanthropy in Chicago from the 1880s to 1917*, Lexington, Ky. 1976; Mayer und Wade (Anm. 1), S. 142, 208-10 zur Hochbahn in Chicago. Siehe auch Brian J. Cudahy, ›Chicago's Early Elevated Lines and the Construction of the Union Loop‹, *Chicago History* 8, 4, Winter 1979/80, S. 194-205. *Theodore Thomas: A Musical Autobiography,* George Upton (Hrsg.), Chicago 1905. Thomas war der Gründer des Chicagoer Symphonieorchesters und ein enger Freund von Daniel H. Burnham.

19 Mario Manieri-Elia, ›Toward an »Imperial City«: Daniel H. Burnham and the City Beautiful Movement‹, Giorgio Ciucci u. a., *The American City: From the Civil War to the New Deal,* übers. von Barbara Luigia La Penta, Cambridge, Mass. 1979, S. 1-122, passim; und Zukowsky, ›The First Chicago School‹ (Anm. 1), S. 33-35.

20 Carroll William Westfall, ›Benjamin H. Marshall of Chicago‹, *Chicago Architectural Journal* 2, 1982, S. 8-28; Joan E. Draper und Raymond T. Tatum, ›The Buildings of Andrew Nicholas Rebori‹, *Chicago Architectural Journal* 4, 1984, S. 14-24; und John Zukowsky, ›Chicago in the Twenties: More than Speakeasies and Skyscrapers‹, *Chicago Architectural Journal* 4, 1984, S. 25-27.

21 Eine ausführliche Darstellung vom Bau des Palmer House in Chicago findet sich in Richard J. Neutra, *Wie baut Amerika?,* Stuttgart 1927, S. 24-47. Zum Werk von Frank Lloyd Wright, Louis Sullivan und zur Errichtung von Wolkenkratzern in Chicago und New York siehe Ludwig Hilberseimer, *Großstadt-Architektur,* Stuttgart 1927, S. 26-27, 52, 55, 60, 63-68. Ein weiterer Architekt ist Vladimir Karfik, der 1930 das Bata-Warenhaus in Brno, Tschechoslowakei, entwarf und vorher vier Jahre für Wright und für Holabird and Roche in Chicago arbeitete. Siehe dazu Vladimir Slapeta, *The Brno Functionalists,* Helsinki 1983, S. 112.

22 Zu Richard Yoshijiro Mines Biographie siehe John Zukowsky, Pauline Saliga und Rebecca Rubin, *Chicago Architects Design: A Century of Architectural Drawings from the Art Institute of Chicago*, Chicago 1982, S. 82-83. In nennenswerter Zahl wanderten Japaner erst nach dem Zweiten Weltkrieg ein, als die Umsiedlungslager in den westlichen Staaten aufgelöst wurden. Siehe dazu Holli und Jones (Anm. 7), S. 514 ff.

23 Zu den gemischten Reaktionen in Chicago auf Deutschland und die Deutschen vom Ersten Weltkrieg bis in die dreißiger Jahre siehe Holli und Jones (Anm. 7), S. 462-511, passim, und Frederik Heller, ›German-Americans in Chicago: Conflicting Loyalities and Assimilation in the 1930s‹, *Humanities* 7, 1, Winter 1986, S. 10-14.

Ross Miller

Chicagos weltliche Apokalypse: Das große Feuer und die Geburt des demokratischen Helden

Bereits wenige Stunden nach der großen Feuersbrunst vom 8. bis zum 10. Oktober 1871 schmiedeten die Bewohner Chicagos, noch während sie die Asche zusammenkehrten, neue Pläne für ihre Existenz. Die Katastrophe machte Chicagos Bevölkerung auf einen Schlag zu mündigen Bürgern. Das Feuer wurde zu einer Prüfung, wie man sie nur aus den Tagen der kampf- und ruhmreichen Pionierzeit kannte. Bis zum Brand stellten die Erzählungen über die erbitterten Kämpfe mit den Indianern und über die mühevolle Urbarmachung des sumpfigen Landes jegliche Leistung der Gegenwart in den Schatten. Das Feuer hingegen war bedeutend genug, es mit der sagenumwobenen Vergangenheit aufzunehmen. Für die fast dreihundert Toten und die Tausende von Obdachlosen eine furchtbare Katastrophe, machte das Feuer doch für kurze Zeit aus der riesigen Mehrheit von Überlebenden Gleichgestellte. Die Möglichkeit, auf eine heroische Vergangenheit zu verweisen, war nun nicht mehr das Privileg einer kleinen Schicht; jeder Bürger Chicagos konnte das Feuer zu seinem eigenen mythischen Ursprung erklären (Abb. 1).

Das Verblüffende an diesem Mythos ist zum einen, daß er unmittelbar nach dem Brand entstand, zum anderen, daß er sowohl von den direkt Betroffenen bereitwillig aufgenommen wurde als auch von denen, die aus der Ferne zugeschaut hatten. Das Feuer von Chicago schuf eine seltene Mischung aus Dichtung und Wahrheit. Zweifellos war über die Stadt ein grauenvolles Unglück hereingebrochen. Frederick Law Olmsted berichtete im Auftrag von *The Nation* über den entstandenen Schaden: »Man muß sich vor Augen halten, daß ein wesentlich größerer Teil der Stadt niedergebrannt ist, als ein Außenstehender aufgrund der veröffentlichten Pläne vermuten würde.«[1] Doch sogar Olmsted, ein Rationalist und angesehener Städteplaner, war nicht gegen den Mythos gefeit: »Selbst äußerst vernünftige Leute haben behauptet, sie wären zu dem Zeitpunkt der felsenfesten Überzeugung gewesen, die Welt stünde in Flammen.«[2] Innerhalb von Tagen ersetzte das Feuer das Fort-Dearborn-Massaker (1812) und die Grenzprobleme der Gründungsväter der Stadt in den dreißiger Jahren des 19. Jahrhunderts und wurde zur neuen Geburtsstunde Chicagos. Nur wenige Einwohner hatten in den siebziger Jahren noch Erinnerungen aus erster Hand an das Massaker, und nur wenige auserkorene Familien konnten sich als Stadtgründer betrachten. Das Feuer aber betraf alle. Es war eine kollektive Erfahrung, bei der das bloße Überleben schon zur Heldentat stilisiert wurde. Ein Augenzeuge erinnert sich an das Geschehen als »ein Kapitel des Grauens, das ebenfalls nur mit einer Feder aus Feuer geschrieben werden könnte«.[3]

Chicago veränderte sich schnell, noch bevor man überhaupt mit dem Wiederaufbau begann. Es wurde die einzige amerikanische Stadt, deren Mythos von Gründung und Entwicklung zeitlich genau ihrem Weg in die Moderne entsprach. Der Ursprung Bostons geht zurück auf die Puritaner, der von New York auf die Holländer und der Philadelphias auf eine großzügige Landschenkung Englands. So lagen die Ursprünge der Ostküstenstädte für deren Bürger des 19. Jahrhunderts gefühlsmäßig in weiter Vergangenheit.[4] Dies galt nicht für Chicago. Ein Chicagoer brauchte nur bis zum 8. Oktober 1871 zurückzublikken, um die Geburtsstunde seiner Stadt vor Augen zu haben.[5] Dank des Feuers konnte er sich gleichzeitig als Pionier und als moderner Bürger fühlen. Das Feuer ließ die Zeiten ineinanderfließen, ließ die heroische Vergangenheit gegenwärtig und die Gegenwart zugleich als Teil der mythischen Vergangenheit erscheinen, so daß ein Bewohner der Stadt sich – wenn er wollte – von seiner eigenen Geschichte befreien konnte. Geschichte wurde auf diese Weise so personenbezogen, daß der Wiederaufbau der Stadt jedermann unmittelbar anging.

Everett Chamberlin, ein Zeitgenosse, bemerkte damals in einem Artikel des *Lakeside Monthly* (April 1872) mit dem Titel ›Fünf Monate danach‹: »Durch die Teilnahme an den Ereignissen fühlte sich jeder als Held unter Helden.«

Was Chicagos Weg in die Moderne von dem anderer Städte des 19. Jahrhunderts[6] abhebt, ist seine klare Metaphorik. Während für andere Städte die Neuzeit das Erdulden einer Unzahl neurasthenischer Symbole bedeutete – wobei für das Stadtbild und vermutlich auch für das soziale Leben Marx' Kritik an dem muffigen Zeitalter zutraf –, experimentierte Chicago ständig mit neuen Möglichkeiten.[7]

Von Beginn an stand die Stadt der Moderne vorbehaltlos positiv gegenüber. Ihre Bewohner hatten ja eine ganze Reihe von Metaphern zur Verfügung, ihren psychischen Zustand darzustellen – angefangen vom allgegenwärtigen Vogel Phönix, der sich aus der Asche erhebt, bis hin zur ständigen Weltuntergangs-

Abb. 1 Ruinen des Lakeside Building, Südwestecke Clark und Adams Street, nach dem Brand in Chicago vom 8.-10. Oktober 1871

beschwörung der Prediger und Journalisten. Diese Metaphern existierten nicht nur in den Köpfen von Künstlern und Intellektuellen. Solche Vorstellungen wurden auch durch die Tonnen von Bauschutt und die Baugerüste, die man tagtäglich vor Augen hatte, genährt, denn so konnte jeder Bürger die enormen Veränderungen hautnah miterleben. Nirgends ist dies ausdrucksvoller beschrieben, als in einer weiteren Passage aus Everett Chamberlins Artikel ›Fünf Monate danach‹:

»Was war es doch für ein aufmunternder und begeisternder Anblick, Morgen für Morgen eine starke Wand solider Maurerarbeit zu erblicken, die man zuvor noch nicht gesehen hatte; die Giebel der bereits errichteten Bauten anzuschauen und das heldenhafte Aufgebot von Arbeitern, die bauten, immer höher bauten, ohne auf die hereinbrechende Dunkelheit oder die lähmende Kälte der eisigen Nordwinde zu achten. Die langen Reihen von Arbeitern zu beobachen – trugen sie nicht auf ihren Schultern in den vertrauten Mörteltrögen die magischen Elemente mit ihren mächtigsten Zauberformeln Geduld und Energie, mit denen man den Aufbau der Stadt beschwor und herbeizauberte? Auf den ständigen Strom der Fahrzeuge zu achten, die die Stadt durchbrausten wie Feuerwehrautos, die sie vor der Zerstörung bewahren sollten. Und in der Tat, der Auftrag war ja der gleiche: das Neue aufzubauen, da das Alte nicht mehr gerettet werden konnte!«

Zur Zeit des Feuers hatte Chicago gerade seine Stellung als wichtigste Stadt des Westens gesichert und während des Bürgerkriegs St. Louis als Verkehrsknotenpunkt verdrängt. Die Eröffnung des Illinois-Michigan-Kanals (1848) und der Galena- (1850), Illinois-Central- (1851), Michigan-Southern- und Michigan-Central- (1852) Eisenbahnen, die aus einem Marktflecken ein wichtiges Handelszentrum machten, lag erst kurze Zeit zurück (Abb. 2). Die Bewohner waren noch der Ernennung Chicagos zur Stadt im Jahre 1833 verhaftet, doch gleichzeitig genossen sie den neuen Ruhm. Chicago scheint schon immer ein Nährboden für Phantasten gewesen zu sein, die sich eher um Zukunftsperspektiven als um die konkrete Situation kümmerten. Als Charles Butler, einer der ersten Bankkaufleute der Stadt, 1833 ankam, war sie nicht viel mehr als ein ehemaliger Vorposten der Armee aus glorreichen Tagen, und doch übte sie eine solche Faszination auf ihn aus, daß er 100000 Dollar investierte. Fünfzig Jahre später erinnerte er sich: »Der geschulte Beobachter sah, daß die Stadt prädestiniert war, aufgrund ihrer besonderen Lage am Ende des Sees und des bemerkenswerten Hafens, den der Fluß bildet, das größte binnenländische Handelsimperium der USA zu werden.«[8] Sein Schwager William Ogden, Chicagos erster Bürgermeister, war ebenfalls einer der frühen Propheten der Stadt und machte schnelles Geld mit Bodenspekulation.[9]

Die vielversprechende junge Stadt war aber gleichzeitig noch das typische schlammige Westernnest, Butlers und Ogdens Traumimperium noch ein Ort, »an dem nachts die Wölfe heulten«.[10] Chicago war stets voll von solchen Widersprüchen. Um sich eine klar umrissene Realität zu schaffen, mußte man über die Gegenwart hinaus – oder in eine idealisierte Vergangenheit zurückblicken. Wäre Butlers Traum von Chicago umgesetzt worden, hätte er vermutlich Thomas Coles Gemälde ›Der Traum des Architekten‹ (1840) oder dem ›Court of Honor‹ der amerikanischen Weltausstellung 1893 in Chicago entsprochen. Vom Zeitpunkt des Brandes rückblickend, schien die Stadtentwicklung durch den anhaltenden Erfolg der ›Gründerdynastien‹ des Kaufmanns John Kinzie, des Immobilienhändlers Baron Potter Palmer und des Fleischfabrikanten Gustavus Swift ein einheitliches Bild anzunehmen. Der gewünschte einsträngige Geschichtsverlauf kam jedoch immer wieder in Konflikt mit den Widrigkeiten der Gegenwart.

Diese Dualität zwischen Traum und Wirklichkeit bestimmte schon sehr früh das Selbstverständnis der Einwohner von Chicago. Da ihnen eine klare Identität versagt blieb, blickten sie in die Zukunft oder in die Vergangenheit, um sich nicht mit der Gegenwart auseinandersetzen zu müssen; kleideten sich reich, um die gerade überwundene Armut zu vergessen, kaschierten brandgefährdete Häuser mit großartigen Fassaden und errichteten protzige Gebäude aus schlechter Bausubstanz. Durch diese beinahe institutionalisierte Schizophrenie kompensierte man zum Teil den Streß, den das kometenhafte Wachstum der Stadt mit sich gebracht hatte. Obgleich ein Besucher 1857 behaupten konnte: »Chicago ist einzigartig«, mußte er doch, um bei der Wahrheit zu bleiben, auf die widersprüchlichen Ergebnisse des Fortschritts hinweisen: »Elendshütten stehen neben den prachtvollsten und teuersten Geschäften und Gebäuden, wie ich es noch nirgendwo anders gesehen habe.«[11] Das »einzigartige Chicago« erlaubte dem Besucher keine andächtige Haltung: Allzu offensichtlich, im materiellen wie im menschlichen Bereich, war der Preis für die Entwicklung. »Das vielleicht einzige, was die Bequemlichkeit der Geld scheffelnden Bevölkerung und der Besucher beeinträchtigt, sind die Wolken von Staub und die ungepflasterten Wege und Hauptstraßen, die Pferd und Reiter Ärger bereiten.«[12]

Chicagos eklatante Widersprüche fehlen in keinem Porträt der Stadt. Lobeshymnen, beeinträchtigt durch Hinweise auf die häßlichen Aspekte, trugen zur Legendenbildung bei. Chicago war keineswegs die einzige amerikanische Stadt mit Schattenseiten – George W. Cables New Orleans und Frank Norris' San Francisco waren auch nicht besser. Doch waren die Chicagoer in gewisser Weise stolz auf das ambivalente Wesen ihrer Stadt, da sie überzeugt waren, diese Widersprüche schließlich – als Lohn für ihren heroischen Kampf – in Einklang bringen zu können. Die Stadt verdankte ihre Entstehung einem dialektischen Kräftespiel: so wie in ganz Amerika Einheit aus Vielheit entsteht. Der Schlamm, das schlechte Wetter, die unverschleierte Lasterhaftigkeit, von den Predigern unermüdlich angeprangert, gaben Chicagos Entwicklung ihren besonderen Charakter. Die Bevölkerung verstand es stets, über Nachteile hinwegzuschauen, die andere wahrscheinlich entmutigt hätten.

Abb. 2 *Chicago, Blick von der Kuppel des Court House nach Nordwesten, 1858*

»Das Nebeneinander von Gottlosigkeit und Frömmigkeit in Chicago ist auf seine Art bewundernswert. Es ist eine Stadt von Menschen, die Kirchen bauen und sie besuchen; dennoch gibt es hier weniger Menschen, die in die Kirche gehen, als anderswo. Der Sonntag in Chicago wirkt auf den ersten Blick so ruhig wie in jeder anderen Stadt Neuenglands. Zwar sind alle Vorschriften für die Befolgung des Feiertags aufgehoben, doch gibt es in keiner anderen amerikanischen Stadt so viele Leute, die diesen Tag heilig halten. Alles geschieht hier spontan und in großem Stil.«[13]

In der Septemberausgabe des *Scribner's Monthly* von 1875 gebraucht J.W. Sheahan, ein Chicagoer, der später einen umfassenden Bericht über den Brand veröffentlichte, den damals gern verwendeten Begriff von einem »geteilten Chicago«. Wo andere auf den Kontrast zwischen Hütten und Palästen hinweisen, teilt Sheahan die Stadt in Kirchgänger und Kirchschwänzer ein. Doch ergibt sich ein gravierender Unterschied. Sheahan schreibt nichts über die Identitätssuche, von der in früheren Berichten die Rede ist. Es hatte sich etwas ereignet, das das Selbstverständnis und die Selbstdarstellung der Chicagoer verändert hatte. Die Fakten waren die gleichen, doch man war der Entwicklung gegenüber jetzt anders eingestellt. Chicago hatte einen Weg gefunden, sich selbst zu begreifen. Statt zu versuchen, Gegensätze auszugleichen, wie es die Städte der Ostküste und Europas taten, nutzte Chicago seine Konflikte als Basis für seine Identität. Der Wechsel in der Grundeinstellung, über den Sheahan berichtet, wäre als Thema gerade gut genug für die Beilage eines Sonntagsblattes, wäre da nicht der Brand von 1871 gewesen.

Das Feuer bot nun plötzlich Nahrung für das aufkommende Gefühl von Chicagos Einzigartigkeit. Sheahan zum Beispiel sieht die mit dem Feuer verbundenen Ereignisse in eindeutigem Bezug zu dem schon vier Jahrzehnte alten Anspruch der Stadt auf »Größe«.[14] Das Feuer wurde der Schlüssel zum Verständnis der Stadt. Ein Ereignis, das nicht dazu beitragen konnte, Klassen- und ethnische Unterschiede aufzuheben, bewirkte etwas weitaus Radikaleres: Es bot sich an als Modell für Eigeninitiative und Innovation. Für Chicagos Bevölkerung hatte der Brand zur Folge, daß ihre Geschichte sich nicht in Jahrtausenden wie in Europa oder in Jahrhunderten wie in den

Abb. 3 Der Wasserturm und die Pumpanlage an der Ecke North Michigan und Chicago Avenue (1868-69; Entwurf von W. W. Boyington) waren zwei der wenigen Gebäude, die den Brand überstanden

Abb. 4 Ecke State und Madison Street nach dem Brand

bürgerlichen amerikanischen Städten entwickelte, sondern explosionsartig, was befreiend wirkte, und jeden einzelnen dazu veranlaßte, sein Bestes zu geben, da er den unmittelbaren Erfolg sehen konnte. Divergenzen, die anderswo lähmend gewirkt hätten, lieferten Chicago die Existenzgrundlage. Veränderung – am krassesten am Beispiel des Feuers zu erkennen – sollte für das moderne Chicago ein wesentliches Moment werden.

Beginnend an der De Koven Street im Südwesten, wütete das Feuer vom Abend des 8. Oktober bis weit in die nächste Nacht hinein und endete im Nordosten an der Fullerton Avenue, da es durch den Michigan-See und anhaltende Regenschauer schließlich eingedämmt wurde (Abb. 3, 4).[15] Zeitgenössischen Berichten zufolge waren schätzungsweise 2000 Morgen Land betroffen, wurden 18000 Gebäude zerstört und 90000 Menschen obdachlos.[16] Der städtische Leichenbeschauer Stephens und der amtliche Kreisarzt Dr. Ben Miller schätzten die Zahl der Toten auf etwa 300 und wiesen auf die Schwierigkeiten hin, die verkohlten Leichen zu identifizieren.[17] Natürlich war das Feuer eine ungeheure Katastrophe, doch konnte man froh sein, daß es so wenige Tote gegeben hatte, was hauptsächlich dem ständigen Nordostwind zu verdanken war (Abb. 5). Obwohl der Wind nie eine größere Geschwindigkeit als dreißig Meilen pro Stunde erreichte, vergrößerte ein Konvektionseffekt die zerstörende Energie der Flammen gewaltig.[18]

Die Augenzeugenberichte betonten verständlicherweise die dramatischen und lebensbedrohlichen Aspekte der Katastrophe. Chicagos »träger Fluß schien zu kochen«.[19] Das Ereignis wurde sofort mysteriösen Kräften zugeschrieben. »Der Wind mit seiner steifen Brise ergriff die Flammen, und die schönen Gebäude, Chicagos ganzer Stolz, lagen vor ihnen ... und in einer unglaublich kurzen Zeitspanne hatten sie fast eine Meile Häuserblocks verschlungen wie durch Hexerei.«[20] Man sah es nicht als das natürliche Ereignis an, das es zweifellos war: der traurige Höhepunkt einer 98 Tage andauernden Dürreperiode, in der seit dem 4. Juli weniger als 500 Millimeter Regen gefallen war.[21] Man führte es auch nicht auf menschlichen Leichtsinn zurück, der es zugelassen hatte, die Stadt mit leicht brennbarem Material vollzubauen und sich auf eine auffallend schlechte Feuerwehr zu verlassen.[22] Berichte über das Feuer klangen, als sei es von Gott oder vom Teufel selbst gelegt worden, und nahmen biblische Untertöne an.

Ein in der *Post* vom 17. Oktober erschienener Bericht verdeutlicht die Reaktion der Presse:

> »Vom Dach eines hohen Lagerhauses, auf das der Schreiber dieser Zeilen geklettert war, bot sich ein Anblick von beispielloser Erhabenheit und Schrecken. Er war über dem Flammenmeer. Die Menge direkt unter ihm war wegen der tiefroten Rauchschwaden kaum zu erkennen. Von Zeit zu Zeit tat sich ein scharlachroter, tiefer Spalt auf. Er spürte die Hitze und den Rauch, hörte das wahnwitzige babylonische Klanggewirr, und es erforderte wenig Phantasie, sich vorzustellen, man schaue direkt in den ewigen Abgrund der Hölle.«[23]

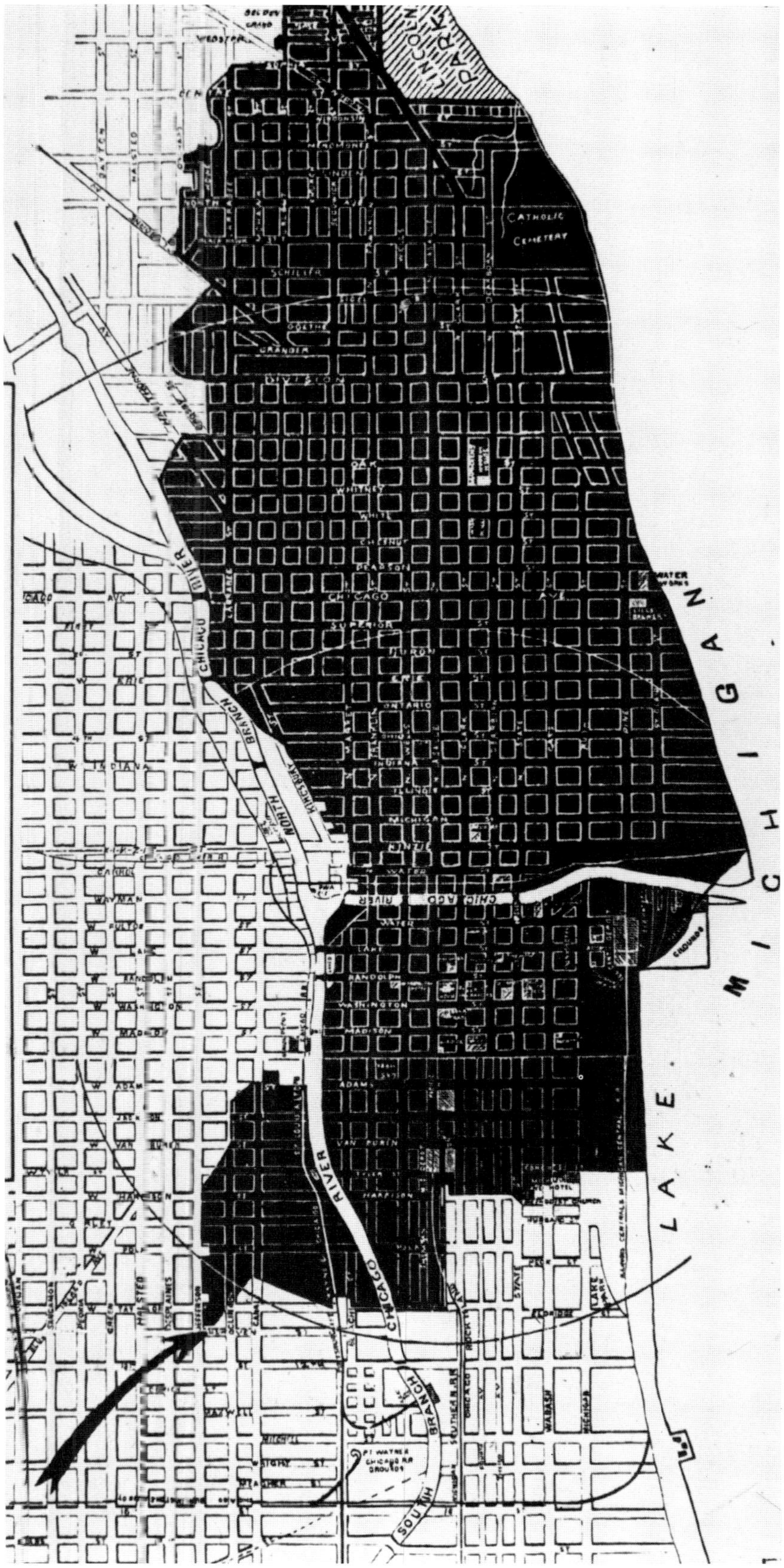

Abb. 5 Stadtplan mit dem Gebiet, das durch den Brand zerstört wurde; der Pfeil zeigt die Stelle an der De Koven Street an, wo das Feuer ausbrach

Das Feuer von Chicago war eine eineinhalb Tage währende Apokalypse: ein außergewöhnliches Ereignis, das sowohl den Einwohnern als auch allen, die die Katastrophe von außen beobachteten, die Wichtigkeit der Stadt bestätigte. Obwohl manche das Ereignis mit dem Untergang von Rom, Babylon oder Troja verglichen,[24] war es eine typisch amerikanische Apokalypse. Statt die Stadt dem Erdboden gleichzumachen und für immer mit menschlicher Prahlsucht aufzuräumen, war dieser magische Vorgang – vom Teufel oder von Gott gewollt – ohne moralische Implikation. Das Königreich Gottes, in dem die Bewohner Chicagos am nächsten Morgen wiedererwachten, befand sich nicht im Himmel, sondern in Chicago.

Zwanzig Jahre nach dem Brand schrieb der Chicagoer Prediger David Swing:

»Als wir erwachten, waren wir in einer neuen Welt... die vielen Zehntausende von Menschen sanken vor Ermattung und Kummer in einen tiefen Schlaf, doch als sie erwachten, sahen sie sich von einer Nation voll Mitgefühl und Hilfsbereitschaft umgeben und von vielen Staaten, die ungeahnte mitmenschliche Solidarität bezeugten.«[25]

Swing gibt hier die Vorstellung von irdischer Prüfung und Buße wieder, die ihre Wurzeln in William Bradfords *Geschichte der Siedlung Plymouth* (1630) hat, einem retrospektiven Bericht über eine schwere Prüfung, die Menschen auferlegt wurde. Was die Puritaner in den Härteproben der Seefahrt sahen, entdeckten Chicagoer wie Swing und Kirkland im Feuer. Die ›Neue Welt‹ der Puritaner wurde ganz einfach auf die Aschehaufen Chicagos übertragen: eine Wiederholung der ersten amerikanischen Apokalypse, die alle Unterschiede weggewischt hatte. Nur war diesmal nicht allein den Gerechten die bessere Welt vorbehalten: Jedem bot sich eine Chance für materiellen Wohlstand und irdisches Glück. Nach diesem Feuer hatte Chicago endlich die Chance, sowohl das Image der lausigen Westernstadt als auch seine gespaltene Identität – begleitet von wenigen kulturellen Höhen und häufigen Tiefen – abzuwerfen und ein eigenes urbanes Leben zu beginnen. So wie jene, die die Gefahren des Ozeans auf Bradfords Schiff überlebten, waren die Überlebenden von Chicago außergewöhnliche Menschen, die sich gegen »bestialische Hemmungslosigkeit«[26] wehrten und nicht wie der Mob »beim Anblick von Plünderung oder Brandstiftung sofort zur Lynchjustiz bereit waren«.[27] Bald lasen sich die Augenzeugenberichte wie moderne Moralstücke, in denen das Gute über das Böse siegen muß. Doch hier handelte es sich um lebendiges Theater, das zu entgleiten drohte.

Da man Derartiges befürchtete, ließ man die Armee kommen, damit sie die Ordnung garantiere. Zwar bestritt General Sheridan, daß es Unruhe unter der Bevölkerung gegeben habe, doch half seine Anwesenheit, die Situation im Griff zu behalten.[28] Dies war ein sicheres Anzeichen für die Welt, daß Chicago es schaffen würde. Die Antwort war eine enorme Spendenaktion von seiten der nationalen Wirtschaft, von anderen Bundesstaaten und vom Ausland. Innerhalb von Stunden begann man mit dem Wiederaufbau, zufrieden mit der neuen, weltweiten Fama – endlich konnte man den anderen die Größe zeigen, die man für sich selbst beanspruchte. So war es nur natürlich, daß der erste umfassende Bericht von Elias Colbert und Everett Chamberlin – *Chicago and the Great Conflagration* – die Stadt mit den Ursprüngen Amerikas in Zusammenhang brachte. Die Autoren erklärten, daß der Wiederaufbau von dem festen, von den Pilgervätern geschaffenen Fundament getragen würde.[29] Es war wieder einmal an der Zeit, ganz von vorne zu beginnen.

»Man stelle sich die Leiden eines Menschen vor, der nicht nur alles, was ihn angesehen oder bedeutend macht, verloren hat, sondern auch das äußerste Existenzminimum – etwas zu essen und ein Dach über dem Kopf –, und all seine Nachbarn, die seine Not lindern könnten, befänden sich in der gleichen Lage. So hat man in etwa eine Idee, zwar eine nur blasse, die aber weitaus besser als jede Beschreibung, und sei sie auch noch so ausführlich, vermitteln könnte, was sich ereignet hat und immer wieder unzähligen Menschen zustoßen kann.«[30]

Die Stadt erholte sich schnell – das führte zu selbstbewußten Analogien. Chicago war auf eine harte Probe gestellt worden, und seine Bevölkerung – mit dem nackten Leben davongekommen – hatte sie hervorragend gemeistert. Über Nacht wurde es die jüngste alte Stadt der Neuen Welt, ein Mikrokosmos der jahrhundertelangen Expansion des Landes nach Westen.[31]

Die Begleitumstände des sofortigen Wiederaufbaus trugen zum Stolz der Stadt bei. Einige Tage nach dem Brand gründete man ein Notkomitee, das die Beschaffung von Unterkünften, Spendenverteilung und Einsatz von Hilfskräften regelte. Als Reaktion auf den Aufruf der Handelskammer vom 10. Oktober, sofort mit dem Aufbau zu beginnen, waren am 18. November schon mehr als 5000 Wohnhäuser fertiggestellt oder befanden sich im Bau.[32] Bis zum Oktober 1872 waren Gebäude im Wert von mehr als 34 Millionen Dollar im südlichen Teil der Stadt, von fast vier Millionen im Norden und nahezu zwei Millionen im Westen entstanden.[33] Schnell blühte der Handel wieder auf, kletterten die Immobilienpreise, teilweise sogar höher als vor der Brandkatastrophe (Abb. 6). Tatsächlich hatte das Feuer die Preise für die Grundstücke hochgetrieben, die nun weit über ihrem Wert gehandelt wurden. Die vierzigjährige konstante Entwicklung Chicagos hatte die paradoxe Folge, daß unbebaute Grundstücke wertvoller waren als bebaute. Potter Palmer, der erfolgreichste und cleverste Spekulant auf dem Immobilienmarkt, erholte sich schnell und vergrößerte sogar sein Vermögen, obwohl er durch den Brand all seine Immobilien verloren hatte.[34]

Trotz der schweren Zerstörungen blieb die Bedeutung der Stadt als Industrie- und Handelszentrum im wesentlichen unbeeinträchtigt.[35] Chicago behauptete seine unbestrittene geographische Überlegenheit aufgrund seiner verkehrsgünstigen Lage an Bahn, Kanal, Fluß und See. Laut Bericht des Chicagoer Handelszentrums waren die Getreide-, Holz- und Viehbestände der Stadt zu 75 bis 80 Prozent vom Feuer verschont geblieben, zudem fast 90 Prozent der Fabriken, des Maschinenbestands und der bereits produzierten Ware. Kaum ein Jahr nach der Brandkatastro-

Abb. 6 *Burling and Adler, Marine Building, Nordostecke LaSalle und Lake Street, während der Bauarbeiten 1872*

phe beschloß man, aus Dankbarkeit für die abgewendete Zerstörung ein Denkmal zu errichten (Abb. 7). Zwar wurde es nie vollendet, doch schafften es die Zukunftsplaner, knapp ein Jahr nach dem Brand eine nationale Industrieausstellung zu veranstalten, mit der sie Chicagos ›Wiederauferstehung‹ feierten. Sie lieferten damit neuen Stoff für den wachsenden Mythos der Stadt. Selbst Besucher ließen sich davon anstecken und sahen in Chicago die amerikanische Stadt schlechthin. Ein Brite (zitiert in der *Chicago Tribune* vom 8. Januar) nannte Chicago »die Quintessenz des Amerikanismus«.[36] So hatte ein Fremder unbewußt die Prophezeiung Butlers und seiner Mitstreiter bestätigt.

Ausstellungen, Gedenkfeiern und die beeindruckenden Statistiken zum Wiederaufbau bildeten lediglich den äußeren Rahmen. Die Feuersbrunst diente dazu, Chicagos Anspruch auf Einzigartigkeit zu untermauern. Diese Stadt hatte es nicht nur geschafft, das Unglück zu überleben, sondern hatte dieses gewaltige Ereignis zudem als läuterndes Mittel für die negativen Auswirkungen des Fortschritts begrüßt. Am Sonntag nach dem Feuer erklärte Henry Ward Beecher bei seiner Predigt in der Plymouth-Kirche, daß Chicago »das Feuer bitter nötig gehabt hätte«.[37] Beecher sah ebenso wie Kaplan Swing das Feuer als die Möglichkeit für einen Neubeginn. Diese amerikanische Apokalypse war ein gewaltiger Einbruch, aber einer, der neue materielle und moralische Möglichkeiten eröffnete.[38] Chicago setzte seine Erfahrung mit der Katastrophe sogleich um: Man säkularisierte den biblischen Gedanken vom Weltuntergang und verwob ihn mit der wachsenden Mythologie um die Stadt.

Der unglaubliche Aufschwung nach dem Feuer bestätigte die säkularisierte theologische Auffassung, daß mit Entschlossenheit und Unternehmungsgeist selbst schwierigste Situationen gemeistert werden können. Fleiß, nicht mehr blinder Glaube, war nun oberstes Gebot. Die Bevölkerung Chicagos hatte sich selbst bewiesen, daß Chaos und göttliches Strafgericht überlebt werden konnten, ja, daß eine Stadt dies

Abb. 7 William Le Baron Jenney, Denkmalentwurf mit Safes und zerbrochenen Säulen zur Erinnerung an den Brand in Chicago; aus Chicago Illustrated: One Year From the Fire, *Chicago 1872*

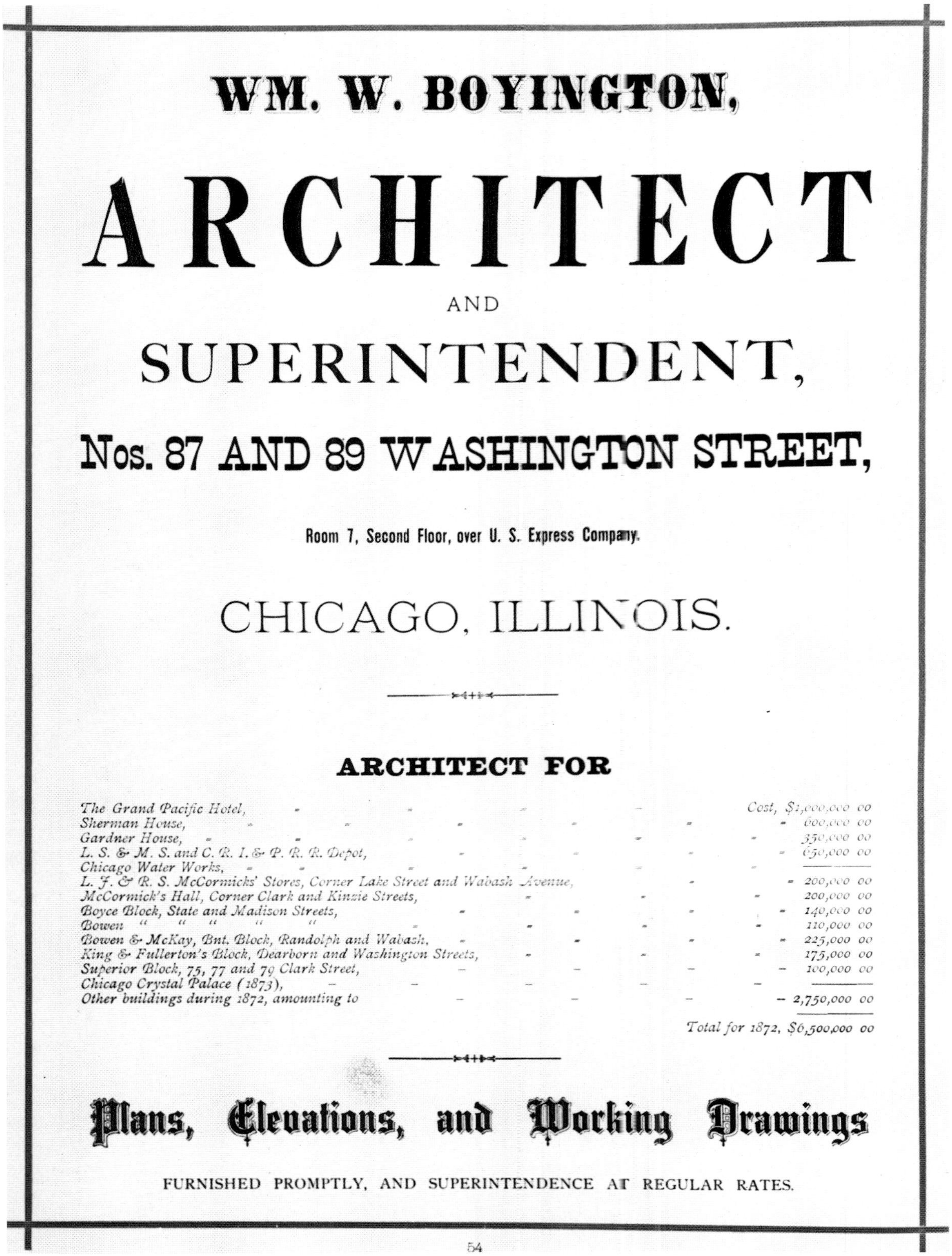

WM. W. BOYINGTON,

ARCHITECT

AND

SUPERINTENDENT,

Nos. 87 AND 89 WASHINGTON STREET,

Room 7, Second Floor, over U. S. Express Company.

CHICAGO, ILLINOIS.

ARCHITECT FOR

The Grand Pacific Hotel,	Cost, $1,000,000 00
Sherman House,	600,000 00
Gardner House,	350,000 00
L. S. & M. S. and C. R. I. & P. R. R. Depot,	650,000 00
Chicago Water Works,	
L. J. & R. S. McCormicks' Stores, Corner Lake Street and Wabash Avenue,	200,000 00
McCormick's Hall, Corner Clark and Kinzie Streets,	200,000 00
Boyce Block, State and Madison Streets,	140,000 00
Bowen " " " " "	110,000 00
Bowen & McKay, Bnt. Block, Randolph and Wabash,	225,000 00
King & Fullerton's Block, Dearborn and Washington Streets,	175,000 00
Superior Block, 75, 77 and 79 Clark Street,	100,000 00
Chicago Crystal Palace (1873),	
Other buildings during 1872, amounting to	2,750,000 00
	Total for 1872, $6,500,000 00

Plans, Elevations, and Working Drawings

FURNISHED PROMPTLY, AND SUPERINTENDENCE AT REGULAR RATES.

54

Abb. 8 Anzeige von W. W. Boyington, in der er seine architektonischen Leistungen beim Wiederaufbau von Chicago im Jahre 1872 aufzählt; aus Rebuilt Chicago, *Chicago 1874*

als glückhaften Aufbruch in die Zukunft erfahren konnte.

Dieser Glaube befähigte Chicago, die zwei Jahrhunderte hindurch gehäuft auftretenden Rückschläge ebenso wie finanzielle Engpässe und Unruhen auf dem Arbeitsmarkt optimistisch anzugehen. Unweigerlich wurde dies auch zur konzeptionellen Basis all derer, die über Chicago philosophierten und schrieben. Für immer verbunden mit dem historischen Ereignis des Brandes blieb der Mythos, die Stadt sei immun gegen irdische Heimsuchungen: Chicago profitierte von den Konflikten, statt unter ihnen zu leiden. Anfangs war dies nur Thema von Predigten, doch begann man mit der Zeit, Chicago als vom Glück begünstigt zu betrachten, da es die Stunde X überlebt hatte. Die Stadt war damit nicht nur von einer langen, lähmenden Geschichte befreit, sondern auch von ihren eigenen Fehlern. Wann immer die Situation es erforderte, brachten die Einwohner Chicagos die gleiche Energie auf, die Butlers Pioniergeneration ausgezeichnet hatte, ohne jedoch mit den damaligen Begleitproblemen konfrontiert zu sein. Das Feuer konnte so als ein für den Fortschritt notwendiger Akt der Läuterung gesehen werden. Was die Menschheit nicht ins Lot bringen kann, muß die Natur besorgen. Was konnte eine Stadt noch aufhalten, die erfolgreich eine biblische Feuerprobe bestanden hatte, die so groß gewesen war, daß sie »den Strom der westwärts ziehenden Menschen zur Umkehr bewegen und die Welt aus den Angeln« hätte heben können?[39] Swing fand die Antwort: »Zwanzig Jahre reichten aus, um eine bittere Erfahrung in einen schönen Traum zu verwandeln.«[40]

Die unmittelbare Folge des Feuers war, daß Chicago keine Möglichkeit hatte, alt und dekadent zu werden. Selbst aus seriösen geschichtswissenschaftlichen Arbeiten wie *Chicago: Its Past Present and Future* (1871), *The Lost City: Chicago As It Was and As It Is and Its Glorious Future* (1872) und *Chicago and the Great Conflagration* (1872) sind apokalyptische Untertöne herauszuhören. Spätere Besucher der Stadt »werden Chicago verwandelt vorfinden, so wie sich ein schönes, ungebärdiges junges Mädchen, verwöhnt und ungehemmt, verändert«.[41] Die frühen Stadtplaner und Spekulanten hatten schon den ersten Anstoß für eine Veränderung gegeben, die aber schnell nachteilig für die moralische Entwicklung der Stadt hätte werden können:

»Die Bevölkerung Chicagos war vor dem Brand allzu sehr dem Luxus verfallen, zwar nicht in solchem Ausmaß wie die Bevölkerung von New York, aber doch weit mehr, als es ihr guttat. Das Feuer brachte sie von diesem gefährlichen Weg ab und machte aus ihnen Männer und Frauen vom gleichen Schlag wie es die gewesen waren, die Chicago gegründet hatten: einfach, fleißig und bescheiden. Und so wurde die Stadt mit Macht auf den richtigen Weg nach oben gebracht. Man ließ ab von Protz und Frivolität. Demokratie wurde Mode.«[42]

Mit einem Mal hatte das gelobte Land Amerika die Straßen Chicagos erreicht. Kraftlose Männer und Frauen erhielten neue Impulse. Wieder jung, wie auch die Stadt, machten sie sich erneut an die Arbeit und gaben den ›Müßiggang‹ auf. So gesehen war das Feuer ein rechtzeitiges Korrektiv. Angesichts Chicagos eher weltlicher Ausrichtung half es auch »Gewohnheitsfehler zu korrigieren, die man – ehrlich gesagt – nicht hätte verbessern können, wenn die Stadt nicht niedergebrannt wäre«.[43] Zeitgenössische Kommentatoren äußern ebenfalls die Meinung, daß Chicagos physische Reinigung auch eine geistige war.

Nachdem die Puritaner ihre erste Ansiedlung gegründet hatten, dauerte es noch drei Generationen, bis sich das ›Große Erwachen‹, die religiöse amerikanische Erweckungsbewegung des 18. Jahrhunderts, entwickelt hatte. In Chicago ereignete sich ähnliches in kürzester Zeit. Das eineinhalb Tage währende Flammenmeer ließ nur zu gut Jonathan Edwards' Worte nachempfinden: »Zöge Gott auch nur eine Sekunde seine Hand vom Schleusentor zurück, so würde es auf der Stelle aufbrechen und die feurigen Fluten des göttlichen Ingrimms würden mit unfaßlicher Wucht herausstürzen.«[44] Die Einwohner Chicagos hatten die »feurigen Fluten« kennengelernt; die Stadt machte die Metapher durch die unmittelbaren Geschehnisse im wörtlichen Sinn begreifbar. Vom Feuer gezwungen, vollzog Chicago Amerikas Übergang von geistiger Dekadenz zur Läuterung im 18. Jahrhundert nach. Aber was für die Gemeinde Edwards' (die er im moralischen Sinn als Gefallene betrachtete) nur Worte und Bilder gewesen waren, wurde jetzt zum Faktum. Chicago konnte seine Geschichte nicht nur individuell, sondern allgemein und als beispielhaft für die Gesamtentwicklung Amerikas sehen. Es wurde der ideale Übungsplatz für den Selbstfindungsprozeß der Nation.

Alle Lokalreporter nützten den unerwarteten tragischen Ruhm ihrer Stadt aus. Die Moralisten und Theologen unter ihnen waren ganz in ihrem Element, doch alle stimmten sie darin überein, daß es einer Stadt, die ein solches Unglück überlebt hatte (wie Edwards' Gemeinde, die auf ihr schlimmes Los blickt), in der Folge besser gehen müßte. Die Fakten unterstützten diesen Optimismus. In den Monaten und Jahren nach dem Feuer korrigierte Chicago erstaunlich schnell die Fehler im politischen und wirtschaftlichen Bereich, die sich aus vierzig Jahren willkürlicher und planloser Entwicklung ergeben hatten (Abb. 8). Colbert und Chamberlin zum Beispiel schrieben, daß Bauspekulanten, die große Verluste zu beklagen hatten, in Zukunft wohl weniger skrupellos sein und bessere Materialien für ihre Gebäude verwenden würden. Da das Feuer »der zu schnellen Ausbreitung der Stadt in alle Richtungen Einhalt geboten hatte«,[45] konnte man das zentrale Geschäftsviertel nun wieder neu aufbauen. Der Brand konnte im besten Sinn als »Akt der Läuterung«[46] gelten, da er unwirtschaftliche und unbedeutende Geschäfte vernichtet hatte.[47] Politiker, unter ihnen der Bürgermeister Joseph Medill, die in ihrem Wahlprogramm für strenge Brandschutzbestimmungen eintraten, insbesondere für Bauvorschriften, die die Verwendung brennbarer Zierfassaden verboten, gewannen die Wahlen haushoch.

Colberts und Chamberlins Bericht, schon wenige Monate nach dem Brand, am 1. Dezember 1871, veröffentlicht, wurde schnell zum Bestseller. Anhand von Fakten und Zahlen veranschaulichen die Autoren die Katastrophe in Kapiteln mit so eindringlichen Überschriften wie »Vom Bösen zum Guten« und »Das Neue Chicago«. Dieses zeitgeschichtliche Dokument bot den Einwohnern Chicagos die Möglichkeit, die kollektive Erfahrung zu reflektieren.

Der Brand bewirkte ein wahrhaft modernes Phänomen – durch die Lektüre dieser Berichte wurde der Bevölkerung ihre eigene Einstellung zur Katastrophe bewußt. Auf diese Weise wurde das unmittelbare Erlebnis in Distanz gerückt und verdrängt, bis es interpretiert werden durfte. Man las beispielsweise über

Verluste, die den einzelnen betroffen hatten, fühlte sich damit in der Klage über das eigene Unglück bestärkt und gleichzeitig dazu aufgerufen, die große Zukunft der Stadt mitzugestalten. Damit ersparte man sich schmerzliches Selbstmitleid und sublimierte das eigene Schicksal als Teil der Stadtgeschichte. Man sprach mit der gleichen Leidenschaft über den Wiederaufbau wie über die abgewendete Totalzerstörung, bis es schließlich nur noch »um die Frage ging, wieviel Zeit das Land brauchen würde, um die für den Wiederaufbau benötigten Ziegel und Steine zu beschaffen«.[48] Chicagos weltlich eingestellte Pragmatiker erwarteten den Wiederaufbau im Diesseits und nicht im Jenseits. In einer Sammlung von Augenzeugenberichten ihrer Mitarbeiter formulierten die Herausgeber von *Harper's Weekly* am 4. November 1871 ihre Zustimmung zur Mythenbildung:

»Kommt Zeit, kommt Rat – sicher nicht für die ewigen Verlierer, aber für diejenigen, die an die Zukunft Chicagos glauben. So schön wird die Stadt sein, wie sie ohne das Feuer nie geworden wäre: besser durchdachte Bebauungspläne, eine schönere Architektur, eine bewußter gestaltete Entwicklung. Unternehmergeist und Willenskraft, die im wahrsten Sinn des Wortes die Feuerprobe bestanden haben, werden all dies hervorbringen.«[49]

Das Feuer wurde von den Einwohnern Chicagos als der große Zeugungsakt ihrer Stadt gesehen. Es zog eine klare Trennungslinie zwischen Chicagos Vergangenheit und seiner Zukunft und kündigte den Anfang des modernen Zeitalters an. Das Feuer – eine erschütternde und lebensbedrohende Erfahrung – prägte alle Einwohner Chicagos. Die Zeiten, in denen eine Elite von Gründungsdynastien ein Monopol auf die Stadtgeschichte hatte, waren endgültig vorbei. Geschichte wurde zum Volksvermögen und jeder Einwohner Chicagos, der die Katastrophe überlebt hatte, zum Helden.

Übersetzung: Dagmar Türck-Wagner

ANMERKUNGEN

1 Frederick Law Olmsted in *The Nation*, 9. Nov. 1871, S. 303.
2 Ibid.
3 Frank Luzerne, *The Lost City: Chicago As It Was And As It Is and Its Glorious Future*, New York 1872, S. 19.
4 Vgl. John Higham, *Strangers in the Land: Patterns of American Nativism 1860-1925*, New Brunswick 1963, im Zusammenhang mit den Auswirkungen der Immigration im 19. Jahrhundert.
5 Es mag von Interesse sein, daß es sich hier wohl eher um einen Eindruck als um eine Tatsache handelt, denn 80% von Chicagos Infrastruktur blieben unbeschädigt.
6 Siehe Dostojewskis St. Petersburg und das Paris der Brüder Goncourt.
7 Die Auswirkungen der Moderne werden in drei neueren Publikationen behandelt: Marshall Berman, *All That is Solid Melts into Air*, New York 1982; T. J. Jackson Lears, *No Place of Grace*, New York 1981; und Alan Trachtenberg, *The Incorporation of America*, New York 1982.
8 Charles Butler in *As Others See Chicago*, Bessie L. Pierce (Hrsg.), Chicago 1933, S. 45.
9 Charles Butler, *Autograph Letters* (1881), anhand von Tagebüchern aus dem Jahr 1833 und Briefen, Band 23, Chicago Historical Society.
10 William Bross, *History of Chicago*, Chicago 1876, S. 64.
11 Edward L. Peckham in *As Others See Chicago* (Anm. 8), S. 167.
12 William Howard Russell in *As Others See Chicago* (Anm. 8), S. 173.
13 J.W. Sheahan, *Scribner's Monthly* 10, 5, 1875, S. 529.
14 Ibid.
15 Bessie L. Pierce, *A History of Chicago*, Chicago 1957, Band 3, S. 3-5.
16 *Report of the Chicago Relief and Aid Society of Disbursements of Contributions for the Sufferers of the Chicago Fire*, Cambridge, Mass. 1874, S. 9-10.
17 Elias Colbert und Everett Chamberlin, *Chicago and the Great Conflagration*, Chicago 1872, S. 276.
18 H. A. Musham zit. in *The Great Chicago Fire of 1871*, Paul M. Angle (Hrsg.), Ashland 19[illegible]9, S. 10.
19 ›Chicago in Ashes‹, *Harper's Weekly*, 28. Oktober 1871, S. 22.
20 Ibid., S. 17.
21 Joseph Kirkland, ›The Chicago Fire‹, *New England Magazine* 6, 4, Juni 1892, S. 726.
22 Ibid., S. 727.
23 Zit. in Kirkland (Anm. 21) S. 73[illegible].
24 David Swing, ›Historic Moments: A Memory of the Chicago Fire‹, *Scribner's Magazine* 11, Jan.-Juni 1892, S. 693.
25 Ibid., S. 696.
26 ›Chicago in Ashes‹ (Anm. 19), S. 25.
27 Ibid., S. 27.
28 Angle (Anm. 18), S. 11.
29 Colbert und Chamberlin (Anm. 17), S. 451.
30 Augenzeugenbericht in der *World*, zit. v. Paul M. Angle (Anm. 18), S. 15.
31 John R. Chapin, *Harper's Weekly*, 4. Nov. 1871, Wiederabdruck in Angle (Anm. 18), S. 40.
32 Pierce (Anm. 15), Band 3, S. 9.
33 Ibid., S. 17.
34 Emmett Dedmon, *Fabulous Chicago*, New York 1953, S. 124.
35 Pierce (Anm. 15), Band 3, S. 10.
36 Ibid., S. 19.
37 Colbert und Chamberlin (Anm. 17), S. 445.
38 Der Begriff des »glücklichen Falls« oder der »felix culpa« fand besonders in Nathaniel Hawthornes *The Marble Faun* (1860) seinen Ausdruck. Danach sündigt oder scheitert jemand nur, um später erfolgreich zu werden. Vgl. insbesondere die Seiten 183, 311 und 329 der Signet-Ausgabe (1961). Es ist erstaunlich, daß man diesen Gedanken in Chicago aufgriff, da man hier fast übergangslos Negatives in Positives ummünzte.
39 Kirkland (Anm. 21), S. 726.
40 Swing (Anm. 24), S. 691.
41 Colbert und Chamberlin (Anm. 17), S. 462.
42 Ibid., S. 450.
43 Ibid., S. 446.
44 ›Sinners in the Hands of an Angry God‹ (8. Juli 1741), *Jonathan Edwards: Basic Writings*, Ola Elizabeth Winslow (Hrsg.), New York 1966, S. 158.
45 Colbert und Chamberlin (Anm. 17), S. 446.
46 Ibid., S. 448.
47 Pierce (Anm. 15), S. 12.
48 Colbert und Chamberlin (Anm. 17), S. 455.
49 Zit. in Angle (Anm. 18), S. 55.

CALUMET
BUILDING

Gerald R. Larson

Der Eisenskelettbau: Entwicklungen in Europa und den Vereinigten Staaten

Im Jahre 1985 jährte sich zum hundertsten Mal die Fertigstellung des Home Insurance Building in Chicago, das William Le Baron Jenney Anfang 1884 entworfen hatte (Abb. 1). Bis vor kurzem wurde dieses Gebäude fast einhellig als erster Wolkenkratzer überhaupt betrachtet, das heißt als das erste hoch aufragende Bürogebäude, dessen Böden und Wände vollständig von einem Gerüst aus Eisenpfeilern und -balken gehalten wurden. Diese langgehegte Auffassung scheint jedoch nicht den Tatsachen zu entsprechen; immer deutlicher erweist sich, daß schon mindestens neunzig Jahre vor der Erbauung des Home Insurance Building das Konzept, mit Hilfe des Eisenskelettbaus ein vielstöckiges Gebäude zu errichten, angewandt wurde, und daß 1884 die Technik der Eisengerüstbauweise schon weiter fortgeschritten war als Jenneys vergleichsweise antiquierte Baukonstruktion aus eben diesem Jahr.[1]

Der früheste bekannte Entwurf für ein hoch aufragendes Bauwerk, das auf dem Prinzip der Eisenskelettkonstruktion beruhen und mit einem Aufzug versehen werden sollte, wurde 1832 von dem englischen Ingenieur Richard Trevithick vorgelegt. Zum Gedenken an die Regierungsreformen, die in diesem Jahr vom englischen Parlament verabschiedet worden waren, schlug er vor, einen etwa 305 Meter hohen Turm zu bauen, der vollständig aus Eisen konstruiert werden sollte (Abb. 2). Trevithick nutzte in seinem Entwurf geschickt die Dampftechnologie seiner Zeit, um die Besucher zur Spitze des Turms zu bringen. Ein zentraler hohler Zylinder von etwa drei Metern Durchmesser sollte den Turm in seiner gesamten Länge durchlaufen. Eine Kabine, die die Form eines Kolbens hatte und bis zu 25 Menschen aufnehmen konnte, sollte durch Änderung des Dampfdrucks im Zylinderraum unter dem Kolben mit einer sicheren und bequemen Geschwindigkeit gehoben und gesenkt werden. Leider starb Trevithick im April des Jahres 1833 und mit ihm seine Idee für diesen Turm.[2]

Tatsächlich hatte die Eisenrahmenbauweise für mehrstöckige Gebäude ihren Ursprung im Jahre 1792 in England (22 Jahre nach der erstmaligen Verwendung von Gußeisensäulen in englischen Kirchen), als William Strutt in Derby seine sechsstöckige Calico Mill errichtete.[3] 1844 hatte sich diese Bauweise in England so weit entwickelt, daß der Eisenrahmen in das Äußere eines Gebäudes einbezogen werden konnte und damit keine Notwendigkeit mehr für ein schweres Mauerwerk bestand; eben dies scheint bei der Feuerwehrwache, die in jenem Jahr im Royal

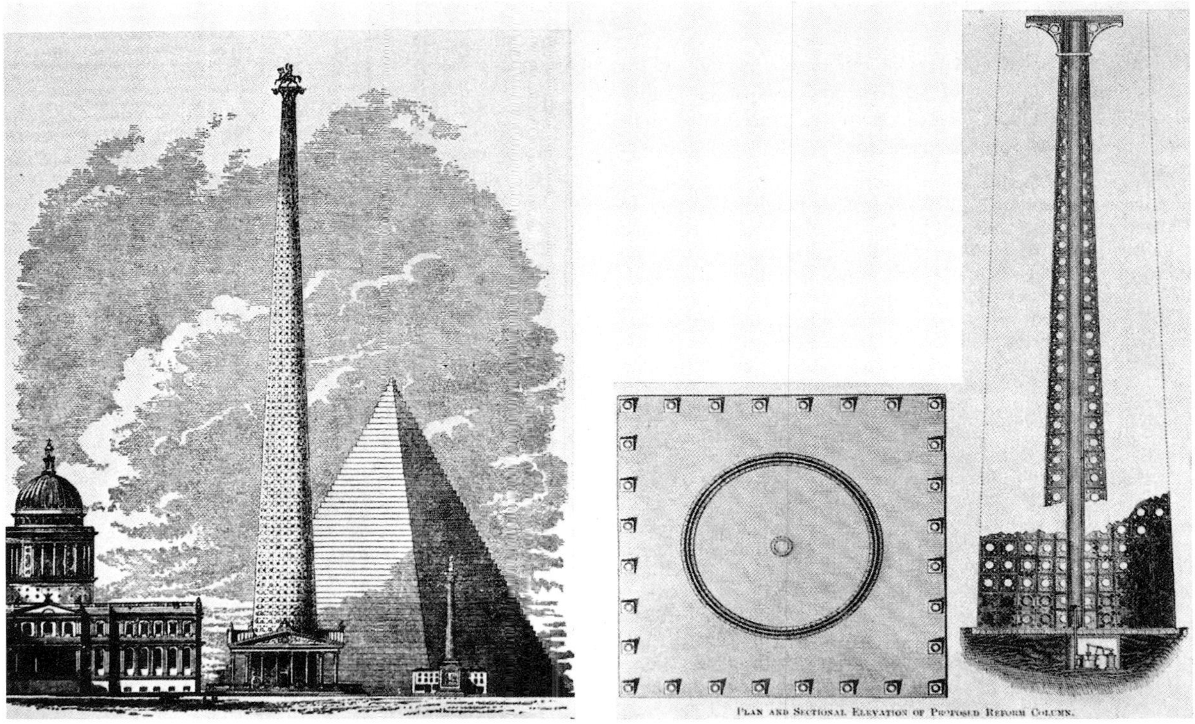

Abb. 1 William Le Baron Jenney, Home Insurance Building, Nordostecke LaSalle und Adams Street, 1884 (abgerissen)

Abb. 2 Richard Trevithick, Entwurf eines Denkmals für die Regierungsreform, 1832; aus Journal of the Society of Architectural Historians *16, 4, Dez. 1957*

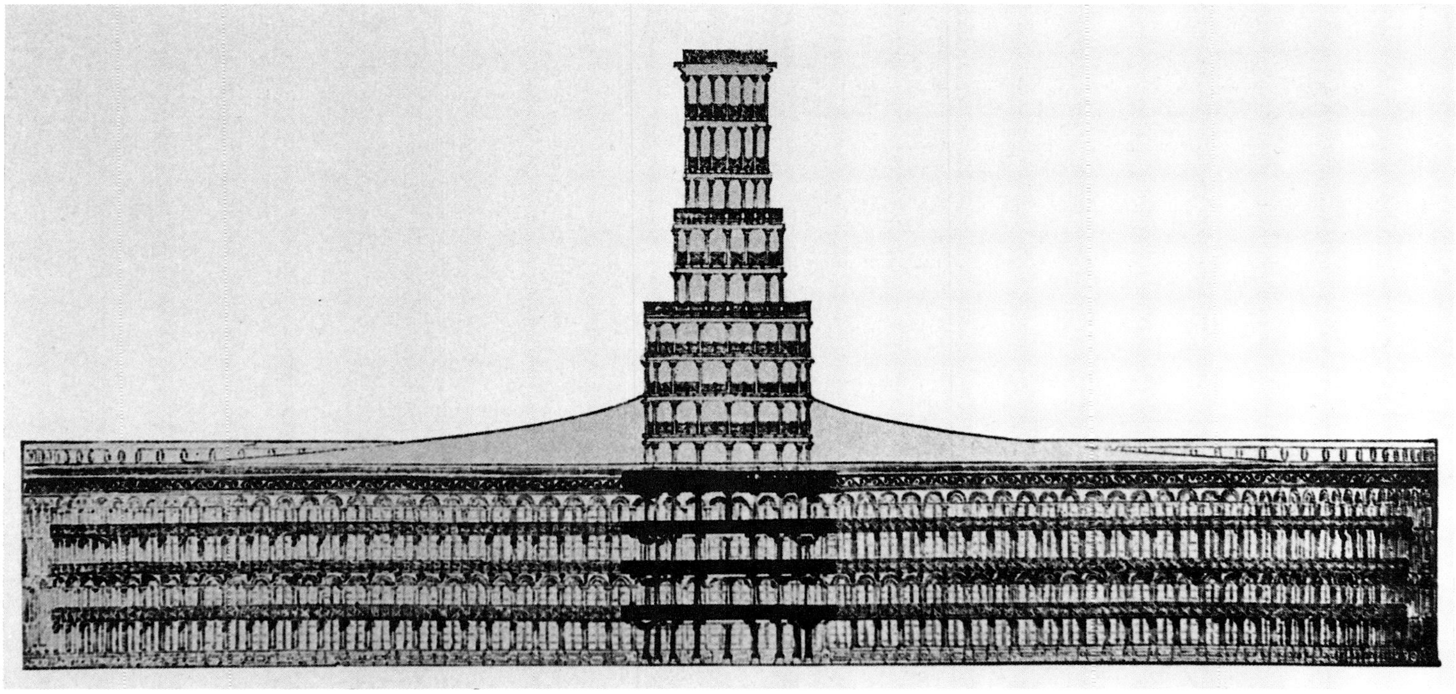

Abb. 3 James Bogardus, Entwurf eines 90 Meter hohen Turms für den New Yorker Kristallpalast, 1852; aus Sigfried Giedion, Space, Time and Architecture, *Cambridge, Mass. 1941*

Navy's Dockyard in Portsmouth gebaut wurde, der Fall gewesen zu sein. Das Eisenskelett wurde bis nach außen vorgezogen und blieb offen sichtbar, da die nicht tragenden Außenwände und die Fenster an der Innenseite der Struktur angebracht wurden.[4]

Ausgerechnet im selben Jahr wurden die Londoner Bauvorschriften revidiert, um den Brandschutz für den Gebäudebestand der Stadt zu erhöhen: Indirekt wurde damit die Verwendung freiliegender Eisenkonstruktionen verhindert.[5] Überdies gewann gerade zu dem Zeitpunkt, als man in England vor der Lösung der technischen Probleme des Eisenskelettbaus stand, die Bewegung gegen die Auswirkungen der industriellen Revolution an Stoßkraft. Der einflußreichste Anführer der Kampagne gegen die Verwendung von Eisen in der Architektur war zweifellos John Ruskin. Am deutlichsten äußerte er seine Ansicht in seinem Buch *Die sieben Leuchter der Baukunst,* das im Jahre 1849 erschien. In dem Kapitel ›Der Leuchter der Wahrheit‹ verkündete er, »daß echte Architektur das Eisen als konstruktives Material nicht zuläßt, und daß solche Arbeiten wie ... die gußeisernen Bedachungen und Pfeiler unserer Bahnhofshallen und einiger unserer neuen Kirchen gar keine Architektur sind«.[6] Das Londoner Baugesetz von 1844 und die einflußreiche ästhetische Theorie von Kritikern wie Ruskin hatten zur Folge, daß das Eisenskelett in das Korsett des Mauerwerks zurückgezwungen wurde und in den Straßen Londons nicht zum Vorschein treten konnte.

Inzwischen hatte New York City – am 19. Juli 1845 – die zweite große Feuersbrunst innerhalb von zehn Jahren erlitten. Wenngleich London freiliegende Gußeisenkonstruktionen aufgrund hoher Brandgefahr gerade erst mit einem Bann belegt hatte, sah sich offensichtlich James Bogardus, ein innovationsfreudiger Fabrikant von Mahlmaschinen für Getreide und Graphit, durch das Feuer von New York veranlaßt, im Sommer 1847 den Plan für ein neues, vierstöckiges Fabrikgebäude vorzulegen, dessen Äußeres vollständig aus Glas und »feuerfestem« Gußeisen bestehen sollte.[7] Bogardus, der über keine früheren Konstruktionserfahrungen verfügte, scheint sich auf einer Reise von 1836 bis 1840 durch England und den europäischen Kontinent mit dem Prinzip der Eisenkonstruktion vertraut gemacht zu haben. Zu jener Zeit wurden in England vorgefertigte Eisenbauteilsysteme entwickelt, die durchaus Gemeinsamkeiten mit denen aufweisen, die Bogardus schließlich im Mai 1850 patentieren ließ.[8] Gußeisen war zwar schon spätestens seit 1822 in amerikanischen Gebäuden verwendet worden, doch Bogardus führte in seinem System eine bedeutende Neuerung ein.[9] Er erfand eine Bolzenverbindung, die an die Stelle der bis dahin für amerikanische Eisenkonstruktionen gebräuchlichen Reibverbindungen trat und die der Träger-Stützenstruktur genügend Festigkeit verlieh, um auf diagonale Versteifungsträger oder auf Mauerwerk verzichten zu können. Damit war eines der wichtigsten Hindernisse überwunden, das die Ausnutzung der Möglichkeiten des Stahlrahmens, hohe Gebäude zu tragen, bislang blockiert hatte.

Eine weitere Konsequenz der New Yorker Feuersbrunst von 1845 war die Neuorganisation der Feuerüberwachungsbezirke der Stadt, die die Errichtung mehrerer zusätzlicher Feuerwachttürme erforderlich machte. Gegen Ende des Jahres 1850 machte Bogardus den Vorschlag, daß diese Türme aus feuerfestem Gußeisen gefertigt werden könnten. Der Stadtrat gab ihm schließlich den Auftrag, an der 33rd Street in der Nähe der Ninth Avenue einen Prototyp zu bauen. Dieser Turm, Mitte August 1851 fertiggestellt, bestand aus einem zehnseitigen, offenen, geradlinigen Eisengestell, das in sechs Stufen zu einer Höhe von

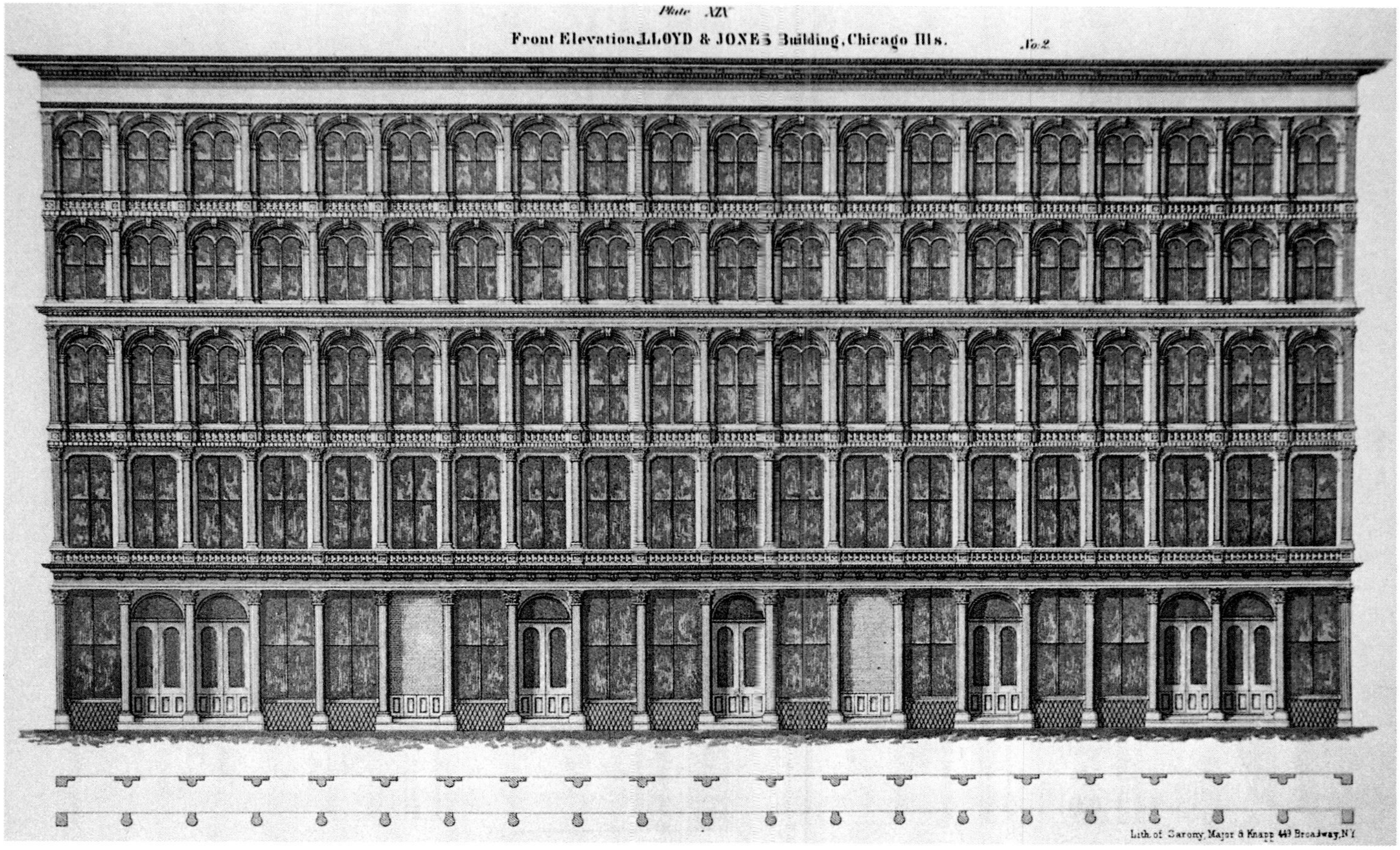

Abb. 4 Daniel Badger und John M. Van Osdel, Lloyd and Jones Building, Lake Street, um 1860 (abgerissen); aus Daniel Badger, Illustrations of Iron Architecture, *1865, in* The Origins of Cast Iron Architecture in America *New York 1970*

Abb. 5 Daniel Badger und George H. Johnson, Getreidespeicher für die U.S. Warehousing Company, Brooklyn, 1860; aus Badger, Iron Architecture

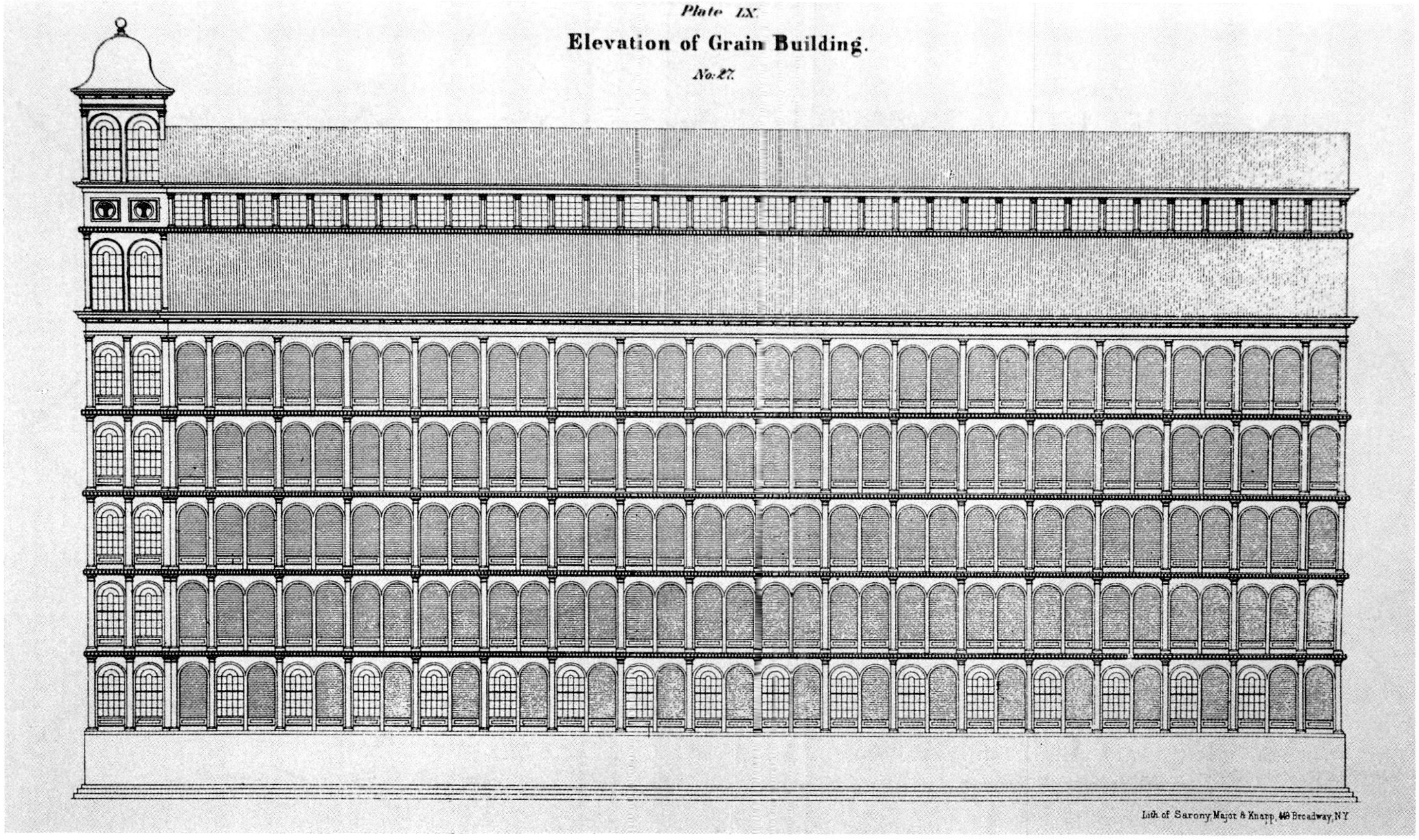

etwa 30 Metern aufgebaut wurde. Der Turm scheint der Vorläufer von Bogardus' bekanntem Vorschlag für den New Yorker Kristallpalast aus dem Jahr 1852 gewesen zu sein (Abb. 3), der einen ähnlichen Turm von etwa 90 Metern in dreizehn Stufen aufwies, der aus zwei niedrigeren, breiteren Türmen emporwuchs.[10] Zwar waren Bogardus' Eisentürme keineswegs die ersten, die entworfen oder gebaut wurden, sie brachten jedoch ihre typischen Konstruktionsmerkmale insofern stärker zum Ausdruck als ihre Vorgänger, als das Eisengerippe nicht von einer umschließenden Membran bedeckt wurde. Bogardus hatte mit diesen Strukturen bewußt das moderne Eisenskelett ins Leben gerufen, das er in einer Veröffentlichung von 1856 so beschrieb: »Auf diesen Pfeilern ruht eine weitere Reihe von Schwellen; und immer so fort, für jede beliebige Anzahl von Stockwerken ... um einen Turm oder ein Gebäude zu errichten, das die Höhe eines jeden anderen Bauwerks der Welt um ein Vielfaches übertrifft....«[11]

Der Turm, den Bogardus für die New Yorker Weltausstellung von 1852 vorgeschlagen hatte, weist eine erstaunliche Ähnlichkeit mit dem Aussichtsturm auf, den der englische Architekt C. Burton angeregt und in der Ausgabe der Zeitschrift *Builder* vom 1. Mai 1852 beschrieben hatte. Auf Weisung des House of Commons mußte Joseph Paxtons Kristallpalast im Londoner Hyde Park nach der Weltausstellung von 1851 abgerissen werden. Burton machte den Vorschlag, die Eisen- und Glasteile für ein Bauwerk von fünf konzentrischen Türmen wiederzuverwenden, von denen der größte eine Höhe von etwa 300 Metern erreichen sollte.[12]

Mittlerweile hatte das Jahr 1852 auch den Beginn des Zweiten Kaiserreichs in Frankreich bezeichnet. Unter der Herrschaft Napoleons III. wurden viele der bedeutendsten Bauten Frankreichs errichtet.[13] Frankreich war fest entschlossen, nicht hinter der englischen oder amerikanischen Weltausstellung zurückzustehen, und schrieb in diesem Jahr einen Entwurfswettbewerb für ein Palais de l'Industrie für die Weltausstellung aus, die 1855 stattfinden sollte. Das Projekt von Viel und Desjardin, das den ersten Preis erhielt, hätte das erste französische Bauwerk werden können, das auf einer freistehenden Eisenstruktur beruht und zugunsten von Glas- und Gußeisenwänden auf jegliches Außenmauerwerk verzichtet hätte.[14] Im endgültigen Entwurf mußten jedoch einige Kompromisse gemacht werden, um die Kosten für das Gebäude in Grenzen zu halten, und so wurde die Eisen- und Glasfassade durch kostengünstigeres Mauerwerk ersetzt. Frankreichs Palais de l'Industrie war in seiner Struktur und Konstruktion weit kühner als Paxtons Kristallpalast. Es überspannte mit seiner Schmiedeeisenkonstruktion 48 Meter, während Paxtons Bau mit seiner Holzkonstruktion nur über eine Spannweite von 22 Metern verfügte. Nichtsdestoweniger war die Eisenstruktur des Palais de l'Industrie noch mit Mauerwerk ummantelt, wenn auch das Mauerwerk nicht dazu diente, Teile der Eisenkonstruktion zu tragen.[15]

Gegen Ende des Jahres 1853, während über die Änderungen an dem Entwurf von Viel und Desjardin beraten wurde, entwarf Victor Baltard das erste wirklich freistehende Eisenbauwerk Frankreichs, die Markthallen von Paris, ›Les Halles‹. Schon früher hatte Baltard ein Gebäude aus Stein für die Hallen konzipiert, mit dessen Bau übrigens 1851 begonnen worden war. Offensichtlich unter dem Druck der öffentlichen Meinung ließ Napoleon III. die Bauarbeiten im Juni 1853 stoppen und bald darauf das fast fertiggestellte Gebäude wieder abreißen. Baron Georges-Eugène Haussmann, dem neu ernannten Präfekten des Seine-Departements, gegenüber erklärte er, daß er für die Markthallen Glas- und Eisendächer wünsche. Haussmann wies Baltard dementsprechend an, »Eisen, Eisen und nichts als Eisen« zu verwenden. Ein Wettbewerb für einen neuen Entwurf wurde ausgeschrieben, und Baltards Konstruktion aus Eisen und Glas wurde ausgewählt. In diesem Entwurf wurden die Säulen an den Außenseiten frei gelassen und über bogenförmige Kopfstreben mit den eisernen Dachträgern verbunden, wodurch die Stabilität der Konstruktion der Hallen von Stützmauern unabhängig wurde.[15]

Der kaiserliche Erlaß, der ›Les Halles‹ betraf, wirkte sich jedoch kaum auf die Tyrannei aus, die die französische Mauerwerktradition die fünfziger Jahre des 19. Jahrhunderts hindurch ausübte, obschon die französischen Kommentatoren – im Gegensatz zu ihren englischen Kollegen – sich zu Fürsprechern der Verarbeitung von Eisen machten, insbesondere wenn es um visionäre Entwürfe ging. Einer der ersten dieser Fürsprecher war der Architekt Louis-Auguste Boileau, der seinen ersten Aufsatz über die Verwendung von Eisen, *Nouvelle architecturale forme,* 1853 veröffentlichte. Zwei Jahre später setzte er seine Theorie mit seinem Entwurf für die Kirche Saint-Eugène in Paris in die Praxis um. Zwar mit einem unabhängigen Eisenrahmen konstruiert, war das Gebäude aber noch immer von nichttragendem Mauerwerk umschlossen, das um die äußeren Eisensäulen herumgebaut wurde – eine Technik, die sich allmählich in ganz Frankreich durchsetzte.[17] Obwohl Boileau sein Gebäude in traditionelles Mauerwerk ›verpackt‹ hatte, wurde er von vielen Kritikern angegriffen, vor allem von Eugène-Emmanuel Viollet-le-Duc, der sich damals im Gegensatz zu Bogardus und Boileau gegen die Verwendung von freiliegendem Eisen in öffentlichen Gebäuden wandte. Neben verschiedenen Argumenten eher philosophischer Art machte er geltend, daß Temperaturschwankungen einen »Hagel von Bolzenköpfen und im Regen einen Rostschauer« bewirken könnten.[18]

Während Viollet-le-Duc seine Einwände gegen Boileaus Eisenkonstruktion erhob, unternahm Bogardus den letzten Schritt, um den mehrstöckigen Eisenrahmen ganz vom stützenden Mauerwerk zu trennen. 1855 entwarf und baute er einen Schrotturm für die McCullough Shot and Lead Company in New York City, bei dem es sich um das erste vielstöckige Eisenbauwerk handelte, das eine Mauerwerkumfassung trug. Bogardus entwarf ein leichtgebautes, achtseitiges Eisenskelett von acht Stockwerken mit einer Höhe von 53,30 Metern. Auf jeder Ebene wurden dreißig Zentimeter dicke Ziegelwände auf die Träger gebaut, um das Innere des Turms zu umschließen. Damit wurde nicht nur das Gewicht, das die Fundamente tragen mußten, beträchtlich reduziert, auch die Bewegungsfreiheit der Fabrikarbeiter wurde größer, da im Erdgeschoß auf jegliche Mauern verzichtet werden konnte. Diese Lösung war so erfolgreich, daß innerhalb eines Jahres eine weitere Schrotfirma, Tatham & Brothers, Bogardus den Auftrag gab, einen ähnlichen, aber noch höheren (66 Meter) Turm zu bauen.[19] Bogardus kommt also das Verdienst zu, nicht nur die zwei ersten Eisenskelettbauten errichtet zu haben, die auch ihre Wände trugen, er war auch der erste, der die Anwendungsmöglichkeiten der Eisen- und Mauerwerkkonstruktion erkannte und erforschte, und zwar noch bevor Viollet-le-Duc schließlich seine Meinung zur Verwendung von Eisen in der Architektur von Grund auf änderte.

Bald schon folgte auf Bogardus' Schrottürme das erste bekannte mehrstöckige Gebäude, das vollständig von einem starren Eisenskelett getragen wurde und ganz ohne Mauerwerk oder diagonale Versteifungsträger auskam. 1858 entwarf der englische Architekt Godfrey Greene das Bootslager auf der Marinewerft in Sheerness, einer der letzten Beiträge Englands zur Evolution des Eisenrahmens. Greenes vierstöckiger bewegungsresistenter Rahmen kam zustande, indem die Schmiedeeisenträger längs ihrer ganzen Tiefe an die Gußeisensäulen genietet wurden. Um das vierstöckige Skelett zu umschließen, nahm Greene jedoch anstelle des traditionellen Mauerwerks einander abwechselnde Bänder aus Glas und Wellblech.[20] Damit fiel die Ehre, das erste mehrstökkige Gebäude errichtet zu haben, das von einem Eisenrahmen getragen wurde, auf den eine Mauerwerkeinfassung gestellt wurde, an Daniel Badger, den Hauptkonkurrenten Bogardus'.

Im Jahre 1856 hatte Badger sein expandierendes Bauunternehmen unter dem Namen ›Architectural Iron Works of New York‹ eintragen lassen; er ernannte George H. Johnson, einen jungen Konstrukteur, der 1852 aus England eingewandert war, zum Konstruktionsleiter der neu eingerichteten Architekturabteilung. Die Gründung des neuen Unternehmens dürfte damit zusammengehangen haben, daß Badger den ersten Auftrag für einen großen, vielstökkigen Gebäudekomplex erhielt: die Ladenfronten des seinerzeit führenden Einkaufszentrums von Chicago, des Häuserblocks an der Lake Street zwischen Wabash Avenue und State Street (siehe Harris, Abb. 4). Die Gußeisenfassaden des Komplexes zu beiden Seiten der Straße waren von John M. Van Osdel, dem bedeutendsten Architekten Chicagos, im venezianischen Renaissancestil entworfen worden (Abb. 4). Der Umfang und die Komplexität dieses Unterfangens stellten eine große Herausforderung dar, und Badger schickte Johnson nach Chicago, um die Bauarbeiten zu überwachen.[21]

Abb. 6 Eugène-Emmanuel Viollet-le-Duc, Ansicht eines ›Pan de fer‹-Appartementhauses, Paris, 1863; aus Entretiens sur l'architecture, *Paris 1864*

Im Jahre 1859 ließen Badger und William S. Simpson ein Eisensystem für die Konstruktion von Getreidespeichern patentieren, womit sie auf die zunehmende Zahl von Bränden in solchen Gebäuden reagierten. Dieses System bestand aus zylindrischen Silos, die aus zusammengenieteten Gußeisenplatten gefertigt und von einem mehrstöckigen Eisenskelett getragen wurden. Ein Jahr darauf entwarf Johnson für die U. S. Warehousing Company den ersten Getreidespeicher der nach diesem System gebaut wurde (Abb. 5). Der siebenstöckige Speicher, der auf dem Atlantic Dock in South Brooklyn errichtet wurde, war sowohl innen als auch außen vollständig in Eisen gerahmt. Das eiserne Äußere war – ähnlich wie bei den Schrottürmen, die Bogardus fünf Jahre zuvor gebaut hatte – zum großen Teil mit Ziegelwänden umschlossen.[22]

Zu der Zeit, als der Bürgerkrieg ausbrach, glitzerten in vielen größeren amerikanischen Städten fünfstöckige, mit leuchtenden Farben gestrichene Fassa-

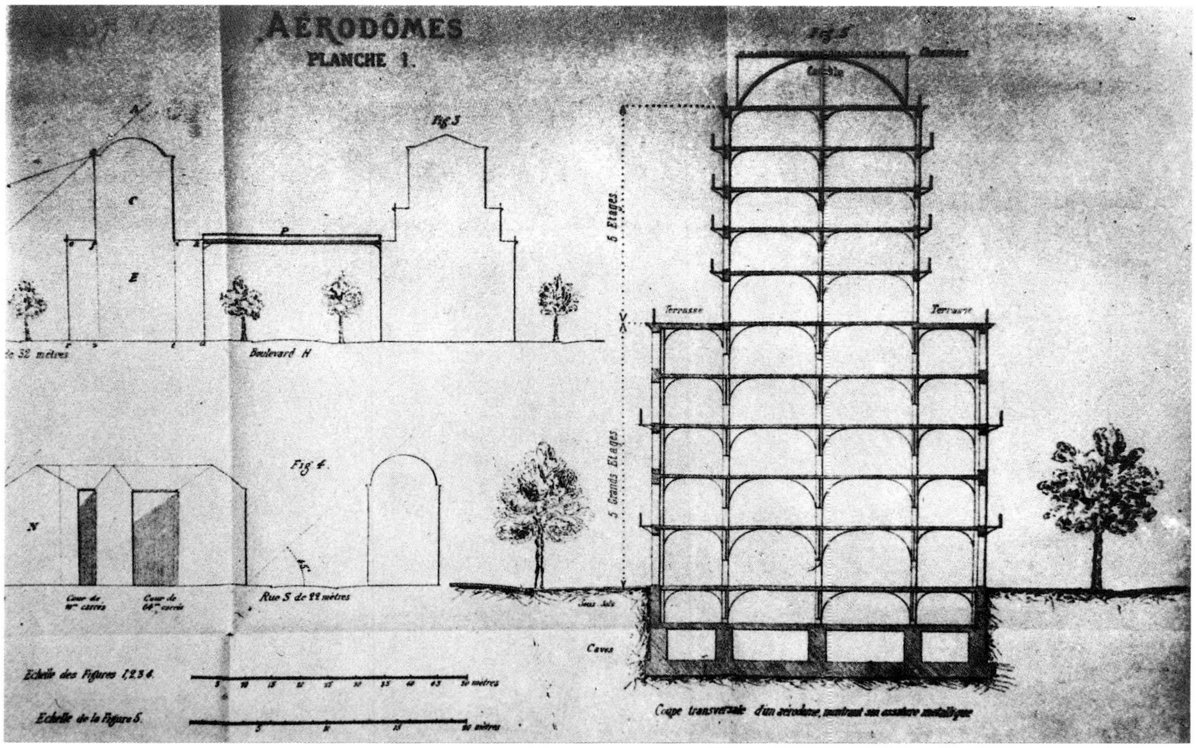

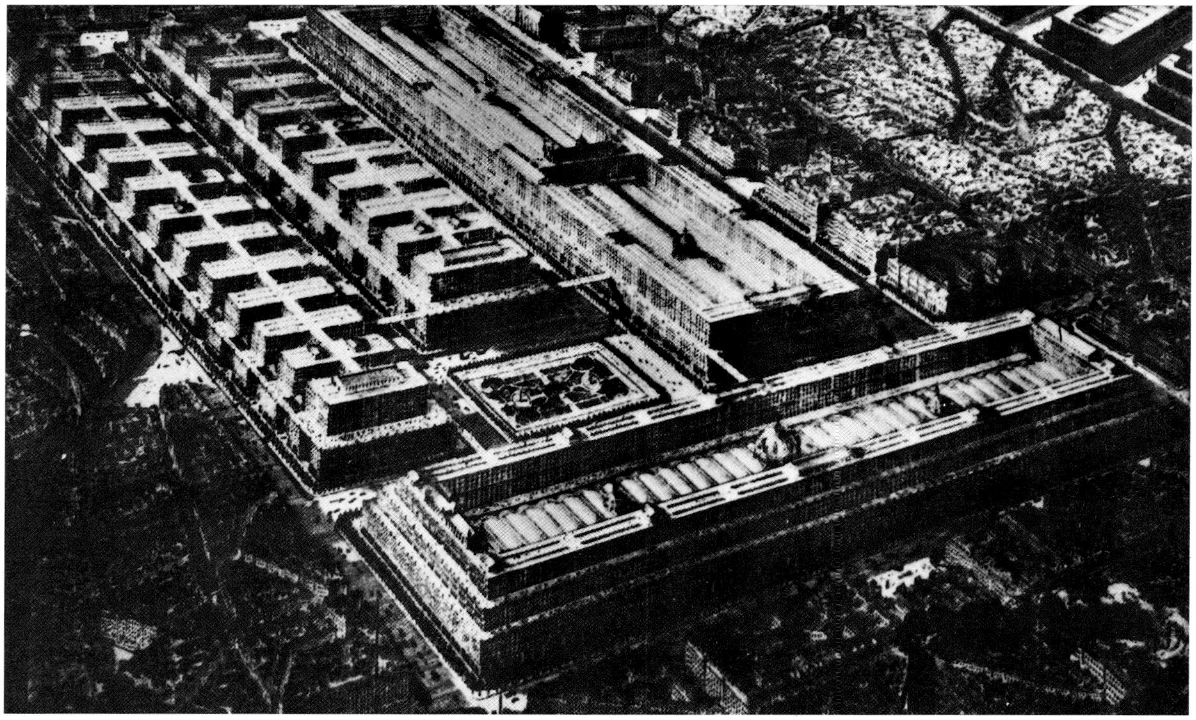

Abb. 7/8 Henri-Jules Borie, ›Aérodômes‹, Paris, 1865, Schnitt und Vogelperspektive; aus Design Quarterly *85, 1972*

den aus Gußeisen und Glas. Gelegentlich – wie zum Beispiel in A.T. Stewarts neuem Warenhaus in New York City, das John Kellum 1859 entworfen hatte[23] – wurden diese Fassaden durch komplette Eisenskelette gestützt, eine Technik, die sich in den fünfziger Jahren des 19. Jahrhunderts im Anschluß an Bogardus und Badger entwickelt hatte. Der amerikanische Eisenskelettbau hatte also seinen Ursprung in New York City – etwa dreißig Jahre bevor er zum ersten Mal in Chicago verwendet wurde. Bogardus und Badger hatten auch gezeigt, wie die offenen Flächen des äußeren Rahmenwerks mit Mauerwerk oder Glas geschlossen werden konnten. Zusammen mit einer weiteren technischen Neuheit aus New York, dem Sicherheitsaufzug von Otis, der der Öffentlichkeit zum ersten Mal bei der Weltausstellung 1853 vorgestellt wurde, konnte New York somit zu Beginn des amerikanischen Bürgerkriegs alle technischen Voraussetzungen vorweisen, die für die Entwicklung des Wolkenkratzers notwendig waren.

Der Bürgerkrieg verhinderte in den Vereinigten Staaten dann weitere Großversuche mit dem Eisenskelett. In den folgenden dreißig Jahren gingen die entscheidenden Impulse im Bereich der Eisenkonstruktion von Frankreich aus.[24] In den frühen sechziger Jahren des 19. Jahrhunderts erschien eine neue Generation französischer Konstrukteure auf dem Plan, die das Eisenskelett unbedingt in das Äußere eines Gebäudes vordringen lassen wollten, obwohl die Pariser Bauvorschriften nicht nur für Hauswände, die zur Straße hin lagen, eine Stärke von fünfzig Zentimetern vorschrieben, sondern darüber hinaus die Verwendung von Eisenteilen in solchen Mauern untersagten.[25] Angekündigt wurde die zunehmende Verwendung von Eisen in einer 1863 veröffentlichten Illustration von Viollet-le-Duc, der sich inzwischen zu einem entschiedenen Anhänger der Eisenskelettbauweise gewandelt hatte und bald deren wichtigster Fürsprecher wurde. Der *Atlas,* der gleichzeitig mit dem ersten Band seiner *Entretiens sur l'architecture* erschien, enthielt eine farbige Ansicht (Abb. 6) eines Entwurfs für ein Appartementhaus, bei dem die Außenwände der Stockwerke über dem Erdgeschoß mit seiner gußeisernen Ladenfront den diagonal verstrebten Eisenrahmen offen dem Blick darboten. Das Eisengerüst, das an die traditionelle europäische Fachwerkbauweise erinnerte, war mit einer Füllung aus vielfarbigen Terrakottaziegeln eingefaßt – eine Wiederaufnahme der Technik, die zuvor Bogardus in seinen Schrottürmen und Badger in seinen Getreidespeichern angewandt hatten.[26]

Die Pläne Napoleons III. und Haussmanns zur Umgestaltung von Paris, die um 1860 schon weit fortgeschritten waren, ließen ein empfängliches Klima für die Erforschung revolutionärer Techniken und Materialien entstehen. Zusammen mit dem Fahrstuhl stellte das Eisenskelett ein hervorragendes Potential für die städtebauliche Renaissance von Paris dar, und diese beiden Entwicklungen führten bald auch zu einem der frühesten visionären Entwürfe für einen Wolkenkratzer. 1865 veröffentlichte der französische Ingenieur Henri-Jules Borie einen Plan für einen ganzen Stadtteil aus elfstöckigen, mit Aufzügen versehenen Gebäuden, die er ›Aérodômes‹ nannte (Abb. 8). Diese Gebäude bestanden aus zehn Eisenskelettgeschossen mit Steinverblendung über einem Erdgeschoß aus Mauerwerk (Abb. 7).[27] Mit ihrer übertriebenen Höhe, ihren Aufzügen und feuerfesten Eisenskeletten verdienen Bories ›Aérodômes‹ – zwanzig Jahre vor der Erbauung des Home Insurance Building – mit vollem Recht die Bezeichnung Wolkenkratzer.

Im selben Jahr wurde das erste französische Gebäude mit einem selbsttragenden, mehrstöckigen Eisenrahmen errichtet, nämlich Préfontaines sechsstökkiges Lagerhaus für die Saint-Ouen-Eisenbahn- und Dockgesellschaft. Mit Ausnahme der konventionellen Südfassade aus Mauerwerk wurde das gesamte Gebäude von einem Guß- und Schmiedeeisenskelett getragen, das an den Außenseiten sichtbar blieb, da die Mauern an der Innenseite des Gerüsts hochgezogen wurden.[28] Es ist unklar, ob die Wand selbsttragend oder Stockwerk für Stockwerk als Füllung in den Rahmen gebaut war; jedenfalls war es den Franzosen nur fünf Jahre nach Badgers erstem Getreidespeicher gelungen, den Eisenrahmen in das Äußere eines mehrstöckigen Gebäudes vordringen zu lassen.

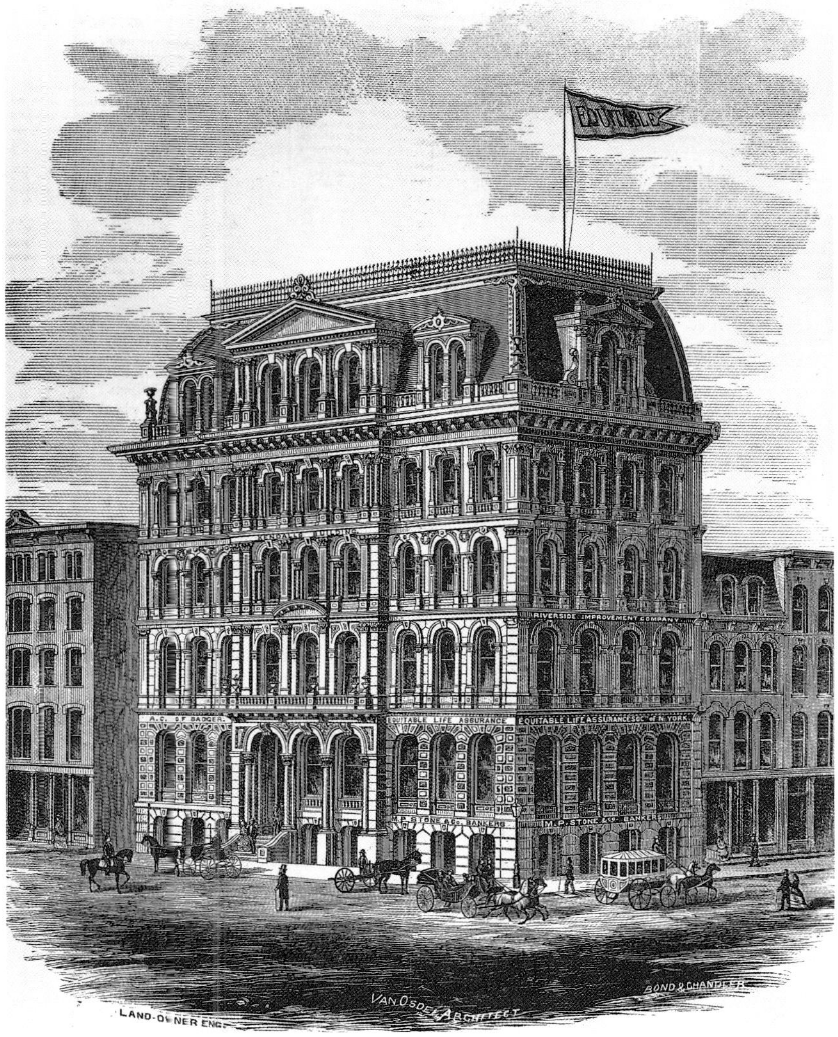

Abb. 9 John M. Van Osdel, Perspektivische Ansicht des geplanten Kendall Building, 40 North Dearborn Street, 1871; noch vor seiner Fertigstellung wurde das Gebäude vom Feuer im Oktober 1871 zerstört; aus Land Owner, *Okt. 1871*

Im Jahre 1867, als die Welt erneut anläßlich einer Weltausstellung in Paris zusammentraf, wurden zahlreiche, unter dem Namen ›Pan de fer‹ bekanntgewordene Eisen- und Terrakottakonstruktionssysteme projektiert, um feuersichere Wohnungen bauen zu können, wie sie in Paris gefordert wurden.[29] Der außerordentlich große Bevölkerungszuwachs der Stadt zeigte sich zur gleichen Zeit auch im Aufkommen des Kaufhauses mit einem umfassenden Warensortiment, als dessen erstes Beispiel im allgemeinen das neue Warenhaus Les Magasins-Réunis von 1867 betrachtet wird. Mit großer Wahrscheinlichkeit sahen sich die Grands Magasins du Bon Marché durch diesen Schritt der Konkurrenz veranlaßt, Louis-Auguste Boileau, dem Architekten der Kirche Saint-Eugène, den Auftrag für ein neues, zeitgemäßes Gebäude aus Eisen und Glas zu geben. Boileaus Sohn, Louis-Charles, machte 1869 den Vorschlag, das gesamte Warenhaus einzig auf der Basis eines Eisenskeletts zu errichten. Dieser revolutionäre Gedanke wurde mit der Begrün-

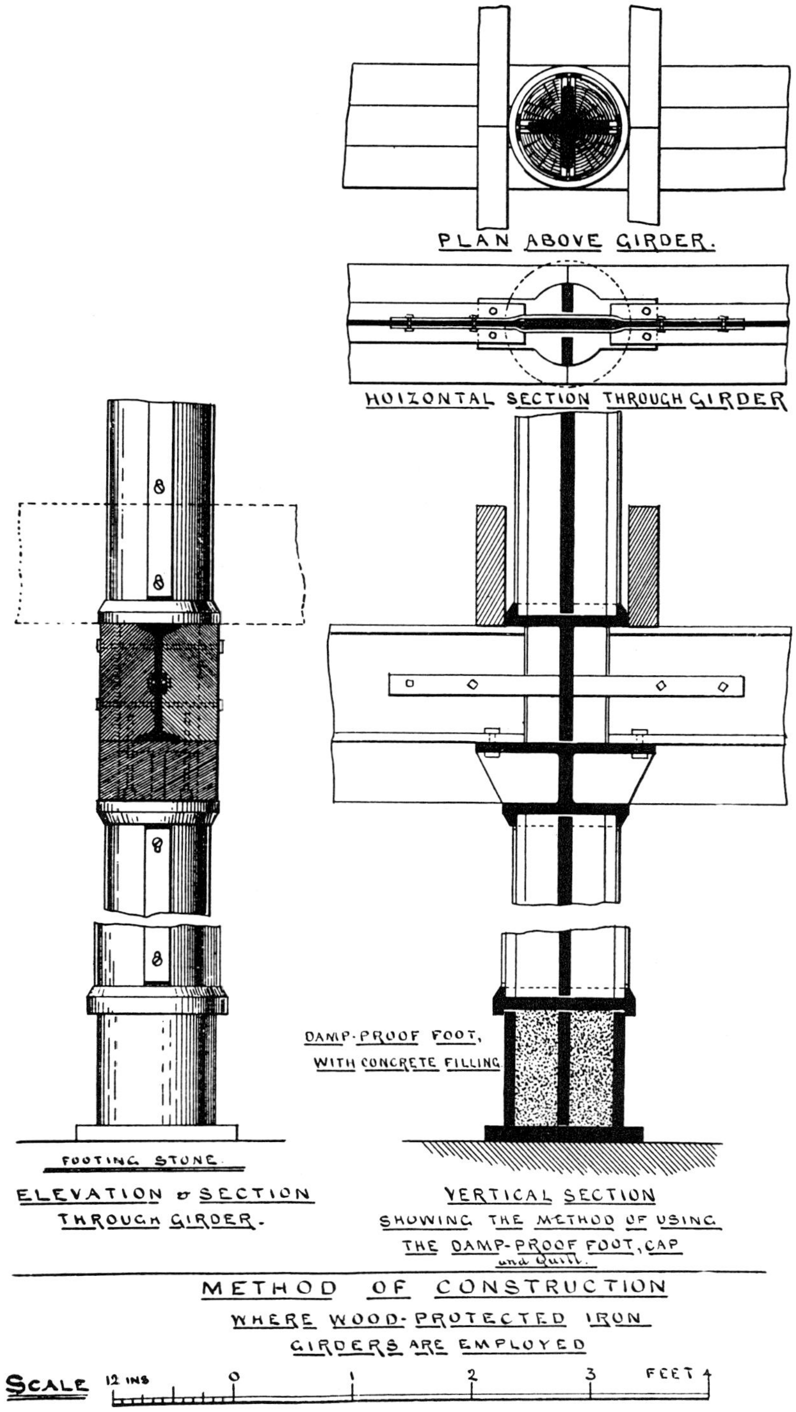

Abb. 10/11 William H. Drake und Peter B. Wight, Entwurf für feuerfeste holz- und terrakottaummantelte Eisensäulen, 1874; aus Brickbuilder *6, Aug. 1897*

dung verworfen, ein solches Gebäude könne nicht stabil genug sein, und deshalb schrieb der endgültige Entwurf Außensäulen aus Stein vor.[30]

Bis 1869 waren zwar die technischen Voraussetzungen für ein selbsttragendes mehrstöckiges Eisenskelett durchaus gegeben, doch wie bereits beim Lagerhaus für Saint-Ouen ließen die strengen Bestimmungen der Pariser Bauvorschriften eine solche Konstruktion nicht zu. In jenem Jahr entwarf der Architekt Jules Saulnier ein dreistöckiges Fabrikgebäude, das an die Stelle des Fachwerkbaus der Schokoladenfabrik Menier treten sollte, der 1840 in der Nähe des Dorfs Noisiel über die Marne gebaut worden war. Unter Beibehaltung zweier Mauerwerkpfeiler im Fluß, die aus dem Jahr 1157 stammten, entwarfen Saulnier und der Ingenieur Moisant ein dreistöckiges Eisenskelett, dessen Träger weit auskragten. Das Eisenskelett wurde durch sich überkreuzende Diagonalstreben stabilisiert, die an den Außenflächen sichtbar blieben. Die Felder wurden mit farbigen Terrakottaziegeln ausgefüllt, eine Technik, die deutlich an Viollet-le-Ducs Entwurf von 1863 erinnert.[31]

Tatsächlich sollte es Viollet-le-Duc 1872 mit der Veröffentlichung des zweiten Bandes seiner *Entretiens sur l'architecture* gelingen, die Aufmerksamkeit der französischen Architekten auf das offen sichtbare Eisenskelett zu lenken. Jetzt, neun Jahre nach der Veröffentlichung seines zwar hochinteressanten, jedoch damals unkommentiert gebliebenen Entwurfs für die Pan-de-fer-Bauweise im *Atlas,* gab er der sich in Frankreich entwickelten Technik des verkleideten Eisenskeletts eine theoretische und technische Grundlage:

»Für einen Architekten dürfte die Vorstellung nicht abwegig sein, ein großes Gebäude zu errichten, dessen Gerüst ganz aus Eisen besteht, und dieses Gerüst zu verkleiden – es mit einem Schutzmantel aus Stein zu versehen.«[32]

Seine Aufforderung konnte jedoch nicht in Frankreich verwirklicht werden, denn am 28. Januar des Jahres 1871 marschierten die Preußen in Paris ein und setzten dem Zweiten Kaiserreich ein Ende. Der Friedensvertrag wurde am 10. Mai 1871 geschlossen, nur fünf Monate vor dem Brand von Chicago, der die Architekten und Bauunternehmer dieser Stadt vor das Problem stellte, das Eisenskelett feuersicher zu machen.

Es war George H. Johnson, der frühere Chefkonstrukteur Daniel Badgers und Architekt des Getreidespeichers der U. S. Warehousing Company von 1860, der die französische Technik der feuersicheren Eisenbauweise in Chicago einführte. Nach dem Ende des amerikanischen Bürgerkriegs hatte sich Johnson wieder seinen früheren Bemühungen um feuersichere Getreidespeicher zugewandt. Am 7. März 1869 ließ er ein System für die Errichtung feuersicherer Getreidesilos auf der Grundlage hohler Tonziegelblöcke patentieren. Sein großes Interesse an feuersicheren Konstruktionssystemen ließ ihn Anfang 1871 eine Reise nach Frankreich unternehmen, wo er sich über die neuesten Entwicklungen auf dem Gebiet der feuersicheren Deckenkonstruktion informierte. Die neuen Erkenntnisse brachte er schließlich in seine Erfahrungen mit der Verarbeitung von Ton ein und ließ zusammen mit Balthazar Kreischer am 2. März 1871 ein Hohlziegel-Deckensystem patentieren, das aus einem einteiligen Deckengewölbe bestand, das den Raum zwischen eisernen U-Trägern überspannte.[33]

Es läßt sich nicht genau feststellen, ob Johnson kurz vor oder unmittelbar nach dem Brand, der vom 8. bis zum 10. Oktober 1871 in Chicago wütete, von New York dorthin reiste, um sein Hohlziegelwand- und deckensystem vorzuführen. Den ersten Auftrag gab ihm der Chicagoer Architekt John M. Van Osdel, für den Johnson schon vierzehn Jahre zuvor bei der Errichtung der Gußeisenfassaden an der Lake Street gearbeitet hatte. Er beauftragte ihn mit den Brandschutzmaßnahmen für das Kendall Building, North Dearborn Street 40. Van Osdel hatte bereits Anfang 1871, also vor der Feuersbrunst, mit der Planung dieses Gebäudes begonnen. Ursprünglich war es als das anspruchvollste und mit sechs Stockwerken höchste Gebäude von Chicago geplant worden (Abb. 9). Zweifellos waren die Höhe und die Bauweise nach den Vorstellungen des Hauptpächters ausgerichtet, der New Yorker Equitable Life Assurance Company.[34]

Equitable war im Mai 1870 in ein nagelneues Gebäude in New York City umgezogen. Ursprünglich war dieses Gebäude 1867 von Arthur D. Gilman und Edward H. Kendall entworfen worden; vollendet wurde es von George B. Post, einem jungen Ingenieur und Architekten, der von Equitable engagiert worden war, um die Kosten für das Gebäude in Grenzen zu halten. Dieses Gebäude markierte den Beginn des Baubooms, der in den Vereinigten Staaten mit dem Ende des Bürgerkriegs einsetzte und der zu einer Wiederbelebung der Entwicklung des amerikanischen Wolkenkratzers führte, die 1861 unterbrochen worden war. Die Architekturhistoriker stimmen heute weitgehend darin überein, daß das Equitable Building der erste Wolkenkratzer Amerikas war, denn obwohl es nur fünf Stockwerke umfaßte, betrug seine Gesamthöhe 40 Meter. Es war damit mehr als doppelt so hoch wie irgendein vergleichbares Bauwerk. Dies war das Ergebnis der Entscheidung Henry B. Hydes, des Vizepräsidenten von Equitable, die Anwendungsmöglichkeiten des Fahrstuhls auszuforschen und die Deckenhöhe in jedem Stockwerk im Vergleich zu herkömmlichen, nur mit Treppen ausgestatteten Häusern beinahe zu verdoppeln.[35]

Chicago erlebte ebenfalls einen Nachkriegsbauboom, was das Vorhaben der Equitable Company erklärt, ein noch höheres Gebäude mit sechs Stockwerken, eins mehr als in ihrem New Yorker Haus, in Chicago zu errichten. Das Kendall Building in Chicago, das Van Osdel vor dem großen Brand entworfen hatte, war der nächste logische Schritt in der Evolution des Wolkenkratzers, die mit dem Equitable Building begonnen hatte. Dieses Gebäude zeigt, daß schon vor der Feuersbrunst vom Oktober in Chicago die Gegebenheiten für die Konstruktion von Wolkenkratzern ebenso vorhanden waren wie in New York.[36]

Leider vereitelte die Brandkatastrophe, daß Chicago in der nächsten Phase dieser Evolution in Konkurrenz zu New York treten konnte. Als das Feuer ausbrach, waren die Fundamente des Kendall Building bereits gelegt, und die unteren Wände waren im Bau. Die Baumaßnahmen wurden nach dem Brand wieder aufgenommen, doch aufgrund der Probleme, mit denen die frühen Personenaufzüge zu kämpfen hatten, sowie der Tatsache, daß die Feuerwehr von Chicago sich außerstande sah, Brände in den oberen Stockwerken eines hohen Gebäudes zu bekämpfen, wurde der Entschluß gefaßt, statt der ursprünglich vorgesehenen sechs nur fünf Stockwerke zu bauen.[37] Das Großfeuer von 1871 bedeutete also für Chicago nicht – wie die meisten Historiker bislang behaupteten – den Ausgangspunkt für die Entwicklung des Wolkenkratzers, sondern es vereitelte im Gegenteil die Ausführung des ersten geplanten Wolkenkratzers in dieser Stadt und warf sie im Wettrennen mit New York um neun Jahre zurück. Während Chicago um seinen Wiederaufbau rang, wurden in New York die Bemühungen, immer höhere Gebäude zu konstruieren, fortgeführt. 1872 entwarf zum Beispiel George B. Post das Western Union Telegraph Building (70 Meter), und 1873 entwarf Richard Morris Hunt das New York Tribune Building (79 Meter).

Das oberste Gebot bei der Konstruktion des Kendall Building war jetzt nicht mehr größtmögliche Höhe, sondern größtmöglicher Feuerschutz. Die fünf Stockwerke bestanden aus Außenwänden aus Mauerwerk, die ein Gestell aus gußeisernen Säulen und schmiedeeisernen Tragbalken und Querträgern umschlossen und stützten, das wiederum Johnsons Flachgewölbe aus Hohlziegeln trug. Bis heute ist es nicht gelungen, genau zu ermitteln, wo Johnson eine solche große Menge an Tonziegeln herstellen lassen konnte. Die Anhaltspunkte sprechen dafür, daß sie von der Chicago Terra Cotta Company geliefert wurden, die dem Architekten Sanford Loring gehörte. Dieses Unternehmen hatte kurz zuvor die neuesten Entwicklungen in der Terrakottaproduktion aus England übernommen und war zum wichtigsten Hersteller dieses Werkstoffs in den Vereinigten Staaten geworden.[38]

Unglücklicherweise bereiteten der Börsenkrach vom September 1873 und die darauf folgende wirtschaftliche Depression den Wiederaufbauanstrengungen in Chicago wie auch den Baumaßnahmen in ganz Amerika ein jähes Ende. Johnsons Hohlziegel-Deckensystem, das für den hastigen Wiederaufbau Chicagos zu teuer war, wurde nie wirklich akzeptiert, und der wirtschaftliche Zusammenbruch zwang ihn Anfang 1874, sich nach New York zurückzuziehen. Überdies sahen sich die Versicherungsgesellschaften, die nach der Brandkatastrophe nicht nur Millionen für Schadensersatzforderungen hatten auszahlen müssen, sondern auch eine beträchtliche Summe als Darlehen für den Wiederaufbau der Stadt gegeben hatten, vor das Problem gestellt, daß nach dem Börsenkrach von 1873 die Rückzahlungsversäumnisse in alarmierendem Maße zunahmen. Dies führte schließlich dazu, daß die Versicherungsgesellschaften in den Besitz zahlreicher Grundstücke und Immobilien kamen, die vor allem im Geschäftsbezirk Chicagos gelegen waren. Unterdessen bestanden die gefährlichen baulichen Gegebenheiten, die die rapide Verbreitung des Großfeuers im Geschäftsbezirk und auf der Near North Side begünstigt hatten, auf der South Side fort. Dieser Bezirk war 1871 verschont geblieben, doch stand ihm ein ähnliches Schicksal bevor. Am 14. Juli 1874 brannte ein Gelände von neunzehn Hektar, das von der Clark Street, Polk Street, Michigan Avenue

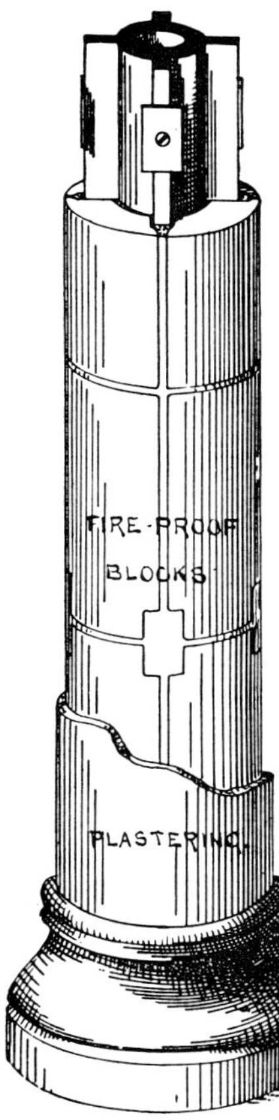

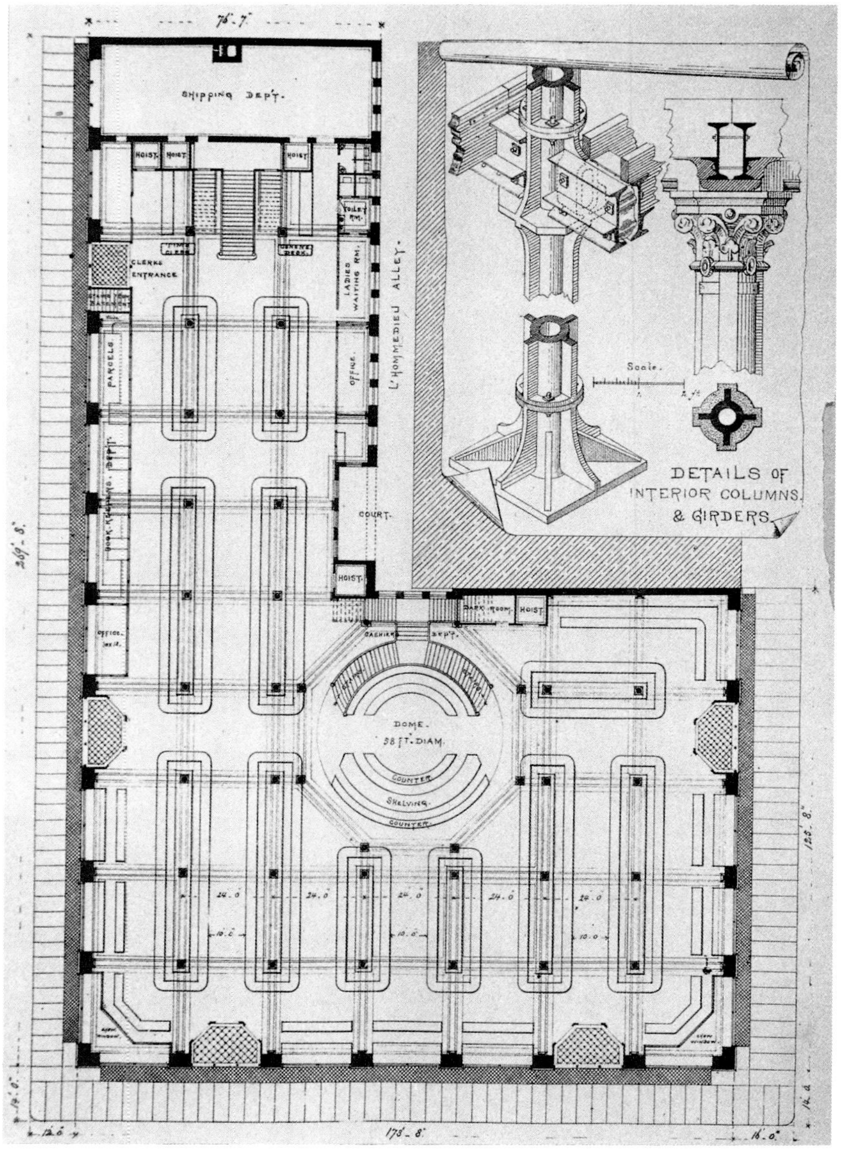

Abb. 12/13 James McLaughlin, Shillito's Department Store, Ecke 7th und Race Street, Cincinnati, 1877-78, Außenansicht und Grundrißplan mit Detailzeichnungen von innenliegenden Säulen und Trägern; aus American Architect and Building News *2, 94, 13. Okt. 1877*

und Van Buren Street begrenzt wurde, mit einer Intensität, die der der Feuersbrunst von 1871 in nichts nachstand. Zwar konnte das Feuer gestoppt werden, als es den neu errichteten Geschäftsbezirk zu erreichen drohte, doch die Versicherungsgesellschaften erkannten, daß sich der Grundbesitz, der in ihre Hände gefallen war, in potentieller Gefahr befand. Noch in der Nacht, die auf dieses zweite Feuer folgte, trafen die Vertreter des National Board of Underwriters, des Verbands der Feuerversicherungsgeber, zusammen und verlangten unter Androhung der Annullierung sämtlicher bestehender Feuerversicherungspolicen vom Rat der Stadt Chicago Sofortmaßnahmen hinsichtlich der Bauvorschriften und der Organisation und Ausstattung der städtischen Feuerwehr.[39]

Der Brand von 1874 hatte diejenigen in ihren Zweifeln bekräftigt, die der Feuerfestigkeit des Gußeisens mißtrauten. Eine der neuen Vorschriften, die die Versicherungsgesellschaften forderten, war das Verbot von Gußeisensäulen, die sie durch schweres Holzfachwerk ersetzt wissen wollten. Diese Forderung stellte eine ernste Bedrohung für den gesamten Baueisenmarkt dar, und so sah sich N.S. Bouton, der Inhaber der Union Foundry in Chicago, genötigt, aktiv in die Entwicklung eines Feuerbeständigkeitssystems für die Eisenskelettbauweise einzugreifen. Im August 1874, nur zwei Wochen nach dem zweiten Brand, stellte Bouton seine Fabrik und seine Gußeisensäulen zur Verfügung, um ein Feuerschutzsystem für diese Säulen auf der Grundlage von Holz testen zu lassen, das zwei Architekten aus Chicago, Peter B. Wight und William Drake, in kürzester Zeit entwickelt hatten. Binnen eines Monats unterwarfen sie ihre Konstruktion (Abb. 10) einem kontrollierten Testfeuer. Obgleich dieser Versuch keine überzeugenden Ergebnisse brachte, ließen Drake und Wight ihre Erfindung am 8. September 1874 patentieren.[40]

Unterdessen ignorierte der Stadtrat von Chicago weiterhin die Drohungen der Versicherungsgesellschaften, und am 1. Oktober 1874 forderte der nationale Feuerversicherungsverband seine Mitglieder formell dazu auf, alle laufenden Versicherungspolicen, die Grund- und Hausvermögen im Stadtgebiet von Chicago deckten, zu annullieren. Am 8. Oktober, nur eine Woche nachdem man damit begonnen hatte, diese Policen zurückzuziehen (und symbolträchtig am dritten Jahrestag der Brandkatastrophe von 1871), führten Wight und Drake in Boultons Eisengießerei einen erfolgreichen Versuch durch. Nichtsdestoweniger kam die holzummantelte Eisensäule nie zur praktischen Anwendung. Ein Teil des Testbrennofens war mit Tonhohlziegeln aus Lorings Chicago Terra Cotta Company gebaut worden. Bis auf ein wesentliches Merkmal glichen diese Ziegel den Wandeinheiten, die Johnson entwickelt hatte. Sie waren aus porösem Terrakotta hergestellt, einem neuen Material, das Loring erst kurz zuvor als leichten Ersatzwerkstoff für Johnsons Feuerton entwickelt hatte, um dessen Patent umgehen zu können. Wight erkannte, daß die Isoliereigenschaften der porösen Terrakotta diesem Material große Vorteile gegenüber dem Hartholz verschafften, und er stellte sein System schnell auf das neue Material um (Abb. 11). Letzten Endes brachten Wight und Loring ein englisches Material und eine französische Theorie zusammen, um ein amerikanisches Problem zu lösen.[41]

Wie bereits angeführt wurde, hatten Bogardus und Badger in den fünfziger Jahren des 19. Jahrhunderts das Eisenskelett in New York entwickelt. Was der universellen Verbreitung des New Yorker Eisenskeletts entgegenstand, war die mangelnde Widerstandsfähigkeit des Eisens gegen die Feuershitze. Der Ruhm, den Chicago für sich beanspruchen kann, liegt in der Lösung dieses Problems, und nicht in der Entwicklung des Eisenskeletts als solchem. Das eigentlich Neue am Eisenskelett-Wolkenkratzer von Chicago war, daß der äußere Mauerwerkmantel, insbesondere die Feuerschutzbedeckung der Säule, vollständig vom Eisenskelett getragen wurde, das damit das Mauerwerk von jeder tragenden Funktion befreite. Da es sich bei Wights Säule um das erste gelungene Beispiel für eine Mauerwerkverkleidung handelte, die mechanisch an einer Eisensäule befestigt wurde, kann man durchaus sagen, daß das Chicagoer Eisenskelett als das Ergebnis der Arbeiten von Peter B. Wight und Sanford Loring im Jahre 1874 seine Geburtsstunde hatte. In den nächsten sechs Jahren starteten Wight und Loring eine Werbe- und Informationskampagne, mit der sie schließlich die amerikanischen Bauunternehmer von der Brauchbarkeit ihres Systems überzeugen konnten. Unterdessen wurde die Eisenbauweise weiterentwickelt, und als sich 1880 die wirtschaftliche Lage wieder erholt hatte, war sie so weit fortgeschritten, daß Wights System problemlos angewandt werden konnte. Dies war zum großen Teil das Verdienst eines einzigen Mannes, und wieder einmal war dieser Mann kein Amerikaner, sondern ein Franzose.

1875 trat Gustave Eiffel auf der internationalen Szene auf. In diesem Jahr wurden ihm zwei große, bedeutende Aufträge aus dem Ausland zugesprochen: ein neuer Bahnhof für Pest in Ungarn und die Maria-Pia-Brücke über den Fluß Douro bei Oporto in Portugal.[42] Im Jahr darauf begann Eiffel, eine Serie von schmiedeeisernen, mehrstöckigen und mit Oberlicht versehenen Atriumhäusern für Paris zu entwerfen.[43] Eiffel reagierte auf die Neufassung des Pariser Baugesetzes, das seit 1878 die Anwendung der sichtbaren Eisenskelettkonstruktion gestattete, mit seinem Meisterstück, dem Erweiterungsbau zu den Grands Magasins du Bon Marché. Das freistehende Schmiedeeisenskelett, das er zusammen mit Louis-Charles Boileau entworfen hatte, erhob sich an verschiedenen Stellen über fünf Stockwerke durch das Kaufhaus.[44]

Diese Neufassung des Pariser Baugesetzes war auch eine Bestätigung des Lebenswerks von Viollet-le-Duc, der den Kampf für das sichtbare Eisenskelett angeführt hatte und noch kurz vor seinem Tod – er starb am 17. September 1879 – die Anerkennung sei-

Abb. 14 William Le Baron Jenney, Erstes Leiter Building, 208 West Monroe Street, 1879 (abgerissen); die obersten zwei Stockwerke wurden 1888 hinzugefügt

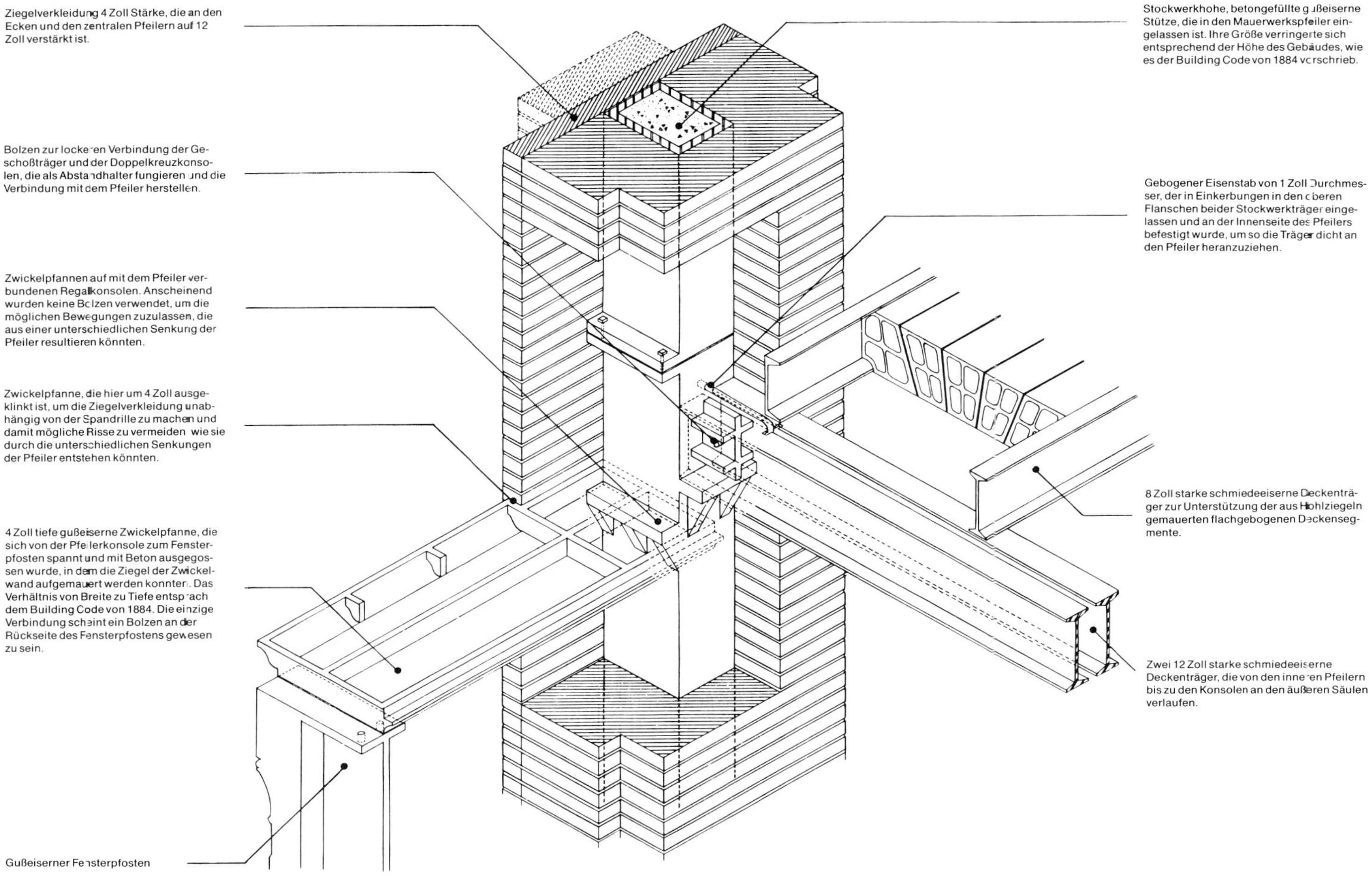

Abb. 15 Rekonstruktion von Jenneys Konstruktionssystem für die Außenpfeiler des Home Insurance Building; Zeichnung von Deborah Cohen und Maxwell Merriman

Abb. 16 Home Insurance Building während der Abbrucharbeiten 1931

ner Ideen erleben durfte. Das ästhetische Potential hierfür, wie er es sechzehn Jahre zuvor dargestellt hatte, wurde von den Pariser Architekten schnell erkannt. Eines der bemerkenswertesten Bauwerke nach der Revision des Baugesetzes war Paul Sédilles 1881 entworfenes neues Kaufhaus für die Magasins du Printemps, deren altes Gebäude im März 1881 abgebrannt war. Ein knapp zwanzig Meter hohes zentrales Atrium war von einem siebenstöckigen, freistehenden Schmiedeeisenskelett umgeben, das an den Innenseiten graublau gestrichen war.[45]

Auch in den Vereinigten Staaten spielte das Kaufhaus eine Vorreiterrolle in der Entwicklung des Eisenskeletts, und wenn die amerikanische Konstruktion auch technisch nicht so weit fortgeschritten war wie die französische, so war sie dieser aber in Größe und Raumwirkung zumindest ebenbürtig, wenn nicht sogar überlegen. 1877 ließ der Textilienkaufmann John Shillito aus Cincinnati das damals größte amerikanische Kaufhaus bauen (Abb. 12). Der Architekt, James McLaughlin, strebte für die sieben Stockwerke dieses Gebäudes eine größtmögliche visuelle und räumliche Offenheit an. Es gab keine tragenden Innenwände, die die riesigen Geschosse in kleinere Räume unterteilt hätten: Die Konstruktion bestand aus einem Eisenskelett mit Außenpfeilern aus Mauerwerk (Abb. 13). Dieser Raumeffekt wurde durch das Atrium im Zentrum des Gebäudes noch gesteigert, das einen Durchmesser von achtzehn Metern hatte und sich über die Gesamthöhe von 36 Metern bis zur

Kuppel aus Eisen und Glas erstreckte. Es war jedoch das Äußere dieses Baus, das im folgenden Jahrzehnt auf die Architektur Chicagos einen nachhaltigen Einfluß ausüben sollte. McLaughlin entwarf eine ungekünstelte, schmucklose Fassade aus einem geradlinigen, sich ständig wiederholenden Gitterwerk aus roten Preßziegeln, das in einem dreiteiligen Schema angeordnet war: eine zweistöckige Basis, ein dreistöckiger Schaft und ein Kapitell, das das oberste Stockwerk und die Balustrade umfaßte.[46]

Shillitos Kaufhaus wurde am 1. September 1878 eröffnet. Kaum ein Jahr später engagierten seine Hauptkonkurrenten in Chicago, Marshall Field und Levi Leiter, William Le Baron Jenney für ein kleines, fünfstöckiges Kaufhaus an der Nordwestecke von Wells und Monroe Street (Abb. 14).[47] Bei Jenneys Aufrissen für das – wie es heute genannt wird – erste Leiter Building (das übereinstimmend als das erste Gebäude der Chicagoer Schule betrachtet wird) handelt es sich um eine fast originalgetreue Kopie des Entwurfs von McLaughlin.[48] Die wirkliche Bedeutung des Gebäudes von Jenney liegt jedoch darin, daß er die Skelettkonstruktion des Shillito-Gebäudes um einen Schritt nach vorn brachte, indem er bei der Straßenfront an der Wells Street die französische Technik anwandte, auf der Innenseite der Mauerwerkpfeiler Eisenpilaster anzubringen, um die hölzernen Deckenträger zu stützen. Dadurch wurden die Mauerwerkpfeiler von jeder deckentragenden Funktion befreit, so daß sie im Querschnitt reduziert werden konnten. Dies wiederum gestattete größtmögliche Fensterflächen und dementsprechend viel Tageslicht. Dennoch war diese Konstruktion vom Eisenskelett im eigentlichen Sinne, wie es die Franzosen seinerzeit bauten, noch weit entfernt, da die Mauerwerkpfeiler noch immer die eisernen Brüstungsbalken trugen. Überdies waren die Mauerwerkpfeiler an der Monroe Street nicht mit Eisenpilastern versehen, trugen also immer noch einen Teil der Decke.

Ein Vergleich zwischen Eiffels Eisenskelettkonstruktion für das Bon-Marché-Gebäude von 1878 und Jenneys vergleichsweise primitivem Eisenskelettversuch von 1879 zeigt den großen Vorsprung der Franzosen gegenüber dem, was in Chicago vor sich ging, und ermöglicht eine kritische Einschätzung des Konstruktionssystems, das Jenney 1884 für das Home Insurance Building verwendete (Abb. 15). Die einzige Abweichung von der Standardbauweise der frühen achtziger Jahre des 19. Jahrhunderts fand sich beim Home Insurance Building in den zwei Straßenfassaden. Die zwei hinteren tragenden Brandmauern, die sich über die gesamte Höhe des Gebäudes und des inneren Eisengerüsts erstreckten, waren typisch für ihre Zeit. Die ersten zwei Stockwerke der Straßenfront bestanden sogar aus steinsichtigen Granitpfeilern. Auf diesen Pfeilern standen geschoßhohe, hohle, rechteckige Gußeisensäulen, die jeweils mit Hilfe von Bolzen aufeinandergesetzt waren, um die oberen sieben Stockwerke und das Dach zu stützen. Die Säulen waren mit Beton gefüllt und mit

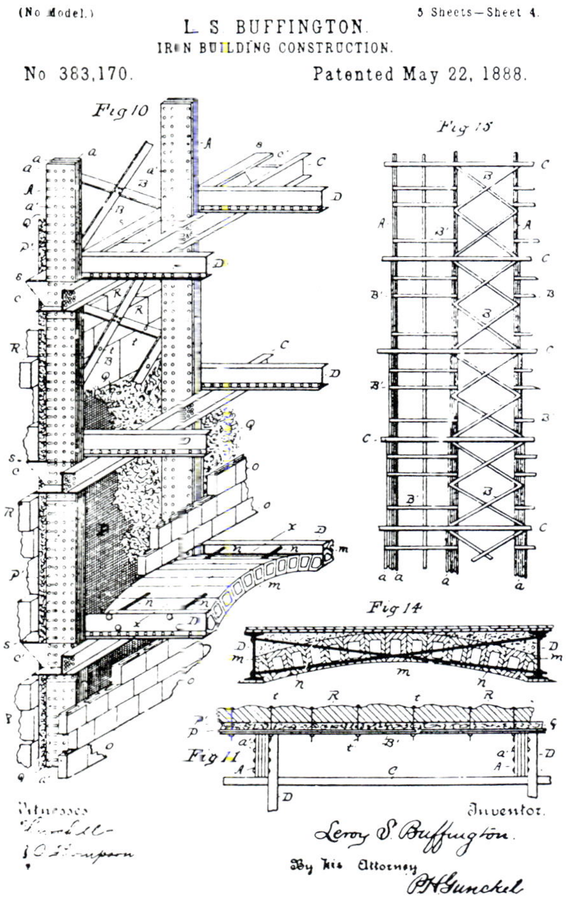

Abb. 17 Leroy S. Buffington, Patent für eine Eisenskelettkonstruktion, 1888; aus Art Bulletin *26, März 1944*

Abb. 18 Leroy S. Buffington, Entwurf eines ›Wolkenkratzers‹ mit 28 Stockwerken, 1887; aus Inland Architect and News Record *11, Juli 1888*

Abb. 19 Leroy S. Buffington, Entwurf für das Indiana State Soldiers and Sailors Monument, Indianapolis, 1888; aus Inland Architect and News Record *11, Juli 1888*

Ziegeln umgeben, die damals bis zu dreißig Zentimeter stark waren und somit in den Außenpfeilern des Gebäudes einen massiven Querschnitt bewirkten (Abb. 16).[49]

Um die Fenster und die gemauerten Bogenzwickel zwischen den Pfeilern zu stützen, spannten sich gußeiserne Stürze in Form von zehn Zentimeter tiefen Kassetten, die ebenso wie die Säulen mit Beton gefüllt waren, jeweils von einer Säulenkonsole zu einem gußeisernen Mittelpfosten. Bei den gußeisernen Fensterstürzen handelte es sich nicht um durchlaufende Balken. Sie bestanden vielmehr aus zwei Hälften, die sich über den Mittelpfosten trafen. Die Stürze waren offensichtlich weder mit den Säulenträgern noch mit den Mittelpfosten verbolzt, sie ruhten vielmehr einfach auf den tragenden Oberflächen, das heißt sie lagerten auf der gestützten Mauerwerkkniewand, die in den Mauerwerkpfeiler eingebunden wurde, um die Eisenarmierung seitlich an ihrem Platz zu halten. Wenn auch die eisernen Fensterstürze das Gewicht der gemauerten Bogenzwickel an die eisernen Mittelpfosten und Säulen weitergaben, so war doch die Konstruktion, die sich damit ergab, noch weit entfernt von einem starren, selbsttragenden Eisenskelett, das auf jedem Geschoß seine Mauerwerkverkleidung selbständig trug, wiewohl gerade dies später als kennzeichnend für das Home Insurance Building angeführt worden ist.[50]

Alle bekannten Anhaltspunkte lassen darauf schließen, daß Jenneys Eisenskelett nicht völlig selbständig und vom Mauerwerk unabhängig war. Zunächst einmal verwies er ursprünglich nicht auf die bloße Verkleidungsfunktion des Mauerwerks, sondern sprach immer davon, daß er die Eisensäulen in die Mauerwerkpfeiler einbettete, um deren Durchmesser zu reduzieren und damit möglichst viel Tageslicht zu gewinnen.[51] Zweitens waren die Sturzbalken nicht mit Bolzen an den Säulen befestigt, die Stabilität der Binder wurde also durch die Bogenzwickel aus Mauerwerk erreicht. Drittens stützte die Eisensäule an keiner Stelle die äußere Ziegelverblendung der Pfeiler, so daß diese durchgängig von den Granitpfeilern im Sockelgeschoß getragen wurde. Und schließlich hätte das Eisenskelett mit seinen locker verbolzten und verklammerten Verbindungen ohne die Stabilität der zwei hinteren Trennwände und der Mauerwerkpfeiler keinen Windbelastungen standhalten können.

Die historische Bedeutung des Home Insurance Building liegt darin, daß in diesem Gebäude zum ersten Mal seit Badgers Getreidespeichern von 1860 und 1862 in den Vereinigten Staaten an der Außenfassade eines mehrstöckigen Gebäudes extensiv Eisen angewandt wurde, um einen Teil der Mauerwerkeinfassung zu tragen.[52] Verglichen jedoch mit Eiffels festen Nietverbindungen oder mit Sédilles siebenstöckigem Schmiedeeisenrahmen im Magasin du Printemps, der drei Jahre vorher konstruiert worden war, macht Jenneys schwachverbolzter, achtstöckiger Rahmen aus mauerwerkverstärkten Gußeisensäulen

einen fast schon anachronistischen Eindruck. Es kann daher nicht überraschen, daß in den zweieinhalb Jahren, die auf Jenneys Darstellung seines Konstruktionssystems bei der Tagung der Architects International Association im Oktober 1885 folgten, das Home Insurance Building und die Einsatzmöglichkeiten seines ›revolutionären‹ Systems in den amerikanischen Fachzeitschriften und einschlägigen Tagungsberichten gar nicht erwähnt wurde.[53] Warum war offensichtlich niemand in Chicago an der Auswertung der Möglichkeiten dieses Systems interessiert?[54] Diese Frage führt zu einer anderen, nämlich der nach den Gründen für den nächsten Schritt in der Entwicklung des Eisenskeletts, der schließlich die endgültige Lösung dieses technischen Problems brachte.

Am 22. Mai 1888, drei Jahre nach der Fertigstellung des Home Insurance Building, wurde dem Architekten Leroy S. Buffington aus Minneapolis ein Patent für ein selbsttragendes Schmiedeeisenskelettsystem gewährt, das für die Konstruktion hoher Gebäude gedacht war (Abb. 17).[55] Zwei Monate vorher hatte er in der Märzausgabe des *Northwestern Architect* einen Aufsatz veröffentlicht, in dem er die beinahe unbegrenzte Höhe rühmte, die mit seinem System erreicht werden könne.[56] In keinem der frühen Zeitschriftenartikel, die sich mit Buffingtons System befaßten, wurde das Home Insurance Building auch nur erwähnt, und dies aus gutem Grund, denn Buffingtons System wich in einem entscheidenden Punkt von Jenneys Konstruktion ab. Im Unterschied zu Jenney verwendete Buffington in seinem starren System (in dem dem Mauerwerk keinerlei tragende Funktion zukam) zusammengesetzte Säulen aus Schmiedeeisen (nicht aus Gußeisen), die sowohl an die Deckenträger genietet (nicht verbolzt) waren als auch an die eisernen Auflagerwinkel, die auf jedem Stockwerk den leichten Mauerwerk- und Glasmantel des Gebäudes trugen. Mit Hilfe dieses revolutionären Systems konnte er seinen ›Wolkenkratzer‹ entwerfen, einen 28stöckigen Büroturm (Abb. 18), der die Höhe der Bürogebäude, die es damals gab, um mehr als das Doppelte übertroffen hätte. Der Entwurf wurde 1888 in der Juliausgabe des *Inland Architect* veröffentlicht.[57]

Auch wenn Buffington dieses System nie in einem Gebäude anwandte, waren sein Patent und sein Projekt von großer historischer Bedeutung, da sich hier der eigentliche Beginn des Interesses an der Eisenskelettbauweise und deren Entwicklung in Amerika manifestierte. Denn obschon sein Entwurf – insbesondere an der Ostküste – auf Spott stieß, regte er doch eine Reihe von Architekten und Ingenieuren dazu an, sich mit der abschließenden Lösung der Probleme zu befassen, die das Eisenskelett noch aufwarf.[58] Vom

Abb. 20/21 David Proctor, Entwurf des ›Columbian Tower‹ für die Weltausstellung, 1890; aus der Vogelperspektive und Aufriß; aus H. G. Cutler, The World's Fair, *Chicago 1891*

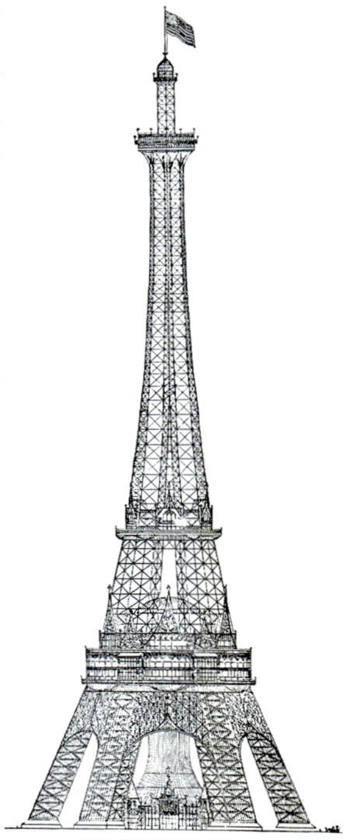

Home Insurance Building gingen seinerzeit vergleichbare Anregungen oder Einflüsse nicht aus.

Wie schon Johnson sich für seine feuersicheren Deckenkonstruktionen an französische Vorbilder angelehnt hatte, so ging mit großer Wahrscheinlichkeit auch Buffingtons Idee für sein Schmiedeeisenskelett auf die in technischer Hinsicht weiter fortgeschrittenen Eisenkonstruktionen zurück, die – beispielhaft von Eiffel in seinen vernieteten Eisenkonstruktionen – in Frankreich errichtet wurden. Im Frühjahr 1885, als das Home Insurance Building seiner Fertigstellung entgegensah, wurde Eiffels Technologie buchstäblich in die Vereinigten Staaten importiert, als nämlich die Freiheitsstatue, die in Frankreich gefertigt worden war, über den Atlantischen Ozean verschifft wurde. Die Statue kam am 17. Juni 1885 in New York an. Eiffel hatte das 29 Meter hohe vernietete Schmiedeeisenskelett entworfen, das Auguste Bartholdis verkupferte Statue trug und von ihr umhüllt wurde. Mit der Montage des diagonal verstrebten Turms wurde im Frühjahr 1886 begonnen, und die feierliche Einweihung fand am 28. Oktober 1886 statt.[59] Man hat angenommen, daß Buffington, als er Anfang 1886 mit der Arbeit an seinem Eisensystem begann, sich von der Konstruktionsbeschreibung des Home Insurance Building anregen ließ, die Jenney 1885 in der Dezemberausgabe des *Inland Architect* veröffentlicht hatte.[60] Während Buffington sein Patent entwarf und ausarbeitete – also vom Winter 1886 bis zum 14. November 1887, als er seine Patentanmeldung einreichte –, war jedoch die Freiheitsstatue bereits im Bau und Gegenstand von Zeitungsberichten. Wichtiger noch: In den Vereinigten Staaten erschienen in dieser Zeit die ersten Artikel über Eiffels Entwurf für den über 300 Meter hohen Turm (der am 12. Juni 1886 offiziell angenommen wurde). Buffington wandte in seinem endgültigen Entwurf vernietete Schmiedeeisenplatten und diagonale Gitterverstrebungen an, eine Technik, die mit den Konstruktionen Eiffels weit mehr zu tun hat als mit Jenneys unverstrebten und lose verbolzten Gußeisensäulen.

Daß Buffington mit Eiffels Turmentwurf vertraut war, zeigt sich noch deutlicher in seinem Wettbewerbsbeitrag für das Indiana State Soldiers and Sailors Monument (Abb. 19), den er 1888 in der Aprilausgabe des *Inland Architect* publizierte.[61] Das schnittige, parabolische Profil seines Turmentwurfs wies eine verblüffende Ähnlichkeit mit dem Turm von Eiffel auf, der zu dieser Zeit gerade im Bau war und die Aufmerksamkeit von Architekten und Ingenieuren aus aller Welt auf sich zog. Buffingtons ›Wolkenkratzer‹, der die höchsten zehnstöckigen Gebäude der amerikanischen Städte überragte und mit großer Wahrscheinlichkeit durch das Bild vom Eiffelturm, der hoch über Paris aufragte, inspiriert worden war, entzündete die Phantasie der Konstrukteure und Bauunternehmer von Chicago und spornte sie an, die Probleme zu lösen, die der Errichtung von Wolkenkratzern mit Hilfe der Eisenskelettbauweise im Wege standen. Nur zwei Jahre, nachdem Buffington seinen ›Wolkenkratzer‹-Entwurf veröffentlicht hatte, realisierten Burnham and Root das Potential des Eisengerüsts in ihrem 92 Meter hohen, 21stöckigen Freimaurertempel in Chicago (siehe Klotz, Abb. 7). Das Interesse, das diese Stadt dem Eiffelturm entgegenbrachte, war so groß, daß im Sommer 1889 der Vorschlag gemacht wurde, für die Weltausstellung, die 1893 in Chicago stattfinden sollte, einen ähnlichen, noch größeren Turm zu bauen (Abb. 20, 21).[62] Auch wenn der Gedanke 1891 letztendlich verworfen wurde, da ein solcher Turm nicht zum neoklassizistischen Stil gepaßt hätte, der für die Ausstellung gewählt worden war – einen geeigneteren Tribut hätte Chicago den französischen Eisenbaumeistern und ihren Leistungen für die Entwicklung des Wolkenkratzers kaum zollen können.

Übersetzung: Wolfgang Himmelberg

ANMERKUNGEN

1 Sogar die Fachpresse Chicagos hielt seinerzeit das Home Insurance Building nicht für den ersten Wolkenkratzer der Stadt. Die Ausgabe des *Real Estate and Building Journal* vom 2. August 1884 listete zehn Gebäude in Chicago auf, die das Blatt als »Wolkenkratzer« betrachtete. Drei davon (S. S. Bemans Pullman Palace Car Building, W. W. Boyingtons Royal Insurance Building und Burnham and Roots Insurance Exchange Building) waren bereits fertiggestellt und übertrafen die Höhe, die das Home Insurance Building schließlich erreichte. Als jener Artikel erschien, ragten von diesem Gebäude nur zwei Stockwerke aus dem Boden empor. ›High Towers and Buildings‹, *Real Estate and Building Journal,* 2. Aug. 1884, S. 364.

2 Das Profil des Turms war konisch, der Durchmesser verjüngte sich von 30,5 Metern am Fuß zu 3,7 Metern an der Spitze. Trevithick schlug vor, gebogene Gußeisenplatten mit einer Stärke von fünf Zentimetern und einer Kantenlänge von drei Metern für den Turm zu verwenden. Diese Platten sollten so angeordnet werden, daß in der Mitte des Turms ein kreisrundes Loch mit einem Durchmesser von 1,8 Metern freigelassen wurde. Dadurch sollten sowohl das Eigengewicht als auch der Windwiderstand reduziert werden. Außerdem sollten die Eisentafeln so gegossen werden, daß sie mit Flanschen umrandet waren, damit sie übereinander geschichtet und von innen zusammengeschraubt werden konnten. Frank I. Jenkins, ›Harbingers of Eiffel's Tower‹, *Journal of the Society of Architectural Historians* 16, Dez. 1957, S. 22-24.

3 Einen umfassenden Überblick über die frühe Geschichte der Gußeisenskelettbauweise gibt Trupin C. Bannister, ›The First Iron-framed Buildings‹, *The Architectural Review* 107, April 1950, S. 231-46. Nachgedruckt in *The Garland Library of the History of Art: Volume 11 – Nineteenth and Twentieth Century Architecture,* New York 1976, S. 73-88. Siehe auch R. J. M. Sutherland, ›Pioneer British Contributions to Structural Iron and Concrete: 1770-1855‹, *Building Early America,* Charles E. Peterson (Hrsg.), Radnor, Penn. 1976, S. 96-118.

4 Sutherland (Anm. 3), S. 104. Selbständige, freistehende Eisenrahmen kamen im ersten Drittel des 19. Jahrhunderts in England auf. Bei diesen Eisenskeletten handelte es sich jedoch um einstöckige Bedachungssysteme, in denen bezeichnenderweise bogenförmige Bestandteile verwendet wurden, um die heikle Verbindung von Träger zu Säule umgehen zu können. Zu den bekannteren Beispielen für diese Art der Rahmenbauweise gehören Thomas Rickmans und John Craggs vorgefertigte Gußeisenkirchen aus den Jahren 1813 bis 1816 und John Claudius Loudons Gewächshäuser, die zwischen 1817 und 1831 entstanden.

5 Henry-Russel Hitchcock, ›Sullivan and the Skyscraper‹, *Journal of the Royal Institute of British Architects* 60, Juli 1953, S. 354. Nachgedruckt in *Garland* (Anm. 3), S. 118. Dies war eine grausame Wendung des Schicksals, denn im darauffolgenden Jahr (1845) wurde die Glassteuer aufgehoben, und die günstigeren Preise förderten die Verwendung von Glas in Gebäuden.

6 John Ruskin, *The Seven Lamps of Architecture,* Erstausgabe 1849; Deutsch von W. Schölermann: *Die sieben Leuchter der Baukunst,* Leipzig 1900. Zitat dort S. 74.

7 Turpin C. Bannister, ›Bogardus Revisited – Part I: The Iron Fronts‹, *Journal of the Society of Architectural Historians* 15, Dez. 1956, S. 12.

8 Bannister (Anm. 7), S. 12 und 15. In den dreißiger und vierziger Jahren des 19. Jahrhunderts wurden ganze Gebäude – von Leuchttürmen bis zu Fabriken – in Eisen vorgefertigt und bis in die entlegensten Vorposten des Britischen Empire verschifft. Viele dieser Konstruktionen waren nicht nur selbsttragend, auch ihre Außenflächen bestanden aus unverdecktem Gußeisen und aus Glas. Der Ingenieur William Fairbairn, der sich intensiv mit der Verwendung von Eisen in Schiffen und Brücken wie auch in Gebäuden befaßte, war in hohem Maße an der Entwicklung dieser Konstruktionen beteiligt.

9 Einen Überblick über frühe amerikanische Eisenkonstruktionen geben Bannister (Anm. 7) und Carl W. Condit, *American Building,* Chicago 1982.

10 Turpin C. Bannister, ›Bogardus Revisited – Part II: The Iron Towers‹, *Journal of the Society of Architectural Historians* 16, März 1957, S. 11-12. Daß Bogardus' Entwurf für die Weltausstellung abgewiesen wurde, lag offensichtlich nicht an mangelndem Vertrauen zu seinem Turmsystem, denn 1853 baute er in der Nähe der Ecke Macdougal Street/Spring Street einen zweiten Feuermeldeturm.

11 James Bogardus, *Cast Iron Buildings: Their Construction and Advantages,* New York 1856, S. 7-8.

12 Jenkins (Anm. 2), S. 25. Die Konstrukteure des Kristallpalasts erklärten zwar, daß ein derartiges Projekt durchführbar sei; offensichtlich hätten die Originalbauteile jedoch Lasten von einer solchen Größenordnung nicht tragen können.

13 Frankreichs frühester bekannter mehrstöckiger Gußeisenbau war 1838 in den Galeries du Commerce et de l'Industrie in Paris errichtet worden. Der Entwurf stammte von J.-L.-V. Grisart und C.-M.-A. Froehlicher. Das Mauerwerkgebäude umfaßte ein vierstöckiges, mit Oberlicht versehenes Atrium. Eisensäulen stützten die oberen drei Balkonebenen, die den offenen Hof umgaben. Frances H. Steiner, *French Iron Architecture,* Ann Arbor, Mich. 1984, S. 57 und Taf. 21. Steiners Buch gibt eine umfassende Übersicht über die Entwicklung der französischen Eisenkonstruktion bis 1900.

14 Während man in England schon zwischen 1834 und 1845 das Problem der Stabilität des Eisenskeletts in Angriff nahm, mußten die Franzosen in dieser Zeit noch immer auf Mauerwerk zurückgreifen, um ihre Eisenkonstruktionen zu stabilisieren. 1833 entwarf Charles Rohault de Fleury das erste französische Großgewächshaus für den Jardin des Plantes, nachdem er sich zuvor in England über die dortigen Eisen- und Glaskonstruktionen informiert hatte. Obgleich es ihm gelang, die englischen Gußeisensäulen und -archivolten zu kopieren, beruhte die Stabilität der Konstruktion noch immer auf einer Außennordwand aus Mauerwerk. Steiner (Anm. 13), S. 37-38.

Im Jahre 1836 wurde die bekannteste französische Eisenkonstruktion dieser Zeit, die Markthalle an der Place de la Madeleine, die M. G. Veugny 1824 bereits entworfen hatte, endlich ausgeführt. Auch wenn hier Gußeisensäulen verwendet wurden, um Schmiedeeisenträger zu stützen, die eine Weite von zwölf Metern überspannten, waren die Verbindungen so beschaffen, daß dennoch die Stabilität auch dieses Gebäudes auf dem Außenmauerwerk beruhte. Offensichtlich reichte auch dies noch nicht aus, denn acht Jahre später ließ ein Sturm die Konstruktion einstürzen. Steiner (Anm. 13), S. 47-48, 79.

1839 entwarf der Architekt Henri Labrouste die Bibliothèque Ste.-Geneviève. Das Dach über dem Lesesaal im zweiten Stock ist vollständig von einer Serie doppelter Eisenbögen überspannt, die sich auf Eisensäulen, die in einer Reihe angeordnet sind und die Mittelachse des Gebäudes durchlaufen, treffen und von ihnen getragen werden; an der Peripherie stützen sich die Bögen auf die Mauerwerkaußenwand. Ohne diese Bögen hätten Labroustes schwache Verbindungen der Windbelastungen nicht standhalten können.

15 Steiner (Anm. 13), S. 92-93.

16 Ibid., S. 48-51. David H. Pinckney, *Napoleon III and the Rebuilding of Paris,* Princeton, N. J. 1958, S. 76-79.

17 Steiner (Anm. 13), S. 14, 102.

18 Eugène-Emmanuel Viollet-le-Ducs Brief an Adolphe Lance, engl. Übersetzung in *Eugène-Emmanuel Viollet-le-Duc,* London 1980, S. 55.

19 Bannister (Anm. 10), S. 12-14.

20 Sutherland (Anm. 3), S. 114-15, und Nikolaus Pevsner, *Pioneers of Modern Design,* Baltimore 1975, S. 124.

21 Thomas Eddy Tallmadge, *Architecture in Old Chicago,* Chicago 1941, S. 109; Bannister (Anm. 10), S. 18, Anm. 110. Johnson (1830-1879) begann seine Lehrzeit im Alter von sechzehn Jahren in der Baufirma Robert Neil & Sons in Manchester. Alfred T. Andreas, *History of Chicago,* Chicago 1885, Bd. 3, S. 87. Van Osdels Fassaden im venezianischen Stil könnten durchaus bei Badgers bekanntestem Gebäude Pate gestanden haben, dem E. V. Haughwout & Co. Building am Broadway, Ecke Broome Street. Es wurde 1857 von dem Architekten John P. Gaynor ebenfalls im Stil der venezianischen Renaissance entworfen und ist als das erste Gebäude in New York bekannt geworden, in das ein Sicherheitsfahrstuhl von Elisha Graves Otis eingebaut wurde.

22 Bannister (Anm. 10), S. 18, Anm. 107. Daniel D. Badger, *Illustrations of Iron Architecture,* New York 1856, S. 7, 23. Peter B. Wight hat später erwähnt, daß der Getreidespeicher »aus einem mit leichten Ziegelwänden gefüllten Gußeisenrahmen konstruiert« war, »der an den Außenflächen sichtbar« gewesen sei. »Außerdem gibt es in New York einen Schrotturm, der etwa zur gleichen Zeit und auf die gleiche Art und Weise gebaut wurde.« Peter B. Wight, ›Recent Fireproof Buildings in Chicago – Part 2‹, *The Inland Architect and News Record* 19, März 1892, S. 22. Damit erhärtet sich die Annahme, daß die Konstruktion des McCullough-Schrotturms einen Einfluß auf Johnson ausübte, zumal er von Badgers Büro nur einen Häuserblock entfernt lag. 1862 erhielt Badger den Auftrag, an der Washington Street in Philadelphia einen ähnlichen Getreidespeicher für die Eisenbahngesellschaft Pennsylvania Railroad zu bauen.

23 Das A. T. Stewart Building brannte am 14. Juli 1956 völlig aus. Dabei zeigte sich, daß das Gebäude zum überwiegenden Teil tatsächlich auf einem Eisenskelett beruhte, und zwar sowohl innen als auch außen. Alan Burnham, ›Last Look at a Structural Landmark‹, *Architectural Record,* Sept. 1956, S. 273-79.

24 Wie Henri Laroustes Entwurf für das vierstöckige, mit Oberlicht versehene Hauptmagazin der Bibliothèque Nationale von 1859 zeigt, war jedoch – mit Ausnahme von Les Halles und dem Palais de l'Industrie von 1855 – vor 1863 die Trennung zwischen dem Eisenskelett und dessen Mauerwerkwand in Frankreich noch nicht vollzogen worden.

25 Steiner (Anm. 13), S. 101. Zur gleichen Zeit gingen französische Ingenieure auch daran, den Eisenskelettturm zu größeren Höhen voranzutreiben. 1858 entwarf zum Beispiel ein Ingenieur namens Mathieu einen 85 Meter hohen Wasserturm für Lyon, der damit Bogardus' Tatham-Schrotturm, der zwei Jahre zuvor gebaut wurde, um knapp 19 Meter übertraf. Die hexagonale Anlage des Wasserturms bestand aus sechs hohlen Gußeisensäulen, die sich zum zentralen Wasserrohr aus Eisen hinneigten. Im Gegensatz zu Bogardus, der Bolzenverbindungen verwendete, mußte Mathieu jedoch auf diagonale Versteifungsträger zurückgreifen, um dem Skelett Festigkeit zu verleihen. Steiner (Anm. 13), S. 114-16.

26 Ibid., S. 14-15 und 107.

27 Um die Wirkung der Schatten, die sie warfen, zu reduzieren, wurden die Gebäude ab dem sechsten Stock etwas zurückversetzt. Dadurch entstand ein fortlaufendes Fußgängerwegsystem, das die einzelnen Gebäude über ›Luftbrücken‹ miteinander verband. Steiner (Anm. 13), S. 120-21 zitiert Peter Wolf, ›Urban Redevelopment 19th Century Style: Older, Bolder Ideas for Today‹, *Design Quarterly* 85, 1972, S. 10-15. Jules-Antoine Moilin schlug 1869 ein anderes Planungsmodell mit zehnstöckigen Gebäuden für Paris vor.

28 Préfontaines Gebäude lehnte sich eng an die Konstruktion der Feuerwache der Royal Navy in Portsmouth an, des ersten englischen Gebäudes, für das – mehr als zwanzig Jahre zuvor – die sichtbare Eisenskelettbauweise verwendet worden war; Préfontaine verband die äußeren Gußeisensäulen seines Gebäudes über Träger mit einem bogenförmigen Untergurt. Die Säulen waren nach außen hin halbkreisförmig ausgebildet, nach innen abgeflacht und mit einer lotrechten Versteifungsrippe versehen, so daß die Mauerwerkverkleidung fluchtrecht zur Säule gebaut werden konnte und die Wand durch die vorspringende Rippe an der Säule verankert wurde (oder umgekehrt). Steiner (Anm. 13), S. 104-5 und Taf. 60.

29 Einige der bekannteren feuersicheren Wohngebäude in Paris wurden von Architekten wie Stanislas Ferrand und Bauunternehmern wie Maurice Grand und F. Liger entworfen, denen es 1871 gelang, an der Ecke der Rue de Bourgogne zur Rue de Lillie ein fünfstöckiges Wohngebäude zu errichten, das – mit Ausnahme der vom Gesetz vorgeschriebenen Fassade aus Mauerwerk – vollständig von einem Eisenskelett getragen wurde. Steiner (Anm. 13), S. 105-6 und Tafeln 62-63.

30 Ibid., S. 59-61.

31 Ibid., S. 110-11.

32 Eugène-Emmanuel Viollet-le-Duc, *Entretiens sur l'architecture,* Zitat nach der engl. Übersetzung von Benjamin Bucknall, Boston 1881, S. 128.

33 Andreas (Anm. 21), S. 87; Peter B. Wight, ›Details of Fireproof Construction with Burned Clay – Part 2‹, *Brickbuilder,* Sept. 1897, S. 201; Bannister (Anm. 10), S. 14, 19 Anm., 107. Johnson hatte diese Technik in der Cooper Union gesehen, die 1854 in New York gebaut

worden war. Der Entwurf stammte von Frederick A. Peterson. Dort waren einteilige Hohlziegel-Deckengewölbe verwendet worden, die handgeformt und dann gebrannt waren. Diese Gewölbe überspannten einen Raum von 75 cm und ruhten auf zwei 5×15 cm gewalzten schmiedeeisernen U-Trägern. Dies war Petersons Versuch, das Gebäude feuersicherer zu machen, eine Technik, die er dann am 3. April 1855 patentieren ließ. Der innere Gußeisenrahmen wie auch die gußeiserne Ladenfront im Erdgeschoß wurden von Badger hergestellt, für den Johnson zu jener Zeit arbeitete. Peter B. Wight, ›Origin and History of Hollow Tile Fireproof Floor Construction – Part I‹, *Brickbuilder,* März 1897, S. 54. Das System von Johnson und Kreischer bestand aus einer monolithen Platte, die zwischen Unterzügen den Raum überspannte. Der einzige Unterschied zu Petersons Patent lag in einem Satz von Aussparungen, mit dem die Platte an der Oberseite versehen war, um die Holzschwellen für die Dielung aufnehmen zu können. Die monolithe Natur der Konstruktion ist insofern ungewöhnlich, als es patentierte französische Systeme, die Stichbögen verwendeten, schon seit mindestens fünf Jahren gab.

34 ›The Kendall Block‹, *Land Owner* 3, Okt. 1871, S. 316; Henry Ericsson, *Sixty Years a Builder,* Chicago 1942, S. 205-6. Das Interesse der Equitable Company an Brandschutzmaßnahmen manifestierte sich auch im ursprünglichen Entwurf für das Kendall Building. Es war als vollständig feuerfestes Gebäude geplant; sogar für das Mansarddach war anstelle der sonst üblichen Holzkonstruktion Eisen vorgesehen. Im wesentlichen beinhaltet der ursprüngliche Entwurf für das Kendall Building also die seinerzeit neuesten New Yorker Brandschutzvorschriften. Peter B. Wight, ›The Fire Question – Part III‹, *American Architect and Building News* 1, 1. Juli 1876, S. 209.

35 Winston Weisman, ›New York and the Problem of the First Skyscraper‹, *Society of Architectural Historians Journal* 12, März 1953, S. 13-21. Die Tatsache, daß das fünfstöckige Gebäude der Equitable Company zwei Jahre nach Bories elfstöckigen ›Aérodômes‹ entworfen wurde, betont jedoch die revolutionäre Natur des französischen Vorschlags und die beherrschende Position, die Paris damals auf dem Gebiet der Stadtentwicklung einnahm.

36 Die Qualität des Entwurfs von Van Osdel wie auch die Tatsache, daß dieser Entwurf parallel zu den Entwicklungen in New York entstand, läßt gewisse Zweifel an Henry-Russell Hitchcocks Behauptung zu, der geschrieben hat: »Falls die Architekturszene von Chicago um 1880 überhaupt Qualitäten aufwies, so waren es im wesentlichen negative: keine etablierten Traditionen, keine wirklich professionellen Wegbereiter und Ignoranz gegenüber allen – historischen oder zeitgenössischen – architektonischen Stilen.« Henry-Russell Hitchcock, *Architecture: Nineteenth and Twentieth Centuries,* Harmondsworth, England, und New York 1977, S. 337. Das hohe Ansehen, das Peter B. Wight landesweit innerhalb der Architects International Association genoß, und seine Kenntnis der Schriften Ruskins zur Gotik, wie auch William Le Baron Jenneys architekturgeschichtliches Wissen und die Tatsache, daß er Viollet-le-Ducs Bauten in Paris aus eigener Anschauung kannte, stellen die Richtigkeit der Behauptungen Hitchcocks in Frage.

37 Ericsson (Anm. 34), S. 206.

38 Die Fußbodenplatten hatten eine Stärke von 23 Zentimetern und waren seitlich um 18 Grad abgeschrägt. Zum ersten Mal in einem gewerblich genutzten Gebäude bestanden auch die Zwischenwände aus Johnsons Hohlziegeleinheiten. ›Johnson's Fireproof Hollow Tile, Flat-Arch Walls and Ceilings‹, *Land Owner* 4, Juli 1872, S. 115. Ericsson spricht auch die Möglichkeit an, daß Loring die Ziegel für das Kendall Building hergestellt hatte. Ericsson (Anm. 34), S. 206. Loring hatte als Konstruktionszeichner für Van Osdel gearbeitet und stand noch in engem persönlichen Kontakt mit seinem früheren Arbeitgeber.

Schon seit den Anfängen der Chicago Terra Cotta Company im Jahre 1868 verfügte Loring über enge Kontakte zu diesem Unternehmen und zeigte ein ausgeprägtes Interesse an der Verwendung von Terrakotta in Gebäuden. Lorings Juniorpartner war zu dieser Zeit William Le Baron Jenney, der 1867 nach Chicago gekommen war. Aus Sorge um die Qualität seines Produkts wandte sich Loring an das damals größte Terrakottaunternehmen der Welt, die Firma John M. Stamford in England, und es gelang ihm schließlich, den technischen Leiter dieses Betriebs, James Taylor, für sich zu gewinnen, der im August 1870 in Chicago eintraf.

Lorings Fabrik war aufgrund ihrer Lage vom Brand verschont geblieben. Es könnte mehr als nur ein Zufall gewesen sein, daß Loring noch vor dem Sommer des Jahres 1872, als mit der Produktion der großen Mengen von Tonziegeln für das Kendall Building begonnen wurde, sein Architekturbüro verließ und statt dessen Präsident der Chicago Terra Cotta Company wurde. Zur Geschichte der Chicago Terra Cotta Company siehe: ›The Manufacture of Terra-Cotta in Chicago‹, *The American Architect and Building News* 1, 30. Dez. 1876, S. 420, und Sharon S. Darling, *Chicago Ceramics and Glass,* Chicago 1979.

39 Chad Wallin, *The Builder's Story,* Chicago 1966, S. 3; Wight, ›Origin and History...‹ (Anm. 33), S. 54.

40 Wight verschalte ein kreuzförmiges Eisenprofil mit vier Eichenholzbalken, die mittels ausgesparter Platten und Schrauben an der Stütze befestigt wurden. Schmiedeeisenleisten bedeckten die Fugen zwischen den Holzbalken, und von oben wurde Gips in die Zusammensetzung eingefüllt, um alle Zwischenräume zwischen dem Metall und dem Holz auszufüllen. Wight (Anm. 36), S. 209; ders., ›Fireproof Columns‹, *American Architect and Building News* 1, 22. Jan. 1876, S. 29; und Sarah Landau, *Peter B. Wight: Architect, Contractor, and Critic 1838-1925,* Chicago 1980, S. 45.

41 Wight (Anm. 34), S. 210; ›Fireproof Columns‹ (Anm. 40), S. 30; ›Terra-Cotta‹ (Anm. 38), S. 421; Peter B. Wight, ›Details of Fire-Proof Construction with Burned Clay – Part I‹, *The Brickbuilder,* Aug. 1897, S. 173; und Peter B. Wight, ›Recent Fireproof Building – Part 6‹, *The Inland Architect and News Record* 19, Juli 1892, S. 71.

42 Die Ausschreibungsbedingungen für den Bahnhof von Pest waren von der Österreichischen Staatseisenbahngesellschaft detailliert formuliert worden und scheinen geradezu auf Eiffel zugeschnitten gewesen zu sein: »Das Gebäude sollte aus einem Metallskelett bestehen; die Basis sollte mit Quadersteinen und die oberen Wände sollten mit einer Ziegelverblendung ausgefüllt werden« – eine treffende Beschreibung des Entwurfs von Eiffel. Henri Loyrette, *Gustave Eiffel,* New York 1985, S. 57. Die bekanntere Brücke über den Fluß Douro, die am 31. Oktober 1877 fertiggestellt wurde, bestand aus einem Schmiedeeisenmittelbogen mit einer Spannweite von 160 Metern – sie war damit die längste Nicht-Hängebrücke überhaupt – und aus offenen Eisenskelettpfeilern mit einer Höhe von 43 Metern, die über das geläufige Pyramidenstumpfprofilgerüst verfügten. Loyrette, S. 60.

43 Zusammen mit dem Architekten W. O. W. Bouwens van der Boyer entwarf er den vierstöckigen, mit Oberlicht versehenen Hofraum für die Börse der Bank Crédit Lyonnais. Im darauffolgenden Jahr entwarf er in Zusammenarbeit mit H. J. B. Dubois die Oberlichtgalerien für das neue Louvre-Warenhaus. Steiner (Anm. 13), S. 61-63.

44 Ibid., S. 59, 106.

45 Ibid., S. 61-62, 106 und Taf. 24.

46 ›John Shillito and Company's Store‹, *American Architect and Building News,* 13. Okt. 1877, S. 330; ›The Present Condition of Cincinnati's Three Large New Buildings‹, *American Architect and Building News,* 24. Aug. 1878, S. 67; und Nancy House, *James W. McLaughlin,* Diss., University of Cincinnati 1984, S. 17-18. Selbst die Auslageregale hatten durchweg die gleiche Höhe von 1,37 Metern, um den Eindruck der großen Innenraumweite des Kaufhauses noch zu verstärken.

47 Jenney machte 1856 seinen Abschluß an der Ecole centrale des arts et manufactures in Paris, wo er sich auf Ingenieurbau spezialisiert hatte. Im Herbst 1853 hatte er seine Studien dort aufgenommen; er lebte von 1853 bis 1856 und später noch einmal in den Jahren 1858-59 in Paris. Er erlebte also zwar die Errichtung der Hallen und die Weltausstellung von 1855 mit, verließ die Stadt jedoch, bevor die Entwicklung des vielstöckigen Eisenskeletts in Frankreich einsetzte. Theodore Turak, ›The Ecole Centrale and Modern Architecture: The Education of William Le Baron Jenney‹, *Journal of the Society of Architectural Historians* 24, März 1970, S. 40-47. Die Tatsache, daß auch Eiffel die Ecole centrale besuchte und Jenney nur um ein Jahr voraus war, hat zu manchen Spekulationen Anlaß gegeben. Es ist durchaus möglich, daß sie einander kannten und auch in den ersten zwei Jahren die gleichen Grundkurse besuchten, es muß jedoch daran erinnert werden, daß Eiffel sich nicht auf Ingenieurbau spezialisierte, sondern auf Chemie, dem Gebiet, auf dem seine Familie tätig war. Loyrette (Anm. 42), S. 29. Jenney war auch mit den Schriften Viollet-le-Ducs vertraut, und zwar so sehr, daß er sie schon 1877, bevor sie ins Englische übersetzt worden waren, in die Architekturkurse einbrachte, die er an der University of Michigan gab. Turak, S. 41.

48 Wight, seinerzeit der führende Autor zu architektonischen Fragen in Chicago, sah eine Verbindung zwischen dem ersten Leiter Building und dem John Shillito Building: Peter B. Wight, ›On the Present Condition of Architectural Art in the Western States‹, *American Art Review,* 1880, S. 141-42.

49 Die Gußeisensäulen waren mit vorkragenden Konsolen versehen, die die entsprechenden horizontalen Skeletteile aufnahmen. Die dreißig Zentimeter starken Schmiedeeisen-Doppel-T-Deckenträger ruhten auf dem Sims an der inneren Stirnseite der Säule. Sie waren mit Hilfe eines einzelnen Bolzens, der durch alle Balkenstege und einen ebenfalls an die Säule angegossenen vorspringenden Haken geführt wurde, locker mit der Säule verbolzt. Da die Errichtung an Ort und Stelle eine reichlich bemessene Toleranzbreite erforderlich machte, waren die Löcher größer als der Bolzen und ließen der Verbindung einen beträchtlichen Spielraum. Deshalb nahm Jenney eine Krampe, die aus seinem Gußeisenstab von zweieinhalb Zentimetern Durchmesser bestand, an einem Ende gebogen war und die in eine Kerbe gesteckt wurde, die in die obere Flansch beider Träger eingeschnitten worden war. Die Krampe war über ein im Innern der Säule angebrachtes Gewinde an die Säule angeschraubt und zog damit die Träger eng an die Säulenstirnfläche heran. Die Deckenträger stützten zwanzig Zentimeter starke Doppel-T-Träger, die in einem Abstand von eineinhalb Metern angebracht waren und innerhalb derer Hohlziegeldeckenbögen plaziert waren.

50 Wenn Jenney auf Bolzen weitgehend verzichtete, so mag er damit bezweckt haben, der Säulen/Bogenzwickel-Verbindung eine gewisse Flexibilität zu verleihen, um die unterschiedliche Bodensenkung der einzelnen Pfeiler abzufangen. Diese flexible Verbindungsstelle wurde verstärkt, indem die Rückseite des Sturzes mit einer Kerbe von zehn Zentimetern versehen wurde, wodurch die Steinverblendung des Pfeilers über den Sturz hinaus geführt werden konnte, ohne auf ihr aufzuliegen. Damit war die Verblendung – ausgehend von den Granitpfeilern im dritten Geschoß – durchgängig selbsttragend und gegen Risse geschützt, falls sich ein Bogenwinkel aufgrund der Bodensenkung eines benachbarten Pfeilers verzogen hätte.

Zur flexiblen Verbindungsstelle schrieb Jenney: »Da sich das Gebäude absetzen muß ... ist die erste Bodensenkung zwangsläufig ungleichmäßig, und deshalb muß die Elastizität der Konstruktion unbedingt gewährleistet sein.« William Le Baron Jenney, ›The Construction of a Heavy, Fireproof Building on Compressible Soil‹, *Inland Architect and Builder* 6, Dez. 1885, S. 100.

51 »Da es beim Home Insurance Building wichtig war, eine große Anzahl kleiner Büroräume mit jeweils möglichst viel Tageslicht zu erreichen, wurden die Pfeiler zwischen den Fenstern auf ein Minimum reduziert ... eine rechteckige Eisensäule war in jeden einzelnen Pfeiler an den Straßenfronten *eingebaut.«* Jenney (Anm. 50).

52 Zu einer Untersuchung der Entwicklungsstadien der Eisenskelettbauweise in Chicago siehe Gerald R. Larson und Roula M. Geraniotis, ›Toward a Better Understanding of the Evolution of the Iron Skeleton Frame in Chicago‹, *Journal of the Society of Architectural Historians* 46, März 1987, S. 39-48.

53 Merkwürdigerweise war die einzige Erwähnung des Home Insurance Building aus diesem Zeitraum, die mir zu Augen gekommen ist, britischer Provenienz: John B. Gass, ›Some American Methods‹, *Royal Institute of Architects, Transactions,* n. S. 2, 1885-86, S. 145-46 wie zitiert in Theodore Turak, ›Remembrances of the Home Insurance Building‹, *Journal of the Society of Architectural Historians* 44, März 1985, S. 62.

54 Warum zum Beispiel verwendeten Burnham und Root den Skelettrahmen nicht für die Rookery? Da dieses Gebäude dem Home Insurance Building direkt gegenüberlag und Root im Sommer 1885, als die Bauarbeiten

für das Home Insurance Building beendet wurden, mit dem Entwurf seines Gebäudes beschäftigt war, war ihm Jenneys Technik mit Sicherheit bekannt. Tatsächlich blieb in den beiden höchsten Gebäuden, die nach dem Home Insurance Building entworfen und gebaut wurden – dem Owings Building von Cobb and Frost und dem Auditorium Tower von Adler and Sullivan –, die Technik, die Jenney angewandt hatte, unberücksichtigt.

55 Obwohl Buffingtons Arbeit einen wertvollen Beitrag zur Entwicklung des Wolkenkratzers darstellte und ihre Veröffentlichung die Problematik der Eisenskelettbauweise ins Bewußtsein der Fachwelt rückte, wurden seine Rolle und seine Bedeutung später von seinen Berufskollegen in Chicago heruntergespielt. Nachdem er erfolglos versucht hatte, von Chicagoer Architekten, die sich ›seiner‹ Idee bedient hatten, Lizenzgebühren einzufordern, machte Buffington schließlich einen unglückseligen Versuch, die historische Priorität vor Jenneys Home Insurance Building für sich zu beanspruchen, indem er zahlreiche seiner Patentskizzen nachträglich vordatierte. Diese aus Verzweiflung vorgenommene Handlung hat dazu geführt, daß Buffingtons bedeutender Beitrag zur Entwicklung des Wolkenkratzers geleugnet worden ist. Dokumentierte Untersuchungen zu Buffingtons Vorgehen geben: Dimitris Tselos, ›The Enigma of Buffington's Skyscraper‹ und Muriel B. Christison, ›How Buffington Staked His Claim‹, *Art Bulletin,* März 1944, S. 1-24.

56 *Northwestern Architect* 6, März 1888, S. 23.

57 ›Our Illustrations‹, *Inland Architect and News Record* 9, Juli 1888, S. 89.

58 »Wir wissen freilich nicht, ob es sich bei diesem System um einen ernstgemeinten Vorschlag handelt. Sollte dies jedoch der Fall sein, neigen wir mit Entschiedenheit dazu, denen zuzustimmen, die glauben, daß derart übermäßig hochragende Gebäude ihren Besitzern mit großer Wahrscheinlichkeit keinerlei Nutzen bringen würden.« *American Architect and Building News* 24, 17. Nov. 1888, S. 226.

59 Loyrette (Anm. 42), S. 100.

60 Tselos (Anm. 55), S. 10-11.

61 ›Our Illustrations‹, *Inland Architect and News Record* 9, April 1888, S. 49.

62 *Inland Architect and News Record* 14, Sept. 1889, S. 16. Der vorgeschlagene Turm sollte eine Höhe von 457 Metern (der Eiffelturm ist 300 Meter hoch) und am Fuß einen Durchmesser von 146 Metern haben. Die vier Haupteingangsportiken führten zu einer Zentralkuppel mit einem Durchmesser von 72 Metern und einer Höhe von 70 Metern. Im Turm sollte ein Hotel mit 4000 Zimmern untergebracht werden. Der gesamte Bau sollte mit 15000 farbigen Edison-Glühbirnen beleuchtet werden. ›World's Fair Tower‹, *Real Estate and Building Journal,* 21. Juni 1890, S. 497. Auf der Tagung des Architektenkomitees vom 24. Februar 1891 wurde der Standort für den vorgesehenen Turm offiziell vom Ausstellungsgelände auf den Midway Plaisance verlagert. *Inland Architect and News Record* 17, März 1891, S. 24.

THE FAIR
THE FAIR
THE FAIR

Heinrich Klotz

Das Chicagoer Hochhaus als Entwurfsproblem

Für den Architekturhistoriker ist es nur selten möglich, einen von Grund auf neuen Bautypus in allen seinen Entstehungsbedingungen und allen seinen genetischen Problemstellungen analysieren zu können. Diese Möglichkeit hat der Amerikaner Carl W. Condit bereits erkannt und in seinem Buch aus dem Jahre 1964 auch genutzt: *The Chicago School of Architecture: A History of Commercial and Public Building in the Chicago Area, 1875-1925.*

In Condits Büchern sind die technischen und ökonomischen Voraussetzungen, die zum Hochhaus führten, eingehend dargelegt. Woran es allerdings mangelt und was bisher generell versäumt wurde, ist der Versuch, einem genuin architekturhistorischen Interesse zur Geltung zu verhelfen und einen bestimmten Problembereich der Entstehungsgeschichte des Hochhauses genauer zu fassen – nämlich das baukünstlerische Problem des Entwurfs. Wie, so müssen wir fragen, verhielten sich die Architekten angesichts einer völlig neuartigen Aufgabenstellung, für welche die Entwurfstradition, die Architekturtheorie der Vergangenheit, keinerlei Muster parat hatte? Einen Vitruv, einen Alberti oder einen Palladio für das Hochhaus gab es nicht. Und in dieser Beziehung fanden sich die Architekten der ersten Hochhäuser in einer ähnlichen Lage wie die Ingenieure des 19. Jahrhunderts, wie etwa Paxton mit seinem Kristallpalast, Eiffel mit seinem Turm oder die Brückenbauer mit ihren Fachwerkstrukturen. Allerdings hinkt auch dieser Vergleich, denn die Chicagoer Hochhäuser waren im Unterschied zu Paxtons Kristallpalast nicht für eine Ausstellungssaison, sondern für die Dauer gebaut, waren nicht wie Eiffels Turm wahrzeichenhafte demonstrative Ausnahmebauten, sondern für den alltäglichen Gebrauch bestimmt, waren auch nicht wie die Brücken verkehrstechnische Spezialstrukturen, sondern bildeten sehr bald die eigentliche Substanz der Stadt. Indem sie dieser als die alltäglichen Gehäuse der Arbeit angehören sollten, mußten sie auch eine Zugehörigkeit zur Stadt gewinnen und durften nicht Ausnahme sein.

Chicago unterschied sich jedoch gegen Ende des 19. Jahrhunderts insofern von den europäischen Städten, als hier nahezu keinerlei altstädtische Struktur mit ihren festen Institutionen bestand. Chicago war immer noch Neuland, war es um so mehr, als mit dem großen Feuer von 1871 nahezu eine Situation des völligen Neubeginns geschaffen war. Der gesamte Grund und Boden stand der Bodenspekulation offen; das Land war in Rechtecke parzelliert worden (Abb. 2), und jede Parzelle war frei von traditionsge-

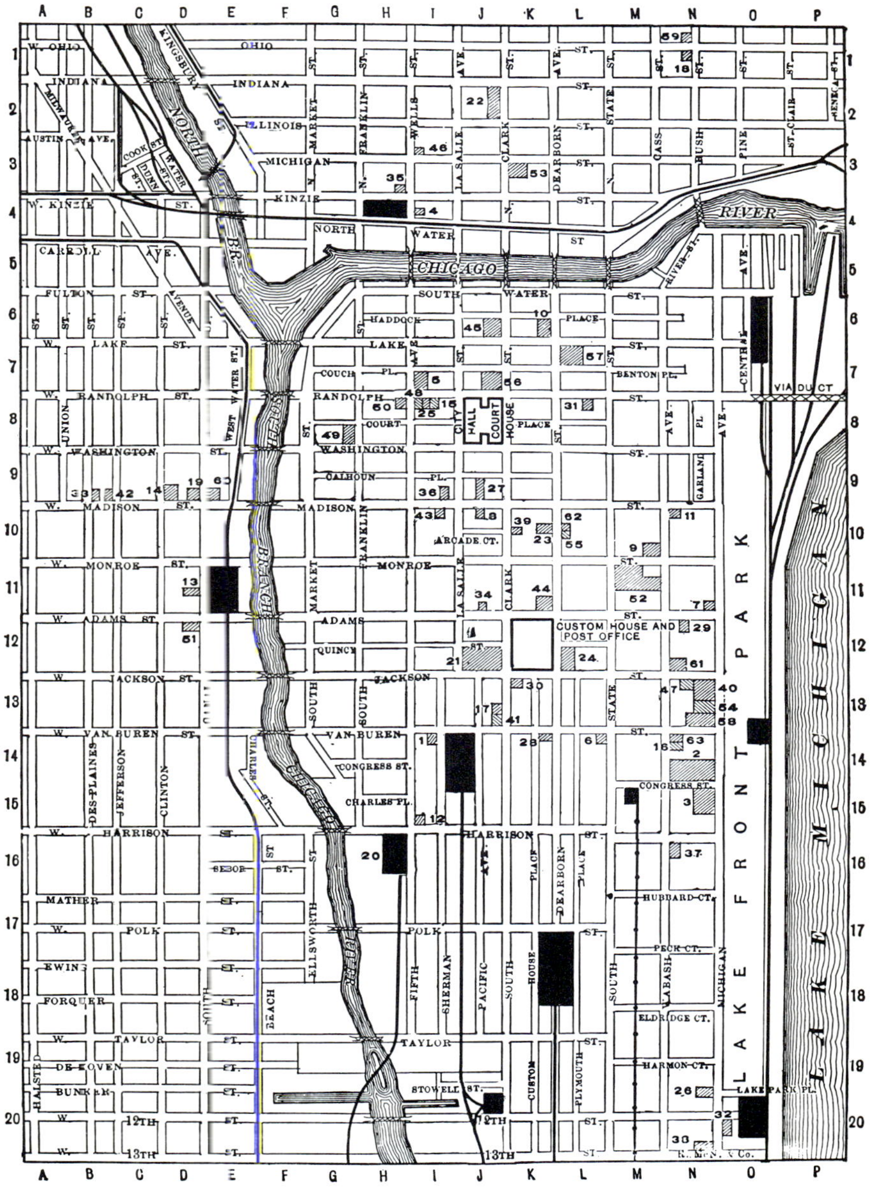

Abb. 1 William Le Baron Jenney, Fair Store, Adams Street zwischen State und Dearborn Street, 1890-91 (abgerissen)

Abb. 2 Rand McNally and Co., Stadtplan von Chicagos Geschäftszentrum, 1898; aus Frank A. Randall, History of the Development of Building Construction in Chicago, *Urbana, Ill. 1949*

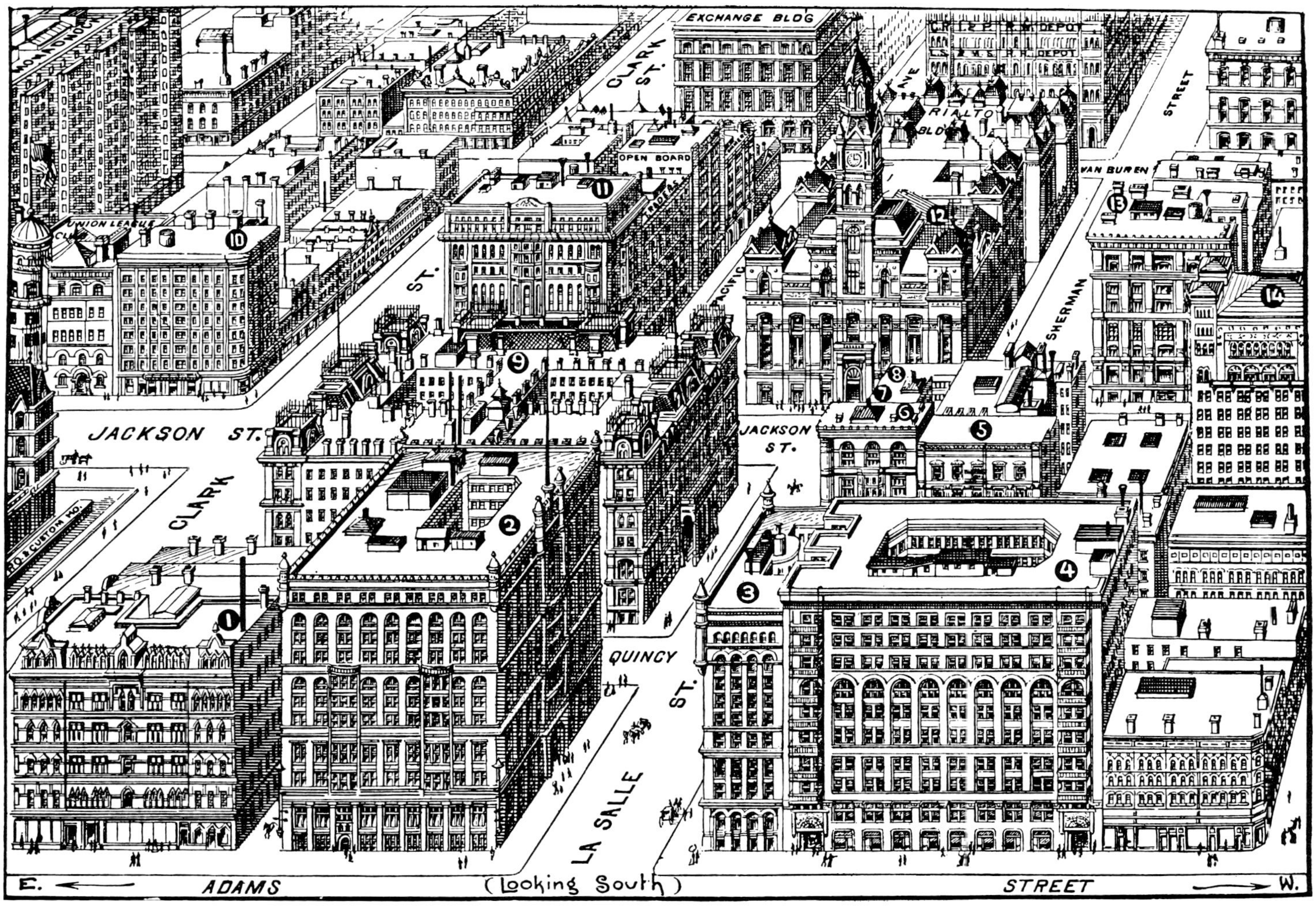

Abb. 3 Rand McNally and Co., Chicagos Board of Trade und Umgebung aus der Vogelperspektive, 1898; aus Randall, Building Construction in Chicago

Abb. 4 Adler and Sullivan, Auditorium Building, Congress Parkway zwischen Michigan und Wabash Avenue, 1887-89

bundenen Belastungen wie etwa aus dem Mittelalter verbliebenen Erbpachtrechten oder nachwirkenden institutionellen Bodenprivilegien wie denen der Kirche. Jedes Stück Boden wurde ein Stück Handelsware und wurde wie nie zuvor komplett bebaut. Die Auftraggeber wollten ihre Parzelle optimal bis zur äußersten Grundstücksgrenze nutzen. Welche Folgen aber die volle Nutzung des Grundstücks bis hin zur Grenzlinie hatte, ist bisher nicht klar gesehen worden. Optimale Beanspruchung des Grundstücks heißt, so hoch und so vollständig wie möglich die Bodenfläche zu besetzen, das Grundstück also gleichsam ›randvoll‹ zu bebauen (Abb. 3).

Dieses Auftraggeberinteresse hatte für den Entwurfsprozeß schwerwiegende Folgen. Jedes noch so unterschiedliche Programm hatte von vornherein seine Grundform: den rechtwinkligen Baublock, dreidimensionale Fortsetzung einer Bodenfläche, die identisch ist mit der Grundstücksfläche. Raumbehälter kamen zustande, deren Außenwände unmittelbar mit der Straßenflucht oder den ebenso rektangulär begrenzten Nachbargebäuden abschließen. Die Grenzen der Parzelle schlagen also unmittelbar bis in die Wandbegrenzung des Raumbehälters durch. Wo der öffentliche Raum, die Straßen und Bürgersteige ihre Grenze finden, dort setzt hart und ohne Vermittlung die Fassade des Gebäudeblocks auf. Ein Zurückweichen, das dem Bauwerk einen Umraum sichern könnte, gibt es nicht. Und damit hat für den entwerfenden Architekten auch die Möglichkeit aufgehört, den Bauten je nach Programm eine individuell charakteristische Grundfläche und damit einen unterschiedlich gestalteten Baukörper zuzugestehen. Die verschiedenen Bautypen – Rathaus, Börse, Gericht, Oper oder Theater – verschwinden und werden identisch mit der überall geltenden Grundform des Rechtkants. Die City von Chicago bestand bis vor einigen Jahren aus völlig gleichartigen, unterschiedlich hohen und unterschiedlich großen Rechtkantblöcken. Die Rookery (Tafeln 10, 11), die City Hall oder andere öffentliche Gebäude, wie zum Beispiel auch die Börse (Abb. 5), sind allesamt Rechtkantblöcke. Das besondere Entwurfsproblem des Architekten bestand also darin, kaum noch Möglichkeiten einer variablen Lageplanung zu haben, sondern die tradierte Mannigfaltigkeit der Bautypen insgesamt aufgehen zu lassen in einem vom Grundstücksraster des Stadtplans bedingten stereometrischen Primärkörper.

Sullivans Auditorium Building (Abb. 4; Tafel 25) ist ein Paradebeispiel dafür, ein von seinen Funktionen her stark gegliedertes Programm, zum Beispiel einen besonders großen Zuschauersaal mit einer Bühne, mit dem Foyer, mit Hotel, Restaurant etc., insgesamt einzubinden in einen außen einheitlichen Rechtkantblock, ein Programm, das nach traditioneller Auffassung einen sehr bewegten Baukörper inmitten eines Freiraumes, eines Platzes oder einer Grünfläche, abgegeben hätte. Unter diesen Bedingungen werden die sekundären Entwurfsentscheidungen besonders wichtig. So etwa hebt sich die City Hall aus den anderen Rechtkantblöcken durch eine sehr auf-

Abb. 5 Adler and Sullivan, Chicagoer Börse, 30 North LaSalle Street, 1893-94 (abgerissen)

wendige Granitsäulenordnung im Erdgeschoß (Abb. 6) hervor, die dem städtischen ›Monumentalbau‹ die besondere Noblesse öffentlicher Geltung sichern sollte, ohne aber, und diese Tatsache ist besonders kennzeichnend, daß man auf die Erker in den Säulenintervallen, also auf die Schaufenster der auch hier im Erdgeschoß befindlichen Geschäfte verzichtet hätte. Die City Hall spielt keine herausragende Rolle, sondern nimmt teil an der Extremnutzung des Bodens.

Eine Fülle ähnlicher Beispiele ließe sich in diesem Zusammenhang nennen. Ich will mich mit einem Hinweis auf ein Bauwerk beschränken, dem man nicht ansieht, daß es ein Tempel sein soll: Burnham and Roots Freimaurertempel von 1891-92 (Abb. 7).[1] Die Freimaurer errichteten in vielen amerikanischen Städten der Jahrhundertwende wortgetreu Tempel, römische oder ägyptische Tempel mit Kolonnaden und Gebälk, manchmal auch mit einem Tympanon. Hier in Chicago wird der Freimaurertempel zum Geschäftshochhaus, dessen rechtwinkliger Rigorismus etwas verlegen gemildert wird durch ein hoch oben aufgesetztes Satteldach mit Gauben und Giebeln.

In der Tat zeigt auch der 1898 veröffentlichte sogenannte ›Rand‹-Stadtplan von Chicago, der aus der Vogelschau die dreidimensionale Erscheinung eines jeden Gebäudeblocks erkennen läßt, die totale Gel-

Abb. 6 Holabird and Roche, City Hall und County Building, LaSalle Street zwischen Randolph und Washington Street, 1911

Abb. 7 Burnham and Root, Freimaurertempel, Nordostecke State und Randolph Street, 1891-92 (abgerissen)

Abb. 8 Die Place de l'Opéra, Paris, aus der Vogelperspektive

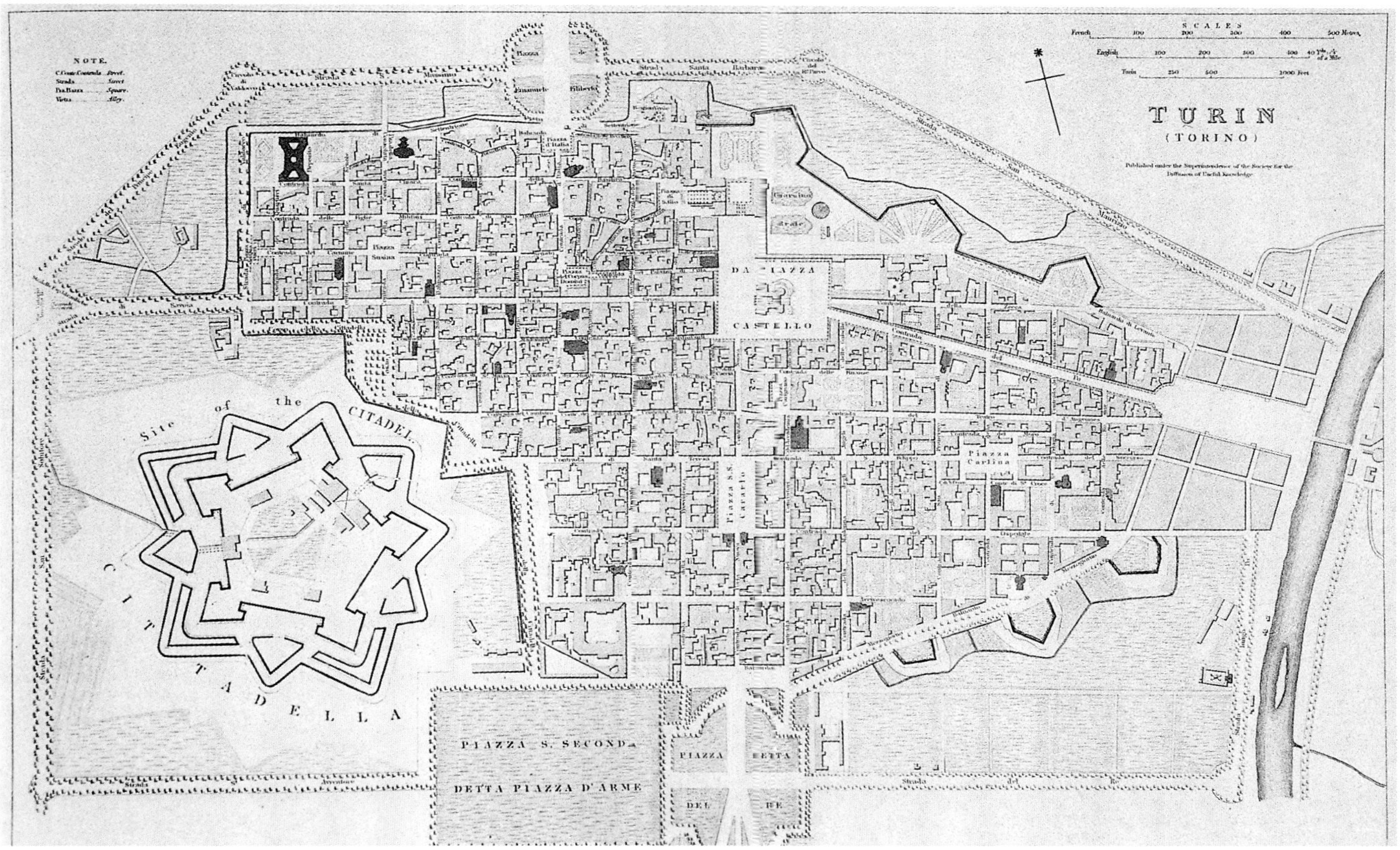

Abb. 9 Stadtplan von Turin, 1833; aus Melville Campbell Branch, Comparative Urban Design: Rare Engravings, 1830-1843, *New York 1978*

tung dieses einen Prinzips, eine differenzierende Gebäudetypologie aufgehen zu lassen in einem von unterschiedlichen Parzellengrößen bestimmten rektangulären Raumbehälter, der vielerlei Nutzungsprogramme aufnehmen mußte und weder den Rang von öffentlichen und privaten Bauwerken noch unterschiedliche Inhalte und Aufgaben zu veranschaulichen vermag. Wir haben hier die Vorform einer funktionalistischen Stadt, die jede Art einer Symbolisierung von Bedeutungen in der Bautypologie aufgegeben hat und mit Hilfe von Sekundärformen, also von Fassadendetails und Dachsilhouetten, die gänzlich unterdrückte Veranschaulichung von Inhalten wieder gutzumachen bestrebt ist.

Deshalb gewinnt die Fassade eine unerwartete Bedeutung; und es ist bezeichnend, wie sehr die Chicagoer Architekten des ausgehenden 19. Jahrhunderts der Fassadengestaltung ein besonderes Gewicht beigemessen haben, eine Tatsache, die auch besondere Aufmerksamkeit verdient.

Doch bevor wir den Blick auf die Eigenarten der Chicagoer Hochhausfassaden richten, sollten wir zunächst bei der Chicagoer Blockbebauung verweilen und die Frage stellen, wie sie sich zur Geschichte der Architektur des 19. und des 18. Jahrhunderts verhält; denn es war ja gerade der Bruch mit dieser Tradition, der Chicago seit dem Stichjahr 1871 den Charakter des Neuartigen verliehen hat. Die Stadtplanung des 19. Jahrhunderts zeichnete sich durch den Kontrast zwischen dem Gleichförmigen und dem Höhepunkt aus, so wie etwa Haussmann in Paris seit 1851 die Straßenzüge mit ihrer relativen Einheitlichkeit der Straßenrandbebauung, also der Miethausblöcke, auf das gänzlich Andersartige, auf Parks und auf öffentliche Gebäude hinführt (Abb. 8). Die Pariser Oper steht als ein Höhepunkt, als Monument öffentlicher Geltung, in einer Blickachse und gleichzeitig in einem Freiraum, so daß ihr völlig individueller Gebäudekörper allseitig zur Geltung gelangt. Darin unterscheidet sie sich eklatant von der Alltäglichkeit der allgemeinen Stadtsubstanz, den Miets- und Geschäftshäusern ringsum.

Dieses zeremonielle Moment der Stadtszene ist in Chicago aufgegeben, und an die Stelle des Kontrastes zwischen Alltäglichkeit und Höhepunkt tritt der allgemein geltende Baublock; eine Stadtplanung, die das übliche als das quantitativ Vorherrschende mit dem Einzigartigen und Bedeutsamen als dem qualitativ Besonderen kontrastiert, gibt es in Chicago nicht mehr. An die Stelle von Blickachsen und bedeutungsvollen Stadtperspektiven tritt der Raster, der jede Parzelle als gleichwertig markiert; kurz: das Paris Haussmanns bleibt an eine barocke Planungsvorstellung gebunden, die Hierarchien bestätigt, wenn auch das Bürgertum die absolutistische Planungshierarchie von Versailles nicht mehr akzeptiert, sondern an dieser Hierarchie selbst bevorzugt teil hat. Das Chicago Sullivans indessen ist ein Schachbrettmuster, das das hierarchische Ordnungsbild gegen eine Bodenparzellierung vertauscht hatte. Hier geht es nicht um Veran-

schaulichung eines eingeplanten Vorrangs, sondern um höchstmögliche Bodennutzung auf prinzipiell gleichrangiger Parzelle. Prestige ist durch Parzellenvergrößerung erreichbar und durch die neue Möglichkeit des Überragens, des In-die-Höhe-Bauens, also durch quantitative Unterscheidungen.

Äußerlich vergleichbar ist überraschenderweise die Turiner Stadtplanung des 17. und 18. Jahrhunderts, obwohl sie auf dem Hintergrund gänzlich anderer Voraussetzungen zustande kam (Abb. 9). Wenn in der Hauptstadt Piemonts sich bereits im 17. Jahrhundert eine starke Tendenz zu strenger Blockbebauung geltend machte, so geschah das unter dem Planungsdiktat des Herzogs von Savoyen.[2] Maßgebend war nicht das Leitbild einer Parzellenvermarktung des Bodens, sondern eine Vorstellung von barocker Stadtplanung, die bereits auf den vorhandenen Monumenten königlicher Repräsentation aufbauen konnte. Das königlich dekretierte Straßenraster von Turin hat nicht nur die einzelnen Paläste und Wohnbauten in eine ungewöhnlich strenge Ordnung der Blockstereometrie gezwungen, sondern darüber hinaus auch einen Bautypus, dem üblicherweise das Privileg einer freien Entfaltung zugekommen war – die Kirche.

Guarinis San Lorenzo (Abb. 10), königliche Kapelle am Palazzo Reale, ist an der Kuppel als herausgehobenes Bauwerk erkennbar, während der eigentliche Baukörper völlig in eine übergreifende Gesamtarchitektur eingezogen ist. San Lorenzo ist im Grunde nichts als eine Straßenecke. Und ähnlich wie

Abb. 10 Guarino Guarini, San Lorenzo, Turin, 1668-87

Abb. 11 Guarino Guarini, Palazzo Carignano, Turin, 1679 begonnen

San Lorenzo ist auch eine große Zahl von Turiner Parochialkirchen in den starren Blockgrundriß des Rasters eingebunden. Sogar Guarinis für den Herzog gebauter Palazzo Carignano ist nichts als ein Planquadrat im Raster der Stadt; auch die benachbarte Kirche San Philippo und die königliche Akademie gehen im vorgeschriebenen Baublock auf, der von den vier Straßenfluchten begrenzt wird. Ein solch rigoroser Zugriff auf die Eigenständigkeit königlicher und kirchlicher Repräsentationsbauten ist in der barocken Stadtplanung sehr ungewöhnlich. Der Raster bleibt primär eine absolutistische Planungsgebärde, der sich die königlichen Bauten selbst mit zu unterwerfen hatten.

In solcher Umgebung wirkt die freie Entfaltung der Choranlage von Guarinis Santa Maria Consolazione wie eine befreiende Gegendemonstration gegen den allgemein herrschenden rechten Winkel, eine Demonstration, die immerhin möglich war. Und dem königlichen Palazzo Carignano (Abb. 11) gegenüber wird schließlich auch ein räumlicher Respektabstand gefordert, indem das Planrechteck vor seiner Hauptfassade freigeblieben war und zur Platzanlage werden konnte. Einen Platz im Geschäftszentrum Chicagos gab es nicht einmal vor dem Rathaus. Aber ähnlich wie in Chicago wurden schon in Turin die sekundären Entwurfsentscheidungen besonders wichtig, etwa wenn es darum ging, im Detail den Baukörpern eine gewisse Befreiung vom rektangulären Planungsrigorismus zu gewähren. Die geschwungene Fassade des Palazzo Carignano wirkt wie eine bewußte Gegenerklärung gegen die durchgängig herrschenden, am Lineal gezogenen Fluchtlinien der Straßenfronten. Und die ovalen, runden und sternförmigen Anlagen der Eingangshallen, die in Turin im 17. und 18. Jahrhundert Furore machten, verliehen den Adelspalästen wie den großen Mietshausblöcken im Inneren des Baukörpers den besonderen Charakter, den der Außenbau nicht zustande kommen ließ, die freiere Beweglichkeit von Kreis und Kreissegmenten: große, sich nach allen Seiten und in die Höhe dehnende Treppenhäuser, Kuppeln und Gewölbe, frei auf Säulen schwebend, als ginge es darum, im Inneren die freizügige Gebärde zu gewinnen, die man draußen nicht hat. So erscheint überhaupt die Architektur Guarinis und seiner Nachfolger – die sich aus der Enge des Rechtkants herausschwingenden Gewölbe und Bogenkonstruktionen, die Kreis- und Ovalgrundrisse – als einzige Reaktion auf den stadtplanerischen Zwang, der draußen herrscht. Zugespitzt gesagt: die Ästhetik der Turiner Barockarchitektur ist eine Ästhetik des Innenraums, ist eine Art Befreiungsakt von der Achsen- und Fluchtlinienstrenge der Stadtplanung.

Im Gang der Geschichte europäischer Architektur waren Formvokabularien entwickelt worden, die dem 19. Jahrhundert als ein Arsenal von Baustilen zur Verfügung standen. Sie bildeten das Dekorum, mit dessen Hilfe die verschiedensten Bauaufgaben dem städtischen Publikum kommensurabel gemacht wurden. Das Bauwerk wurde gewissermaßen eingekleidet und nahm damit eine verständliche und schickliche Form an. Die tradierten Stile waren das Verständigungsmittel, das sogar noch ein völlig ungewöhnliches Ding wie etwa einen Bahnhof oder einen Tunnel in einen Kommunikationszusammenhang stellte. Sie wurden dorisch oder romanisch und waren damit aufgenommen in die Repräsentationssphäre der Architektur. Sie hatten die ›Stillosigkeit‹ der reinen Nutzarchitektur abgestreift.

Was nun war mit jenen monströsen Eisengerippen zu tun (Abb. 12), die schon von ihrer Konstruktion her weit davon entfernt waren, ein ›Gebäude‹ zu sein? Wie war es möglich, diese Hochhäuser überhaupt erst zu einem Bauwerk zu machen, das sich in die Repräsentations- und damit auch in die Kommunikationssphäre städtischer Architektur einfügte? Die tradierten Stilmittel waren für ein zehn- oder gar zwanziggeschossiges Hochhaus kaum geschaffen. Wollte man die klassischen Stilformen der Renais-

Abb. 12 Adler and Sullivan, Wainwright Building, 709 Chestnut Street, St. Louis, 1890-91, während der Bauarbeiten

sance anwenden, so standen nicht allein die Proportionen der neuen Hochhäuser diesem sonst recht flexiblen Kanon entgegen, sondern auch die Beschränkung auf allenfalls fünf Säulenordnungen. Die Paläste der Renaissance und der späteren Jahrhunderte waren höchstens fünf, ausnahmsweise sechs Geschosse hoch, was auch mit der Fußläufigkeit zusammenhing. Entsprechend konnten die fünf Säulenordnungen in Superpositionen übereinandergestellt werden, sofern überhaupt alle Ordnungen von Geschoß zu Geschoß durchgespielt wurden. Mit dem Aufkommen des elektrischen Fahrstuhls war diese Beschränkung aufgegeben. Die Geschoßzahlen wuchsen. Und mit dem Eisenskelett wurde gleichzeitig eine neue Statik möglich, die für die Hochbebauung den Ausschlag gab. Doch mußte das Metallgerüst nach den schlimmen Erfahrungen der Chicagoer Brandkatastrophe mit feuersicherem Material, zum Beispiel mit Backstein, umkleidet werden. Erst die Ummantelung also schuf die Bedingung für eine Architektur im traditionellen Sinne.

Wenn die fünf Ordnungen der Renaissance nicht ausreichten, konnte dann nicht die Gotik mit ihren schlanken Dienstgerüsten der neuen Vertikalität entsprechen? Aber die Chicagoer Hochhäuser waren mit gotischen Kirchtürmen nicht vergleichbar, waren nicht steile, zur Schwerelosigkeit aufstrebende Maßwerkgebilde, sondern waren meist breit lagernde Blöcke, die zwar beträchtlich über das gängige Höhenmaß hinausgewachsen waren, aber doch eher einem Renaissancepalast vergleichbar waren als einer gotischen Gerüststruktur. Die Chicagoer Architekten waren also, sofern sie ihren Bau im Sinne des Dekorums repräsentativ werden lassen wollten und sofern sie ihn in einem hergebrachten städtischen Zusammenhang sehen wollten, vor eine schwierige Stilwahl gestellt; denn sie mußten sich nicht nur entscheiden für dieses oder jenes historische Vokabular, sondern sie sahen sich darüber hinaus in der vertrackten Lage, die Stile auf eine Bauaufgabe zu übertragen, für die alle diese Stile nicht geschaffen waren. Das Dekorum der Renaissance war dem Hochhaus nicht angemessen. Es stellte sich damit das Entwurfsproblem der Hochhausfassaden.

Die Architekten der frühen Chicagoer Hochhäuser waren dem Repräsentationsanspruch häufig aus dem Wege gegangen. Das erste Leiter Building von 1879, erbaut von William Le Baron Jenney (siehe Larson, Abb. 14), hat gleich im ersten Zugriff etwas von der Simplizität und Direktheit der späteren modernen Hochhäuser des beginnenden 20. Jahrhunderts. Die zunächst rot belassenen, später weiß übertünchten Backsteinpfeiler sind nahezu nackt geblieben, ohne daß irgendein verbrämender Zierat die Baustruktur umgedeutet hätte. Man erkennt auf den ersten Blick den Käfig des Eisengerüstes, dessen weite, horizontal

Abb. 13 William Le Baron Jenney, Manhattan Building, 431 South Dearborn Street, 1890

gestreckte Intervalle die Felderteilung des gesamten Aufrisses bestimmen. Die weiten Abstände zwischen den Stützen sind auch heute noch für Stahlkonstruktionen charakteristisch. So kommt es später zu dem horizontalen Chicagoer Fenster, das vor allem in der Architektur eines Sullivan seine Ausformulierung fand. William Le Baron Jenney aber hat jedes Intervall noch einmal durch zwei Pfosten unterteilt, so daß je drei senkrechte Fenster zustande kommen. Das Leiter Building verharrt in einem eigentümlich changierenden Zustand, der dem heutigen Betrachter das Vordringen der horizontalen Intervallordnung suggeriert, ohne daß wir das unterlegte senkrechte Fenstersystem des 19. Jahrhunderts verkennen könnten.

Noch die Fassade von Sullivans Auditorium aus dem Jahre 1889 gibt kaum in gleicher Deutlichkeit das Raster der Stahlkonstruktion preis, wie dies am Leiter Building sichtbar bleibt. Das Auditorium ist ein Beispiel dafür, daß sich bald nach dem Bau des ersten Leiter Building das Entwurfsbestreben der Architekten wie auch das Repräsentationsbedürfnis der Auftraggeber grundlegend verändert haben muß. William Le Baron Jenneys erstes Hochhaus kann noch als ein Zeugnis für eine Auftraggebermentalität gelten, die zunächst den reinen Nutzen dieser neuen Gebäude in den Vordergrund stellte, wie dies etwa der Bostoner Kaufmann Peter Brooks im Jahre 1881 seinem Architekten als Regieanweisung gab. In seinen Worten klingt die Distanz des in Boston residierenden Bürgers gegenüber der weit entfernten Stadt im Westen durch. In Boston war man auf die Repräsentation und die Selbstdarstellung bedacht, in Chicago auf den reinen Nutzen: »Tall buildings will pay well in Chicago hereafter und sooner or later a way will be found to erect them.« Brooks gibt dann die Anweisungen zum Bau eines achtgeschossigen Gebäudes, des ersten Hochhauses in Chicago, das sieben Geschosse überstieg. Es wurde dann sogar als zehnstöckiger Bau ausgeführt: »I prefer to have a plain structure of face brick, eight storries high and also a basement with flat roof ... the building throughout is to be for use and not for ornament. Its beauty will be in its all – adaption to its use.«[3]

Diese sich auf den bloßen Nutzen herablassenden Formulierungen geben bereits einen Zweckrationalismus preis, der sich von jeglicher Repräsentationsabsicht entkleidet hat und damit auf den Kern der Dinge zu sprechen kommt. Lange vor Sullivans Forderung »form follows function« war hier bereits eine Doktrin formuliert, die nicht erst mit der Definition der Bauaufgabe beginnt, sondern mit der strikten Rechnung der Kapitalinvestition. Die neue Sachlichkeit des Funktionalismus hat in Chicago bereits im Jahre 1881 die Architektur auf einen Nenner zu bringen gesucht. Unter diesem Aspekt sind die Rosetten auf den Pfeilerstirnen des Leiter Building, die die ausgearbeiteten Kapitelle ersetzen sollen, und der Backsteinfries des Dachgesimses als eine kleine Konzession an das Auge zu sehen, das von solchem Ornament nicht viel mehr erwarten darf als von einem üblichen Fabrikgebäude auch. Man hat später von der Wahrheit dieser Architektur gesprochen, die nichts mehr verbrämt. Es ist einerseits die Wahrheit der Architektenmoral, die die unverkleidete Deutlichkeit der Konstruktion meint, und es ist andererseits die Wahrheit des Auftraggebers, der den geringsten Aufwand bei möglichst großem Gewinn im Auge hat. Es ist die Baukunst des Utilitarismus.

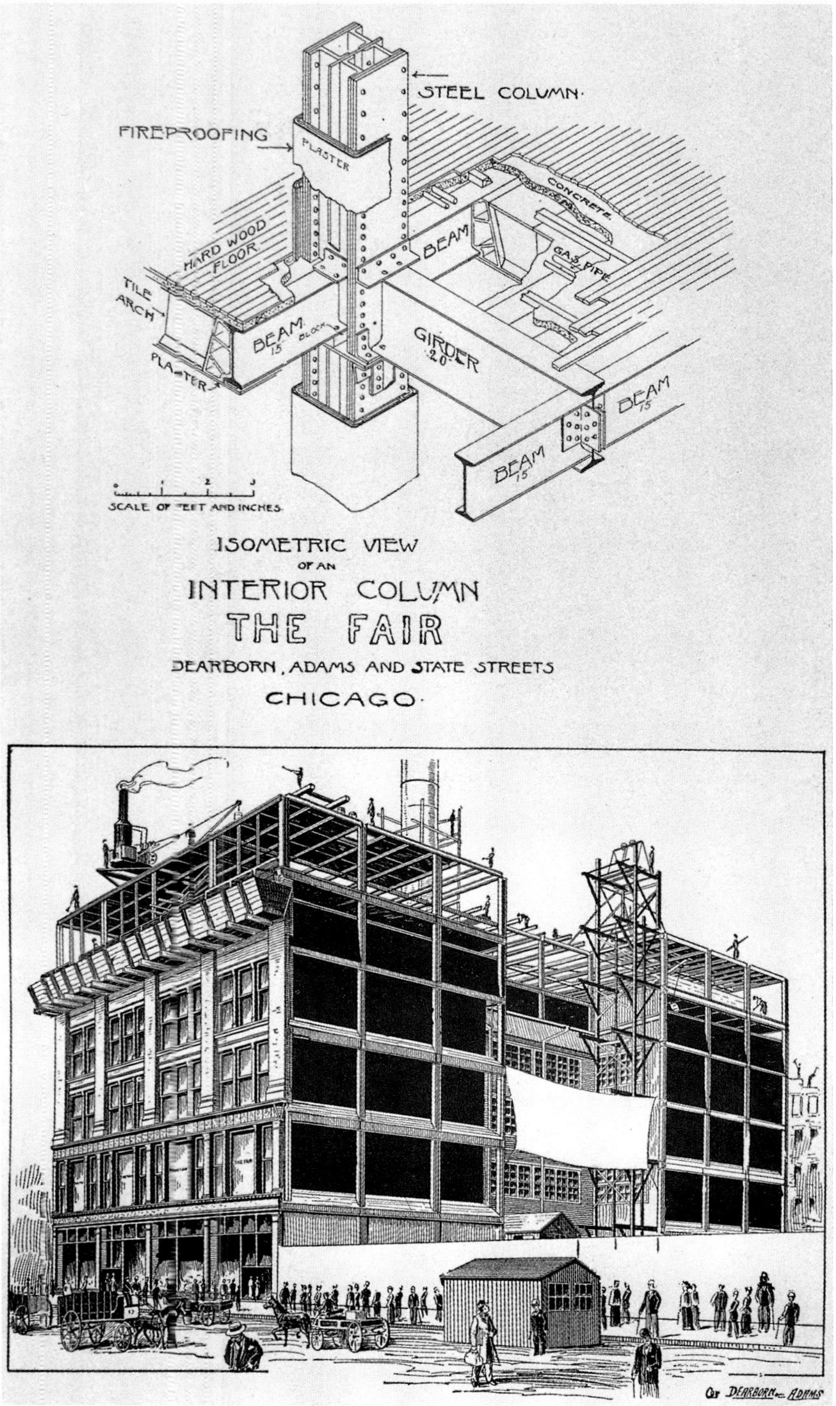

Abb. 14 Jenney, Der Fair Store im Bau, mit Detailzeichnung einer typischen Säulen-und-Balken-Verbindung; aus Inland Architect and News Record *18, 1891*

Elf Jahre später, 1890, baut William Le Baron Jenney das Manhattan Building (Abb. 13). Es ist neben einem anderen im gleichen Jahr entstandenen Chicagoer Hochhaus das erste, das gänzlich als Stahlgerüst errichtet wurde. Wie nun wird Jenney mit der Fassade dieses sechzehngeschossigen Bauwerks fertig? Von

Abb. 15 San Pedro de Roda, Spanien, 1022, Langhaus

Abb. 16 Dom zu Speyer, Rekonstruktion des Langhauses; aus Kenneth J. Conant, Carolingian and Romanesque Architecture 800 to 1200, *Harmondsworth und New York 1959*

der anfänglichen Simplizität des ersten Leiter Building ist hier nicht mehr die Rede. Jenney und seine Auftraggeber haben aus dem überhöhten Bau einen Renaissancepalast machen wollen. So wird aus dem Aufriß ein geradezu monströses Gebilde, deshalb eben, weil ihm das repräsentative Kleid einer Palastfassade vorgehängt wurde. Das Stahlskelett hat die Substanz von sorgfältig bearbeiteten Hausteinquadern angenommen. Und so wenig sich das Stahlskelett nach oben verjüngt, so wenig verjüngt sich der Bau. Er bleibt ein Block, wenn auch die äußeren Intervalle nach dem neunten Geschoß abrupt abbrechen, um die restlichen sieben Intervalle weiter aufsteigen zu lassen bis zu einem auskragenden Kranzgesims.

Nach dem Muster eines Renaissancepalastes beginnt Jenney mit einem Rustikalsockel, der jedoch die gewohnte massige und kraftvolle Wirkung gänzlich vermissen läßt, da die Intervalle nach dem einmal fixierten Abstand der Stahlstützen weit geöffnet sind, ebenso weit wie in den darüberliegenden Geschossen. So wie der gesamte Bau aber vertikalisiert ist, wurde auch das Rustikageschoß in die Höhe gestreckt; es umfaßt wider allen Erwartens drei Stockwerke, um endlich mit einem Horizontalgesims abzuschließen. Darüber nun setzt eine große Pilasterordnung an, eine ›Ordnung‹, die alle gewohnten Proportionen klassischer Maße durchbricht und sich über neun Geschosse hin dünn und gebrechlich in die Vertikale streckt. Weit oben sitzen unter einem den Bau im oberen Drittel zerteilenden Kranzgesims die Kapitelle. Dort endet die gebrechliche Pilasterfolge. Wer aber erwartet, daß der Bau nun seinen Abschluß gefunden hätte, wird neuerlich überrascht. Über dem Pilastergesims setzt eine Rundbogenfolge an, die noch einmal drei Geschosse umgreift, um das schwer aufliegende Gewicht des Mezzaningeschosses mit dem auskragenden Dachgesims zu stützen. Es scheint, als sei ein Bauwerk auf das andere gesetzt, als habe Jenney der übermäßig gestreckten Pilasterordnung einen Rundbogenkörper aufgesetzt, um mit der jedem Ordnungsdenken entgegenstehenden Höhe des Bauwerkes überhaupt fertig zu werden.

Um der Fassade einen weiteren horizontalen Halt zu geben, hat Jenney ein drittes Gesims über dem neunten Geschoß wie einen Gürtel durch die Fläche

Abb. 17 *William Le Baron Jenney, Zweites Leiter Building (später Sears, Roebuck and Co.), State Street zwischen Jackson und Van Buren Street, 1889-91*

gespannt, so daß die drei mittleren Erkertürme, die man ohnedies zwischen Pilastern nicht erwarten möchte, förmlich an die Fassade geschnallt scheinen. Zugleich aber durchschneidet das Gesims die Pilaster auf eine Weise, als seien sie gar nicht von unten, vom Rustikageschoß her, vorbereitet. Und tatsächlich entdeckt das Auge beim zweiten Hinsehen, daß sie überhaupt erst mit einem eigenen Sockel über dem Gürtelgesims ansetzen. So entpuppt sich die untere Ordnung als eine Folge bloßer Wandstreifen. Kein Zweifel, das klassische Aufrißsystem ist ein Überbrückungsmanöver, um mit der nicht enden wollenden Geschoßabfolge zwischen Grundfläche und Dachgesims fertigzuwerden. Der anspruchsvolle Gestus, ein Stahlskelett in eine von der Tradition gesicherte Stilfassade zu verwandeln, verwandelt die oktroyierte Fassade des Palazzo in eine Chimäre.

Teilend und stückelnd setzt Jenney auf immer neuen Horizontalen an, um irgendwie zu einem Ende zu gelangen. Stückelnd und hackend findet er schließlich den Abschluß der Fassade. Dazwischen ist ihm förmlich der Atem weggeblieben, indem er sich plötzlich auf eine Rundbogenarkade besinnt. Die Vertikale des Hochhauses hat ein auf Breitenentfaltung angelegtes Pilastersystem förmlich ausgezehrt. Wenn zu allem Überfluß auch noch Erker hinzukommen, die in der Enge der Straße das Licht einfangen sollen, so ist das Pasticcio perfekt. Wenn wir ein solches Fassadensystem nach den hergebrachten Maßstäben einer Renaissancefassade bemessen, so geschieht das auf dem Hintergrund des Gewohnten. Der Widerspruch zwischen Tradition und Neuerung macht indessen diese Fassade wenn auch nicht schön, so aber doch interessant, da das Entwurfsproblem ungelöst in ihr enthalten bleibt. Ein Verzicht auf diesen Ornat wäre allein die Antwort gewesen.

In denselben Jahren, als Jenney das Manhattan Building errichtete (1890-91), baute er auch den Fair Store (Abb. 1, 14), ein Warenhaus. Hier nun wird in einem noch größeren Maße als beim Manhattan Building deutlich, welche Schwierigkeiten es bereitete, die wohlproportionierten Ordnungen des Renaissancepalazzo auf einen hohen, in diesem Falle elf Geschosse fassenden Gebäudeblock zu übertragen. Tatsächlich zerteilt Jenney die Fassade in der Mitte, dort wo ein zwischengelegtes Rustikageschoß

zwischen die untere und die obere Ordnung gefügt wurde, so daß auf eigenartig doppeldeutige Weise einerseits ein auf den unteren fünf Geschossen aufsitzendes Mezzanin und andererseits ein rustiziertes Sockelgeschoß für die obere Pilasterordnung herausgelesen werden kann. Im Grunde genommen sind es zwei aufeinandersitzende Palazzi, die sich im ›Mezzaninsockel‹ ineinanderschieben. Ganz vorschriftsmäßig setzt der Bau mit der Eingangshalle an, darüber liegt ein ihr entsprechendes Zwischengeschoß, das auf die große Ordnung der die drei Stockwerke durchstoßenden Kolossalpilaster vorbereitet – um schließlich mit dem Mezzanin abzuschließen. Über dem Mezzanin, das nun zum Sockel wird, sitzt die zweite Kolossalordnung des zweiten Palazzo. Sie unterscheidet sich von der unteren Pilasterfassade durch ihre Streckung; sie umfaßt fünf Geschosse. Ähnlich haben auch schon die Architekten der Renaissance im Falle der Superposition von Ordnungen operiert, indem sie das Aufstreben einer Fassade durch Streckung der Säulen, also durch einen Wechsel von einer untersetzten zu einer schlankeren Ordnung auszudrücken suchten. Doch sind es niemals übereinandergesetzte Kolossalordnungen, sondern einfache Ordnungen gewesen. Hier aber reicht auch die mehrere Stockwerke durchgreifende Kolossalordnung nicht aus, um die gesamte Fassade proportionsgerecht zu durchmessen. Also werden es zwei.

Mit klassischen Baugliedern umzugehen bedeutet, Maßverhältnisse einzuhalten, sie also nicht einer die Proportionen störenden Streckung zu unterwerfen. Das erinnert an frühromanische Aufrißsysteme der ersten gewölbten Basiliken. Der Architekt des Langhauses von San Pedro de Roda in Spanien (Abb. 15) hat, um mit den Stützen vor der Mittelschiffswand den Ansatz des Gurtbogens zu erreichen, einfach zwei Säulen übereinandergestellt. Es bedeutete dann einen großen Schritt fort von allem Gewohnten, wenn der Architekt des Langhauses von Speyer (Abb. 16) eine alle klassischen Proportionen sprengende Säule von der Basis bis in das Gewölbe durchgehend aufsteigen ließ. Damit war aus der Säule ein Dienst geworden. Freilich befand sich Le Baron Jenney in einer völlig anderen Situation der Vertikalisierung.

Mit seinem zweiten Leiter Building von 1889-91 (Abb. 17) aber hat er den Respekt vor den Maßverhältnissen der Renaissance aufgegeben; pointiert könnte man sagen, daß dieses Bauwerk Jenneys Speyer geworden ist. Der riesenhafte Block des Kaufhauses mit seinen achteinhalb Stockwerken erscheint nun vom ersten Geschoß bis zum Dachgesims zusammengefaßt in einer einzigen Vertikalen. An den Ecken sitzen riesige Pfeiler, die dem ganzen Bau von den

Abb. 18 D. H. Burnham and Co., Fisher Building, 343 South Dearborn Street, 1896

Abb. 19 Henry Hobson Richardson, Marshall-Field-Warenhaus, Adams Street zwischen Wells und Franklin Street, 1885-87 (abgerissen)

Kanten her einen Halt geben. Die Fassadenpilaster schließen ebenfalls bis zum Kranzgesims durch, ohne jedoch die klassischen Maßverhältnisse, die an den Eckpfeilern noch beibehalten waren, aufzunehmen. Es sind gewissermaßen Dienste geworden, Pilasterdienste. Noch deutlicher erinnern die Pfosten zwischen den Pilastern an gotische Dienste. Ohne daß sie ihren Durchmesser verändern, bleiben sie unten kurz, die Höhe eines Fensters nicht übersteigend, strecken sich darüber über drei Geschosse hinweg und verkürzen sich schließlich auf die Höhe zweier Geschosse. Trotz der Dominanz der Pilaster spricht dieses gotische Element in der Fassade mit, so daß es zu einer ersten Befreiung von den Stilnormen und damit auch von den klassischen Maßverhältnissen kommt. Der Hochbau hat seine Konsequenzen gefordert, die Jenney nicht länger unterdrückt hat.

Einen völlig anderen Weg schlug Burnham mit seinem Reliance Building von 1895 und dem Fisher Building von 1896 (Abb. 18; Tafeln 18, 19) ein. Die Möglichkeit, mit den gestreckten, vertikalen Elementen der Gotik zu operieren, war bisher nicht erkannt worden, obwohl es weit näher gelegen hätte, die Vertikalität des Hochhauses mit einem gotischen Gerüstbau zu assoziieren als mit einem Renaissancepalast. Schmale Stäbe, einzeln und gebündelt, durchziehen vom Boden auf die gesamte Fassade, indem sie das vertikale Rahmengerüst bilden. Problemlos lassen sie sich den Polygonalecken der Erkerrisalite angleichen. Zwischen ihnen spannen sich die Fensterbrüstungen als Maßwerkfiligran. Zweifellos sind die auf eine Linienschraffur ausgezehrten Pfosten und Maßwerkprofile dem Vertikalsystem einer Hochhausfassade gemäßer als die Substanz beanspruchenden Ordnungsglieder klassischer Architektur. Je stärker das Hochhaus sich zum Wolkenkratzer entwickelte, desto deutlicher mußte der gotische Kathedralturm als das legitimierende Stilvorbild erscheinen.

Aber auch Richardsons Neuromanik war an Chicago nicht vorbeigegangen. 1887 war das Marshall-Field-Warenhaus (Abb. 19; Kat. 56, 57) fertiggestellt. Es füllte einen ganzen Block aus und genoß so das besondere Privileg, nach allen vier Seiten frei zu stehen – der Palazzo Strozzi von Chicago.[4] Richardson gliederte die Fassaden nach übergreifenden Bogenmotiven auf, setzte im Sockel mit einem Segmentbogen an und ließ darüber, ähnlich einem Piano nobile, eine drei Geschosse umfassende Bogenfolge dominant aufsteigen, der wiederum zwei schmalere gekuppelte Bogen, nur über zwei Stockwerke laufend, folgen. Das Ganze schließt mit einem sehr kräftigen Mezzanin ab, dessen Fenster im Stakkato einer romanischen Zwerggalerie aufgereiht sind. Durch die sich nach oben verengenden und immer kleiner werdenden Öffnungen gerät eine intensive Bewegung in den lagernden Baublock. Richardson hat sich am

Abb. 20 Adler and Sullivan, Wainwright Building

Abb. 21 Wainwright Building, Backsteinornamentik der Fassade

stärksten von den tradierten Stilvorstellungen gelöst, so daß er zu einer Formulierung fand, die in Chicago gänzlich unerwartet und neu war.

Das Rundbogenmotiv hat in der Folgezeit Schule gemacht. Noch mit dem Bau der Chicagoer Börse von 1894 wurde Richardsons Bogenmotiv aufgegriffen. Deutlicher noch zeigt das Auditoriumsgebäude von 1889 Richardsons Einfluß. Die schwere Rustikawand der Untergeschosse hat Sullivan von Richardson übernommen; ebenso knüpft Sullivan mit der Abfolge von großer Bogenreihe, den darüber aufstehenden, gekuppelten Bogen und dem abschließenden

Abb. 22 Adler and Sullivan, Guaranty Building, 28 Church Street, Buffalo, 1894-96

Mezzanin als Zwergumgang an Richardsons Marshall-Field-Warenhaus an.

War von diesem Architekten, der sich so stark von Richardson inspiriert zeigte, noch irgendeine Neuerung, ein weiterer Schritt auf dem Weg zur Lösung des gestellten Entwurfsproblems zu erwarten?

An dieser Stelle soll der Fortgang der Darstellung unterbrochen werden, um eine methodische Randbemerkung einzuflechten. Wenn von Schritten auf dem Wege der Lösung eines Entwurfsproblems die Rede ist, bedeutet dies, daß eine Entwicklung vorausgesetzt wird, die so etwas wie einen Anfang und ein Ende hat. Immanenz der Formentwicklung bedeutet, daß es relativ abgehobene, autonome Formprozesse gibt, die, um mit George Kubler zu sprechen, eine »Serie« bilden und mit einer formlogischen Konsequenz verlaufen.[5] Im Sinne von Problemstellungen, die auf dem Wege von ›trial and error‹ zu einer Lösung geführt werden, lassen sie gewisse Entscheidungsvarianten zu, richten sich jedoch immer wieder an dem gestellten Grundproblem aus. Der Formfindungsprozeß für die Fassadengestalt des Chicagoer Hochhauses schließt so gut wie alle zur Verfügung stehenden Stilmöglichkeiten in freilich subjektivster Ausprägung ein. Vielerlei Möglichkeiten werden erprobt; nicht immer kommt eine akzeptable Lösung zustande. Das in Chicago gestellte Entwurfsproblem war, den neuen Bautypus des Hochhauses mit seiner die Fassade unmittelbar durchwirkenden neuen Struktur zu verbinden mit einem Repräsentationsanspruch, der im 19. Jahrhundert in der Stilarchitektur seinen Ausdruck gefunden hatte. Es waren die diesen verschiedenen Stilen eigentümlichen Formencharaktere, etwa das Proportionssystem eines Renaissancepalastes, die sich ebenso als eigentliches Medium künstlerischer Ausdrucksmöglichkeit wie aber auch als Fessel erwiesen. Eine Fessel bestand darin, daß die Stilmittel nicht für die neue Struktur des Hochhauses geschaffen waren. Die Lösung des gestellten Entwurfsproblems bestand darin, bei Adaption dieser Stilmittel auf das Hochhaus eine Form zu finden, die der besonderen Eigenart des Hochhauses eher zum verdeutlichenden Ausdruck verhalf, als daß sie dieses in das zurechtgestreckte Korsett einer Stilhülle zwang.

Frank Lloyd Wright hat diese Situation 1953 in einem Gespräch beschrieben: »When buildings first began to be tall, architects were confused – (no precedents) – didn't know how to make them *tall*. They would put one 2 or 3 story building on top of another until they had enough.«[6] Wright hat also das Entwurfsproblem, von dem hier die Rede ist, mit aller Deutlichkeit erkannt. Und er hatte auch die Lösung dieses Problems anzubieten, indem er auf Sullivans Wainwright Building in St. Louis (Abb. 20) verwies.

Damit verlassen wir die Chicagoer Szene und wechseln hinüber nach St. Louis. Der strahlend rote Backsteinbau hat genau die Eigenschaften, die Wright in der Fortführung des Gespräches als Antwort auf die vorherige Konfusion, wie er sich ausdrückt, seinem Lehrer zugesteht: »I remember the master came in und threw something on my table – it was a ›stretch‹ with the Wainwright building in St. Louis designed in outline upon it. He said, ›Wright, this thing is *tall*. What's the matter with a tall building?‹ Well, there it was, *tall*! After that the skyscraper began to flourish – tall.«[7]

Erblickt man heute das Wainwright Building, so fällt es nicht schwer, Sullivans Entdeckerfreude auch im nachhinein beizupflichten. Man erkennt sofort, daß das gesamte Bauwerk sich in einem einzigen durchgehenden Zug nach oben entwickelt, wobei der rosarote Sandsteinsockel der beiden Erdgeschosse als Postament dient, auf dem die schlank gestreckten Backsteinpilaster aufstehen. Ebenso entschieden wird der vertikale Schwung durch ein ungewöhnlich hohes Kranzgesims abgestoppt. Die Dachplatte kragt weit hervor und betont mit ihrem schweren Schlagschatten die horizontale Gegenkraft. Sullivan hat nicht mehr, wie Wright sagt, ein Haus auf das andere gestellt und in immer neuen Ansätzen Höhe erzwungen, sondern er hat die insgesamt zehn Stockwerke in einem völlig einheitlichen Aufrißsystem zusammengefaßt: die zwei Erdgeschosse bilden den Sockel, der durch ein scharfkantig vorstoßendes Horizontalgesims oben abschließt und damit die Standfläche bietet für die strahlend roten Backsteinpilaster, die, einem Dienst ähnlich, die klassischen Proportionen von etwa 1 zu 8 Durchmesser zur Höhe ignorieren und die sieben Stockwerke des Gebäudekörpers durchschießen. Das zehnte Geschoß wird von dem phantasievollen Blätterfries des Dachgebälks umschlossen. Die Rundfenster sind gleichzeitig das Zentrum einer jeden Blattranke. Die Vertikalität wird durch das Zurücktreten der Fensterbrüstungen betont, die in einer tieferen Reliefschicht liegen, ohne die volle körperliche Entfaltung der Pilaster zu hindern. Die Brüstungen tragen eine höchst ungewöhnliche Backsteinornamentik, so daß es scheint, als seien Dekorationsbilder zwischen die Pilasterflanken gehängt (Abb. 21). Sullivan hat keineswegs auf Ornamentik verzichtet, sondern seine eigene erfunden. Das Stilklischee ist fortgewischt und damit auch die Bindungen an klassische Proportionen der Ordnung.

Ähnlich wie schon William Le Baron Jenney es am zweiten Leiter Building desselben Jahres 1890 in Chicago versucht hatte, sprengt Sullivan die Proportionsnorm der Pilaster. Doch anders als Jenney berücksichtigt er nicht mehr die breiten Intervalle der inneren Eisenkonstruktion; vielmehr zieht er seine Pilaster in schmalen, gleichlaufenden Abständen in der Fassade auf, so daß der Unterschied zwischen echter Stütze und den zwischengefügten Pfosten gar nicht mehr zum Ausdruck kommt. Tatsächlich verunklärt er die Konstruktion, läßt die Fassade etwas anderes sein, als es das innere Skelett vorgibt. So vermeidet er den Kontrast zwischen Pilastern und den spindeldürren Pfosten, wie sie für Jenneys Leiter Building charakteristisch sind. Mit dem engen Stakkato gleichlaufender Pilaster setzt er sich über die Intervallhorizontalen des Stahlgerüsts hinweg. Damit gelingt ihm, was den anderen Architekten der Chicagoer Hochhäuser nicht gelungen war; den Ausdruck des Aufrechtstehens, des Hohen zu erreichen. Der Entwurf setzt sich mit seiner Ästhetik über die Technologie hinweg. Sullivan, den die Funktionalisten gern als ihren Stammvater betrachten, war alles andere als ein reiner Funktionalist. Nicht allein deshalb, weil er für seine Bauten eine reiche Ornamentdekoration verwendete und so die leeren Flächen bloßer Utilität mit Bildern füllte, sondern auch, weil ihm die Deckungsgleichheit zwischen Innen und Außen, zwischen Konstruktion und Fassade kein Dogma war. Wir sehen vielmehr, daß der ästhetische Rang dieses Bauwerkes – seine ausdrucksstarke Charakterisierung des senkrechten Stehens wie auch die zusammenfassende Vereinheitlichung des ganzen Gebäudes in seinen drei Zonen, dem Sockel, der Pilasterordnung und dem Dachfries – überhaupt erst als ein bewußter Widerspruch gegen die vorgegebenen Anweisungen des konstruktiven Systems möglich wurde. Es war dann nur noch ein nächster und geradezu selbstverständlicher Schritt, wenn Sullivan mit seinem Guaranty Building in Buffalo (Abb. 22) vier Jahre später, 1894, gänzlich auf die Pilasterordnung verzichtete und statt dessen sein eigenes Dekorum an die Stelle der klassischen Ordnung setzte. Das Guaranty Building hat die in St. Louis eingeführte Vertikalität behalten, jedoch alles das abgeworfen, was am Wainwright Building an das Vokabular der Stilarchitektur erinnerte. Damit hatte ein Entwurfsproblem, an dem in Chicago so viele Architekten gearbeitet hatten, außerhalb Chicagos, in St. Louis und Buffalo, seine vollkommenste Lösung gefunden.

Abb. 23 Holabird and Roche, Brooks Building, 223 West Jackson Street, 1909-10

Die Entwicklung, für die neue Bauaufgabe ›Hochhaus‹ eine repräsentative Form zu finden, hatte damit begonnen, die tradierten Eklektizismen der Stilarchitektur anzuwenden und zurechtzustrecken, und sie fand ein erstes Formulierungsziel, indem sie gleichzeitig die Garanten der Repräsentation, die historischen Stile, durch Sullivan überwand. Damit aber erschöpfte sich auch fürs erste die Problemstellung,

Abb. 24 Holabird and Roche, McClurg Building, 218 South Wabash Avenue, 1899-1900

und was dann noch kam, waren zum Teil interessante, zum anderen Teil bedeutungslose Varianten.

Um die Jahrhundertwende begannen sich die Chicagoer Hochhausarchitekten auf die Anfänge zurückzubesinnen und stellten wieder heraus, was sie zwanzig Jahre lang mit Hilfe eines Repräsentationsornates zu überwinden trachteten: die einfache, nackte Struktur des Skeletts. Das Chicago Business College von D.H. Burnham and Co. aus dem Jahre 1910[8] und viele andere gleichartige Bauten – zum Beispiel das Brooks Building (Abb. 23) und das McClurg Building (Abb. 24; Tafel 20), beide von Holabird and Roche – verkörpern die neue Nüchternheit, die dem europäischen Funktionalismus der zwanziger Jahre vorausgegangen war und diesen mitinspiriert hatte. Die glatte Steinhülle des Baukörpers, schmuck- und ornamentlos, reflektiert in aller Einfachheit den Kern der Konstruktion. Sullivan selbst war es, der mit dem Schlesinger and Mayer Store (heute Carson Pirie Scott) der Jahre 1899-1904 (Abb. 25) wiederum eine Wende vollzog und das horizontale Intervall zwischen den Stützen zum Hauptelement der gesamten Fassadengliederung machte.

Als dann abermals zwanzig Jahre später mit dem Wettbewerb der ›Chicago Tribune‹ die Europäer wie Gropius und Max Taut die Horizontalfensterfassade anboten und meinten, sie hätten damit avantgardistisch das Allermodernste in der Hand, waren die Bauherrn von Chicago längst wieder bei einem erneuten Repräsentationsbedürfnis angelangt. Das New Yorker Vorbild hatte sie für die funktionale Nüchternheit bereits wieder blind gemacht – sie visualisierten nun gotische Wolkenkratzer und Renaissancetürme. Erst mit der Ankunft Mies van der Rohes brach Chicago auch mit dieser Tradition und nahm für das Hochhaus ein völlig neues Grundmuster an, das verglaste Stahlskelett, mit dem ein von Grund auf neues Entwurfsproblem gestellt war, das bis heute noch die Architekten beschäftigt.

ANMERKUNGEN

1 Der Freimaurertempel stand an der Nordostecke State und Randolph Street. Er wurde 1939 abgerissen.

2 Karl Emanuel II. (1634-1675). Zahlreiche Barockpaläste und -kirchen in Turin stammen von dem Architekten Guarino Guarini (1624-1683).

3 Carl W. Condit, *The Chicago School of Architecture: A History of Commercial and Public Building in the Chicago Area, 1875-1925*, Chicago 1964, S. 52.

4 Der Palazzo Strozzi in Florenz entstand zwischen 1489 und 1539.

5 George Kubler, *The Shape of Time: Remarks on the History of Things*, New Haven, Conn. 1962.

6 Frank Lloyd Wright, *The Future of Architecture*, New York 1953, S. 12.

7 Ibid.

8 Das Gebäude befindet sich an der Adams Street 207.

Abb. 25 Louis H. Sullivan, Schlesinger and Mayer Store (heute Carson Pirie Scott), Südostecke State und Madison Street, 1899-1904

ILG
ILG
ILG ELECTRIC
VENTILATING COMPANY

C. W. Westfall

Bauten für Industrie und Handel

Von den neuen Städten Amerikas war Chicago die erste, die im Zeitalter des Welthandels internationale Bedeutung erlangte. Chicago wurde groß, weil sich hier die Welt mit Nahrungsmitteln versorgen konnte. Die erste und verläßlichste Quelle für den Wohlstand Chicagos war das Getreide. Das Getreide und die Lage am Michigansee ließen Chicago zum Knotenpunkt des Eisenbahnnetzes der Vereinigten Staaten werden. Das Getreide sicherte die Bedeutung Chicagos als Handelsplatz, und in dem Maße, wie der Handel anstieg, stieg auch die Vielfalt der Rohstoffe, Halbfabrikate und Fertigprodukte, die den Hafen am Chicago River durchliefen. Gegen Ende des 19. Jahrhunderts hatte sich dieser schmale Fluß zum geschäftigsten Hafen der Welt entwickelt. Die Flußufer waren mit Getreidespeichern, Güterschuppen und Fabriken gesäumt, und hinter ihnen erstreckten sich die robusten, massigen Lager- und Fabrikationsgebäude, die den Hafen, die Stadt und letzten Endes die Welt versorgten.

Getreidespeicher, ›elevators‹, und Lagerhäuser, ›lofts‹, beherrschten die Gewerbezonen der Stadt. Der Getreidespeicher wurde – zum Teil aufbauend auf einem früheren Modell, das 1842 in Buffalo konstruiert worden war – in Chicago entwickelt und gab jahrzehntelang der Stadt ihr charakteristisches Gesicht. Mit der Zeit wurden die ursprünglichen Modelle durch neue Konstruktionssysteme, die ihren Zweck effizienter erfüllten, ersetzt. Nur auf einsamen Vorposten in der Prärie lassen sich heute noch einige Exemplare der Originalversion finden.

So unverwechselbar sich der Getreidespeicher darstellt, so allgemein und ähnlich sind Verwendung und Erscheinungsform des weitverbreiteten Lagerhauses. Ob an so verschiedenartigen Orten wie Seattle oder Triest, oder in einander so ähnlichen Städten wie Chicago und dem englischen Manchester: wo immer man heute vor einem Lagerhaus steht, ist es unmittelbar sowohl als Vertreter einer spezifischen Gebäudegattung wie auch als ein Beispiel für ortstypische Bauformen und -techniken zu erkennen. Dies hat seinen Grund darin, daß das Lagerhaus in seiner ursprünglichen Form im Laufe der Zeit solchen Gebäuden wich, die speziell für bestimmte Zwecke konstruiert wurden.

Die Getreidespeicher

Das Getreide machte Chicago zu einem Hafen, und seine Lage an der Mündung des Chicago River in den Michigansee ließ Chicago zu einer Stadt werden. Die Gegebenheiten der Natur begünstigten die Lage der Stadt; es bedurfte jedoch der Arbeitskraft des Menschen, um sie zu einem der unbestritten wichtigsten Umschlagplätze der Welt zu machen.[1] New Orleans gegenüber, dem ersten der beiden Konkurrenten als ›Weizenstapler‹ genoß Chicago zwei naturbedingte Vorteile. Da war zunächst das Klima; die Hitze und die Feuchtigkeit der Stadt am Golf von Mexiko führten häufig dazu, daß ein Großteil des dort gelagerten Getreides verdarb oder von Nagetieren gefressen wurde. In Chicago dagegen konnte das Getreide, das im Herbst oder im Winter eingelagert wurde, in den Zeiten, in denen der strenge Winter den Schiffsverkehr auf dem See unterband, kühl und sicher aufbewahrt werden. Noch 1880 wurde das Getreide, das über Chicago in die Welt ging, zu achtzig Prozent eingelagert, bevor es verschifft wurde. Der zweite Vorteil war geographischer Art. Der Mississippi stellte eine Verbindung zwischen Saint Louis und New Orleans dar, während Chicago ein autonomer Angelpunkt innerhalb eines ganz anders gearteten geographischen Ganzen war. Die rapide wachsenden Städte an der amerikanischen Ostküste und im nördlichen Europa konnten von der Prärie, in der das Getreide produziert wurde, über Chicago wesentlich schneller erreicht werden als über die Route, die den Mississippi entlang von Saint Louis nach New Orleans und von dort um Florida herum führte. Das Getreide wurde per Eisenbahn oder über den Illinois-Michigan-Kanal (1848 eröffnet) nach Chicago gebracht und von dort über die Großen Seen weiterverfrachtet. New York konnte über Buffalo und den Eriekanal (1825 eröffnet), Europa direkt über den Sankt-Lorenz-Strom erreicht werden. Überdies blieb der Hafen von Chicago im Gegensatz zu den Hafenanlagen in Saint Louis von Strömungen und wechselnden Wasserständen unbehelligt; es gab genügend Anlegestellen für Schiffe, und die Prärie bot unbeschränkte Abstellflächen für die Eisenbahnwaggons, die das Getreide zu den Schiffen brachten.

Neben diesen naturgegebenen Vorteilen führten die Einwohner von Chicago gerne ins Feld, daß sie sich unbehindert von traditionsbedingten Verhaltensweisen ins Handelsleben stürzen konnten – im Gegensatz zu Saint Louis, wo es die althergebrachten Bräuche wollten, daß Getreide in Säcke gehörte, die einzeln sortiert, etikettiert und von Hand getragen werden mußten. Die erste Getreideverfrachtung, die von Chicago aus ihren Weg nahm – 78 Scheffel, die 1838 nach Buffalo versandt wurden –, war zugleich auch die letzte, die auf diese Art und Weise dort verladen wurde. Die 3678 im folgenden Jahr ver-

Abb. 1 Alfred S. Alschuler, Ilg Electric Ventilating Co. Building, 2850 North Pulaski Road, 1919; Eingang und Turm; aus Alfred S. Alschuler, Commercial and Industrial Buildings, *Chicago 1926*

Abb. 2 Blick auf den Güterbahnhof der Illinois Central Railroad und die Getreidespeicher ›A‹ und ›B‹ der Firma Sturges, Buckingham & Co., 1858

schifften Scheffel wurden mit Hilfe von Seilen und Flaschenzügen in Eimern zum zweiten Stock eines Fachwerkgebäudes am Flußufer gebracht und dort gelagert, bevor sie mittels einer Eimerkette zu einer Rutsche getragen wurden, von der aus das Getreide in Behälter zu jeweils vier Scheffel auf dem Deck des Schiffes gefüllt wurde. Dort wurde es gewogen und direkt in den Frachtraum gekippt. Im Laufe der nächsten fünfzehn Jahre perfektionierte man dieses Verfahren zu einem System, dessen augenfälligster Bestandteil der Getreidespeicher war.[2]

Beim traditionellen Verladesystem war es bekannt gewesen, welcher Farmer jeden einzelnen Sack Getreide geliefert hatte; beim neuen Chicagoer System wurde das Korn aus den Säcken in große Behälter geschüttet und vermischte sich dort mit Getreide, das von zahlreichen anderen Farmern stammte. Von zentraler Bedeutung für dieses System war ein enges Vertrauensverhältnis zwischen den Getreidehändlern und ihren Kunden. Die Basis dafür stellten die Vorschriften der Handelskammer von Chicago dar (1848 gegründet und 1850 zugelassen).[3]

Von ausschlaggebender Bedeutung für das System war die Speicherkapazität des Getreidespeichers. Das Korn, das in Chicago gelagert wurde, diente sowohl den Geschäftsleuten in der expandierenden Stadt als auch den Farmern im unermeßlich weiten Hinterland als Kreditgrundlage. In Zeiten ökonomischer Unruhe, in denen die Golddeckung der an der Ostküste ausgegebenen Banknoten nicht gewährleistet war, wurde das Papiergeld Chicagos durch Getreide gedeckt. Das in Chicago gelagerte Getreide sicherte die Darlehen, die von der Ostküste aufgenommen wurden, um den Bau der Eisenbahnstrecken und der Städte zu finanzieren, die entlang dieser Strecken aus dem Boden schossen. Aufgrund der Getreidespekulation häuften sich in Chicago gewaltige Vermögen an, deren Gewinne in andere Wirtschaftsunternehmen investiert wurden. In einer Stadt, die für den Handel gebaut worden war, konnte es nicht verwundern, daß die Getreidespeicher die Kirchtürme oder die Kuppel der Stadt- und Bezirksverwaltung überragten, wie Ansichten der Stadt aus den Jahren 1857, 1864 und 1879 belegen (siehe Tafeln 1, 3; Kat. 7).

Die Getreidespeicher waren zwar groß, ansonsten jedoch nicht sonderlich eindrucksvoll. Sie benötigten lediglich Einrichtungen, mit denen das offene Getreide gesammelt und hinaufbefördert werden konnte, Behälter, in denen es gelagert, und Rutschen, über die es in Tragbehälter abgelassen werden konnte. Anfangs lag das Sammeln und Hochtransportieren in den Händen irischer Auswanderer, die das Getreide in Eimern schleppten, doch nachdem viele von ihnen fortzogen, um beim Bau des Illinois-Michigan-Kanals zu arbeiten, wurden Eimerketten eingerichtet, die von Pferden und Maultieren gezogen wurden. Als 1848 der Kanal freigegeben wurde und auch der erste Schienenstrang Chicago erreichte, bedeutete dies eine erhebliche Zunahme der Transportkapazität, der mit einer entsprechenden Steigerung der Speicherkapazität begegnet werden mußte. Die Antwort auf diesen erhöhten Speicherbedarf lag nicht nur in größeren Gebäuden, sondern auch in neuen Technologien, wie zum Beispiel dem mit Dampf betriebenen Eimerkettenförderer des Bristol Elevator, der von einer Eisengießerei geliefert wurde, die Elihu Granger in Chicago betrieb. Der bedeutendste Architekt der Stadt, John M. Van Osdel, ein früherer Geschäftspartner Grangers und ein Mann, der sich ebensosehr für Mechanik wie für Architektur interessierte, war an der Entwicklung der Konstruktion und Ausstattung des Getreidespeichers beteiligt.[4]

Der Bristol Elevator, ein Ziegelbau, faßte gerade 80000 Scheffel, nur einen geringen Teil der 2160000

Scheffel Weizen und der 615770 Scheffel Mais und Hafer, die 1848 in Chicago umgeschlagen wurden. Schon 1854, als dreizehn Millionen Scheffel im Hafen verladen wurden – und Chicago damit den bis dahin größten Getreideumschlagplatz der Welt, Odessa in der Ukraine, auf den zweiten Platz verwies –, gab es einen mit Dampf angetriebenen Lastenaufzug, und die zwei neuesten Getreidespeicher der Stadt ließen ihre Vorgänger im Vergleich winzig erscheinen.[5]

Diese zwei nach neuesten Erkenntnissen gebauten Getreidespeicher nahmen für die nächsten fünfzig Jahre Modellcharakter an. Der Speicher der Firma Armour, Dole & Co. faßte 300000 Scheffel, der der Firma Gibbs, Griffin & Co. (einer der wenigen frühen Getreidespeicher, der mit einem Architektennamen – den Partnern Burling und Baumann – identifiziert wurde) 500000 Scheffel; beide standen am Nordufer des Flusses gegenüber dem Geschäftsviertel.[6] Im folgenden Jahr gesellte sich ihnen am Südufer ein noch größerer Getreidespeicher hinzu, der Speicher ›A‹ der Firma Sturges, Buckingham & Co. Die 700000 Scheffel, die er fassen konnte, wurden über die 1134 km lange Eisenbahnstrecke der Illinois Central Railroad aus dem südlichen Illinois angeliefert (Abb. 2). An einem einzigen Tag konnten die vier großen Dampfmaschinen dieses Speichers 236 Wagenladungen Getreide zu jeweils 80000 bis 90000 Scheffel löschen, und noch größere Mengen konnten Tag für Tag in die Dampfschiffe auf dem See entladen werden.

Die Konstruktion des Getreidespeichers der Firma Gibbs, Griffin & Co. ist hinreichend bekannt. Um das Gelände so gut wie möglich auszunutzen, entschied man sich anstelle des üblicheren rechtwinkligen für einen L-förmigen Grundriß. Mit einer Tiefe von 58 Metern, einer Breite von 18 Metern längs des Flußufers und 33,5 Metern längs der Eisenbahnstrecke und einer Höhe von 26,5 Metern (später auf 47 Meter aufgestockt) entsprachen die Proportionen den herkömmlichen Maßen. Auch das Innere wich nicht vom Hergebrachten ab: senkrechte Behälter waren zwischen dem Ufer und dem Schienenstrang aneinandergereiht; jeder Behälter hatte die Länge eines Eisenbahnwaggons, so daß mehrere Waggons gleichzeitig entladen werden konnten. Die Wände eines jeden Behälters ruhten auf Holzpfählen, die in den Morast gerammt worden waren. Die Wände bestanden aus vorgefertigten Holzbalken, die in den oberen Lagen fünf auf fünfzehn und in den unteren Lagen fünf auf dreißig Zentimeter maßen. Eine Besonderheit stellte die Ziegelausmauerung der Behälter dar. Stationäre Dampfmaschinen, die längs der Schmalseiten in niedrigen Mauerziegelbauten untergebracht waren, versorgten den Getreidespeicher mit Triebkraft. Der Druck des Getreides auf die Wände wurde durch Schmiedeeisenstangen aufgefangen, die das Gebäude durchliefen und mit großen Eisenplatten an den Außenwänden verankert waren. Im allgemeinen wurden die Außenwände durch eine Ummantelung aus Schieferplatten, Ziegelsteinen oder sogar aus Metallblech gegen die Funken geschützt, die von vorbeifahrenden Lokomotiven und von den für den Getreidespeicher selbst benötigten Maschinen versprüht wurden. Diese Materialien wurden auch für das Penthouse verwendet, einer Holzkonstruktion, die mit einem Giebeldach – für gewöhnlich aus Schieferplatten – und mit kleinen Fenstern für Tageslicht und Belüftung versehen war. Innerhalb des Penthouse befanden sich die Verteileranlagen, die mit Hilfe der Gewindeaufzüge beschickt und durch Dampfmaschinen angetrieben wurden.

Das einzige, was diese massigen Gebäude (Abb. 3) auflockerte, waren die riesigen Buchstaben des Firmennamens. Die Reihe der Rutschen, die unten zur Dock- und zur Eisenbahnseite hin auskragten,

Abb. 3 Getreidespeicher der Firma South Chicago

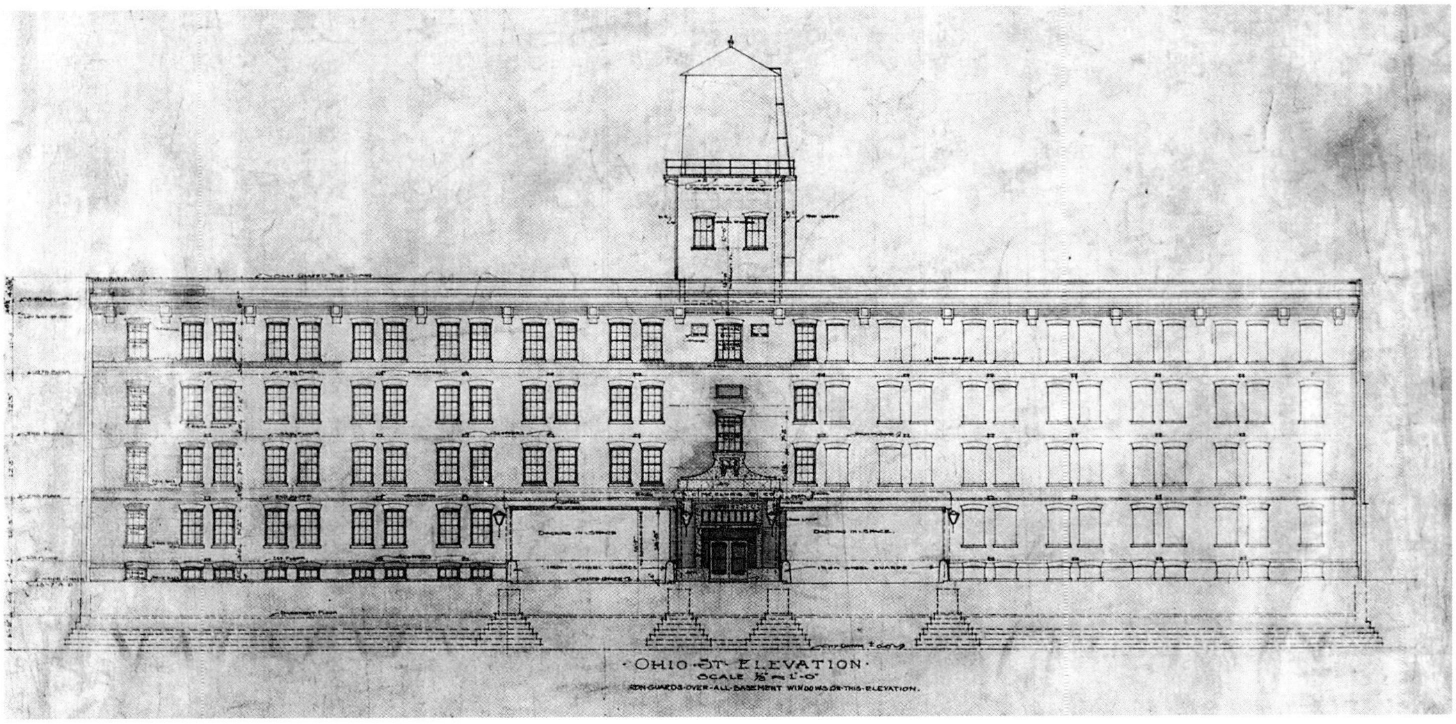

Abb. 4 Marshall and Fox, Aufriß der Ohio-Street-Fassade eines Lagerhauses für A. C. McClurg & Co., 330-50 East Ohio Street, 1907 (Kat. 94)

gab einen Eindruck von der Größe der Gebäude. Einige Getreidespeicher schluckten durch überwölbte Öffnungen an den Schmalseiten ihrer gemauerten Untergeschosse ganze Gruppen von Waggonladungen in sich hinein, andere verschlangen die goldene Fracht von Anschlußgleisen aus, die an den Längsseiten der Gebäude vorbeiführten, bei den meisten waren jedoch beide Zufahrtswege kombiniert. Wahrscheinlich waren einige wenige mit einer Vorrichtung ausgestattet, die allem Anschein nach zum ersten Mal in Lockport (einem Sammelbecken am Illinois-Michigan-Kanal) angewandt worden war. Mit Hilfe dieser Vorrichtung konnte ein Ackerwagen oder Eisenbahnwaggon an Ketten hinabgehängt und auf die Seite gedreht werden, so daß sich das Getreide in einen Fülltrichter entlud, von wo es dann in die Vorratsbehälter hochtransportiert wurde.

Die Brandkatastrophe von 1871 vernichtete sieben der siebzehn gewaltigen Getreidespeicher der Stadt, die jedoch schnell an den gleichen Standorten durch Neubauten ersetzt wurden. Bald schon gesellten sich ihnen weitere Neubauten hinzu, die ihre Vorgänger an Größe noch übertrafen; einige hatten eine Kapazität von zwei Millionen Scheffel. Die Getreidemenge, die in der Stadt umgeschlagen wurde, stieg noch immer an, allerdings nicht in dem rasanten Maße wie früher. Während der Wirtschaftskrise der mittleren neunziger Jahre ging der Handel mit Getreide wie auch mit allen anderen Gütern im Hafen von Chicago rapide zurück. Doch während bisher auf jeden Rückgang im Handelsverkehr ein um so heftigerer Aufschwung gefolgt war, blieb diesmal der Hafen von Chicago ruhig, als sich die allgemeine Wirtschaftslage wieder erholte. 1898 verfügte Chicago über 22 gewaltige Getreidespeicher mit einer Gesamtkapazität von 32 Millionen Scheffel, aber neue Handelswege führten an Chicago vorbei und ließen Milwaukee und Duluth die wichtigeren Getreidehäfen werden. In Chicago selbst verlagerte sich die Getreideverladung und -speicherung vom Hafen auf die Verschiebebahnanlagen in der Umgebung der Stadt. Bessere Eisenbahnverbindungen machten große Speicherkapazitäten und das Verladen des Getreides auf Schiffe überflüssig. Gleichzeitig ermöglichten neue Konstruktionstechniken mit kahlen, zylindrischen Vorratsbehältern aus Eisenbeton – die eine ganze Generation europäischer Modernisten so sehr beeindruckten – Bauten, die größer und effizienter waren als die herkömmlichen und die auch über eine wesentlich modernere Betriebsausstattung verfügten. Nach und nach verschwanden die Getreidespeicher aus dem Stadtzentrum. Mit ihnen ging das eindrucksvollste Symbol für die frühe Rolle Chicagos als bedeutender Handelshafen.

Die Lagerhäuser

Im neuen Chicago, das Burnham und Bennett in ihrem *Plan of Chicago* von 1909 vor Augen führten, war für diese sich auftürmenden, massigen Ungetüme an den Flußufern im Stadtzentrum kein Platz mehr. Dort, wo sie gestanden hatten, zeigte der Plan jetzt zweigeschossige Boulevards; die obere Ebene diente dem Geschäfts- und Freizeitverkehr, auf der unteren wurde in großen Mengen das Stückgut in den Warenspeichern und Fabriken umgeschlagen, die die Straßen säumten und auch weiterhin zum festen Bestandteil der Hafenanlagen am Fluß gehörten.[7] Sie bildeten die Hinterlassenschaft der Gewerbegebiete mit ihren Lager- und Fabrikgebäuden, die sich in der Zeit, als Handel und Industrie in der Stadt expandierten, immer weiter am Fluß entlang ausgedehnt hatten.

Zur Zeit der Jahrhundertwende, als der Handel an der Flußmündung nachzulassen begann, gab es im ursprünglichen Hafenbereich nur noch wenig Land für neue Unternehmensansiedlungen. Platz war nur noch auf dem Gelände im äußersten Osten des Hafens, das man in einem neuen Gewerbegebiet angelegt hatte.[8] Deshalb änderten sich die Randbereiche des Stadtzentrums bis in die dreißiger Jahre kaum. In dieser Zeit setzte dann mit der Weltwirtschaftskrise der Niedergang dieses Gebiets ein. Heute bedarf es einer lebhaften Vorstellungskraft, um sich ein Bild davon machen zu können, wie es hier vor hundert Jahren aussah, als das Gelände bis zur Kapazitätsgrenze mit gewerblich genutzten Gebäuden vollgestopft war, alle Aktivitäten auf die Mehrung des Wohlstands ausgerichtet waren und der Gedanke an ein attraktives Stadtbild überhaupt keine Rolle spielte.

Die Lagerhäuser, die das Bild dieses Stadtbezirks bestimmten, waren wie ihre Entsprechungen in aller Welt weitestgehend das Produkt einer standardisierten Bautechnik, die sich an rein kommerziellen Erwägungen ausrichtete. Ein Standardlagerhaus konnte in kürzester Zeit errichtet werden, indem man eine Deckenkonstruktion aus Holz auf zwei tragende, im Abstand von sechs Metern errichtete Ziegelmauern setzte und die Vorder- und Rückseite mit nichttragenden Wänden schloß. Die Spannweite von sechs Metern ergab sich zweifellos aus der Verspannungskapazität der hölzernen Bestandteile und aus Gesichtspunkten, die Versand und Montage dieser Teile betrafen. Sie ermöglichte eine lichte Weite, die den unterschiedlichen Anforderungen entgegenkam, die die Lagerung und Fabrikation der Leicht- und Schwergüter an ein derartiges Gebäude stellten.

Die meisten Industriebauten aus der Zeit vor dem Wirtschaftsboom der achtziger Jahre des 19. Jahrhunderts bestanden aus einem solchen Element, und nur gelegentlich wurden mehrere aneinandergefügt, um größeren Platzansprüchen zu genügen. Für gewöhnlich wurden diese ›lofts‹ von finanzkräftigen Geschäftsleuten als Kapitalanlage gebaut und für die Fertigung, Weiterverarbeitung und Lagerung der verschiedensten Produkte vermietet. Dementsprechend war Flexibilität ein entscheidender Gesichtspunkt dieser Gebäude, die im Laufe der Jahre oft völlig unterschiedliche Funktionen wahrnehmen mußten. Niemand wäre auch nur auf den Gedanken gekommen, einen solchen Loft mit seinem Besitzer oder Benutzer zu identifizieren.

Zusammen mit der Wiederbelebung der Wirtschaft, die das neue Jahrhundert einleitete, kam auch eine neue Konstruktionsweise für das Lagerhaus auf. In zunehmendem Maße wurden die Lofts jetzt nicht mehr von Kapitalanlegern gebaut und vermietet, sondern von Industrie- und Handelsunternehmen für ihre eigenen Zwecke errichtet. Diese Gebäude waren für gewöhnlich größer als ihre Vorgänger, stärker auf bestimmte Funktionen zugeschnitten, und sie zeigten das Signet oder den Namen der Firma, der sie gehörten. Im Unterschied zu den anonymen Lager- und Fabrikationsgebäuden des 19. Jahrhunderts, den ›Investitionslofts‹, können die neueren Vertreter dieses Typus durchaus angemessen als ›Firmenlofts‹ bezeichnet werden.

Die erste Generation dieser firmeneigenen Lofts unterschied sich nur oberflächlich von der früheren Form, denn das eigentliche Konstruktionssystem blieb zunächst unverändert. Das Holzkonstruktionssystem (auch Fabrikkonstruktion und Loftkonstruktion) entwickelte sich schnell, nachdem in den dreißiger Jahren des 19. Jahrhunderts auf Maß geschnittenes Bauholz auf den Markt gekommen war, und wurde vorerst auch für diese neuen Gebäude angewandt. Um die Jahrhundertwende wurde zum ersten Mal Stahlbeton für spezielle Anwendungsbereiche eingesetzt, doch erst nach dem Ersten Weltkrieg konnte die Stahlbetonbauweise die traditionelle Holzkonstruktion verdrängen. Das feuersichere Stahlleichtbausystem, das für die hohen Geschäftsgebäude im Innenstadtbereich, dem sogenannten ›Loop‹, verwendet wurde, kam bei der Konstruktion der einfachen Fabrikations- und Lagerhäuser kaum jemals zum Einsatz.

Ein Beispiel für die Bauweise eines Firmenlofts ist das erste Lagerhaus, das Benjamin Marshall 1907-08 für das renommierte Chicagoer Verlagshaus A.C. McClurg & Co. entwarf (Abb. 4).[9] Das Gebäude, 73 Meter lang und 30 Meter breit, bestand aus einem Erdgeschoß und vier Stockwerken. Der Zentralbereich des Bauwerks umfaßte ein noch etwas unausgereiftes Stahlskelett, das mit Beton feuerfest gemacht

Abb. 5 Architekt unbekannt, 225 West Illinois Street, 1883

Abb. 6 Burnham and Root, Montauk Block, 64 West Monroe Street, 1881-82 (abgerissen)

Abb. 7 Architekt unbekannt, 10-18 West Hubbard Street, 1883

war, und eine Stahlbetondecke, die schließlich auf dem Dach zwei Wassertanks für die Sprinkleranlage trug.[10] In diesem Zentralbereich lagen die Eingänge, Treppen, Büros, Aufzüge und andere Räumlichkeiten mit speziellen Funktionen, die erforderlich waren, um die ausgedehnten Lagerflächen nutzen zu können, die sich links und rechts des Zentralbereichs erstreckten. Das Gebäude (das heute nicht mehr existiert) lag an der East Ohio Street im damals neu erschlossenen Gewerbegebiet St. Claire.

Das Lagerhaus war an allen vier Seiten von tragenden Ziegelmauern umschlossen. Innen war es in Abteilungen zu jeweils fünf mal vier Metern unterteilt. Ein Lagerhaus konnte man entweder durch zahlreiche Pfostenreihen oder durch eine Folge von Zwischenmauern parzellieren, wobei die einzelnen Abteilungen durch Türen in den Mauern miteinander verbunden wurden. Für einen Investitionsloft war das letztere eine sinnvolle Methode. Falls an die Stelle eines Pächters, der mehrere Abteilungen angemietet hatte, mehrere Pächter traten, die jeweils nur eine Abteilung benötigten, konnten die Verbindungen zwischen den Abteilungen einfach geschlossen werden. Der Fußboden war mit einer zweieinhalb Zentimeter dicken vernuteten Dielung aus Ahornholz verlegt, während ansonsten für das ganze Gebäude ausschließlich Gelbkiefer verwendet worden war.

Der Architekt konnte seine eigenen Vorstellungen allenfalls in die Gestaltung der Fassade einbringen. Da rein ästhetische Elemente dem Kapitalanleger aber keinen finanziellen Gewinn brachten, wurde bei Investitionslofts in der Regel darauf verzichtet. Dies bedeutet nicht, daß derartige Lofts nicht gestaltet worden wären, aber ihr Erscheinungsbild war weniger das Ergebnis eines bewußten Entwurfs als vielmehr eine Veranschaulichung der Praktiken, Traditionen, Erfahrungen und Gewohnheiten der Bauunternehmer einer Stadt. Und so gibt auch das charakteristische Erscheinungsbild der Lagerhäuser von Chicago Einblicke in die typisch lokalen Aspekte der Baugeschichte dieser Stadt. Zum Beispiel hatte die Erfahrung die Bürger von Chicago gelehrt, daß Gußeisen einem heftigen Großbrand genauso schutzlos ausgeliefert war wie jedes andere Material. Deshalb wurden nach der Brandkatastrophe nur relativ wenige geschäftlich oder industriell genutzte Gebäude mit Gußeisenfassaden gebaut. Und wenn das Erdgeschoß eines Investitionslofts große Tafelglasfenster aufwies, wurden Gußeisensäulen nur selten ohne Ziegelummantelung als Bauelemente verwendet. Oberhalb des Erdgeschosses bestand die Fassade für gewöhnlich aus nichttragenden Wänden, die mit Fenstern versehen werden mußten, um Tageslicht und Luft in das Gebäude hineinzulassen. Die Art und Weise, wie dies in einem Loft gehandhabt wurde, wies im allgemeinen auf Gestaltungsaspekte, die zuvor bei anspruchsvolleren Gebäuden im Geschäftszentrum der Stadt Anwendung gefunden hatten.

Anhand von zwei als Industriezweckbauten konzipierten Investitionslofts, die sich in den unmittelbar nördlich vom ursprünglichen Flußhafengebiet gelegenen Blocks erhalten haben, lassen sich diese Gesichtspunkte erläutern. Bei beiden Gebäuden wurden die Bauarbeiten 1883 aufgenommen, beide haben die Maße 30,5 mal 30,5 Meter, beide sind fünf Stockwerke hoch, haben tragende Außenmauern aus Ziegelstein und sind im Innern nach der Standardbauweise für Lagerhäuser (oder Fabriken) konstruiert. In beiden Fällen ist der Architekt unbekannt.

Der eine dieser Lofts, West Illinois Street 225 an der Südostecke zur Franklin Street (Abb. 5) gelegen, war vom Immobilienunternehmer Walter Newberry als Kapitalanlage errichtet worden und wurde als Gießerei verwendet.[11] Die beiden formvollendeten Straßenfassaden vermitteln den Eindruck, als seien die Pfosten der typischen Fabrikkonstruktion des Inneren in Mauerwerkpfeiler umgesetzt worden. Um die Flächen zwischen diesen Pfeilern auszufüllen, wurde das Erdgeschoß ursprünglich mit zwei Tafelglasfenstern unter einem schmiedeeisernen Sturz ausgestattet, die durch einen Gußeisenpfosten voneinander getrennt waren, während die oberen Stockwerke zunächst eine Ziegelwand mit zwei Doppelschiebefenstern erhielten, die in zwei mal sechs Flächen unterteilt waren.[12]

Am einfachsten läßt sich die Konstruktion vielleicht als eine Vereinigung zweier verschiedener und nicht weiter bemerkenswerter Konstruktionstechniken verstehen, von denen die eine auf dem Prinzip des Sturzes und die andere auf dem des Bogens beruhte. Die Kraft der Chicagoer Architektur jener Zeit liegt in der klaren Verwendung von Materialien, die in den Gebäuden die kennzeichnenden Konstruktionsmerkmale deutlich als solche in Erscheinung treten ließ. Dies gilt grundsätzlich für diese Art von Architektur, gleichgültig, in welchem Maße das Grundkonstruktionssystem kunstvoll ausgearbeitet oder ausgeschmückt wurde, um dem Gebäude einen höheren Prestigewert zu verleihen. In jedem Fall dominiert entweder das Bogen- oder das Sturzsystem, wenngleich das untergeordnete System gelegentlich aufs engste mit dem dominierenden verflochten ist. Auch hier gilt, was in der Architektur schon immer gegolten hat: je weniger Bedeutung dem Gebäude zugemessen wird, desto weniger Wert wird auch auf die Ausarbeitung gelegt. Zum Beispiel konnte das Sturzsystem – radikal auf ein Gerüst reduziert – ein Gebäude von so krasser Einfachheit wie William Le Baron Jenneys erstes Leiter Building von 1879 hervorbringen, doch kein bedeutendes Gebäude dieser Zeit war auf einen derart direkten Ausdruck der Stützen- und Trägerbauweise reduziert. In Burnham and Roots Geschäftsgebäuden mit tragendem Mauerwerk, die alle zu der Zeit entworfen wurden, als auch mit den Arbeiten an unserem Loft begonnen wurde – der Grannis Block (1880-81), der Montauk Block (1881-82; Abb. 6), das Calumet Building (1882-84) und das Counselman Building (1883-84)[13] –, dominiert das Bogensystem, das auf eine von Bögen durchbrochene Wand reduziert ist; der Stellenwert all dieser Gebäude wurde jedoch gehoben, indem die jeweilige Konstruktion mit einem untergeordneten Sturz-

Abb. 8 Hugh M. G. Garden für Richard E. Schmidt, Grommes and Ullrich Co. Building, 114 West Illinois Street, 1901

Abb. 9 Grommes and Ullrich Co. Building, Fassadendetail

system und sparsam eingesetzten Ornamenten ausgearbeitet wurde. Diese Gebäude stehen vorbehaltlos im Kontext der Baukunst, wie sie seinerzeit in Chicago praktiziert wurde. Entkleidet man sie allen Beiwerks und legt die Grundkonstruktion bloß, so zeigt sich, daß die Stürze die eigentliche Arbeit leisten, und die Fassade der Gießerei tritt zutage. Läge die Hauptlast auf den Bögen, entspräche das Ergebnis George Edbrookes Hiram Sibley Warehouse (auch aus dem Jahre 1883), das nur wenige Blocks entfernt am Fluß lag,[14] oder dem zweiten noch erhaltenen Loft aus dem Jahre 1883, dem Gebäude West Hubbard Street 10-18 (Abb. 7).

Dieser Loft – eine wahre Studie der Fassadengliederung – diente ursprünglich als Lagerhaus für Wolle.[15] Die West Hubbard Street liegt in einem Stadtviertel, in dem sich seinerzeit die Lager- und Handelshäuser für Wolle und Tierhäute konzentrierten und in dem die verschiedensten tierischen Produkte und Nahrungsmittel gelagert, verarbeitet und für den Versand verpackt wurden. Das Erdgeschoß dieses Lofts ähnelt dem der Gießerei an der West Illinois Street, doch da sich seine Pfeiler nicht in das nächste Stockwerk fortsetzen, kann es hier als Sockel für die oberen Geschosse gesehen werden. Die oberen Geschosse bestehen aus Ziegelmauern mit Segmentbogenfenstern, deren Schlußsteine in die Wandfläche eingelassen sind. Die Raffinesse der Konstruktion wird deutlich, wenn man die drei Hauptunterbrechungen der Wandfläche beachtet, die sich alle auf die Struktur des Gebäudes beziehen, jedoch nicht von konstruktionstechnischen Imperativen diktiert sind. Mit anderen Worten: jede Unterbrechung bedient sich eines Aspekts der Konstruktion, um auf möglichst ökonomische Weise einen architektonischen Effekt zu erzielen.

Das leichte Hervorkragen der durchgängigen Linie dünner Steinfensterbänke ist eine dieser Abweichungen von einer strikt planen Vorgehensweise. Es wird dadurch der Eindruck erweckt, als sei das Gebäude aus aufeinandergestapelten Stockwerken zusammengesetzt, was ja auch tatsächlich der Fall war. In diesem Sinne ist das Gebäude unvollendet geblieben. Die Pfeiler des Gebäudes ragen mit ihren Spitzen um etwa dreißig Zentimeter über das Dach hinaus und könnten ein fünftes Stockwerk tragen. Eine zweite Abweichung stellen die drei Rillenpaare in den vier zentralen Fensternischen auf jedem Stockwerk dar, die sich alle auf gleicher Linie mit dem Mauerwerkpfeiler im Erdgeschoß befinden. So bescheiden sich diese Konstruktionsdetails auch ausnehmen, sie verleihen dem Gebäude nichtsdestoweniger eine gewisse Vornehmheit und setzen es in Beziehung zu den anspruchsvolleren Bauten, die zur gleichen Zeit im Loop in die Höhe strebten. Die dritte Abweichung ist an den beiden Fensternischen zu beobachten, die vorzuspringen scheinen und jeweils drei Fenster gruppieren anstatt zwei wie in den mittleren Nischen.

Lofts wie die Gießerei oder das Wollagerhaus hätten bis zum Baustopp, der mit der Depression in den neunziger Jahren einsetzte, zu jeder Zeit errichtet werden können. Sogar noch bis zum Ersten Weltkrieg hätten beide – mit geringfügigen Änderungen im äußeren Erscheinungsbild, doch nach genau der gleichen Konstruktionsmethode – gebaut werden können, wenn auch das Fertigungsniveau im allgemeinen höher gewesen wäre und anstelle der Segmentbögen eiserne Stürze oberhalb der Fensteröffnungen verwendet worden wären. Seit dem Beginn des neuen Jahrhunderts wurden jedoch immer weniger Investitionslofts und statt dessen immer mehr unternehmenseigene Fabrik- und Lagerhäuser gebaut. Zum Teil hatte diese Entwicklung ihren Ursprung in neuartigen Investitionsschemen, zum Teil im Beschluß vieler ortsansässiger Kapitaleigner, daß in »the City Beautiful and the City Efficient« selbst reine Zweckbauten attraktiv zu sein hatten. Bauherren und Architekten gaben sich jetzt nicht mehr mit einem ortstypischen »commercial style« oder mit Gebäuden zufrieden, die als scheinbar unbefangene oder völlig neuartige Lösungsvorschläge für das Problem konstruiert worden waren, Betriebskosten, Konstruktionstechnik und architektonischen Charakter gleichermaßen zu berücksichtigen. Statt dessen waren sie auf der Suche nach historischen Formen, die zeigen sollten, daß das Chicago, das 1893 eine gigantische Weltausstellung beherbergt hatte, nicht bloß ein Umschlagplatz am Rande einer engen Handelswelt war, sondern eine Weltstadt mit einer Vergangenheit, die bis ins Altertum zurückreichte und alle Teile der Welt berührte.

Repräsentativ für dieses neue Bewußtsein war das vierstöckige, 24,5 mal 30,5 Meter große Gebäude West Illinois Street 114, das Hugh M. G. Garden als Büro- und Lagerhaus für die Spirituosenvertriebsfirma Grommes and Ullrich Company entworfen hatte (Abb. 8, 9).[16] Dieses Gebäude ist als wichtiger Schritt in der Entwicklung der Architektur zwischen William Le Baron Jenneys erstem Leiter Building von 1879 und den Chicagoer Bauten von Ludwig Mies van der Rohe angeführt worden,[17] doch hat der Ruhm, den das Gebäude in diesem Zusammenhang genießt, bislang nicht zu einem klaren Verständnis seiner Konstruktion geführt.

Das Gebäude ist deutlich dem Klassizismus verpflichtet. Am auffallendsten ist der dreiteilige Aufbau der Fassade in einen unteren, mittleren und oberen Abschnitt; ein Schema, das sich in fast allen Gebäuden aus dieser Zeit wiederfindet. So allgemein verbreitet dieser dreiteilige Aufbau auch in den gleichzeitig entstandenen Bauwerken ist, die ansonsten kaum einen Bezug zum Klassizismus aufweisen, so selten findet sich ein weiterer klassizistischer Aspekt unseres Gebäudes, obgleich gerade dieses Merkmal beispielhaft für die gelungenste klassizistische Architektur ist: alle Bestandteile – vom Ziegelstein bis zum Stockwerk – werden sowohl als individuelle Komponenten wie auch als integrale Teile eines zusammenhängenden Ganzen definiert.

Darüber hinaus verweist die Fassadengestaltung auch klar auf die Eigenart des inneren struktiven Gerüsts und der Raumstruktur. Die eigentliche Fassade ist nicht dicker als die äußere Schicht aus Preßziegeln;

Abb. 10 Alfred S. Alschuler, John Sexton & Co., Building, 500 North Orleans Street, 1916; aus Alschuler, Commercial and Industrial Buildings

hinter ihr verbergen sich von langen Stürzen aus Stahl oder Schmiedeeisen überspannte Mauerwerkpfeiler, und hinter diesen wiederum befindet sich eine Holzrahmenkonstruktion. Doch das, was man sieht, suggeriert weit mehr. Der Entwurf proportioniert die Öffnungen, gliedert die äußere Ziegelsteinschicht und füllt die leeren Zwischenräume mit Fenstern. Damit ruft er den Eindruck eines klassizistischen Konstruktionssystems hervor und signalisiert, daß sich im Innern des Gebäudes regelmäßig angeordnete freie Räume finden.

Obwohl sich dieses Lagerhaus nun wie jedes andere wohlgestaltete klassizistische Gebäude strikt an die Richtlinien dieser Stilrichtung hält, findet sich aber in seiner Gestaltung kein ausdrücklicher Verweis auf den historischen Klassizismus. Der klassizistische Stil ist hier auf ein Niveau reduziert, wie es einem Lagerhaus angemessen ist. Trotz seiner nüchternen Formen könnte das Gebäude aber nichtsdestoweniger einen angemessenen Platz in der architektonischen Gestaltungshierarchie einnehmen, die schließlich in Burnham und Bennetts *Plan of Chicago* von 1909 die Straßenblocks vervollständigte.

Wenn der Entwurf als klassizistisch bezeichnet wird, dann bezieht sich dieser Ausdruck weniger auf die Ergebnisse, die der Architekt Hugh M. G. Garden erzielte, als vielmehr auf die Quellen, die er für seine Konstruktion hinzuzog. In einer Studie über Garden und andere Architekten mit ähnlichen Interessen ist die Beobachtung gemacht worden, daß einige unter ihnen »die historischen Stile akzeptierten, sie nur vereinfachen und damit eine zeitgenössische Frische erreichen wollten«, während andere bemüht waren, »bewußt einen neuen Stil hervorzubringen – indem sie aus alten Formen neue entwickelten oder indem sie eine Theorie oder ein Konstruktionssystem anwandten«.[18] Für diese zweite Gruppe haben sich insbesondere Architekturhistoriker interessiert, die andererseits eine Reihe von kompetenten, unabhängigen und produktiven Architekten wie Samuel Crowen, Andrew Sandegren und Benjamin Marshall, die eher unscheinbare Gebäude bauten, kaum beachteten. Von Marshall stammen aber auch einige der anspruchsvollsten Gebäude der Stadt.

Marshall ist bekannt für seine geschickte Verwendung von historischen – insbesondere klassizistischen – Formen. Sein erstes Lagerhaus für McClurg aus den Jahren 1906-07 ist jedoch von jeglichen Vorbildern ebenso unabhängig wie so vieles, was Garden

Abb. 11 John Sexton & Co. Building, Seiteneingang an der West Illinois Street 352; aus Alschuler, Commercial and Industrial Buildings

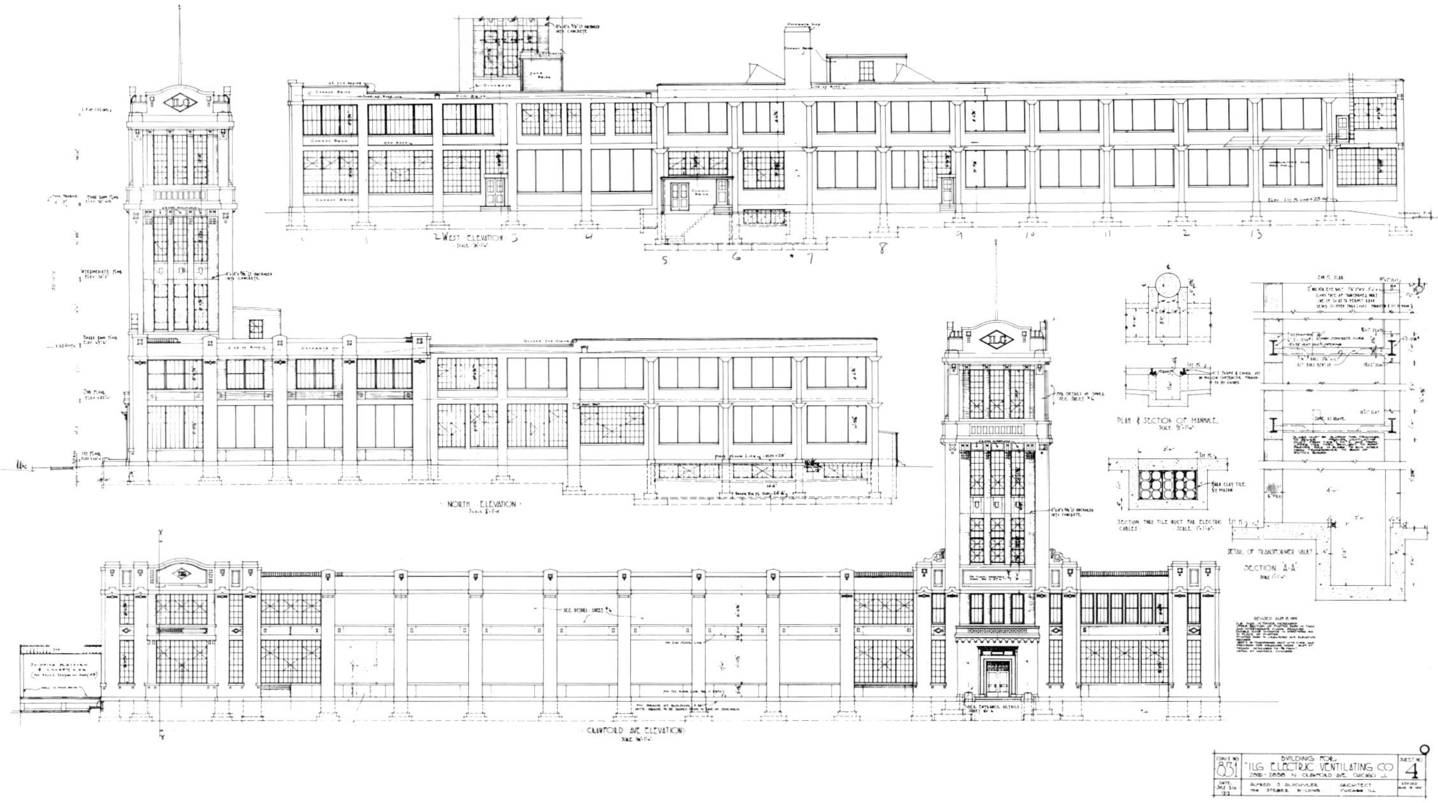

Abb. 12 Alfred S. Alschuler, Fassadenaufriß des Ilg Electric Ventilating Co. Building, 1919 (Kat. 98)

entwarf, und dabei ist es ebenso von einem ihm zugrundeliegenden klassizistischen Charakter bestimmt wie Gardens Spirituosenlagerhaus für Grommes and Ullrich. Die Seriosität der Gestaltung ist dem Gebäude eines Unternehmens, das Wert auf seine Seriosität legte, durchaus angemessen, so wie das Unorthodoxe des Entwurfs einem Gebäude entsprach, das letzten Endes eben nur ein Lagerhaus war.

Zwischen der Front des McClurg-Lagerhauses und der Straße erstreckte sich ein gut drei Meter breiter Rasenstreifen. Die Personen- und Lieferanteneingänge, die in der Mitte des Gebäudes im Erdgeschoß lagen, waren im unteren Teil mit Stein verkleidet, einschließlich der Zone mit dem Namenszug A. C. McClurg & Co. sowie dem Firmensignet darüber, einem aufgeschlagenen Buch auf einem Büchergestell. Der Rest der Fassade bestand aus Ziegeln, die die tragenden Mauern verkleideten. Diese Ziegelverblendung wirkte – einem Lagerhaus angemessen – bescheiden, zeigte jedoch zugleich eine reiche Subtilität hinsichtlich Anordnung und Proportion der Ziegelschichten und der Fenster und Türen.

Wie auch mit Gardens Gebäude für Grommes und Ullrich und zahlreichen anderen Gebäuden, die ähnlichen Zwecken dienten, bewiesen die Architekten, daß sie die Ziegel, die in großer Qualität und in großen Mengen in Chicago gebrannt wurden, geschickt für ökonomische, einfache und unprätentiöse Muster einzusetzen wußten. Dabei bezogen sich die Muster nicht direkt auf historische Formen, sondern stellten einen kraftvollen architektonischen Ausdruck traditioneller Konstruktionssysteme dar. Diese Übereinstimmung von Baumaterial, Konstruktionstechnik und formaler Darstellung war charakteristisch für die Chicagoer Architektur zu dem Zeitpunkt, als diese Lager- und Fabrikhäuser entworfen wurden, unabhängig davon, ob der jeweilige Architekt an historischen Vorläufern, neuen Formen oder an einem formalen Ausdruck einer von ihm selbst entworfenen Konstruktionstheorie interessiert war. Innerhalb eines Jahrzehnts jedoch lösten sich diese Konstruktions- und Gestaltungsaspekte voneinander, und das Ergebnis war ein Niedergang der Gesamtqualität der Architektur. Dies setzte genau dann ein, als die Industrie- und Handelsunternehmen damit begannen, ihre Identität auch mit ihren Lofts herauszustellen.

Charakteristisch für diese spätere Zeit ist das Gebäude, das Alfred S. Alschuler 1916 als Büro, Lagerhaus und Fabrik für das Gemischtwaren- und Lebensmittelverarbeitungsunternehmen John Sexton & Co. baute (Abb. 10).[19] Das sechsstöckige Gebäude steht noch heute im ursprünglichen Hafengebiet an der Illinois Street zwischen Orleans und Kingsbury Street, östlich des Nordarms des Chicago River.

Die Konstruktion des Gebäudes ist traditionell – tragende Ziegelmauern und im Innern eine Fachwerkkonstruktion –, nicht jedoch seine Größe: es ist 30,5 Meter tief, und die Straßenfront hat eine Länge von über 120 Metern. Die sorgfältig gestalteten Fassaden zeigen Abweichungen von einer absoluten Regelmäßigkeit, die auf die verschiedenen Funktionen der einzelnen Stockwerke hinweisen und die Lage der Treppenhäuser, Schächte und Fahrstühle im Innern andeuten. Gleichzeitig lassen sie auch den Strukturcharakter des Gebäudes erkennen, wie es schon bei früheren Lofts in Chicago der Fall gewesen war.

Die Wände weisen die gleiche sorgfältige Differenzierung zwischen Pfosten- und Sturz- und Bogensyste-

Abb. 13 Ilg Electric Ventilating Co. Building; aus Alschuler, Commercial and Industrial Buildings

men auf, die schon an der Gießerei West Illinois Street 225 beobachtet werden konnte. Die Wandfläche, die die Fensterstürze hält, weicht um ein gutes Stück hinter die Pfeiler zurück. In einem Zwischenbereich zwischen dieser Fläche und der Stirnseite der Pfeiler befindet sich ein Flansch, der sich nach oben erstreckt, um die Segmentbögen über den Fenstern des obersten Stockwerks aufzunehmen, die die Brüstung tragen. Der komplizierte Schnittpunkt an der Spitze der Pfeiler ist mit einem hübsch detaillierten Kapitell in weiß glasierter Terrakotta artikuliert, die auch für die Verkleidung der Segmentbögen, der Krönung der Brüstung, der Fensterbänke, der Einfassung des Personeneingangs (Abb. 11) sowie für verschiedene Fassadenelemente verwendet wurde.

Das Muster, das dieser Verflechtung von Stürzen und Bögen nachspürt und von den sorgfältig angeordneten Ausschmückungen aus glasierter Terrakotta beschrieben wird, wurde mit der gleichen Sorgfalt entworfen wie die Muster an den Gebäuden von Burnham and Root aus den achtziger Jahren. Allerdings ist die historische Quelle für die Terrakottaornamentierung und für das allgemeine Kompositionsmuster in Alschulers Gebäude weniger originell. Hier zeigt sich die Faszination, die der englische Tudorstil auf die Architektur dieser Zeit ausübte.

Alschuler war unter seinen Zeitgenossen nicht der einzige, der sich historischer Quellen derart buchstäblich und gleichzeitig bruchstückhaft bediente; andere, wie Garden und Marshall, gingen genauso vor. Die Tendenz, Ornamente mehr zum Schmuck der Fassade als zur Veranschaulichung der Struktur einzusetzen, zeigte sich am deutlichsten in der immer extensiveren Verwendung von glasierter Terrakotta an Stellen, wo die Architekten früher unglasierte Terrakotta, Lemont- oder Bedfordstein genommen hatten.[20] Der ewige Glanz der Glasur betont weniger die Tiefe des Gebäudes als vielmehr dessen Oberfläche.

Im Jahre 1919 wurde das Sexton Building an der östlichen Seite um 45 Meter zur Orleans Street hin erweitert. Die Geschosse des Anbaus hatten die gleiche Höhe wie die des alten Gebäudes und dienten auch ähnlichen Zwecken, so daß die äußere Gestaltung des Altbaus ohne Schwierigkeiten auf den Erweiterungsbau übertragen werden konnte. Es gab jedoch einen Unterschied: der Anbau verfügte über größere Fensternischen. Die Verwendung von Stahlbeton für das Konstruktionssystem hatte diese Änderung ermöglicht. Der Unterschied im äußeren Erscheinungsbild war jedoch geringfügig. Dies erklärt sich durch die Tatsache, daß es bei einem Anbau wichtiger war, das Neue an das Alte anzupassen als die Oberfläche an die Konstruktion. Dieser Anbau zeigt zum einen, daß Stahlbeton als Baumaterial für Lofts an Bedeutung gewonnen hatte, und zum anderen, daß sich das Konstruktionssystem für Lofts aufgrund der Gebäudegröße, die der Stahlbeton ermöglichte, generell als effizientes Bausystem erweisen konnte. Was jetzt noch fehlte, um den hohen architektonischen Ausdruck auch mit dem neuen Material zu erreichen, war ein Kompositionsmuster und ein Repertoire formaler Details, das dem Gebäude und seiner Funktion angemessen war. Diese Elemente konnten in einem Gebäude mit einer ›falschen‹ Fassade wie in diesem Anbau nicht vorhanden sein.

Im selben Jahr, in dem er den Sexton-Anbau entwarf, stellte Alschuler mit seinem zweistöckigen Fabrikgebäude für die Ilg Electric Ventilating Company ein Modell für eine solche Konstruktion vor (Abb. 1, 12, 13).[21] Das Gebäude wurde in einem von Eisenbahnsträngen durchzogenen Industriegelände errichtet, das mehrere Kilometer vom beengten Flußhafenbereich entfernt lag. Es steht beispielhaft für die nächste Generation von Industriegebäuden, die größer und spezialisierter waren als ihre Vorläufer, für gewöhnlich aus Stahlbeton gebaut waren und oft in den Gewerbezonen lagen, die an den neu eröffneten Kanälen und um den Eisenbahnring um die Stadt entstanden, wie der *Plan of Chicago* von Burnham und Bennett zeigt.[22] Ein Industriegebäude, schrieb Alschuler 1924, »ist eigentlich eine einzige große Arbeitsmaschine... Die Ansehnlichkeit eines Gebäudes ist ein wichtiger Aspekt, der nicht außer acht gelassen werden sollte. Attraktivität darf jedoch nicht durch unverhältnismäßig hohe Baukosten oder durch unangemessene Betriebskosten in der Folgezeit erreicht werden.«[23] Mit Gebäuden wie diesem und anderen, deren Höhe die Breite übertraf, war Alschuler so erfolgreich, daß sein Büro während der zwanziger und dreißiger Jahre eines der größten Architekturbüros in Chicago blieb.[24] Das erwähnte Gebäude hebt sich nur insofern ab, als Alschuler hier die drei Materialien, die er immer vorzüglich in eine Konstruktion einzubringen verstand – Stahlbeton, Ziegelstein (meist mit Ziegeldraht geschnitten, um eine rauhe Oberfläche zu erhalten) und unglasierte Terrakotta –, besonders geschickt und augenfällig verwendete.[25]

Weit stärker als im ersten Teil des Sexton Building wandte Alschuler im Ilg-Gebäude die Materialien so an, daß sie ihrer Natur und ihrer jeweiligen Rolle innerhalb der Konstruktion entsprachen. Tatsächlich illustrierte das Ilg-Gebäude Alschulers Anliegen, als er später schrieb, daß bei der Verwendung von Stahlbeton »die Außenpfeiler sowohl eine konstruktionstechnische als auch eine dekorative Funktion übernehmen [können]. Damit wird die Verblendung überflüssig, mit der normalerweise die Pfeiler eines Fabrikgebäudes verkleidet werden.«[26]

Die neuen Möglichkeiten für die Konstruktion breiter und hoher Gebäude, die mit dem Stahlbeton gegeben waren, sind hier in der breiten Horizontalität der Betriebsetagen ausgekostet. Diese Horizontalität wird durch einen Turm durchbrochen, der am nördlichen Ende des Gebäudes die Lage der Büros bezeichnet (Abb. 1). Die Spandrillen und Tür- und Fensterpfosten sind aus Ziegelsteinen geformt. Am Fuß des Turms – der am wenigsten geglückte Teil des Entwurfs – verkleidet glasierte Terrakotta den Zugang zu den Büros. In dem Bereich, in dem sich der Turm vom Gebäudeblock absetzt, tritt in einem Gesims, das den Übergang vom Horizontalen zum Vertikalen bezeichnet, die glasierte Terrakotta erneut in Erscheinung. Sie hat ganz offensichtlich keine konstruktionstechnische, sondern eine dekorative Funktion, und ihre Gestaltung ist aus klassizistischen Formen abstrahiert. Der netzförmige Konstruktionsrahmen aus Beton, der auch heute noch die Spuren der Bretter aufweist, die für die Gußform verwendet worden waren, verfügt über eine Reihe von Flächen und sorgfältig gestalteten, aus Ortbeton gegossenen Formen, die die Verbindung zwischen dem Horizontalen und dem Vertikalen artikulieren. Die meisten Verbindungsstellen sind mit eingelassenen geometrischen Feldern aus unglasierter Terrakotta ausgeschmückt. Das obere Ende des Turms ist mit einem ähnlichen Sortiment verschiedener Materialien versehen, die einen guten Hintergrund für den Namenszug und das Signet des Unternehmens abgeben.

Konstruktionen wie das Ilg-Gebäude findet man in den Bereichen Chicagos, die am Stadtrand lagen, als diese Gebäude errichtet wurden. Einige Jahre lang hatte es im Stadtzentrum selbst keinen Platz für sie gegeben. Man konzentrierte sich dort auf Verbesserungen des schnell und unsolide errichteten Baubestands. Der Stadtplan von Burnham und Bennett, die Einrichtung der Chicago Plan Commission, die anhaltenden Bemühungen, das politische System der Stadt zu reformieren, und der Erlaß einer umfassenden Verordnung zur Flächennutzung und Gebäudehöhe im Jahre 1923 waren Versuche, der Form der gesamten Stadt eine Richtung zu geben. Auf der Ebene des einzelnen Gebäudes versuchte die Chicago Tribune über einen Wettbewerb einen Entwurf »für das schönste und außergewöhnlichste Bürogebäude der Welt« zu finden.[27] Alschuler probierte an niedrigen Industriegebäuden neue Materialien und Formen aus, und Marshall versuchte, aus den neuen Materialien heraus eine neue Architektur zu schaffen, oder doch zumindest für das neue Material einen neuen architektonischen Charakter zu finden.

Marshall erkannte, daß ein terrakottaverkleidetes Stahlskelett die Jahrhunderte nicht überdauern konnte. 1929 schrieb er:

> »Laßt uns für unsere Geschäftsgebäude Rahmen aus Beton verwenden, mit in die Öffnungen eingesetzten Metallfenstern, mit Ornamenten, die sämtlich in Farbe oder sonstwie in die Betonkonstruktion eingegossen sind. Laßt uns den Beton direkt schmücken, damit er eine vollendete und schöne Oberfläche erhält. Auf diese Weise erhalten wir sowohl dauerhafte als auch schöne Gebäude. Es wird ein wahrer Ausdruck eines bleibenden Architekturtypus sein – eines dauerhaften Gebäudetypus, der ohne Zweifel kommen muß.«[28]

Aus welchem Grunde auch immer: die farbenprächtige Vision von einer neuen Architektur auf der Grundlage des Stahlbetons, die Alschuler und Marshall vor Augen stand, blieb unverwirklicht. Ihre Vision wies nicht in die Richtung, die die an einer neuen Architektur interessierten Architekten verfolgten. Marshalls Aufruf sollte ebenso unbeachtet bleiben wie Jenneys erstes Leiter Building mit seiner reduzierten Balkenkonstruktion, die ihrer Zeit weit voraus gewesen war. Statt dessen unterwarfen die Architekten die traditionellen Architekturformen einer zunehmenden Abstraktion, preßten alle strukturelle Kraft aus ihnen heraus und ließen nur eine dekorative Oberfläche zurück. Die innere Konstruktionsform war dabei völlig gleichgültig – es wurde erst gar nicht mehr erwartet, daß die äußere Form etwas über die Konstruktion im Innern aussagen könne. Auch eine

Übereinstimmung zwischen den formalen Eigenschaften eines Gebäudes und der ihm zugedachten Funktion wurde nicht mehr angestrebt. Alle Gebäude wurden jetzt als gleichrangig erachtet, alle verdienten gleichermaßen den besten Entwurf. Diese zwei Trennungen – der Fassade von der Konstruktion und der äußeren Form von der Funktion – lösten die letzten Bindungen der Architektur an die Praxis und Kenntnis der Vergangenheit und bestimmten das Bild, das sich die Menschen von der Architektur machten. Dies führte dazu, daß die bloße Konstruktion mit architektonischer Form verwechselt und irgendein belangloses Gebäude als Lehrbeispiel für den Entwurf eines wirklich bedeutenden Bauwerks betrachtet werden konnte. Sinnbildlich gesprochen: in dieser Welt konnten selbst die riesigen Betonröhren, die die traditionellen Getreidespeicher ersetzten, als Modell für andere Bautypen gelten.

Übersetzung: Wolfgang Himmelberg

ANMERKUNGEN

1 Siehe Guy A. Lee, ›The Historical Significance of the Chicago Grain Elevator System‹, *Agricultural History* 11, 1937, S. 18.

2 Eine nützliche Übersicht findet sich in Wyatt Winton Belcher, *The Economic Rivalry Between St. Louis and Chicago, 1850-1880*, New York 1947.

3 Nützliche Zusammenfassungen der Geschichte der Handelskammer finden sich in Alfred T. Andreas, *History of Chicago,* 3 Bde., Chicago 1884-86, Bd. 2, S. 376-79; und in Charles H. Taylor, *History of the Board of Trade of the City of Chicago,* 3 Bde., Chicago 1917.

4 Granger hatte sich auf Frachtschiffe für Getreide und auf Getreidespeicherausrüstungen spezialisiert; zuvor war er als Zulieferer am Bau des Illinois-Michigan-Kanals beteiligt; siehe Andreas (Anm. 3), Bd. 1, S. 567. Zwischen 1843 und 1845 betrieb Van Osdel zusammen mit Granger die Eisengießerei, in der er 1841 »den ersten Getreidespeicher Chicagos« gebaut hatte. Damit war offensichtlich ein Gebäude gemeint, in dem das Getreide lose und nicht mehr in Säcken gelagert werden konnte. Es könnte sich dabei um den Getreidespeicher der Firma H. Norton & Co. gehandelt haben, der mit einem Eimerkettenförderer ausgestattet war. Henry Ericsson weist darauf hin, daß Van Osdel ebenfalls an den Bauarbeiten für den Kanal beteiligt war, in diesem Zusammenhang durch Wind angetriebene Pumpen entwickelte, für die er als erster Chicagoer überhaupt ein Patent der Vereinigten Staaten erhielt, und daß er um 1840 in New York mit D. D. Badger in Verbindung stand, dem Pionier für Bauteile aus Gußeisen. Ericsson betont auch den Zusammenhang zwischen Granger, Van Osdel und den frühen Getreidespeichern von Chicago. Henry Ericsson, *Sixty Years a Builder*, Chicago 1942, S. 134-35.

5 Die nützlichsten Informationen über Getreidespeicher finden sich bei Andreas (Anm. 3), Bd. 2, S. 374-76.

6 Zum großen Teil entstammt das weiter unten angeführte Material zur Konstruktion Andreas (Anm. 3), insbesondere Bd. 1, S. 579-81 und Bd. 2, S. 566. Zusätzliche Informationen finden sich in *Insurance Maps of Chicago Grain Elevators,* New York 1901.

7 »Es gibt die Möglichkeit«, so führten die Autoren des Plans aus, »die Entwicklung der Flußuferbezirke umfassend und angemessen so zu planen, daß die gewerblich genutzten Einrichtungen erweitert und gleichzeitig die ästhetischen Seiten des Problems ausgearbeitet werden können.« Daniel H. Burnham und Edward H. Bennett, *Plan of Chicago,* Chicago 1909, S. 97. Siehe dort auch Tafel 107, »Blick in Richtung Norden auf den Südarm des Chicago River mit der vorgeschlagenen Anordnung der Straßen und Wege für das Be- und Entladen von Schiffsfracht auf mehreren Ebenen.« Die Vorschläge müssen im Zusammenhang mit einer Reihe umfassender Untersuchungen gesehen werden, die den Ursachen für den Rückgang des Handelsverkehrs im Flußhafen nachgehen, und mit den Vorschlägen für Anpassungsmaßnahmen an die veränderten Umstände, die durch diese Untersuchungen aufgedeckt worden waren. Siehe zum Beispiel Harbor Commission of the City of Chicago, *Report,* Chicago 1905; Chicago Harbor Commission, *Digest of Hearings,* Chicago 1909; The Harbor and Subway Commission of the City of Chicago, *Report on Dock and Pier Development, Harbor District No. 1*, Chicago 1915; B. P. Brown, *Drainage Canal and Waterway,* Chicago 1894; und *Report of the Submerged and Shore Lands Legislative Investigating Committee,* 3 Bde., Springfield, Ill. 1911.

8 Siehe zum Beispiel ›New St. Claire Manufacturing District Forging Ahead with Great Strides‹, *The Real Estate and Building Journal,* 20. Juni 1908, S. 5-14; und Burnham und Bennett (Anm. 7), Kap. 5, insbesondere S. 64 und Tafel 71.

9 Die Informationen im folgenden sind den Plänen entnommen, die Ende 1907 und Anfang 1908 entstanden und sich jetzt in der Architectural Drawings Collection, General Libraries, The University of Texas at Austin, befinden. Weitere McClurg-Lagerhäuser und Erweiterungsbauten entstanden 1908, 1909, 1914 und 1920. Siehe C. W. Westfall, ›Benjamin H. Marshall of Chicago‹, *Chicago Architectural Journal* 2, 1982, S. 8-27.

10 Das Loftkonstruktionssystem war auch als schwer entflammbar bekannt; feuersicher war es nicht. Um die gelagerten Güter zu schützen und um Sicherheit zu gewährleisten, mußten die Gebäude mit einer Sprinkleranlage ausgerüstet werden, die aus Wassertanks auf den Dächern gespeist wurden.

11 Walter Newberry hatte sich schon früh in Chicago niedergelassen und besaß in diesem Bereich der Stadt sehr viel Bauland. Die Stadt Chicago stellte dem Newberry Estate am 10. Dezember 1883 eine Baugenehmigung für ein fünfstöckiges Fabrikgebäude mit den Maßen 30,5 mal 30,5 mal [unleserlich] Meter aus. Das vorher dort stehende Gebäude war ebenfalls eine Gießerei gewesen. In der frühen Geschichte der Stadt war dieses Gebiet für seine Gießereien bekannt.

12 Da das Mauerwerk in den unteren Ebenen so gründlich bemalt worden ist, daß alle Oberflächen aus dem gleichen Material zu bestehen scheinen, kann es leicht zu einer Fehldeutung einer Fotografie der Erdgeschoßpfeiler kommen.

13 Siehe Donald Hoffmann, *The Architecture of John Wellborn Root,* Baltimore 1973, Kap. 2, Abb. 8-9, 17 und 20.

14 Carl W. Condit, *The Chicago School of Architecture: A History of Commercial and Public Building in the Chicago Area, 1875-1925,* Chicago 1964, S. 58, Abb. 16. Siehe auch die Reihe von Verlautbarungen zu diesem Gebäude in *Inland Architect* 2, 1883, und 3, 1884.

15 Baugenehmigung der Stadt Chicago an H. T. Thompson für ein fünfstöckiges Lagerhaus mit den Maßen 30,5 mal 30,2 mal 18,3 Meter, ausgestellt am 5. Dezember 1883. Die oberen Stockwerke des Gebäudes sollten später die Architekten Harry Weese and Associates beherbergen, die das Gebäude restauriert haben und sich für die Erhaltung und Neubelebung dieses Stadtbezirks engagierten. Ursprünglich war das Gebäude nicht bemalt.

16 Baugenehmigung der Stadt Chicago an Grommes and Ullrich vom 27. April 1901; Richard E. Schmidt ist als amtlich beurkundeter Architekt eingetragen. Zu dieser Zeit arbeitete Hugh Garden zwar schon für Schmidt, war aber noch nicht dessen Partner.

17 Siehe zum Beispiel Condit (Anm. 14), S. 186-87; und H. Allen Brooks, *The Prairie School: Frank Lloyd Wright and his Midwest Contemporaries,* Toronto 1972; Nachdruck New York 1976, S. 50.

18 Brooks (Anm. 17), S. 47.

19 Die Arbeitszeichnungen zu diesem Gebäude, vom November 1916 datiert, befinden sich in der Sammlung des Department of Architecture im Art Institute of Chicago. Zusammen mit vier anderen Gebäuden Alschulers ist es in George C. Nimmons, ›Modern Industrial Plants: II‹, *Architectural Record* 94, 6, Dez. 1918, S. 533-49, abgebildet. Eine Sammlung von Skizzenbüchern Alschulers, die sich im Besitz der Chicago Architecture Foundation befindet, kann in der Bibliothek des Spertus Museum of Judaica of Chicago eingesehen werden.

20 Lemont stone, eine Steinart, die auch unter dem Euphemismus ›Marmor von Athen‹ bekannt war, wurde in den vierziger Jahren des 19. Jahrhunderts in der Nähe von Lemont, südlich von Chicago, bei den Grabungen des Illinois-Michigan-Kanals entdeckt. Es war ein sehr hochwertiger Kalkstein mit einer mattgelben Tönung, der allerdings die Neigung zeigte zu zerbröckeln oder abzublättern, weshalb er für gemeißelte Dekorationen ungeeignet war. Da er in den Steinbrüchen in unmittelbarer Nähe des Kanals in großen Mengen zur Verfügung stand, trat er als vorherrschendes Material für Grundmauern, Schwellen, Oberschwellen und Fassadenverkleidungen der anspruchsvolleren Gebäude der Stadt in der Mitte des Jahrhunderts an die Stelle des Steins, der bis dahin per Schiff aus dem Staat New York herbeigeholt worden war. Im weiteren Verlauf des Jahrhunderts wurde der Lemont stone in wichtigeren Gebäuden häufig durch den teureren Indiana oder Bedford bluestone, einer besseren Kalksteinsorte, ersetzt. Nach 1900 trat in den Grundmauern Beton an die Stelle von Kalkstein, während für die anderen Gebäudeteile vorwiegend Terrakotta verwendet wurde.

21 Von Juli bis August 1919 datierte Zeichnungen für das Gebäude North Pulaski Road (vormals Crawford Avenue) 2800-58 befinden sich in der Sammlung des Department of Architecture im Art Institute of Chicago.

22 Zu dieser Verlagerung der Industrie aus dem Stadtzentrum heraus und zu den diesbezüglichen Vorbereitungen, siehe Harold M. Mayer und Richard C. Wade, *Chicago: Growth of a Metropolis,* Chicago 1969, S. 234 ff.

23 Alfred S. Alschuler, ›The Design of the Modern Printing Building: II‹, *The Inland Printer,* Sept. 1923, S. 857.

24 Die horizontale Anordnung des Gebäudes steht beispielhaft für die Industriezweckbauten, die seit der Jahrhundertwende auf Grundlage des Stahlbetons für weite, offene Fabrikationsflächen auf billigem Land in den Außenbezirken der Stadt entwickelt worden waren. Modell für dieses Gebäude standen nicht so sehr die Lofts in der Nähe des Stadtzentrums, als vielmehr solche ausgedehnten, niedrigen Gebäude wie Eisenbahnschuppen und die Fabrikschuppen der Pullman Palace Car Company Works von Solon Spencer Beman in der Modellstadt südlich von Chicago.

25 Diese Trias der Baumaterialien könnte durch ihre Verwendung im Montgomery Ward Warehouse am Nordarm des Chicago River, wenige Blocks nördlich des John Sexton Building, populär geworden sein. Die Pläne für das Montgomery Ward Warehouse von Schmidt, Garden und Martin sind zwischen Ende 1906 und Anfang 1907 datiert.

26 Alfred S. Alschuler, ›The Design of the Modern Printing Building: III‹, *The Inland Printer,* Okt. 1923, S. 131.

27 So der Wortlaut in den Wettbewerbsbestimmungen. Siehe *The International Competition for a New Administration Building for the Chicago Tribune,* Chicago 1923. Leicht gekürzt ist der Text wiedergegeben in Stanley Tigerman (Hrsg.), *Late Entries to the Chicago Tribune Tower Competition,* 2 Bde., New York 1980, Bd. 1, S. 10.

28 ›Architecture of an Expanding Metropolis and Some of Its Towers‹, *Chicago: The World's Youngest Great City,* Chicago 1929, S. 53-58.

Roula Mouroudellis Geraniotis

Ein früher deutscher Beitrag zur Chicagoer Moderne

Die Chicagoer Schule und die Prairie-Schule waren Chicagos wichtigste Beiträge zur Entwicklung der modernen Architektur und die richtungsweisenden Architekturphänomene der in diesem Buch dargestellten Epoche. Obwohl beide Schulen ein Begriff geworden sind und zu Recht bewundert werden, ist der Prozeß ihrer Entstehung und ihrer Blütezeit immer noch teilweise unerforscht und wartet auf eine maßgebliche wissenschaftliche Bearbeitung. Die Wissenschaft kommt neuerdings zu der Ansicht, daß die Chicagoer und die Prairie-Schule internationalen Einflüssen und Beziehungen ebensoviel verdanken wie den Besonderheiten der Chicagoer Architekturszene. Ein bisher völlig übersehener Einfluß kam aus Deutschland und wurde durch in Chicago niedergelassene deutsche Architekten direkt wirksam.[1]

Chicago unterschied sich von anderen bedeutenderen amerikanischen Metropolen durch zahlreiche in Deutschland geborene oder ausgebildete Architekten, die in ihrer Berufsgruppe die größte ethnische Einheit bildeten. In Verbindung mit Chicagos einflußreicher deutscher Gemeinde stellten sie eine kulturelle Kraft dar, die sich tiefgreifend auf die geistige Atmosphäre der Stadt auswirkte. Nach der gescheiterten Achtundvierziger-Revolution in Deutschland begann eine Auswanderungswelle in den Mittleren Westen, die bis zum Ersten Weltkrieg anhielt. Viele deutsche Architekten machten in den Staaten eine fruchtbare Karriere und wurden berühmt. Zudem stellten sie eine unmittelbare Verbindung zu den Hauptrichtungen der Architektur in Deutschland her und führten damit eine bedeutende internationale Komponente in die Chicagoer Architektur ein. Dieser Aufsatz untersucht einen besonderen Aspekt dieser kulturellen und architektonischen Verbindung – den Einfluß Karl Friedrich Schinkels, des Meisters des deutschen Neoklassizismus, und seiner Nachfolger, der Architekten der Berliner Schule, auf die Chicagoer Architektentheorie und Bauweise, wie er sich in den Arbeiten mehrerer deutscher Architekten der Stadt widerspiegelt.[2]

Der zeitliche Rahmen dieser Ausstellung und des begleitenden Buches markiert wichtige Daten der deutschen Einwanderer in Chicago. Nachdem im

Abb. 1/2 Richard E. Schmidt, Albert Madlener House, 4 West Burton Place, 1902; Eingang und Außenansicht

Abb. 3 Frederick and Edward Baumann, Ashland Block, Nordostecke Clark und Randolph Street, 1872 (abgerissen); aus Land Owner *4, Aug. 1872*

Deutsch-Französischen Krieg die Auswanderung streng beschränkt worden war, kamen im Jahr 1872 wieder viele Deutsche nach Amerika;[3] gleichzeitig machte der fieberhafte Wiederaufbau von Chicago nach der großen Feuersbrunst von 1871 die Stadt für deutsche Baumeister und Architekten sehr attraktiv. Beim ›Chicago Tribune‹-Hochhauswettbewerb 1922 stellten die Deutschen die größte nicht-amerikanische Gruppe an Wettbewerbsteilnehmern.[4] Zwischen diesen zwei Ereignissen, die die beiden Architekturtraditionen besonders augenfällig zusammenführten, entfaltete sich die Geschichte der deutschen Architektur in Chicago. Sie begann 1850, als der junge Architekt Frederick Baumann (1826-1921) in Chicago ankam und der erste dort bekannte deutsche Architekt wurde (Kat. 90). In Angermünde geboren, studierte er Architektur und Bauhandwerk an verschiedenen preußischen Gewerbeschulen und am Königlichen Gewerbeinstitut in Berlin, wo er auch die Architekturklassen an der Universität und der Königlichen Akademie besuchte.[5] Im Verlauf seiner Studien in Berlin und besonders während einer frühen Tätigkeit bei seinem Onkel, der Königlicher Bauinspektor in Bromberg war, wurde Baumann mit der Architektur Karl Friedrich Schinkels und seiner Nachfolger vertraut.[6]

In Chicago arbeitete Baumann zunächst von 1851 bis 1852 mit John M. Van Osdel zusammen, Chicagos erstem professionellem Architekten. Nach einer Partnerschaft mit Edward Burling von 1852 bis 1854 arbeitete er bis 1856 erneut für Van Osdel. Von 1858 bis 1864 führte er ein Maurer- und Bauunternehmen. 1868 ging er eine Partnerschaft mit seinem Cousin Edward Baumann (1838-1889) ein, die bis 1879 bestand. Im folgenden Jahrzehnt arbeitete er selbständig, dann zusammen mit J. K. Cady. Obwohl Baumann Deutschland schon als junger Mann verlassen hatte, hatte Schinkels Werk bei ihm einen bleibenden Eindruck hinterlassen. 1869 zum Beispiel bereitete er eine gekürzte Übersetzung der Festansprache des Architekten Friedrich Adler zum Schinkelfest, der jährlichen Feier von Schinkels Geburtstag, zur Publikation in Chicago vor.[7] Zweifellos fühlte sich Baumann verpflichtet, auf dieses in Berlin aufwendig gefeierte Ereignis auch in der Prärie-Stadt aufmerksam zu machen. Darüber hinaus wollte er wohl eine seiner An-

Abb. 4 Wohnhaus am Waterloo-Ufer 7, Berlin, um 1860 (zerstört); aus Eva Börsch-Supan, Berliner Baukunst nach Schinkel, 1840-1870, *München 1977*

Abb. 5 Friedrich Adler, Wohnhaus in der Bauhofstraße 7, Berlin, vor 1866 (zerstört); aus Börsch-Supan, Berliner Baukunst

sicht nach bedeutsame Botschaft verbreiten. Das wird offensichtlich, wenn man seine Übersetzung mit dem längeren Original vergleicht; Baumanns sorgfältige Bearbeitung hob hervor, daß Schinkel ein Vorläufer der modernen Architektur gewesen sei.[8]

Nach Friedrich Adler war die Bauakademie in Berlin das zukunftsweisendste Gebäude Schinkels:

»... *welches seiner Werke* hat sich nicht nur dauernde Anerkennung errungen, sondern *welches hat bahnbrechend die moderne Baukunst zu höherer und zeitgemäßer Entwicklung gedrängt?*
Unwillkürlich gleitet... unser Blick an griechischen Säulenhallen vorüber, an gewölbten Kuppeln des Römerthums, an gothischen Kirchen und florentinischen Palästen vorüber, aber er haftet mit dauerndem, mit steigendem Interesse an *einem* Bauwerke, dessen Größe nicht imponirt, dessen Form nicht besticht, und welches dennoch immer auf's Neue mit stiller Gewalt uns anzieht. Dieses Bauwerk ist *Schinkel's Bauschule.*«[9]

Die Gründe für solch uneingeschränkte Bewunderung waren ihre »keusche Strenge, ernste Schönheit... und zwingende Originalität«, die sie einem »Samenkorn, das weitere organische Entfaltung ver-

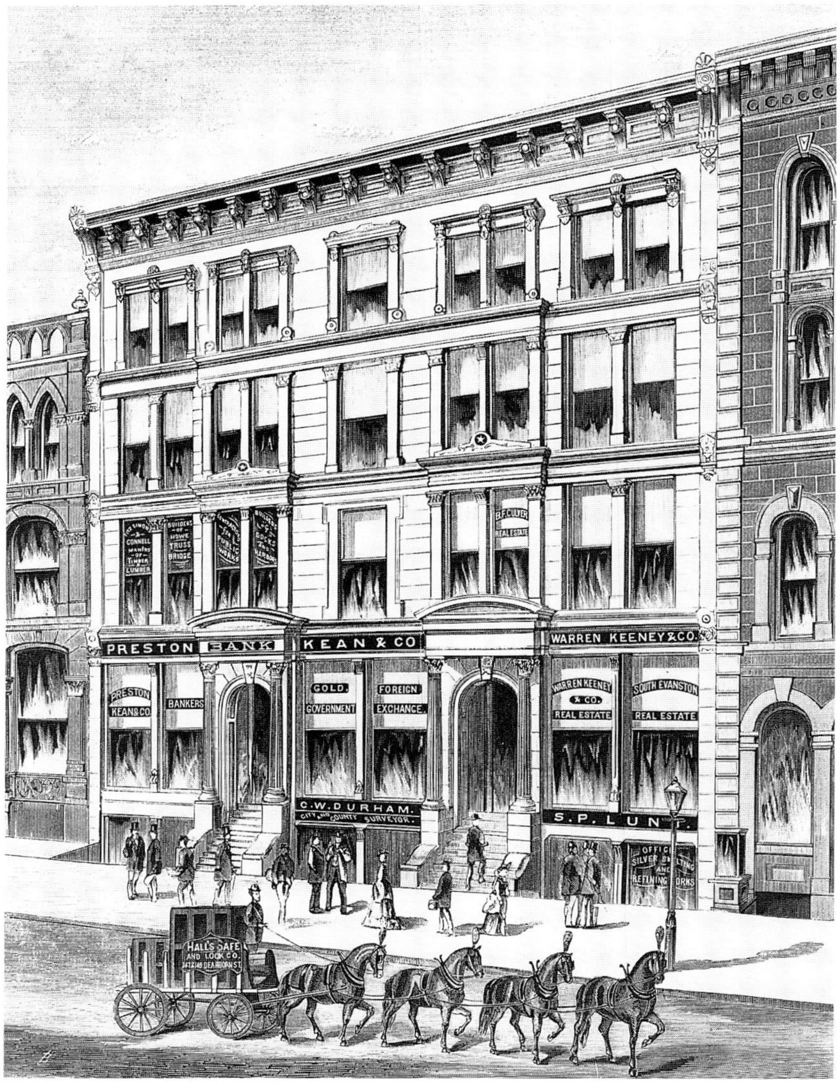

Abb. 6 Burling and Adler, Lunt Building, 69-73 West Washington Street, 1873-74 (abgerissen); aus Land Owner 6, *Mai 1874*

spricht«, ähnlich machten. Das waren auch Schinkels eigene Vorstellungen von Baukunst. Wie Adler zitiert, hatte Schinkel erklärt, daß

»... das Streben nach dem Ideal in jeder Zeit sich nach den neu eintretenden Anforderungen modificiren wird... *daß auch ganz neue Erfindungen nothwendig werden,* ... (da) *ein solches Neue geschaffen werden muß, welches im Stande ist, eine wirkliche Fortsetzung der Geschichte zuzulassen.*
Hierzu gehört freilich neben der Kenntniß des gesammten historisch Vorhandenen eine Phantasie und Divinationsvermögen, *das rechte und gerade der Kunst noththuende Mehr wenigstens für die nächste Zukunft zu finden.«* (Hervorhebungen im Original).[10]

Die Architekten sollten also die sklavische Nachahmung historischer Stile aufgeben und sich statt dessen um eine neue Architektur bemühen, die ›historisch‹ getreu im Charakter, aber modern in Form und Funktion sein sollte. Dafür war die Kenntnis der Architektur der Vergangenheit wichtig. Noch wichtiger aber war der erfinderische und schöpferische Gestaltungsprozeß im Einklang mit den gegebenen Bedingungen.

Die Bauakademie wurde als Verwirklichung von Schinkels Architekturphilosophie, besonders seiner These vom Fortschritt, angesehen. Um diesen zu erreichen – so erklärte Adler –, übernahm Schinkel die »bleibende(n) Hauptbildungsgesetze des Mittelalters und prägte sie in der dauernd gültigen Formensprache der hellenischen Kunst aus«. Auf diese Weise wurde die Bauakademie ein »Schöpfungsbau« des 19. Jahrhunderts.[11] Diese Feststellung war äußerst bedeutsam, da sie sich auf die Idee von architektonischer Neuschöpfung bezog, die im Chicago des 19. Jahrhunderts aktuell war: In den Hochhausentwürfen zeigte sich dieser Gedanke als Synthese von konstruktiver Vielseitigkeit und Erfindungsgabe – ähnlich dem gotischen Stil – und von formaler Gesetzmäßigkeit und Zurückhaltung – als Wiedergeburt des antiken Stils.

Frederick Baumanns eigenes Werk orientierte sich gelegentlich an den stilistischen Grundzügen der zeitgenössischen Berliner Architektur, obgleich nicht in der schöpferischen Weise, die Schinkel gemeint hatte, sondern in einer recht trockenen, akademischen Manier, die viele seiner Schüler, einschließlich Friedrich Adler, manchmal annahmen. Ein Beispiel dafür war der 1872 von der Firma F. and E. Baumann errichtete Ashland Block (Abb. 3).[12]
Edward Baumann, geboren in Marienwerder, besuchte bis 1856 die Gewerbeschule in Graudenz und ging noch im selben Jahr nach Chicago. Dort arbeitete er zunächst als Entwurfszeichner für die Firma von Burling und Baumann, anschließend für Edward Burling, dessen Partner er später wurde. Zusammen mit seinem Cousin Frederick beteiligte er sich aktiv am Wiederaufbau von Chicago.[13] Der Ashland Block war, wenn auch in einer ungewöhnlichen Variante, ein Bürogebäude im Palazzo-Stil, der von den fünfziger bis in die späten siebziger Jahre in der europäischen und amerikanischen Architektur vorherrschend war. Der Block war durch Strenge, Kompaktheit, Regelmäßigkeit und das Überwiegen von festen Körpern gegenüber Hohlräumen gekennzeichnet. Seine Fassaden waren in strenger Architravbauweise ausgeführt, den einzigen Schmuck bildeten die Segment- und Dreiecksgiebel der Fenster. Dieser Entwurf war den zeitgenössischen Berliner Bauten bemerkenswert ähnlich, wie zum Beispiel dem vor 1866 entstandenen Wohnhaus in der Bauhofstraße 7 von Friedrich Adler (Abb. 5) oder den Wohnhäusern am Waterloo-Ufer in Berlin, die um 1860 gebaut worden sind (Abb. 4). Wie sie hatte der Ashland Block einfache, glatte Wandflächen, unterbrochen von Fenstern mit flachem Sturz und schlicht antikisierendem Rahmen; der Mittelteil jeder Front sprang leicht vor und wurde von einem Giebel gekrönt; den Abschluß bildeten ein Ornamentfries und ein antikes Gesims. Natürlich war das Chicagoer Gebäude viel höher und hatte die Erdgeschoßfassaden zu durchgehenden Glasflächen geöffnet. Doch seine grundlegenden Gestaltungsprinzipien und Gesamtproportionen waren den hier angeführten Berliner Bauten, die die deutschen Cousins gekannt haben könnten, sehr ähnlich.

Auch die Firma von Burling und Adler entwarf Geschäftsgebäude, die unsere Aufmerksamkeit verdienen. Edward Burling war gebürtiger Amerikaner. Dankmar Adler, einer der führenden Chicagoer Architekten und ein langjähriger Partner von Louis H. Sullivan, wurde in Lengsfeld in Sachsen geboren und kam mit seiner Familie 1861 nach Chicago. Er lernte dort bei mehreren Architekten, kämpfte im Bürgerkrieg und trat dann in die Büros von Augustus Bauer und später Ozias S. Kinney ein. Von 1871 bis 1879 war Adler der Partner von Edward Burling. Ein gemeinsamer Entwurf war das Lunt Building, das 1873-74 errichtet wurde (Abb. 6).[14] Es hatte eine streng aus Horizontalbalken konstruierte Frontseite, die in einem Kranzgesims endete, Gesimsbänder, die die Fassaden jeweils in Stockwerkshöhe unterteilten, und zwei Eingänge in leicht vorspringenden Mittelrisaliten. In der Gesamtkonzeption und der Art der Dekoration war dieser Entwurf zu der Zeit für Chicago ungewöhnlich, nicht aber für Deutschland, wie der Vergleich mit zeitgenössischen Werken, etwa dem Wohnhaus Achenbach in Berlin von Martin Gropius, um 1870 (Abb. 7), zeigt. Beide Gebäude hatten glatte, von Fensteröffnungen durchbrochene und mit einem Gesims abgeschlossene Fassaden. Darüber hinaus waren die Fenster gleich gestaltet: paarweise mit einem Rahmen aus einem von kleinen Pilastern gestützten Architrav. Wenn auch der optische Gesamteindruck nicht ganz geglückt war, hatte man damit ein Mittel gefunden, die Fassade zu gliedern und Monotonie zu vermeiden. Auch beim Achenbach-Haus lagen die beiden Eingänge in leicht vorspringenden, vertikalen Vorbauten. Die kleinen Giebel über einigen Fenstern des Lunt Building waren, wie am Wohnhaus am Waterloo-Ufer gezeigt (Abb. 4), gleichfalls typisch für die Berliner Architektur, ebenso wie Giebel zur Bekrönung von Mittelrisaliten. Dieser Entwurf hat in Chicago keinen Vorgänger und fand auch keine Nachahmer.[15]

Abb. 7 Martin Gropius, Wohnhaus Achenbach, Berlin, um 1870 (zerstört); aus Börsch-Supan, Berliner Baukunst

Abb. 8 Burling and Adler, Haddock Block, Nordostecke Wabash Avenue und Monroe Street, 1875 (abgerissen); aus Land Owner *6, Aug. 1875*

Abb. 9 Wohnhäuser Matthäikirchstraße 13 und 15, Berlin, um 1845 (zerstört); aus Börsch-Supan, Berliner Baukunst

Erfolgreicher war Burling and Adlers Haddock Block von 1875 (Abb. 8).[16] Im Prinzip rechteckig, dem Ashland Block (Abb. 3) im Umriß ähnlich, war der Haddock Block im Entwurf weitaus fortschrittlicher. Mit Ausnahme des kleinen dreieckigen Erkers, der einen leicht vorspringenden vertikalen Vorbau krönte, wurde auf jedes historisierende Element verzichtet. Alle Stockwerke waren durch Gesimse klar voneinander abgesetzt, die von Pilastern gerahmten Fensteröffnungen füllten die Fensternischen fast völlig aus. Dieser Entwurf leitete sich im wesentlichen von dem konstruktiven Gerüst ab. Doch selbst dafür gab es Vorläufer in der Berliner Architektur, wie die Wohnhäuser Matthäikirchstraße 13 und 15 (um 1845) zeigen (Abb. 9). Bei diesen Gebäuden waren die einzelnen Stockwerke ebenfalls durch von Pilastern gestützte Gesimse gekennzeichnet, wodurch ein formales Raster geschaffen wurde, das die Fensternischen enthielt. Aber der Haddock Block war von entschieden tektonischerem Charakter.[17]

Der Haddock Block und andere hier besprochene Chicagoer Gebäude gehören zum Palazzo-Typus, der als angemessen für bedeutende Geschäftsgebäude erachtet wurde. Viele Elemente ihrer Formensprache kamen – entsprechend der Herkunft ihrer Architekten – aus Deutschland. Genau das gleiche Vokabular konnte jedoch zu akademischen, konservativen Ergebnissen führen, wie Baumanns Ashland Block, oder zu neuartigeren, wie dem Haddock Block. Obwohl die Horizontalbalken-Konstruktion als Palazzo-Stil kaum üblich war, stellte sie sich als Stil heraus, der sehr eng mit der nachfolgenden Entwicklung der Chicagoer Schule verbunden war.[18] Das wird offensichtlich, wenn man ein anderes wichtiges Geschäftsgebäude betrachtet, den 1879-80 von D. Adler and Co. – mit Louis Sullivan als verantwortlichem Entwurfszeichner – gebauten Borden Block (Abb. 10). Bei diesem Bauwerk ging die ›Skelettierung‹ der Fassade noch einen Schritt weiter, indem die Wand geöffnet und die Fassadenfläche auf das stützende Gerüst beschränkt wurden. Die Ornamentik wurde dem Grundraster untergeordnet und war zweifellos nicht mehr historisierend. Sie hatte aber noch (mit Ausnahme der Bogenlünetten) einen Bezug zu den Fassadengestaltungen der hier behandelten deutschen Gebäude, bei denen die zarte florale Ornamentik ebenfalls an den Fensterspandrillen, am Fries und an den Gesimsen plaziert war (Abb. 7, 9).

Alle diese formalen Entwicklungen führten unmittelbar zu einem häufig übersehenen Meisterwerk der Chicagoer Schule, dem 1888-89 entstandenen Handelskammer-Gebäude von Baumann und Huehl (Abb. 11). Es war das letzte Werk von Edward Baumann und das erste wichtige Gebäude von Harris W. Huehl (1862-1919), einem gebürtigen Chicagoer, der seine gesamte Architektenausbildung im Büro von Edward Baumann, für den er von 1877 bis 1888 als Entwurfszeichner arbeitete, erhalten hatte.[19] Huehl wurde als Partner beteiligt, als das Büro diesen lukrativen Auftrag erhielt; nach Baumanns plötzlichem Tod brachte er ihn allein zu einem erfolgreichen Abschluß. Die Handelskammer war fast vollständig in Skelettbauweise errichtet, und nur ein sehr kleiner Teil der gesamten Last wurde durch die gemauerten Pfeiler, die in die äußeren Säulen eingebettet waren, getragen;[20] das glatt verkleidete konstruktive Gerüst wurde zum grundlegenden Mittel des formalen Ausdrucks erhoben. Die flache, langgezogene Form des Gebäudes bis hin zu den rudimentären Giebelformen, die die vertikalen Eingangsvorbauten bekrönten, war verwandt mit den früheren Chicagoer Bürohäusern, einschließlich dem Haddock Block. Breite Ornamentbänder unterteilten die Fassade in horizontaler Richtung, und die umfassende Verglasung legte die Möglichkeit einer totalen Auflösung der Wandflächen nahe.

Die Horizontalbalken-Konstruktion (mit Ausnahme der kleinen Arkade am Attikageschoß) und die umfassende Verglasung der Vorbauten gehörten zur lokalen Bautradition – bis zurück zu Werken wie dem Haddock Block – und wurden in anderen zeitgenössischen Gebäuden, wie dem zweiten Leiter Building von William Le Baron Jenney von 1889-91, wiederaufgenommen. Aber es gab einen wichtigen deutschen Entwurf – Schinkels berühmtes Projekt von 1827 für das Kaufhaus Unter den Linden (Abb. 12) –, der Baumann inspiriert haben könnte. Sowohl die Handelskammer als auch das Kaufhausprojekt hatten große Vorbauten, deren Verglasung fast bündig mit dem konstruktiven Gerüst gesetzt war. Das formale Potential von Schinkels großartigem Projekt könnte seine erste vollständige Realisierung in Chicago gefunden haben, wo große Fortschritte auf dem Gebiet der strukturellen Konstruktion gemacht worden waren. Tatsächlich wurde bei Gebäuden wie der Handelskammer eine Synthese der

Abb. 10 D. Adler and Co., Borden Block, Nordwestecke Randolph und Dearborn Street, 1879-80 (abgerissen); aus American Architect and Building News, *Jan. 1897*

Abb. 11 Baumann und Huehl, Handelskammer, Südostecke LaSalle und Washington Street, 1888-89 (abgerissen)

Redlichkeit und Zweckdienlichkeit gotischer Bauweise und der Förmlichkeit und Regelmäßigkeit der klassischen Ordnungen erreicht.

Ein anderes bemerkenswertes Beispiel eines Geschäftsgebäudes von deutschen Architekten in Chicago, das mit bekannten Schinkel-Entwürfen verwandt war, war die 1890-91 entstandene Bäckerei der New York Biscuit Company von Treat and Foltz (Abb. 13). Eins der produktivsten Chicagoer Architekturbüros im 19. Jahrhundert, Treat and Foltz, spezialisierte sich auf Wohnhäuser, Appartementgebäude, Krankenhäuser und Geschäftsbauten. Samuel A. Treat war gebürtiger Amerikaner, Fritz Foltz (Kat. 75-77) aber war in Darmstadt geboren und hatte seine Ausbildung an der dortigen Technischen Universität und an der Königlichen Akademie in München erhalten. Foltz kam 1868 nach Chicago und wurde von Gurdon P. Randall und Dankmar Adler angestellt. Das 1872 gegründete Büro Treat and Foltz bestand bis 1896 und war äußerst erfolgreich.[21] Häufig stellten ihre Bauten eine lokale Version der viktorianischen Gotik und der Richardsonschen Romanik dar. Der Entwurf für die Bäckerei der New York Biscuit Company war jedoch funktionalistisch ausgerichtet; die Gestaltungselemente schienen aus Funktion und Konstruktion des Gebäudes abgeleitet zu sein.[22] Wie in diesem Fall kam man damit zu hervorragenden Ergebnissen: Die Gebäudefronten waren aus einer Reihe von Pilastern zusammengesetzt, zwischen denen die zurückgesetzten Fensterscheiben eingelassen waren. Die gewaltige horizontale Ausdehnung der Fassaden wurde durch die Vertikalität der Pilaster, die sich bis zu dem einfach gekehlten Gesims fortsetzten, ausgeglichen. Dieser Entwurf ähnelte einem anderen berühmten Werk von Schinkel, der Bauakademie von 1831-35 (Abb. 14). Das ist jedoch nicht überraschend, da die in Deutschland allgemein bewunderte Bauakademie schon 1869 durch Baumann, wie bereits ausgeführt, in Chicago bekannt geworden war. Foltz kannte sie sehr wahrscheinlich auch aus seinen Studienjahren in Deutschland.

Von den frühen siebziger Jahren an bis zum Ende des Jahrhunderts stand die Architektenausbildung im Mittleren Westen unter starkem deutschen Einfluß. Die Universität von Illinois in Urbana-Champaign war die erste in diesem Landesteil (und die zweite nach dem Massachusetts Institute of Technology überhaupt), die ein Architekturcurriculum einrichtete.[23] Nathan Clifford Ricker (1843-1924), der Hauptverantwortliche für die Entwicklung und Aufstellung des Architekturlehrplans der Universität von Illinois, hatte sein eigenes Studium hier und in Berlin absolviert. Während der sechs Monate, die Ricker (Tafeln 5, 9) 1873 an der renommierten Bauakademie (damals unter der Leitung von Richard Lucae) studierte, lernte er die deutsche Entwurfslehre, Architekturtheorie und den Ausbildungsgang kennen.[24] Diese relativ kurze Berliner Studienzeit betrachtete er als wertvolle Vorbereitung für den Aufbau des Architekturcurriculums und die Einrichtung der Architekturbibliothek an der Universität von Illinois.[25]

Ricker übersetzte darüber hinaus deutsche Fachbücher für seine Studenten, so u. a. die *Architektonik* von Rudolf Redtenbacher *(The Architectonics of Modern Architecture)* und den Band *Die architektonische Composition* aus der Monumentalreihe *Handbuch der Architektur (Architectural Composition)*.[26] Wichtiger war aber noch, daß das von ihm initiierte Ausbildungsprogamm dem Beispiel der Technischen Universitäten in Deutschland folgte, wo die Architektenausbildung Teil des polytechnischen Systems und deshalb mit naturwissenschaftlichem Geist erfüllt war. Der streng strukturierte Ausbildungsgang, den er ebenfalls übernahm, beinhaltete eine Reihe von Technik- und Konstruktionskursen, die jedem Entwurfslehrgang vorangingen. Dieser Studiengang unterschied sich völlig vom Ateliersystem der Ecole des Beaux-Arts, das am MIT übernommen worden war. Mit Rickers Worten:

»Es war mein Ziel, Graduierte zu entlassen, die eine gute Grundlage in der wissenschaftlichen Konstruktionslehre hatten und für die Arbeit im Büro gut ausgerüstet waren – so gut eben diese Vorbereitung auf einer Schule geleistet werden kann, und gleichzeitig ihren Geschmack – soweit als in dieser Zeit möglich – zu entwikkeln.«[27]

Ricker legte also auf eine solide Ausbildung Wert, deren Grundlage technische und funktionale, und nicht vom Zeitgeschmack abhängige Aspekte der Architektur waren.

Sein Ausbildungsprogramm wurde durch den wachsenden Einfluß der Beaux-Arts nach der Jahrhundertwende überholt; gleichzeitig erweiterten die anderen Architekturschulen ihre Ausbildung dahingehend, daß sie eine Vielzahl von verschiedenen technischen und wissenschaftlichen Kursen aufnahmen und ihre Lehre einer ähnlich rigiden Organisation unterwarfen. Rickers Pionierarbeit jedoch fand ihre wahre Erfüllung in dem Lehrprogramm, das Ludwig Mies van der Rohe am Illinois Institute of Technology einführte. Mies bestand ebenfalls darauf, daß sich die Studenten vor dem Entwurfszeichnen die Grundkenntnisse des Bauens erwarben. Wie er in seiner Antrittsrede erklärte, sollte man damit beginnen, die Eigenschaften der Materialien und die Gebäudefunktionen kennenzulernen; dies sollte vom Verständnis für die geistigen Strömungen der Zeit gefolgt sein, und erst dann wäre der Student normalerweise so weit, um das Entwurfszeichnen zu lernen.[28]

Auch unter den Wohnbauten der deutschen Architekten in Chicago nach der Jahrhundertwende gab es bemerkenswerte Gebäude, die an den Einfluß der Berliner neoklassizistischen Architektur denken lassen. Eines davon ist das Madlener House, das 1901-02 von Richard E. Schmidt zusammen mit Hugh M. G. Garden gebaut wurde (Abb. 1, 2).[29] Schmidt (1865-1958) wurde in Ebern in Bayern geboren. Als er ein Jahr alt war, zog seine Familie nach Chicago (Kat. 87, 88). Er begann seine Architektenausbildung im Büro des in Deutschland geborenen und ausgebildeten Architekten Adolph A. Cudell (Tafel 27), besuchte den zweijährigen Architekturkurs am MIT und begann 1887 seine Berufslaufbahn in Chicago. Von 1890 bis 1895 arbeitete er mit Theodore O. Fraenkel zusammen, war danach allein tätig und gründete 1906 die Firma Schmidt, Garden and Martin (nach 1926 Schmidt, Garden and Erikson).

Das Madlener House ist im wesentlichen ein kompakter, einfacher Kubus, sehr ähnlich den streng kubischen Villen, die in den sechziger und siebziger Jahren von Schinkels Nachfolgern vielfach in Berlin gebaut oder entworfen wurden, wie etwa die Villa Schöne von Gropius und Schmieden 1874 (Abb. 15) oder August Hermann Spielbergs Entwurf einer Villa aus den frühen sechziger Jahren (Abb. 16).[30] Sowohl das Chicagoer Wohnhaus als auch die Berliner Bauten haben flache Dächer über einem vorspringenden Gesims, drei Stockwerke über einem Sockelgeschoß, einfach gerahmte Fenster und Türen sowie Attikageschosse mit einer Reihe kleiner Fenster zwischen zwei horizontalen Ornamentbändern. Durch Friese und Gesimse wurden die einzelnen Geschosse voneinander abgesetzt und die Fassaden gegliedert. Aufgrund der tatsächlich so großen formalen Ähnlichkeiten ist anzunehmen, daß Schmidt die Berliner Bauten kannte. Sicher ist, daß er deutschsprachige Publikationen über Architektur und Entwurfslehre studiert hat, womit er wahrscheinlich in seiner Lehrzeit bei Cudell begann. Laut Thomas E. Tallmadge kam Schmidt in Cudells Büro mit so wichtigen deutschen Werken wie *Die Tektonik der Hellenen* in Berührung, dem Hauptwerk von Karl Bötticher, dem führenden Theoretiker der Berliner Schule und glühenden Verfechter einer »tektonischen« Bauweise.[31]

Das Gesamtwerk von Schmidt, Garden and Martin behielt in den Jahren nach dem Ersten Weltkrieg nur selten die funktionalistischen Traditionen der Chicagoer und der Prairie-Schule bei. Ein Beispiel war die Fabrik der Bunte Brothers Candy Company, die 1920-21 am West Franklin Boulevard 3301 gebaut wurde (Abb. 17)[32] Die langen Flügel des Fabrikgebäudes wurden durch stark vorspringende Pfeiler gegliedert, die die Wandflächen, in die flache Fensteröffnungen eingeschnitten waren, flankierten; das Gebäude endete in einem Attikageschoß mit kleinen Fenstern. Obwohl kaum ein Grund zu der Annahme besteht, daß das Büro für diesen Entwurf ein Vorbild brauchte, ähnelt er deutschen, einige Jahre früher entstandenen Industriebauten wie zum Beispiel der AEG Hochspannungsfabrik von Peter Behrens aus

Abb. 12 Karl Friedrich Schinkel, Entwurf für das Kaufhaus Unter den Linden, Berlin, 1827; aus Carl von Lorck, Karl Friedrich Schinkel, *Berlin 1939*

Abb. 13 Treat and Foltz, Bäckerei der New York Biscuit Company, Randolph Street zwischen Morgan und Carpenter Street, 1890-91; aus Inland Architect and News Record *20, Okt. 1892*

Abb. 14 Schinkel, Bauakademie, Berlin, 1831-35 (zerstört); aus Sammlung architektonischer Entwürfe von Carl Friedrich Schinkel, *Berlin 1858*

Abb. 15 Gropius und Schmieden, Villa Schöne, Berlin, 1874 (zerstört); aus Börsch-Supan, Berliner Baukunst

dem Jahr 1910 (Abb. 18). Wesentlich deutlicher aber verweisen beide Gebäude wiederum auf Schinkels Lehreskadron und Militärgefängnis in Berlin von 1818 (Abb. 19) als Quelle solcher Entwurfsideen. Aber selbst wenn Schmidt tatsächlich mit den beiden deutschen Bauten vertraut gewesen wäre, könnte die Fabrik der Bunte Brothers Candy Company genauso in den funktionalistischen Traditionen der damals schon nicht mehr existierenden Prairie-Schule stehen.[33]

Auch das Chicagoer Architekturbüro Hill and Woltersdorf trug dazu bei, die ständige Verbindung zu architektonischen Entwicklungen in Deutschland aufrechtzuerhalten. Beide Partner waren deutscher Abstammung. Der Senior Henry W. Hill (1852-1924) war in Elmshorn in Holstein geboren und auf der Technischen Universität in Hamburg ausgebildet worden. 1872 ging er nach Chicago, arbeitete für mehrere Architekten und wurde 1875 Partner von James J. Egan. 1881 tat sich Hill mit Augustus Bauer, einem der ersten deutschen Architekten in Chicago (Abb. 20; Kat. 14), zusammen. Nach dessen Tod 1894 assoziierte er sich mit dem jungen Arthur F. Woltersdorf.[34] Woltersdorf (1870-1948) war in Chicago als Sohn vornehmer preußischer Eltern geboren (Kat. 97). Er begann seine Architektenausbildung in den Büros Bauer and Hill, Burnham and Root und besuchte anschließend den zweijährigen Architekturkurs am MIT. Danach bereiste er Europa und besuchte Vorlesungen an der Berliner Technischen Universität. Zwanzig Jahre lang, von 1894 bis 1914, arbeitete er mit Hill zusammen (Abb. 22), dann selbständig und von 1919 bis 1923 als Partner des Büros Woltersdorf and Bernhard (Abb. 21), bevor er sich wieder unabhängig machte.

Woltersdorf betrachtete sein Architekturbüro als eines der ältesten in Chicago, das seine Anfänge 1853, dem Gründungsjahr der Firma Carter and Bauer, nahm.[35] Er war ein ungewöhnlich produktiver Autor und publizierte seine Artikel über Architekturthemen in Zeitschriften und in den Chicagoer Tageszeitungen.[36] Am wichtigsten sind in unserem Zusammenhang seine unermüdlichen Anstrengungen, in seinen Artikeln der amerikanischen Öffentlichkeit die besten historischen und zeitgenössischen deutschen Bauwerke vorzustellen,[37] sowie seine Übersetzung zweier Artikel von Peter Behrens für den *American Architect.*[38] Woltersdorf war mit Behrens' Jahr-

Abb. 16 August Hermann Spielberg, Entwurf einer Villa, vor 1867; aus Börsch-Supan, Berliner Baukunst

Abb. 17 Schmidt, Garden and Martin, Fabrik der Bunte Brothers Candy Company, 3301 West Franklin Boulevard, 1920-21

Abb. 18 Peter Behrens, AEG Hochspannungsfabrik, Berlin, 1920; aus Julius Posener, Berlin auf dem Wege zu einer neuen Architektur, *München 1979*

hundertwende-Architektur durch seine häufigen und ausgedehnten Reisen in Deutschland vertraut und hinterließ uns Beschreibungen einiger Behrens-Bauten in Englisch und Deutsch.[39] Es kann sein, daß er den deutschen Baumeister persönlich gekannt hat; in jedem Fall aber glaubte er, daß Behrens' Schriften viele fundierte Ratschläge in bezug auf die moderne Architektur und Formgebung enthielten und daß solche Ratschläge in seinem eigenen Land dringend benötigt wurden. Aber sogar schon vor der Veröffentlichung dieser Artikel hatten Hill und Woltersdorf die Ideen von Behrens oft in ihren eigenen Schriften paraphrasiert, besonders solche zu Entwürfen für Fabriken und andere kommerzielle Bauten.[40] Das architektonische Werk von Hill and Woltersdorf, das viele Fabriken, Warenhäuser und Bürogebäude umfaßte, war deutlich den gleichen funktionalistischen Prinzipien verbunden, die sowohl die Prairie- und Chica-

Abb. 19 Schinkel, Lehreskadron und Militärgefängnis, Berlin, 1818; aus Paul Ortwin Rave, Karl Friedrich Schinkel, *Berlin 1981*

goer Schule als auch die jüngste Architektur in Deutschland, zu der das Œuvre von Behrens gehörte, inspiriert hatten. Diesen Gedanken legt selbst ein oberflächlicher Vergleich des Lagerhauses der Eastman Kodak Company in Chicago von 1905 (Abb. 23)[41] mit Arnold Vogts Fabrik der Ludwig Loewe AG in Berlin-Moabit von 1898 (Abb. 24) nahe.

Die im eigenen Land weithin übersehene Leistung der Chicagoer Schule war von den deutschen Vorkämpfern der Moderne in den zwanziger Jahren unseres Jahrhunderts nicht unbeachtet geblieben. Dies beweist das von Walter Gropius und Adolf Meyer (Tafel 93) für den ›Chicago Tribune‹-Wettbewerb eingereichte Projekt, das – wie auch der Entwurf von Max Taut (siehe Bruegmann, Abb. 11) – auf dem fortgeschrittensten Strukturalismus der Chicagoer Schule gründete und eine Vorahnung des Internationalismus der fünfziger Jahre gab.

Seit Mitte des 19. Jahrhunderts hielten die deutschen Architekten in Chicago für etwa hundert Jahre eine ständige Verbindung zur Architektur Deutschlands, die sie sorgfältig studierten und häufig für ihre eigenen Bauten zum Vorbild nahmen. Der Schwerpunkt dieses Aufsatzes lag auf dem Einfluß einer bestimmten architektonischen Hauptströmung – der Architektur Karl Friedrich Schinkels und der Berliner Schule – auf die Chicagoer Architektur. Die Lehre, die Chicago aus dieser besonderen Verbindung ziehen konnte, war eine zweifache: Das formale Vokabular der Berliner Schule – mit seiner klaren und rationalen Fassadenstruktur, die auf der Wiederholung gleicher Elemente und der visuellen Hervorhebung des konstruktiven Rasters beruhte – war beispielhaft für die Architektur der Chicagoer Geschäftsgebäude. Darüber hinaus konnten die Schlichtheit und kubische Geschlossenheit der Berliner Wohnhäuser in Chicago Bauten von erstaunlicher Modernität, wie das Madlener House (Abb. 1, 2), inspirieren. Diese Art von tektonischer Gestaltung war deshalb gut anwendbar, weil sie bemerkenswert frei von historischen Anspielungen (wie Schinkels Bauakademie und sein Kaufhausprojekt) war und sich so dem konstruktiven und funktionalen Rationalismus der Chicagoer Geschäftsbauarchitektur angleichen konnte.

Abb. 20 Bauer and Hill, Foreman and Kohn Building, 305 West Adams Street, 1886 (abgerissen)

Der Berliner Neoklassizismus beeinflußte die führenden Architekten der modernen Bewegung in Deutschland wie Peter Behrens und Ludwig Mies van der Rohe tiefgreifend. Beide beschäftigten sich intensiv mit der Architektur Schinkels und zogen daraus wertvolle Lehren für ihre Entwürfe. Aber auch die deutschen Architekten in Chicago studierten die Architektur Schinkels und seiner Nachfolger. So gaben sie zu einem Zeitpunkt beschränkter Austauschmöglichkeiten zwischen deutschen und amerikanischen Entwicklungen in der Architektur ihrer Stadt eine starke ›internationale‹ Komponente und ebneten den Weg für die begeisterte Übernahme des Internationalismus in der Mitte des 20. Jahrhunderts.

Übersetzung: Gabriele Schickel

Abb. 21 Woltersdorf and Bernhard, Driscoll's Danceland, Madison Street, 1915

Abb. 22 Hill and Woltersdorf, Erweiterungsbau zum Tree Studios Building (1894), State Street zwischen Ohio und Ontario Street, 1912-13

ANMERKUNGEN

1 Das Werk der deutschen Architekten in Chicago wurde erstmals in Roula M. Geraniotis, *German Architects in Nineteenth-Century Chicago*, Phil. Diss., University of Illinois, Urbana 1985, untersucht.
2 Als sorgfältige Studie zur Berliner Schule vgl. das ausgezeichnete Buch von Eva Börsch-Supan, *Berliner Baukunst nach Schinkel 1840-1870*, Studien zur Kunst des 19. Jahrhunderts, Bd. 25, München 1977.
3 Vgl. den Artikel ›German Immigration‹, *Land Owner* 4, Juli 1872, S. 111.
4 Darauf wurde von Gerhard Wohler in seinem Artikel ›Das Hochhaus im Wettbewerb der Chicago Tribune‹ hingewiesen in *Deutsche Bauzeitung* 58, 5. Juli 1924, S. 325-30 und 16. Juli 1924, S. 345-47.
5 Der wichtigste Bericht über Baumanns Erfahrungen in Ausbildung und Beruf ist der autobiographische Essay ›Life, Reminiscences and Notes of Frederick Baumann‹, der von ihm selbst verfaßt wurde. Peter B. Wight las ihn vor der Illinois Sektion des American Institute of Architects anläßlich der Enthüllung von Baumanns Porträt, das der Sektion von dem Maler Oskar Gross geschenkt wurde. Dieser Essay wurde publiziert in *Construction News* 41, 15. Januar 1916, S. 5-9. Vgl. auch Wights einleitende Bemerkungen, ›Frederick Baumann, America's Oldest Living Architect‹, in derselben Ausgabe.
6 Baumann (Anm. 5), S. 6-7.
7 Vgl. Friedrich Adler, ›Architectural Academy Building‹, gekürzte Übersetzung von Frederick Baumann, *American Builder and Journal of Art* 2, November 1869, S. 199-200. Zum deutschen Original siehe ders., ›Die Bauschule zu Berlin‹, *Zeitschrift für Bauwesen* 19, 1869, S. 469-75. Adler besuchte die Bauakademie 1848-50; 1861 wurde er dort Professor für Architekturgeschichte und 1866 zusätzlich Professor für Entwerfen. Es ist wahrscheinlich, daß Baumann Adler persönlich kannte, da er in den späten vierziger Jahren ebenfalls Architektur und Konstruktionslehre in Berlin studierte. Die Tatsache, daß Baumanns Übersetzung im gleichen Jahr wie die Festrede erschien, beweist, mit welcher Schnelligkeit die deutschen Veröffentlichungen Chicago erreichten.
8 Auch die ausgelassenen Teile der Rede sind interessant; sie enthielten u. a. eine Darstellung von Schinkels Interesse an der reichen Backsteinbautradition der Mark Brandenburg, der Heimat von Schinkel und Baumann.
9 Schinkels Bauakademie (damals ›Bauschule‹ genannt) wurde 1831-35 erbaut.
10 Adler (Anm. 7), S. 199.
11 Ibid.
12 Vgl. ›The Ashland Block‹, *Land Owner* 4, August 1872, S. 130.
13 Nach 1879 arbeitete Eduard Baumann alleine, obwohl er zeitweise mit dem in Deutschland geborenen und ausgebildeten Ingenieur William H. Lotz ein gemeinsames Büro betrieb. 1888 bot Baumann Harris W. Huehl, der in seinem Büro ausgebildet worden war, eine Partnerschaft an. Er starb jedoch im folgenden Jahr in Berlin, wohin er in der Hoffnung gereist war, seinen schlechten Gesundheitszustand verbessern zu können.
14 Zu diesem Gebäude vgl. *Land Owner* 6, Mai 1874, S. 74.
15 Man kann annehmen, daß Adler diese ›Berliner‹ Arbeit entworfen hat. Ein Hinweis darauf ist durch Adler selbst überliefert, der in seiner Autobiographie darüber klagt, daß ihn der Seniorpartner Burling nur allzu gerne mit Entwurfsaufgaben überlastete, eine Tatsache, die bei ihm starke Ressentiments hervorrief.
16 Vgl. *Land Owner* 6, August 1875, S. 120.
17 Die Granitfassaden von Alexander Parris in Boston wurden ebenfalls in Skelettbauweise errichtet; aber ihre Gesamtwirkung von Einfachheit und Zurückhaltung disqualifizierte sie für wichtige Geschäftsgebäude in der 2. Hälfte des 19. Jahrhunderts. Zu Parris vgl. Henry-Russell Hitchcock, *Architecture: Nineteenth and Twentieth Centuries,* Harmondsworth, England und New York 1977, S. 328.
18 Der Geschäftshaus-Palazzo wurde in den Vereinigten Staaten in den fünfziger Jahren populär und hatte für zwei Jahrzehnte Bestand. In Chicago war er auch durch die von Renaissance, Barock und der Romanik inspirierten Stilrichtungen sowie durch den Stil des Second Empire oder die Mansart-Mode vertreten. Chicagos deutsche Architekten fertigten Entwürfe in all den oben genannten Stilrichtungen an, scheinen aber im allgemeinen die einfache Rundbogen-Version bevorzugt zu haben, die häufig dem deutschen Rundbogenstil ähnlich war. Diese Studie beschäftigt sich vorwiegend mit einem bestimmten Bautypus, dem ›tektonischen‹ oder Architravbau, der in Chicago in den siebziger Jahren aufkam und in der Chicagoer Schule weiter verwendet wurde.
19 1890 assoziierte sich Huehl mit Richard G. Schmid (1863-1937), dem Sohn eines der ersten deutschen Architekten in Chicago, Robert Schmid. Vgl. ›Harris William Huehl. Huehl and Schmid, Architects‹, *Construction News* 19, 11. Februar 1905, S. 98; Nachruf in *Western Architects* 28, Juni 1919, S. 57; und *Who's Who in Chicago and Illinois*, Chicago 1905-50, passim.
20 Zum Zeitpunkt seiner Vollendung war die Handelskammer strukturell eines der fortschrittlichsten Gebäude in Chicago; in der Qualität der Verarbeitung und Gestaltung kamen ihm nur wenige andere Gebäude gleich. Seine Konstruktion, die die Umgestaltung nach dem Brand und seine Umwandlung in einen Wolkenkratzer auf neuen Fundamenten mit einschloß, war eine ingenieur-technische Meisterleistung. Zu diesem Gebäude vgl. ›The Chamber of Commerce Building: a Noted Structure almost Completed and Ready for Occupancy‹, *Economist* 3, 8. März 1890, S. 266; ›Chicago Heightening Old Buildings‹, *American Architect* 29, 20. September 1890, S. 185; *Building Budget* 6, Juni 1890, S. 74; *Industrial Chicago,* Bd. 1, Chicago 1891, S. 197-204; Carl W. Condit, *The Chicago School of Architecture: A History of Commercial and Public Building in the Chicago Area 1875-1925,* Chicago 1964, S. 87; und ders., *American Building Art: The Nineteenth Century*, New York 1969, S. 58-59.
21 Foltz war Mitglied des A.I.A. Vgl. ›Fritz Foltz, Architect, Chicago‹, *Construction News* 22, 28. Juli 1906, S. 67 und *Who's Who in Chicago* (Anm. 19), passim.
22 Zu diesem Gebäude, das noch heute an der Randolph Street zwischen Morgan und Carpenter Street steht, vgl. *Economist* 4, 13. Dezember 1890, S. 480 ff. und *Inland Architect* 17, April 1891, S. 39.
23 Vgl. Roula M. Geraniotis, ›The University of Illinois and German Architectural Education‹, *Journal of Architectural Education* 38, Sommer 1985, S. 15-21.
24 In seiner maschinenschriftlichen Biographie ›The Story of a Life‹, Urbana Ill. 1922, S. 14, faßte Ricker seine Erfahrung folgendermaßen zusammen: »Das wichtigste Vorhaben des jungen Mannes war es, deutsche Lehrmethoden und den Arbeitsapparat zu studieren, besonders die Bibliothek der Akademie, die sich als sehr umfangreich und nützlich erwies, da sie die besten Standardwerke der Architektur und Kunst enthielt: ... die knappe Zeit wurde vollständig in der Bibliothek und in der Stadt beim Studium deutscher Konstruktions- und Gestaltungsmethoden verbracht, sowie bei der Besichtigung der wichti-

Abb. 23 Hill and Woltersdorf, Lagerhaus der Eastman Kodak Company, Nordostecke Indiana Avenue und 18th Street, 1905; aus Architectural Record *19, Mai 1906*

Abb. 24 Arnold Vogt, Fabrik der Ludwig Loewe AG, Berlin-Moabit, 1898; aus Posener, Berlin . . . Architektur

geren historischen Denkmale, einschließlich eines Ausflugs nach Potsdam.«

25 Wie er selbst berichtete, »war das Ergebnis der Europareise ein fundiertes Wissen über das deutsche Ausbildungssystem... mit strengen Prüfungen und einem festgelegten Studienplan für Architektur... Weiter eine genaue Kenntnis der Architektur- und Kunstbücher, die später, bei der Einrichtung der Architekturbibliothek, von großem Wert war.« Vgl. ›The Story of a Life‹ (Anm. 24), S. 23.

26 Vgl. Rudolf Redtenbacher, *Die Architektonik der modernen Baukunst,* Berlin 1884; sowie Heinrich Wagner, Josef Bühlmann und August Thiersch, *Die architektonische Composition,* Bd. 1 von *Entwerfen, Anlage und Einrichtung der Gebäude,* Teil 4 des *Handbuchs der Architektur,* 2. Aufl. Darmstadt 1893. Ricker nahm 1884 als ›The Architectonics of Modern Architecture‹ die vollständige Übersetzung vor. 1888 bereitete er unter dem Titel ›The Esthetics of Modern Architecture‹ nochmals eine gekürzte Übersetzung vor, die ebenfalls für die Studenten bestimmt war. Die Übersetzung ›Architectural Composition‹ entstand im Jahre 1900.

27 Auszugsweise veröffentlicht in Turpin C. Bannister, ›Pioneering in Architectural Education; Recalling the First Collegiate Graduate in Architecture in the U.S.A. – Nathan Clifford Ricker‹, *Journal of the AIA* 20, August 1953, S. 78.

28 Siehe Peter Blake, *The Master Builders*, New York 1966, S. 217-18.

29 Zu diesem Gebäude, das noch am West Burton Place 4 steht, siehe Russell Sturgis, ›The Madlener House in Chicago‹, *Architectural Record* 17, Juni 1905, S. 491-98.

30 Solche Bauten realisierten ›tektonische‹ Gestaltung in ihrer reinsten Form; siehe Börsch-Supan (Anm. 2), S. 101 ff.

31 Siehe Thomas E. Tallmadge, *Architecture in Old Chicago*, Chicago 1941, S. 118. Zu Bötticher siehe Börsch-Supan (Anm. 2), S. 556-58.

32 Zur Beschreibung des Gebäudes siehe Condit, *Chicago School* (Anm. 20), S. 194-95.

33 Der anfängliche Erfolg der Prairie Schule fand während des Ersten Weltkriegs sein Ende.

34 Hill war Mitglied des A.I.A. Siehe *Industrial Chicago* (Anm. 20), Bd. 1, S. 601; *Who's Who in Chicago* (Anm. 19), passim; und Arthur F. Woltersdorf, ›Henry William Hill‹, *Journal of the AIA* 12, April 1924, S. 206.

35 Woltersdorf behauptete dies bei mehreren Gelegenheiten. Robert C. McLean wiederholte diese Behauptung in seinem Artikel ›Some Works of Woltersdorf and Bernhard‹, *Western Architect* 31, Juli 1922, S. 87-89, den er in Zusammenarbeit mit Woltersdorf geschrieben zu haben scheint. Es ist interessant festzustellen, daß den deutschen Architekten in Chicago allmählich die historische Kontinuität der deutschen Bevölkerung in der Stadt bewußt wurde. Wolterdorf interessierte sich stark für die Auswirkungen deutscher Architektur auf sein Land und schrieb 1933 die Abhandlung ›German Influences in the Architecture of the United States‹, die sich jetzt in der Burnham Library of Architecture des Art Institute of Chicago befindet. Diese offensichtlich zur Veröffentlichung vorgesehene Abhandlung enthält kurze biographische Informationen über einige deutsche Architekten in Chicago.

36 Er war auch der Herausgeber des Buches *Living Architecture,* Chicago 1930, zu dem er den Essay ›Chicago Theater Building in Retrospect‹ beitrug.

37 Diese schlossen Artikel über die zeitgenössische deutsche Architektur mit ein, wie z.B. ›Theater Planning – Here and There‹, *American Architect* 132, 20. August 1927, S. 211-16 und ›Sakralbau‹, *Western Architect* 37, September 1928, S. 185; oder Artikel über historische deutsche Architektur, wie ›Concerning North German Brick Architecture‹, *American Architect* 130, 20. Dezember 1926, S. 471-84; und ›Patrician Houses of Old North Germany‹, *Western Architect* 36, März 1927, S. 32-38.

38 Peter Behrens, ›Administration Buildings for Industrial Plants‹, übersetzt von Arthur F. Woltersdorf, *American Architect* 128, 26. August 1925, S. 167-74, und ders., ›Seeking Aesthetic Worth in Industrial Buildings‹, übersetzt von Arthur F. Woltersdorf, *American Architect* 128, 5. Dezember 1925, S. 475-79.

39 Diese befinden sich in der Burnham Library of Architecture des Art Institute of Chicago.

40 Siehe (Henry W.) Hill und (Arthur F.) Woltersdorf, ›Utilitarian Structures and Their Architectural Treatment‹, *American Architect* 96, 10. November 1909, S. 183-85, und Arthur F. Woltersdorf, ›An Expression on the Design of Factory and Warehouse Buildings‹, *American Architect* 99, 14. Juni 1911, S. 237-38.

41 Zum Eastman Kodak Building siehe Russell Sturgis, ›Factories and Warehouses‹, *Architectural Record* 19, Mai 1915, S. 469-76.

Joan E. Draper

Paris am See – Die Quellen von Burnhams ›Plan of Chicago‹

Im Februar 1897 wandte sich D. H. Burnham an die Ausschußmitglieder des Chicagoer South Park Board und schlug ihnen ein Projekt vor, »das Chicago so verschönern wird, daß es sogar Paris überbietet«.[1] Zwölf Jahre sollten vergehen, bis er sein Konzept vollendete, das seinen großen Traum umriß: den *Plan of Chicago*. Was als relativ bescheidene Idee begonnen hatte – eine langgestreckte Parkanlage entlang dem Michigansee vom Stadtzentrum bis zum Weltausstellungsgelände im Süden der Stadt –, war an Umfang und Ehrgeiz enorm gewachsen (Tafeln 70, 71). Burnhams gemeinsam mit Edward H. Bennett entwickelter, 1909 eingereichter Plan sah die Umgestaltung der chaotischen, wildwuchernden Großstadt in eine Metropole von Weltrang vor, die ebenso groß und bedeutend wie jede europäische Großstadt war. Die Architekten, die mit ihren Geldgebern vom Chicagoer Commercial Club arbeiteten, schlugen eine Reihe zusammenhängender öffentlicher Bauprojekte vor, die dem dringenden Bedarf an neuen Parkanlagen und Gebäuden (Abb. 1), an verbesserten Bahn- und Hafeneinrichtungen und einem einheitlichen Straßennetz gerecht werden sollten.

Schon ein flüchtiger Blick auf die Entwürfe und Dokumente zeigt, wie sehr dieser Plan von europäischen Vorstellungen inspiriert war. Burnham und seine Mitarbeiter eiferten Paris und anderen Städten der Alten Welt nach, als sie ihre ideale Zukunftsvorstellung von Chicago zu Papier brachten. Traditionelle ästhetische Formen und Ideale prägten die moderne urbane Umwelt. Chicago sollte ein »Paris by the Lake«, ein Paris am See werden, wie man in den Zeitungen lesen konnte. Dennoch besaß die neue Stadt, die der Plan in Worten und Bildern beschrieb, ein ganz deutlich amerikanisches Gefüge. Diese Mischung aus Altem und Neuem, aus Importiertem und Heimischem mutete so manchen Architekturhistoriker widersprüchlich oder paradox an.

Carl Condit zum Beispiel hob Burnhams Weitblick, was die motorisierte Verkehrsentwicklung und regionale Ausdehnung anging, lobend hervor, kritisierte aber seine Symmetrie und hierarchische Anordnung als »überlebende Symbole mathematischer Harmonien, die der göttlichen Ordnung unterworfen sind, einem Kosmos, an den der Mensch seit dem 19. Jahrhundert aufgehört hat zu glauben«.[2] Der Chicago-Plan stellt in Condits Augen einen Übergang von der Rennaissance-Barock-Planung zur Stadt unserer Tage dar. Diese Interpretation trägt jedoch wenig dazu bei, die rhetorische Funktion des Plans in seiner Entstehungszeit zu beleuchten; dasselbe gilt auch für die Kritik an Burnhams Historizismus, den Thomas Hines als »geistige und intellektuelle Trägheit« und »Mangel an Mut« abtut.[3] Eine solche Haltung schließt jede ernsthafte Auseinandersetzung mit Natur und Zweck der europäischen Wurzeln des Chicago-Plans aus. Wenn wir aber modernistische Vorurteile und spätere Planungskonzepte außer acht lassen, so schwinden die scheinbaren Widersprüche und Paradoxien. Dann sehen wir deutlich, daß der Plan die Mythen über Chicagos Schicksal und seine Einheit,

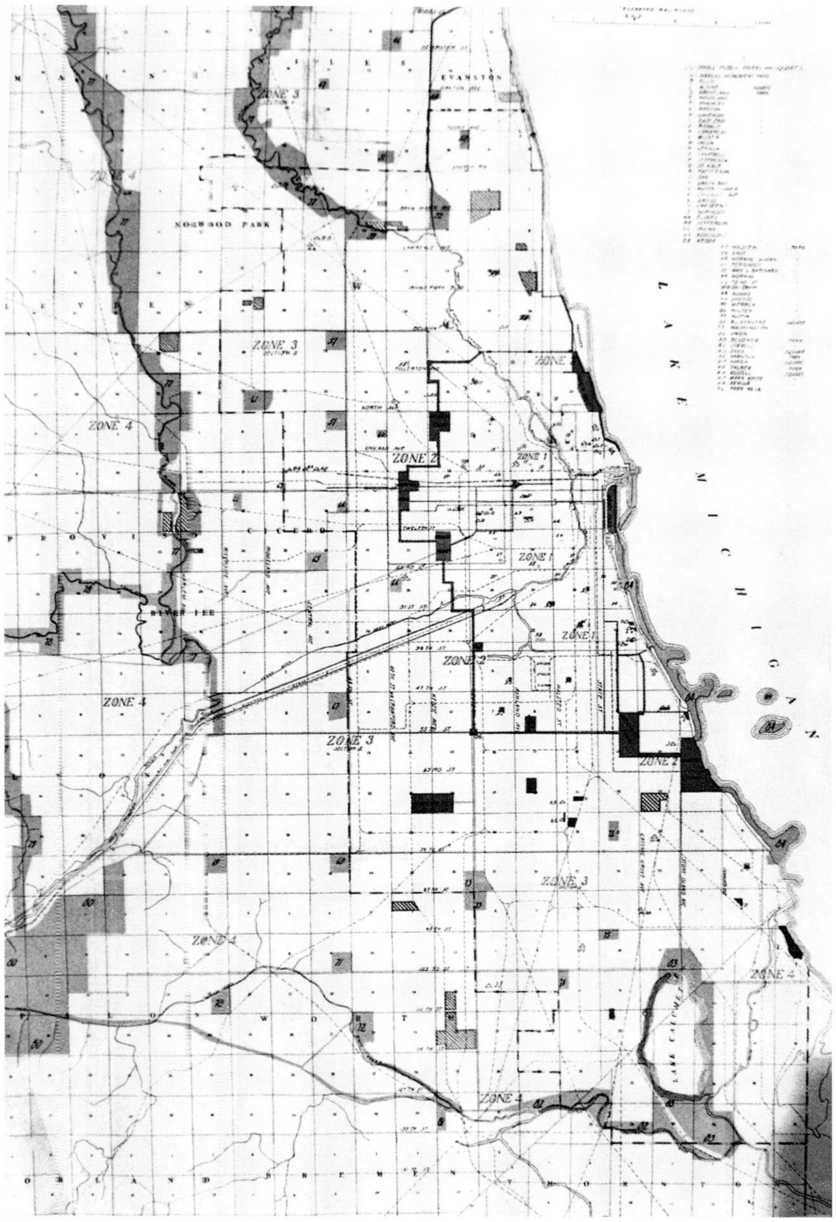

Abb. 1 Fernand Janin für Daniel H. Burnham und Edward H. Bennett, Entwurf für den Civic Center Square (Ausschnitt), 1908; aus Plan of Chicago, *Chicago 1909, Tafel 139 (siehe Abb. 8)*

Abb. 2 Dwight Heald Perkins, Entwurf eines großstädtischen Parksystems für Chicago, 1904

die in der früheren Werbeliteratur zu finden sind, in eine kosmopolitische Sprache umgestaltet. Wie eine utopische Fiktion konstruierte der Plan ein Ideal auf dem Reißbrett, um neue Erfahrungen an alte Interpretationen anzupassen.[4]

Der Chicago-Plan war eine Antwort auf die allseits anerkannte Notwendigkeit, Chicagos physische Umwelt gründlich zu überholen. Es versteht sich von selbst, daß eine solche Umgestaltung einer koordinierten Konzeption und erheblicher Finanzmittel bedurfte. Die spezifischen Ursprünge des Plans gehen direkt auf die Chicagoer Weltausstellung von 1893 zurück, die der Leitung von Burnham und führenden Geschäftsleuten unterstand. Doch Burnham war kein ›Einzelkämpfer‹. Zwischen 1890 und 1909 waren aus der Feder besorgter Privatpersonen und Vertreter verschiedener Behörden ganze Berge von Planungsdokumenten entstanden, wenn auch anfangs ohne nennenswerte Ergebnisse. Diese Studien und Projekte befaßten sich mit fast jedem denkbaren Aspekt von Chicagos physischer Umwelt.

Im Jahre 1901 zum Beispiel veröffentlichte die City Homes Association einen Bericht über die Wohnbedingungen in Chicago. 1902 beauftragte das Committee on Local Transportation des City Council den technischen Berater Bion J. Arnold, der die elektrische Eisenbahn für die Weltausstellungsanlage entworfen und gebaut hatte, eine von zahlreichen Studien über Chicagos Massentransportprobleme anzufertigen.[5] 1904 entwarf der Architekt Dwight Perkins, der während der Ausstellungsjahre für Burnham gearbeitet hatte, einen Plan für ein großstädtisches Parksystem, das die ehrgeizigen Erweiterungsprojekte für Chicagos Parkdistrikte der letzten zehn Jahre verband (Abb. 2).[6] Im selben Jahr erschienen Studien zur Straßenpflasterung und zur Zusammenlegung von Eisenbahnterminals.[7] 1909 schließlich gab die Chicago Harbor Commission einen Bericht über die Hafenentwicklung heraus, der den Höhepunkt der schon zwei Jahrzehnte andauernden Diskussion über die Sanierung der unzulänglichen Hafeneinrichtungen bildete.[8] Andere Initiativen wollten so gut wie alles reformieren – angefangen bei der Kanalisation bis hin zur öffentlichen Kunst.

Der Plan von 1909 griff bei weitem nicht all diese Vorschläge und Zukunftsträume auf. Auch hob er sich in Aufmachung, Tonart und Absicht deutlich von diesen früheren Gestaltungsplänen ab. Es war ein visionäres und kein technisches Dokument, das eher die Öffentlichkeit als den Spezialisten ansprechen wollte. Es konzentrierte sich nicht auf eine einzelne urbane Funktion, sondern hatte mehr das Gesamte im Auge, auch wenn es nur den öffentlichen Bereich der Stadt betraf und alle Elemente ausklammerte, die damals in privater Hand waren, wie Wohnungsbau und städtisches Verkehrswesen. Eines der Planziele war, die Chicagoer dahin zu bringen, in groben Zügen ein methodisches Konzept von Vorschlägen zu entwerfen. Diese öffentlichen Projekte – zum Beispiel neue Straßen und Brücken – sollten nicht nur den städtischen Organismus effizienter gestalten, sondern vor allem auch eine ästhetische und soziale Einheit fördern. Sie dienten zugleich funktionalen und symbolischen Zwecken, und in der Sprache der Jahrhundertwende waren die hier verwendeten Metaphern eher biologisch als kosmisch.

Der Burnham-Plan war ein Architektenplan und unterschied sich somit von den Bemühungen der zeitgenössischen Ingenieure, Landschaftsarchitekten, Anwälte, Journalisten und Gesellschaftsreformer. So verschieden diese Projekte aber auch waren, stellten sie doch insgesamt die ›Städteplanung‹ der Jahrhundertwende in den Vereinigten Staaten dar.[9] Burnham, Bennett und andere Architekten beherrschten diese Aspekte der frühen Planungsbewegung sehr wohl: ihre Werte und Methoden spiegeln sich in ihren Plänen wider. Der architektonische Charakter des Chicago-Plans wird in mehrerlei Hinsicht deutlich. Wie andere City-Beautiful-Pläne jener Zeit umriß er mehr die physische Umwelt als die Vorgänge, mit denen die Behörden den Städtebau kontrollieren konnten. Lediglich im letzten Kapitel, einer pragmatischen Analyse der rechtlichen Aspekte des Chicago-Plans, wird die Einrichtung einer beratenden Planungskommission und eine Erhöhung der städtischen Finanzierungsmittel (u. a. Heraufsetzung der Schuldenhöchstgrenze) gefordert.[10] Ein Lauftext im Hauptteil des Berichts macht den Leser auf den ökonomischen, sozialen und ideellen Nutzen der vorgesehenen Verbesserungen aufmerksam. Die eigentliche Wirkung des Plans aber geht von seiner Illustrierung aus – 164 Seiten mit 142 Tafeln, einschließlich Karten, Photos und Zeichnungen; 61 der Zeichnungen waren speziell für den Plan konzipiert, viele darunter als große kolorierte perspektivische Ansichten, die ganz offensichtlich für Ausstellungs- und Publikationszwecke entworfen waren (Abb. 4; Kat. 231).[11] Darüber hinaus war der Originalband, mit dem der Plan der Öffentlichkeit präsentiert wurde, besonders schön ausgestaltet und gedruckt, und die Zeichnungen waren im lithographischen Verfahren sehr sorgfältig reproduziert worden.

Dies war ein Planen in der Bildersprache. Burnham und seine Mitarbeiter wußten, daß sie ihre Ideen nur dann verwirklichen konnten, wenn es ihnen gelang, die Öffentlichkeit zu mobilisieren. Dazu erklärte der Anwalt Walter Fisher in seinem Kapitel über Rechtsfragen:

»Im Gegensatz zu vielen europäischen Ländern ist die Regierungsgewalt der Vereinigten Staaten in schriftlichen Verfassungen definiert, die die Nachahmung von einigen drastischen Projekten und willkürlichen, wenn auch wirkungsvollen Methoden europäischer Städteplanung zweifellos verhindern würden.«[12]

Da einschneidende rechtliche und administrative Reformen nicht zu erwarten waren, kam es vor allem auf Publizität und Überzeugungskraft des Plans an. Deshalb mußte sein Inhalt leicht verständlich und seine Aufmachung graphisch sein.

Diese Einsicht verdankte Burnham dem New Yorker Architekten Charles McKim, mit dem er 1901 an

dem Senate-Park-Commission-Projekt für Washington zusammengearbeitet hatte. Charles Moore, Burnhams Biograph, erklärte dazu:

»Mit Plänen und Zeichnungen, [hatte McKim] gemeint, kann der Laie gar nichts und der Fachmann auch nicht viel mehr anfangen. Will man überzeugen, müssen Zeichnungen anschaulich dargestellt werden. Und für diese Aufgabe waren auch die besten Illustratoren des Landes nicht gut genug.«[13]

Dem Washingtoner Beispiel folgend wurden die Zeichnungen des Chicago-Plans von Experten ausgeführt und 1909 im Chicago Art Institute ausgestellt. Noch im selben Jahr ernannte der Bürgermeister die Chicago Plan Commission, die während der folgenden drei Jahrzehnte gewissenhaft und erfolgreich an der Ausführung des Plans arbeitete.[14]

Burnham hinterließ der 323 Mitglieder umfassenden Kommission – statt detaillierter Entwürfe spezifischer Boulevards, Gebäude und Parks – »ein edles und logisches Schaubild«[15] für das zukünftige Chicago. Sein Talent bestand darin, die großen Zusammenhänge zu sehen und Experten-Teams zu mobilisieren, deren Fähigkeiten seine eigenen ergänzten. Sein Chicago-Plan von 1909 basierte vor allem auf Erfahrungen aus früheren Projekten. Überhaupt war mehr die Erfahrung sein Lehrmeister als eine akademische Ausbildung, die ihm gänzlich fehlte.[16] Seine

Abb. 3 Entwicklungsplan aus der Vogelperspektive für Washington, D.C.; aus Report of the Senate Committee on the District of Columbia..., *Washington, D.C. 1903*

Abb. 4 Jules Guérin für Daniel H. Burnham und Edward H. Bennett, Ansicht der geplanten Bahnhofsanlage auf der Westseite des Flusses, 1908 (Kat. 231)

Abb. 5 Cassien-Bernard und Gaston Clément Cousin, Pont Alexandre III, Paris, 1896-1900

Abb. 6 Edward H. Bennett mit Thomas G. Pihlfeldt und Hugh E. Young, Ingenieure, Michigan-Avenue-Brücke, 1912-20

Abb. 7 Edward H. Bennett, Pylon, Grant Park, um 1915-27

Kenntnisse im Bereich der Planung beruhten auf einem blitzschnellen, intuitiven Erfassen von Organisationsstrukturen und der fachlichen Qualifikation seiner Kollegen. Als Chefarchitekt der Weltausstellung von 1893 hatte er bereits sein außergewöhnliches Organisationstalent unter Beweis gestellt und die ordnende Kraft des Klassizismus für ein größeres Ensemble erkannt. Burnham hatte kosmopolitische Architekten von der Ostküste wie McKim und Richard Morris Hunt sowie seinen Mitarbeiter Charles Atwood mit spezifischen Entwurfsaufgaben betraut. Ihre geschickte Verwendung klassizistischer Elemente trug maßgebend zur allseits bewunderten Einheitlichkeit und Harmonie der Ausstellung bei. Für die ausgewogene Gesamtwirkung zeichnete vor allem auch Frederick Law Olmsted verantwortlich.[17] Es war dies Burnhams erstes gemeinsames Projekt mit dem großen Landschaftsarchitekten. Nach dessen Tod entwarf er mit seinen Söhnen Parkpläne für Washington und Chicago.

Nach dem Tod seines Partners John Wellborn Root im Januar 1891 gab Burnham seinem Büro eine neue, hierarchisch konzipierte Struktur. Es wurde zu einem der größten und erfolgreichsten im ganzen Land und ermöglichte es seinem Leiter, in die ersten Ränge der Chicagoer Geschäftselite aufzurücken und Stadtpläne unentgeltlich zu entwerfen. Um die großen Aufträge auszuführen, die ihm Reichtum und Ruhm einbrachten, umgab sich Burnham mit jungen Partnern und Entwerfern, die in der Sprache des akademischen Klassizismus bewandert waren. Wie viele andere Architekturmagnaten jener Tage holte er sich Ecole-des-Beaux-Arts-Absolventen.[18]

Noch vor 1909 unternahm Burnham vier Reisen nach Europa, um die Stätten und Bauten zu sehen, die seine jüngeren Mitarbeiter schon seit ihrer Ausbildungszeit kannten. Sein lehrreichster Besuch war sicherlich der von 1901. In Begleitung von McKim, Frederick Law Olmsted jr. und Charles Moore machte er eine intensive siebenwöchige Studienreise durch die Hauptstädte des modernen Europa. Ihre Absicht war, einen Plan für Washington vorzubereiten, der dem Plan von L'Enfant aus dem Jahre 1791 ebenbürtig war (Abb. 3).[19]

Der Senate Park Commission Plan fand so großen Anklang, daß Burnhams Sachkenntnis bald im ganzen Land gefragt war. 1903 engagierte er den jungen Edward H. Bennett, der ihm bei verschiedenen Planungsaufträgen assistieren sollte. Bennett, ein gebürtiger Engländer, hatte 1901 die Ecole des Beaux-Arts abgeschlossen und begann nach einer Reise durch Europa für George B. Post in New York zu arbeiten. Für das Chicagoer Büro wurde er von Peirce Ander-

Abb. 8
Fernand Janin für Daniel H. Burnham und Edward H. Bennett, Entwurf für den Civic Center Square, 1908; aus Plan of Chicago, *Tafel 139*

son, einem Freund aus der Pariser Zeit und Burnhams erstem Beaux-Arts-Mann, angeworben. Als ›Lehrstück‹ unterstützte er Burnham bei seinem West Point Military Academy Wettbewerbsbeitrag und entwarf, in Zusammenarbeit mit Olmsteds Büro, eine Reihe neuer Volksparks für Chicago. 1904 und 1905, während Burnham auf den Philippinen Pläne für Manila und Baguio vorbereitete, überwachte Bennett die Ausführung des San-Francisco-Plans. Als im September 1906 der Chicago-Plan ernsthaft in Angriff genommen wurde, beaufsichtigte Bennett die Tätigkeit eines separaten Büros im Penthouse des 18. Stockwerks im Railway Exchange Building, in dem Burnhams Firma damals untergebracht war (S. 456, Abb. 18). In diesen schwindelerregenden Höhen mit Blick auf das Chicagoer Seeufer überwachte er die Arbeiten der Entwurfszeichner und die Datensammlung von Projekten rund um den Erdball.

Nach der Veröffentlichung des *Plan of Chicago* im Jahre 1909 und als sich Burnhams Gesundheitszustand merklich verschlechterte, entwickelte Bennett sein eigenes Unternehmen. Er beriet Dutzende von öffentlichen und privaten Kunden überall in den Vereinigten Staaten (siehe Kat. 238) und Kanada und übernahm die Funktion als beratender Architekt bei der Chicago Plan Commission. Mehr als zwanzig Jahre lang verteidigte und vervollständigte er den Plan, entwarf Verschönerungen für Brücken und Parks und nahm an Verhandlungen der Kommission teil, um dafür zu sorgen, daß die verschiedenen öffentlichen und privaten Unternehmen nach den festgelegten Richtlinien bauten. Obwohl Bennett als einer der Begründer der amerikanischen Städteplanung galt, ging er in seinem Denken nicht weit über die Prinzipien und Praktiken hinaus, die unter Burnhams Schirmherrschaft entwickelt worden waren. Er betrachtete die Stadt weiter als einen wachsenden Organismus, dem der berufsmäßige Planer eine perfekte, wenn auch im wesentlichen statische Ordnung geben konnte. Als kompetenter, aber wenig origineller Architekt ließ er sich immer wieder von französischen Vorbildern inspirieren. Aus seiner Beaux-Arts-Ausbildung (siehe Kat. 39) und dem Eindruck der Pariser Weltausstellung von 1900 (Abb. 5) schöpfte er den Reichtum an Details, mit denen er den Burnham-Plan in den Jahren nach 1909 ausschmückte.[20] Seine Entwürfe der Michigan-Avenue-Brücke (1912-20; Abb. 6; siehe auch Kat. 237) und der Pylonen, Säulen und Balustraden im Grant Park (1915- ca. 1930; Abb. 7) sind wie viele Detailskizzen des Chicago-Plans selbst in Beaux-Arts-Manier konzipiert.

Bennett war nicht der einzige in Paris Ausgebildete, der an dem Originaldokument arbeitete. Zur Ausführung von elf der kolorierten perspektivischen Zeichnungen hatte Burnham nämlich Jules Guérin, einen der Künstler des Washington-Plans, engagiert. Trotz seines französischen Namens war Guérin Amerikaner. Er hatte an der Ecole des Beaux-Arts Malerei studiert und sich um die Jahrhundertwende als Illustrator, Zeichner und Maler in New York einen Namen gemacht. Guérin fertigte keine eigentlichen Entwürfe für den Chicago-Plan an, seine originellen impressionistischen Ansichten aber bringen Leben in Burnhams großen Plan, verleihen ihm »die Zauberkraft, der Menschen Gemüt zu bewegen« (Tafel 73). Robert Bruegmann bemerkte dazu: »Guérins Technik war optimal geeignet, den Eindruck großer Einheiten zu vermitteln.«[21]

Sehr viel konventioneller sind die Zeichnungen von Fernand Janin, ebenfalls ein Beaux-Arts-Absolvent, der aus Paris geholt wurde, um das Civic Center für den Plan zu entwerfen (Tafeln 74, 75). Janin, der seine Architektenausbildung 1898 begonnen hatte, war ein brillanter Schüler des wohl bedeutendsten

Abb. 9

Meisters der Ecole des Beaux-Arts, Victor Laloux. Janin hatte sich in seiner Studienzeit mit Bennett angefreundet. 1905 wurde der junge Franzose mit dem ›Premier Second Grand Prix‹ ausgezeichnet.[22] Sein ›Château-d'eau‹-Projekt hatte zwar nichts mit Städteplanung zu tun, sicherlich aber kannte Janin die

Abb. 10

Grand-Prix-Entwürfe für ›Une place publique‹ von Léon Jaussely, Jean-Frédéric Wielhorsky und Henri-Paul-Emile Joulie. Der gewaltige von Janin entworfene Komplex mit fünf Verwaltungsgebäuden an der Kreuzung von Congress und Halsted Street in Chicago (Abb. 1, 8) verband Entwurfselemente von Jaussely (erster Preis; Abb. 9) und den beiden mit einem zweiten Preis dotierten Projekten von Wielhorsky, der ebenfalls in Laloux' Klasse war, und Joulie (Abb. 10). Außerdem ist die mit einer Kuppel gekrönte City Hall, die Chicagos Brennpunkt werden sollte, eine schwülstige Ausarbeitung von Laloux' Kathedralen-Entwurf (Abb. 11), mit dem er 1878 den Grand Prix gewonnen hatte und der seinerseits eine Synthese des Panthéon in Paris und des Petersdoms in Rom war.[23]

Von allen vorgeschlagenen öffentlichen Bauten des Chicago-Plans war dieser der artifiziellste. Im Gegensatz zu vielen anderen Elementen des Plans stand ein Civic Center an der West Side, jenseits des Chicago River, nicht auf dem offiziellen Programm der Kommission. Praktisch gesehen war es auch gar nicht erforderlich. Während Burnham und sein Team den Plan vorbereiteten, entstanden neue Verwaltungsgebäude in Downtown Chicago: zum Beispiel das County Building (1907) und die City Hall (1911; siehe Klotz, Abb. 6), beide von Holabird and Roche. Ein paar Blocks weiter erhob sich das 1905 erbaute Post Office (später Federal Building genannt) von Henry Ives Cobb (Abb. 12, 13). Der Bau eines Civic Center stand seit 1900 zur Debatte, wobei am häufigsten der Grant Park am Seeufer als Standort erwähnt wurde. Nach einer Explosion im Jahre 1905 mußten City Hall und County Building ersetzt werden, und Bürgermeister Edward F. Dunne – unterstützt von West-Side-Bewohnern und Ratsherren – schlug den Union Park als neuen Standort für die City Hall vor, knapp drei Kilometer vom Courthouse Square, dem ursprünglichen Gelände entfernt. Bei den Ratsherren der North Side und South Side jedoch stieß sein Vorschlag auf heftigen Widerstand. Sie verfochten die Meinung, daß es weit günstiger wäre, mit modernen Baumethoden einen neuen Komplex von ausreichender Größe wieder am Courthouse Square zu errichten. Der Bürgermeister gab seine Zustimmung, und die neuen Stahlskelettkonstruktionen entstanden an ihrem alten Standort.[24]

Das im Chicago-Plan vorgesehene Civic Center besaß mehr symbolischen als praktischen Wert. Die Autoren des Plans erklärten, daß es »am Rückgrat des städtischen Körpers« und im »Gravitationszentrum« eines organisch verbundenen Netzes vorhandener und vorgeschlagener Verkehrsadern liege.[25] Dieser monumentale architektonische Komplex, ganz gleich welche Gestalt er letztlich annehmen würde, gelte als ein Ideal sozialer Harmonie und würde eine städtische Einheit fördern, hieß es. Große öffentliche Gebäude

»versinnbildlichen die Beständigkeit der Stadt, sie überliefern ihre Geschichte und geben ihrem Sinnen und Trachten Ausdruck. Eine solche Gruppe von Gebäuden,

Abb. 9 Léon Jaussely, Plan für ›Une place publique‹, Grand Prix de Rome, 1903; aus Les Grands Prix de Rome d'Architecture, *1906*

Abb. 10 Henri-Paul-Emile Joulie, Plan für ›Une place publique‹, Grand Prix de Rome, 1903; aus Les Grands Prix de Rome, *1906*

Abb. 11 Victor Laloux, Aufriß einer Kathedrale, Grand Prix de Rome, 1878; aus Les Grands Prix de Rome, *1891*

Abb. 12 Henry Ives Cobb, Kuppel des Federal Building, Dearborn Street zwischen Adams und Jackson Street, während der Bauarbeiten

Abb. 13 Cobb, Federal Building, 1905

86 PLAN OF CHICAGO

provide. If in certain sections buildings for light manufactures abut upon these thoroughfares, the working people will then enjoy a maximum of fresh air and light; and so will work with greatest effectiveness. The boulevard also affords appropriate sites for statues and fountains, and all other forms of adornment pleasing to the eye, making attractive the city. The smaller parks may well be adjacent to the boulevards, or may be expansions of them, thus providing for larger playgrounds, for places of assembly, and for displays of plants and flowers, and rare and beautiful trees, which appeal to the almost universal love of nature. The principle governing the grouping of boulevards and avenues is the establishment of through connection, so that one thoroughfare shall lead into another, and that circulation shall be everywhere promoted but never impeded.

XCII. PARIS. THE AVENUE DU BOIS DE BOULOGNE, LOOKING TOWARDS THE ARC DE TRIOMPHE.

Along the curved avenues and the diagonals the architectural design should avoid the building up of the thoroughfare structure by structure, each one following the whim of its owner or the struggle for novelty on the part of its architect. Without attempting to secure formality, or to insist on uniformity of design on a large scale, there should be a constant display of teamwork, so to speak, on the part of the architects. The former days when each architect strove to build his cornice higher or more elaborate than the adjoining cornice are giving place, happily, to the saner idea of accepting existing conditions when a reasonable line has been established. There is as

XCIII. PARIS. THE TUILERIES GARDENS, AND CHAMPS ÉLYSÉES BEYOND, FORMING THE MAIN AXIS OF THE CITY.

Abb. 14 Plan of Chicago, *S. 86*

die Chicago besitzen sollte und könnte, würde der Stadt für alle Zeiten Ruhm und Ehre zuteil werden lassen. Sie wäre für Chicago, was die Akropolis für Athen ist, das Forum Romanum für Rom und der Markusplatz für Venedig – die Verkörperung städtischen Lebens.«[26]

Diese Idee war natürlich nicht in Chicago geboren worden. Schon vor der Jahrhundertwende hatten sich Reformer im ganzen Land für die ›civic renaissance‹, die städtische Wiederbelebung, stark gemacht.[27] Die meisten Civic Centers dieser City-Beautiful-Ära brachten Rathäuser mit gewaltigen Kuppeln hervor, flankiert von symmetrischen Reihen einheitlicher klassizistischer Gebäude, in denen andere Verwaltungsbüros sowie Bibliotheken, Museen und Auditorien untergebracht waren. Ähnlich wie in Chicago aber wurden die meisten dieser Civic-Center-Projekte (zum Beispiel in Seattle und St. Louis) gar nicht verwirklicht. Und selbst die wenigen realisierten Projekte, wie in San Francisco, blieben nichts als vielversprechende Symbole einer sozialen Ordnung, die noch gar nicht existierte. Entsprechend den Reformprogrammen hatten die Architekten diese Embleme des Gemeinschaftslebens als »Korrektive« für die Schwächung der sozialen Struktur und die »Aufsplitterung der Menschen in selbstsüchtige Gruppierungen« entworfen. Sie betrachteten solche Civic-Center-Beispiele als wirkende Kräfte der Demokratie und als Gegenmittel für die Probleme, die aus Massenimmigration und dem Kampf zwischen Unternehmertum und Arbeiterschaft entstanden waren. Diese schönen und monumentalen Komplexe von öffentlichen Gebäuden würden auf der einen Seite die Bonzen aus ihren Bezirken zwingen und auf der anderen Seite Bürgerstolz in den Herzen der Massen wachrufen – so sagten sie.

Daß die Formen, die diese Architekten in den Entwürfen der Civic Centers bevorzugten, aus der ›despotischen Alten Welt‹ stammten, schien sie nicht im geringsten zu stören. Sie lehnten den symbolischen Eklektizismus der pittoresken Stile des 19. Jahrhunderts ab und versuchten eine amerikanische neoklassizistische Tradition neu zu schaffen, die ihrer Welt angepaßt war. In den Kirchen und Palästen des Europa der Renaissance sahen sie den Ausdruck von Ordnung, Harmonie und Stabilität – Wertvorstellungen, die sie mit den Politikern und Geschäftsleuten teilten, die oft ihre Kunden waren.[28]

Auch Burnham und Bennett waren dieser Ansicht. Für sie war Paris das ideale Modell urbaner – sowohl ästhetischer als auch funktionaler – Ordnung. Im *Plan of Chicago* heißt es dazu:

»Die Städteplanung, die die Stadt als ein organisches Ganzes betrachtet und die ihre verschiedenen Einheiten im Hinblick auf ihre Beziehungen untereinander entwikkelt, stammt aus dem Paris der Bourbonen-Zeit. Von allen großen Städten hat Paris die höchste Entwicklungsstufe erreicht, und aus der Methode, wie sie erlangt wurde, können alle anderen Städte Lehren ziehen.«[29]

Die Franzosen hatten die Straßen in ihrer Hauptstadt ihrer Zeit voraus geplant. Ihre öffentlichen und halböffentlichen Gebäude waren mit passenden Zufahrtsstraßen versehen. Darüber hinaus waren sich die Franzosen bewußt, daß »die Annehmlichkeit und Schönheit von Paris großen Gewinn an Geld und ästhetischer Befriedigung bringen«.[30] Burnham hatte vor allem diesen letzten Punkt hervorgehoben, um den Chicagoer Geschäftsleuten seine Idee zu verkaufen. In einer Ansprache vor dem Merchant's Club im April 1897 erklärte er:

»Sie alle wissen, daß unsere wohlhabenden Mitbürger dazu neigen, viel Zeit und Geld andernorts zu verschwenden... Wir reisen nach Kairo, Athen, Paris, Wien und an die Riviera, weil das Leben zu Hause weniger angenehm ist als an solchen in Mode gekommenen Orten... Niemand hat je die Millionen gezählt, die in Chicago verdient und anderswo ausgegeben werden, doch die Summe muß schwindelerregend sein.«[31]

Dieses Argument wurde auf der letzten Seite des Plans wiederholt. Burnham hob Kaiser Napoleon III. und Baron Georges-Eugène Haussmann lobend hervor, die Paris zu einem Tourismus- und Geschäftszentrum gemacht hatten: »Das Werk, das Haussmann für Paris vollbracht hat, entspricht der Arbeit, die für Chicago geleistet werden muß.«[32]

Abb. 15 Rue de Rivoli, Paris; aus Auguste Vitu, Paris. 450 dessins inédits d'après nature, *1889*

In Anbetracht dieser Worte Burnhams ist es nicht verwunderlich, daß keine andere Stadt den Plan mehr geprägt hat als Paris. Von 43 Stadtplänen, Photos und Zeichnungen verschiedener lobenswerter Aspekte europäischer Städte sind vierzehn von Paris (Abb. 14) und fünf von anderen Teilen Frankreichs. Wien dagegen erscheint nur fünfmal, London viermal, Rom viermal und Berlin dreimal. Die einzigen abgebildeten amerikanischen Städte sind diejenigen, die von Burnham selbst neu geplant wurden – Washington, Cleveland und San Francisco. Andere kürzlich erfolgte Stadtsanierungen wurden in zwei Absätzen des Textes zusammengefaßt.

Der Plan als ganzer zeugt nicht unbedingt von einer grundlegenden Kenntnis der zeitgenössischen – amerikanischen oder europäischen – Planungspraktiken und -theorien. Anleihen und Verweise – selbst die auf Frankreich – sind selektiv und mehr von vorgefaßten Meinungen als von systematischen Untersuchungen bestimmt. Zur Vorbereitung des Plans hatte Burnham umfangreiche Daten über Chicago und andere amerikanische und europäische Städte gesammelt. Mit Unterstützung des Außenministeriums forderte er Material von amerikanischen Botschaftern und Konsulen im Ausland an. Er erhielt Stadtpläne aus Amsterdam, Berlin, Brüssel, Budapest, London, Madrid, Moskau, Paris, Petersburg, Rom und Wien.

Besonders groß war die Anzahl von Dokumenten aus Paris, darunter Panoramaansichten, Stiche von kunstvollen Straßenlaternen, Karten, Bücher und ein speziell verfaßter Bericht über ›Die Enteignungen in Frankreich‹ von Georges Barbey. Zu den übersandten Büchern zählten Auguste Vitus *Paris. 450 dessins inédits d'après nature* (Abb. 15), Paul Joannes *Paris* und eine Ausgabe des *Atlas municipal des vingt arrondissements de la Ville de Paris.* Offensichtlich kamen nicht alle angeforderten Dokumente tatsächlich in Chicago an, noch waren alle entgegengenommenen Dokumente angefordert worden.[33] Ein Großteil des Materials bestand aus Illustrationen; einige davon wurden im *Plan of Chicago* abgedruckt. Betrachtet man das Bildmaterial von europäischen Vorbildern, das aus anderen Quellen stammte, und die verschiedenen Verweise und Fußnoten in dem Dokument, so wird deutlich, daß die Autoren sich auf ein Arbeitsmaterial bezogen, das leicht erhältlich war und Schlußfolgerungen bekräftigte, die sie schon vorher gezogen hatten. Größtenteils bezieht sich der Text auf Bücher und Zeitschriften, die man in der Bibliothek eines jeden belesenen Architekten hätte finden können. Dazu zählten zum Beispiel Lancianis *Antikes Rom* und drei Artikel über Paris und Napoleon III., die in den Zeitschriften *Architectural Record, Atlantic Monthly* und *Century Magazine* erschienen waren.[34]

Eine Ausnahme ist Eugène Hénards *Etudes sur les transformations de Paris,* ein Plan zur Modernisierung von Straßenverkehr, Plätzen und Grünflächen, der in acht Folgen zwischen 1903 und 1906 veröffentlicht wurde.[35] Mit diesem Plan wollte der französische Architekt das Werk Haussmanns auf den neuesten Stand bringen. Seine Prinzipien des Wagenverkehrs spiegeln sich im Chicago-Plan wider. Entsprechend seinem allgemeinen Verkehrsdiagramm (Abb. 16) empfahlen Burnham und Bennett konzentrische Verkehrsadern und zusätzliche diagonale Straßen, die einerseits bis ins Herz von Chicago und andererseits

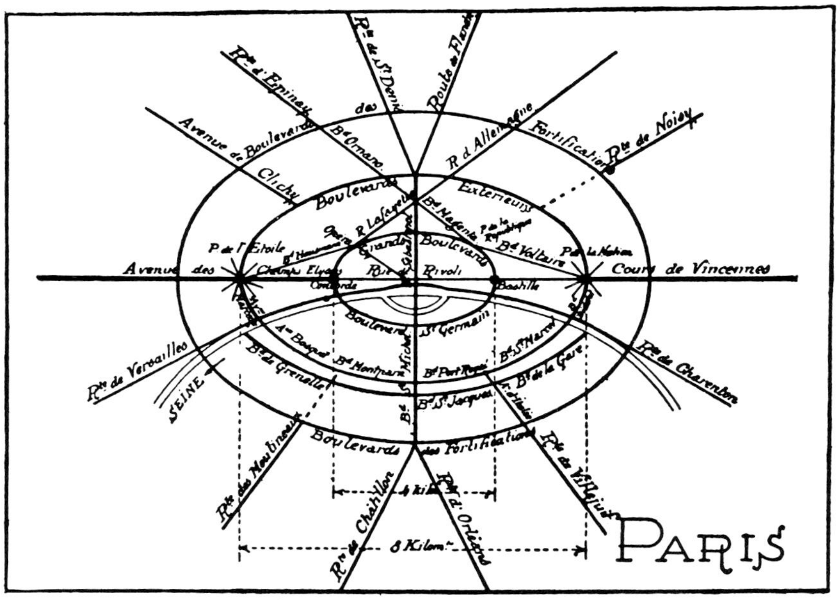

Abb. 16 Eugène Hénard, Theoretisches Diagramm der Straßen von Paris, aus Etudes sur les transformations de Paris, *1905; in* Plan of Chicago, *Tafel 97*

weit in die Außenbezirke (Abb. 17) dringen sollten, ähnlich wie es Hénard für die französische Metropole vorgeschlagen hatte.

In Anbetracht von Burnhams Vorliebe für monumentale öffentliche Gebäude, Parks und Transportsysteme überrascht es nicht, daß Planungsbemühungen in Großbritannien und den deutschsprachigen Ländern im Chicago-Plan kaum berücksichtigt wurden. Weder Burnham noch Bennett kannten diese Planungsaktivitäten aus erster Hand, bis auf das, was sie als Tourist und Student beobachtet hatten.[36] Sie fanden historische Beispiele in Großbritannien, Deutschland und Österreich sachdienlicher als die zeitgenössischen. Ihre Auseinandersetzung mit London zum Beispiel beschränkt sich auf drei Punkte: Die großzügige Ausstattung mit öffentlichen Parks, oftmals ehemalige königliche Jagdreviere, sollte im zukünftigen Chicago noch übertroffen werden; die Tatsache, daß man versäumt hatte, nach dem großen Feuer von London Christopher Wrens Sanierungsplan von 1666 auszuführen, hatte spätere Generationen allein im Straßenbau Millionen gekostet – eine wertvolle Lektion für Chicago; und schließlich würde auch der Londoner Wohnungsbau für die Armen eines Tages von Chicago nachgeahmt werden müssen, »es sei denn, die Angelegenheit würde sofort in Angriff genommen«.[37]

Außer der dringend geforderten Durchsetzung von Bauvorschriften bietet der Plan keine Lösungsvorschläge für Wohnungsbauprobleme, da der Commercial Club glaubte, daß sie außerhalb seines Aufgabenbereiches lägen. Das Gartenstadt-Konzept, Englands wichtigster Beitrag zur modernen Planungstheorie, wird nicht einmal im historischen Überblick erwähnt. Maßnahmen zur Dezentralisierung und Grundstück-Gemeinnützigkeit, so wie sie von Ebenezer Howard und der Garden City Association verfochten wurden, widersprachen den Grundprinzipien der Urheber des Chicago-Plans. Sie gingen vielmehr von einer kontinuierlichen Ausdehnung der City aus, getragen von einem energischen Unternehmertum – eine Planung, die das Profitstreben eher förderte als bremste.

Auch Deutschland und Österreich werden im Plan nur kurz abgehandelt. Dresdens Zwinger, Wiens Ringstraße und Berlins ›Museumsinsel‹ – alle drei auf Photos abgebildet – veranschaulichen hübsche Gruppierungen öffentlicher Bauten um Plätze und Gärten in Stadtzentren. Karten von Parksystemen in Berlin und Wien wurden nach einer Abhandlung Berliner Architekten von 1907 reproduziert, die sich für eine Regionalplanung starkmachten; im Text des Chicago-Plans finden sich jedoch keine Anzeichen dafür, daß seine Urheber diese Veröffentlichung gelesen hatten. Statt dessen weisen sie lediglich auf die Bedeutung der Städteplanung in Deutschland und die Kontroversen über gerade oder krumme Straßen hin.[38] Sicher wußten Burnham und Bennett von den strengen deutschen Bebauungsvorschriften und der Macht städtischer Planungsbürokratie. Mehrere englisch-sprachige Autoren hatten die deutsche Städteplanung gelobt, wenn auch die Begeisterung für die deutschen Methoden erst zwischen 1910 und 1914 ihren Höhepunkt fand. Übersetzungen von Aufsätzen deutscher Städteplaner und -theoretiker waren in Fachzeitschriften veröffentlicht worden – einer darunter, von Joseph Stubben, war ursprünglich für den Internationalen Ingenieurkongreß der Weltausstellung von 1893 vorgesehen gewesen.[39]

Hätten die Architekten die deutsche Städteplanung sorgfältiger studieren wollen, so hätten sie sich nur an einen Chicagoer Experten zu wenden brauchen. George Hooker, Schriftführer des Chicago City Club seit seiner Gründung 1903, war oft nach Europa gereist und hatte zahlreiche Berichte über Gemeindeangelegenheiten im In- und Ausland verfaßt. Seine Bibliothek enthielt unter anderem zahlreiche internationale Planungsdokumente. Hooker wurde 1909 als Gründungsmitglied in die Chicago-Plan-Kommission berufen; bis dahin beschränkte sich sein Beitrag auf Gutachten zur Zusammenlegung von Chicagos Eisenbahnterminals.[40] Für die Urheber des Plans schien nur seine Sachkenntnis zu lokalen Verkehrsfragen zweckdienlich gewesen zu sein.

Tatsächlich zeugt jedes Kapitel des *Plan of Chicago* von sorgfältigen Recherchen der örtlichen Bedingungen; man war ganz offensichtlich bemüht, die Entwürfe auf den Daten aufzubauen, die von Burnhams Mitarbeitern und Commercial-Club-Mitgliedern wie Hooker über Chicago gesammelt worden waren. Er enthielt auch spezifische Projekte von Fachleuten, die bereits verschiedene Aspekte der Stadtentwicklung eingehend studiert hatten – allerdings nur solche Projekte, die die vorgefaßten Meinungen von Burnham und seinen Sponsoren bekräftigten. Anderes übergeht der Chicago-Plan völlig, zum Beispiel den Bericht der Chicago Harbor Commission vom März 1909, obwohl Frederic A. Delano und Charles H. Wacker, zwei aktive Commercial-Club-Mitglieder, auch der Hafenkommission angehörten. Der Bericht dringt auf eine koordinierte Sanierung des Seeufers zwischen Jackson Park und der Einmündung des

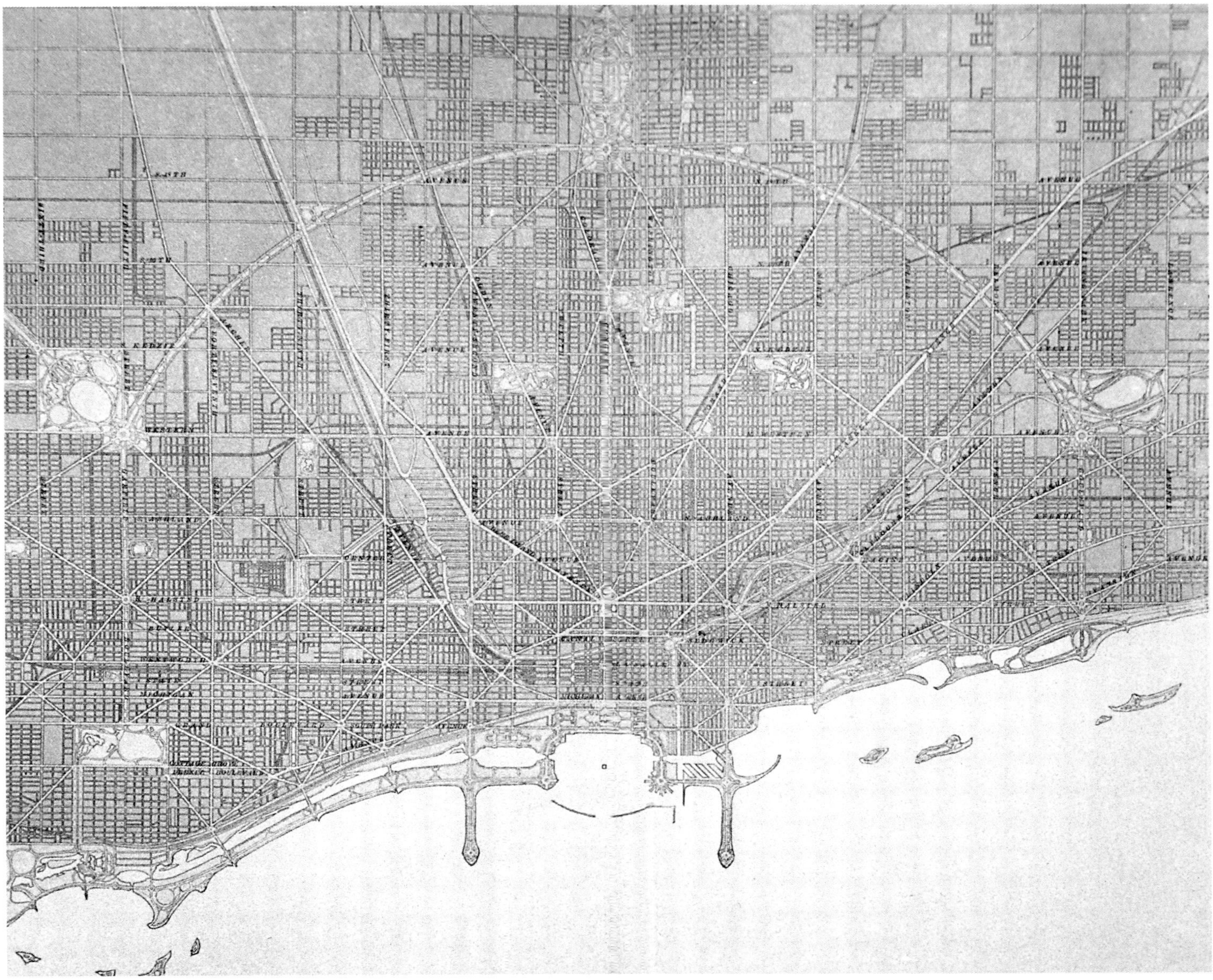

Abb. 17 Plan eines umfassenden Straßenverkehrssystems; aus Plan of Chicago, *Tafel 85*

Chicago River und fordert neue Parkanlagen sowie einen Handelshafen. Dabei erkennt er stillschweigend den Konflikt zwischen Park- und Hafeninteressen an.[41] Der Commercial Club für seinen Teil »muß bereit sein, einen Plan vorzulegen, um die Argumente der anderen zunichte zu machen«, drängte Wacker seine Kollegen bei einer Club-Versammlung 1908.[42]

Genau das tat ihr Plan. Er ging über Burnhams erste Skizze hinaus (Kat. 212) und sah eine 37 Kilometer lange Parkanlage entlang dem Lake Michigan vor, unterbrochen von zwei kleinen Piers, die jeweils in der Nähe der Mündungen des Chicago und Calumet River in den See führten. Im Grant Park, dem Kernstück des Parkstreifens, planten Burnham und Bennett ein Kulturzentrum, das genau auf der Achse des vorgeschlagenen Civic Center im Westen lag. Dieses Kulturzentrum umfaßte landschaftlich gestaltete Gärten und ein von einer Kuppel gekröntes Gebäude für das Field Museum of Natural History, flankiert von ausgewogenen klassizistischen Bauten, die die John Crerar Library und das Art Institute beherbergen sollten. Dieses neue Field-Museum-Projekt war eine Nachbildung des Fine Arts Building der Weltausstellung von 1893, in dem die Sammlungen bis dahin untergebracht waren. Die Gesamtkomposition enthielt wesentliche Merkmale des Grant-Park-Plans, den die Brüder Olmsted 1903 der South Park Commission vorgelegt hatten.[43] Noch entscheidender als diese Einzelheiten aber war die Art und Weise, wie der Uferstreifen in nördlicher Richtung bis zum Vorort Evanston und darüber hinaus erweitert werden sollte (Abb. 18). Seit den späten achtziger Jahren des letzten Jahrhunderts kämpften der Lincoln Park District (zuständig für den nördlichen Teil von Chicago) und eine Bürgerinitiative von Evanston, der auch Burnham angehörte, für eine durchgehende Kette von Ufer-Parks auf aufgeschüttetem Land und eine ebenfalls durchgehende Promenade von Downtown-Chicago bis hin zu den nördlichen Vororten.[44] Die Bemühungen dieser Bürgerkomitees waren nur teilweise von Erfolg gekrönt, doch schon in den neunziger Jahren war Chicagos nördlicher Uferstreifen mit

Abb. 18 Blick auf Chicagos Uferstreifen nach Norden, Sept. 1941

einer geschützten Lagune, Bade- und Bootshäusern und einer Strandstraße versehen. Hier war im kleinen verwirklicht worden, was Burnham im großen Rahmen in seinen verschiedenen zwischen 1896 und 1908 entworfenen Plänen am Südufer realisieren wollte.

Chicagos Seeufer war und ist einzigartig. Für Burnhams Uferplanung lieferten weder Paris noch irgendeine andere Stadt Vorbilder. Vor allem in dieser Hinsicht folgt der Chicago-Plan dem Diktum des Architekten: »Die Planung einer jeden Stadt hat sich an ihren ganz individuellen Gegebenheiten auszurichten.«[45] An anderer Stelle des Plans heißt es:

»Chicago besitzt zwei beherrschende natürliche Merkmale: die Weite des Michigansees... und ein entsprechendes Festland, das sich ohne Hügel und nennenswerte Erhebungen in nördlicher, westlicher und südlicher Richtung erstreckt. Diese beiden Merkmale, keines davon mit den Sinnen erfaßbar, geben den Maßstab.«[46]

Diese Merkmale also und der Geschäftscharakter der Stadt bestimmten auch den Charakter der Planung.

Das von Burnham vorgestellte Bild eines »Paris am See« glich der französischen Hauptstadt lediglich in ihrer Gesamtkonzeption und in einigen Details. Dieses vereinheitlichte organische Muster nach Haussmann und Hénard war, so glaubte Burnham, wesentlich für Wachstum und Fortschritt jeder modernen Weltstadt. Die Einzelheiten, die übrigens nie als vollkommen gedacht waren, sollten lediglich das für Chicago erhoffte Niveau städtischer Schönheit und Annehmlichkeit veranschaulichen (Tafel 76). Die einzelnen Elemente der so geplanten und verschönerten Stadt – die Parks, das Seeufer, der Fluß, das Eisenbahn- und Straßennetz – waren sui generis. Und die Größe der vorgeschlagenen Unternehmungen bestätigten nur den Glauben der ›Windy City‹ an ihr Schicksal. »Chicago wird noch im Laufe unseres Lebensalters größer werden als irgendeine andere Stadt«, kündigte der Plan an.[47] Während früher urbane Größe und Bedeutung noch in Zahlen gemessen wurden und als Ergebnis individueller Bemühungen galten, sprach Burnhams *Plan of Chicago* bereits von städtebaulicher Einheit und von öffentlichen Gebäuden und Kunstdenkmälern, die nicht nur in Chicago, sondern in der ganzen Welt anzuerkennen waren.

Übersetzung: Bettina Runge

ANMERKUNGEN

Die Recherchen zu diesem Artikel wurden von der Graham Foundation for Advanced Studies in the Fine Arts und vom College of Environmental Design, University of Colorado, Boulder, unterstützt. Beiden Institutionen gilt mein Dank.

1 *Chicago Tribune,* 11. Februar 1897.

2 Carl W. Condit, *Chicago, 1910-29: Building, Planning, and Urban Technology,* Chicago 1973, S. 65.

3 Thomas S. Hines, *Burnham of Chicago: Architect and Planner,* New York 1974, S. 368.

4 Vgl. John James Pauly, ›The City Builders: Chicago Businessmen and their Changing Ethos, 1871-1909‹, Diss. University of Illinois, Urbana, Illinois 1979, S. VII-XV, 223-44; und Carl S. Smith, *Chicago and the Literary Imagination,* Chicago 1984, S. 149-51.

5 Bion J. Arnold, *Report on the Engineering and Operating Features of the Chicago Transportation Problem.* 1902 dem Commitee on Local Transportation of the City Council of the City of Chicago vorgelegt, New York 1905.

6 Chicago, Special Park Commission, *Report of the Special Park Commission to the City Council... of Chicago on the Subject of a Metropolitan Park System.* Von Dwight H. Perkins zusammengestellter Bericht, Chicago 1904.

7 Vgl. John W. Alvord, *A Report to... the Commercial Club of the Street Paving Problem in Chicago,* Chicago 1904; und Frederic A. Delano, *Chicago Railway Terminals: a Suggested Solution for the Terminal Problem,* Chicago 1904. Alvord war Ingenieur und überwachte die Kanalisation für die Weltausstellung von 1893. Delano gehörte dem Commercial Club und dem Chicago Plan Commission Executive Committee an.

8 Chicago Harbor Commission, *Report to the Mayor and Aldermen of the City of Chicago by the Chicago Harbor Commission,* Chicago 1909. Vgl. auch Harold M. Mayer, *The Port of Chicago and the St. Lawrence Seaway,* Chicago 1957.

9 Zur frühen Geschichte der Städteplanung in den USA vgl. Mel Scott, *American City Planning since 1890,* Berkeley 1971; Giorgio Ciucci et al., *The American City from the Civil War to the New Deal,* Cambridge, Mass. 1979; und *Introduction to Planning History in the United States,* Donald A. Krueckeberg (Hrsg.), New Brunswick, N.J. 1983.

10 Daniel H. Burnham und Edward H. Bennett, *Plan of Chicago,* Charles Moore (Hrsg.), Chicago 1909, S. 127-56. Das Kapitel ist von Walter L. Fisher, Anwalt und langjähriger Städtereformer in Chicago.

11 Robert Bruegmann, ›Burnham, Guérin and the City as Image‹, John Zukowsky, Sally Chappell und Robert Bruegmann, *The Plan of Chicago: 1909-1979,* Chicago1979, S. 16-28.

12 Burnham und Bennett (Anm. 10), S. 156.

13 Charles Moore, *Daniel H. Burnham: Architect, Planner of Cities,* Boston 1921, Bd. 1, S. 165. Vgl. auch Senate Committee on the District of Columbia and Park Commission, *The Improvement of the Park System of the District of Columbia,* 57. Kongr., 1. Sitzg., 1902, Bericht 166.

14 Thomas J. Schlereth, ›Burnham's *Plan* and Moody's Manual: City Planning as Progressive Reform‹, *The American Planner: Biographies and Recollections,* Donald A. Krueckeberg (Hrsg.), New York 1983, S. 75-99.

15 Moore (Anm. 13), Bd. 2, S. 147. Der Satz ist Teil der häufig zitierten Bemerkung, die Moore Burnham zuschrieb; tatsächlich aber hat Burnham ihn in dieser Form nie ausgesprochen:

»Macht keine kleinen Pläne; ihnen fehlt die Zauberkraft, der Menschen Gemüt zu bewegen, und sie werden wahrscheinlich nie ausgeführt. Macht große Pläne; steckt euch hohe Ziele und vergeßt dabei nicht, daß ein edles Projekt, sobald es aufgezeichnet ist, nie sterben wird und daß es lange, nachdem wir von hinnen gegangen sind, noch lebendig sein und sich mit immer größerem Nachdruck durchsetzen wird. Denkt daran, daß unsere Söhne und Enkel Dinge tun werden, die uns den Atem verschlagen würden. Laßt euer Schlagwort Ordnung und euren Leitstern Schönheit sein.«

16 Hines (Anm. 3), S. 3-16.

17 David F. Burg, *Chicago's White City of 1893,* Lexington, Kentucky 1976, S. 75-100; Hines (Anm. 3), S. 73-124.

18 Bernhard Michael Boyle, ›Architectural Practice in America, 1865-1965 – Ideal and Reality‹, *The Architect: Chapters in the History of the Profession,* Spiro Kostof (Hrsg.), New York 1977, S. 315-16.

19 Moore (Anm. 13), Bd. 1, S. 117-38, 141-72; Bd. 2, S. 1-2, 29-44.

20 Joan E. Draper, *Edward H. Bennett: Architect and City Planner, 1874-1954,* Chicago 1982, S. 7-42.

21 Bruegmann (Anm. 11) S. 17-24.

22 Nachdem er von Chicago nach Paris zurückgekehrt war, wurde Janin 1910 mit dem Grand Prix de Rome ausgezeichnet. Vgl. Donald Drew Egbert, *The Beaux-Arts Tradition in French Architecture,* Princeton, N.J. 1980, S. 72, 191-92, Tafel 25; E. Delaire, *Les Architectes élèves de l'Ecole des Beaux-Arts,* 2. Aufl., Paris 1907, S. 300.

23 *Ecole nationale supérieure des beaux-arts: les concours du grand prix de Rome,* Paris o. J., Bd. 2, Teil 2, Tafel 188; Bd. 2, Teil 3, Tafeln 499, 505.

24 *Chicago Record Herald,* 25., 26. April, 18., 23. Mai, 1. Juli 1905.

25 Burnham und Bennett (Anm. 10), S. 113, 115.

26 Ibid., S. 117.

27 Vgl. ›Public Art in American Cities‹, *Municipal Affairs* 2, März 1898, S. 8; John DeWitt Warner, ›Civic Centers‹, *Municipal Affairs* 6, März 1902, S. 1-21; George Howe, zitiert in ›Municipal Art‹, *Architectural Record* 23, 1908, S. 238-39.

28 Die Zitate sind von J. C. Phelps Stokes, ›Advantages to be Gained by Appropriate Groupings‹, *The Grouping of Public Buildings,* Frederick L. Ford (Hrsg.), Municipal Art Society Bulletin 2, Hartford, Conn. 1904. Siehe auch Joan Elaine Draper, ›The San Francisco Civic Center: Architecture, Planning and Politics‹, Diss. University of California, Berkeley 1979, S. 1-55.

29 Burnham und Bennett (Anm. 10), S. 14.

30 Ibid., S. 18, 80, 91.

31 Moore (Anm. 13), Bd. 2, S. 101.

32 Burnham und Bennett (Anm. 10), S. 18.

33 August Vitu, *Paris: 450 dessins inédits d'après nature,* Paris ca. 1890; Paul Joanne, *Paris,* Paris 1897 und weitere Ausgaben; *Atlas municipal des vingt arrondissements de la Ville de Paris,* Paris 1910 und weitere Ausgaben. Korrespondenz bezüglich Anforderungen von europäischem Material u. a.: Burnham an Huntington Wilson, 5. Februar 1907; Burnham an Elihu Root, 15. Juli 1907; John Ball Osborn an Bennett, 7. April 1908; Frank Mason an Bennett, 21. Juli 1908; Frank Mason an Elihu Root (Kopie), 8. Mai 1907; Edward H. Bennett Papers, Burnham Library, The Art Institute of Chicago. Burnham erhielt auch Information und Fotos von seinem Sohn Hubert, der zu der Zeit in Paris studierte

34 Rudolfo Amadeo Lanciani, *Ancient Rome in Light of Recent Discoveries,* Boston 1888; Dr. Barry E. O'Meara, ›Talks with Napoleon‹, *Century Magazine,* neue Serie 37, 1890, S. 611-33, 778-93, 860-70; Edward R. Smith, ›Baron Haussmann and the Topographical Transformation of Paris under Napoleon III‹, *Architectural Record* 22, 1907, S. 121-33, 227-38, 36[illegible]-85, 490-606; Stoddard Dewey, ›The Year in France: French Finance‹, *Atlantic Monthly* 102, August 1908, S. 232-42.

35 Eugène Hénard, *Etudes sur les transformations de Paris,* 8 Faszikel, Paris 1903-1906. Vgl. auch Peter M. Wolf, *Eugène Hénard and the Beginnings of Urbanism in Paris 1900-1904,* Den Haag 1968.

36 Bennett verließ sein Vaterhaus in Bristol, England, bereits im Alter von 16 Jahren. Zwischen 1897-99 arbeitete er in den Semesterferien der Ecole des Beaux-Arts bei einem Londoner Architekten.

37 Burnham und Bennett (Anm. 10), S. 21-22, 48, 109.

38 Ibid., S. 20-21, 45-46, 113-15; Vereinigung Berliner Architekten und dem Architektenverein zu Berlin, *Anregung zur Erlangung eines Grundplanes für die städtebauliche Entwicklung von Groß-Berlin,* Berlin 1907.

39 Joseph Stubben, ›Practical and Aesthetic Principles for the Laying out of Cities‹ *Transactions of the American Society of Civil Engineers* 29, 1893, S. 718-36. Zu amerikanischem und englischem Interesse an deutscher Planung siehe George R. Collins und Christiane Crasemann Collins, *Camillo Sitte and the Birth of Modern City Planning,* New York 1965, S. 85-102; und John Robert Mullin, ›American Perceptions of German City Planning at the Turn of the Century‹, *Urbanism Past and Present* 3, 1976-77, S. 5-15.

40 Hooker an Burnham, 27. Oktober 1906 und 30. November 1906, Bennett Papers (Anm. 33). Siehe z. B. George Hooker, ›The German Municipal Movement‹, *Chicago Record Herald,* 30. Januar 1904. Hooker, ein Hull-House-Bewohner, kannte Camillo Sitte und beabsichtigte, sein *Der Städtebau,* Wien 1889, zu übersetzen. Scheinbar hinderten ihn seine Aktivitäten in Chicago daran. Seine Sammlung gebundener Artikel und Broschüren zu allen Aspekten europäischer und amerikanischer Planung befindet sich jetzt in der Regenstein Library, University of Chicago.

41 Chicago Harbor Commission (Anm. 8), S. 41-43.

42 Commercial Club of Chicago, Plan Committee Minutes, 27. Januar 1908, Bennett Papers (Anm. 33).

43 Chicago, South Park Commissioners, *Report of the South Park Commissioners for a Period of Fifteen Months from December 1, 1906, to February 29, 1908, inclusive,* S. 8. Ein Gipsmodell dieses Olmstedt-Plans für den Grant Park wurde 1908 im Art Institute of Chicago ausgestellt.

44 Michael H. Ebner, ›Preserving Chicago's North Shore: Evanston, the Plan for Sheridan Road, and the Suburban Landscape‹ (ein Blatt, das am 23. Januar 1985 in der Northwestern University, Evanston ausgegeben wurde), S. 7-9. 1889 bemühte sich Burnham um eine Erweiterung der Sheridan Road, 1902 jedoch engagierte er sich für den Abbruch der Straßenerweiterung am Seeufer. Diese Straße hätte seinen Besitz in Evanston vom Wasser abgeschnitten. Zum Lincoln Park siehe Chicago Park District, ›Historical Register of the Twenty-Two Superseded Park Districts Compiled under the Supervision of the Division Secretary... by the Works Progress Administration‹, Daniel F. Breen (Hrsg.), Chicago 1941, Bd. 1, S. 131-40 (Typoskript); und I. J. Brayan, *Report of the Commissioners and a History of Lincoln Park,* Chicago 1899.

45 Burnham und Bennett (Anm. 10), S. 29.

46 Ibid., S. 79.

47 Ibid., S. 4.

Henri Loyrette

Chicago aus französischer Sicht

Von Chicago aus schrieb der französische Konsul dem Ingenieur Charles Mascart, der 1893 zur Weltausstellung reisen sollte, daß er nur ein oder zwei Tage im Zentrum der Stadt verbringen müßte, im Auditorium oder im Palmer House, anschließend würde man für ihn »etwas weniger Umtriebiges in Nähe des Ausstellungsgeländes« finden.[1] Das versuchten die meisten französischen Besucher in jener Zeit. Camille Krantz, der Leiter der französischen Delegation, suchte monatelang, vom 1. März 1893 bis zum 1. Januar 1894, eine Unterkunft »in guter Lage«, das heißt »in Nähe von Eisen- und Straßenbahn«, um rasch zum Jackson Park zu gelangen.[2]

Mit Ausnahme der Aussteller selbst reisten zu dieser Zeit kaum Franzosen nach Chicago. Natürlich wollte der Erbauer des Eiffelturmes dorthin, erpicht darauf, sein Können in anderen Gefilden zu erproben.[3] Sicherlich bewarben sich auch einige französische Architekten für dieses Unternehmen,[4] aber nur wenige wollten sich für längere Zeit binden. Die in der Zeitschrift *Génie Civil* vom 10. Dezember 1892 abgedruckte Annonce »Französischer Ingenieur, wohnhaft in Chicago, mit zahlreichen Verbindungen in Amerika, vertritt französische Firmen im technischen Bereich« ist mehr als außergewöhnlich.

Die Weltausstellung von 1893 (Abb. 1) war die große Chance für die Franzosen, die Hauptstadt des Mittleren Westens kennenzulernen. Viele verpaßten allerdings diese Gelegenheit: Ganz mit dem Besuch der Ausstellung und den für sie wichtigen Abteilungen beschäftigt (Abb. 2-4) und mehr am Verkauf ihrer Produkte als an der Stadt nebenan interessiert, vernachlässigten sie die lebendige Stadt zugunsten der künstlichen, der weißen Stadt – mit Ausnahme des Architekten Jacques Hermant, auf den wir noch zurückkommen werden.

Natürlich gibt es auch ausführliche Berichte über Chicago aus der Feder von Reisenden, die in der Tradition eines beliebten und gängigen Genres ihre Eindrücke, die sie in den Vereinigten Staaten gesammelt hatten, veröffentlichten. Sie blieben in der Regel nur kurze Zeit, kamen überhaupt nur einmal in ihrem Leben – bis auf Lutaud, der sich 1865 und ein zweites Mal 1896 dorthin begab –, promenierten auf der Michigan Avenue, besuchten das Auditorium und fuhren im Auto zu den Schlachthöfen.[5] Selten verweilten sie länger, wie Jacques Hermant oder der Schriftsteller Paul Bourget, und noch seltener ließen sie sich aus Neugier bis in die Umgebung Chicagos treiben.[6]

Auch wenn die meist populär und oberflächlich ausfallenden Reiseberichte die wichtigste Informationsquelle für das französische Publikum darstellten, ist dennoch die aktive Rolle gewisser Zeitschriften nicht zu übersehen, denen es zum Zeitpunkt der Weltausstellung 1893 gelang, über den Einsatz von Sonderberichterstattern und amerikanischen Korrespondenten oder durch die ungekürzte Übernahme von Artikeln, die in ausländischen Zeitschriften erschienen waren, neueste Nachrichten aus Chicago zu liefern, sogar sehr genau zu berichten, was sich dort tat.

Die sogenannten ›traditionellen‹ französischen Architekturzeitschriften kümmerten sich im allgemeinen nur wenig um die amerikanische Architektur und veröffentlichten, wenn überhaupt, lieber ein New Yorker Gebäude oder Villen an der Ostküste als ›Industrie‹-Konstruktionen des Mittleren Westens. Um so nachdrücklicher muß auf das Bemühen der Zeitschrift *Génie Civil*, einer »allgemeinen Revue der französischen und ausländischen Industrien« hinge-

Abb. 1 Weltausstellung, 1893 (abgerissen)

Abb. 2 René Dubuisson und Henri-Paul Motte, Französisches Regierungsgebäude, Weltausstellung, 1893 (abgerissen)

Abb. 3/4 George B. Post, Gebäude der Handwerker und freien Künste, Französische Sektion, entworfen von Dubuisson und Motte, Weltausstellung, 1893 (abgerissen)

Abb. 5 Block 3300 der South Michigan Avenue, 1887

wiesen werden, ihre Leser über technische Neuheiten in den USA zu informieren. Zwischen 1899 und 1911 wurden dort Artikel über Hochhäuser veröffentlicht, Zusammenfassungen von neu erschienener Fachliteratur und Berichte über Projekte wie die Faltbrücke von William Harman in der Weed Street,[7] eine weitere in der Canal Street,[8] über den Kanalbau am Illinois River,[9] über die elektrische Zugbrücke der Van Buren Street[10] oder die Hebebrücke der Halsted Street.[11] Alle Artikel sind mit Photos oder Graphiken und detaillierten Plänen illustriert. Schließlich seien noch die großen wissenschaftlichen Publikationen erwähnt, die zwar nicht speziell auf Architektur eingehen, aber das Bild amerikanischer Städte wiedergeben: E. Levasseur, *L'ouvrier américain*, Paris 1898, 2 Bde.; Paul de Rousiers, *La vie américaine*, Paris 1892; Henri de Varigny, *En Amérique, Souvenirs de voyage et notes scientifiques*, Paris 1894.

In der Annahme, daß es die Leser des *Génie Civil* interessieren könnte, schickte ein Ingenieur im Jahre 1891 der Zeitschrift einen kurzen Bericht über seinen gerade beendeten einmonatigen Aufenthalt in Chicago. Seine trockene Beschreibung gleicht den üblichen, die allerdings häufig auch noch redseliger und literarischer ausfallen:

»Die Stadt Chicago, die vor sechzehn Jahren von einem der schrecklichsten Brände, die die Neue Welt je heimgesucht haben, vollkommen zerstört wurde, ist heute vollkommen wiederaufgebaut und liegt mit einer größeren Flächenausdehnung als Paris am Michigan-See. Im Stadtzentrum liegt der Geschäftsbereich und in der Umgebung der Wohnbereich. Die Avenuen verlaufen von Norden nach Süden, und die Straßen schneiden sie im rechten Winkel von Osten nach Westen. Die wichtigste Avenue ist sicher die Michigan Avenue (Abb. 5), sie ist so breit wie die Avenue de l'Opéra und wird von zwei Baumreihen beschattet. Zu beiden Seiten wird sie von stattlichen Häusern gesäumt, deren ortstypische luxuriöse Architektur auf Europäer recht seltsam wirkt, aber auch einen gewissen Reiz besitzt.«[12]

Im allgemeinen halten sich solche Chronisten an den üblichen Kommentar über Bevölkerungsdichte, das Tempo des Wiederaufbaus nach dem Brand oder an Berichte über die »dreißig Kilometer langen Straßen mit Häusern aus zwölf, vierzehn, sechzehn, achtzehn, zwanzig und vierundzwanzig Stockwerken, die schon allein rege rechte Städte darstellen«,[13] über die Weite der Parkanlagen und das Wirrwarr des urbanen Netzes.

Die Aufmerksamkeit der Reisenden war gespalten: Diejenigen, die wegen der Weltausstellung gekommen waren – und niemals wurde so viel über die Stadt gesprochen wie damals –, widmeten die meiste Zeit der weißen Stadt und vernachlässigten die andere, die echte, entfernte, lärmende, verwirrende. Aber es gab auch eine Attraktion in Chicago, die alles Übrige in den Schatten stellte – die Schlachthöfe, die sogar schon in Europa berühmt waren.[14] Kein Reisebericht, in dem sie nicht nur erwähnt, sondern ausführlich beschrieben würden. Häufig beanspruchen

Abb. 6 Brücke über den Chicago River an der Randolph Street, mit dem Lagerhaus der Butler Brothers (1913) von D. H. Burnham and Co.

Abb. 7 Illinois Central Railroad Station an der Van Buren Street, Blick nach Nordwesten, einige Zeit nach 1892

sie ein eigenes Kapitel, in dem das Abschlachten der Schweine und Rinder, der Geruch, das Meer von Blut, der gnadenlose, planmäßige, perfekt organisierte Tod mit minutiöser Genauigkeit dargestellt wird.[15] Und anschließend die unausbleiblichen Reflexionen:

»Plötzlich schien mir, als hätte ich das Dasein selbst und das Werk der Natur symbolisch verkörpert vor mir ... Unser Leben im Vergleich mit dem dieser Tiere, der Gedanke an Zeit und Tod vermischte sich mit dem Erschrecken vor der Größe, vielmehr der Monstrosität und der Perfektion eines derartigen Unternehmens.«[16]

Nach ihrer Nordamerika-Tournee behielt Sarah Bernhardt von Chicago nur die Liebenswürdigkeit des Besitzers des Palmer House und das »Töten der Schweine, ein schreckliches und großartiges Schauspiel«[17] in Erinnerung. Pissarro warf in einer Unterhaltung über die Weltausstellung ein: »Wer zum Teufel will zu diesen Fleischern gehen?«[18] Paul Bourget sah in den Schlachthöfen die perfekte Illustration von Bewunderungswürdigem und Verachtenswertem des amerikanischen Unternehmergeistes, »dieser gewaltigen Imaginationskraft«, gepaart mit einer »positiven und kalkulierten Anpassung an die Realität«.[19] Paul de Rousiers klassifizierte Chicago schlicht als führende »Porkopolis« und erklärte seine außerordentliche Entwicklung aus diesem einen Tatbestand: »Für Chicago kann man mit Sicherheit in Abwandlung eines bekannten Sprichwortes sagen: ›Geht das Fleisch gut, geht alles gut‹.«[20] Dieses Bild hat sich bis heute gehalten und taucht selbst in dem Abenteuer-Comicheft *Tintin en Amérique* auf, wo man die Ochsen auf ein Fließband gleiten und einige Meter später als Wurst oder Corned beef herauskommen sieht; es wurde prägend für die gesamte Stadt wie später die Prohibition und das Gangstertum um Al Capone, besetzte die Vorstellungen und verhinderte hartnäkkig jegliche Offenheit.

Für diejenigen, die ein wenig länger verweilten, war Chicago keine Stadt wie alle anderen. Selbstverständlich unterschied sie sich von den europäischen Städten, aber während man in New York oder Washington noch Reste der Alten Welt fand, war Chicago die ›amerikanischste‹ aller Städte des Kontinents. Der französische Besucher war erstaunt und verwirrt ob der Unterschiede, die er feststellen mußte: Die Männer waren dünn und ungehobelt, die Frauen dick und leichte Beute für Ausländer (besonders für Pariser), Ehen wurden geschlossen und am gleichen Tag wieder aufgelöst.[21] Darüber hinaus lebte man in Chicago billiger als an der Ostküste, was nicht ohne Nachteil war. »Die Billigkeit dieser Lebensführung zieht zum Beispiel Tausende von Vagabunden, Bettlern und Taugenichtsen aller Art in die Stadt, was die Polizei in Atem hält,« notierte der Chronist.[22]

Eine schlichte Spazierfahrt mit dem Auto oder besser noch der Panoramablick vom Turm des Auditorium reichte aus, um die Besonderheit der Stadt zu charakterisieren:

»Nach kurzer Zeit hat sich das Auge an diese seltsame Landschaft gewöhnt. Es erkennt die verschiedenen Höhen der Terrassendächer: Sechsstöckige Gebäude wirken wie Hütten, die Dächer von zweistöckigen Häusern verschmelzen mit dem Bürgersteig, während die ›buildings‹ mit vierzehn, fünfzehn und zwanzig Stockwerken wie die Kykladen aus dem Meer auftauchen, wenn man auf dem Gipfel des Negroponte steht.«[23]

Denn was bei einem Blick auf die Stadt aus der Vogelperspektive in erster Linie frappierte, war der Mangel an Zusammenhang, das Nebeneinander von hohen Gebäuden und einfachen Holzhäusern, von unbebautem Gelände und harmonisch gebauten Blöcken. Mit den Worten von Paul Bourget:

»Man geht auf Bürgersteigen Straßen entlang, die vollkommen improvisiert wirken, hier gepflastert, da asphaltiert und dort nur mit Brettern bedeckt, die über Morast führen. Diese Widersprüchlichkeit bei den öffentlichen Wegen findet man auch in der Bauweise wieder. Manchmal hat man nur ›buildings‹ um sich, dann erstreckt sich neben einem riesigen, babylonischen Gebäude ein Stück unbebautes Gelände, struppig begrünt von einer kärglichen Wiese, auf der eine Kuh weidet. Dann wieder eine Folge kleiner Holzhäuser, kaum ausreichend für eine Familie, oder eine in ein Geschäft verwandelte gotische Kirche mit Reklameschild aus großen Metall-Lettern, schließlich die rot und großartig wirkende Ruine eines Clubs, der letzte Woche abgebrannt ist. Leere Grundstücke, Hütten, Kirchen, Ruinen ...«[24]

Dieses widersprüchliche und chaotische Chicago, das lebhaft an die Stadt-Phantasmagorien eines Gustave Doré erinnerte, stellte für Reisende mit französischen Maßstäben geradezu die Antithese zu Paris dar.

Ohne daß das Paris von Haussmann jemals erwähnt worden wäre – erst mit Burnhams Chicago-Plan von 1909 wurde darauf eingegangen –, zog man ständig Vergleiche zwischen den beiden Städten: Während das einzige Ziel des Präfekten Napoleons III. darin bestand, in einem strikt limitierten städtischen Umkreis von zwanzig Arrondissements eine Hauptstadt aus regelmäßigen Straßenzügen ohne Sprünge und Brüche, mit exakt kalkulierten Perspektiven zu konstruieren, wucherte Chicago ins Unermeßliche, ohne Anfang und Ende, ein Nebeneinander von bebautem und unbebautem Gelände, von Wohnhaus und Bruchbude, gebaut mit den verschiedensten Materialien. Und während vor allem in Paris die gesamte Industrie seit den sechziger Jahren des 19. Jahrhunderts sorgsam jenseits der Stadtmauern verbannt wurde, breitete sie sich in Chicago überall aus: zahlreiche Brücken mit »ungelenken Eisengerippen« (Abb. 6), Bahnhöfe im Herzen der Stadt (Abb. 7), »Schornsteine, die schwarzen Rauch ausspucken«, »Schienenstränge, die alle Stadtteile durchziehen«[25].

Die Stadt wuchs unkontrolliert und veränderte sich ständig, wobei jeglicher ästhetische Anspruch ostentativ verachtet wurde. So fielen Vergleiche mit Paris natürlich negativ aus.

»Paris ist in jeder Hinsicht eine elegante Stadt, Chicago hingegen hat diesen Anspruch keineswegs und ist gezielt auf die Entwicklung seines Geschäftslebens ausgerichtet. Es scheint alles gerechtfertigt, was diesem Zweck dient.«[26]

In Frankreich gab es als einziges vergleichbares Phänomen die Vorstädte, die man abfällig auch als ›zone‹ bezeichnete – ein breiter Gürtel um Paris, wo man unserem französischen Reisenden zufolge außer den Geschäftsgebäuden alles fand, was Chicago ausmachte. Insofern erklärt sich einerseits, daß sich die französischen Architekturzeitschriften über die Entwicklungen in Amerika ausschwiegen, andererseits aber auch die Weitschweifigkeit des *Génie Civil*: Die Bauten Chicagos konnten tatsächlich höchstens den Ingenieur interessieren, der auf technische Neuerungen aus war, ästhetische Probleme ignorierte und sich

in diesem »Industriebabel« sicherlich wohlfühlte (Abb. 8).[27]

Bis hin zu den Gerüchen und Geräuschen, zum »Industriequalm, den Glocken der Lokomotiven«,[28] war Chicago das Gegenteil von Paris – aber nicht so wie jede beliebige amerikanische Stadt. Verglichen mit anderen Metropolen der Vereinigten Staaten verfügte Chicago über eine Besonderheit, die nur ihm eigen war und es sogar zu der einzig wirklichen amerikanischen Stadt machte. »Chicago ist eine erstaunliche Stadt«, schrieb der Korrespondent der *Revue illustrée*. »Sie ist die amerikanische Stadt par excellence, aufgrund ihrer Größe und der Schnelligkeit, mit der sie sich entwickelt hat«,[29] »die aktivste, die kühnste, die amerikanischste aller Städte der Vereinigten Staaten«, steigerte sich Paul de Rousiers.[30] Der große deutschstämmige Bevölkerungsteil sollte freilich eine derart patriotische Behauptung entkräften: »Die Deutschen behaupten, daß Chicago die dritte Stadt des Reiches sei neben Berlin und Hamburg, weil dort mehr als 600000 von ihnen leben«, so notierte Victor Cambon gehässig, der damit nur eine weitere Kritik gegen »diesen ziemlich unangenehmen und außerordentlich häßlichen menschlichen Ameisenhaufen«[31] äußerte. Entsprechend wollten die Franzosen nun auch etwas typisch Teutonisches an der Hauptstadt des Mittleren Westens entdecken.

Die Ausdehnung und die große Bevölkerungsdichte allein würden aber kaum die Sonderstellung Chicagos erklären. Vielmehr sollte man die architektonische Besonderheit der Stadt zur Kenntnis nehmen, die sie vor allen anderen Städten auszeichnete, ungeachtet der zahlreichen Kritiken, die sich noch vermehren ließen. Noch war man weit davon entfernt, von der Chicagoer Schule zu sprechen, selten war überhaupt von Architektur die Rede, da die »architektonisch wirklich interessanten Gebäude« als kaum vorhanden betrachtet wurden[32] und sich der ästhetische Formwille im »Gigantischen«, »Außerordentlichen« und in »Kraftbeweisen« erschöpfe.[33] Als Architekt der französischen Sektion der Weltausstellung bemerkte Jacques Hermant in seinem offiziellen Abschlußbericht etwas scharfsinniger, daß sich Chicago als »reine Geschäftsstadt« klar von den Städten der Ostküste mit ihrer vergleichbar europäischen Atmosphäre unterscheide. Dort finde man »ein erweitertes und abgewandeltes Europa, aber irgendwo bleibt es Europa ... Boston, New York und Philadelphia erinnern an große englische Städte; San Francisco, das übrigens dabei ist, amerikanisch zu werden, erinnert an Spanien und China. Chicago, das ist Amerika.«[34]

Vergeblich hätte man im damaligen Chicago das gesucht, was sich in New York überall ausweitete, »diese schreckliche Sucht nach Stilformen der Vergangenheit, diese Leidenschaft, das Alte zu kopieren«.[35] Hier dagegen spürte man »sofort den energischen Widerstand gegen europäische Importe, das Bemühen, selbst etwas zu schaffen in einer ganz eigenen Form, ohne Anleihen von anderen.«[36] Dieses »Bemühen«, das in Frankreich kaum wahrgenommen und verstanden wurde, wird typologisch und for-

Abb. 8 Lade- und Abstellgeleise der Illinois Central Railroad am Chicagoer Seeufer, um 1895

mal zunächst in der Entwicklung des Wolkenkratzers greifbar, dann im Werk des Architekten Louis H. Sullivan – des einzigen, dessen Name häufiger zitiert wurde –, und schließlich in einer allgemeinen Bewegung, die von den historisierenden Formen in ihren Entwürfen Abstand nahm.

Die Termini in den französischen Berichten und Aufsätzen wechseln: ›Hauskolosse‹, ›Hochhäuser‹, ›Riesenhäuser‹, ›buildings‹. Der Ausdruck ›Wolkenkratzer‹ galt als »etwas anmaßend« und wurde nicht verwendet.[37] Obwohl das Wort ›Haus‹ eine so offenkundig private Konnotation hat, bezeichnete man damit meistens ein Bürogebäude mit mehreren Stockwerken. Jacques Hermant war einer der wenigen, der sorgfältig zwischen ›Wohnhäusern‹ (hôtels) und ›Bürogebäuden‹ (buildings) unterschied.

Als typisch amerikanisch und somit kaum übertragbar galt der Begriff ›tall office building‹ – hohes Bürogebäude –, wie er nach der Weltausstellung von 1893 als augenfällige Manifestation einer regional begrenzten Architektur geläufig wurde. Entsprechend fielen die diesbezüglichen Erläuterungen aus: Die »buildings« seien von »einer unpersönlichen, unwiderstehlichen, unbewußten Macht wie eine Naturgewalt, der der Mensch als gelehriges Werkzeug dient«,[38] errichtet worden – das gleiche behauptete man vom Eiffelturm als dem »Triumph der Ingenieurskunst«. Für die Verfechter einer darwinistischen Architekturtheorie entsprachen die »buildings« als reine Produkte des »Geschäftsfiebers«[39] der natürlichen Entwicklung der amerikanischen Architektur: Der Holzhütte des Pioniers und der bescheidenen Steinbehausung folgte die Eisenbauweise »die eine Antwort auf die große industrielle Entwicklung gibt« und die künftig von Marmor und Granit abgelöst werde als Zeichen von »erworbenem Wohlstand«.[40]

Weniger visionär sieht Jacques Hermant in den Bürogebäuden schlicht »die Bauweise par excellence, den Tempel der Arbeit, in dem alles so konzipiert, kombiniert und durchdacht ist, daß die Arbeit leicht und angenehm und so wenig ermüdend wie möglich vonstatten gehen kann«.[41] Und unter historisierendem Blickwinkel meint er:

»In gleichem Maße, wie uns von der antiken Architektur die Tempel, Basiliken, Thermen und Amphitheater geblieben sind, die von den wesentlichen Lebensbedürfnissen der Griechen und Römer zeugen, so wie dann später für uns die Kirche, das Feudalschloß und das Rathaus die drei großen Pfeiler des Mittelalters – Religion, Feudalismus und Gemeinden – symbolisieren, und so wie wir in den Schlössern und Palästen des großen Jahrhunderts den Ausdruck absolutistischer Macht sehen, so finden wir notwendigerweise in der amerikanischsten aller Städte Entwurfs- und Konstruktionstechniken, die auf die Bedürfnisse der Geschäftswelt antworten und damit die Essenz des amerikanischen Wesens verkörpern.«[42]

Solche Gedanken fanden in jener Zeit weite Verbreitung: Der Architekt der Pariser Oper, Charles Garnier, sah sein Gebäude in fernen Zeiten als Ruine, die eine archäologische Fundgrube ersten Ranges für den ergeben würde, der sich für die Geschichte des Second Empire interessierte.

Abb. 9 Jenney and Mundie, New York Life Building, 37-43 South LaSalle Street, 1893-94

Diesem für die Arbeit und damit für den Mann errichteten Gebäude stand in den Vororten das Haus für die Familie gegenüber, die Domäne der Frau, wo »alles für sie entworfen ist, um ihre Bedürfnisse an Komfort und Eleganz zu befriedigen«.[43]

In den achtziger und beginnenden neunziger Jahren gab man dem hohen Bürogebäude keine große Zukunft. Auch wenn Architekten und Ingenieure die heikle Frage der Fundamentierung auf sumpfigem Boden gelöst hatten, blieben genügend Probleme übrig: Feuergefahr, Rentabilität, Rostanfälligkeit und Hygieneprobleme, denn die nahe gerückten Türme verdunkelten die Stadt, beeinträchtigten die Luftzirkulation und nahmen »den tief gelegenen Etagen jede Hoffnung auf Sonnenstrahlen und verwandelt die Straßen, die nicht einmal zwanzig Meter breit sind, in regelrechte Kloaken, die bestimmten Gassen des alten Paris zum Verwechseln ähnlich sind«.[44] Im Gegensatz zu der Behauptung des Chicagoer Architekten Dankmar Adler weissagten französische Kritiker, daß solche Gebäude niemals höher als vierzig Stockwerke werden würden.

Die technischen Fortschritte erregten offen gesagt kaum Aufmerksamkeit in Frankreich. Man sah in ihnen nichts Neues und bemerkte nur, daß »sich die Bauformen dieser Metall-Skelette unserer französischen Bauweise stark annähern«. »Was uns am ehesten amerikanisch anmutet«, fährt derselbe Schreiber fort, »ist, daß man das Eisengerüst in Einzelteilen von enormem Gewicht (bis zu 22 Tonnen) an den Bauplatz schaffen kann.«[45] Während der Journalist Henri de Varigny die Architektur kaum beachtet, aber dennoch behauptet, von seinem Aufenthalt in den Vereinigten Staaten »wissenschaftliche Notizen« mitzubringen – »Jetzt baut man häufig in der Form, daß man große Metallrahmen übereinandersetzt, die anschließend miteinander verbunden werden und deren Zwischenräume beispielsweise mit Ziegelsteinen ausgemauert werden«[46] –, findet man wiederum bei Jacques Hermant eine sorgfältige Beschreibung amerikanischer Innovationen, denen er ein Viertel seines Berichtes widmet: »Es wäre völlig unmöglich, massive Mauern auf eine derartige Höhe zu ziehen, die, um derart großen Gewichten standhalten zu können, in den ersten Stockwerken unannehmbare Mauerstärken aufweisen müßten. Die Konstrukteure kamen schließlich darauf, das Problem umzudrehen. Anstatt die Decken auf Fassade und tragende Innenmauern zu setzen, wird der Bau durch ein Stahlgerüst gehalten. Die Pfeiler werden mit dicken Stahlträgern verbunden, auf denen die Decken ruhen. So haben sie jeweils dieselbe Funktion und tragen das gleiche Gewicht, da die Höhe der Stockwerke im allgemeinen gleich bleibt.«[47]

Meistens wurden die Hochhäuser als gleichförmige, sich wiederholende – also monotone – Konstruktionen beschrieben, die immer nach dem gleichen Schema gebaut wurden: »Es sind immer die gleichen soliden Fundamente, die gleichen Fensterfluchten, die sich endlos fortsetzen, bis sich der Blick verliert, die gleichen Ornamente, die gleichen Materialien zur Verkleidung (Granit, Marmor oder Ziegel), und vor allem die gleiche Vorliebe für ununterbrochene Wiederholungen.«[48] Eine Ausnahme bildete das Auditorium Building, die unbestrittene Hauptattraktion, auf die wir noch zurückkommen werden, und darüber hinaus erfreuten sich nur das New York Life Building (Abb. 9) von Jenney and Mundie sowie das Reliance Building (siehe Chappell, Abb. 9) gewisser Berühmtheit. Letzterem bescheinigt der *Génie Civil* in knapper Form Originalität: »Man hat die Fassadenmauern entfernt, um sie durch verglaste Oberflächen über die gesamte Höhe zu ersetzen.«[49] Wenn Hermant das Monadnock Building (Abb. 10) erwähnt, dann nur, um es den mächtigen Bauten eines Sullivan entgegenzusetzen: »Nicht der geringste Ansatz von Gestaltung und Form. Das ist nicht mehr das Werk eines Künstlers, der sich geistreich den jeweiligen Gegebenheiten anpaßt und Konsequenzen daraus zieht. Es ist das Werk eines

Bauwütigen, der völlig gedankenlos fünfzehn vollkommen gleiche Stockwerke übereinandersetzt und aufhört, wenn er meint, der Block sei hoch genug.«[50]

Das Innere schien annehmbar – die Büroräume wurden kaum erwähnt. Insofern war diese Monotonie auf den Fassaden unnötig, denen die weniger Feindseligen gerade noch zugestanden, daß sie »erstaunlich, aber nicht reizvoll wirken«.[51] Man mußte also »ästhetische Lösungen« finden, um sie zu verschönern. Nur wenige glaubten wie P. Germain, Ingenieur in Saint-Etienne, daß »die ›Hauskolosse‹ einem neuen Bedürfnis gerecht werden, das die Architekten mit viel Mut und Offenheit in Angriff genommen und in einigen Fällen in äußerst gelungener Form realisiert haben«[52] oder daß die »schlichte Kraft des Funktionalen« als »Schönheitsprinzip« angesehen werden konnte.[53] Nein, man mußte dem Ganzen Stil geben, die vom »Standpunkt der Kunst wenig befriedigenden« Konstruktionen verbessern.[54] Manche sahen das Heil im Waldorf Hotel in New York,[55] andere in der systematischen Anwendung der belgischen Renaissance,[56] aber nur die Weitblickendsten behaupteten, daß es nur eine Lösung gäbe: die Geburt eines »amerikanischen Stils«, so wie ihn Sullivan befürwortete und meisterhaft in seinen Entwürfen verkörperte.

Sullivan

Von allen Chicagoer Architekten ist Sullivan der einzige, dessen Name in französischen Zeitschriften häufiger zitiert wurde, und das Auditorium Building das einzige Bauwerk, das im Frankreich des 19. Jahrhunderts einen gewissen Ruf genoß.

Man könnte glauben, daß die französischen Einflüsse in Sullivans Werk, die heute offenkundig erscheinen, eine Rolle bei dieser Anerkennung spielten. Die Franzosen hätten sich mit ihm gleichsam auf bekanntem Terrain bewegt, und sein ästhetisches Vokabular könnte die Rolle des ›Sesam öffne dich‹ gespielt haben. Aber so war es anscheinend nicht. Niemals wurden seine Studien in Paris (Kat. 27-33) oder seine Verbindung zur französischen rationalistischen Schule um Viollet-le-Duc erwähnt. Sullivan galt als typischer Amerikaner, selbst dann, wenn die nachweisbaren Anleihen – vorzugsweise romanisch-byzantinischer Herkunft – die Originalität seines Ansatzes relativierten. Selbst wenn seine Entwürfe mitunter eher beeindruckend als überzeugend wirkten, eher begeistert (»so ist er von der Bedeutung seiner Mission erfüllt«[57]) als ausgereift, wurde Sullivan dennoch als verdienter Pionier einer neuen Kunst betrachtet, dem man Irrtümer, Ungereimtheiten und Geschmacksirrungen verzieh.

Zu den beredten Zeugnissen für dieses schmeichelhafte Urteil über Sullivan in Frankreich gehört der Gipsabguß von der Tür des Getty-Mausoleums (Tafel 42), die auf der Weltausstellung gezeigt worden war. Der Abguß wurde unter Aufsicht von André Bouilhet, Leiter der Maison Christofle, hergestellt. Ein Jahr später ließ Sullivan eine Galvanoplastik anfertigen, die er im Oktober 1894 an die Union Centrale des Arts Décoratifs verkaufte (Abb. 11, 12). Die Archive der Union Centrale verzeichnen darüber hinaus eine Schenkung von Louis Sullivan, der von der Beachtung, die ihm von der französischen Öffentlichkeit entgegengebracht wurde, beeindruckt war: »M. Sullivan hat der U.C. drei Kisten mit Abgüssen geschickt, die vom Verkehrspavillon stammen, das er für die Ausstellung in Chicago errichtet hatte, und einige Abgüsse vom Auditorium Building.« André Bouilhet bestätigte im Februar 1895, daß die Kisten »im letzten Frühjahr eingetroffen sind und sich, soviel ich weiß, im Saal im Parterre befinden«. Wir haben leider jede Spur von ihnen verloren.

Obwohl das Transportation Building (Abb. 13; Kat. 125-127) in den meisten Berichten über die Weltausstellung von 1893 erwähnt wurde, schenkte man ihm in der französischen Presse wenig Aufmerksamkeit. Der Berichterstatter der *Revue Encyclopédique* beurteilte es als offenkundige Entgleisung, ge-

Abb. 10 Burnham and Root, Monadnock Building, 53 West Jackson Street, 1890-91

Abb. 11 Louis H. Sullivan, Getty-Mausoleum, Graceland Cemetary, 1890

radezu als Symbol für die zahllosen Verirrungen auf diesen internationalen Messen: »... ein byzantinisches Portal führt in ein Depot mit Postkutschen, Pullman-Wagen, allen möglichen Waggons und Leichenwagen jeder Klasse. Daran sieht man den Widersinn, der im Grunde in diesem gigantischen Aufwand künstlerischer Ansprüche einerseits und industrieller und kommerzieller Konkurrenz andererseits steckt.«[58] Für Hermant wiederum hob sich Sullivans Verkehrspavillon wohltuend ab von der Ansammlung mittelmäßiger Palast- und Pavillonaufbauten, die die abgedroschensten Formen der Ecole des Beaux-Arts nachäfften – »Rompreisträger spielen, auf die Säulen Gesimse auftürmen und über den Arkaden die Säulengänge vervielfachen«,[59] das war verlockend, mußte er zugeben. »In all dem Weiß gab es zwei Akzente. Der eine entstand durch die kühne Polychromie des Palastes für das Verkehrswesen, der andere durch die dunkle Farbe gewisser Holzkonstruktionen, wie zum Beispiel am schwedischen Pavillon oder dem Restaurant der Marine.«[60] Er war des Lobes voll: für die erfindungsreiche Dekoration des Verkehrspavillons, für sein Goldenes Portal als »absolut typisch für die moderne amerikanische Kunst«, für den Ausbruch von Offenheit, Kühnheit und Mut »inmitten des alten Arsenals von Säulen und Giebeln«.[61]

Die gleiche positive Einschätzung galt dem Auditorium Building von Adler and Sullivan. Auch wenn Lutaud sich trotz aller Weitschweifigkeit darauf beschränkte, an ihm die Bequemlichkeit zu betonen, auch wenn es in den Ausführungen der *Revue Encyclopédique*, die sich an den »monströsen und extravaganten Monumenten«[62] von Chicago stieß, direkt angesprochen wurde, auch wenn Paul de Rousiers es als typisches Beispiel für die bedauerliche Neigung der Amerikaner für alles Überdimensionale und Geschmacklose hinstellte, als Beispiel für »überladenen Dekor, bizarre Willkürlichkeit der architektonischen Linien und für ein wildes Erscheinungsbild durch Anhäufung teurer Materialien zu schreienden und unharmonischen Effekten«,[63] so bekam das Auditorium Building nichtsdestotrotz insgesamt gute Kritiken. Durch seine Vielseitigkeit galt es als Illustration amerikanischen Lebensstils, und genau darauf beruhte ein Großteil seines Ruhmes: »Das Auditorium ist insofern bedeutend, als es in seinen vier Wänden alles auf einmal enthält, ein Theater für sechstausend Personen (Abb. 14), ein Hotel mit fünfhundert Zimmern, ein Warenhaus, zehn Banken, zwanzig Unternehmen, um die dreißig Ateliers und ich weiß nicht wieviel Geschäfte.«[64]

Hermant wiederum, der zuerst mehr an Dekorationsdetails als an der Gesamtgestaltung interessiert war, erklärte es zum perfekten Bauwerk des gerade entstehenden amerikanischen Stils und befaßte sich ausführlich mit ihm. Die Nüchternheit und Leichtigkeit der Dekoration, der Gebrauch verschiedener Materialien, die elektrische Beleuchtung, die die Mehrfarbigkeit hervortreten ließ – »Das ist neu, angenehm für das Auge und kostbar in der Wirkung«[65] –, paßten seiner Ansicht nach wunderbar zu den Nebenräumlichkeiten – Vestibül, Treppenhäuser, Salons und Speiseräume – und »vermitteln den Eindruck von Vorhallen orientalischer Herrscherpaläste«.[66] Aber dieser »gelungene und interessante Versuch« sei unglückseligerweise »unvollständig«, denn der Theatersaal selbst biete einen »wenig ansprechenden Anblick«.[67] »Diese sechs Lichtreihen zerreißen rücksichtslos die allzu vorsintflutliche Schönheit der Komposition und lassen die Ärmlichkeit dieses gigantischen Kellers trostlos hervortreten. Der untere Teil, wo die Zuschauer sitzen, ist jedoch ganz im Gegenteil reizvoll, einheitlich in der Ausführung und delikat in den Tonabstufungen und bildet so einen seltsamen Gegensatz zur Rohheit des Gesamt-

Abb. 12 Sullivan, Abguß einer ornamentierten Tür des Getty-Mausoleums, von N. Christofle, Paris, 1894 angefertigt (Kat. 124)

Abb. 13 Adler and Sullivan, Transportation Building, Weltausstellung, 1893 (abgerissen)

entwurfes.«[68] Nach Hermants Überzeugung war der große Irrtum Sullivans zu glauben, daß das, was zu kleinen Flächen paßte, auch im großen Maßstab angewendet werden könnte, und nicht begriffen zu haben, daß er dadurch »unweigerlich in Monotonie und Unzulänglichkeit«[69] verfallen würde.

Es kann nicht oft genug betont werden, daß die Weltausstellung von 1893 für die Franzosen schlichtweg eine verpaßte Gelegenheit war. In Frankreich herrschte die allgemeine Meinung, daß Chicago 1893 die Pariser Weltausstellung von 1889 übertreffen wollte und dabei gescheitert sei. Es bedarf schon des Enthusiasmus, der Engstirnigkeit und des Chauvinismus eines Jacques Gréber, um die segensreiche Bedeutung der Chicago-Ausstellung darin zu sehen, daß sie indirekt »der Grund für den *wachsenden Erfolg unserer Ecole des Beaux-Arts bei den amerikanischen Studenten*«[70] gewesen sei. Im Gegenzug läßt sich beklagen, daß die Vereinigten Staaten den Weg, den sie 1867 in Paris mit der Präsentation einheimischer Architektur – das amerikanische Haus, die amerikanische Schule, »bescheidene Bauten, deren Größe in ihrer Moralität besteht, denn inmitten von all dem leblosen Reichtum symbolisieren sie die Geburt des Zukünftigen«[71] – eingeschlagen hatten, nicht weiter verfolgten. Bei der Pariser Weltausstellung von 1878 wies die amerikanische Fassade auf der pittoresken Rue des Nations jeglichen »Verdacht auf Kunst« zurück und brachte »etwas Rohes«[72] zum Durchbruch. Nach den Ausstellungen von 1889 und 1893 sollte der amerikanische Beitrag zur Weltausstellung von 1900 bestätigen, daß sich die Architekten von ihren früheren guten Ansätzen gelöst hatten. Der auf diese Weise voreingenommene französische Beobachter mußte also besonders aufmerksam sein, um die so massiv verdammte und immer wieder als »unkünstlerisch« abgelehnte amerikanische Architektur zu schätzen oder zumindest wahrzunehmen. Den Franzosen, die nach Chicago kamen und der Architekturschule dieser Stadt nicht das Verdienst beimaßen, das sie heute in unseren Augen hat, müssen also mildernde Umstände eingeräumt werden. Außerdem sollte man berücksichtigen, daß sie es nicht versäumt haben, über die neuen Erfindungen zu berichten – wir haben es bei den Fundamentierungs- und Konstruktionssystemen gesehen – und beispielsweise auf die

Abb. 14 *Adler and Sullivan, Auditorium Theater, Congress Parkway zwischen Michigan und Wabash Avenue, 1887-89, Innenansicht*

Decken aus »Glas-Platten« der Firma Hick oder auf die gefälligen, dekorativen Eisenarbeiten der Winslow Brothers hinzuweisen (Abb. 15).[73]

Sicherlich – mit der Eitelkeit einer Nation, die sich als ›Mutter der Künste‹ betrachtet (und nicht mehr als ›Mutter des Krieges‹), haben die Franzosen die mögliche Reichweite dieser Neuerungen falsch eingeschätzt. Während sie den Amerikanern in allem, was »bequem« und »nützlich«[74] ist, Überlegenheit zugestanden, sahen sie meist nicht, daß »bei diesem Volk, das auf seinen praktischen Verstand stolz ist, sich unbewußt und ganz allmählich das Gefühl für Kunst mit dem Bedürfnis nach *Komfort* gemeinsam entwickelt, sich miteinander verbindet, wenn auch im Augenblick noch beschränkt auf das Verlangen nach Wohlbefinden und Bequemlichkeit in Hotels, Eisenbahnen, Theatern, Schiffen, überall dort, wo sich die Mengen aufhalten ...«[75]

»Es ist eine Frage der Zeit«, meinte der weitblickende Kunstkritiker Victor Champier, und die Zeit gab ihm natürlich recht. Aber in jener Zeit, am Ende des Jahrhunderts, sollte man einem Paul Bourget und einem Jacques Hermant die Ehre erweisen, die – jeder auf seine Weise – erkannt haben, daß sich inmitten des großen Durcheinanders eine eigenständige lokale Architektur nur entwickeln konnte, wenn man sich vom gängigen »architektonischen und historischen Plunder«[76] – vom überkommenen Recht des alten Europa – befreite und sich auf eine ungewisse amerikanische Wahrheit verließ. Dieser bewußte Primitivismus, die Sehnsucht nach der ›Rückkehr zu den Ursprüngen‹ oder das Bedürfnis, mit einem seit langer Zeit vergessenen Formenvokabular neu zu beginnen, wurde überall hervorgehoben, sei es zum Tadel oder zum Lob. Er hatte nichts mit dem »Rudimentären« zu tun, das Paul Sédille an den Entwürfen gewisser amerikanischer Wohnbauten bemängelte, deren »rustikale Mauern mit gewaltigen Grenzsteinen in keinem Verhältnis zu der logischen und harmonischen Verwendung der Materialien mehr stehen«.[77] Vielmehr ging es um den festen Willen, mit den aus Europa importierten Gepflogenheiten zu brechen, was wiederum zur Kritik gereichte: »Weil sie selbst primitiv sind und für ein primitives Volk arbeiten, suchen sie ihre Effekte in einer mehr oder weniger bewegten Silhouette und vernachlässigen gerne die

äußeren Feinheiten. Sie verschmähen es auch nicht, ihren Fassaden einen Charakter des Widerstands zu verleihen, der an jene noch gar nicht lange zurückliegende Epoche erinnert, da der Kampf mit der ursprünglichen Bevölkerung die Eroberer in die Defensive zwang.«[78]

Trotz vielfältiger Warnungen – wir müssen offen sein für eine Kunst, die neuen Bedürfnissen entgegenkommt – wollten die französischen Architekten, »gelähmt von den Schultraditionen, von Sammelleidenschaft, der Vorliebe für Trödel und Wiederholungen«,[79] die Originalität der aus Chicago kommenden Vorschläge nicht anerkennen.

So war die Weltausstellung von 1900 die eklatante Demonstration einer ausgelaugten, sich wiederholenden Kunst, da die Architekten unermüdlich fortfuhren, »plumpe Gebäude mit architektonischen Anleihen aus allen Jahrhunderten zu errichten, die alles in allem die seltsamsten Parodien darstellen, die man sich vorstellen kann«.[80] Chicago hatte keine vergleichbar erneuernde Kraft wie Afrika und Ozeanien für einen Gauguin oder Matisse. Die Vernachlässigung und Verachtung der amerikanischen Architektur sollten wenig später gerächt werden. Weit davon entfernt, diese Architektur zu adaptieren oder entsprechend unseren Bedürfnissen zu verändern, sollte man sich in Frankreich damit begnügen, sie einfach zu verpflanzen.

Am Ende des 19. Jahrhunderts verkörperte Chicago, »dieses Mosaik von höchster Zivilisation und beinahe Barbarei, mit seiner Wildheit, die hinter dem unglaublich schnellen industriellen Fortschritt spürbar war«,[81] bereits im Guten wie oft genug im Schlechten unsere gesamte Moderne.

Übersetzung: Christine Goetz

Abb. 15 Winslow Bros. Company, Vordertreppenhaus des Monadnock Building (Burnham and Root, 1890-91)

ANMERKUNGEN

1 Paris, Archives Nationales, F 12, 4447.
2 Ibid., F 12, 4452.
3 Ibid., F 12, 4450.
4 Ibid., F 12, 4454.
5 Ibid., F 12, 4448.
6 A. Lutaud, *Les Etats-Unis en 1900*, Paris 1896, S. 150.
7 *Le Génie Civil* 20, 1891-92, S. 33-34.
8 Ibid., 24, 1893-94, S. 337-38.
9 Ibid., 26, 1894-95, S. 246-49.
10 Ibid., S. 337-38.
11 Ibid., 28, 1895-96, S. 82-84.
12 Ibid., 20, 1891-92, S. 45.
13 Henri La Luberne, ›Chicago et l'Exposition américaine‹, *La Revue illustrée* 1, 1893, S. 338.
14 Lutaud (Anm. 6), S. 158.
15 Paul Bourget, *Outre-Mer*, Paris 1895, Bd. 1, S. 175.
16 Ibid.
17 Sarah Bernhardt, *Ma double vie*, Paris 1980, Bd. 2, S. 252-53.
18 Brief vom 15. Sept. 1893, in Camille Pissarro, *Lettres à son fils Julien*, Paris 1950.
19 Bourget (Anm. 15), S. 171.
20 Paul de Rousiers, *La vie américaine*, Paris 1892, S. 70.
21 La Luberne (Anm. 13), S. 341 f.
22 Lutaud (Anm. 6), S. 161.
23 Bourget (Anm. 15), S. 159.
24 Ibid., S. 162.
25 de Rousiers (Anm. 20), S. 74.
26 Ibid.
27 Bourget (Anm. 15), S. 159.
28 Ibid.
29 La Luberne (Anm. 13), S. 337.
30 de Rousiers (Anm. 20), S. 96.
31 Victor Cambon, *Etats-Unis – France*, Paris 1917, S. 33-34.
32 Lutaud (Anm. 6), S. 158.
33 de Rousiers (Anm. 20), S. 108.
34 Exposition Internationale de Chicago en 1893, *Comité 36, Génie Civil. Travaux publics. Architecture. Rapport de M. Jacques Hermant, architecte de la Ville de Paris*, Paris 1894, S. 5.
35 Ibid., S. 24.
36 Ibid.
37 Siehe *Le Génie Civil* 19, 1891, S. 376-77; 20, 1891-92, S. 108; 24, 1893-94, S. 5-6; 25, 1894, S. 115; 26, 1894-95, S. 262-66.
38 Bourget (Anm. 15), S. 160.
39 Ibid.
40 Exposition Internationale de Chicago en 1893, *Comité 21, Rapport*, Paris 1894, S. 31.
41 Hermant (Anm. 34), S. 6.
42 Ibid.
43 Hermant (Anm 34), S. 27.
44 Ibid., S. 10.
45 *Le Génie Civil* 20, 1891-92, S. 254.
46 Henri de Varigny, *En Amérique, Souvenirs de voyage et notes scientifiques*, Paris 1894, S. 49.
47 Hermant (Anm. 34), S. 15.
48 Ibid., S. 23.
49 *Le Génie Civil* 26, 1894-95, S. 253.
50 Hermant (Anm. 34), S. 9.
51 *Exposition de Chicago. Rapport de M. Ernest Lourcelet, Membre-délégué de la Chambre de Commerce de Paris, Novembre 1893*, Paris 1893, S. 10.
52 *Le Génie Civil* 19, 1891, S. 377.
53 Bourget (Anm. 15), S. 161.
54 *Le Génie Civil* 24, 1893-94, S. 5
55 Ibid., S. 6.
56 *Le Génie Civil* 25, 1894, S. 115.
57 Hermant (Anm. 34), S. 8.
58 B. H. Gausseron, ›Exposition de Chicago‹, *La Revue Encyclopédique* 3, 70, 1. Nov. 1893, S. 1084.
59 Hermant (Anm. 34), S. 32.
60 Ibid., S. 33.
61 Ibid., S. 40-41.
62 Gausseron (Anm. 58), S. 1062.
63 de Rousiers (Anm. 20), S. 109.
64 La Luberne (Anm. 13), S. 338.
65 Hermant (Anm. 34), S. 25.
66 Ibid.
67 Ibid., S. 26.
68 Ibid.
69 Ibid.
70 Jacques Gréber, *L'Architecture aux Etats-Unis*, Paris 1920, Bd. 1, S. 32.
71 *L'Exposition Universelle de 1867 illustrée*, Paris 1867, Bd. 1, S. 86.
72 *Les Merveilles de l'Exposition de 1878*, Paris 1878, S. 171.
73 Hermant (Anm. 34), S. 59.
74 de Varigny (Anm. 46), S. 65.
75 Victor Champier, ›L'enseignement des Arts Décoratifs aux Etats-Unis d'Amérique‹, *Résumé de rapports de missions sur les institutions d'enseignement industriel et artistique à l'étranger adressé aux membres du congrès, organisé par l'Union Centrale des arts Décoratifs*, Paris 1894, S. 59.
76 de Varigny (Anm. 46), S. 45-46.
77 Paul Sédille, ›L'architecture américaine jugée par un critique français‹, *Encyclopédie d'Architecture*, Bd. 5, S. 11.
78 Hermant (Anm. 34), S. 28.
79 Ibid., S. 8.
80 J. K. Huysmans, ›Le fer‹, *Certains*, Paris 1975, S. 401-02.
81 Bourget (Anm. 15), S. 164.

HILLMAN'S

Neil Harris

Shopping – im Chicagoer Stil

Man kann nicht behaupten, Chicago hätte das Shopping amerikanischen Stils erfunden. Auch diejenigen, die Chicagos Führerstellung in bezug auf moderne Urbanisation verfechten, müssen neidlos anerkennen, daß es auch anderswo große Innovatoren gab, wie A.T. Steward in New York, John Wanamaker in Philadelphia, F.W. Woolworth im nördlichen Staat New York, S.S. Kresge in Detroit und Edward A. Filene in Boston, um nur einige zu nennen. Im Osten der Vereinigten Staaten blühten schon riesige Handelsstädte auf, als Chicago noch ein Dorf war.[1]

Auch wenn man Chicago keine Vorreiterstellung im Shopping zugesteht, brachte es doch einige aufregende Neuerungen im Marketing-Bereich hervor – vom weltgrößten Versandhaus bis hin zur engsten Konzentration von Einzelhandelsgeschäften im ganzen Land. Mit dem wirtschaftlichen Wachstum ging auch ein Aufschwung der Architektur von Geschäftsgebäuden einher.

In den sechziger Jahren des letzten Jahrhunderts besaß Chicago bereits eine hochentwickelte Infrastruktur. Der Schritt vom unbedeutenden Grenzposten hin zur Weltstadt war in einem Menschenalter abgeschlossen. Er verlief allerdings nicht widerspruchslos, sondern brachte zahlreiche Gegensätze mit sich – ein Vorher und Nachher, das an Einzel- und Großhandelsunternehmen wie auch an Bahnhöfen, Parks, Kirchen und Bibliotheken meßbar war. Die halsbrecherische Geschwindigkeit dieser wirtschaftlichen Expansion schraubte auch die Ansprüche der Chicagoer sehr schnell hoch. Im ausklingenden 19. Jahrhundert hieß das vor allem, daß man sich Mode und Kunst aus Europa zu eigen machte. Die Chicagoer Geschäftswelt teilte sich in zwei Richtungen auf, die man auch deutlich in der amerikanischen Architektur insgesamt beobachten konnte: auf der einen Seite Schlichtheit, Logik und Wirtschaftlichkeit, auf der anderen Liebe zur Ornamentik und eklektizistische Anleihen. Die erste Strömung brachte eine funktionalistische Ethik hervor, die zweite richtete sich an historischen und traditionellen Werten aus. Das in den fünfzig Jahren nach der Brandkatastrophe von 1871 entstandene Stadtbild von Chicago ließ deutlich erkennen, daß seine Erbauer diesen beiden Strömungen folgten. Schon im frühen 20. Jahrhundert gaben die Chicagoer Architekten ihr Talent und ihre Erfahrung an das übrige Land weiter.

In seinem Stadtkern verband Chicago Urbanität mit europäischem Kosmopolitismus, freilich in seiner eigenen, unverwechselbaren Ausprägung. In anderen Stadtgebieten waren die Motive der Alten Welt weniger verinnerlicht, weniger selbstbewußt und letztlich traditioneller. In den zwanziger Jahren boten der Loop, die elegante Michigan Avenue und die Vororte drei Spielarten des städtischen Shopping und damit

Abb. 1 Blick von der Madison Street nach Norden auf die State Street, 1915

Abb. 2 Ecke Milwaukee und Chicago Avenue, Blick nach Südosten, 1915

Abb. 3 Henry Hobson Richardson, Marshall Field Wholesale Store, Adams Street zwischen Wells und Franklin Street, 1885-87 (abgerissen)

drei verschiedene Auslegungen europäischer Vorstellungen und Ideale. Dieser Aufsatz befaßt sich vorwiegend mit der Entwicklung innerhalb des Loop, der City – die der beiden anderen Gebiete soll hier nur als Kontrapunkt dienen.

Zwischen 1871 und den zwanziger Jahren unseres Jahrhunderts wurde Chicago selbst zu einer ›Kolonialmacht‹, indem es sich ganze Städte und Dörfer einverleibte. Dieser räumliche Imperialismus machte es – was Fläche und Einwohnerzahl anging – zeitweilig zur zweitgrößten Stadt Amerikas. Von nur knapp 95 qkm im Jahre 1870 erreichte Chicago gegen 1930 mit über 530 qkm praktisch seine maximale Ausdehnung, nur noch übertroffen von New York und Los Angeles. Im Gegensatz dazu blieben Städte wie Philadelphia und St. Louis hundert Jahre lang flächenmäßig fast unverändert; die aggressive Eingliederungspolitik der südlichen und südwestlichen Städte setzte erst viel später ein.[2]

Neben diesem erstaunlichen Flächen- und Bevölkerungswachstum zeichnete sich Chicago auch durch sein hochentwickeltes Verkehrssystem aus. Bereits in den zwanziger Jahren durchzog ein dichtes Netz von Zug-, Bus- und Hochbahnlinien die Stadt. 1925 versorgten 830 Züge – dampf- und elektrisch betrieben – den Einzugsbereich von Chicago. Das ganze System ließ seine Energien in einen ›goldenen Kreis‹ fließen, der durch den Union Loop gebildet wurde. Dieser Loop, 1897 gebaut, verband die Schienenstränge der Chicagoer Hochbahn und führte sie in einer Schleife (loop) um das Geschäftszentrum der Stadt, das deshalb ganz einfach Loop genannt wurde. »Wer in diesem Teil der Stadt nicht geschäftlich tätig ist, der sollte sich schleunigst eines Besseren besinnen, denn sonst hat er nichts in Chicago zu suchen ...«, lautete der Kommentar eines Chicago-Besuchers.[3] Durch das Verkehrssystem gelangten die Käufer scharenweise in die Innenstadt (Abb. 1), bildeten sich aber auch Einkaufszentren an den außerhalb liegenden Umsteigebahnhöfen (Abb. 2).

Chicago verdankt seinen wirtschaftlichen Charakter zunächst seiner Lage an einem der wichtigsten Verkehrsknotenpunkte der Vereinigten Staaten. Schon in den siebziger Jahren des letzten Jahrhunderts brachten Dampfeisenbahnen Händler aus dem gesamten Mittleren Westen nach Chicago, wo sie sich in den neuen großen Lagerhäusern mit Waren eindeckten. Wegen dieser starken Nachfrage der Einzelhändler blühte hier schon vor den neunziger Jahren ein reges Großhandelsgeschäft, und die Lagerhäuser entwickelten sich zu den markantesten Bauten der Stadt. Einer der bedeutendsten Großhändler jener Zeit war Marshall Field. 1885-87 baute der Architekt Henry Hobson Richardson für ihn den Marshall Field Wholesale Store (Abb. 3; 1930 abgerissen). Mit seiner massiven rustizierten Granitfassade wurde er gleichsam zum Symbol dieser blühenden Handelsstadt.[4]

Allerdings waren Lagerhäuser wie Field's mehr auf Spezialisten als auf ein breites Publikum zugeschnitten. Sie waren, wenn man so sagen darf, die Klöster des Wirtschaftsglaubens, die Abteien, in denen sich die verschiedenen Orden versammelten. Ihre riesigen Tempel und Kathedralen sollten ein paar Blocks weiter östlich, an der State Street, entstehen. Doch das hatte noch einige Jahre Zeit.

Die Lagerhäuser benötigten keine aufwendige Außengestaltung; die Kunden wußten, wo sie zu finden waren, und kamen, um ganz bestimmte Käufe zu tätigen. Da man eine komprimierte, ökonomische Warenpräsentation bevorzugte, hatten die großen, vorzüglich beleuchteten Etagen enorme Lasten zu tragen. In den neunziger Jahren war das traditionelle Geschäftsviertel an der Wabash Avenue durch ein neueres abgelöst worden, das sich von der Randolph Street im Norden zur Van Buren Street im Süden und von der Fifth Avenue im Osten zum Chicago River im Westen erstreckte. Hier standen die Lagerhäuser von Marshall Field, James H. Walker, J. V. Farwell, Carson Pirie Scott and Co., Henry W. King, Hiram Sibley und C. M. Henderson wie fest verankerte Ozeanriesen – ihr Laderaum gefüllt mit einem schier unerschöpflichen Angebot an Waren. Massive, schlichte Fassaden und übervolle Etagen waren ein Erbe, das bald auf Chicagos Einzelhandelsarchitektur übergehen sollte.[5]

In der Anfangszeit waren in die Verkaufsflächen der Lagerhäuser auch Werkstätten und Ausstellungsflächen integriert. In dem Gebäude von John S. Smyth an der West Madison Street zum Beispiel (das eine kunstvoll ornamentierte Fassade hatte, die beiden Sockelgeschosse mit Bedford-Stein verkleidet, mit einem zwölf Meter hohen Rundbogen und Tafelglasfenstern) wurden Wohnungs- und Büromöbel hergestellt und verkauft.[6] Doch keiner dieser Bautypen sollte Chicagos größte Verkaufsflächen beherbergen, die erst ab 1890, in einem Zeitraum von 25 Jahren entstanden. In diesem Bau- und Wiederaufbaufieber wurde die State Street zur lebhaftesten Geschäftsstraße des Landes, wenn nicht sogar der Welt. Sie prägte Chicagos Persönlichkeit, seine Energie und sein buntes Treiben. Mit ihren sieben Kommerzriesen schuf die Chicagoer City eines der ersten großen amerikanischen Einkaufszentren und ein Übungsgelände für modernes Marketing.

Eines der frühen Chicagoer Einzelhandelsviertel erstreckte sich entlang der ost-westlich verlaufenden Lake Street (Abb. 4). Der Kaufmann Potter Palmer hielt eine Nord-Süd-Achse für vorteilhafter und erwarb große Teile der State Street. Um die Straße zu verbreitern, verzichtete er auf einen acht Meter breiten Streifen an der Baulinie und konnte andere Grundstücksbesitzer ermuntern, dasselbe zu tun. Der Bau eines großen Geschäftshauses – für damalige Verhältnisse luxuriös – führte zu der Partnerschaft von Levi Z. Leiter und Marshall Field (Abb. 5).[7] Zudem erwies sich die State Street tatsächlich als äußerst verkehrsgünstig. Bis 1870 blieb nur eines von Chicagos sieben bedeutendsten Groß- und Einzelhandelsgeschäften an der Lake Street. Auch der Brand von 1871 konnte nicht verhindern, daß die State Street die führende Chicagoer Einkaufsstraße wurde, sondern verzögerte lediglich ihre Weiterentwicklung.

In den darauffolgenden Jahren erweiterten viele Geschäfte in der Stadtmitte ihre Verkaufsflächen mit behelfsmäßigen Anbauten, die selten höher als vier oder fünf Geschosse und meist uneinheitlich im Stil waren. Das Gebäude von Field, Leiter and Co. (wie es 1881 genannt wurde, als die Partnerschaft aufgelöst wurde) war sehr geräumig und bis 1879 wegen verschiedener Brände mehrmals umgebaut worden; es hatte sechs Obergeschosse und ein Untergeschoß. Es war nicht nur größer, sondern auch verspielter als die meisten anderen – im ›Pariser Stil‹, wie die Chicagoer es nannten – mit seinen Mansarden, seiner Gußeisenfassade im italienischen Renaissance-Stil und dem zentral gelegenen, von einer Glaskuppel überdeckten Pavillon (Abb. 6).[8] Es wurde, ähnlich wie viele andere Bauten an der Straße, in den achtziger Jahren umgestaltet und erweitert. Die meisten Geschäfte indes fingen sehr viel kleiner an als Field, Leiter and Co.

Abb. 4 Blick von der State Street nach Osten auf die Lake Street, 1868

Abb. 5 E. S. Jennison, Field and Leiter Store, Nordostecke State und Washington Street, 1873 (abgerissen)

Abb. 6 Blick von der Madison Street nach Norden auf die State Street, 1905

Zum Beispiel eröffnete Ernest J. Lehmann sein Geschäft auf der Westseite der State Street mit einer Ladenfläche von nur 110 qm; der Boston Store, der gleich nach dem großen Brand von C. W. und Edwin Pardridge gegründet wurde, hatte an seinem ersten Standort nur eine vierzehn Meter lange Front; Schlesinger and Mayer, die 1880 von der West Side Street in ein 3000 qm großes Eckgeschäft an der Kreuzung State und Madison Street zogen, hatten sechs Jahre später schon etwa zehnmal soviel Verkaufsfläche zur Verfügung.[9]

Mit ihrer Größe und Wuchtigkeit beherrschten die Lagerhäuser noch immer das Stadtbild. Der Journalist und Schriftsteller Charles Dudley Warner, der Chicago in den achtziger Jahren besuchte, ließ die Leser von *Harper's* wissen, daß keine andere amerikanische Stadt »Lagerhäuser und Bürogebäude von größerer Erhabenheit« vorweisen könnte. Er sah sich an Florenz und »die Paläste der Medici« erinnert. Das Gebäude aber, das ihn am meisten beeindruckt hatte, war Richardsons Marshall Field Wholesale Store an der West Adams Street, unübertroffen an »Wuchtigkeit, Schlichtheit und einer bewundernswerten Verbindung von künstlerischer Schönheit und Zweckmäßigkeit.«[10]

Die State Street dagegen bestand aus leichteren, relativ niedrigen Gebäuden mit unregelmäßigen Dachsilhouetten, unterschiedlichen architektonischen Stilen, unterbrochen von größeren, reicher ornamentierten Komplexen, wie zum Beispiel dem Palmer House. Hier machte man aus der Not eine Tugend. John Flinn erklärte 1893, die State Street erinnere den europäischen Touristen an die Avenue de l'Opéra in Paris, die Regent Street in London oder die Ringstraße in Wien, machte dann aber doch einige Abstriche. Die Pariser Straßen, besonders die im Opernviertel, böten »aufgrund ihres einheitlichen architektonischen Stils« zweifelsohne »einen noch erfreulicheren Anblick« als die State Street (Abb. 7). Eine solche Gleichförmigkeit aber, fügte er rasch hinzu, »wird schnell langweilig, so daß der Besucher fast wünscht, daß sie – ganz gleich wie – hier und da unterbrochen würde«.[11]

Die State Street war bis dahin in der Tat alles andere als gleichförmig. Ehrgeizig und überladen, äffte sie alles nach, was man damals für weltweit elegant und modern hielt. Doch schon um 1893 fanden wesentliche Veränderungen statt, vor allem durch den

Abb. 7 Blick von der Lake Street nach Süden auf die State Street, um 1892

Abb. 8 William Le Baron Jenney, Siegel, Cooper and Co. Building (zweites Leiter Building; später Sears, Roebuck and Co.), State Street zwischen Jackson und Van Buren Street, 1889-91

Abb. 9 William Le Baron Jenney, Fair Store, Adams Street zwischen State und Dearborn Street, 1890-91 (abgerissen)

Bau zweier Warenhäuser, die, was Größe und Gestaltung anging, bald die amerikanische Idee vom ›Big Store‹ beherrschen sollte. Es waren Arbeiten von William Le Baron Jenney: das zweite Leiter Building, 1891 fertiggestellt und kurz darauf von Siegel, Cooper and Co. bezogen, und der im Auftrag von Ernest J. Lehman errichtete Fair Store, dessen erster Abschnitt 1891 an der Kreuzung Dearborn und Adams Street fertiggestellt war und der schon bald im selben Stil vergrößert und bis zur State Street erweitert wurde (Abb. 8, 9).[12]

Die beiden Gebäude von Jenney brachten etwas ganz Neues in die Chicagoer Geschäftshausarchitektur. Mit ihren riesigen Verkaufsflächen, ihrer eindrucksvollen Höhe, ihrer einheitlichen Konstruktion und der recht strengen, mit vielen Fenstern versehenen Fassade waren sie vor allem auf das Wohlbefinden des Kunden ausgerichtet. Zur Zeit der Chicagoer

Abb. 10 Louis H. Sullivan, Schlesinger and Mayer Store (heute Carson Pirie Scott), Südostecke State und Madison Street, 1899-1904; Fassadenornament

Weltausstellung von 1893 rühmte sich Siegel, Cooper and Co., das Warenhaus mit der größten Verkaufsfläche der Welt zu sein. Mit einer Gesamtlänge von 120 und einer Breite von 44 Metern umfaßte es alles in allem eine Fläche von fast 44 000 Quadratmetern – zehnmal soviel wie noch fünf Jahre zuvor. In den Reiseführern wurde es als ein »Beispiel von gutem Geschmack, von Großzügigkeit und Weisheit« gepriesen. Weil seine 4600 Quadratmeter großen, fast fünf Meter hohen Etagen nicht unterteilt waren, vermittelten sie einen »dynamischen Eindruck von lichter Weite und Geräumigkeit«.[13]

Das Gebäude schien ohne Vorbild entstanden zu sein. Ein Zeitgenosse erhob es sogar zu einem »ehrwürdigen Geschäftsgebäude in einem Stil, den niemand sich hätte erträumen können, als Buonarotti (sic) den größten Tempel der Christenheit errichtete«.[14] Selbst eine Reisende aus Paris staunte über seinen Luxus und Prunk, seinen Sodawasser-Brunnen und das Raritäten-Museum in einem der oberen Geschosse.[15]

Jenneys zweites Geschäftsgebäude, der Fair Store, erntete wegen seiner »Fülle von geschmacklosen Ornamenten« und seiner »unglaublich plumpen Details« – zum Beispiel das rustizierte Band am sechsten Geschoß, riesige Pilasterkapitelle und eine unglückliche Vorliebe für lachsfarbene Terrakotta (siehe Klotz, Abb. 1) – weniger Lob bei den Architekturhistorikern.[16] Doch dies waren nur oberflächliche »Makel«, und der Fair Store mit seinen Erweiterungen erhob den Anspruch, »die größte merkantile Einrichtung der Welt« zu sein, größer noch als der Bon Marché in Paris.[17] Seine neun Geschosse machten ihn auch zu dem höchsten bis dahin errichteten Einzelhandelsgeschäft – ein Titel freilich, den er nicht lange würde halten können.

Die ersten beiden Warenhausriesen, der zunehmende Straßenverkehr, das Bevölkerungswachstum, die Transportverbesserungen – all das spornte auch andere Kaufleute an. Marshall Field and Co. begann mit einem ehrgeizigen Plan und kaufte allen an seinen Block angrenzenden Grund und Boden auf, modernisierte die vorhandenen Fassaden und ließ 1892 einen neungeschossigen Anbau an den nordöstlichen Gebäudeteil errichten. Architekt dieser im Sommer

Abb. 11 D. H. Burnham and Co., Marshall Field and Co. Store, State Street zwischen Randolph und Washington Street, 1902-14

Abb. 12 D. H. Burnham and Co., Erweiterungsbau des Marshall Field and Co. Store, Nordwestecke Wabash Avenue und Washington Street, 1892

fertiggestellten Erweiterung (Abb. 12) war Daniel Burnham, der im folgenden Jahr bei der Chicagoer Weltausstellung große Erfolge feiern sollte. Dieser klare, klassische Bau, der nach Ann Van Zantens Worten »üppig und elegant zugleich« war, erinnerte an einen florentinischen Palazzo aus dem 15. Jahrhundert.[18] Sein Traum von Urbanität, der fünfzehn Jahre später im *Plan of Chicago* seinen Höhepunkt fand, führte zu einer Partnerschaft mit Marshall Field, eine Partnerschaft, die sein Büro in die Ränge der ersten Kaufhausarchitekten führen sollte.

Der Anbau war allerdings vertikaler, mehr imitierend und bewußt dekorativer als Jenneys Gebäude. Er verriet noch nichts von der Erweiterung der State-Street-Geschäfte. Seine deutliche Anlehnung an europäische Formen, die in Boston oder New York gar nicht aufgefallen wäre, stand im Widerspruch zur Auffassung der Chicagoer Schule. Er blieb manierierter als der übrige Teil von Field's neuem Komplex und schien anzudeuten, daß Eleganz zwar europäisch sein durfte, die Formensprache aber von der Lagerhaus-Tradition – Chicagos Großhandelserbe – geprägt sein mußte. An der Sixth Avenue von New York entstanden zu eben dieser Zeit derart reich ornamentierte Geschäfte, daß sie, wie ein Architekturkritiker es formulierte, zu ihrem eigenen wirtschaftlichen Niedergang beitrugen.[19] Chicagos ›Ladies' Halfmile‹ war schlichter und verhaltener trotz ihrer Fenster, »die mit denen jeder Stadt auf dem ganzen Erdball konkurrieren konnten«.[20]

Chicagos Kaufhäuser – wie übrigens auch seine Bürogebäude, die ein gewisses Vorbild abgaben – wirkten mehr durch Masse und Proportion als durch Höhe und Detail. William Archer stellte die City von Chicago der von New York gegenüber und verglich sie mit »Elefant und Giraffe ... Die Mammut-Gebäude von Chicago strahlen eine Proportionierung und Würde aus, die den meisten Hochbauten von Manhattan fehlt«.[21] Die verrauchte Atmosphäre dieser Stadt des Mittleren Westens sei eben nur durch die massivsten Eingriffe zu bändigen.

Abb. 13 Marshall Field and Co. Store, Atrium und Kuppel

Gegen 1896 war Field's Anbau fertiggestellt, die beiden Gebäude von Jenney standen bereits, das große Geschäftshaus Mandel Brothers drang langsam von Wabash und Madison bis zur State Street vor, während sich Schlesinger and Mayer, Boston Store und Rothschild an seinem neuen Standort an Van Buren und State Street schnell vergrößern konnten. Alle Akteure waren am Schauplatz versammelt. Der erfolgreiche Geschäftsmann, so schrieb der *Economist,* »baut nicht für heute, sondern für morgen«.[22] Die Mieten erreichten schwindelnde Höhen. Der Juwelier C. D. Peacock, der an der Ecke von Madison und State Street einen Laden von Marshall Field gemietet hatte, zahlte sieben Jahre lang jährlich 40 000 Dollar und 50 000 für jedes der 92 restlichen Jahre der Pacht. »Diese Zahlen wären sensationell«, meinte der *Economist,* »hätte man sich nicht längst an das Gerede um die Immobilien an der größten Einkaufsstraße Chicagos gewöhnt.« Aufgrund seiner enormen Dichte war Chicagos Zentrum in Sachen Immobilienpreise weltweit führend. In London und Paris gab es »mehrere Standorte von ungefähr vergleichbarer Bedeutung«.[23] Chicago aber besaß nur einen Loop. Deshalb kam es mehr als anderswo auf Höhe und Konzentration an. Die Warenhäuser und ihre Erweiterungen waren jetzt selten niedriger als zwölf Geschosse – oft höher –, getragen von zwei oder drei Untergeschossen.

Zu Beginn des 20. Jahrhunderts wurde die State Street um das berühmteste aller Chicagoer Warenhäuser bereichert. Seine Höhe, Masse (mit Erweiterungen) und Fenster waren nicht bahnbrechend, seine schwungvolle Linienführung aber, der originelle abgerundete Eingang und die vielen dekorativen Details machten es zu einem der großartigsten Beispiele internationaler Geschäftshausarchitektur. Die Rede ist von Louis Sullivans Schlesinger and Mayer Store (siehe Klotz, Abb. 25; 1904 in den Besitz von Carson Pirie Scott and Co. übergegangen), der im Oktober 1903 die Tore zu seinem ersten Abschnitt öffnete. In ganzseitigen Zeitungsannoncen waren Gebäude und ornamentale Details abgebildet, wurde das Bauwerk mit seiner »durchgehenden, vom Tageslicht durchfluteten Innenraumgestaltung« als ein »perfektes Produkt der Architektur« von den Managern gelobt.[24] Ähnlich wie andere Downtown-Warenhäuser boten auch Schlesinger and Mayer Schreib- und Lesesäle, sanitäre Anlagen, ein ärztliches Behandlungszimmer, Kunstgalerien und mehrere feine Restaurants für ihre Kunden an. Die Speisesäle mit ihren mosaikartigen Böden und edelsteinverzierten Decken blieben in ihrer Gesamtwirkung »von erlesener Schlichtheit«.[25] Am eindrucksvollsten aber war wohl die von Sullivan und dem Architekten George Elmslie entworfene und von Winslow Brothers ausge-

Abb. 14 Marshall Field and Co. Store, Innenansicht

führte Ornamentik aus filigranem Gußwerk, die den Blick auf die beiden Schaufenstergeschosse der »bevölkertsten Straßenecke der Welt« lenkte (Abb. 10; Tafel 39). Abgesehen von der luxuriösen Ausstattung der Aufenthaltsräume und Restaurants konnte Sullivans innenarchitektonische Gestaltung – sieht man einmal von den weiten, durchgehenden, gut beleuchteten Flächen ab, die jetzt freilich nichts Außergewöhnliches mehr waren – nicht mit der reich ornamentierten Fassade konkurrieren.

Im Gegensatz dazu legte man beim benachbarten Marshall Field and Co. größeren Wert auf eine üppige Innengestaltung – gleichsam versteckt hinter einer schlichten, fast monotonen Fassade (Abb. 11). Marshall Field, der sich erneut an Burnham wandte, begann 1902 mit seiner Erweiterung an der State Street in südlicher Richtung. Die Bebauung des gesamten Blocks erstreckte sich insgesamt über mehr als ein Jahrzehnt. Ein riesiges weißes Granitgebäude, »streng konzipiert und von schlichter Einfachheit«, ragte mit seinen zwölf Geschossen in den Himmel. Sein Haupteingang protzte mit vier Granitpfeilern, den gewaltigsten Monolithen »westlich von Carnac«.[26] Bei der großen offiziellen Eröffnung im Jahre 1907 besaß Marshall Field and Co. eine Gesamtfläche von über 125 000 qm und behauptete stolz, das größte Kaufhaus der Welt zu sein. Zwei Millionen Menschen – von siebentausend Verkäufern bedient – besuchten es allein in der Eröffnungswoche. Alles an der Konstruktion war kolossal, spektakulär, werbewirksam: die 27 000 automatischen Sprinkler, die 35 000 elektrischen Beleuchtungskörper, die fünfzig Aufzüge und zwölf Eingänge. In Zusammenarbeit mit Ernest Graham vom Burnham-Büro und Mitarbeitern von Field, wie John G. Shedd, bereitete ein Ausschuß die Einzelheiten mit einer Sorgfalt vor, wie sie sonst nur bei militärischen Kampagnen üblich ist.[27] Zeitungswerbung wurde von den größten Illustratoren wie Alphonse Mucha, Edward Penfield und Harrison Fisher entworfen. Nicht weniger als 35 dieser Zeichnungen wurden innerhalb einer einzigen Woche von Chicagoer Zeitungen abgedruckt; mehrere stellten den Burnham-Bau in einem allegorischen oder typographischen Rahmen dar.[28]

Marshall Field and Co. war das bis dahin größte Warenhaus von Chicago. Burnham entwickelte hier ein Modell, das sein Büro anderswo wiederholen würde. Im südlichen Teil des Gebäudes, über dem ersten Geschoß, öffnete sich ein vierstöckiges Atrium, das mit Tiffany-Mosaik ausgelegt war (Abb. 13); ein paar Etagen höher befand sich ein zweites Atrium, in dem ein elegantes Restaurant untergebracht war. Parallel zur State Street verlief ein wohlproportionierter, mit weißen Säulen versehener Hauptgang von etwa 120 Metern Länge, der an eine europäische Passage erinnerte. »Tausende Fußgänger werden sich glücklich schätzen, durch diese herrliche Passage anstatt über die State Street zu gehen«, sagten Fields Werbemanager voraus.[29] Field's Hauptgang, so meinte auch der *Inter Ocean,* war »einer der großen Attraktionen von Chicago«.[30] Zu beiden Seiten reihten sich Schaukästen aus Tafelglas und Mahagoni, hervorragend beleuchtet mit winzigen Glühlampen, die wegen ihrer Anordnung in leichten Vertiefungen für das Auge unsichtbar waren. Ihre Ecken waren abgerundet, um Platz zu sparen und zu verhindern, daß die Ware beschädigt wurde (Abb. 14). Die Trennwände waren mit Spiegeln versehen und ver-

Abb. 15 D. H. Burnham and Co. mit Swales, Atkinson und Burnet, Perspektivische Ansicht von Selfridge's Department Store, Oxford Street, London, um 1906 (Kat. 219)

Abb. 16 D. H. Burnham and Co., John Wanamaker Department Store, Chestnut Street zwischen Juniper und 13th Street, Philadelphia, 1909; Innenhof mit Orgel

stärkten somit den Eindruck von Sauberkeit. Jedes Detail, bis hin zu den Tiffany-Lampen in den Aufzugskabinen, war aufs Peinlichste ausgearbeitet worden, und es gab in der ganzen City keine besser beleuchteten Aufzugskabinen, das zumindest erklärte Field.[31]

Ein Besuch des Marshall Field and Company war geradezu ein Muß geworden. Mit Fluten von Broschüren, Büchern, Souvenirs, Postkarten und Anzeigen wurde für dieses neue Kaufhausimperium geworben. Die imposante, ehrwürdige, riesige Hülle umgab eine großartige Verkaufsmaschinerie, die natürlich vor allem dem Zweck diente, die Kauflust des Besuchers zu steigern. Als Burnham mit seinen Entwürfen begann, war Harry Gordon Selfridge Fields Partner. Selfridge war es, der darauf bestand, daß Field's Schaufenster die am besten dekorierten im ganzen Land wurden, der das Geschäft mit Chicagos Tagesereignissen – zum Beispiel der Weltausstellung – in Verbindung brachte, der originelle Kampagnen einführte – wie das Zählen der Tage bis Weihnachten – und der die spektakulären Eröffnungen organisierte.[32]

Und Selfridge war es auch, der Burnhams Warenhaus in die Oxford Street von London brachte (Abb. 15) und die großen offenen Flächen des ›Chicago Store‹ – soweit es die strengen Pachtbeschränkungen, Bau- und Feuervorschriften erlaubten – kopierte.[33] Obwohl Selfridge behauptete, von einem flüchtig hingeworfenen Entwurf eines obskuren technischen Zeichners inspiriert worden zu sein, war er in manchen Punkten doch auf den Rat von Burnhams Chicagoer Büro angewiesen. Er wußte, daß er »ein edles Gebäude mit griechischer Linienführung« wollte, »das so konzipiert war, daß es später ohne weiteres auf harmonische Weise erweitert werden konnte«.[34] Die von Burnham bevorzugte Schottenbauweise ließ sich fast unendlich erweitern, ohne daß die Fassadengestaltung unterbrochen wurde. Für die offizielle Eröffnung bediente sich Selfridge einer ähnlichen künstlerischen Zeitungswerbung wie damals bei Field's. Und wiederum verstand es Selfridge auch hier, die lokalen Ereignisse mit seinem Warenhaus in

Abb. 17 D. H. Burnham and Co., Perspektivische Studie des Atriums des geplanten Eaton's Department Store, Toronto, um 1912 (Kat. 224)

Abb. 18 Holabird and Roche, Mandel Brothers Store, Nordostecke State und Madison Street, 1912 (verändert)

Verbindung zu bringen – ob es sich nun um Krönungsfeierlichkeiten, Staatsbesuche oder Luftfahrtveranstaltungen handelte. Selfridge lockte die Leute in sein Haus, ohne sie zu irgend etwas zu verpflichten. Chicagos Geschäfte waren ›offene Läden‹, und mit dieser neuen Shopping-Idee wollte Selfridge die schwerfälligen, älteren britischen Geschäftshäuser verdrängen, die, wie er meinte, der Unbefangenheit und dem Wohlbefinden des Käufers ebenso abträglich waren wie den Gewinnen der Geschäftsinhaber.[35]

Burnhams Bauten eroberten Amerika ebenso wie England. Sein Büro baute das McCreery Building in Pittsburgh, Alms and Doepke in Cincinnati, Joseph Fredericks and Co. in San Francisco, Gimbel and Wanamaker in New York und, am herausragendsten von allen, den riesigen Wanamaker Store in Philadelphia, noch größer als Field's in Chicago.[36] Wanamaker's, so erklärte Burnham, war »die monumentalste Geschäftshauskonstruktion, die je auf der Welt errichtet wurde«.[37] Es wurde im Dezember 1911, in Anwesenheit des Präsidenten der Vereinigten Staaten William Howard Taft, eingeweiht. Wie Field's besaß es einen großen offenen Innenhof, der in diesem Fall von einer riesigen Orgel beherrscht wurde (Abb. 16). Zunächst reagierte man skeptisch auf die Wahl eines Chicagoer Architekten für dieses Projekt. Doch seine Bauweise fand auch hier bald allgemein Anklang.[38]

Burnham erhielt auch Anfragen aus Kanada. »Die Art des von Ihnen erwähnten Gebäudes stimmt genau mit unseren Vorstellungen überein«, schrieb er der Hudson's Bay Company in Winnipeg.[39] Und das Burnham-Büro bereitete einen Entwurf für Torontos Eaton Building vor: ein gewaltiger Rundbau und verschiedene Versionen eines großen Atriums (Abb. 17; Tafel 55; Kat. 223, 224).[40] Dieser Entwurf wurde jedoch nie realisiert.

Während Burnham und sein Nachfolge-Büro Graham, Anderson, Probst and White die Chicago-Architektur im ganzen Land verbreiteten, übernahm ein ortsansässiger Konkurrent – Holabird and Roche – 1911 drei Großaufträge an der State Street, alle drei im Stil der Jahrhundertwende erbaut und durch die strategische Lage des Loop begünstigt.[41] Der Traum

Abb. 19 Blick von der Washington Street nach Süden auf die State Street; von links nach rechts: *W. W. Boyington, Columbus Memorial Building, 31 North State Street, 1893 (abgerissen); D. H. Burnham and Co., Stevens Building, 17 North State Street, 1912 (verändert); Mandel Brothers Store; D. H. Burnham and Co., Reliance Building, 32 North State Street, 1895*

der Brüder Leon, Emmanuel und Simon Mandel von einem »Luftschloß« wurde 1912 Wirklichkeit, doch keiner der drei sollte seine Fertigstellung erleben.[42] Nachdem sie für die Mandel Brothers bereits einen auffallend kraftvollen und schlichten Anbau mit weiten Erkern und großen Glasfenstern an der Kreuzung Wabash Avenue und Madison Street realisiert hatten, errichteten Holabird and Roche jetzt ein fünfzehngeschossiges, über hundert Meter hohes Bauwerk (Abb. 18). Mit seinen riesigen Granitpilastern am Sockel und einer Arkade von korinthischen Säulen am Obergeschoß ersetzte es ein kleineres älteres Gebäude und machte Mandel Brothers zu einem der drei größten Geschäftshäuser der City. Etwa 600 Quadratmeter Tafelglas bedeckten die 120 Meter lange Schaufensterfront.

Ein zweites Projekt für den Rothschild Store wurde ebenfalls 1912 eröffnet. Außergewöhnlich daran war vor allem, daß es sich um ein einzeln stehendes, in einem Stück verwirklichtes Gebäude handelte, in das der gesamte Rothschild Store einziehen konnte. Mit seiner leuchtend weiß glasierten Terrakottaverkleidung, seinen zehn Geschossen, 38 Aufzügen und insgesamt zwölf Kilometer Gängen wirkte das neue Warenhaus durch seine feinen Detailarbeiten – das vorspringende Gesims und die mit Arkaden versehenen unteren Geschosse – leichter als seine Nachbarn, auch wenn der *Chicago Record-Herald* seinen massigen Charakter hervorhob.[43] Andere Zeitungsberichte verwiesen auf die Stabilität der Konstruktion, das raffinierte Ventilationssystem und die Sorgfalt, die auf die Brandsicherung verwendet worden war.

Schlichter als der Rothschild Store, doch deshalb nicht weniger eindrucksvoll war das dritte Projekt von Holabird and Roche – verschiedene Bauten für den Boston Store. Franz Winkler schrieb über eine Sektion, die noch vor 1912 fertiggestellt worden war, sie sei »die Verkörperung der ›Chicagoer Idee‹ einer Geschäftshausarchitektur«. »Würde irgend jemand eine derart extreme Schlichtheit bei einem New Yorker oder Bostoner Gebäude wagen?«, fragte er im *Architectural Record*.[44] Man hatte auf alle Extras verzichtet, und der Bau war, wie die anderen großen Kaufhäuser, lichtdurchflutet.

Fünf Jahre später errichteten Holabird and Roche ein weiteres Gebäude für den Boston Store. Das Netcher Building (nach dem Eigentümer des Boston Store benannt) mit siebzehn Ober- und drei Tiefgeschossen bot unter anderem kleine Räume zur Herstellung von Süßigkeiten, Zigarren und Speiseeis, einen Tennisplatz auf dem Dach und eine Abteilung der Chicago Public Library, was seinem Rang als plötzlich zweitgrößtem Kaufhaus der Stadt angemessen war. Seine Höhe wurde dadurch betont, daß auf einem der Wasserreservoirs auf dem Dach eine freie Aussichtsplattform – 110 Meter über dem Boden – eingerichtet wurde. Anders als bei den früheren Trakten zeichnete sich diese Bauphase durch ihre starke Ornamentik – eine mehrstöckige Kolonnade an den Obergeschossen – aus.[45]

In diesem Punkt ähnelte das Netcher Building einem seiner Nachbarn, dem letzten Bau des Marshall-Field-and-Co.-Komplexes, der nicht direkt an das Zentralgebäude anschloß, sondern auf der gegenüberliegenden Seite der Washington Street errichtet worden war. Das Gebäude hatte zwanzig Stockwerke, von denen die unteren sechs ein Herrenbekleidungsgeschäft und die restlichen Büros beherbergten – ein gelungenes Beispiel für die Verbindung von Büro- und Kaufhausarchitektur. Sieht man von den großen Schaufenstern ab, war es äußerlich von vielen anderen Bürotürmen des Loop kaum zu unterscheiden; die Marmor- und Edelholzausstattung im Innern war dagegen aufwendig gehalten, so wie es das Burnham-Büro für seine Kunden bevorzugte.[46]

Bis 1917 war das Shopping Center im Loop komplett, und die ›sieben Schwestern‹ hielten der Welt ihre Tore geöffnet. Abgesehen von Fassadenerneuerungen, von innenarchitektonischer Umgestaltung

Abb. 20 Howard Van Doren Shaw, Nyberg Automobile Works, 2435-37 South Michigan Avenue, 1907 (abgerissen)

Abb. 21 Sailor and Hoffman, Automobil-Ausstellungsraum für Harry Mapp, Ecke South Western Avenue und 67th Street, 1926

und einigen Erweiterungen sollte sich in den sechzig folgenden Jahren nur noch wenig verändern.[47] Innerhalb von nur einem Vierteljahrhundert – von den ersten Jenney-Bauten bis hin zur Fertigstellung des Boston Store – hatte sich die State Street in ihr Kaufhausgewand gekleidet.

Die Höhe dieser Gebäude zeugte auch von den enormen Grundstückspreisen. Um 1920 besaß der Loop eine Reihe von Bürotürmen, die kaum mehr als vertikale Einkaufszentren waren, wie zum Beispiel das neunzehngeschossige Stevens Building (Abb. 19), das 1912 von D. H. Burnham and Co. errichtet und in den zwanziger Jahren erweitert wurde. »Zwölf Geschäftsetagen – denken Sie nur!«, lautete ein Werbespruch in den Golden Twenties. »Kein Lärm, kein Gedränge, kein Stop-and-Go, kein Ausweichen vor den Automobilen ... immer heiter Sonnenschein, ganz gleich wie das Wetter draußen ist.«[48] Knapp hundert Accessoire- und Bekleidungsgeschäfte mieteten sich in dem Gebäude ein. Doch das Stevens Building war weder das einzige noch das erste Gebäude dieser Art. Ein Chicago-Besucher der zwanziger Jahre fand dieses »light shop-keeping« faszinierend und erzählte bei seiner Rückkehr die Geschichte von dem Apotheker, der vierzig Jahre zuvor »als erster – nicht nur in Chicago, sondern in den Vereinigten Staaten – seine Apotheke im zweiten Geschoß eines Geschäftsgebäudes eröffnet hatte«. Selbst große Banken waren im zweiten Geschoß untergebracht. Dieses »Massenshopping«, wie Robert Shackleton sich ausdrückte, trug dazu bei, »die Dichte des Geschäftssektors aufrechtzuerhalten«.[49]

Dichte, Konzentration, thematische Zusammenlegung – all das waren typische Merkmale des Shopping à la Chicago. Berufsgruppen taten sich zusammen; Ärzte, Anwälte, Wirtschaftsprüfer ließen sich in bestimmten Gebäuden nieder. Innerhalb der Hochhäuser selbst fanden sich Juweliere, Goldschmiede, Uhrmacher in eigenen Etagen zusammen.[50] Die Wabash Avenue wurde zur ›Klavierstraße‹ – eine Anhäufung von Musikinstrumentengeschäften, deren Verkaufsräume an Übungsstudios und Konzertsäle grenzten und diesen Straßenabschnitt gleichsam zu einem Musikzentrum machten. Weiter südlich entstand die ›Möbelstraße‹, wo Hersteller und Trödler ihre Waren wirtschaftlicher ausstellen konnten. Und ein paar Kilometer außerhalb des Loop, in Chicagos vormals bestem Wohnviertel, hatten Autohändler eine ›Automobilstraße‹ gegründet. Die erste Auto-Verkaufshalle war 1908 an der South Michigan Avenue eröffnet worden. Drei Jahre später gab es – zwischen 22nd und 25th Street – bereits 26 davon, wodurch die Bodenpreise um ein Zehnfaches in die Höhe schnellten. 1917 hatten sich in diesen vier Baublöcken 55 Automobilverkaufs-, Service- und Reparaturfirmen niedergelassen. Berühmte Chicagoer Architekten wie Holabird and Roche; Jenney, Mundie and Jensen; Jarvis Hunt und Howard Van Doren Shaw, die am Bau der City-Warenhäuser beteiligt waren, wurden herangezogen (Abb. 20).[51]

Ähnlich wie die großen Kaufhäuser verbanden auch die Automobilhäuser Funktionalismus mit verfeinerter Warenhauskultur. Dabei entwickelten die Autohändler eine besondere Neigung zum Vornehmen. Modellierte Ornamentik hob die großen Schaufenster hervor; bunte Backsteinfassaden, glasierte Terrakotta, Gesimse, gelegentlich auch Balustraden verkörperten die romantische Vorstellung vom Autofahren, Wohlstand und Noblesse, die sich mit dem Kauf eines Automobils verbanden (Abb. 21).

Die zur South Side gelegenen Autohäuser – an einem hübsch gepflasterten Boulevard – deuteten auf etwas noch ganz anderes hin: auf eine Zukunft, in der die massiven Downtown-Konstruktionen den Einzelhandel nicht mehr ausschließlich beherrschen würden. Die aufgrund der Zusammendrängung immer größer werdenden Warenhäuser unterstrichen dieses Problem. Die Chicagoer waren sicher stolz, ihre Käufe in einem Distrikt zu tätigen, »der seit dem Tage, da die Pioniere unter den Kaufleuten ihre ersten Geschäftshäuser errichteten«, schon das Einkaufszentrum gewesen war, und daß Chicago im Gegensatz zu New York »auch weitermachte, wo es begann ...«[52] Doch die Klagen über die extreme

Abb. 22 Graham, Anderson, Probst and White, Marshall Field and Co. Store, 1700 Sherman Avenue, Evanston, Illinois, 1929; aus The Architectural Work of Graham, Anderson, Probst and White, *London 1933*

Enge und Übervölkerung waren Generationen alt. Der *Economist,* Befürworter einer südlichen Schwerpunktverlagerung, verurteilte 1910 die »höllischen Bedingungen« im Loop. »In den Stoßzeiten geht es hier schlimmer zu als in Dantes Inferno.«[53]

Mit der Ausbreitung des Automobils verschlimmerte sich auch das Verkehrsproblem, und die Suche nach einem Parkplatz wurde immer hoffnungsloser; im gesamten Loop waren nur einige Hundert Parkmöglichkeiten vorhanden.[54] Trotzdem wurden auch noch in den zwanziger Jahren neue Warenhäuser gebaut, einige darunter, wie das Baskin Building von Holabird and Root (Abb. 23), deutlich beeinflußt von den eleganten Pariser Art-Déco-Fassaden.[55] Kunstvolle Beschriftung, schwarzer Marmor, polychromes Gußeisen – all das stand jetzt zur Verfügung. Der eigentliche Wandel aber erfolgte durch die wachsende Anzahl kleinerer Geschäfte. Zwei Jahrzehnte lang sei in der State Street kein »bedeutendes neues Kaufhaus« eröffnet worden, klagte der *Economist* in den zwanziger Jahren. Was nottat, war »eine Ausdehnung – ein größerer Loop«, und die Ausdehnung kam.[56] Doch sie führte nicht zu der kontinuierlichen südlichen Ausweitung, auf die viele Baulöwen des Loop gehofft hatten, sondern zu einer dreifachen ›Stadtflucht‹ aus dem alten Downtown-Chicago: in elegante Boutiquen, Spezialgeschäfte und Läden im Pariser Stil an der North Michigan Avenue, die durch den Bau der zweigeschossigen Brücke über den Chicago River (von Edward H. Bennett entworfen und 1920 fertiggestellt) und die Eröffnung neuer Hotels und Bürohäuser wieder ›in‹ geworden war; außerdem in mit der Zeit dichter besiedelte Villenviertel wie Evanston und Oak Park; und schließlich in die kleineren Einkaufszentren der Vororte im Norden, Westen und Süden. Hier überall war ganz deutlich der europäische Einfluß zu spüren – vielleicht mehr als in den großen, blockähnlichen Kaufhäusern, die für die Außenwelt das Erbe Chicagos darstellten.

Am stärksten kam dieser europäische Einfluß – auf vielerlei Arten – in der North Michigan Avenue zum Ausdruck. Der neu gestaltete Malabry Court verband neun große Geschäfte und einen neuen Wohnkomplex durch einen offenen, mit Schieferplatten ausgelegten Hof, der an drei Seiten gekachelt war. Giebelfenster, Laternen, weißgetünchte Wände und Blumenkästen erzeugten eine französische Landatmosphäre.[57] Das Michigan Square Building dagegen verkörperte europäische Eleganz. Seine Arkade mit Dutzenden von Läden war, so las man im *Chicagoan,* »eine Miniatur der Pariser Rue de la Paix«.[58] Glassäulen im futuristischen Design, eine große Rotunde (Abb. 24) und ein Restaurant-Bereich, der an europäische Straßencafés erinnerte, lockte eine noble Kundschaft an. Dieser Shopping-Stil war viel direkter importiert und besaß weniger Lokalkolorit als die großen City-Warenhäuser aus der Zeit vor dem Ersten Weltkrieg.

Solche Anleihen waren auch in Vierteln und Vororten wie Lake Forest, Evanston, Oak Park und Wilmette zu finden. Hier wurde die Kundschaft aus der

›upper middle class‹ entweder in der rustikalen Atmosphäre des Lake Forest Market Square von Howard Van Doren Shaw (siehe Wilson, Abb. 21, 23)[59] bedient, oder aber in moderneren, eleganteren Geschäftshäusern wie den Marshall-Field-Zweigstellen, die 1929 in Evanston (Abb. 22) und Oak Park eröffnet worden waren. Die beiden mit ihren großzügigen Eingängen, ihren Erkerfenstern und der traditionellen Marshall-Field-Uhr fast identischen Gebäude waren von Graham, Anderson, Probst and White ganz offensichtlich für ein vornehmes Publikum konzipiert worden.[60] Sie standen im deutlichen Gegensatz zu den massiven Geschäftsblöcken, die nach wie vor die Downtown-Kundschaft versorgten.

Doch die dritte Shopping-Version war vielleicht die interessanteste Synthese amerikanischer Bedürfnisse und europäischer Praxis, viel älter übrigens als die beiden anderen. Sie war in den Vororten entstanden, die sich durch den Ausbau des Nahverkehrssystems rasch ausgebreitet hatten. Trotz seiner spektakulären Hochhäuser an der Lakefront, der Uferstraße am Michigan-See, war Chicago in den zwanziger Jahren eine Stadt der Einfamilien- und Appartementhäuser geworden; Siedlungen mit Komplexen von drei, sechs oder zwölf Wohneinheiten erstreckten sich kilometerweit. Architekten wie Henry A. Newhouse, Charles F. Sorenson, David Saul Klafter, B. Leo Steif und Ottenheim, Stern and Reichert entwarfen jahrzehntelang solche Wohnanlagen. In das Erdgeschoß dieser Gebäude, die nur zehn- bis fünfzehntausend Dollar kosteten, waren oft Geschäfte integriert,[61] die dem aufsteigenden Kleinbürgertum als Wohn- und Kapitalanlagen dienten und wo es seine Grundbedürfnisse decken konnte: Schneidereien und Schusterwerkstätten, Lebensmittel- und Süßwarengeschäfte, Friseurläden und Schreibwarengeschäfte (Abb. 25; Kat. 153). Schon 1904 gab es in Chicago knapp 7000 Einzelhandelsgeschäfte. Zwanzig Jahre später waren es fast 45 000, davon 13 000 Lebensmittel-, 7600 Süßwaren- und Getränkeläden, 1700 Bäckereien und knapp 3000 Bekleidungsgeschäfte.[62]

Zu diesen eher bescheidenen lokalen Einkaufsmöglichkeiten kamen in den zwanziger Jahren noch etwa zwei Dutzend Einkaufszentren hinzu.[63] Wo sich Straßen wie Madison und Crawford, Halsted und 79th, Ashland und 47th, Lincoln, Belmont und Ash-

Abb. 23 Holabird and Root, Baskin Building, 133 South State Street, 1928 (verändert)

Abb. 24 Holabird and Root, Michigan Square Building, 540 North Michigan Avenue, 1930 (abgerissen); Diana-Innenhof

Abb. 25 Sailor and Hoffman, Gebäude für Frank Weber, Südwestecke South Racine Avenue und 82nd Street, 1927

land Street kreuzten, schossen Möbelgeschäfte, Restaurants, Kinos, Billigläden, Kaufhäuser und Bürogebäude wie Pilze aus dem Boden. Chicago-Besucher wie Robert Shackleton beschrieben sie als lebhafte Viertel, ideal zum Bummeln, Essen, Sich-Amüsieren.[64] Die Geschäfte gaben sich hier eleganter als die kleinen Erdgeschoß-Läden in den Seitenstraßen. Stolze Grundbesitzer oder Häusermakler ließen Mehrzweckbauten – eine Kombination von Geschäfts- und Bürohäusern – errichten, die mit Terrakotta verkleidet und mit Girlanden, Kartuschen, Medaillons, Fliesenbeschriftung, Gesimsen oder Mosaiken dekoriert waren, um ihre Noblesse hervorzuheben. Ihre Fassaden waren oft verzierter als die der City-Geschäftshäuser, direkter, um nicht zu sagen naiver, von klassischer und barocker Ornamentik inspiriert – dafür aber auch gleichförmiger. Die Architekten wählten die Dekorationselemente in Herstellerkatalogen aus. Das hatte zur Folge, daß die Kaufhäuser der verschiedenen Außenbezirke einander mehr ähnelten als daß sie einen für Chicago oder die Gegend spezifischen Charakter zeigten. Chicagos Midland Terra Cotta Company hielt ein breites Angebot an Gußformen, Eingangstüren, Gesimsen und dekorativen Motiven bereit (Kat. 154).[65] Die dreigeschossigen Gebäude, die 1927 von der Architektengemeinschaft Rissman and Hirschfeld in Milwaukee und Kimball errichtet worden waren, verkörperten diesen ehrgeizigen Vorort-Bautyp: die eisenverzierten Lampen, die zehn knapp sechs Meter hohen Schaufenster, die Walnußholz-Ausstattung und eleganten Terrakotta-Elemente ließen die Kunden den Hauch der Alten Welt spüren.[66]

Doch die Vorort-Kaufhäuser verkörperten wohl eher europäische Reminiszenzen als echte europäische Architektur. In diesen Vierteln – vorwiegend von Einwanderern bewohnt – gehörte das Feilschen oft noch zum Einkaufsritual, ging es lauter, turbulenter und weniger ›gesittet‹ zu wie in den vornehmeren Downtown-Geschäften. Hier waren Jiddisch, Italienisch, Polnisch und Ungarisch die Verhandlungssprachen. Hier kaufte man in Geschäften wie L. Kleins »West Side's Greatest Store« ein. An der Kreuzung von Halsted und 14th Street gelegen, begann Klein im Jahr 1869 als winziges Erdgeschoß-Lädchen, das sich im Laufe der folgenden vierzig Jahre in einen viergeschossigen Komplex mit fast 50 000 qm Verkaufsfläche verwandelte. Mit seiner zwar bescheidenen, aber gepflegten Fassade war er allerdings kein Bau von architektonischer Erlesenheit.[67]

Paradoxerweise war der europäische Einfluß in der Chicagoer City weniger ausgeprägt als in seinen Außenbezirken. Das Warenhaus-Modell, das im ausklingenden 19. Jahrhundert so beherrschend gewesen war – verstärkt noch durch die Bürotürme und später durch Versandhäuser wie Sears, Montgomery Ward (Kat. 87) und Spiegel –, stellte einen ganz eigenen architektonischen Beitrag der City dar.[68] Architektur-

büros wie die von Burnham; Holabird and Roche; Graham, Anderson, Probst and White; und Nimmons, Carr and Wright (Entwerfer von Sears Einzelhandelszentren; Abb. 26) trugen Chicagos Shopping-Landschaft in die übrigen Städte der USA. Zwar dienten die Licht- und Raumextravaganzen von Sédille, Jourdain, Binet, Messel und anderen in Paris, Berlin und Leipzig den Chicagoer Architekten als Vorbilder.[69] Europäischer Eklektizismus kam aber mehr in Boutiquen, Spezialgeschäften, Automobilverkaufsräumen und Vorort-Kaufhäusern zum Tragen. Die Details wurden übernommen – nicht so sehr das Konzept. Selbst die Lichthöfe von Warenhäusern wie Field's oder Wanamaker's waren ebenso von älteren amerikanischen Bürogebäuden wie von europäischen Warenhäusern inspiriert.[70]

Nach dem Zweiten Weltkrieg entwickelten amerikanische Architekten erneut eine ganz spezielle Form des Shopping. Regionale Einkaufszentren in riesigen Fußgängerzonen breiteten sich vom Mittleren Westen in andere amerikanische Großstadtgebiete und später auch in Europa aus.[71] Leider aber zeugten sie nicht länger von städtischer Energie und Vitalität, sondern vielmehr vom Verfall des Downtown-Lebens. Städte wie Chicago jedoch haben jetzt damit begonnen, neue Einkaufszentren im Warenhausstil zu errichten und alte zu renovieren. Hier findet der Downtown-Einzelhandel ein neues Publikum und wirtschaftliche Unterstützung. Die Verjüngung von Chicagos Loop wäre ein großer Augenblick in diesem Wiederentdeckungsprozeß.

Übersetzung: Bettina Runge

Abb. 26 Nimmons, Carr and Wright, Sears, Roebuck and Co. Retail Store, 1900 Lawrence Avenue, 1925

ANMERKUNGEN

1 Uns steht keine angemessene und umfassende Darstellung der Entwicklung des amerikanischen Einzelhandels zur Verfügung. Es gibt aber Biographien von den großen bekannten Kaufleuten. Vorzügliche Informationen liefert William R. Leach in seinem Artikel ›Transformations in a Culture of Consumption: Women and Department Stores, 1890-1925‹, *Journal of American History* 71, Sept. 1984, S. 317-42.
2 Kenneth T. Jackson behandelt das Thema Eingemeindung in seinem Buch *Crabgrass Frontier: The Suburbanization of the United States,* New York 1985, S. 138-56. Siehe vor allem die Tabellen, S. 140-41. Chicago hatte seinen dritten Platz bis 1950 halten können, war aber bis 1980 auf den 20. zurückgefallen, hinter Städten wie Jacksonville, Indianapolis, Anchorage, Memphis und El Paso. Die große Eingemeindungswelle nach 1950 verschob das Verhältnis Fläche/Bevölkerung, das bis dahin unter den führenden Städten relativ stabil geblieben war. Es gab andere Städte, die, wie Chicago, seit dem späten 19. und frühen 20. Jahrhundert bevölkerungs- und flächenmäßig kontinuierlich wuchsen, ohne Chicago jedoch jemals einzuholen.
3 Vgl. Charles Henry Whites Artikel ›Chicago‹, *Harper's Monthly* 118, April 1909, S. 730. White spricht von »Loop-Opfern« – einer Kategorie von Menschen, die den Loop meiden wollten und trotzdem dort landeten, oder die sich sofort hoffnungslos darin verirrten.
4 Als repräsentative Beschreibung des Gebäudes vgl. Monsignor Count Vay de Vaya, *The Inner Life of the United States,* London 1908, S. 172-73.
5 Vgl. G. W. Steevens, *The Land of the Dollar,* New York 1987, S. 147, der auf die »fast vorgeschichtliche Ausstrahlung« der Gebäude, ihre »massive Schlichtheit, vergleichbar mit den großen zyklopischen Ruinen von Mykenä und Tiryns« hinweist.
6 Geschäftshäuser wie diese beschreibt E. E. Bartons in *A Business Tour of Chicago, Depicting Fifty Years' Progress,* Chicago 1887.
7 Zur Verlagerung der Einkaufsviertel siehe u. a. Homer Hoyt, *One Hundred Years of Land Values in Chicago, 1830-1933,* Chicago 1933, S. 88-90, 103-04; J. R. Hamilton, ›State Street‹, Chicago Association of Commerce and Industry, *Survey,* Chicago 1925; und Harold M. Mayer und Richard C. Wade, *Chicago: Growth of a Metropolis,* Chicago 1969, S. 54-56.
8 Fields Werbeliteratur war mit Drucken und Photos der verschiedenen Geschäfte versehen, die auch auf zahlreichen Postkarten verewigt waren. Eine besonders prägnante und brauchbare illustrierte Beschreibung gibt ein von der Firma herausgegebener Führer, *Marshall Field and Company.* Eine Kopie davon befindet sich im Field-Archiv.
9 ›The State Street Stores‹, *Economist* 15, 13. Juni 1896, S. 728-29 enthält verschiedene vergleichende Statistiken über Größe und Wachstum der großen City-Kaufhäuser.
10 Charles Dudley Warner, ›Chicago‹, *Harper's Monthly* 76, Mai 1888, S. 873-74. Dies war der dritte Artikel in der Serie ›Studies of the Great West‹, die Warner für *Harper's* schrieb.
11 John F. Flinn, *The Standard Guide to Chicago,* Ausgabe zur Weltausstellung, Chicago 1893, S. 50.
12 Eine knappe Beschreibung dieser Warenhäuser gibt Carl W. Condit, *The Chicago School of Architecture: A History of Commercial and Public Building in the Chicago Area, 1875-1925,* Chicago 1964, S. 89-91. Zu zeitgenössischen Kommentaren über die Erweiterung des Fair Store im Vergleich zum Bon Marché (den er an Größe noch übertraf), siehe ›Great Mercantile Building‹, *Economist* 15, 24. Okt. 1896, S. 428-29.
13 Condit (Anm. 12), S. 89.
14 Vgl. *Industrial Chicago,* Chicago 1981, Bd. I, S. 205, wie von Condit (Anm. 12), S. 90 zitiert.
15 Mme. Léon Grandin, *Impressions d'une Parisienne à Chicago,* Paris o. J., S. 209-12. Diese Reise fand 1892-93 statt; das Buch erschien bald darauf. Als sorgfältige und ausführliche Beschreibung eines der größten Pariser Kaufhäuser, vgl. Michael B. Miller, *The Bon Marché: Bourgeois Culture and the Department Store, 1896-1920,* Princeton 1981.
16 Diese Kritik stammt von Condit (Anm. 12), S. 91. Für weitere Erläuterungen über den Fair Store und sein Gebäude siehe Timothy Barton, ›A Fair to Remember‹, *Inland Architect* 30, Mai/Juni 1986, S. 62-66. Zur Geschichte des Warenhauses siehe auch Forest Crissey, *Since Forty Years Ago,* Chicago 1915. The Fair stellt für den Amerikaner auch den Ort seiner berühmtesten Reise ins Shopping dar, Carrie Meebers Aufnahme in die Welt des Konsums in Theodor Dreisers *Sister Carrie,* 1900 erschienen. Weiteres über die Einkaufskultur bei Rachel Bowlby, *Just Looking: Consumer Culture in Dreiser, Gissing and Zola,* London und New York 1985, Kap. 4; Neil Harris, ›The Drama of Consumer Desire‹, *Yankee Enterprise: The Rise of the American System of Manufactures,* Otto Mayr (Hrsg.), Washington 1981, S. 181-216.
17 *Economist* 15, 24. Okt. 1986, S. 428.
18 Ann Lorenz Van Zanten, ›The Marshall Field Annex and the New Urban Order of Daniel Burnham's Chicago‹, *Chicago History* 11, Herbst/Winter 1982, S. 135.
19 Robert A. M. Stern, Gregory Gilmartin und John Massengale, *New York 1900: Metropolitan Architecture and Urbanism 1890-1915,* New York 1983, S. 192. Stern macht vor allem das Monumentale und die Größe dieser neuen Warenhäuser für ihre wirtschaftlichen Probleme verantwortlich.
20 John Kendall, *American Memories: Recollections of a Hurried Run Through the United States During the Late Spring of 1986,* o. O. u. J., S. 183.
21 William Archer, *America To-Day: Observations and Reflections,* London 1900, S. 88. Archer schloß, daß die verbesserten Proportionen durch die größeren Grundstücke, auf denen die Chicagoer Architekten bauen mußten, gefördert wurden.
22 ›The State Street Stores‹, *Economist* 15, 13. Juni 1896, S. 728.
23 *Economist* 15, 9. Mai 1896, S. 574.
24 Dieses Zitat stammt aus einer ganzseitigen Werbung in der *Chicago Tribune,* 31. Okt. 1903, S. 5.
25 Eine andere ganzseitige Werbung von Schlesinger and Mayer in der *Chicago Tribune,* 7. Okt. 1903, S. 8. Besonders in der Zeitungswerbung gepriesen waren: der in die abgerundete Ecke integrierte Haupteingang, die Mahagoni- und Marmorausstattung, die neuartige Kombination von Bogen- und Glühlampen, die »größten und schönsten« Schaufenster der Welt, die Telefonkabinen, die Lese- und Schreibräume, die sanitären Anlagen, das ärztliche Behandlungszimmer und – in der Eröffnungswoche, beginnend am 12. Oktober 1903 – die zehntausend Chrysanthemen.
26 Diese Sätze sind den zahlreichen Werbeprospekten von Marshall Field and Co. entnommen. Einige davon sind in den Field-Archiven, andere in der Chicago Historical Society zu finden. Sie sind meist undatiert, weshalb es schwierig ist, präzise auf eine bestimmte Broschüre zu verweisen. Zu den begeisterten Erläuterungen des Bauprogramms zählt eine 31seitige Broschüre *Marshall Field and Co. Retail,* die kurz nach 1907 gedruckt wurde. *The Store of Service,* ein Prospekt, der gegen 1920 herauskam, als Fields City-Gebäude praktisch komplett waren, gab auch einen Überblick über die Kaufhausgeschichte. Damals hatte Field's fast 200000 qm Verkaufsfläche, etwa 9000 Angestellte und während der Weihnachtssaison noch weitere 4500 Aushilfskräfte zur Verfügung.
27 Wir verfügen nur über bruchstückhafte Aufzeichnungen von all diesen Besprechungen. Ein interessantes Beispiel in den Field-Archiven ist das Protokoll einer Verhandlung, die am 14. November 1905 in Shedds Büro stattfand. Man verhandelte u. a. über die Ausstattungskosten, das Kühlungssystem und den Pelztresor, die Rolltreppen (ein strittiges Thema bei Kaufhausentwerfern), die Größe der Säulen und die Plazierung der verschiedenen Abteilungen. Einen zeitgenössischen Kommentar zur architektonischen Planung amerikanischer Kaufhäuser und zur Notwendigkeit visueller Kohärenz (»die meisten Käufer sind nicht helle, deshalb muß alles klarer als der hellichte Tag sein ...«) findet man bei John Lawrence Mauran, ›The Department Store Plan‹, *Brickbuilder* 17, Nov. 1908, S. 252-55.
28 Reproduktionen einiger dieser Graphiken findet man im *Inland Printer* 40, Dez. 1907, S. 397-99. Fünf Jahre zuvor, als der erste Abschnitt des neuen Gebäudes eröffnet worden war, hatte Field eine ähnlich umfangreiche Werbekampagne gestartet und 75 Zeichnungen für ganzseitige Zeitungswerbung gekauft. Vgl. ›Some Unusual Advertising‹, *Inland Printer* 30, Dez. 1902, S. 415-17. Für beide Kampagnen wurden zahlreiche Künstler herangezogen. Solche Werbung, schrieben die Leitartikler, sei ein Beispiel für die wachsende Annäherung von Kunst und Kommerz. Vgl. ›Art and Business‹, *Chicago Tribune,* 4. Okt. 1907, S. 8. Die *Tribune* hob auch die Dekorationsmethoden der City-Geschäfte lobend hervor, die offensichtlich von den verschiedenen ausländischen Ausstellern der fast fünfzehn Jahre zurückliegenden Weltausstellung gelernt hätten.
29 *Marshall Field and Co. Retail* (Anm. 26), S. 20.
30 *Centennial History of the City of Chicago: Its Men and Institutions,* Chicago 1905, S. 182.
31 *Marshall Field and Co. Retail* (Anm. 26), S. 26.
32 Selfridges Rolle bei der Entwicklung von Field's Verkaufsmethoden wird ausführlich erörtert von Robert W. Twyman, *History of Marshall Field and Company, 1852-1906,* Philadelphia 1954, und Lloyd Wendt und Herman Kogan, *Give the Lady What She Wants,* Chicago 1952.
33 Reginald Pound, *Selfridge: A Biography,* London 1960, S. 35-40, erzählt von seinen Bemühungen, das Londoner Haus zu gründen und von seinen Problemen mit den britischen Behörden und Baubestimmungen.
34 Diese Geschichte und die Begegnung mit Swales (Selfridge konnte sich nicht einmal an seinen Vornamen erinnern) erzählte Selfridge in ›Selling Selfridge‹, *Saturday Evening Post* 208, 10. Aug. 1935, S. 66-70. Dies war der zweite Beitrag einer vierteiligen Serie, die zweimal monatlich, vom 27. Juli bis 7. September, herauskam. Obwohl sich Selfridge nur vage zu Swales äußerte, hatte sich Francis S. Swales als Architekt in Kanada, England und den Vereinigten Staaten einen Namen gemacht und während der zwanziger und dreißiger Jahre in *Pencil Points* verschiedene Artikel und Entwürfe veröffentlicht. Vgl. Angaben über Swales und über R. Frank Atkinson (der Architekt, der für einen Großteil der Kaufhausplanung verantwortlich zeichnete) in A. Stuart Gray, *Edwardian Architecture: A Biographical Dictionary,* Iowa City 1986, S. 93-95, 343. Gray befaßt sich mit dem Selfridge-Gebäude auch in dem Kapitel ›Edwardian Shops and Stores in London‹, S. 66-73.
35 Selfridge, ›Selling Selfridge‹, *Saturday Evening Post* 208, 27. Juli 1935, S. 18-19, 51-53. Der Ruf, so erklärte Selfridge, war für britische Ladenbesitzer wichtiger »als der Umsatz ... Dieser Nobel-Kult war lediglich eine Antwort auf die Einstellung der britischen Käufer jener Tage ... Sie machten sich nicht die Mühe, die Preise zu vergleichen ... Sie verachteten die Menge und mißtrauten niedrigen Preisen«, S. 53. Und all das wollte Selfridge ändern. Die Amerikaner zeigten großes Interesse an seinem Londoner Abenteuer. Mehr über britisches Shopping in *The Golden Age of Shop Design: European Shop Interiors 1880-1939,* Alexandra Artley (Hrsg.), London 1975, und Alison Adburgham, *Shops and Shopping 1800-1914,* London 1964.
36 All diese Kaufhäuser sind abgebildet in *The Architectural Work of Graham, Anderson, Probst and White, Chicago, and Their Predecessors D. H. Burnham and Co. and Graham, Burnham and Co.,* London 1933, Bd. 1, Tafeln 121-170. Für Erläuterungen zu einem der Burnham-Bauten in San Francisco und Beschreibungen der zeitgenössischen Kaufhausgebäude in der Stadt vgl. A. G. David, ›The New San Francisco‹, *Architectural Record* 31, Jan. 1912, S. 1-26. Diese waren im großen und ganzen etwas kleiner als die Chicagoer Kaufhäuser. Für Vergleiche zwischen amerikanischen (wobei implizit Burnhams Bauten Modell stehen) und deutschen Kaufhausentwürfen siehe William L. Mowll, ›The Architecture of the Modern German Department Store‹, *Brickbuilder* 23, Sept. 1914, S. 205-10.
37 So zitiert Thomas S. Hines Burnham in *Burnham of Chicago: Architect and Planner,* New York 1974, S. 303. Auf S. 303-07 beschreibt Hines die von Burnham realisierten Wanamaker-Projekte und den Bau von Filene in Boston. Die Architektursammlung der Chicago Historical Society enthält ein weiteres großes Projekt von D. H. Burnham and Co. in Pennsylvania, die Entwürfe für das Wood Street Building in Pittsburgh, dem späteren McCreery's Department Store. Sie zeigen genaueste Details von Schaukästen und Vertäfelung, von Standort und Ausmaßen der Regale, Spiegel, Treppen, Aufzüge und Toiletten, außerdem 88 Etagenentwürfe, Ausstattungszeichnungen und Aufrisse. Die außergewöhnliche Palette von Details, die Größenordnung und die Kosten erklären, weshalb Kaufleute sich gern an ein großes und erfahrenes Büro wie Burnhams wandten, das sich schon in der Pla-

nung solcher riesigen Verkaufsmaschinen bewiesen hatte.

38 »Daß ein Chicagoer Architekt für den Bau eines großen Kaufhauses in Philadelphia und New York ausgewählt wurde, mag den Laien befremden«, bemerkte die *Chicago Tribune,* »doch in der Hochhausarchitektur ist Chicago nun mal führend.« *Chicago Sunday Tribune,* 11. Okt. 1903, S. 18. Der Artikel vergleicht die Hochhäuser von New York und Chicago – zum Nachteil von New York.

39 Burnham an H. C. Burbridge, Chicago, 10. Feb. 1911, *Burnham-Briefe,* Bd. 18, The Art Institute of Chicago.

40 Mehrere dieser Skizzen sind in der Architektur-Abteilung des Art Institute of Chicago zu finden.

41 Robert Bruegmann bereitet derzeit eine Geschichte des Büros vor. Für eine knappe Einführung siehe Robert Bruegmann, ›Holabird & Roche and Holabird & Root: The First Two Generations‹, *Chicago History* 9, Herbst 1980, S. 130-65.

42 *Chicago Record-Herald,* 22. Sept. 1912, Bd. 2, S. 5. Die Mandel-Brüder hatten 1855 an der South Clark Street 260 mit ihrem ersten Geschäft begonnen. Ihr State-Street-Geschäft beherbergt heute Wieboldt.

43 *Chicago Record-Herald,* 15. Okt. 1912, S. 16. Dieses Gebäude ging durch mehrere Hände, bis es schließlich von Goldblatt bezogen wurde. 1928 wurden vier Geschosse aufgestockt.

44 Franz Winkler, ›Some Chicago Buildings Represented by the Work of Holabird and Roche‹, *Architectural Record* 31, April 1912, S. 313. Mit der Auflösung des Boston Store im Jahre 1948 wurde das Gebäude in State-Madison Building umbenannt und für diverse kommerzielle Zwecke umgebaut. Eine knappe Geschichte dieses Gebäudes steht in Frank A. Randalls *History of the Development of Building Construction in Chicago,* Urbana, Illinois 1949, S. 226.

45 Der *Economist* 34, 1. Juli 1905, S. 23 beschreibt eine Bauphase des Netcher Building in allen Einzelheiten. Margaret Corwin, ›Mollie Netcher Newbury: The Merchant Princess‹, *Chicago History* 6, Frühjahr 1977, S. 34-43, ist eine Geschichte des Boston Store selbst. Die Geschäftsführung von Marshall Field and Co. behielt die Bauvorhaben ihrer Loop-Konkurrenten genau im Auge und legte vergleichende Statistiken über Verkaufs- und Schaufensterflächen, Anzahl der Aufzüge usw. an. Die Field-Archive enthalten einen Aktenordner mit der Aufschrift: »Construction Building Statistics« mit einer Zusammenfassung dieser Zahlen aus den frühen zwanziger Jahren.

46 Dieser Bau wurde 1914 errichtet.

47 In den zwanziger Jahren wurden an den Geschäften in der State Street zahlreiche Erweiterungen vorgenommen, darunter ein großer Anbau für Carson und die Rothschild-Erweiterungen. Außerdem entstanden neue Spezialgeschäfte und andere kommerzielle Gebäude. Siehe zum Beispiel ›The Baskin Building, Chicago‹, *Architectural Record* 63, April 1928, S. 403-05. Im großen und ganzen aber war der Warenhaus-Bezirk bis 1917 – mit den Ergänzungen des Boston Store – abgeschlossen.

48 Diese Werbung stand in der *Chicago Tribune,* 4. Okt. 1926, S. 7. »Lägen sie an der Michigan Avenue, würden diese zwölf Blocks mit wunderschönen Geschäften von der Randolf Street bis zur Roosevelt Road reichen ...« Im selben Jahr schmückte sich die State Street mit edelsteinverzierten Bögen und einem kostspieligen neuen Beleuchtungssystem, entworfen von Walter D'Arcey Ryan, einem Ingenieur von General Electric. Vgl. *Chicago Tribune,* 10. Okt. 1926, S. 1; 14. Okt. 1926, S. 1; 15. Okt. 1926, S. 1. Die neue Beleuchtung wurde mit einem großen Fest eingeweiht.

49 Robert Shackleton, *The Book of Chicago,* Philadelphia 1920, S. 73-74.

50 Vgl. *Rand McNally's Souvenir Guide to Chicago,* Chicago ca. 1912, Kommentare S. 27 und passim. »Man hat Chicago mit seinen Gruppierungen von bestimmten Geschäften mit einer großen Ausstellung verglichen.« S. 22.

51 Weitere Einzelheiten über Chicagos ›Automobilstraßen‹ siehe Robert Pruter, ›The Prairie Avenue Section of Chicago: The History and Examination of Its Decline‹, M. A.-Arbeit, Roosevelt University 1976; und Peter B. Wight, ›The Transmutation of a Residence Street‹, *Architectural Record* 27, April 1910, S. 285-93. Chester H. Liebs, *Main Street to Miracle Mile: American Roadside Architecture,* Boston 1985, S. 75-86, führt die Geschichte der Autoverkaufshäuser und -straßen aus.

52 Shackleton (Anm. 49), S. 15, 59.

53 *Economist* 43, 30. April 1910, S. 866.

54 Zwischen 1908 und 1920 stieg die Zahl der Autos in Chicago von 5000 auf 86 500, also um ein Siebzehnfaches; in den folgenden zehn Jahren vervierfachte sich die Zahl noch einmal. Vgl. Hoyt (Anm. 7), S. 205, 237. Gegen 1926 kamen fast 100 000 Autos täglich in die Innenstadt.

55 ›The Baskin Building, Chicago‹, *Architectural Record* 63, April 1928, S. 403-05. Zu den Mappen, mit denen die Pariser Geschäftshäuser und Fassaden vorgestellt wurden, zählten Henri Delacroix und A. Lezine, *Boutiques,* Paris o. J.; René Herbst, *Boutiques et Magasins,* Paris o. J.; ders., *Modern French Shop Fronts and Their Interiors,* London 1927; und Roger Poulain, *Boutiques,* Paris 1931. Holabird and Root nahmen in den zwanziger Jahren auch Anleihen beim georgianischen Stil, zum Beispiel bei einem Komplex von Läden, Wohnungen, Appartements und Innenhöfen in Omaha. Vgl. ›The Aquila Court Building at Omaha, Nebraska‹, *Through the Ages* 3, März 1926, S. 29-33. Wenige Jahre zuvor hatten Chester A. und Raymond C. Cook eine Gruppe von Gebäuden an der Michigan Avenue und der Ontario Street so umgebaut, daß ein innenhofartiges Zentrum entstand.

56 Joseph Wild, ›State Street: A Greater Loop‹, *Economist* 70, Sept. 1923, S. 527.

57 Anne Lee, ›Malabry Court, Chicago – A Remodeled Building‹, *Architectural Record* 63, Feb. 1928, S. 97-104.

58 *Chicagoan* 7, 3. Aug. 1929, S. 18. Eines der Kaufhäuser, die besonders von europäischem Chic geprägt waren, war Saks Fifth Avenue, 1929 eröffnet und von Holabird and Root entworfen. Photos siehe *Architectural Forum* 50, Juni 1929, S. 182-83. Diese ›Shop and Stores Reference Number‹ enthält mehrere Beispiele, insbesondere aus New York, von modernistischen Fassaden und Innenausstattungen, viele darunter deutlich von Europa beeinflußt. Weitere Einzelheiten in Ely Kahns ›The Modern European Shop and Store‹, S. 789-804.

59 Zu Shaws Lake Forest Market Square siehe *Architectural Forum* 27, Okt. 1917, Tafeln 55-68. Diese Entwicklung fand nicht nur in Chicago statt. Auch J. Clyde Nichols' Country Club Plaza in Kansas City war deutlich von traditioneller europäischer Architektur geprägt, wenn es auch gleichzeitig mit modernen Techniken liebäugelte. Vgl. Richard W. Longstreth, ›J. C. Nichols, The Country Club Plaza and Notions of Modernity‹, *Harvard Architectural Review* 5, 1986, S. 120-35. Diese Entwicklung beeinflußte wiederum sehr stark ein Projekt in Wilmette: den ›Spanischen Hof‹, der in den zwanziger Jahren ebenfalls in spanisch anklingendem Stil errichtet wurde. Inzwischen ist er vergrößert und als Einkaufszentrum ›Plaza del Lago‹ umstrukturiert worden.

60 Photos von diesen Kaufhausfassaden und Innenausstattungen sind enthalten in *The Architectural Work of Graham, Anderson, Probst and White* (Anm. 36), Bd. 1.

61 Die Namen dieser Architekten sind in den Tausenden Appartementhaus-Projekten erwähnt, die jährlich vom *Economist* beschrieben werden. Sowohl das Art Institute und die Historical Society von Chicago verfügen über Beispiele von Appartementhäusern mit Geschäften im Erdgeschoß.

62 Diese Zahlen stammen aus L. M. Barton, *A Study of 81 Principal Markets,* Chicago 192[illegible], und J. R. Hamilton, ›State Street‹, Chicago Association of Commerce and Industry, *Survey,* Chicago 1925. Barton war Schatzkanzler von The 100 000 Group of American Cities, die seinen Bericht veröffentlichte. Zu diesem Zeitpunkt erklärte er Chicago mit einer Einwohnerzahl von 2 968 000 zur viertgrößten Stadt der Welt.

63 Zu einer detaillierten Beschreibung dieser Einkaufszentren siehe Malcom J. Proudfoot, ›The Major Outlying Business Centers of Chicago‹, Ph.D. Diss., University of Chicago 1936. Siehe auch Mayer und Wade (Anm. 7), S. 344-46.

64 Shackleton (Anm. 49), S. 89.

65 Die Ladenbesitzer konnten auch bescheidenere Fassaden von den Herstellern beziehen, die Kataloge herausgaben wie *Kawneer Store Fronts: A Collection of Successful Store Designs,* Niles, Michigan 1923. Die Midland Terra Cotta Company in Chicago bot um 1925 eine Serie von Terrakotta-Ornamenten für verschiedene Gebäudetypen, einschließlich Geschäften, an. Die Burnham-Bibliothek des Art Institute of Chicago ist im Besitz einer Kopie. Siehe vor allem Tafeln 16-17, 47-50. Die eklektizistischen Elemente bei den Vorort-Kaufhäusern spielten eine vergleichbare Rolle wie die Fassadenornamentik der römisch-katholischen Kirchen der Einwanderer. Vgl. Edward R. Kantowicz, ›To Build the Catholic City‹, *Chicago History* 14, Herbst 1985, S. 14-27; und George A. Lane, *Chicago Churches and Synagogues,* Chicago 1981.

66 Blaupausen, Entwürfe, Aufrisse und Baupläne davon befinden sich unter Rissman and Hirschfeld, Job Nr. 271, in der Architektur-Sammlung der Chicago Historical Society. B. Leo Steif, M. Spitz, A. H. Spitz, Alfred S. Alschuler und andere Architekten, deren Werk in der Chicago Historical Society aufbewahrt ist, errichteten zu dieser Zeit ebenfalls solche Vorort-Kaufhäuser.

67 Siehe die vom Kaufhaus herausgegebene Broschüre *The L. Klein Reference Book: Compliments of the West Side's Greatest Store,* Chicago 1914. Eine Kopie befindet sich in der Chicago Historical Society.

68 Mehr über Sears und den Einzelhandel in James C. Worthy, *Shaping an American Institution: Robert E. Wood and Sears, Roebuck,* Urbana, Illinois 1984, S. 81-105. Zu Ausführungen über den Baustil, der während der Expansion von Sears regionalen Versand- und Kaufhäusern entstand, siehe George C. Nimmons, ›The New Renaissance in Architecture, as Seen in the Design of Buildings for Mail Order Houses‹, *American Architecture* 134, 5. Aug. 1928, S. 141-48. Nimmons beschrieb Gebäude in Los Angeles, Minneapolis, Milwaukee, Detroit, Boston und Memphis.

69 Zu Erläuterungen und Beschreibungen von europäischen Lichthöfen vgl. Bernard Marrey, *Les Grands Magasins: Des origines à 1939,* Paris 1979; Meredith L. Clausen, ›La Samaritaine‹, *Revue de l'Art* 32, 1976, S. 57-77; Mowll (Anm. 36); und Julius Posener, *Berlin auf dem Wege zu einer neuen Architektur. Das Zeitalter Wilhelms II.,* 1890-1918, München 1979, S. 453-81.

70 Diese Ansicht vertritt Meredith L. Clausen, ›Frank Lloyd Wright, Vertical Space, and the Chicago School's Quest for Light‹, *Journal of the Society of Architectural Historians* 44, März 1985, S. 66-74.

71 Für weitere Einzelheiten über die Entwicklung der Einkaufszentren siehe Liebs (Anm. 51), Kap. 1; und Neil Harris, ›Spaced Out at the Shopping Center‹, *New Republic,* 13. Dez. 1975, S. 23-26.

Meredith L. Clausen

Das Paris der achtziger Jahre und die Rookery

Paris übte, vor allem im zweiten Teil des 19. Jahrhunderts, eine besondere Anziehungskraft auf die Amerikaner aus. Architekturstudenten – zunächst Richard Morris Hunt, 1845, dann Henry Hobson Richardson in den sechziger und Louis Sullivan in den siebziger Jahren – zog es vor allem hierher, um an der Ecole des Beaux-Arts, der berühmtesten Kunstakademie der Welt, studieren zu können. Als die großen Planungen Napoleons III. Paris umgestalteten, wurde die französische Hauptstadt für die amerikanische Öffentlichkeit, die nach einem Modell für ihre eigenen Städte suchte, besonders attraktiv.

In den Jahren, die auf den Sezessionskrieg folgten, waren die Amerikaner eifrig bemüht, ihre nationale Identität zu definieren. Die Jahrhundert-Ausstellung von 1876 in Philadelphia schuf ein neues Geschichtsbewußtsein und vermittelte der Öffentlichkeit ein Gespür für ihre eigene Vergangenheit und die Einzigartigkeit des Landes. Während sich die Wirtschaft nach der Depression von 1873 erholte, reisten immer mehr Amerikaner nach Europa, vor allem nach Frankreich. Skizzen und Berichte solcher Reisen förderten weiter Neugier und Interesse an europäischer Kultur und Zivilisation.

In den achtziger Jahren war die sogenannte amerikanische Renaissance in vollem Gange.[1] Diese Bezeichnung suggerierte eine geistige Verwandtschaft zwischen der italienischen Renaissance des 16. Jahrhunderts – der ›Wiedergeburt‹ einer Kultur, die sich an der klassischen Antike orientierte – und dem amerikanischen Streben nach einer Kulturerneuerung, die sich insbesondere auf die europäische Kunst und Architektur des 17. und 18. Jahrhunderts gründete. Dabei ging man von der Voraussetzung aus, daß man sich an der Kunst der Vergangenheit für eine neue, typisch amerikanische Kunst inspirieren lassen könnte.

Amerikanische Künstler, Bildhauer, Architekten und Schriftsteller machten sich Bilder und Formen aus dem Ausland zu eigen, modifizierten und adaptierten, was sie aus fremden Quellen bezogen, um es auf ihre eigenen Zwecke abzustimmen. Während der Jahrhundert-Ausstellung 1876 wurden sich viele Amerikaner – zum erstenmal direkt mit der Kultur der Alten Welt konfrontiert – der Unterschiede zwischen der europäischen und ihrer eigenen Kultur bewußt. Ihr Minderwertigkeitsgefühl, vor allem in Sachen Kunst und Geschmack, ließ den dringenden Wunsch entstehen, eine Kultur der Neuen Welt zu entwickeln, die ebenso verfeinert sein sollte wie die europäische. Wohlhabende amerikanische Touristen suchten im europäischen Klassizismus ein Sprungbrett für eine bessere amerikanische Zukunft. Und während sie sich jeweils das Beste aus allem – aus Kunst, Architektur, Literatur, Musik, Eß- und Trinkkultur – herauspickten, blühte ein neuer kosmopolitischer Geist auf. Vor allem Paris diente ihnen als Quelle jener Kultiviertheit und Weltgewandtheit, die ihnen zu Hause so fehlten.[2]

Ein besonders anschauliches Beispiel für diesen neuen kosmopolitischen Geist lieferte John Wanamaker aus Philadelphia, ein auf Herrenbekleidung spezialisierter Kaufmann. Wanamaker, der an der Vorbereitung der Jahrhundert-Ausstellung maßgebend beteiligt war, zeigte großes Interesse an französischer Mode und Verkaufsstrategie und reiste aus diesem Grund nach Paris. Als er nach Philadelphia zurückkehrte, eröffnete er eine neue Art von Geschäft, deutlich inspiriert von dem, was er im Ausland gesehen hatte. Mit seinen geräumigen lichtdurchfluteten, den neuesten Pariser Geschäften nachempfundenen Verkaufsflächen und Verkaufsmethoden trug Wanamaker ganz entscheidend zur Entwicklung der amerikanischen Warenhäuser bei.[3]

Auch die Chicagoer fühlten sich von Paris, der Weltmetropole in Sachen Mode, Kunst und gutem Geschmack, stark angezogen (Abb. 2).[4] Mit seinen großartigen, durch die neu installierten elektrischen Laternen hell erleuchteten Boulevards, auf denen vergnügungssüchtige Massen flanierten (Abb. 3), war Paris so ganz anders als das Handels- und Industriezentrum Chicago, das von Lagerhäusern, Schlachthöfen und Fabrikschloten geprägt war. Die Weltbürger unter den Chicagoern vermißten dieses großstädtische Flair und erblickten in der französischen Metropole ihr Vorbild.

Wie Henry Van Brunt in seinem 1889 im *Atlantic Monthly* erschienenen Artikel hervorhob, hieß das freilich nicht, daß die besten Baumeister, vor allem die in Chicago, lediglich plagiierten; vielmehr machten sie sich für ihre eigenen Zwecke all das zu eigen, was sie als hervorragende Errungenschaften der Vergangenheit erachteten. Chicago, so glaubte Van Brunt, stellte die wichtigste Quelle architektonischer Reformen im amerikanischen Westen dar. Seine Situation war einzigartig: Auf der einen Seite war es frei von Traditionen und auferlegten Vorbildern; auf der anderen verfügte es über eine Vielzahl junger, im

Abb. 1 Burnham and Root, Rookery, 209 South LaSalle Street, 1886-87, Innenhof

Abb. 2 John Marin, Die Pariser Oper, *Radierung, 1908; The Art Institute of Chicago, Schenkung von Mrs. Bruce Borland*

Abb. 3 Camille Pissarro, Place du Havre, Paris, *Öl auf Leinwand, 1893; The Art Institute of Chicago, Potter Palmer Collection*

Osten ausgebildeter Fachleute, die ihren Horizont durch Reisen und Studien in Europa noch erweitert hatten – Männer also, die die künstlerische Unzulänglichkeit lokaler Traditionen einzuschätzen vermochten. Ihr Verdienst, so schrieb Van Brunt weiter, ergab sich aus einer für den Westen Amerikas charakteristischen Konstellation:

»[Seine] geistige Unabhängigkeit, vielleicht, seine Energie, sein Unternehmungsgeist und Mut, oder eine gewisse Aufgeschlossenheit, hervorgerufen durch seine unbegrenzten Möglichkeiten, versetzte sie in die glückliche Lage, sich dieses [europäischen] Erbes zu bedienen, ohne ihm sklavisch verhaftet zu sein. Sie hätten es sich viel leichter machen können, indem sie die Stille der Alten Welt exakt übernommen und geschickt angepaßt hätten, indem sie wissenschaftlich und akademisch vorgegangen wären, somit die Sympathien des Volkes außer acht gelassen und eine aristokratische Künstlerzunft gegründet hätten. Statt dessen aber zogen sie es vor, die beschwerlichere und edlere Rolle zu spielen, und wurden unbewußt zum Werkzeug einer architektonischen Reform, die so durchschlagend und fruchtbar, so gut den natürlichen Bedingungen des Westens angepaßt war, daß man bereits von einem raschen Sieg über die temporäre, experimentelle regionale Kunst des Landes und von der Gründung einer Schule sprechen kann, die vielleicht als der maßgebende Vertreter dieser großartigen Zivilisation in die Geschichte eingehen wird.«[5]

Es war eine Kunst, die sich über das Studium rein praktischer Erwägungen hinaus bis zu einem Punkt entwickelt hatte, an dem »sich das Ganze dem Beschauer nicht nur als ein Kunstwerk, sondern auch als Werk der Zweckmäßigkeit und Stärke präsentierte«.[6] Weil aber, so meinte Van Brunt, die Architekten im Westen weniger von den Fesseln der europäischen Schulen gebunden waren als ihre Kollegen im Osten, wurden die praktischen bautechnischen Erfordernisse in Chicago nicht von veralteten Spielregeln durchkreuzt. Aufgrund ihres dringenden Bedarfs an natürlichem Licht[7] waren zahlreiche und große Fenster ein wesentlicher Aspekt bei der Konstruktion der Chicagoer Gebäude (Abb. 4), ungeachtet der akademischen Vorliebe für die »edlen Fassaden italienischer Paläste und mittelalterlicher Klöster oder ... die Pfeiler- und Pilastersymmetrien der Alten Welt«. Die Chicagoer Architekten wichen in keiner Weise den »enormen Schwierigkeiten« aus, die der Bedarf an maximaler Innenbeleuchtung, an verglasten modernen Ladenfassaden und die Verwendung von riesigen eisen- und stahlgerahmten Tafelglasscheiben mit sich brachten – »eine Bedingung, die schon für sich genommen fast allen Grundsätzen sämtlicher Akademien widerspricht«. Es waren eben diese Erfordernisse, stellte Van Brunt fest, die, sofern sie vom Architekten unverhohlen akzeptiert wurden, »die Blüte einer neuen Kunst« schaffen konnten.[8] Was das Werk der besten Architekten des Westens – darunter John Wellborn Root (1850-1891), Hauptentwerfer der Rookery – im wesentlichen kennzeichnete, war das enorme Geschick, diesen Erfordernissen mit Anmut statt mit Widerwillen gerecht zu werden (Abb. 1, 8; Tafeln 10, 11).

Abb. 4 Holabird and Roche, Tacoma Building, Nordostecke LaSalle und Madison Street, 1887-89 (abgerissen)

Die Rookery, im Herzen der Stadt an der South La Salle Street 209 gelegen, war Spekulationsobjekt und wurde als Bürogebäude konzipiert. Der Auftrag ging im Oktober 1885 an Burnham and Root, das Gelände stand ihnen allerdings erst im Dezember desselben Jahres zur Verfügung. Zu diesem Zeitpunkt unterzeichneten die Geldgeber (eine Immobiliengesellschaft von der Ostküste, mit Peter und Shepard Brooks aus Boston als Mehrheitsaktionären) einen 99-Jahre-Pachtvertrag mit der Stadt, der das Baugelände gehörte. Burnham war wohl vor allem für die Grundrißorganisation verantwortlich, die den wesentlichen Anforderungen des Kunden gerecht wurde. Die Ausarbeitung des Entwurfs und der ein-

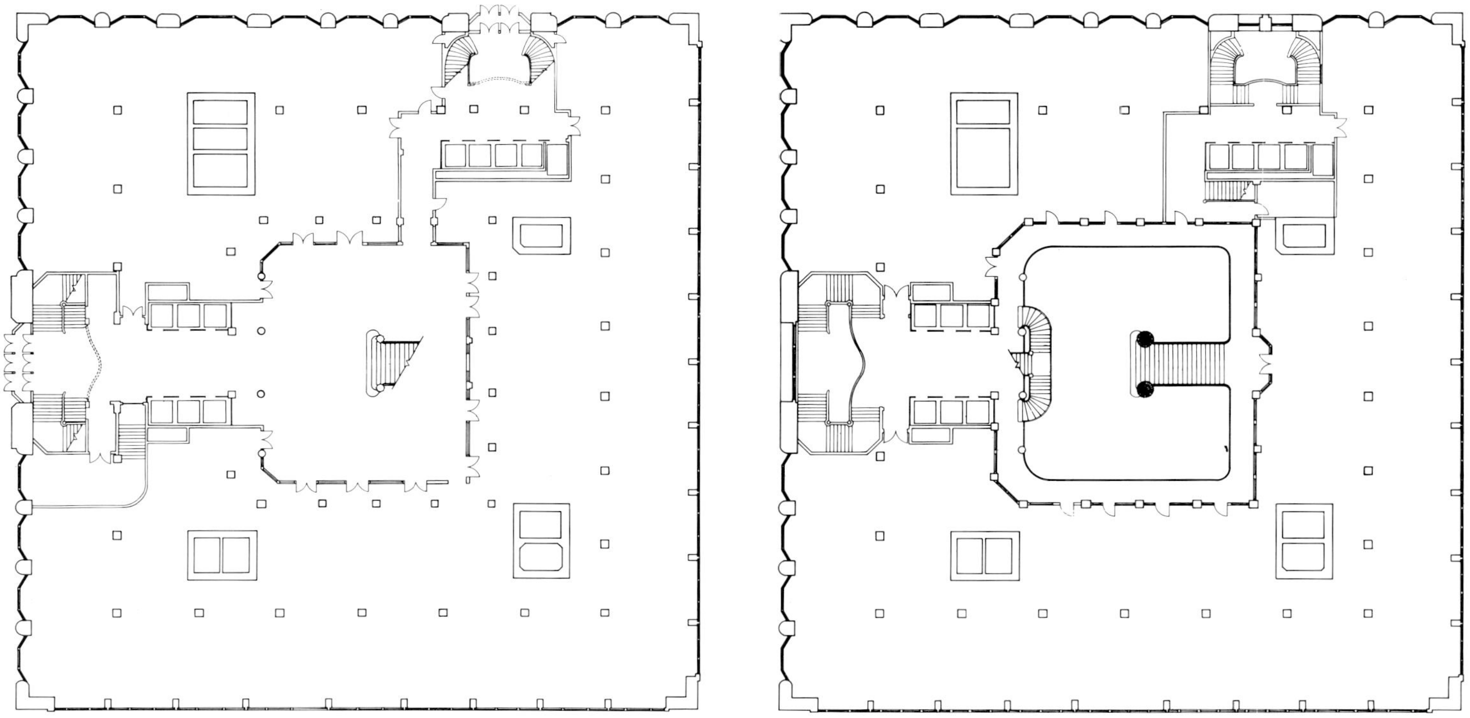

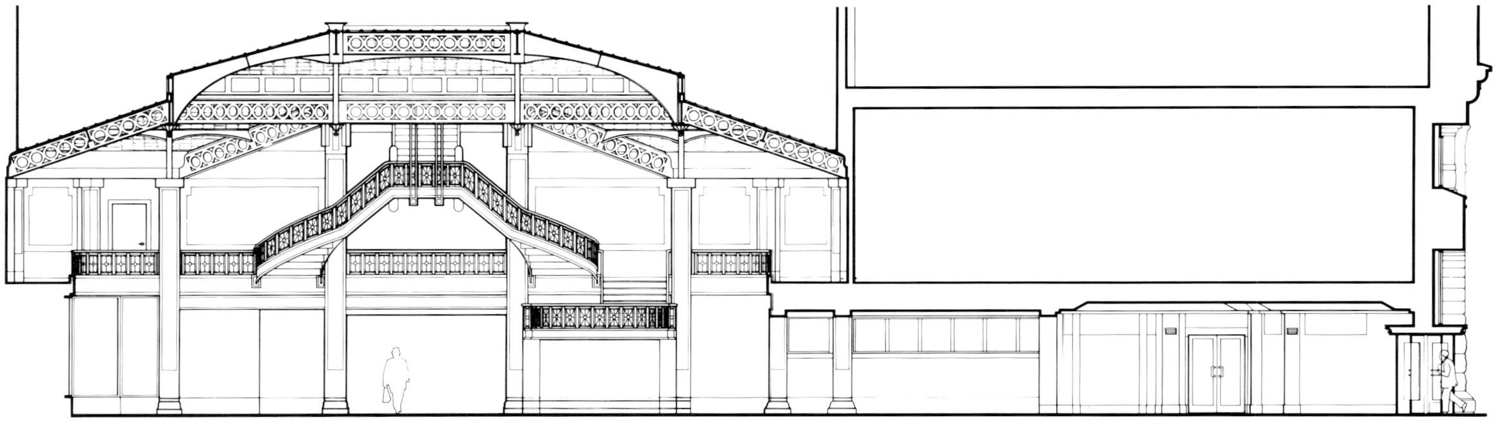

Abb. 5/6 Burnham and Root, Rookery, Grundrisse des Erd- und des ersten Obergeschosses

Abb. 7 Rookery, Schnitt

zelnen Details oblag Root, damals der Hauptentwerfer des Architekturbüros Burnham and Root.

Root begann seine Entwurfsarbeit im Frühjahr 1886. Das Zeichnen der Pläne und der Rohbau nahmen das gesamte folgende Jahr in Anspruch, in dessen Verlauf das Originalkonzept mehrmals überarbeitet wurde. Die Rookery, im Frühjahr 1888 vollendet, entstand somit zur gleichen Zeit wie Henry Hobson Richardsons berühmter Marshall Field Wholesale Store (1885-87; siehe Klotz, Abb. 19). Die dunkelrote Backsteinfassade der Rookery zeigte deutlich den Einfluß von Richardsons romanisch geprägtem Stil, der hier durch maurisch-byzantinische Akzente bereichert wurde. Das entsprach der von Van Brunt erwähnten amerikanischen Tendenz zu einem neuen Eklektizismus. Die Rookery aber ging über das Übliche hinaus, indem sie eine Vielzahl von Elementen aus verschiedenen architektonischen Stilen zusammenfaßte und dadurch etwas völlig Neues schuf.

Das innovative Pfahlrost-Fundament, das den Bau auf einer floßähnlichen Basis ›treiben‹ läßt, und seine Stahlskelettkonstruktion waren eine technologische Weiterentwicklung sowohl des konservativeren und traditionelleren tragenden Mauerwerks des Richardson-Gebäudes als auch des von William Le Baron Jenney errichteten Home Insurance Building (1884-85; Tafel 14; siehe Larson, Abb. 1), an das die Rookery stilistisch erinnert. Während die tragenden Elemente aus Metall an den Außenmauern des Home Insurance Building erst oberhalb des rustizierten Sockels einsetzten, wurden diese Elemente bei der Rookery bis zum Bodenniveau heruntergezogen; somit konnte Root das Erdgeschoß ringsumher mit Schaufenstern versehen. Statt wie Jenney einen soliden Mauersockel zu verwenden, setzte Root die Rookery auf eine Kolonnade und nahm damit gleichsam die auf Pfeilern ruhenden Bauten der späteren modernistischen Ära vorweg. Auf diese Weise konnte er die Zwischenräume zwischen den tragenden Elementen vollständig mit Glas ausfüllen. Nur die verdickten Eckpfeiler und der gewaltige, grob gemauerte Eingang verankerten das Gebäude und erinnern an die Vorliebe der Chicagoer Schule für solide Sockelgeschosse.

Abb. 8 Rookery, Außenansicht

Was die Zeitgenossen neben diesen technologischen Errungenschaften besonders an der Rookery faszinierte, war zum einen ihre Größe – sie galt als das größte Bürogebäude Chicagos, wenn nicht der gesamten Vereinigten Staaten – und zum anderen ihr neuartiger und origineller Entwurf.[9] Vor allem aber brachte der großartige, elegant verglaste Lichthof, umgeben von geräumigen und hellen Büros, Root und seiner Firma allseits Bewunderung ein.

Die traditionellen Chicagoer Geschäftsgebäude waren durch einen spezifischen Grundriß gekennzeichnet, bei dem die Räume zu beiden Seiten eines langen zentralen Korridors – mit einer Treppe an einem Ende des Gangs – angeordnet waren. Je nach Standort des Gebäudes verlief dieser Hauptgang entweder parallel oder rechtwinklig zur Straße. Das Ergebnis aber war, wie Charles Blackall 1887 in einem Artikel bemerkte, zwangsläufig dasselbe: schlecht zugängliche Treppen, dunkle Flure und spärlich beleuchtete Räume. Aufgrund von Chicagos spezifischem Straßensystem – die einzelnen Blocks waren noch einmal durch schmale Gassen in Quadranten aufgeteilt – fehlten Lichtschächte, wie es sie in anderen Städten gab.[10] Dadurch herrschten vor allem in den unteren Stockwerken verheerende Lichtverhältnisse. In den frühen achtziger Jahren steckte die künstliche Beleuchtung natürlich noch in ihren Kinderschuhen.

Die Lösung, die Root für die Rookery fand, war geradezu genial. Das elfgeschossige Gebäude mit seinem riesigen, fast quadratischen Grundriß von 50 mal 53 Metern besetzte genau den Quadranten zwischen der südöstlichen Ecke von La Salle und Adams Street und den beiden dahinterliegenden sich kreuzenden Gassen. Der zentrale Haupteingang an der La Salle Street ist durch einen gewaltigen, monumentalen Bogen markiert, der die Basis für einen breiten vorspringenden Erker bildet. In der weiten Eingangshalle führen zu beiden Seiten Treppen zu einem Mezzanin, auf dem sie im Zentrum des Gebäudes zusammentreffen. Nachdem sich die Eingangshalle zu einem Korridor verengt hat, der von drei Aufzugsgruppen flankiert ist, öffnet sie sich plötzlich unter der zentralen Treppe des Mezzanin zu einem geräumigen, strahlend hellen Innenhof (Abb. 5, 6). Mit einem Grundriß von 18 mal 21 Metern ist dieser Lichthof auf allen Seiten von einer Metallskelettkonstruktion eingefaßt und auf der Ebene des zweiten Geschosses von einem Glasdach bedeckt (Abb. 7). Über der Glas-Eisendachkonstruktion sind die Innenwände des Gebäudes – im Gegensatz zu dem massiven roten Backsteingemäuer der Außenfassaden – sehr viel dünner und lediglich mit weißglasierter Terrakotta verkleidet, die das Licht

Abb. 9 Rookery, Fenstererker mit Granitsäulen

Abb. 10 Rookery, Eingang an der LaSalle Street; die Drehtüren, Seitenfüllungen und Fensterrahmen wurden um 1930 hinzugefügt

Abb. 11 Rookery, Lichthof

noch stärker in die einzelnen Büroräume und den Innenhof reflektiert (Abb. 11). Am Grund des Hofes setzt auf gerader Linie zum Eingang eine monumentale Treppe an, die zum Mezzanin hinaufführt und zur dramatischen Wirkung des geschlossenen Raumes beiträgt.

Die Straßenfassaden waren mehr oder weniger konventionell: vorwiegend romanisch in Richardsonscher Manier mit ihren massiven Mauern, Fenstergruppen, den Terrakotta-Ornamenten auf dunkelrotem Backstein, mit ihrem rustizierten Sockel und dem monumentalen bogenförmigen Eingang (Abb. 10). Die Joche im Erdgeschoß jedoch waren zu beiden Seiten des Eingangs von einer robusten Kolonnade aus polierten Granitsäulen markiert. Diese Säulen waren tragend und ermöglichten daher die Öffnung der Wände für Schaufenster, wodurch das Gebäude optisch und faktisch aufgehellt wurde (Abb. 9). Über jedem Schaufenster befand sich ein dreiteiliger Erker aus Tafelglas, das lediglich von schmalen Metallpfosten gehalten wurde. Die zahlreichen vertikalen Fensterreihen waren in Richardsonscher Manier von Bögen auf zwei Ebenen eingefaßt. Das Gebäude endete in einem Attikageschoß mit paarweise angeordneten, rechteckigen Fenstern, das sich über einem vorkragenden Gesims erhob und von einer ornamentierten Terrakotta-Brüstung gekrönt wurde. Die exotische Backstein- und Terrakottaverzierung enthielt maurische, islamische und venezianische Stilele-

Abb. 12 Rookery, Detail des Eingangs an der LaSalle Street mit Krähenornament

Abb. 13 Rookery, Innenhof; aus Paul Graef, Neubauten in Nordamerika, *Berlin 1897-1905*

Abb. 14 Rookery, Treppen im Innenhof; im Zuge der Neugestaltung zwischen 1905 und 1907 verkleidete Frank Lloyd Wright die gußeisernen Säulen mit Marmor und fügte achteckige Sockel hinzu, die Kronleuchter ersetzte er durch Deckenlampen

Abb. 15 Alexandre Laplanche und Louis-Auguste Boileau, Bon Marché, 22, Rue de Sèvres, Paris, 1869-76 (verändert); aus Bernard Marrey, Les Grands Magasins, *Paris 1979*

mente sowie Anleihen von der romanischen Architektur Südfrankreichs.

Bei der Kolonnade im Erdgeschoß und bei vielen Details ging Root weit über die praktischen Erfordernisse eines üblichen Bürogebäudes hinaus. Die prächtigen polierten Granitsäulen, die zarten gemeißelten Ornamente an Friesen und Gesimsen, die Zwickel, Eckpfeiler, Eingänge und Schaufenster, selbst die Krähen, die am Eingang in den Stein gehauen waren, verliehen dem Ganzen eine künstlerische Note, Charme, ja sogar Humor und markierten damit eine Abwendung vom Pragmatismus des typischen Geschäftsgebäudes der Chicagoer Schule. Roots Einbeziehung der Krähen, nach denen das Gebäude benannt ist (rook = Krähe; rookery = Krähenkolonie), spielte auf die Taubenkolonien an, die einst die alte City Hall, Vorgängerin der Rookery an diesem Ort, bevölkerten – eine heitere, für den Architekten typische Note (Abb. 12).

Roots Arbeit an der Rookery entsprach genau seiner Architekturtheorie. 1887 äußerte er sich in einer Rede vor der Architektenkammer des Staates Illinois zu den damaligen Tendenzen in der amerikanischen Architektur. Bezugnehmend auf den französischen Philosophen Hippolyte Taine sprach er zunächst über die Schwierigkeit, in der Kunst eines bestimmten Landes die bleibenden Merkmale von den kurzlebigen zu unterscheiden. Nachdem Root auf das für die amerikanische Architektur typische Stilkaleidoskop eingegangen war, stellte er die Frage, welche Qualitäten denn nun tatsächlich originär seien. Zum einen, führte er an, werde die amerikanische Architektur wohl weiterhin großzügig und tolerant sein und sich vorbehaltlos »alles Neue« aneignen, weil es besser schien als das Alte. Aber weniger ein Festhalten an traditionellen, nur nachahmenden Methoden als vielmehr ein ständiges Streben nach vielfältigen neuen Richtungen und Ideen stehe der Entwicklung eines einheitlichen nationalen Stils im Wege.[11] Denn jeder übernommene Stil werde »amerikanisiert – das heißt akklimatisiert und den lokalen Bedingungen angepaßt«. Zum anderen sei die amerikanische Architektur aufrichtig und bringe den grundlegenden Ernst des amerikanischen Charakters zum Ausdruck. Diese Strenge werde freilich durch eine humorvolle Seite aufgelockert, eine Leichtigkeit, die sich »im Charme des Details, in der Feinheit einzelner Partien oder in gelegentlichen Kapricen oder gar in *Grillenhaftigkeit*« (Hervorhebung von Root) zeige. Und schließlich, sagte er voraus, werde die amerikanische Architektur zweckmäßig bleiben. Das schließe zwar Konstruktionen »von rein dekorativem Charakter« nicht aus, doch jedes dekorative Detail spiele eine wichtige, sofort ersichtliche funktionelle Rolle.

Angesichts dieses grundlegenden amerikanischen Pragmatismus, fürchtete Root, werde es noch lange dauern, bis die Nation »gleichmütig« entscheiden werde, beträchtliche Summen für Gebäude mit rein ästhetischem Zweck auszugeben. In Anbetracht des wachsenden Wohlstands aber und der typisch amerikanischen Neigung, was man hat, auch zur Schau stellen zu wollen, werde eine Zeit kommen, da private wie auch öffentliche Gebäude errichtet würden, »deren Pracht in der Weltgeschichte phänomenal sein wird«. Anzeichen davon seien schon ersichtlich – und das nicht nur bei den großartigen Wohnhäusern der Reichen, sondern auch bei den »sagenhaften Handelspalästen«, die bereits über das Land verstreut seien.[12]

Roots eigener Pragmatismus kam in Entwurf und Fassade der Rookery zum Ausdruck, ebenso ein großzügiger Geschmack, Anmut und Humor. Prunk und Pracht hob er für die Innengestaltung auf. Obwohl der Lichtschacht in der amerikanischen Architektur nicht neu war, nicht einmal für Burnham and Root, war seine Verwendung in der Rookery einzigartig.[13] Die Innengestaltung mit der großen monumentalen Treppe und der dekorierten Eisenkonstruktion war für damalige Zeiten spektakulär. Seine eleganten blattwerkartigen elektrischen Kronleuchter und die filigranen Balustraden, die spitzenartigen Arabesken an den Stufen der Treppe, selbst die verzierten Träger, die die Dachverglasung stützten, schufen einen lichtdurchfluteten anmutigen Gesamteindruck, der den Besucher entzückte (Abb. 13, 14).

In seinem Nachruf auf Root, der 1891 starb, schilderte Van Brunt »das abenteuerliche Detail ... mit enormer Beherztheit angewandt, die Achtung gebietet«. Er fuhr fort:

»Man kann die Kühnheit der doppelten Eisentreppe bewundern, die, gestützt von genial konzipierten Freiträgern, in einer doppelten Bogenlinie in den freien Raum emporsteigt und gleichsam im Himmel zusammentrifft, auf einer Rampe, von der aus die gerade zweite Bahn dezent zurück zu den Stockwerken darüber führt. Man kann dies bewundern und sich fragen, ob so ein offensichtlicher *Gewaltakt* die sorgfältigen Studien wert ist, die gewiß darauf verwendet wurden. Selbst die Phantasie-Architekturen in den berühmten Radierungen von Piranesi mit ihren schwindelerregenden Leitern und unmöglichen Galerien stellten nichts Verwegeneres dar ... Die Rookery ist nicht nur ein bemerkenswertes Beispiel fruchtbarer Entwurfsplanung – es gibt nirgendwo sonst etwas Kühneres, Originelleres, Inspirierenderes in der modernen städtischen Architektur als ihren glasüberdachten Innenhof.«[14]

Nirgendwo sonst, außer in Paris.

In den fünfziger und sechziger Jahren hatten Napoleon III. und sein geschickter Mitarbeiter Baron Georges-Eugène Haussmann Paris in die Welthauptstadt des Luxus und der Mode verwandelt. Die begradigten und verbreiterten Verkehrsadern, die die Stadt öffneten und ihr Bewegung und freies Atmen ermöglichten; die baumbestandenen Alleen, Plätze und Parks; und die verbesserten sanitären Einrichtungen mit neuen Wasser- und Abwassersystemen machten Paris zu einem weltweit nachgeeiferten Modell der Moderne.

Die internationalen Ausstellungen der Stadt, die Touristen aus der ganzen Welt anlockten, förderten nicht nur seinen Ruf als ein Vorbild des Städtebaus, sondern auch als Urquell von Eleganz, Mode und

Abb. 16 Bon Marché, Treppenhaus; aus Marrey, Les Grands Magasins

Abb. 17 Bon Marché, Fassadendetail; aus Marrey, Les Grands Magasins

Kultur, ja, als Inbegriff von Kultiviertheit und künstlerischem Geschmack. Die erste Pariser Weltausstellung 1855 hatte die Öffentlichkeit mit inzwischen serienweise hergestellten Luxusartikeln konfrontiert und mit der Kunst ihrer Darbietung die Kauflust geweckt.[15] Sie entfachte in der Bourgeoisie eine Revolution im Konsumverhalten und bestärkte die Vorstellung, daß Paris tatsächlich, wie Haussmann sich ausdrückte, »ein riesiger Verbrauchermarkt, eine große Werkstatt« geworden war.[16] In den Achtzigern war das Leben der Stadt um seine Handelszentren konzentriert: die neuentstandenen Märkte, die breiten, großartigen erleuchteten Boulevards, gesäumt von kleinen eleganten Läden, glasüberdachten, marmorverkleideten Arkaden und reich dekorierten Warenhäusern.

Das Warenhaus als Gebäudetyp war etwas ganz Neues, ohne Vorgänger in der Architekturgeschichte.[17] Es entstand im Paris der sechziger Jahre und war ein großes Einzelhandelsunternehmen mit einem reichhaltigen Angebot an nicht übermäßig teuren Serienprodukten, vor allem für das aufkommende Bürgertum. Die meist großen und eindrucksvollen, zentral gelegenen Gebäude unterschieden sich grundsätzlich von den traditionellen Einzelhandelsgeschäften, einschließlich der Basare, verglasten Arkaden, Textil- und Spezialläden. Anders als all diese Geschäftsformen führten die Kaufhäuser Fertigwaren aller Art – einschließlich Nahrungsmitteln, Haushaltswaren, Bekleidung und Spielzeug –, die in halb unabhängigen Abteilungen verkauft wurden. Jede dieser Abteilungen wurde mit eigenem Einkaufs- und Verkaufspersonal als getrennte Einheit geführt und war für die Entwicklung eigener Marketing-Abläufe verantwortlich. Das Geschäft als Ganzes jedoch war im Besitz und unter der Leitung einer einzigen Verwaltung und unterstand somit einem rationalisierten Management. Um mit den traditionellen kleinen Geschäften und den modernen verglasten Arkaden konkurrieren zu können, führte das Management gewisse Marketing-Innovationen ein, zum Beispiel feste Preise, freien Zutritt für jedermann, garantierte Rücknahme und kostenlose Lieferung. Der Hauptvorteil der Kaufhäuser bestand darin, daß der Kunde unter einem Dach ein größtmögliches Angebot an Waren fand und all seine Kaufbedürfnisse decken konnte.

Abb. 18 Paul Sédille, Printemps, Paris, 1881 (abgerissen), Innenlichthof; aus Marrey, Les Grands Magasins

Das erste echte Warenhaus, das diesen Namen verdient, war das Bon Marché in Paris. Es begann in den zwanziger Jahren als kleines Herrenbekleidungsgeschäft und wurde mit der Zeit immer weiter vergrößert. In den Fünfzigern führte sein Besitzer, Aristide Boucicaut, neuartige Geschäftsmethoden ein. Ermutigt durch seine Erfolge und inspiriert durch den Anklang, den die großen Hallen aus Eisen und Glas bei der Weltausstellung von 1867 gefunden hatten, beschloß Boucicaut, ein völlig neues Geschäftsgebäude errichten zu lassen.

Der an der Ecole des Beaux-Arts ausgebildete Alexandre Laplanche entwarf in Zusammenarbeit mit Louis-Auguste Boileau einen äußerst progressiven Bau: fünfgeschossig, mit monumentalen klassizistischen Fassaden, gleichförmigen Reihen außergewöhnlich großer Tafelglasfenster und einer Innenkonstruktion, die ganz aus Eisen war (Abb. 15, 16). Der Bau wurde 1867, noch im Jahr der Weltausstellung, in Auftrag gegeben und nach dem Deutsch-Französischen Krieg von 1870/71 fortgesetzt. Boileaus Sohn Louis-Charles zeichnete für das Projekt verantwortlich, unterstützt von dem Ingenieur Alexandre Gustave Eiffel, der durch seine spektakulären Konstruktionen für die Ausstellung von 1867 bekannt geworden war. Das war übrigens kein Zufall: Boucicaut zog zweifelsohne Nutzen aus Eiffels Erfahrung mit neuen Glas- und Eisenbausystemen und fortschrittlichen Ausstellungsmöglichkeiten. Das neue Bon-Marché-Kaufhausgebäude wurde 1876 eröffnet, in den achtziger Jahren erweitert und 1887 vollendet, wobei es nun einen ganzen Straßenblock einnahm.

Das Gesamtprogramm war äußerst komplex. Benötigt wurde ein großes, mehrgeschossiges Gebäude mit einer Innenkonstruktion, die ein Maximum an

Abb. 19 Printemps, Paris, 1881 (abgerissen); aus Marrey, Les Grands Magasins

Licht und Raum gewährleistete. Natürliches Licht war wesentlich für die Warenauslagen, da Gaslicht kostspielig und außerordentlich feuergefährlich war. Weite und freie Flächen waren nicht nur für die Auslagen, sondern auch für den freien und ungehinderten Besucherstrom wichtig.

Unabdingbar waren eindrucksvolle Fassaden (Abb. 17). Sie mußten unverkennbar sein und ins Auge springen, um auch den zufälligen Passanten anzulocken. Imposante bogenförmige Eingänge, denen der Weltausstellung von 1867 nachempfunden, zeigten an, daß dieses Gebäude für die Öffentlichkeit abgestellt war; auffallend große Fenster, vor allem im Erdgeschoß, ließen auf Anhieb erkennen, daß der Bau kommerziellen Zwecken diente. An den Ecken des riesigen Gebäudekomplexes standen mit Kuppeln versehene Rotunden, gleichsam als Markierung des speziellen Gebäudetypes. Im Brennpunkt einer wichtigen Straßenkreuzung zogen sie die Aufmerksamkeit der Mengen von allen Seiten an. Der klassizistische Stil, ganz besonders der monumentale Haupteingang unter einem gewaltigen romanischen Bogen, gesäumt von kannelierten korinthischen Säulen und mit klassizistischer Steinmetzarbeit geschmückt, war bewußt darauf ausgerichtet, das Bürgertum anzulocken. Als filigrane Eisen- und Glasvordächer in den achtziger Jahren in Mode kamen, wurden sie dem Gebäude hinzugefügt; sie dienten als Wetterschutz und gaben dem Bau eine weitere elegante Note.

Die Konstruktion des Gebäudes bestand gänzlich aus Eisen. Schlanke Eisenpfeiler in weiten Abständen machten tragende Innenwände überflüssig und sorgten dafür, daß natürliches Licht ungehindert das ganze Gebäude durchfluten konnte. Zahlreiche verglaste Lichthöfe gingen durch alle fünf Geschosse und ließen das Tageslicht weit ins Innere einfallen, wohin es durch die Fassadenfenster nicht mehr gelangen konnte. Zusätzlich gab es ein künstliches Beleuchtungssystem, zunächst mit Gas und später, in den Achtzigern, mit Strom.

Obwohl in dem Gebäude auch andere Einrichtungen wie Bibliotheken, Kunstgalerien oder Restaurants vorhanden waren, diente es doch vorwiegend einem einzigen Zweck: dem Verkauf. Deshalb kam es vor allem darauf an, Kunden anzuziehen, und in diesem Sinne spielte die Architektur eine entscheidende Rolle. Allein schon durch die Größe des Baus, seine prächtig verzierten Fassaden und natürlich auch durch die vorzügliche Warenpräsentation angelockt, wurde der Kunde, der das Gebäude betrat, durch ein Labyrinth von Ladentischen in den atemberaubenden Lichthof geführt. Die mehrgeschossigen, offenen Metallgalerien, auf denen sich die Ware türmte – das Ganze vergoldet, bemalt und aufwendig verziert –, sollten eine Atmosphäre des Luxus erzeugen. Eine prächtig ornamentierte, monumentale Treppe, die der von Charles Garnier entworfenen Treppe in der neu eröffneten Oper ähnelte, lud die Kunden ein,

Abb. 20 John Eisenmann und George Horatio Smith, Cleveland Arcade, zwischen Superior und Euclid Avenue, Cleveland, 1888-89, Innenansicht

unter den bewundernden Blicken der Zuschauer der oberen Etagen ihre Dernier-cri-Garderobe spazieren zu führen und lockte sie immer weiter in die oberen Gefilde.

Dieser gewaltige Innenraum mit seinen kunstvoll verzierten eisernen Galerien und leichten, kühnen Brücken war die Hauptattraktion des Kaufhauses. Wie eine riesige Glas-Eisen-Ausstellungshalle oder ein bunter orientalischer Basar überraschte er einerseits durch seine neuartigen Raumeffekte und andererseits natürlich durch das ungeheure Angebot an ausgestellten Waren. Das prosaische Metallskelett war sorgsam unter Schichten von reich dekoriertem Gips verborgen; vergoldetes und verkupfertes Zierwerk, die feinen Arabesken aus Gußeisen an Geländern und Balustraden und die bunt bemalten Glasdecken machten das Gebäude zu einem Theater, zu einer großartigen Bühne gleichermaßen für Ware und Publikum.

Aufs vorteilhafteste aufgeputzt in diesen neuen Räumlichkeiten, konnte das Bon Marché bald enorme Gewinne einstreichen, was seine Konkurrenz veranlaßte, es ihm gleichzutun. Es dauerte nicht lange, bis auch andere Kaufleute damit begannen, ihre Geschäftsräume zu vergrößern oder neue Gebäude zu errichten, ihnen ähnlich eindrucksvolle Lichthöfe und pompöse Treppen hinzuzufügen. Zu den gefeiertsten Pariser Konkurrenten des Bon Marché zählte das Kaufhaus Printemps. Nachdem die ursprünglichen Räumlichkeiten dieses Unternehmens durch Feuer zerstört worden waren, wurde der Architekt Paul Sédille – der durch seine geschickte Verwendung des bunten venezianischen Renaissance-Stils bei der Weltausstellung von 1878 berühmt geworden war – 1881 mit dem Bau des neuen Geschäftshauses beauftragt. Entsprechend dem Bon-Marché-Vorbild errichtete er ein eindrucksvoll großes, mehrgeschossiges Gebäude mit großzügiger Befensterung und monumentalen Steinfassaden, die mit farbenfrohen Mosaiken verziert waren, sowie vorspringenden Eckrotunden – eine Metallrahmenkonstruktion, die optimale Licht- und Raumverhältnisse und eine phantastisch dekorierte Innengestaltung ermöglichte (Abb. 18, 19). Im Gegensatz zum Bon Marché besaß Sédilles Gebäude jedoch nur einen einzigen riesigen Lichthof. Umgeben von Galerien aus verziertem Gußeisen, war dieser gewaltige Innenraum von Treppchen und Brücken durchzogen, die im Zentrum in einer monumentalen Treppe verankert waren – laut zeitgenössischen Kommentaren piranesisch in ihrer Wirkung. Nach seiner pompösen Eröffnung wurde das Printemps zu einer großen Touristenattraktion. Sein riesiger Innenhof diente sicher dem Entwerfer der großen verglasten Cleveland Arcade, die 1888-89 in Cleveland, Ohio, gebaut wurde, als Vorbild (Abb. 20).

Nachdem Root im Sommer 1886 die Aufrisse der beiden Straßenfassaden der Rookery gezeichnet hatte, unternahm er mit Frau und Tochter eine Reise ins Ausland. Obwohl uns nur wenige Einzelheiten dieser Reise bekannt sind, ist sicher, daß er auch Paris besucht hat. Sein Interesse für die Skelettbauweise, das schon früher durch die Lektüre von Viollet-le-Duc geweckt worden war, führte ihn mit großer Wahrscheinlichkeit zu den berühmten Pariser Warenhäusern, die damals zu den progressivsten Baukonstruktionen der Welt zählten. Ein Vergleich der neuartigen Raumeffekte dieser Bauten – des fein gearbeiteten Gußeisens und der monumentalen Treppen – mit der Innengestaltung der Rookery legt die Vermutung nahe, daß Root von diesen Pariser Vorgängern stark beeindruckt gewesen sein muß.

Die Außengestaltung dieser französischen Vorbilder indes war für Roots Zwecke ungeeignet. Schließlich waren Bon Marché und Printemps Warenhäuser und somit abhängig von ihrer Anziehungskraft auf ein breites Publikum, während die Rookery ein Bürogebäude war. Obwohl die Architekten der Pariser *und* Chicagoer Gebäude das gleiche funktionelle Problem zu lösen hatten, das heißt die Schaffung optimaler Raum- und Lichtverhältnisse, waren ihre Ziele insgesamt doch sehr unterschiedlich. Und während die bunt schillernden Mosaiken und üppigen, in Stein gemeißelten Dekorationen von Warenhäusern wie dem Printemps in das elegante Paris paßten, wären sie im robusten und noch eher grobschlächtigen Chicago völlig fehl am Platze gewesen. Weit geeigneter waren hier, und das wußte Root genau einzuschätzen, die massiven, grob strukturierten Richardsonschen Fassaden, die den aggressiven Geist der Chicagoer Handels- und Industrieunternehmen so trefflich zum Ausdruck brachten.

Übersetzung: Bettina Runge

ANMERKUNGEN

1 Für weitere Informationen zur amerikanischen Renaissance vgl. Richard Guy Wilson, *The American Renaissance 1876-1917*, New York 1979.
2 Zur Anziehungskraft Frankreichs auf die Amerikaner jener Zeit vgl. A. D. F. Hamlin, ›The Battle of the Styles‹, *Architectural Record* 1, 1892, S. 270.
3 Meredith L. Clausen, ›The Department Store‹, *Encyclopedia of Architecture, Design, Engineering and Construction,* New York, in Vorbereitung.
4 Walter Benjamin, ›Paris, die Hauptstadt des XIV. Jahrhunderts‹, *Illuminationen,* Frankfurt/M. 1955.
5 Henry Van Brunt, ›Architecture in the West‹, *Atlantic Monthly,* Dez. 1889, S. 777.
6 Ibid., S. 778.
7 Zur Beleuchtung und zur Chicagoer Schule vgl. Meredith Clausen, ›Frank Lloyd Wright, Vertical Space, and the Chicago School's Quest for Light‹, *Journal of the Society of Architectural Historians* 44, 1, März 1985, S. 66 bis 74.
8 Van Brunt (Anm. 5), S. 782.
9 C.H. Blackall, ›Notes of Travel‹, *American Architect and Building News,* Dez. 1887, S. 314-15; Thomas E. Tallmadge, *The Story of Architecture in America,* New York 1927, S. 184; und ders., *Architecture in Old Chicago,* Chicago 1941, S. 151.
Zu dem fortschrittlichen ›treibenden‹ Fundament der Rookery siehe Hasbrouck Hunderman Architects, *The Rookery: Program for the Restoration and Preservation of the Designated Features,* für die Continental Illinois National Bank, Chicago 1984, S. 13. Roots Konstruktionstechniken ähnelten denen des französischen Architekten Jules Saulnier bei seinem Entwurf der Schokoladenfabrik Menier von 1869. Wie sehr sich Root von dem Eisenskelettbau, der die Marne überspannte und von Mauerpfeilern im Flußbett getragen wurde, hat inspirieren lassen, bedarf weiterer Untersuchungen. Für zusätzliche Informationen zur Schokoladenfabrik Menier und zu der Entwicklung der Eisenskelettkonstruktion in Europa und den USA siehe Gerald Larsons Aufsatz in diesem Band. Vgl. auch Carl W. Condit, *The Chicago School of Architecture: A History of Commercial and Public Building in the Chicago Area, 1875-1925,* Chicago 1964, S. 7.
10 Blackall (Anm. 9), S. 314.
11 John Wellborn Root, ›What Are the Present Tendencies of Architectural Design in America?‹, Donald Hoffmann, *The Meanings of Architecture: Buildings and Writings by John Wellborn Root,* New York 1967, S. 208. Mehr über Taine und seine Kunsttheorien in Martha Pollaks Aufsatz in diesem Band.
12 Ibid., S. 208.
13 Ein Vorgänger dieses verglasten Innenhofs von Burnham and Root findet sich in der Zentrale, die sie für die Chicagoer Burlington & Quincy Railroad Company entwarfen. Der Bau wurde 1882 in Auftrag gegeben und im folgenden Jahr errichtet. Sein Lichthof war erstaunlich groß für jene Zeit: Ein riesiger von Tageslicht durchfluteter Raum, der mit einem Glasdach gedeckt war, führte durch alle sechs Geschosse des Gebäudes. Wie der spätere Entwurf des Rookery-Lichthofes war er ringsum von Büroräumen umgeben, die hinter Galerien mit durchbrochenen Eisengeländern lagen.
14 Henry Van Brunt, ›John Wellborn Root‹, *Inland Architect and News Record* 16, Jan. 1891, S. 87.
15 Benjamin (Anm. 4). Zu der Verbindung von Ausstellungen und Kaufhäusern vgl. auch Russell Lewis, ›Everything Under One Roof: World's Fairs and Department Stores in Paris and Chicago‹, *Chicago History* 12, Herbst 1983.
16 Baron Georges-Eugène Haussmann, *Mémoires,* Bd. 2, S. 260, zitiert in Françoise Choay, *The Modern City: Planning in the 19th Century,* New York 1969, S. 16.
17 Clausen (Anm. 3). Siehe auch Meredith L. Clausen, ›The Department Store – Development of the Type‹, *Journal of Architectural Education* 39, Herbst 1985, S. 21; und Neil Harris' Aufsatz in diesem Band.

Thomas J. Schlereth

Solon Spencer Bemans Pullman und der europäische Einfluß auf seine Architektur in Chicago

In einer seiner seltenen und typisch lakonischen öffentlichen Reden, die Solon Spencer Beman (1853-1914) anläßlich der Eröffnung einer seiner Geschäftsbauten im Jahre 1903 hielt, faßte er seine Architekturphilosophie zusammen und bekannte sich zu seiner Verpflichtung gegenüber der europäischen Kultur. Als man ihm, dem Architekten der im Beaux-Arts-Stil erbauten United States Trust Bank in Terre Haute, Indiana, zu Ehren die Gläser erhob, antwortete er mit einem Zitat von Mr. Pecksniff, einem Architekten in Charles Dickens' Roman *Leben und Abenteuer Martin Chuzzlewits* (1844): »Meine Freunde, meine Pflicht ist es zu bauen, nicht zu sprechen, zu handeln, nicht zu reden, mit Marmor, Stein und Ziegel umzugehen: nicht mit Sprache.«[1]

Daß Beman den Ausspruch eines fiktiven Architekten zitiert, ist in zweifacher Hinsicht von Bedeutung. Sie offenbart sowohl sein lebenslanges Interesse an britischer Lebensweise und Literatur als auch sein bescheidenes Auftreten als Chicagoer Architekt. Als begeisterter Anglophile zog er es vor, seine Bauten für sich sprechen zu lassen, anstatt über sie zu reden oder zu schreiben. Anders als seine Freunde Louis Sullivan und John Root veröffentlichte Beman niemals seine architekturtheoretischen Ansichten. Obgleich er den Water Tower in Pullman (Abb. 2) erbaute – eine Zeitlang das höchste Gebäude der Welt –, äußerte er sich nicht zur Hochhausästhetik oder zu technischen Fragen. Er verfaßte niemals eine Abhandlung über Urbanistik oder Stadtplanung, wiewohl er als Architekt zweier Industriestädte gilt. Die Vorstellung, seine Memoiren oder Autobiographie zu schreiben, wäre ihm peinlich erschienen.

Für die Vernachlässigung Bemans in der angloamerikanischen Architekturgeschichte gibt es aber noch weitere Gründe. Zahlreiche seiner Bauten aus dem 19. Jahrhundert, die sich in den Zentren verschiedener Städte des Mittleren Westens befanden, wurden abgerissen, so zum Beispiel mehrere seiner interessantesten Bauten in Chicago wie die Grand Central Station (1889-91; Abb. 3), der Washington Park Club (1883), das Arcade Building in Pullman (1881-83; Abb. 4), die Bryson Apartments (1901) sowie die meisten der Wohnhäuser. Nur wenige Unterlagen aus Bemans kleinem Büro in Chicago sind erhalten: Die einzigen Dokumente, die die Arbeit von vierzig Jahren belegen können, sind verstreute Arbeits- und Präsentationszeichnungen, bruchstückhafte Briefwechsel und ein persönliches Erinnerungsalbum.

Ende des 19. Jahrhunderts hatte S. S. Beman jedoch eine bedeutende Stellung in der Architektenschaft Chicagos inne. Seine Arbeiten der achtziger und neunziger Jahre wurden in den Vereinigten Staaten und im Ausland gelobt. Architekturkritiker von Montgomery Schuyler bis John Root würdigten seine Leistungen. Seine Kreativität wurde von Frank Lloyd Wright und Louis Sullivan anerkannt. Europäische Architekturzeitschriften wie *Building News, British Architect* und *The Builder* verfolgten seine Arbeit und rühmten seine Entwürfe.[2]

Die vorliegende Studie untersucht Bemans Beziehungen zur europäischen Architektur anhand von zwei Projekten: der Modellindustriestadt Pullman, Illinois (1880-90) und mehrerer in Chicago erbauter Bürokomplexe (1884-95) für die Studebaker Brothers Manufacturing Company und die Pullman Palace Car Company.

Mit Ausnahme des W. W. Kimball House (1889-90; Abb. 5), einer brillanten Übung im Château-Stil, und seiner Arbeiten in der Tradition der Beaux-Arts-Bewegung stand sein Werk in erster Linie unter dem Einfluß englischer Architekturtheorie und -praxis.

Abb. 1 Solon Spencer Beman, Pullman Building, Südwestecke Michigan Avenue und Adams Street, 1883-84 (abgerissen), Detailansicht des Hofs

Abb. 2 Beman, Water Tower und Power House, Pullman, 1880 (abgerissen)

Abb. 3 Beman, Grand Central Station, Südwestecke Harrison und Wells Street, 1889-91 (abgerissen)

Abb. 4 Beman, Arcade Building, Pullman, 1881-83 (abgerissen)

Abb. 5 Beman, W. W. Kimball House, 1801 South Prairie Avenue, 1889-90

Überhaupt zeichnet es sich durch seine Neigung zur Nachahmung aus. Beman machte, besonders bei der Wahl seiner Stilmittel, häufiger Anleihen, als daß er schöpferisch tätig wurde; zahlreiche seiner Chicagoer Projekte verdanken einen Teil ihres Erfolges englischen Vorbildern.

Beman wurde als erster Sohn von William Riley Beman (1801-1890) und Sarah Ann Robbins (1827-1896) im Jahre 1853 in Brooklyn geboren; beide Eltern waren Nachfahren britischer Einwanderer. Im Jahre 1870 trat er als Lehrling in das New Yorker Architekturbüro Upjohn and Upjohn ein. Richard Upjohns Entwurf für die Trinity Church an der Wall Street (1841-46), seine bedeutende Rolle in der Kirchenbau-Bewegung in England und den Vereinigten Staaten sowie das gleichbleibend hohe Qualitätsniveau seiner Kirchen-, Wohn- und öffentlichen Bauten machten ihn unbestreitbar zu einem der führenden Architekten der Neugotik in der angloamerikanischen Welt.

Als sich Richard Upjohn (1802-1878) im Jahre 1870 partiell aus dem Geschäft zurückzog, übernahm sein Sohn Richard Mitchell Upjohn (1827-1903), der mit dem Vater 1829 aus England eingewandert und 1853 sein Partner geworden war, die Hauptverantwortung für das Familienunternehmen. In den sieben Jahren, die Beman für das Büro Upjohn arbeitete, übernahm er lehrlingstypische Aufgaben und sah sich mit einer großen Vielfalt von Bautypen und historischen Stilen konfrontiert. So hatte er zum Beispiel das Glück, an einem der unbekümmert überladenen neugotischen Monumente des Goldenen Zeitalters mitzuarbeiten: Richard Upjohns Hauptwerk, dem Connecticut State Capitol in Hartford (1875-78).[3]

Während Upjohn dem jungen Beman die ersten architektonischen Grundbegriffe beibrachte, erhielt er von George M. Pullman seinen ersten bedeutenden Bauauftrag. 1879 erteilte er dem damals 28jährigen Beman den Auftrag, zusammen mit dem Landschaftsarchitekten Nathan F. Barrett eine Industrie-

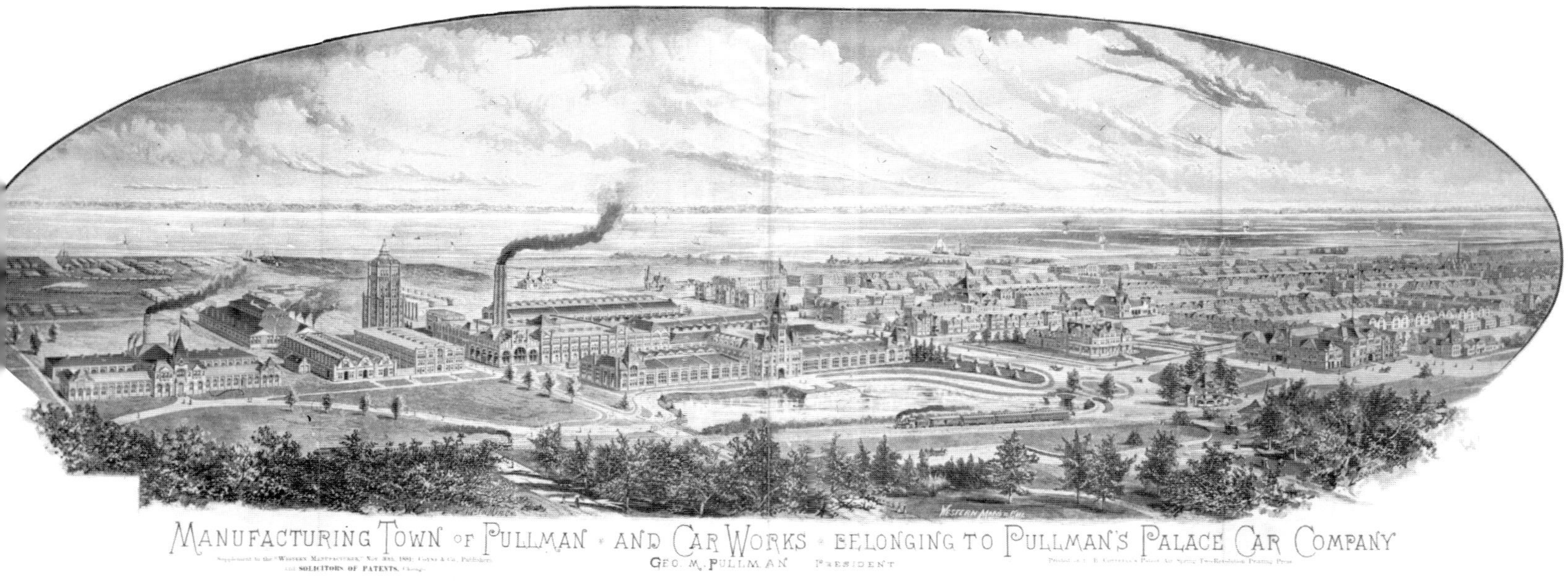

Abb. 6 Pullman; aus Western Manufacturer, *3. Nov. 1881*

siedlung in Calumet außerhalb Chicagos zu entwerfen.[4]

Die Firmenstadt Pullman (Abb. 6), ein architektonisches und soziales Experiment, sollte sich als Bemans berühmtester Auftrag erweisen, der für immer mit seinem Namen verbunden blieb.[5] Darüber hinaus stellte es sich als Bemans langfristigstes Projekt heraus, denn zwei Jahrzehnte später war er dort noch immer mit Bau- und Umbauarbeiten beschäftigt.

Obwohl Architekturhistoriker auf verschiedene Spielarten der amerikanischen Stadtplanung als Vorbilder für Bemans Entwurf für Pullman hingewiesen haben – angefangen bei Siedlungen für Textilfabriken in Neu England, über Bergwerksstädte in Pennsylvania bis hin zu Robert Owens utopischem Gemeinwesen in New Harmony, Indiana (1825-27) –, haben nur wenige von ihnen mögliche englische Vorläufer herangezogen. Nach Owens erster Modellsiedlung in New Lanark, Schottland, erstellten Unternehmer wie Richard Arkwright in Cromford, Thomas Ashton in Hyde/Lancashire, Walter Milligan in Harden Bingley, Edward Ackroyd in Coply Halifax, John Richardson in Bessbrook sowie George und Richard Cadbury in Bournville sämtliche Fabriken, Wohngebäude, Kirchen und Schulen für ihre Arbeiter und versuchten die Wertvorstellungen, die nach ihrer Ansicht der neuen Industriegesellschaft gerecht wurden, zu fördern.[6]

Von den im 19. Jahrhundert in England entstandenen Projekten dieser Art konnte vermutlich die 1851-

Abb. 7 Saltaire Mills, in der Nähe von Bradford, England, 1851-71; C. F. Cheffins, Lithograph

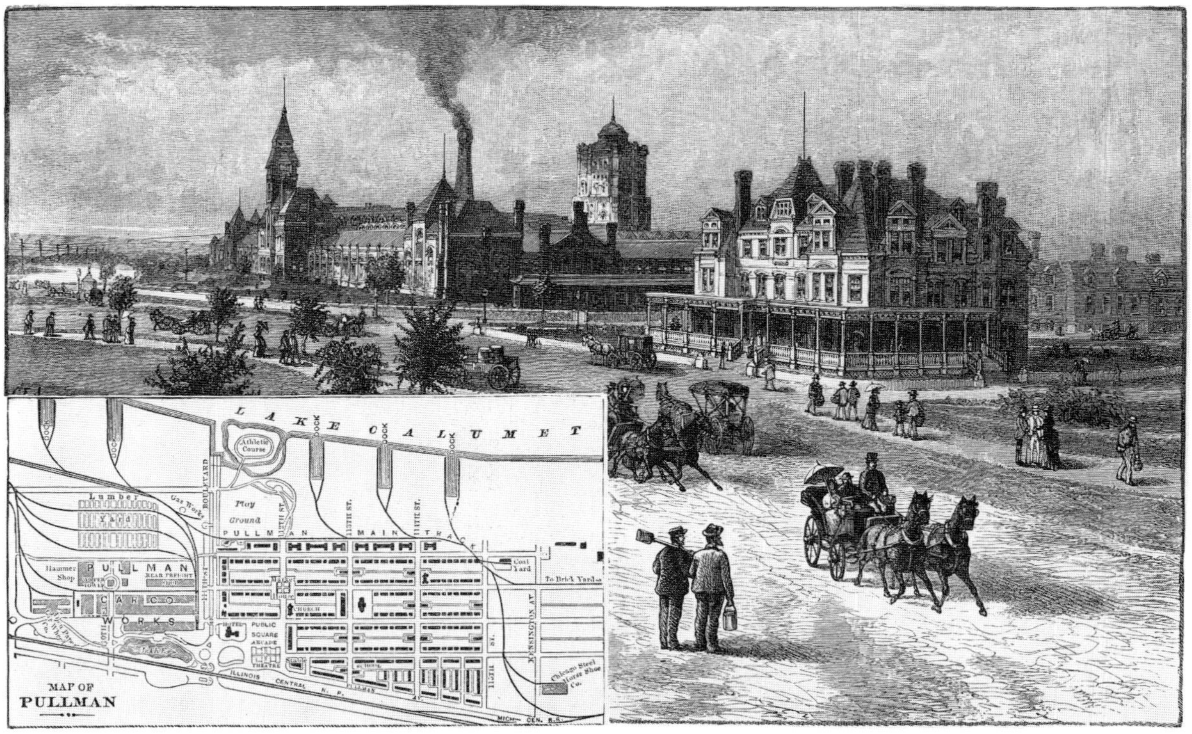

Abb. 8 Ansicht von Pullmann mit Stadtplan; aus Harper's New Monthly Magazine *70, Feb. 1885*

Abb. 9 Stadtplan von Saltaire; aus Leonardo Benevolo, The History of the City, *Cambridge, Mass. 1972*

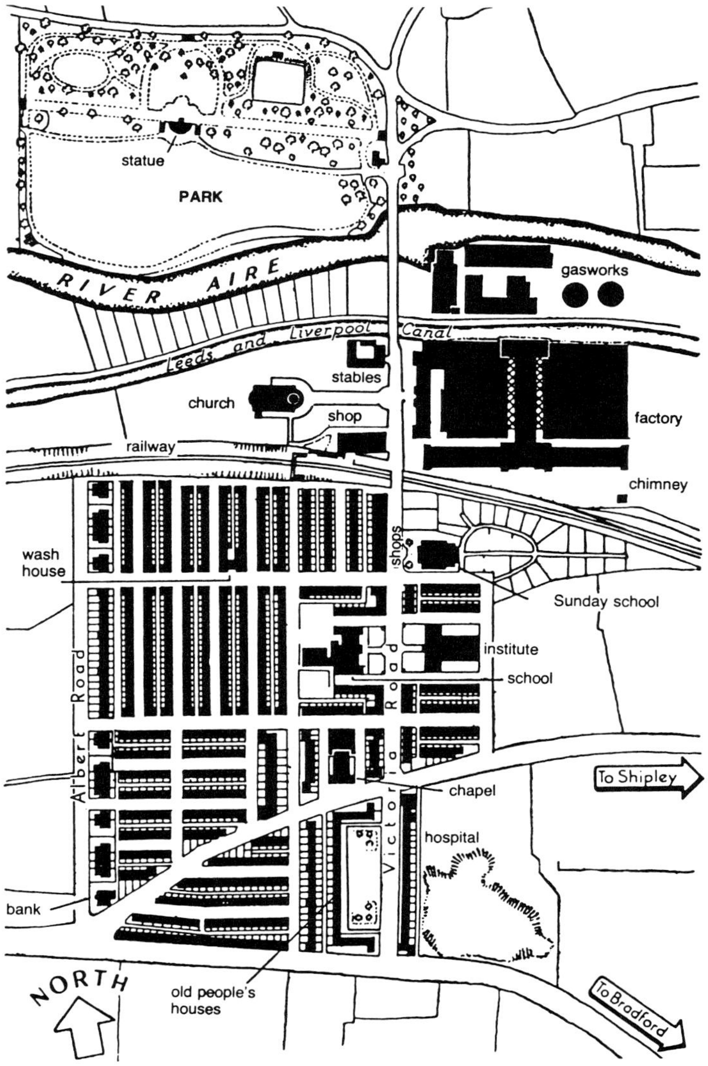

1871 in Yorkshire errichtete modellhafte Industriestadt Saltaire den größten kommerziellen Erfolg und die meiste öffentliche Zustimmung für sich verbuchen. Ihr Gründer Sir Titus Salt, ein Hersteller von Produkten aus Alpacawolle, ließ sich bei der Planung zum Teil von Benjamin Disraelis 1845 erschienenem Roman *Sybil oder Die beiden Nationen* anregen, in dem die architektonische Gestalt einer »Modellfabrik und Modellsiedlung« bemerkenswert detailliert geschildert ist. Salt legte Saltaire (Abb. 7) 6,5 Kilometer nördlich der Stadtgrenzen von Bradford an und erteilte der bekannten Firma Henry Lockwood and William Mawson den Bauauftrag.[7]

George Pullman, dessen Gewissen durch die Lektüre von Charles Reades sozialkritischem Roman *Put Yourself in His Place* (1870) wachgerüttelt worden war, besuchte Saltaire mit einiger Wahrscheinlichkeit anläßlich einer Englandreise im Jahre 1873. Nach Thomas Grant, einem engen Freund Pullmans und Kenner britischer und amerikanischer Industriestädte, hatten der amerikanische Industrielle und sein Architekt Saltaire ausdrücklich als Vorbild für ihre Siedlung in der Prärie gewählt. Andere, darunter der französische Ökonom Paul de Rousiers, haben ebenfalls auf die deutlichen Ähnlichkeiten zwischen Pullman und Saltaire hingewiesen.[8]

Bei beiden Projekten wurde jedenfalls aus mehreren Gründen die Errichtung der Modellsiedlungen am Rand größerer Städte gefordert, unter anderem um so städtische Steuern und restriktive Bauvorschriften zu umgehen. Bei der Standortwahl war die Möglichkeit, die Fabriken und Wohnsiedlungen in ländlicher Umgebung zu errichten, wo gute Luft, Licht und Natur für ideale Arbeitsbedingungen sorgen sollten, ebenfalls von Bedeutung. Die Architekten beider Städte stellten Ingenieure ein, die moderne

Abb. 10 Beman, Fabrikgebäude der Procter and Gamble Company, Ivorydale, Ohio, 1885

Systeme für sanitäre Einrichtungen sowie für die Wasser- und Gasversorgung konzipierten; im Falle von Pullman führte Benezette Williams diese Aufgabe aus.

Beide Städte wurden bewußt in unmittelbarer Nähe zu Wasser- und Schienenanschlüssen errichtet, was Anlieferung und Versand von Rohmaterial und fertigen Produkten kostengünstig hielt. Der Planung beider Gemeinden lag eine durch öffentliche Plätze, Gärten und Parks aufgelockerte geometrische Anlage zugrunde, die Wohn-, Industrie- und Erholungsgebiete vorsah (Abb. 8, 9). In beiden Fällen wurde sowohl das vorherrschende Baumaterial (roter Backstein für Pullman, Haustein für Saltaire) als auch ein einheitlicher Architekturstil (italienische Gotik für Saltaire, für Pullman die amerikanische Ausprägung des Queen-Anne-Stiles) bestimmt. Schließlich war bei beiden Projekten eine vergleichsweise regelmäßige Raumordnung der gesamten Siedlung vorgeschrieben – die Gebäude durften jeweils höchstens zwei bis drei Geschosse haben, wobei Uhrtürme, Wasserspeicher oder Fabrikschornsteine vertikale Akzente setzten.

In beiden Modellstädten wurden die Straßennamen von den Bauherren gewählt. Salt benannte die meisten Straßen nach sich selbst, seiner Ehefrau und Mitgliedern seiner Familie (Titus, Caroline, Mary, Helen, Ada) sowie dem englischen Königspaar (Victoria und Albert); Pullman nannte die Hauptstraße seiner Stadt zu Ehren seiner Tochter Florence Avenue und die ostwestliche Durchgangsstraße nach sich selbst (Pullman, heute Cottage Grove Avenue). Den größten Teil des von Beman und Barrett entworfenen Straßennetzes nutzte er zur Ehrung angloamerikanischer Pioniere der Technik: Robert Fulton, George Stephenson, James Watt, John Ericson und Samuel Morse. Anders als Salt, der Straßen nach seinen Architekten benannte, sah sich Pullman zu keiner derartigen Anerkennung der Leistung von Beman und Barrett veranlaßt.[9]

Bemans Arbeit in Pullman wurde von amerikanischen und europäischen Beobachtern ausgiebig begutachtet und beurteilt. Ein englischer Kritiker, der 1887 den Mittleren Westen bereiste, schrieb in der *London Times*: »Kein Ort in den Vereinigten Staaten hat soviel Aufmerksamkeit erregt oder ist so minuziös beobachtet worden.«[10] Tatsächlich suchten europäische Touristen in den achtziger Jahren die Modellstadt in solcher Zahl auf, daß es notwendig wurde, das Industriegebiet für Besucher zu sperren. Unter den Neugierigen befanden sich auch Besucher wie der englische Sozialreformer William Stead oder Regierungsbeamte wie der vom französischen Handelsministerium gesandte M. Loudelet, der einer möglichen Nachahmung halber über den Erfolg des Unternehmens berichten sollte. Der folgende Kommentar des britischen Beobachters Budgett Meakin ist typisch für die Reaktion auf Bemans Werk. Meakin lobt die Anlage von Pullman als ein fortschrittliches Konzept, das an einen »Industriepark« erinnert, und stellt fest:

> »Industriebauten wurden sorgfältig plaziert, um den Produktionsablauf zu beschleunigen, und von den Wohnbauten durch breite Boulevards und ornamentierte Mauern getrennt. Die von Licht und Luft erfüllten Innenräume wirken sich förderlich auf Moral und Gesundheit und damit auch auf Produktion aus. Der Reiz der historisierenden Architektur der Werkstätten wird durch sie umgebende Grünanlagen und einen künstlichen See erhöht.«[11]

Beman und Barrett ordneten die Wohnbauten und die Mehrzahl der öffentlichen Gebäude auf einem rasterförmigen Grundriß an. Wie die Londoner Zeitung *Pall Mall Gazette* ausführte, »konnte man erwarten, daß dieses amerikanische Utopia eine regelmäßige Anlage mit zweckdienlich und großzügig ausgestatteten Straßen ist«.[12] Die regelmäßige Anlage wurde absichtlich durch einen Marktplatz, mehrere Parks und einen gewundenen Weg für sonntägliche Ausflüge belebt. Darüber hinaus gruppierte Beman mehrere der öffentlichen Gebäude um zwei malerische Bahnhöfe.

Paul de Rousiers zeigte sich gleichermaßen durch die Rationalität und Systematik von Bemans »wissenschaftlicher Planung« beeindruckt. Er sah in Pullman eine immer wieder verwertbare Vorlage für die Planung moderner Industriestädte, wie man sie vorher in diesem Umfang nicht gekannt hatte:

»Die Planung dieser Fabriken ist bemerkenswert; man scheint jede Einzelheit bedacht zu haben. Um nur ein Detail zu erwähnen, die Gebäude, in denen Güterwaggons gefertigt werden, bestehen aus einer Reihe von Schuppen, deren Breite genau der Länge der Wagen entspricht. Gegenüber jedem Waggon führt eine große Ausfahrt direkt auf die Geleise, so daß die fertigen Wagen sofort die Fabrikhalle verlassen können. Alles zur Herstellung eines Waggons benötigte Holz wird auf die richtige Größe zugeschnitten und in einer Spezialabteilung für die Montage vorbereitet; von dort wird es auf Schienen zu den Fertigungsschuppen transportiert. Kleine Lokomotiven verkehren zwischen den verschiedenen Werkstätten. Einige ziehen prächtige, kupferfarben und golden schimmernde Pullman-Waggons; andere schleppen mit Brettern, Balken, Bolzen und Eisen beladene Wagen. Alles wird systematisch und mit Präzision getan; man bekommt das Gefühl, daß jegliche Arbeit auf die größtmögliche Effektivität hin berechnet ist, daß kein Hammerschlag, keine Umdrehung eines Rades grundlos geschieht. Man spürt, daß ein mit überlegener Intelligenz begabter Kopf vor dem Hintergrund langjähriger technischer Erfahrung jede mögliche Einzelheit durchdacht hat.«[13]

Abb. 11 Beman, Rosalie Villas, Harper Avenue zwischen 57th und 59th Street, 1884-90

Pullman wurde in Europa nicht nur durch Berichte dieser Art, sondern auch durch Bilder und Modelle bekannt. Zeichnungen und Photographien des Ortes und seiner Bauten erschienen sowohl in der allgemeinen Presse als auch in Fachzeitschriften. Ein etwa 30 Meter großes Modell von Bemans Werk wurde bereits 1884 auf der World's Industrial and Cotton Centennial Exposition in New Orleans ausgestellt. Andere Modelle wurden auf den Weltausstellungen in Europa gezeigt, so im Jahre 1889 in Paris; ein noch größeres Exponat wurde 1893 auf der Chicagoer Weltausstellung in Louis Sullivans Transportation Building zur Schau gestellt. Für die Dauer dieser Ausstellung diente die Industriestadt selbst, die nur acht Kilometer vom Ausstellungsort entfernt lag, mehr als 10000 auswärtigen Besuchern als architektonisches Freilichtmuseum.[14] Auszeichnungen bei anderen Messen verhalfen Bemans Werk zu weiterer Publizität im Ausland, so zum Beispiel der Preis der Jury auf der Internationalen Hygiene- und Pharmazie-Ausstellung 1896 in Prag. Das Komitee erklärte Pullman in Wohnbebauung, sanitären, sozialen und öffentlichen Einrichtungen und Gebäuden für konkurrenzlos; man verlieh ihr den Titel der »perfektest geplanten Stadt der Welt«.[15]

Leider hielt ein Jahrzehnt voller Arbeitskämpfe (bereits 1885 wurde in Pullman ein Streik ausgerufen), der während der achtziger Jahre zunehmende Paternalismus George Pullmans der Stadt und ihren Einwohnern gegenüber und die mit dem Streik im Jahre 1894 einhergehenden Gewaltausbrüche andere Unternehmer vorübergehend davon ab, ähnliche Experimente zur Schaffung sozialer Ordnung mit Hilfe architektonischer Planung in Angriff zu nehmen. Das Fehlschlagen von Pullmans sozialem Experiment stand jedoch in keinem Zusammenhang mit Bemans Architektur. Ganz im Gegenteil: der amerikanische Ökonom und Sozialkritiker Richard Ely stellte in Übereinstimmung mit einer in Europa weitverbreiteten Meinung fest, daß »kein anderer Aspekt Pullmans so uneingeschränkt gelobt werden kann wie seine Architektur«.[16]

Obgleich Pullman nicht das einzige Vorbild für Industriestädte ähnlicher Größe darstellte, hatte es doch beträchtliche Auswirkungen auf die angloamerikanische Planungstradition. Bemans Prinzipien der Stadtplanung mit ihrer Betonung von Parks, Boulevards und Gemeinschaftseinrichtungen deckten sich mit der Vorstellung von Ordnung und Sachlichkeit der City-Beautiful-Bewegung, die sowohl praktisch als auch theoretisch in der Weltausstellung von 1893 und in Burnhams 1909 veröffentlichtem Plan für Chicago zum Ausdruck kam. Das Bestreben zu zeigen, daß Industrialisierung nicht notwendigerweise mit Verstädterung einhergeht, fand eine Parallele in Ebenezer Howards Gartenstadtbewegung und machte Pullman zum Vorläufer diverser Versuche, Arbeiter und Industrie fern der Großstädte in geplanten Vorstadtgemeinden anzusiedeln.

Beman entwarf auch nach Pullman weiterhin Industriearchitektur und Arbeiterwohnungen. 1885 wurde

Abb. 12 Beman, Bryson Apartments, 4930 South Lake Park Avenue, 1901 (abgerissen); aus Inland Architect and News Record *40, 4, 1902*

er von den Seifenfabrikanten William Procter und James Gamble damit beauftragt, die Modellgemeinde Ivorydale (Abb. 10) in Mill Creek Valley, elf Kilometer außerhalb von Cincinnati, Ohio, zu entwerfen. Anfänglich war an eine komplette Modellstadt einschließlich Wohnbebauung gedacht, aber nur eine Modellfabrik und ein Lagerhauskomplex wurden tatsächlich ausgeführt. Beman verwendete für Ivorydale Stein anstelle von Ziegeln (wie in Pullman), aber auch hier plazierte er die insgesamt achtundzwanzig Produktionsgebäude in eine Parklandschaft.

Obwohl Beman in Cincinnati keine Wohnbauten errichtete, wurde er zum leitenden Architekten eines vorstädtischen Siedlungsprojektes im Süden von Chicago berufen, das später als Rosalie Villas bekannt wurde. Die etwa fünfzig Wohnhäuser im Queen-Anne-Stil sollten sich architektonisch voneinander unterscheiden und dennoch für Mittelklassefamilien erschwinglich sein. Rosalie Villas (Abb. 11) entstand zwischen 1884 und 1890 neben Frederick Law Olmsteds Midway Plaisance und bildete so die Verbindung zwischen Jackson und Washington Park, wodurch die Bewohner einen »leichten Zugang zu den öffentlichen Erholungsgebieten« erhielten.[17]

Rosalie Villas wurde nach Rosalie Buckingham benannt, die später Harry Gordon Selfridge heiratete, den Direktor von Marshall Field and Company und Gründer des Londoner Kaufhauses Selfridge (siehe Harris). Als erste geplante Siedlung in diesem Parkgebiet von Chicago fand Rosalie Villas viel Beachtung. Man erkannte, daß hier – wenn auch in kleinerem Maßstab – jene Vorzüge, die Beman den Facharbeitern und ihren Familien in Pullman bot, auch den Bewohnern aus der Mittelschicht zuteil werden sollten. Wie Gwendolyn Wright bemerkte,

»kann [die Modellsiedlung] gleichzeitig als eine behutsame Verwirklichung der sozialreformerischen Vorstellungen eines Architekten betrachtet werden: ein Mittelschicht-Viertel, in dem jedes Haus sich vom anderen unterscheidet, und dennoch ein Viertel, das als harmonische Gemeinde konzipiert war... Rosalie Villas und Pullman belegen, daß zumindest einige Architekten aus dem Mittleren Westen ihre Entwürfe sowohl unter sozialen als auch ästhetischen Gesichtspunkten betrachteten.«[18]

Beman fand im Jahre 1899 zu seinem Interesse an Arbeitersiedlungen zurück, als man ihn bat, bei dem Shattuck-Prize-Wettbewerb einen Entwurf für einen Hochhauskomplex mit Handwerkerwohnungen einzureichen. Er legte für diesen limitierten Wettbewerb mehrere Ansichten seiner Bauten, einen Schnitt der Seitenansicht und den Normgrundriß eines Stockwerks vor. In einem der seltenen Versuche, seine Absichten bei einem Architekturprojekt zu verbali-

Abb. 13 Beman, Bee Building, Ecke 17th und Farnam Street, Omaha, Nebraska, 1887 (abgerissen); aus Inland Architect and News Record *12, 5, 1888*

Abb. 14 Beman, Pullman Building

sieren, fügte Beman eine Schilderung seiner Entwurfsprinzipien hinzu. Seine Modell-Arbeiterwohnungen sollten sich durch mehrere Besonderheiten auszeichnen:

»Reichlich Tageslicht und frische Luft, keine geschlossenen Höfe und Lichtschächte, starke Luftzirkulation in der gesamten Wohnung sowie ein angenehmer Ausblick von nahezu allen Wohnräumen; sämtliche Toiletten und Treppenhäuser verfügen über Außenfenster; zahlreiche Treppenaufgänge und Eingangstüren gewährleisten abgeschlossene Bereiche für jede Familie; ausreichend große, zur Straße hin offene Höfe, die als Kinderspielplätze dienen können; mit Backstein ausgekleidete Treppenhäuser aus nicht-flammbarem Material, über die die Bewohner leicht und bequem in die oberen Geschosse gelangen können.«[19]

Obgleich Beman für sein Shattuck-Projekt großes Lob zuteil wurde, kamen diese Hochhäuser nie zur Ausführung. Statt dessen entwarf er mehrere Wohnbauten für Angehörige der Mittelschicht im Süden Chicagos wie vor allem das Clinton oder Bryson Building (Abb. 12).

Noch während Beman für verschiedene amerikanische Unternehmer Industrieanlagen und Siedlungen konzipierte, erhielt er erstmals auch Aufträge für Bürobauten und Wolkenkratzer von Firmen in der Innenstadt. Diese Geschäftsbauten markieren eine weitere Phase seiner Laufbahn, die mit dem Pullman Building im Jahre 1885 beginnt und 1906 mit seinen letzten Hochhäusern, dem Berger Building in Pittsburgh, Pennsylvania, und dem J.M.S. Building in South Bend, Indiana, endet. Schließlich führte er den in Chicago hochgelobten ›Commercial Style‹ auch in Eisenbahnstädten wie Milwaukee, Wisconsin; Omaha, Nebraska; St. Paul, Minnesota; Grand Rapids, Michigan sowie South Bend und Terre Haute, Indiana, ein.

Auch seine Bürobauten weisen die für sein übriges Werk typische Vielfalt auf. Er entwarf anfänglich Mauerwerkkonstruktionen mit tragenden Wänden, wie zum Beispiel das Gebäude der Northwestern Insurance Company in Milwaukee (1885) und die Bee-Bauten in Omaha (1887; Abb. 13); später ging er, nur wenige Jahre nach Jenney, Holabird und anderen Chicagoer Architekten, zu Stahlskelettkonstruktionen über. Beman experimentierte mit sämtlichen zeitgenössischen Stilvarianten, vor allem der Richardsonschen Neuromanik, der viktorianischen Neugotik und dem ›Commercial Style‹ der Chicagoer Schule. Völlig unbefangen arbeitete er mit verschiedenen Formaten und Farbgebungen von Stein- oder Ziegelmauern ebenso wie mit eher zurückhaltenden weißen Terrakotta-Fassaden. Er entwarf Bürohochhäuser wie das Pioneer Press Building von 1888 (das dem gewöhnlich Sullivan zugeschriebenen Kompositionsprinzip von Basis, Säule und Kapitell folgte) ebenso wie niedrige Blöcke, die dem Maßstab der Hauptstraßen von Kleinstädten des Mittleren Westens angepaßt waren.[20]

TRANSIENT

Abb. 15 Pullman Building; aus Building News, *11. April 1884*

Abb. 16 Beman, Aufriß des Pullman Building (Kat. 52)

Bemans erster architektonischer Vorstoß ins Zentrum von Chicago erfolgte in den Jahren 1883-84 durch sein Pullman Building, ein zehnstöckiges Büro- und Wohnhaus gegenüber dem Art Institute of Chicago an der Ecke Michigan Avenue und Adams Street (Abb. 14). Der Bau war eines der ersten Geschäftshochhäuser an der Michigan Avenue; sein U-förmiger Grundriß geht auf George B. Posts New Yorker Mills Building aus dem Jahre 1881, die Loggien und Detailgestaltung des oberen Fassadenteils auf Richard Norman Shaws Albert Hall Mansions in London aus dem Jahre 1879 zurück.

Zu den besonderen Merkmalen der Fassade zur Adams Street (Abb. 16) zählen Türmchen an den Gebäudeecken und mehrere, einen elliptischen Eingangsbogen aus Granit flankierende Säulenstellungen. Ausgehend von diesem imposanten Portal gestaltete Beman einen etwa 24 Meter tiefen, von oben belichteten Innenhof. Dieser Hof (Abb. 1) stellt ebenso wie die dramatische Innenraumgestaltung des Arcade Building in Pullman eine Art Markenzeichen von Beman dar. Seine besondere Begabung für Innenarchitektur sollte sich erneut im Falle des Northwestern Insurance Building in Milwaukee sowie des phantastischen Innenraums der Grand Central Railway Station in Chicago beweisen.

An das Hofende plazierte Beman ein doppelläufiges Treppenhaus aus Granit und Marmor, das zu einem Aufzugs- und Empfangsraum führt. Der Zeichner John Edelman, der seit mehreren Jahren in Bemans Büro beschäftigt war, entwarf die Aufzugsgitter in ägyptischem Stil und andere Innendekorationen, die, Hugh Morrison zufolge, den Ornamentstil des jungen Louis Sullivan stark beeinflußten.[21]

Der Pullman-›Bienenstock‹, wie die Einheimischen das Gebäude nannten, erfreute sich in jenem prachtliebenden Zeitalter, das, wie Thomas Tallmadge es treffend ausdrückte, »eine Mischung von Neuromanik mit einer Prise von Queen Anne« in seinen Geschäftspalästen wünschte, großen Erfolgs bei den Kritikern.[22] Als eines der herausragenden »Elevator Buildings«, die Tallmadge als logische Vorläufer des modernen Chicagoer Hochhauses bezeichnete, verhalf das Pullman-Bürogebäude Beman zu weiterer lokaler und internationaler Anerkennung. Die Zeitschrift *Inland Architect* wählte eine ansehnliche Linearperspektive des Gebäudes als erste in einer Folge von Sepiaradierungen. Die Herausgeber waren doppelt stolz, als die *Building News,* eine in London erscheinende Architekturzeitschrift, die Abbildung reproduzierte (Abb. 15) und sich anhand dieses Beispiels positiv über den überlegenen Rang der Chicagoer Architektur äußerte.

Für die Architekten Chicagos, die sich im Jahre 1884 gerade zur Western Association of Architects formierten, bedeutete diese Anerkennung eines ihrer Mitglieder seitens Englands, »daß die Architektur des amerikanischen Westens eine Stellung errungen hat, wo sie im Vergleich mit Städten an der Ostküste und Europas standhalten kann«.[23] Bemans als Symbol lokaler Begabung gefeiertes Pullman Building wurde von späteren Kritikern häufig mit den Geschäftsbauten John Roots verglichen, besonders mit seiner Rookery (Tafeln 10, 11; siehe Clausen, Abb. 8), das 1886-87 an der West Adams Street errichtet wurde.[24]

S. S. Bemans Werk stand in enger Beziehung zur Transportindustrie. Neben der umfangreichen Arbeit

Abb. 17 Beman, Studebaker Building, 410 South Michigan Avenue, 1885

Abb. 18 Beman, Fine Arts Building, 410 South Michigan Avenue, 1896

an der Stadt Pullman sowie verschiedenen Bahnhöfen und Werkstätten entwarf er auch Innengestaltungen von Eisenbahnwaggons, insbesondere für die Sonderschau der Pullman Palace Car Company auf der Weltausstellung 1893 in Chicago. Im Jahre 1885 wurde Beman von der Studebaker Brothers Manufacturing Company eingestellt, einem der wenigen Hersteller von Wagen und Kutschen im 19. Jahrhundert, die den Übergang zum motorisierten Verkehr im frühen 20. Jahrhundert mit Erfolg bewältigen konnten. Während der folgenden zwei Jahrzehnte baute Beman Fabriken, Ausstellungsräume, Anlageobjekte, Bürogebäude, Konzerthallen und Privathäuser für dieses bedeutende Familienunternehmen. Seine Aufträge von Studebaker konzentrierten sich auf zwei Städte: Chicago, die Hauptniederlassung für Verkauf und Werbung der Firma im Mittleren Westen, und South Bend, Indiana, das Fabrikationszentrum und der Sitz der Geschäftsleitung.

Zum Einzug der Studebakers in die Geschäftswelt Chicagos schuf Beman nach Einschätzung Montgomery Schuylers »einen der Schaubauten [der Stadt]«. Obgleich Schuyler erkannte, daß Bemans neuromanische Fassade (Abb. 17) ein wenig »zu viel von der Palastartigkeit der Devonshire Street und Wall Street« verströmte, »um die Strenge der Geschäftsarchitektur in Chicago repräsentieren zu können«, hielt er doch die romanischen Formen, besonders in der Gestaltung der unteren fünf Geschosse, für »ein wohlüberlegtes und eindrucksvolles Merkmal, bei dem jedes Detail in sich stimmig ist und in Anordnung und Größe passend erscheint«.[25]

British Architect hielt das Gebäude für einen der »gelungensten amerikanischen Geschäftsbauten«, dem nachzueifern englischen Architekten wohl anstünde:

»Wir haben dieses Gebäude als hervorragendes Beispiel für besten modernen amerikanischen Geschäftsbaustil ausgewählt... Darüber hinaus glauben wir, daß es vergleichsweise nur wenige seiner Art in Englands Straßen gibt. Das Beispiel zeigt eine Straßenfront, bei der ein Maximum an Lichteinfall mit einer breitgelagerten Fassade und würdevoller Schlichtheit einhergeht. Wir halten sie für außerordentlich zufriedenstellend, und wenn wir an die überladenen Pilaster, Gesimse, mit Blätterwerk verzierten Brüstungen und prächtig skulptierten Bossen in einigen Londoner Straßen denken, geraten wir in Versuchung, dieses bescheidene und ungekünstelte Exempel amerikanischer Arbeit zu sehr zu loben. Falls wir einen Architekten für London benötigen, so ist dies gewiß die Art von Arbeit, um die wir uns bemühen sollten.«[26]

Im Jahre 1895 wurde der Firma Studebaker ihr bisheriges Hauptquartier in Chicago zu klein, und man beauftragte Beman, ein neues zehnstöckiges Gebäude an der South Wabash Avenue 629 zu entwerfen (Abb. 19). Gleichzeitig sollte er den alten Firmensitz an der Michigan Avenue in ein Kulturzentrum umwandeln, das ein Jahr darauf, 1896, den Namen Fine Arts Building erhielt (Abb. 18).

Abb. 19 Beman, Studebaker Building, 629 South Wabash Avenue, 1895 (verändert)

Abb. 20 Beman, Fine Arts Building, Innenansicht

Beman ließ an seinem erst ein Jahrzehnt zuvor errichteten Gebäude eine merkliche Verschönerung und im Inneren eine gründliche Renovierung vornehmen. Die Kuppeln, das Attikageschoß und die ursprüngliche Fassade des achten Stockwerks wurden entfernt und durch einen dreigeschossigen Aufbau ersetzt, so daß der Bau nun insgesamt über zehn Stockwerke verfügte. Dieser Aufbau wurde mit dunkelrotem Syenitgestein verkleidet und mit einem Kranzgesims aus Stein und Kupfer bekrönt. Die beiden Einfahrten im Erdgeschoß wurden in Haupteingänge für zwei neue Konzerthallen im Hauptgeschoß umgewandelt. Die ehemals zur Ausstellung von Kutschen genutzten verglasten Räume im Erdgeschoß wurden in drei ebenerdige Läden umgebaut.

Die einschneidendsten Änderungen nahm der Architekt jedoch im Gebäudeinneren vor (Abb. 20). Ein vormals dem Kommerz gewidmetes Gebäude wurde in ein Atelier der Künste verwandelt. Beman richtete im zweiten bis zehnten Stockwerk Studios, Läden (darunter der von Frank Lloyd Wright entworfene Buchladen von Francis Fisher Browne) und Büros ein, sämtlich schalldicht und feuersicher. Hier blühte die angloamerikanische Kunstszene: die Zeitschriften *Dial* und *Poetry* erschienen zum ersten Mal in diesem Gebäude; der englische Regisseur Maurice Browne machte George Bernard Shaws Dramen durch Aufführungen im hier untergebrachten Little Theatre in Amerika bekannt; hier wurde der englischen Arts-and-Crafts-Bewegung die erste Aufmerksamkeit im Mittleren Westen zuteil.[27] Die speziell für Maler, Bildhauer und Architekten (darunter Frank Lloyd Wright und Howard Van Doren Shaw) gedachten Studios im zehnten Stock verfügten über Oberlichter und sieben Meter Deckenhöhe, um großen Zeichentischen, Leinwänden und Skulpturen Platz zu bieten. Von hier aus führte auch ein Verbindungsgang zum Speisesaal des benachbarten Auditorium Building von Louis Sullivan.

Ein Vergleich des Fine Arts Building mit dem zweiten Bürokomplex, den Beman an der South Wabash Avenue für die Studebakers entwarf (Abb. 19), vermittelt anhand der Laufbahn eines einzelnen Architekten ein genaues Bild von der Entwicklung der Geschäftsarchitektur der Chicagoer Schule innerhalb eines Jahrzehnts. Anders als die tragende Steinkonstruktion des ersten Studebaker Building, besteht das konstruktive System in der später entstandenen Version aus einem Stahlskelett. Bei der Gestaltung der Fenster ließ Beman von seinen konfusen romanischen Bögen zugunsten einer brillanten Weiterentwicklung des Chicago-Fensters ab. Diese Fenster – flach und geringfügig hinter die dünnen Terrakottalisenen, die über die Gesamthöhe des Gebäudes liefen, versetzt – waren von Etage zu Etage durch eiserne Schmuckbrüstungen auf Fußbodenniveau voneinander getrennt.

Man hat Bemans Hochhaus wegen seiner geschickten Verwendung von Stahl und Glas mit Willis J. Polks Hallidie Building in San Francisco (1915-17) und Sullivans Gage Building (1898-99) verglichen.

»Bei diesem Gebäude«, schrieb Carl Condit, ordne sich das Ornament »der übergreifenden Form und den konstruktiven Linien« der Fassade unter, die aus »einer großen, nur von feinen profilierten Pfeilern und schmalen Brüstungsbändern unterteilten Glasfläche« besteht. »Die Chicago-Fenster und fein artikulierten Mauerteile stellen die weitestgehende Ausnutzung des Stahlskeletts dar, die die Chicagoer Schule zu jener Zeit zeigen konnte.«[28] Leider ist Bemans Meisterwerk stark verunstaltet worden. Obwohl das zweite Studebaker Building noch steht, zeigt es, nach Entfernung des Kranzgesimses und dem Umbau der unteren Geschosse, nur noch einen schwachen Abglanz seiner ursprünglichen Gestalt.

Über die hier besprochenen Werke hinaus zeichnet S.S. Beman noch für zahlreiche andere Bauten verantwortlich.[29] Einige von ihnen weisen europäische Einflüsse auf wie das schon kurz erwähnte Wohnhaus für W.W. Kimball an der Prairie Avenue (1890; Abb. 5) – gegenüber von H.H. Richardsons Glessner House (1885-87; siehe Harrington, Abb. 10) –, das nach dem Vorbild von Schloß Josselin, einem bretonischen Herrenhaus des 16. Jahrhunderts, gestaltet wurde. Das Pabst Building in Milwaukee, Wisconsin, offenbart mit seinem altdeutschen, mit Flamboyant-Ornamentik verzierten Rathausturm ebenfalls Bezüge zur europäischen Architektur (Abb. 21).

Vor 1893 frönte Beman sämtlichen Renaissancen historischer Stile und fand besonderen Gefallen an der malerischen Üppigkeit der hochviktorianischen Ära. Zu Beginn der neunziger Jahre gab er jedoch diesen Eklektizismus auf, ein Wandel, der zum Beispiel in seinem Entwurf einer zweiten Markthalle für Pullman (1894, die erste von 1881 war 1892 niedergebrannt; vgl. Abb. 22 und 23) deutlich ablesbar ist.

Bemans Laufbahn stand während seiner beiden letzten Jahrzehnte völlig im Zeichen des Beaux-Arts-Klassizismus; als erste Beispiele dafür gelten seine beiden Bauten für die Weltausstellung, das Mines and Mining und das Merchant Tailor Building. In der Folgezeit leistete er seinen Beitrag zur Verbreitung des Beaux-Arts-Stiles im Mittleren Westen durch eine Reihe von städtischen (Abb. 24; Kat. 82) und kirchlichen (Kat. 83) Bauten. Zusammenfassend läßt sich sagen, daß er der Verspieltheit und Vielfalt des Queen-Anne-Stiles und der Neuromanik zugunsten der Nüchternheit und Einheitlichkeit von Renaissance und klassischer Antike den Rücken kehrte. Waren seine Entwürfe der achtziger Jahre noch vom Vorbild des England von Richard Shaw geprägt, so war es jetzt das Perikleische Griechenland, das ihn zu seinen Schöpfungen der zweiten Hälfte der neunziger Jahre und danach anregte.[30]

Immer erwies sich Beman als umgängliches, verläßliches, fleißiges und tüchtiges Mitglied der Chicagoer Architektenschaft. Er führte das einem bürgerlichen Akademiker der viktorianischen Zeit gemäße ruhige, zurückgezogene Leben. Seine Rolle in der Baugeschichte der Stadt umfaßt die eines gelegentlichen Wegbereiters, überaus fähigen Mitläufers und fruchtbaren Multiplikators. Seine Stärke lag in der Vielseitigkeit sowie seiner Fähigkeit, ein eindrucksvolles Spektrum von Wohnhäusern, Fabriken, Geschäftsbauten, Wolkenkratzern, Bahnhöfen, Ausstellungshallen und Kirchen zu schaffen.

Viele Beiträge in diesem Band betonen (in einigen Fällen zum ersten Mal) zu Recht den Einfluß Frankreichs und Deutschlands auf die Architektur Chicagos. Beman kannte und nutzte diese Quellen gelegentlich. Wenn man jedoch seinen familiären Hintergrund, seine Lehrzeit bei Upjohn and Upjohn, die Herkunft und das ästhetische Empfinden vieler seiner Auftraggeber (Anglophile wie George Pullman) sowie seine häufigen Auslandsreisen in Betracht zieht, beschränkte sich der Austausch in seinem Fall ganz überwiegend auf englische Architektur. Solon Spencer Bemans Werk erinnert uns, ähnlich wie das von Isaac Scott und Howard Van Doren Shaw, an die fest etablierte, kontinuierliche angloamerikanische Architekturtradition in der Baugeschichte Chicagos.[31] Während seiner langen und produktiven Laufbahn (1870-1914) partizipierte Beman an dieser Formensprache und dem damit verbundenen kulturellen Ethos und trug gleichzeitig zur Verbreitung ihres Einflusses bei.

Übersetzung: Christiane Court

Abb. 21 Beman, Pabst Building, Ecke East Wisconsin Avenue und Water Street, Milwaukee, 1891 (abgerissen); aus Inland Architect and News Record *17, 2, 1891*

Abb. 22 Beman, Markthalle, Pullman, 1881 (abgerissen)

Abb. 23 Beman, Markthalle, Pullman, 1894 (teilweise abgerissen)

Abb. 24 Beman, Blackstone Memorial Library, 4904 South Lake Park Avenue, 1901-02; aus Inland Architect and News Record *43, 3, 1904*

ANMERKUNGEN

1 Das Zitat wurde von S. S. Beman überliefert in: S. S. Beman, Architectural Scrapbooks, Beman Manuscripts, Chicago Historial Society, S. 14.

2 Montgomery Schuyler, ›Glimpses of Western Architecture: Chicago‹, *American Architecture and Other Writings,* William H. Jordy und Ralph Coe (Hrsg.), Cambridge, Mass. 1961, Bd. 1, S. 265-66; ›Address by Mr. Louis Sullivan, June 8, 1915‹, Louis H. Sullivan Manuscripts, Chicago Historical Society, S. 1; John Root, ›Architects of Chicago‹, erstmals erschienen in *America* 5, 11. Dez. 1890, o. S., Nachdruck in *Inland Architect* 16, Jan. 1891, S. 91-92 und in Donald Hoffmann, *The Architecture of John Wellborn Root,* Baltimore, Md. 1973, S. 236.

3 Wie sich einer seiner Zeichner, Irving K. Pond, später erinnert, spielte Beman offenbar als Bauleiter eine bedeutende Rolle, ebenso wie »er gleichzeitig mit den Zeichenarbeiten beauftragt war«. Irving K. Pond, ›Pullman: America's First Planned Industrial Town‹, *Illinois Society of Architects Monthly Bulletin,* Juni-Juli 1934, S. 6.

4 S. S. Beman lernte den Eisenbahnmagnaten George Pullman durch Nathan Barrett kennen. 1874 hatte Pullman Fairlawn bauen lassen, ein geräumiges Sommerhaus im Queen-Anne-Stil in Long Branch. In dem Badeort in New Jersey standen zahlreiche mondäne, von McKim, Mead and White, Leopold Eidlitz oder Richard Morris Hunt entworfene ›summer cottages‹. Im Frühjahr 1879 beauftragte er Barrett mit der gärtnerischen Gestaltung des Besitzes. Bei einer seiner Reisen nach Long Branch brachte Barrett Beman mit, der hinreichend Eindruck auf Pullman machte, um eine Einladung nach Chicago zu erhalten. Dort sollte er Pullman beim Umbau seines im Second-Empire-Stil erbauten Wohnhauses an der Prairie Avenue beraten. So begann eine dreißig Jahre andauernde Beziehung zwischen Architekt und Auftraggeber, während der Beman nahezu sämtliche Bauaufträge George Pullmans ausführte.

5 Vgl. zeitgenössische Beurteilungen: Mrs. Duane Doty, *The Town of Pullman,* Chicago 1893; Richard T. Ely, ›Pullman, A Social Study‹, *Harper's New Monthly Magazine* 70, Feb. 1885, S. 452-66; Charles H. Eaton, ›Pullman, A Social Experiment‹, *To-Day* 2, 1, Jan. 1895, S. 1-9. Von den neueren Würdigungen vgl. Stanley Buder, *Pullman, An Experiment in Industrial Order and Community Planning, 1880-1930.* New York 1967; Norbert J. Pointner, ›Pullman: A New Town Takes Shape on

the Illinois Prairie‹, *Historic Preservation* 22, 2, April-Juni 1970, S. 26-35; Marie Christine Gaugneux, ›Pullman City: Une Cosmogonie Moderne‹, *Architecture, Mouvement, Continuité* 35, April 1974, S. 122-28; William T. W. Morgan, ›The Pullman Experiment in Review‹, *Journal of the American Institute of Planners* 20, 1954, S. 27-29; Robert M. Lillibridge, ›Pullman: Town Development in The Era of Eclecticism‹, *Journal of the Society of Architectural Historians* 12, 1953, S. 17-22.

6 Über die Erbauer englischer Industriesiedlungen erschien eine Untersuchung von Colin und Rose Bell, *City Fathers: The Early History of Town Planning in Britain*, London 1869; R. S. Fitton und H. P. Wadsworth, *The Strutts and Arkwrights, 1785-1883*, Manchester 1958; und I. A. Williams, *The Firm of Cadbury, 1821-1931*, London 1931. Für einen Überblick vgl. John Nelson Tarn, ›Housing Reform and the Emergence of Town Planning in Britain before 1914‹, *The Rise of Modern Urban Planning, 1800-1914*, Anthony Sutcliffe (Hrsg.), London 1980, S. 78-80.

7 ›Sir Titus Salt‹, *Bradford Observer* 1, 1874, S. 1-13; A. Holroyd, *Saltaire and Its Founder: Sir Titus Salt, Bart*, Bradford 1873, o. S.; J. M. Richards, ›Sir Titus Salt or, the Lord of Saltaire‹, *Architectural Review* 80, Nov. 1936, S. 213-18; Jack Reynolds, *Saltaire: An Introduction to the Village of Sir Titus Salt*, Bradford 1976. Zur Stadtplanung und Architektur von Saltaire vgl. Robert Dewhurst, ›Saltaire‹, *The Town Planning Review* 31, 2, Juli 1960, S. 135-144; R. Druiff, ›Saltaire: Pioneer Factory Village‹, *Town and Country Planning*, Mai 1965; Henry-Russell Hitchcock, *Early Victorian Architecture In Britain*, Bd. 1, New Haven, Conn. 1954, S. 460-62.

8 Buder (Anm. 5) zufolge las Pullman bereits im Jahre 1872 zum zweiten Mal den 1870 erschienenen, in der englischen Industriestadt Hillsborough spielenden sozialkritischen Roman. Zu Pullman und Saltaire vgl. Irving K. Pond, ›Autobiography‹, Kap. 5, I. K. Pond Manuskripte, William Clements Library, University of Michigan, S. 2, 20; Pond (Anm. 3), S. 6-7; *As Others See Us: Impressions of Visitors, 1673-1933*, Bessie L. Pierce (Hrsg.), Chicago 1933, S. 263-74.

9 Trotz der Ähnlichkeiten zwischen Saltaire und Pullman – Raumplanung und Architekturformen, die Werte wie Ordnung, Nüchternheit, Wirtschaftlichkeit, Sauberkeit und soziale bzw. ökonomische Mobilität betonten – bestanden doch deutliche Unterschiede. Sowohl Salt als auch Pullman ließen von ihren Architekten Kirchen, Schulen und jeweils eine Bibliothek für ihre Städte bauen; George Pullman vertrat jedoch die Auffassung, daß die Firma stets ein Mindestprofit von acht Prozent erwirtschaften müsse, die Stadt müsse sechs Prozent abwerfen und nur gewinnbringende Leistungen würden kostenfrei gestellt. Demgegenüber ließ Sir Titus, der weitaus humanitärer war, seinen Angestellten medizinische Versorgung und eine Rentenkasse zukommen, Leistungen, die Pullman für unrentabel hielt. Sir Titus verkaufte auch unbebaute Grundstücke an Arbeiter, die ein eigenes Haus errichten wollten; wohingegen George Pullman fürchtete, eine solche Vorgehensweise würde »seine Stadt« verderben.

10 ›A Visit to the States‹, *London Times*, Artikel 29, 21. Okt. 1887, Artikel 30, 24. Okt. 1887.

11 Budgett Meakin, *Model Factories and Villages: Ideal Conditions of Labour and Housing*, Philadelphia, Penn. 1905, S. 285-89.

12 Zitiert in Stanley Buder, ›The Model Town of Pullman: Town Planning and Social Control in the Gilded Age‹, *Journal of the American Institute of Planners* 33, Jan. 1967, S. 3.

13 Paul de Rousiers, *American Life*, übers. von A. J. Herbertson, Paris 1892, S. 172-73.

14 Almont Lindsey, *The Pullman Strike: The Story of a Unique Experiment and of a Great Labor Upheaval*, Chicago 1942, S. 57; ›Visitor's Register for the Town of Pullman‹, Pullman Collection, Pullman Branch Library, Chicago.

15 *Pullman Journal*, 6. Feb. 1897, S. 5, und 19. Juni 1897, S. 5.

16 Ely (Anm. 5); Meakin (Anm. 11), S. 388.

17 *A Holiday at Rosalie Villas*, Chicago 1888, o. S.

18 Jean F. Block, *Hyde Park Houses: An Informal History, 1856-1910*, Chicago 1978, S. 42; Gwendolyn Wright, *Moralism and the Model Home: Domestic Architecture and Cultural Conflict in Chicago, 1873-1913*, Chicago 1980, S. 74-76.

19 *American Architect and Building News*, 4. Feb. 1899, S. 39 und Tafel 1206.

20 Thomas J. Schlereth, ›Solon Spencer Beman, 1853-1914: The Social History of A Midwest Architect‹, *Chicago Architectural Journal* 5, Dez. 1985, S. 16-22.

21 Hugh Morrison, *Louis Sullivan: Prophet of Modern Architecture*, New York 1935, S. 59.

22 Thomas E. Tallmadge, *Architecture in Old Chicago*, Chicago 1941, S. 146.

23 *Inland Architect* 3, 1, Feb. 1884, S. 6; 3, 4, Mai 1884, S. 47; *Building News*, 11. April 1884.

24 Zu Beman und Root vgl. Rand McNally, *Bird's-Eye Views and Guide to Chicago*, Chicago 1883, S. 154-55, und Tallmadge (Anm. 22), S. 144-45.

25 Schuyler (Anm. 2), S. 265-66.

26 *British Architect*, 29. Jan. 1886.

27 David Hanks, ›Chicago and the Midwest‹, *The Arts and Crafts Movement in America*, Robert Judson Clark (Hrsg.), Princeton 1972, S. 57-58.

28 Carl W. Condit, *The Chicago School of Architecture: A History of Commercial and Public Building in the Chicago Area, 1875-1925*, Chicago 1964, S. 145.

29 Für eine Zusammenstellung von Bemans wichtigsten Bauten und Projekten vgl. Schlereth (Anm. 20), S. 29-31.

30 Schlereth (Anm. 20).

31 Für weitere wissenschaftliche Abhandlungen zur angloamerikanischen Tradition in der Architektur Chicagos vgl. die Beiträge in diesem Band von Elaine Harrington und Richard Guy Wilson.

Elaine Harrington

Das Glessner House von Henry Hobson Richardson: Internationale Einflüsse

»Richardsons schönstes städtisches Wohnhaus« – so charakterisierte James O'Gorman das Haus im Süden Chicagos, das Henry Hobson Richardson (1838-1886) für den Industriellen John Jacob Glessner entwarf (1843-1936).[1] Bevor wir uns jedoch dem Haus und seiner Einrichtung zuwenden, die eine ganze Reihe von europäischen Einflüssen aufweisen, sollten wir uns kurz die vorangegangene Entwicklung der Stadt und ausgewählte Beispiele früherer Wohnarchitektur vor Augen führen.

Die Bewohner Chicagos hatten ihre Architekten immer wieder vor herausfordernde Entwurfsprobleme gestellt und ihnen Gelegenheiten gegeben, komfortable und elegante Wohnhäuser zu bauen. Zu keiner Zeit war dies augenfälliger als im letzten Viertel des 19. Jahrhunderts, als Chicagos führende Unternehmer, Warenhauseigentümer, Hersteller von Fleischkonserven und landwirtschaftlichen Geräten, Holzhändler oder andere Geschäftsleute große Wohnhäuser in Auftrag gaben, die repräsentativ für ihre Leistungen und ihren Ehrgeiz sein sollten. Nicht weiter überraschend ist es dabei, daß viele dieser Häuser die europäischen Architekturtraditionen spiegelten, die an der Ostküste vorherrschten (von wo die meisten der frühen Bewohner Chicagos gekommen waren), oder von der europäischen Ausbildung und dem Erbe zeugten, das von neuen Einwanderern unmittelbar in die Stadt getragen wurde.

Vor dem großen Brand von 1871 bestimmten drei Flußarme des Chicago River (Main, North und South) die städtebauliche Entwicklung. Der Endpunkt des Illinois-Michigan-Kanals und später auch der verschiedenen Eisenbahnstrecken, die nach Chicago führten, ließ das Geschäftszentrum in dem Bezirk südlich des Hauptarms und östlich des südlichen Flußarms entstehen. Dieser zuerst wegen eines Verkehrskreisels der Pferdebahnen (in den fünfziger Jahren) ›Loop‹ (Schleife) genannte Bezirk entwickelte

Abb. 1 Henry Hobson Richardson, Haupteingang des J. J. Glessner House, 1800 South Prairie Avenue, 1885-87; Photo von George Glessner, um 1888

Abb. 2 Architekt unbekannt, Henry B. Clarke House, 1836; heute 1885 South Indiana Avenue

Abb. 3 Blick auf die Michigan Avenue nach Norden, 1863, mit der Michigan Terrace von W. W. Boyington. Radierung von Raoul Varin nach einer Ansicht von Edwin Whitefield, publiziert von A. Ackermann and Son, 1929

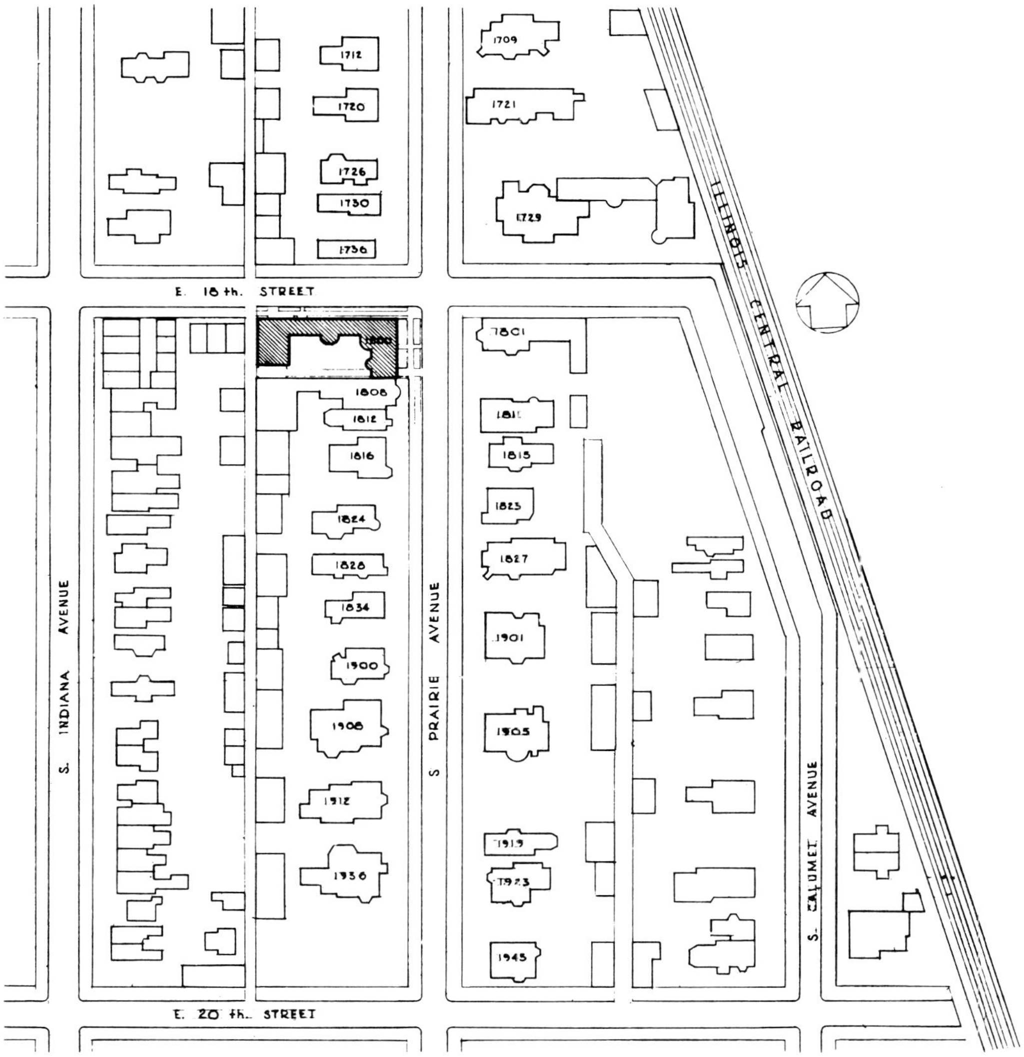

Abb. 4 Katasterplan der Prairie Avenue; aus Historic American Buildings Survey. *In der Nähe des Glessner House gab es eine Reihe von Wohnhäusern an der Prairie Avenue, u. a. das Pullman House (Nr. 1729; von J. M. Dunphy, 1873; das Palmenhaus und der Stall wurden 1892 von S. S. Beman hinzugefügt), das W. W. Kimball House (Nr. 1801; von Beman, 1889-90), das Coleman-Ames House (Nr. 1811; von Cobb and Frost, 1886-90) und das Marshall Field House (Nr. 1905; von Richard Morris Hunt, 1871-73)*

Abb. 5 Richard Morris Hunt, Bibliothek des Marshall Field House, 1905 South Prairie Avenue, 1871-73 (abgerissen)

Abb. 6 Burnham and Root, Max A. Meyer House, 2009 South Prairie Avenue, 1888 (abgerissen); aus Paul Graef, Neubauten in Nordamerika, *Berlin 1897-1905*

sich ständig weiter, nachdem 1897 die Union Loop Elevated Railroad als Hochbahn ausgebaut war.

Der Chicago River mit seinen Armen hatte der Stadt von Anfang an das Gerüst geliefert. Der Verkehr zwischen den frühen Wohngebieten im Westen und Norden und dem Loop mußte durch die Tunnels und über die Brücken des Main- und South-Arms gehen. Als der Flußverkehr zunahm, war der Verkehr zu Lande häufig behindert, zumal der Zugmechanismus der meisten Brücken oft nicht funktionierte. Dies förderte das Wachstum eines Wohnbezirks im Süden, der schnelleren Zugang zum Loop bot.[2]

Unter den ersten Wohnhäusern im Süden befanden sich das Haus der Familie Henry B. Clarke im Greek Revival (Abb. 2) und die Terrace Row im italianisierenden Stil von dem Architekten W. W. Boyington (Abb. 3). Das Haus von Clarke ist heute das älteste erhaltene private Wohnhaus der Stadt und ein sehr schönes Beispiel für die Neubelebung des klassizistischen Baustils, der zwischen 1820 und 1860 vorherrschend war. Henry B. und Caroline Clarke gehörten 1835 zu den frühen Ansiedlern in Chicago und brachten ihre Vorliebe für diesen Stil aus dem Staat New York mit. Die Stilelemente verwiesen unmittelbar auf die demokratischen Ideale, die man mit dem klassischen Griechenland und mit dem Unabhängigkeitskampf Amerikas im 19. Jahrhundert verband. In beider Hinsicht waren die Amerikaner leidenschaftlich engagiert. Der Architekt ist zwar unbekannt, aber das Haus zeigt Details der griechischen Antike, die typisch für die Musterbücher der Zimmerleute im 19. Jahrhundert waren.[3]

Die elf Reihenhäuser der Terrace Row (1856 gebaut) weisen einen anderen frühen internationalen

Abb. 7 Gebäude vor den Mauern der Abingdon Abbey, England, vor dem 19. Jhdt.; die Photographie war im Besitz der Familie Glessner

Abb. 8 Richardson, Fassade des Glessner House an der 18th Street

Einfluß auf, der in den vierziger und fünfziger Jahren sehr beliebt war: der italianisierende Stil, welcher sich durch Konsolen unter den Dachtraufen und klassische rundbogige Fensterbekrönungen auszeichnete. Der raumsparende Entwurf für Reihenhäuser war die Antwort des Architekten auf die zentrale Lage in der rasch wachsenden Stadt. Die Terrace Row, an der South Michigan Avenue zwischen Congress und Harrison Street gelegen (wo heute das Congress Hotel steht), zog auch wohlhabende Bewohner an, denen es um einen leichten Zugang zum Herzen der Stadt ging. Das Clarke House hingegen war mit seiner breiten, durch Säulen gegliederten Fassade ein Landhaus, das von einer Familie des gehobenen Mittelstandes erbaut worden war. Später wuchs dann die Stadt um dieses Haus herum.

Bereits nach 1860 entstand eine Handvoll bescheidener Häuser nahe am Michigan-See an der späteren Prairie Avenue, etwa drei Kilometer südlich vom Loop (Abb. 4). Wohlhabende Familien wandten sich diesem Gebiet zu, nachdem ihre Wohnhäuser im Norden und Westen von dem großen Brand zerstört worden waren. Die Lage war um so attraktiver, als das Gebiet nicht wie der vom Brand verwüstete Norden

Abb. 9 Hof des Glessner House; Photo von George Glessner, um 1888

mit Geröll und Abfall bedeckt war. Außerdem war der Bezirk südlich des Loop am See entlang bei Geschäftsleuten beliebt, weil sie ihre Büros im Loop schnell erreichen konnten, ohne den Fluß überqueren zu müssen. Innerhalb eines Jahrzehnts war die Prairie Avenue, wie ein Bewohner später berichtete, mit den sich wölbenden Ulmen zu der »sonnigen Straße der ausgewählten Wenigen« geworden und sollte bis zum Ersten Weltkrieg eine Wohngegend ersten Ranges bleiben.[4]

Zu den bemerkenswertesten Häusern an der Prairie Avenue gehörte an der südwestlichen Ecke der 18th Street das Glessner House, das 1886 von dem Bostoner Architekten H. H. Richardson für die Familie Glessner entworfen wurde (Abb. 1, 10). Sowohl in bezug auf das Äußere wie auf die Einrichtung unterschied und unterscheidet es sich in jeder Hinsicht von den übrigen großen Privathäusern der Straße. Vielleicht läßt sich sein höchst individueller Charakter am deutlichsten durch den Vergleich mit einigen Nachbarhäusern an der Prairie Avenue erkennen, vor allem mit dem 1873 von Richard Morris Hunt (1827-1896) für Marshall Field, Chicagos führenden Geschäftsmann, gebauten Haus.

Im Jahre 1871 stand Hunt als erster Amerikaner, der seine Ausbildung an der Ecole des Beaux-Arts in Paris erhalten hatte, dem am meisten beschäftigten New Yorker Architekturbüro vor, das für seine Geschäftsbauten bekannt war. In den späteren sechziger Jahren begann Hunt, aufwendige herrschaftliche Häuser für wohlhabende Kunden in New York selbst, dann auch am Hudson River, in Boston und Newport zu entwerfen.

Das Haus der Familie Field an der Prairie Avenue, eins der ersten der Straße, war im Bau, als der Brand von Chicago ausbrach, und wurde 1873 vollendet. Hunt hatte es im Second-Empire-Stil entworfen; flache rote Ziegellagen waren abgesetzt gegen horizontale Sandsteinlagen an Sockel, Stockwerk- und Hauptgesims, wobei die mit Sandstein eingefaßten Fenster vertikale Akzente setzten. Die Metallbalkons im zweiten Stock verstärkten den französischen Aspekt des Hauses. Sein Mansarddach führte ein Thema ein, das von vielen anderen Architekten und Bauherrn der Stadt übernommen werden sollte. Tatsächlich wurden schon bald einige bereits an der Prairie Avenue und in der Nachbarschaft bestehende Häuser umgebaut und mit gestelzten Mansarddächern versehen.[5]

Bei der Inneneinrichtung mischte sich Französisches mit Zeitgenössischem. So war beispielsweise die Bibliothek (Abb. 5), in der sich ein Kamin im englischen Stil mit Ziegeln unter dem Sims und einem Glasgemälde darüber befand, mit Stühlen des Second

Abb. 10 Richardson, Glessner House; Photo von George Glessner, um 1888

Empire und der französischen Renaissance möbliert. Dabei ist jedoch zu beachten, daß diese Stile in ihren amerikanischen Inkarnationen erheblich von den Originalen abwichen, von denen sie inspiriert waren.[6]

Bei späteren Privathäusern, die nach dem Vorbild französischer Schlösser gebaut wurden, waren die Zitate noch direkter. Einige Sozialhistoriker stellten zwar die Angemessenheit von Schloßbauten in einer amerikanischen Industriestadt in Frage, aber zu jener Zeit empfand man sie als passenden Rahmen für erfolgreiche Unternehmer, die das amerikanische Äquivalent der europäischen Aristokratie darstellten.

Das Architekturbüro Burnham and Root in Chicago bediente sich noch einer weiteren europäischen Quelle – des Flämischen – als Inspiration für das Stadthaus, das es 1888 für die Familie Max A. Meyer in der Prairie Avenue 2009 errichtete (Abb. 6). Dort ist der Dekor für den Vordereingang der französischen Spätgotik entnommen.[7] Eine zeitgenössische Abbildung der Straße zeigt das Gebäude in der Mitte seiner für die Prairie Avenue typischen Nachbarhäuser: links eins im italianisierenden Stil aus der Jahrhundertmitte und rechts ein dreistöckiges Haus mit Mansarddach (Tafel 28). Im folgenden Jahr entwarf das Büro für William J. Goudy in der Elm Street 434 ein hübsches kleines Schlößchen im französischen Stil mit kreuzblumenverzierten Gauben (Kat. 72).

Ein größeres schloßartiges Herrenhaus aus Kalkstein wurde 1890 für den Klavier- und Orgel-Magnaten W. W. Kimball in der Prairie Avenue 1801 gebaut. Der Entwurf stammt von dem Architekten Solon S. Beman. Zahlreiche Elemente der Außengestaltung, zum Beispiel ein skulptierter Giebel und Rahmen für die Eingangstür, waren von Schloß Josselin in der Bretagne übernommen (siehe Schlereth, Abb. 5).[8] Die Eichentäfelung mit Engelsköpfen und anderem geschnitzten Dekor im Stil des französischen 16. Jahrhunderts beherrschte die Inneneinrichtung des Erdgeschosses.

Die Individualität, mit der Richardson europäische Elemente für das Glessner House adaptierte, fällt im Vergleich zu den unmittelbaren Stilzitaten durch die Architekten der Nachbarhäuser besonders ins Auge. Hunt und Richardson waren in ihrem Umgang mit Bauten wie mit Klienten grundverschieden: Hunt versorgte seine Kunden mit genau dem riesigen und exquisiten französischen Château oder Haus im Empirestil, das sie wünschten, während Richardson seinen Kunden ein Gebäude erstellte, das ihren Bedürfnissen entsprach, aber gleichzeitig seine eigene Ästhetik spiegelte.[9] In der Intention, eine neue amerikanische Architektur zu schaffen, verschmolz er die verschiedensten Elemente und charakteristischen Formen der französischen und englischen Bauten, die er bewunderte, zu einem neuen Ganzen. Wie ein zeitgenössischer englischer Schriftsteller feststellte, »repräsentierte [er] alles, was an der amerikanischen Architektur am erhabensten, eigenständigsten und hoffnungsvollsten war«.[10] Ein paar Jahre später urteilte ein amerikanischer Kritiker, daß die »Kraft zu Vereinfachung und Vereinheitlichung ... die essentielle Begabung Richardsons war, ganz unabhängig von seiner Vorliebe für das romanische Detail, übertriebene *voussoirs* [Bogenziegel] und Zwergsäulen«.[11]

Das 1885 in Auftrag gegebene, 1886 entworfene und 1887 vollendete Haus für die Familie Glessner bot Richardson die Gelegenheit, seine Vorstellungen von einem Wohnhaus zu verwirklichen, die für seine Zeit höchst modern waren. Komplexe Grundriß- und Raumauffassungen wurden mit Elementen verschiedener historischer Stile vereint. Diese waren vermutlich aus einer Vielzahl von Quellen bezogen; wichtig vor allem waren Richardsons Reisen und seine umfassende Bibliothek. So könnte man zum Beispiel die südfranzösisch-romanisch anmutenden Bögen über Haupt- und Seiteneingang des Glessner House auf seine Studienreisen nach Paris und Umgebung in den sechziger Jahren sowie auf seine Europareise im Jahre 1882 zurückführen. In ähnlicher Weise beschwören einige Einzelheiten der Fassade den Sinn für Details, der sich in Henri Revoils Buch *Architecture romane du midi de la France* (1873) findet, das Richardson, wie man weiß, besaß.[12] Richardsons Fähigkeit, Elemente aus anderen Quellen zu absorbieren und zu transformieren, trug sehr zu der Kraft und Wirkung seines Werks bei.

Der gesamte Aufriß an der 18th Street ist einem pittoresken englischen Bau entlehnt, der wie eine große Scheune unmittelbar vor den Mauern der Abtei Abingdon bei Oxford liegt (Abb. 7, 8). John Glessner berichtete, daß Richardson während eines Besuchs bei ihm 1885, bei dem der Entwurf für ihr geplantes Haus besprochen wurde, »eine kleine kolorierte Photographie der Abingdon Abtei« in der Bibliothek entdeckte und zu Frances Glessner (1848-1932) gewandt fragte: »Gefällt Ihnen das?« Als sie bejahte, sagte er: »Ja? Dann werde ich das zum Grundakkord Ihres Hauses machen. Geben Sie mir das Photo bitte.«[13] Obwohl der Plan nach dieser Begegnung nicht wesentlich verändert wurde, erhielt der Aufriß des Hauses einige Verfeinerungen; ein Giebel über dem Eingang verschwand, die Dachkanten an den Fassaden der Prairie Avenue und der 18th Street wurden aufgelöst, und ein vielgestaltiges Fenster für die Haupttreppe wurde vereinfacht (Tafel 29; Kat. 66).

Richardson war so beeindruckt von dem, was er 1882 auf seiner Europareise gesehen hatte, daß er später Glessner anvertraute, er habe »seinen Baumeister Norcross und seinen Steinmetz Evans herüberholen [wollen], um ihnen einige wirklich gute Arbeiten« an diesen frühen Bauten zu zeigen.[14] O. W. Norcross und John Evans, beide in Massachusetts niedergelassen, arbeiteten lange mit Richardson zusammen und waren auch an dem Bau von Glessners Haus beteiligt; die Firma Norcross als Bauunternehmen und Evans als Spezialist für die Steinmetzarbeiten einschließlich dem Akanthusgeflecht in dem Bogen über der Eingangstür. Während das Äußere des Hauses auf den ersten Blick schlicht und massiv erscheint, hat es in Wirklichkeit eine ganze Anzahl von zurückhaltenden Ornamenten in glatt geschnittenem Granit aufzuweisen.

Die Hauptfront an der eleganten Prairie Avenue mit ihrer auffallenden Gliederung in fünf Achsen und dem Mitteleingang ist zwar ausbalanciert, jedoch nicht symmetrisch angelegt, da ein zusätzliches Bauteil am südlichen Ende hinzugefügt wurde, das die Wageneinfahrt zu ebener Erde und Ankleideräume

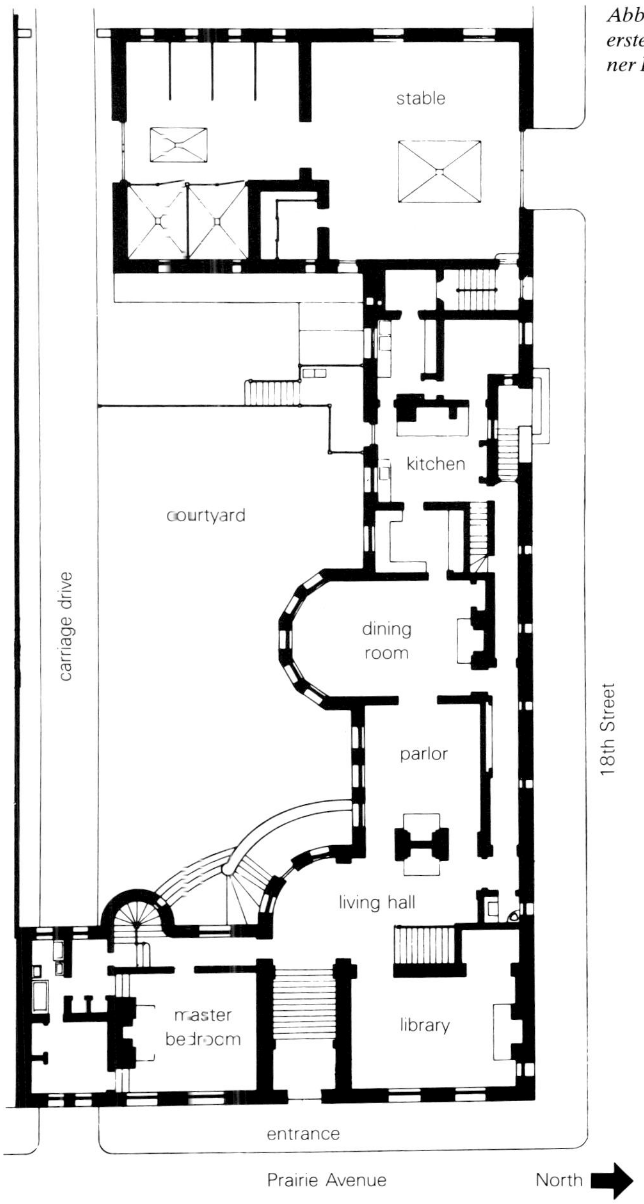

Abb. 11 Grundriß vom ersten Geschoß des Glessner House

im ersten und zweiten Stock enthält. Die zur Prairie Avenue hinausgehenden Fenster sind breiter als die der seitlichen Fassade an der 18th Street, die gerade dem Lieferanteneingang Licht geben, aber Kälte und Geräusche abhalten. In der Höhe des zweiten Stocks schmücken an beiden Fassaden dekorative Säulenkapitelle mit jeweils unterschiedlichen Akanthus- und geometrischen Mustern die Fenster der Haupträume. Vom Erdboden bis Schulterhöhe sind die Mauern geböscht, allerdings nur bis zum Torbogen des seitlichen Dienstboteneingangs.

Der grob gehauene Granit am Außenbau stammt aus Milford, Massachusetts, und hat einen feinen rosagrauen Ton. Die farbliche Harmonie wird mit ziegelrotem Mörtel und dem Terrakotta der Dachziegel weitergeführt. (Das Gebäude wurde 1984 sorgfältig gereinigt, so daß der originale Granitton mit den Glimmer- und Feldspateinschlüssen wieder zur Geltung kommt.) Richardson hatte die Absicht, über dem rosig-grauen Granit des geböschten Sockels für

Abb. 12 Innenansicht des früheren Hauses von J. J. Glessner, 261 West Washington Boulevard, mit Bücherschrank von Isaac E. Scott, um 1879

die übrige Fassade grob geschnittenen rosa Marmor zu verwenden. Anscheinend hatten Glessners jedoch Vorbehalte dagegen und wählten nach Richardsons Tod im Jahre 1886 Granit für die gesamte Fassade.[15]

Einfacher Klinker aus Chicago und Kalkstein-Fensterbänke und -stürze verleihen der Hoffassade ein weniger repräsentatives Aussehen. Die Hoffassade weist drei konvexe Risalite auf: die spiralförmige Wendeltreppe, den Hofeingang zum Haus und die Front des Speisezimmers mit dem Musikzimmer darüber. Die zahlreichen Fenster zum Hof sind großzügig geschnitten, und die Dachgauben haben mit Groteskenköpfchen verzierte Giebel, ein Dachfenstersschmuck, der bei französischen Landhäusern üblich war (Abb. 9).

Wichtig vom Architektonischen her ist nicht nur das Äußere des Hauses, sondern auch sein innovativer Grundriß und dessen gute Funktionsfähigkeit in horizontaler und vertikaler Richtung. Das Haus war für kleinere familiäre wie für große gesellschaftliche Anlässe konzipiert und um den Innenhof nach Süden angelegt. Richardson sah dort große Fenster vor, damit, wie er sagte, »die Sonne ... hereinströmen würde[16]«. Das war in den Breitengraden von Chicago wichtig, wo die Familie sechs Monate im Jahr verbrachte. Von Mai bis Oktober lebte sie in The Rocks, ihrem Sommerhaus in New Hampshire.

In der südlichen Hälfte des Hauses an der Prairie Avenue waren die Privaträume der Familie untergebracht: das Schulzimmer im Parterre mit einer Tür zum Hof, die Schlaf- und Ankleideräume der Eltern im ersten Stock und direkt darüber zwei Kinderschlafzimmer; alle drei Ebenen verbunden durch eine Wendeltreppe. Die nach außen geschwungene Wand in der geräumigen Wohnhalle des ersten Stocks lud den Besucher ein, sich nach rechts zu wenden, wenn er das Haus von der breiten Eingangstreppe her betrat.

Richardson ordnete die Gesellschaftsräume im Rücken des Hauses entlang der 18th Street an: in der Ecke die Bibliothek, danach das Empfangszimmer und das Speisezimmer zum sonnigen Hof und dahinter die Küchenräume. Eine breite angebaute Wagenremise, die sich an dem Weg hinter dem Grundstück entlangzog, trug dazu bei, den privaten Innenhof zu schaffen. Die Lage der Dienstbotengänge im ersten und zweiten Stock an der nördlichen Außenwand ermöglichte einen reibungslosen Ablauf des täglichen Lebens im Hause und bot eine Abschirmung gegen den kalten Winter in Chicago sowie gegen den Lärm und Schmutz der Seitenstraße. Die fensterlose Nordwand des Nachbarhauses bildete die südliche Abgrenzung vom Hof des Glessner House (Abb. 11).

Die architektonische Bedeutung des Hauses liegt in seinen Lösungen von Problemen, welche die zeitgenössischen Architekten generell bewegten. Mit großem Raffinement faßte Richardsons Entwurf viele grundlegende Aspekte der modernen Architektur zusammen: einen Wohnzonenplan, räumliche Zusammenhänge, Materialgerechtigkeit und Einheitlichkeit im Ausdruck. Die ungewöhnliche Außenansicht sorgte während der Errichtung des Baus für ein allgemeines Gesprächsthema, aber die größere Bedeutung für die Geschichte der amerikanischen Wohnarchitektur liegt darin, daß der Architekt und sein Entwurf das Haus in die Anfänge der Moderne einbinden.

Richardson ging es darum, ein städtisches Wohnhaus für eine amerikanische Familie zu schaffen, die seinen eigenen Geschmack und seine Freuden teilte – Liebe zur Musik, zu Büchern, gewählten Speisen und guter Gesellschaft. Während seiner Reise 1882 durch England und auf dem Festland war er einigen der führenden Persönlichkeiten der englischen Arts-and-Crafts-Bewegung begegnet.[17] Seine Begeisterung für ihre Arbeit, zumal für die von William Morris und William DeMorgan, wurde von seinen Klienten geteilt, wie sich am Inneren des Hauses in der Prairie Avenue erweisen sollte.

Richardson starb am 27. April 1886, nachdem der Plan für das Haus vollendet war. Im Laufe der Arbeit an diesem Projekt waren die beiden Familien zu Freunden geworden. John Glessner erinnerte sich: »Nach dem, was er [Richardson] mir erzählte und was seine jungen Leute hinterher sagten, bin ich überzeugt, daß unser Haus dasjenige von all denen ist, die er gebaut hat, in dem er am liebsten selbst gewohnt hätte.«[18] Die Vollendung des Hauses wurde mit Sorgfalt von Richardsons Nachfolgebüro Shepley, Rutan and Coolidge überwacht.[19] Die Brüder Norcross, die allgemein als die ersten Bauunternehmer in Amerika galten, waren für die Konstruktion des Baus verantwortlich.

Die Innengestaltung

Ebenso wie ihr Architekt war die Familie Glessner an den ästhetischen und kunsthandwerklichen Bewegungen interessiert, die sich aus den sozialen und künstlerischen Reformen in England entwickelt hatten.[20] Ihr Interesse an diesen Bewegungen war durch Vorträge über Kunst angeregt worden, vor allem, nachdem sie 1875 Isaac E. Scott (1845-1920) bei einem solchen Anlaß begegnet waren. Scott, der Gebäude, Einrichtungen und dekoratives Zubehör entwarf, war ein hochqualifizierter Handwerker und besonders für seine Fertigkeit als Holzschnitzer bekannt. Im selben Jahr bestellte die Familie ihr erstes Möbelstück bei ihm, einen großen Bücherschrank in neugotischem Stil, der den Entwürfen der Engländer Charles Locke Eastlake und Bruce J. Talbert ähnelte (Tafel 32). Der Schrank aus Walnußholz war architektonisch im Charakter, hatte einen gotisierenden Abschluß und war mit Reliefschnitzereien in Steineiche und schwarz gebeiztem Holz geschmückt, eine von Scott und anderen Möbeldesignern in Chicago perfektionierte Technik.[21]

Zwei Jahre später wurde Scott von den Glessners beauftragt, die Inneneinrichtung ihres früheren Hauses am West Washington Boulevard 261, das in italianisierendem Stil gebaut war, neu zu gestalten. Scott fertigte dann im Laufe der Zeit viele Möbelstücke für die Familie an, zum Beispiel fast die ganze Einrichtung im Elternschlafzimmer,[22] sowie an die vierzig Bilderrahmen, des weiteren Kaminverkleidungen, Keramiken, Metallarbeiten und später auch Entwürfe für Stickereien. Auf der Rückseite der Bilderrahmen aus dieser Zeit befindet sich der Stempel von Scott: Isaac E. Scott/Medieval/Wood and Metal/Worker/Chicago, Ill.[23]

Für die meisten dieser Möbel wählte Scott massives Walnußholz. Er verzierte sie sowohl mit stilisierten als auch naturalistischen Blätter- und Blumen-Schnitzereien, die Akzente durch Vögel und Reptilien im Hochrelief erhielten. Auch auf den Keramiken, die er 1879 für die Familie in den Chelsea Keramic Works in der Nähe von Boston schuf, benutzte er florale Motive mit Vögeln und Reptilien. Zuvor war er Modellierer für Ornamente und Skulpturen der Chicago Terra Cotta Company gewesen.[24] Seine Arbeiten zeigten seine Vertrautheit mit englischen Motiven wie auch mit Formen japanischen Ursprungs. Aus den Tagebucheintragungen der Familie Glessner geht hervor, daß sie nur mit Scott allein verhandelte, obwohl er von 1873 bis 1875 mit dem Architekten Frederick W. Copeland zusammenarbeitete.[25] Wenn auch die Glessners keine weiteren großen Arbeiten mehr bei Scott bestellten, nachdem sie Richardson für den Entwurf ihres Hauses engagiert hatten, blieb der Innenarchitekt bis zu seinem Tode ein guter Freund und häufiger Gast der Familie.[26]

Abb. 13 Peter B. Wight, Bibliothek des Eliphalet W. Blatchford House, 375 North LaSalle Street, 1875 (abgerissen)

Während der siebziger und achtziger Jahre vertiefte sich das Interesse der Familie an englischem Design, und ihre Bibliothek wurde um viele Bände von Eastlake, Talbert und William Morris (meist in den amerikanischen Ausgaben) sowie um *The House Beautiful* von dem amerikanischen Trendsetter Clarence Cook bereichert. Glessners erweiterten ihre Kenntnisse auf diesem Gebiet systematisch. Nach einer ersten Einführung in einen Fachbereich, eine Idee oder neue Form setzten sie ihre Studien durch Lektüre fort, gingen zu Vorträgen und erwarben Anschauungsbeispiele. Während jener Zeit kauften sie auch viele Bücher über japanische Kunst und Lebensformen, nachdem sie in den siebziger Jahren eine große Arbeit aus Kutani-Porzellan erworben hatten. Sie erhielt ihren Platz auf dem großen Bücherschrank von Scott in der Bibliothek.

Sieht man sich diesen Raum (Abb. 12) in ihrem früheren Haus am Washington Boulevard näher an, dann entdeckt man einen kleineren Bücherschrank von Scott, über dem ein schwarz gebeizter Rahmen mit seinem Stempel hängt, sowie einen Tisch von ihm, einen schwarz gebeizten Stuhl und einen Windsor-Stuhl; auf dem Boden Orientteppiche und an den Wänden und der Decke dekorative Tapeten. Die Mischung aus den englisch beeinflußten Arbeiten von Scott, japanischer Keramik und japanischem Eben-

holz, kombiniert mit einer Neigung zum Neo-Kolonialstil[27] in Gestalt des Windsor-Stuhls, verweist auf die bereits reichen und vielfältigen Interessen und Geschmacksrichtungen der Familie. Diese wurden dann nach 1886, bei der Einrichtung ihres berühmteren Hauses in der Prairie Avenue, noch weiterentwikkelt.

Der Umfang von Scotts innenarchitektonischen Arbeiten – von Möbeln über Bilderrahmen und Keramiken bis zu Stickereien – läßt vermuten, daß die Familie Glessner seine Vorstellungen von der Gesamtgestaltung des Wohnens bis zur Tischserviette teilte. Diese Geschmacksrichtung sollte sich in der Zusammenarbeit mit Richardson und seiner Firma aber erst richtig entfalten. Wie gesagt, gaben Glessners Scott anscheinend keine weiteren großen Aufträge mehr, nachdem sie Richardson begegnet waren, obwohl er noch einige hübsche Stickereientwürfe für sie schuf. Jedenfalls tauchte kein großes Möbelstück von ihm in den großen Gesellschaftsräumen – Wohnhalle, Bibliothek, Empfangs- und Speisezimmer – ihres neuen Hauses auf.

Zur gleichen Zeit wie die Einrichtung von Glessners Haus am Washington Boulevard entstand in Chicago ein weiteres Beispiel für eine umfassend entworfene Inneneinrichtung: das ›Ulmenheim‹ (Tafel 6) in der North LaSalle Street 375 von Peter Bonnet Wight für Eliphalet W. Blatchford, einen prominenten Fabrikanten. Von besonderem Interesse ist hier die Bibliothek, für die Wight Bücherschränke im Stil von Eastlake entwarf (Abb. 13).[28] Blatchfords Bibliothek ist zwar größer als die Glessnersche, aber beide zeigen in der Gestaltung eines einheitlichen Raums ähnliche Ziele. Eine weitere Verbindung zwischen Scott und Wight war dadurch gegeben, daß während der siebziger Jahre Möbelentwürfe von Wight – und von dem Architekten William Le Baron Jenney – in der Werkstatt von Scott und Copeland ausgeführt wurden.[29]

Ihr neues Haus bezog die Familie Glessner am 1. Dezember 1887. Bei Dekor und Einrichtung kombinierten sie ihre neugotischen Stücke von Isaac Scott mit neuen Möbeln, die sie anderswo erwarben. *The House Beautiful* von Clarence Cook ist nachweislich viel zu Rate gezogen worden.[30] Der vorherrschende Ton im Innern wurde indessen durch den verschwenderischen Reichtum an Arts-and-Crafts-Stoffen sowie an Tapeten, Kaminkacheln, Lampen, Stühlen, Keramiken und Stickereien von William Morris in England angegeben.

Einige der großen funktionalen Möbel in den Hauptträumen des ersten Stocks waren von Charles Coolidge und Francis Bacon (1856-1940) entworfen und von der A. H. Davenport Company (1880-1908) hergestellt worden. Coolidge war für den neo-kolonialen Eichentisch in der Bibliothek und eichene Stühle im Speisezimmer (Kat. 70) verantwortlich, eine Mischung aus Neo-Kolonialstil und amerikanischen Arts and Crafts. Bacon, der vorher im Büro von

Abb. 14 Living hall des Glessner House; Photo von George Glessner, um 1888

Abb. 15 Bibliothek des Glessner House im Jahre 1923

Richardson angestellt gewesen war, war zum Hauptdesigner für Davenport geworden und für die Arts-and-Crafts-Stühle in der Halle und den Resonanzkörper des Steinway-Flügels verantwortlich. Diese Möbel mischten sich mit denen von Scott und den schwarz gebeizten Stühlen japanischen Stils der Gebrüder Herter (1865-1905) in New York.

Die Einrichtung stellte insgesamt eine kunstvolle Mischung dar und unterschied sich wesentlich von denen der Nachbarhäuser. Bei der Dekoration des Hauses von George M. Pullman schräg gegenüber von Glessners hatte die A. H. Davenport Company mitgewirkt; in Marshall Fields Haus an der Prairie Avenue und dem Schloß, das Potter Palmer an der Near North Side hatte errichten lassen, waren die Herter Brothers maßgeblich an der Ausstattung beteiligt. Der innenarchitektonische Gesamteindruck dieser Häuser war vom Stil des französischen 18. Jahrhunderts geprägt.

Die völlig von den Nachbarhäusern abweichende Innengestaltung des Glessner House kann vielleicht auf den Einfluß von Cooks *House Beautiful* zurückgeführt werden. Zahlreiche Dekorationselemente wie zum Beispiel die Bilderleisten, gestickten Wandbehänge aus der Werkstatt von William Morris, japanische Keramik und die neuerdings beliebten amerikanischen Antiquitäten wurden wärmstens von Cook empfohlen, der auch für Möbel in der Art von Scotts neugotischen Stücken eintrat sowie für den Typ von anglo-japanischen Kunstmöbeln, die Glessners von den Herter Brothers erwarben.

Besucher wurden im Hause Glessner zuerst in den als ›Living hall‹ bekannten Raum (Abb. 14; Tafel 30) geleitet, in dem das räumlich Großzügige englischer Landhäuser nachempfunden war. Die raffinierte Wirkung der quadratisch geschnittenen Eichentäfelung wurde durch den in Terrakottarot verputzten Wandstreifen über dem Schaubord und eine hellgelb gemalte Decke erhöht. Zu dem sehr großen Morris-Hammersmith-Teppich in roten und blauen Tönen[31] kamen die stark gemusterten Portieren aus einem gewebten Morris-Wollstoff namens Peacock and Dragon (Pfau und Drachen). Dieses Textil ist deshalb von Bedeutung, weil es von dem gleichen Muster ist wie der Behang, der vor zwei Alkoven in Richardsons eigener Bibliothek in Brookline, Massachusetts, neben dem Kamin hing, wo das Ehepaar Glessner gesessen hatte, als sie die Pläne für das Haus mit dem Architekten besprachen.

Die Bibliothek in dem neuen Haus an der Prairie Avenue sah überhaupt mit ihrem Kamin, den Deckenbalken, den in Schulterhöhe eingebauten Bücherschränken und dem massiven Tisch mehr derjenigen von Richardson ähnlich als der in ihrem vorigen Haus (Abb. 15). Der neue, von Coolidge entworfene Eichentisch darin enthielt an jedem Ende innerhalb der Zarge große Schubfächer, in denen Glessners ihre Grafiksammlung unterbringen konnten.

Abb. 16 Empfangs- oder Wohnraum des Glessner House im Jahre 1923

Abb. 17 Eßzimmer des Glessner House im Jahre 1923

Abb. 18 Elternschlafzimmer des Glessner House; Photo von George Glessner, um 1888

Angrenzend an die Bibliothek und über dem Eingang befand sich ein kleiner mit Kork ausgeschlagener Alkoven für die Ausstellung solcher Drucke. Die Wände in Richardsons eigenem Schlafzimmer waren ebenfalls mit Kork verkleidet, um Architekturpläne und Zeichnungen feststecken zu können, wenn er in diesem Raum arbeitete.[32]

Des weiteren gab es in der Bibliothek zwei Armsessel von den Gebrüdern Herter und später, 1923, eine von W. A. Benson (um 1890) entworfene und in der Morris Company hergestellte Tischlampe. Ein kleiner Morris-Hammersmith-Teppich lag vor dem Kamin, und gewebte Wollstoffe mit einem Vogel- und Weinranken-Muster hingen vor einem terrakottafarbenen Hintergrund an den Frontfenstern über dazu passenden Kissen der Fenstersitze. Auf den Bücherborden standen zahlreiche Keramiken, darunter japanische Stücke[33] und eine herrliche Gallé-Vase in Rot und Gold, auf die das Licht des engen Nordfensters fiel. Ihre Bücher zeugten von vielen gemeinsamen Interessen an Kunst und Musik; darüber hinaus besaßen sie Werke über Wildblumen, Bienenzucht und Kochkunst, die speziell Frances Glessner interessierten, ferner Chicago-Publikationen, die John Glessner als Mitglied des Caxton-Clubs sammelte, sowie Biographien, Romane und Reisebücher für die ganze Familie. Mehrere Bücher über Farbtheorien stellten 1883 und auch später, 1887, die Lektüre von Mrs. Glessner dar, als sie sich darauf vorbereitete, ihr neues Haus zu dekorieren.[34]

Auf der anderen Seite der Living hall befand sich das Empfangszimmer, das 1887 eine gelbe Blumentapete hatte. Hier hingen rosa und blaßorangene Draperien aus gewebtem Damast, Kennett genannt, von der Morris Company sowie gestickte Seidenvorhänge in zarten Farben vor einem meerschaumfarbenen Hintergrund als Portieren der Türen zu beiden Seiten des Kamins. Das Stickereimuster stammte aus der Morris-Werkstatt und war möglicherweise von Mrs. Glessner selbst oder von der Chicago Decorative Arts Society gestickt.[35] Das Empfangszimmer, in dem der große Steinway (mit seinem von Francis Bacon entworfenen Mahagonikasten) stand, diente auch als Musikzimmer. Mrs. Glessner selbst spielte hier Klavier, aber auch viele gastierende Künstler des Symphonieorchesters von Chicago, wie Ignaz Paderewski und Fannie Bloomfield Zeisler, die im Hause bewirtet wurden. Die Familie gehörte zu den frühen Förderern der Symphoniker, und so fanden in ihrem Hause häufig musikalische Darbietungen statt.

Im Jahre 1893 richteten Glessners ihren Empfangsraum neu ein (Abb. 16). Sie beauftragten den Engländer William Pretyman, der bei der Weltausstellung für die Farbgestaltung verantwortlich gewesen war, an den Wänden die geblümte gelbe Tapete gegen eine grobe Leinwand mit Schablonenmalerei in metallischen Farben auszuwechseln. Sie ersetzten außerdem die Milchglasschirme der Wandlampen aus Messing durch Perlmuttschirme, die farbenreich schimmerten, wenn die Lampen leuchteten.

Die Eichentäfelung im Eßzimmer (Abb. 17; Tafel 31) bestimmte dessen Neo-Kolonialstil-Charakter. Die von Coolidge entworfenen Eichenstühle und die beiden Sessel mit Akanthusschnitzereien waren in ihrer Gesamtgestaltung von den gleichen amerikanischen Windsorstühlen beeinflußt wie die früheren Entwürfe von Richardson für die Stühle in der Bibliothek: sie zeigten nur eine leichtere Chippendaleform als Abschluß, die die Art Nouveau ankündigte (Kat. 70). Der Eßzimmertisch, im früheren Hause von Glessners rechteckig, war nun ein großer runder. Richardson mochte Ausziehtische nicht und hatte einen ovalen Eßtisch aus schwarzer Eiche in seinem eigenen Speisezimmer, der John Glessner gefallen hatte. Das mag Glessners Wahl von Tisch und Größe beeinflußt haben. Außerdem gab es einen kleineren Tisch in dem Raum, und eine deutlichere Verbindung zum Hause des Architekten bildete das Schaubord für Teller, das dem in Richardsons eigenem Eßzimmer sehr ähnlich war, wie es Glessner folgendermaßen beschrieb:

»Es gab dort ein schmales Bord, das um die Wände lief, ungefähr 50 Zentimeter unter der Decke und knapp 1,80 Meter über dem Boden, darauf standen seltene Teller und eine Anzahl von irisierend schimmernden DeMorgan-Kacheln, ein Geschenk von Mr. DeMorgan persönlich.«[36]

Oberhalb des Schaubords befand sich eine gepreßte japanische Ledertapete mit koloriertem und vergoldetem Prägedekor. Die Decke war mit Blattgold belegt, was im Winter bei Kerzenbeleuchtung des Tischs und durch die Wandlampen hübsche Spiegelungen hervorbrachte. Der Kamin war mit Isnik-Keramikfliesen von Lockwood De Forest, New York, dekoriert. Eine Photographie dieses Raumes zeigt eine Tischdecke mit Stickereien, die von Scott entworfen waren. Das Muster stammt aus dem Jahre 1894 und ist einer von mehreren Entwürfen für weißglänzende Perlstickerei auf Leinen in roten und hellblauen Tönen.

Schließlich gehörte noch das große Schlafzimmer links der Eingangstür zu den wichtigsten Räumen im

Abb. 19 Living hall im zweiten Stock des Glessner House im Jahre 1923

Abb. 20 Gästezimmer des Glessner House; Photo von George Glessner, um 1888

Abb. 21 Schlafzimmer der Tochter Fanny Glessner im Jahre 1923

ersten Stock (Abb. 18). Im Jahre 1887 war der Kamin mit Kacheln von William DeMorgan verkleidet, die von der Morris Company hergestellt wurden. Das Ruhebett für den Tag zu Füßen des Ehebetts war mit einem rosa und lachsfarben bedruckten Samt von Thomas Wardle, dem Seidenfärber von Morris, bedeckt.[37] Die Tapete mit dem Mohnblumenmuster kam von der englischen Firma F. Arthur.[38] Die wichtigsten Möbel hier – Garderobe, Bücherschrank, Bett und Toilettentisch mit Spiegel im Ankleidezimmer von Mrs. Glessner – waren von Isaac Scott schon für das vorherige Haus der Familie Glessner angefertigt worden. Die Tapete wurde 1923 durch das Lily and Pomegranate (Lilien und Granatäpfel) Muster der Firma Morris ersetzt, dazu kam Windrush (Schilf) bedruckter Baumwollstoff, ebenfalls von der Firma Morris, für die Draperien; der gepolsterte Ohrensessel wurde mit einem Akanthusmuster in drei Rottönen überzogen. Ein Stück japanische Obi-Schärpe mit applizierter europäischer Spitze diente als Überdecke des Bettes.

Der große Bücherschrank von Scott wurde zusammen mit dem großen Kutani-Porzellanteller darauf in die obere Wohnhalle gestellt (Abb. 19). Der Teppich hatte ein anderes handgewebtes Muster von Morris, und die Kissen auf den Neo-Kolonial-Stühlen waren mit rotem Utrechtsamt der Morris Company bezogen. An den Wänden hingen Bilder und eine französische Fayence-Schale in von Scott geschnitzten Rahmen. Im Jahre 1923 erhielten die Eichentäfelung bis zur Schutzleiste in Stuhlhöhe und das eichene Rahmenwerk um die fünf Türen und fünf Fenster einen neuen Akzent durch Draperien in dem Vogel- und Weinrankenmuster von Morris.

Photographien, die 1923 im ganzen Hause gemacht wurden, dokumentieren die Veränderung von Tapeten und Textilien seit der ursprünglichen Dekoration des Hauses im Jahre 1887. Der Stil blieb jedoch im Ton durchgehend englisch mit einer starken Neigung zu Mustern von William Morris. 1887 dominierte das Morris-Thema auch in dem Gästezimmer an der Ecke (Abb. 20) mit dem Rosen-und-Diestel-Chintz an den Fenstern, den Sonnenblumentapeten und Stuhlpolstern in African Marigold. Der Teppich wird ebenfalls Morris zugeschrieben, er ist eines der weniger teuren Exemplare, die von seiner Firma verkauft wurden. Eine Pilgerflasche von Scott gehörte zu den Keramiken auf dem Kaminsims. Im Jahre 1923 stammten die von Cherwell entworfenen Draperien, ein bedruckter Rippensamt in goldenen und braunen Tönen, und auch die Double-Bough-Tapete wiederum von der Morris Company.

Im Schlafzimmer der Tochter Fanny (Abb. 21) kamen die Blütentapete und die Bezüge von Stühlen und Tagesbett in (afrikanischem) Ringelblumenmuster ebenfalls von der Morris Company. Auch das Schlafzimmer des Sohnes George hatte 1887 eine Tapete von Morris, nämlich das Mohnblumenmuster. Ganz gleich, welche Veränderungen in den einzelnen Räumen an Tapetenmustern oder Textilien vorgenommen wurden – das Glessner House prangte zu allen Zeiten in einer Vielfalt von Farben, Werkstoffen und Verarbeitungen.

Die neuromanischen Elemente von Richardsons Bau beeinflußten auch andere Wohnbauten in Chicago, zum Beispiel das Coleman-Ames-Haus an der Prairie Avenue 1811, das 1890 von Henry Ives Cobb entworfen wurde, und das Granger-Farwell-Haus in der Prairie Avenue 1623 von Burnham and Root aus ungefähr der gleichen Zeit.

Der Einfluß des Neo-Kolonialstils, der im Innern des Hauses bei den Holzverkleidungen und den Einrichtungsgegenständen ganz offensichtlich ist, tritt auch an anderen Stellen in Chicago auf; so zum Beispiel an der von der Firma Jenney and Mundie für das Haus von A. Poole in der Pine Street 89 entworfenen Kaminverkleidung (um 1890; Kat. 74). Diese Kaminverkleidung besteht aus vertäfeltem Holz, einem Spiegel über dem Sims und Keramikfliesen um die Öffnung.

Um die Jahrhundertwende gewann der Neuklassizismus, der sich durch frei entworfene klassizistische Proportion und Ornamentierung auszeichnete, in Chicago an Einfluß. Im Jahre 1901 beauftragte Glessner Shepley, Rutan and Coolidge, ein Doppelhaus für ihre erwachsenen Kinder in dem Block nördlich ihres Hauses an der Prairie Avenue zu entwerfen. Die Ziegelhäuser sind im Erscheinungsbild ganz dem Neuklassizismus verpflichtet und belegen die Abwendung der Firma von den neuromanischen Formen, die sie in den ersten Jahren nach Richardsons Tod weiterhin bevorzugt hatte.[39]

Die Vorliebe der Familie Glessner für die Architektur im Arts-and-Crafts-Stil bestand noch lange nach Richardsons Tod, wie man aus den Verbesserungen ersehen kann, mit denen sie Shepley, Rutan and Coolidge an verschiedenen Gebäuden ihres Besitzes The Rocks in New Hampshire betraute. Isaac Scott hatte 1883 das Haupthaus und die Scheunen, die ländlichen Pavillons und ein Bienenhaus entworfen. (Im selben Jahr entwarf er ein Geschäftsgebäude in Chicago für John Glessner.) Nachdem Glessners Frederick Law Olmsted durch Richardson kennengelernt hatten, beauftragten sie diesen mit dem Gartenplan und der Anlage landschaftlich schöner Wege in The Rocks.

Durch Vermittlung von Glessner errichtete der Chicagoer Architekt Herman Von Holst (1874-1955), der bei Shepley, Rutan and Coolidge beschäftigt war, einige weitere Häuser im Arts-and-Crafts-Stil in The Rocks und Umgebung.[40] Im Jahre 1904 entwarf Von Holst ein Schindelhaus für den Bruder von Frances Glessner, George Macbeth, in einem Dorf in der Nähe von The Rocks (Tafel 37). Es wurde ›Glamis‹ genannt und zeichnete sich durch kräftige Horizontalen und eine tiefgezogene Dachlinie aus (Abb. 22). Seine Lage mit Blick auf die Berge war von Olmsteds Sohn, Frederick Law Olmsted jr., der 1890 George Glessners Zimmergenosse in Harvard gewesen war, sorgfältig ausgewählt worden. Bei der Beschreibung des Hauses für seine Nachbarn in einer Lokalzeitung erklärte George Macbeth, daß man

Abb. 22 Herman Valentin Von Holst, Haus ›Glamis‹ für George Macbeth, Bethlehem, New Hampshire, 1904

»das Haus zu einem Teil der Landschaft machen sollte, zu einem unaufdringlichen Teil der Erde und Felsen seiner Umgebung; ein langes und nicht hohes, unregelmäßig angelegtes Haus, das sich genau zwischen die Bäume und Felsen fügt ...«

Von Holst hat in der Tat einen organischen, sich der Landschaft anpassenden Entwurf für seinen Auftraggeber geschaffen.

»Von Holst verband die Räume miteinander, setzte die Fenster so, daß man einen schönen Ausblick hatte, sorgte für Zweckmäßigkeit innen, um möglichst viel an Arbeit und Pflege zu sparen; ein Ort für die Familie und ein paar Freunde.«[41]

Dies war die Standardauffassung von einem amerikanischen Haus, von Andrew Jackson Downing bis zu Frank Lloyd Wright.

Im Jahre 1906 entwarf Von Holst die ersten zusätzlichen Bauten für The Rocks. Eine Kombination von Sägemühle und Schweinestall, sein erstes Werk dort, trug den Stempel von Arts and Crafts in der typischen Beschriftung an der Vorderfront des Gebäudes. 1907 entwarf Von Holst einen Anbau für Scotts Pferdestall und Remise aus Stein und Schindeln aus dem Jahre 1884, und 1908 ein Haus für George Glessner. Dieses Haus, The Ledge, auf dem Grundstück von Glessners gelegen, war dann von den Richtlinien der Prairie-Schule geprägt.

Von Holst, Absolvent des Massachusetts Institute of Technology (1896), arbeitete in dem Chicagoer Büro von Shepley, Rutan and Coolidge, bis er 1905 sein eigenes Unternehmen gründete. Er lehrte am Armour Institute Architekturdesign und war berühmt für seine Aquarellansichten. Als Frank Lloyd Wright 1909 nach Europa ging, vereinbarte er mit Von Holst vertraglich, sein Architekturbüro in Oak Park bis zu seiner Rückkehr zu übernehmen.[42] Von Holsts Arbeiten für die Familien Macbeth und Glessner, die am Anfang seiner Laufbahn standen, bildeten einen Übergang von Richardsons Erbe und Firma zu Frank Lloyd Wright.[43]

Nach Richardsons Tod tauchten neuromanische Vorstellungen und Ideale immer wieder in den Arbeiten anderer amerikanischer Architekten auf – mit unterschiedlichen Ergebnissen. Wenn sie Richardsons Theorien und Beispielen und seiner eigenen früheren Suche nach einer neuen amerikanischen Architektur folgten, waren die Ergebnisse so eindrucksvoll wie beim Auditorium Building von Adler und Sullivan. Ungünstig für seine Vorstellungen jedoch war es, wenn ungeübte Nachahmer den neuromanischen Dekor bei mäßig gestalteten Gebäuden als grobe Tapete anbrachten.

Richardsons Arbeiten wurden in amerikanischen Architekturzeitschriften wie im *American Architect* veröffentlicht. Diese Publikation, die er selbst 1874 und 1875 unter dem früheren Titel *New York Sketchbook* herausgab, brachte bis 1898 Lichtdrucke von seinen Arbeiten.[44]

Auch in europäischen Publikationen, unter anderem in der *Deutschen Bauzeitung* (1892), im englischen *Magazine of Art* (1894) und im holländischen *De Opmerker* (1893 und 1896), fand sein Werk Beachtung.[45] Die holländischen Architekten H. P. Berlage und K. P. C. de Bazel scheinen in ihren Entwürfen für die Amsterdamer Börse (1898-1903) sowie für ein geplantes Gebäude für die Architektenkammer (1897) von Richardson beeinflußt gewesen zu sein.[46]

In England weisen die Arbeiten von C. Harrison Townshend, vor allem die große rundbogige Öffnung des Bishopsgate Institute von 1892, der Turm seines Horniman Museums von 1896 und seine Whitechapel Art Gallery von 1901 (alle drei Bauten in London) Elemente Richardsons auf. Die kompakte Gruppierung von der Congregational Church und Schule in London durch John Sulman aus den Jahren 1880-1882 und J. K. Kroegers Projekt für die St. Jakobskirche in Dresden erinnern beide an die Massigkeit von Richardsons Trinity Church in Boston (1872-77).[47]

Der romantische Nationalismus der Jahrhundertwende zeigt auch in Finnland, in der Architektur von Lars Sonck, eine unmittelbare Nachahmung von Richardsons Beispiel. Das Eira-Krankenhaus in Helsinki (1905) mit seinen quadratischen Granit-Bruchsteinplatten und Stuckarbeiten weist Verwandtschaft mit dem Glessner House in dem breiten Bogen der Eingangstür und im rückwärtigen Hof auf, wo sich ein gerundeter Treppenturm zwischen den beiden Flügeln des Gebäudes in vergleichbarer Lage zu dem Wendeltreppenturm im Hof von Glessners Haus befindet.[48]

Daß das Glessner House in Europa bekannt war, geht aus einem Brief des namhaften italienischen Archäologen Rodolfo Lanciani hervor, der Glessners 1890 für Photographien ihres Hauses dankt: »Ich mag den Stil so sehr.«[49]

Die Häuser der Familie Glessner in Chicago und New Hampshire spiegelten Aspekte verschiedener europäischer Einflüsse. Scotts Arbeiten im Inneren des Hauses am Washington Boulevard zeigten ein ausgeprägtes englisches Arts-and-Crafts-Design. Das Haus von Richardson an der Prairie Avenue wies eine meisterliche Adaption von Elementen der französischen Romantik, englischer Pictoresque-Movement-Vorbilder und des amerikanischen Neo-Kolonialstils auf. In den Arbeiten Von Holsts für die Familie in New Hampshire war die vollständige Verwirklichung des amerikanischen Arts-and-Crafts–Stils beschlossen, wie er sich aus der gleichnamigen englischen Bewegung und aus Richardsons eigenem Werk entwickelt hatte; darüber hinaus sind Bezüge zu dem Werk von Wright erkennbar. Diese Architekten brachten nicht nur internationale Einflüsse in die Gebäude ein, die sie in Amerika entwarfen; in Richardsons Fall kehrte seine schöpferische Verarbeitung der Vorbilder sogar wieder nach Europa zurück und wirkte sich gleichzeitig auf das Werk von Sullivan, Wright und Root in Chicago aus.

Übersetzung: Eva Zeumer

ANMERKUNGEN

1 Unterhaltung mit dem Autor im Oktober 1985.

2 Im Jahre 1871 gab es 27 Brücken und zwei Tunnels (unter der Washington und LaSalle Street) für den Fahrzeugverkehr über den Chicago River. Bessie Louise Pierce, *A History of Chicago,* Bd. 2: *From Town to City, 1848-1871,* Chicago 1940, S. 322-23.

3 Zur Greek Revival vgl. Talbot Hamlin, *Greek Revival Architecture in America,* Oxford 1944, 2. Aufl. New York 1964.

4 Arthur Meeker, *Prairie Avenue,* New York 1949, S. 3.

5 Paul R. Baker, *Richard Morris Hunt,* Cambridge, Mass. 1980, S. 232-34.

6 In Chicago haben die Privathäuser meist die Wandlungen der Architekturstile im gesamten Land gespiegelt, häufig beeinflußt von Vorstellungen aus Übersee, vor allem Frankreich und England. Man sollte die Bezeichnungen für die Stile kennen, die zur Charakterisierung der Stadthäuser in Chicago benutzt wurden: Greek Revival (Wiederbelebung des griechischen Stils), von klassischen archäologischen Stätten inspiriert, 1820-1850; italianisierender Stil für klassizistisch inspirierte Dekorationen, 1840-1880; Stick-Stil mit europäischen Holz-Vorlagen, 1860-1880; Eastlake-Stil für Spindeln und gravierten Dekor, wie er von dem englischen Designer Charles Locke Eastlake vertreten wurde, 1870-1890; Renaissance-Stil französischer und italienischer Provenienz war von vor dem Bürgerkrieg bis in die achtziger Jahre des 19. Jahrhunderts gebräuchlich; französisches Second Empire, 1860-1890; Victorianische Gotik mit englisch geprägter polychromer Steinarbeit, 1860-1890; amerikanischer Queen-Anne-Stil nach englischem Vorbild, 1875-1900; Neo-Kolonialstil aus Amerikas eigenem Erbe, 1885-1930; Château-Stil nach französischen Schlössern, 1870-1905; Neuromanisch im Stile Richardsons und der Romanik Südfrankreichs und Spaniens, 1870-1895; Schindel-Stil aus Neu England und England und in der Adaption von Richardson, 1880-1895; Prairie-Schule von Frank Lloyd Wright und seinen Nachfolgern, 1895-1920; außerdem der Bungalow-Stil aus Indien über den Einfluß des American Craftsman, 1880-1940.

7 Mehr über die Arbeiten von Burnham and Root in Donald Hoffman, *The Architecture of John Wellborn Root,* Baltimore 1973.

8 Mehr über Beman, siehe den Essay von Thomas Schlereth in diesem Band.

9 Elaine Harrington und Kevin Harrington, ›H. H. Richardson and the Glessners: An Architect and his Clients‹, *Perspectives on the Professions* 3, Dez. 1983, S. 8-11.

10 Horace Townsend, ›H. H. Richardson, Architect‹, *Magazine of Art* 17, 1894, S. 133.

11 Montgomery Schuyler, ›An Architectural Pioneer Review of the Portfolios Containing the Works of Frank Lloyd Wright‹, *Architectural Record* 31, April 1912, S. 429.

12 Mariana Griswold Van Rensselaer, *Henry Hobson Richardson and His Works,* Boston 1888, S. 26-34; John J. Glessner, ›For Contemplated Paper on Richardson, Housebuilding, and c. 1890-1914‹ (unveröffentlichte Notizen, 1914), Glessner House, Chicago Architecture Foundation, S. 62; James F. O'Gorman, ›Documentation: An 1886 Inventory of H. H. Richardson's Library, and Other Gleanings from Probate‹, *Journal of the Society of Architectural Historians* 41, Mai 1982, S. 154.

13 Glessner (Anm. 12), S. 17.

14 Glessner (Anm. 12), S. 63; Van Rensselaer (Anm. 12), S. 29, 33. Beide erwähnen, daß Evans und Norcross geholt werden sollten, aber nur Van Rensselaer nennt bestimmte Gebäude, die Richardson etwas bedeuteten.

15 Frances Macbeth Glessner und John J. Glessner, ›Journals (1879-1921) of Frances Glessner, with Occasional Entries by Her Husband, John J. Glessner‹, Chicago Historical Society. Siehe dort den undatierten Artikel aus der *Chicago Tribune,* der im Juni 1886 auf S. 142 eingeklebt worden ist.

16 Glessner (Anm. 12), S. 35.

17 In London traf er Edward Burne-Johnes (Präraffaelitischer Maler und Glasmalerei-Designer), William Morris (Arts-and-Crafts-Designer), William DeMorgan (Keramik-Designer) und R. Phinney Spiers (Architekt) wie auch andere »Unnahbare von England«; Glessner (Anm. 12), S. 62-63. Er besuchte auch das Haus des Architekten und Kritikers William Burges; Van Rensselaer (Anm. 12), S. 28. Näheres über die Arts-and-Crafts-Bewegung siehe Richard Guy Wilsons Aufsatz in diesem Band.

18 John J. Glessner, *The Story of a House* [1923], Chicago 1978, S. 4.

19 Die Partner waren George Shepley (1860-1903), Charles Rutan (1857-1914) und Charles Coolidge (1858-1936). Die Firma unterhielt von ca. 1888 bis ca. 1905 ein äußerst aktives Architekturbüro in Chicago.

20 *In Pursuit of Beauty: Americans and the Aesthetic Movement,* Doreen Burke (Hrsg.), New York 1986; Wendy Kaplan (u. a.), *»The Art that Is Life«: The Arts and Crafts Movement in America, 1875-1920,* Boston 1987.

21 Mehr über Möbel-Designer aus Chicago und über Chicago als Zentrum der Möbelindustrie, siehe Sharon Darling, *Chicago Furniture: Art, Craft, and Industry, 1833-1983,* Chicago und New York 1984.

22 Scotts Zeichnungen für die Einrichtung des großen Schlafzimmers befinden sich im Glessner House, Chicago Architecture Foundation.

23 Gestempeltes Etikett auf der Rückseite eines von Scott gerahmten Stichs, um 1878. Glessner House, Chicago Architecture Foundation.

24 Sharon Darling, *Chicago Ceramics and Glass: an Illustrated History from 1871-1933,* Chicago 1979, S. 49. Vgl. auch Gerald Larsons Essay in diesem Band über die Chicago Terra Cotta Company.

25 Glessner-Tagebücher (Anm. 15).

26 David Hanks, *Isaac E. Scott: Reform Furniture in Chicago, John Jacob Glessner House,* Chicago 1974.

27 *The Colonial Revival in America,* Alan Axelros (Hrsg.), New York 1985.

28 Sarah Bradford Landau, *P. B. Wight: Architect, Contractor, and Critic, 1838-1925,* Chicago 1981, S. 35-38.

29 Darling (Anm. 21), S. 166.

30 Clarence Cook, *The House Beautiful,* New York 1881. Das ist die Ausgabe aus Glessners Besitz; Cooks Buch wurde zuerst 1877 veröffentlicht.

31 Dieser Teppich befindet sich heute in den Sammlungen des Art Institute of Chicago, 1974. 524.

32 Glessner (Anm. 12), S. 22.

33 Michael D. Baron, *The Japanese Influence in America as seen in the John Jacob Glessner House*, unveröffentlichtes Manuskript 1983; Kopie im Glessner House, Chicago Architecture Foundation.

34 Paul A. Carnahan, *The Book in the Domestic Environment: The Glessner Family Library, Chicago 1886-1893*, M. A.-Arbeit 1986, University of Chicago, S. 51.

35 Glessner-Tagebuch (Anm. 15), 23. November 1888: »Meine neuen Morris-Vorhänge, gestickt von der Dec [orative]. Art[s] Soc[iety]. kamen am Dienstag und sind sehr schön.« Es ist zwar nicht klar, für welches Zimmer diese Vorhänge waren, aber es ist damit angedeutet, daß einige Entwürfe der Firma Morris außerhalb des Hauses gestickt wurden.

36 Glessner (Anm. 12), S. 9-10.

37 Linda Parry, *William Morris Textiles,* New York 1983, S. 48.

38 Catherine Lynn, *Wallpaper in America from the Seventeenth Century to World War I,* New York 1980, S. 459.

39 Grundrisse und Aufrisse in der Sammlung Glessner House, Chicago Architecture Foundation.

40 Sein Vater war Direktor der historischen Fakultät der Universität von Chicago und ein Freund von Glessners; Carnahan (Anm. 34), S. 70.

41 George Macbeth, Brief an das *Littleton Republic Journal,* Littleton, N. H., 22. Sept. 1904; Fotokopie in den Glessner House Sammlungen.

42 Vertrag zwischen Herman Von Holst und Frank Lloyd Wright vom 22. September 1909. Eine Kopie des Vertrages wurde 1951 von William Gray Purcell den Sammlungen des Art Institute of Chicago übergeben.

43 David Van Zanten, ›Early Work of Marian Mahony Griffin‹, *Prairie School Review* 3, 1966, S. 1-2, 5-23, 27.

44 Mary N. Woods, *The American Architect and Building News*, Phil. Diss. 1982, Columbia University, S. 263.

45 Karl Hinckeldeyn, ›Henry Richardson und seine Bedeutung für die amerikanische Architektur‹, *Deutsche Bauzeitung* 26, 6. Feb. 1892, S. 64-66; A. W. Reinink, ›American Influences on Late Nineteenth-Century Architecture in The Netherlands‹, *Journal of the Society of Architectural Historians* 29, 1970, S. 163-74; Horace Townsend, ›H. H. Richardson, Architect‹, *The Magazine of Art* 17, 1894, S. 133-38.

46 Dimitri Tselos, ›Richardson's Influence on European Architecture‹, *Journal of the Society of Architectural Historians* 29, Mai 1970, S. 156-62.

47 Roger Dixon und Stefan Muthesius, *Victorian Architecture,* New York 1978, S. 232; Nikolaus Pevsner, *Wegbereiter moderner Formgebung,* Hamburg 1957; Tselos (Anm. 46), S. 159.

48 Juhani Pallasmaa (u. a), *Lars Sonck, 1870-1956, Arkkitehti/Architect,* Helsinki 1981, S. 68-69.

49 Brief von Rodolfo Lanciani an J. J. Glessner vom 6. Juni 1890, Glessner House, Chicago Architecture Foundation.

Richard Guy Wilson

Chicago und die internationalen Arts-and-Crafts-Bewegungen

Spürt man dem Geist nach, der um die Jahrhundertwende die Architektur einiger Wohn- und Geschäftsgebäude in Chicago beseelte, darf sich die Suche nicht allein auf diese Stadt und auf den mittleren Westen Amerikas beschränken. Auffinden läßt er sich im größeren Kontext der internationalen Arts-and-Crafts-Bewegung. Generell kennzeichnete der Begriff ›Arts and Crafts‹ nicht so sehr einen spezifischen Stil als vielmehr eine Geisteshaltung. Dementsprechend reichen die Beispiele für die Chicagoer Arts-and-Crafts-Architektur von den großzügig angelegten, ebenerdigen ›Prairie-Häusern‹ mit ihren weit ausladenden Dächern, die Frank Lloyd Wright (Abb. 1, 2) und andere Architekten bauten, bis zu den hochgiebligen Fachwerkhäusern im englischen Stil, die sowohl von Howard Van Doren Shaw wie auch vom Architekturbüro Pond and Pond (Abb. 3) entworfen wurden.

Gemäß dem hohen Stellenwert, den die Arts-and-Crafts-Bewegung lebensfreundlichen Räumen beimaß, wurden die Gebäude nicht einfach als ›Gehäuse‹ geplant, sondern sorgsam mit so hochgeschätzten Details wie bleiverglasten Fenstern, Kaminecken und speziell entworfenen Möbeln ausgearbeitet und ausgeschmückt. So vielgestaltig das Äußere war, so bunt war auch der Formenreichtum im Innern. Neben Nachbildungen von traditionellen amerikanischen Möbeln fanden sich Stühle aus unbearbeiteter Eiche im ›Mission Style‹, dem Stil der katholischen Missionsstationen in Mexiko, oder die anmutig gebogenen Möbel, die George Mann Niedecken im Stil der Wiener Sezession gestaltete (Abb. 4). Dieses Nebeneinander von Progressivem und Konservativem, von Lokalem und Kosmopolitischem wirft Licht auf den ökumenischen Geist der Arts-and-Crafts-Bewegung in Chicago und bezeichnet den internationalen Kontext, aus dem sie hervorging.

Die Ursprünge der Arts-and-Crafts-Bewegung lassen sich auf die moralistischen Haltungen gegenüber den industriellen Formgebungs- und Produktionsmethoden zurückführen, die in England um die Mitte des 19. Jahrhunderts zunächst – um nur einige Namen zu nennen – von Augustus Welby Northmore Pugin und später von John Ruskin und William Morris vertreten wurden. Zahlreiche Aspekte der modernen Industriezivilisation stießen bei Pugin, Ruskin und Morris auf heftige Ablehnung, vor allem richtete sich ihre Kritik jedoch gegen das rapide Anwachsen der maschinellen Produktion und den daraus resultierenden

Abb. 1/2 Frank Lloyd Wright, Evans House, 9914 Longwood Drive, 1908, Eßzimmer und Außenansicht

Abb. 3 Pond and Pond, Perspektivische Studie eines Hauses in LaSalle, Illinois, 1901-04 (Kat. 84)

Abb. 4 George Mann Niedecken, Perspektivische Ansicht des Innenraums der Bresler Art Gallery, 129 Milwaukee Street, Milwaukee, um 1904 (Kat. 170)

fehlenden Zusammenhang zwischen Arbeit, Produkt und Konsum. Darin sahen sie die Hauptursache für die zunehmende Entfremdung der Arbeiter von der übrigen Gesellschaft. Sowohl für die englischen als auch für die amerikanischen Anhänger der Arts-and-Crafts-Philosophie war die Idealgesellschaft die des Mittelalters. Was ihnen vor Augen stand, war eine romantisch verklärte Vergangenheit, in der – wie sie glaubten – Gemeinschaftssinn, Handwerk und Natur in einem symbiotischen Verhältnis zueinander standen.[1]

Die Anfänge dieser Bewegung lassen sich zwar in die Zeit vor 1850 zurückverfolgen, ihre formale Benennung erfolgte jedoch erst 1888, als Walter Crane in London die ›Arts and Crafts Exhibition Society‹ gründete. Zwar lagen die Interessen dieser Gesellschaft hauptsächlich im Bereich des Kunstgewerbes, doch stellten auch führende Architekten wie Philip Webb, William R. Lethaby, Charles R. Ashbee, Edwin L. Lutyens und Charles F. A. Voysey zusammen mit Formgestaltern wie Morris (von 1890 bis 1896 Präsident der Gesellschaft) und Crane ihre Entwürfe dort aus. In den neunziger Jahren hatten sich die Ansichten der englischen Gruppe ein wenig gewandelt. Zwar war die Idealvorstellung noch immer die einer Handwerkergemeinschaft wie im Mittelalter, doch hatten jetzt die meisten Mitglieder der Gruppe – einschließlich Morris – die Maschine als ein Hilfsmittel akzeptiert, das die schwerste Arbeit einsparen konnte. Allmählich richtete sich die Kritik nicht mehr grundsätzlich gegen den Einsatz von Maschinen, sondern gegen die Art und Weise, wie sie eingesetzt wurden. Verurteilt wurde die kapitalistische Gesellschaft, die sowohl Maschinen wie Menschen ausbeutete, um Waren in imitierten historischen Stilen zu produzieren. Das Grundinteresse der Arts-and-Crafts-Bewegung galt jedoch weniger stilistischen Gesichtspunkten als vielmehr dem Bemühen um ›rightness‹, Stimmigkeit – ein Schlüsselbegriff geradezu. Ein Haus sollte sich zum Beispiel harmonisch seiner Umgebung anpassen und nicht wie ein Fremdkörper erscheinen, und genauso sollte auch seine Einrichtung mit seinem Äußeren in Einklang stehen. Dies erlaubte eine erstaunliche Vielfalt von Gestaltungsmöglichkeiten: zu den Gebäuden, die im Umkreis der Arts-and-Crafts-Bewegung in England entstanden, zählten modernisierte Versionen elisabethanischer Fachwerkhäuser und Häuser im ›Free Georgian‹-Stil ebenso wie organische Massen aus zurechtgehauenem Felsgestein und Betonkonstruktionen.

Morris' Arts-and-Crafts-Philosophie übte weiterhin international großen Einfluß aus, vor allem in Westeuropa. In vielen Ländern verschmolz sie mit ähnlichen Bewegungen, die ebenfalls mit den bestehenden Gestaltungsprinzipien unzufrieden waren. In Frankreich entwickelte Eugène-Emmanuel Viollet-le-Duc eine nationalistische Philosophie, nach der die Gotik den Höhepunkt der französischen Zivilisation darstellte und die den Klassizismus – insbesondere in der Form, wie er von der Ecole des Beaux-Arts gelehrt wurde – als heidnischen Eindringling verdammte. Die Vorstellung von einer deutlich national geprägten Formgebung, die auf heimischen Quellen beruhte, ohne jedoch alte Stile nachzuahmen oder wiederzubeleben, inspirierte später Generationen von Architekten und Gestaltern wie zum Beispiel Eduard Cuypers in den Niederlanden, Eliel Saarinen in Helsinki, Otto Wagner in Wien, Peter Behrens in Deutschland, Siegfried Bing in Paris und Victor Horta in Brüssel. Alle diese auf Erneuerung der Form ausgerichteten Bewegungen – ob Art Nouveau, Sezession, Jugendstil oder die nordamerikanische Prairie-Schule – gingen letzten Endes auf die Arts-and-Crafts-Bewegung zurück, wie sie von Morris und dessen Anhängern in England entwickelt worden war.[2]

Die amerikanischen Beziehungen zu dieser internationalen Arts-and-Crafts-Bewegung sind komplexer Natur und führen in verschiedene Richtungen. In den Vereinigten Staaten selbst reichen die Wurzeln bis in die vierziger Jahre des 19. Jahrhunderts zurück, in die Zeit der pittoresken Entwürfe der Architekten Andrew Jackson Downing und Alexander Jackson Davis, die in einem Atemzug mit den Malern der Hudson River School und den Dichtern und Philosophen des amerikanischen Transzendentalismus zu nennen sind. Dieser malerische – heute als ›Stick style‹ bekannte – Architekturstil bildet einen unmittelbaren Hintergrund für die architektonischen Entwicklungen der späteren siebziger und achtziger Jahre und für die frühesten Arbeiten Wrights und seiner Zeitgenossen. Architekten an der amerikanischen Ostküste wie McKim, Mead und White verschmolzen die jüngsten Modeerscheinungen aus England mit spezifisch amerikanischen Entwicklungen und schufen damit den damals als Neo-Kolonialstil oder Queen-Anne-Stil bezeichneten ›Shingle style‹ (Schindel-Stil). Diese Holzarchitektur mit ihren durchgängigen volumetrischen Schindeloberflächen, die zunächst als eine Art Sommerfrischen-Architektur in Erscheinung trat, übernahm eine Vorbildfunktion für das amerikanische Vorstadthaus und wurde zu einer Grundlage für die Arts-and-Crafts-Bewegung in Chicago.[3]

Zahlreiche Architekturhistoriker haben auf die direkten Verbindungslinien hingewiesen, die über lange Jahre zwischen der Architektur und Gestaltung in Chicago und der internationalen Arts-and-Crafts-Bewegung bestanden.[4] Im Jahre 1870 ließ sich der englische Gestalter und Dekorateur Joseph Twyman, der sich auf seine freundschaftlichen Beziehungen zu William Morris und Christopher Dresser berief, in Chicago nieder und predigte dort die Lehre von der Reform der handwerklichen Gestaltung des Wohnhauses und seiner Einrichtung. Eine Zeitlang verkaufte er englische Reformstiltapeten für die Firma John J. McGrath. 1898 wechselte er zur Möbelfabrik Tobey Furniture Company, wo er mit Objekten, die angeblich aus Morris' eigenem Besitz stammten, einen ›Morris Memorial Room‹ einrichtete.

Die Möbelserie ›Tobey's New Furniture‹, die im Jahre 1900 eingeführt wurde, war durch eine einfache und geradlinige Geometrie gekennzeichnet, die sich auch in den Arbeiten von William Morris und dessen englischen Anhängern fand. 1903 gründete Twyman zusammen mit den Professoren Richard G. Moulton und Oscar Lovell Triggs mit dem Ziel, Morris' künstlerische und soziale Vorstellungen zu propagieren, eine William-Morris-Gesellschaft, die allerdings nach Twymans Tod im Jahre 1904 bereits wieder aufgelöst wurde.

Eine weitere Verbindung zwischen der englischen Arts-and-Crafts-Bewegung und den gestalterischen Entwicklungen in Chicago stellte das Werk Walter Cranes dar. Als Crane im Dezember 1891 und im Januar 1892 in Chicago Vorträge hielt, wurden seine Arbeiten im Art Institute ausgestellt. Zwei Jahre später wurden in der Weltausstellung von 1893 Arbeiten eines weiteren Engländers, des Dekorateurs Charles

F. A. Voysey, gezeigt. Werke von Charles R. Ashbee waren zuerst 1898 und dann wieder im Jahre 1900 in Chicago zu sehen, als er sich zu einer Vortragsreihe in der Stadt aufhielt. Bei dieser Gelegenheit traf Ashbee mit Frank Lloyd Wright zusammen. Aus dieser Begegnung entwickelte sich eine Freundschaft, die zunächst durch Briefkontakt aufrechterhalten und 1908, als Ashbee erneut Chicago besuchte, aufgefrischt wurde. 1910 bat Wright Ashbee, eine Einführung zu einem Buch über sein Werk zu schreiben, das der Berliner Verleger Ernst Wasmuth als Ergänzung zu einem kurz zuvor veröffentlichten größeren Portfolio herausbringen wollte. Diese beiden Publikationen machten Wrights Werk einer breiteren internationalen Öffentlichkeit zugänglich und hatten einen bedeutenden Einfluß auf die weitere Entwicklung der europäischen Moderne.[5]

Durch Veröffentlichungen und Reisen standen die Chicagoer Architekten auch mit der internationalen Arts-and-Crafts-Bewegung im umfassenderen Sinne in Verbindung. Die Londoner Zeitschrift *International Studio* beschäftigte sich nicht nur mit der britischen ›New art‹-Bewegung, sondern auch mit den entsprechenden Tendenzen, die sich in Österreich, Deutschland und anderen Ländern zeigten. Auch andere Zeitschriften wie *Academy Architecture* und *The Architectural Review* aus Großbritannien und *Dekorative Kunst* und *Moderne Bauformen* aus Deutschland waren in Amerika erhältlich und wurden dort von progressiven Gestaltern regelrecht verschlungen. Designer aus Chicago wie Howard Van Doren Shaw und George Maher kamen auf ihren Auslandsreisen mit der Bewegung direkt in Berührung. George M. Niedecken, einer der führenden Innenarchitekten Chicagos, hatte in London, Paris und Berlin studiert, und seine Entwürfe aus den frühen Jahren des 20. Jahrhunderts zeigen deutliche Spuren der dekorativen Kunst, die zu dieser Zeit in Paris und in Österreich entstand.[6] William Gray Purcell, ein junger Architekt aus dem Büro Sullivan, besuchte 1906 in Amsterdam H. P. Berlage, den führenden holländischen Arts-and-Crafts-Gestalter, bevor er nach Skandinavien weiterreiste, um die dortige Architektur zu studieren. Einige Jahre später besuchte Berlage den mittleren Westen Amerikas auf einer Vortragsreise, die Purcell organisiert hatte.[7]

Die Weltausstellung, die 1904 in Saint Louis gezeigt wurde, bot dem amerikanischen Publikum eine weitere Gelegenheit, Beispiele für das neueste europäische Kunstgewerbe zu sehen. Besondere Zustimmung fanden der österreichische Pavillon von Ludwig Baumann und die Innenräume von Joseph Urban, sowie der deutsche Ausstellungsbeitrag im Varied-Industries-Gebäude, das von Josef Maria Olbrich (Abb. 5) und anderen führenden Sezessions-Architekten entworfen worden war. Wright war vor allem

Abb. 5 Josef Maria Olbrich, Leseraum der deutschen Sektion der Weltausstellung St. Louis, 1904 (abgerissen); aus Deutsches Kunstgewerbe St. Louis, *Berlin 1904*

Abb. 6 Pond and Pond, Erweiterung des Hull-House, Halsted Street westlich der Polk Street, um 1907

von der deutschen Arbeit stark beeindruckt und schickte einige seiner Mitarbeiter, darunter Francis Barry Byrne, ebenfalls zu der Ausstellung. Der Chicagoer Architekt Irving K. Pond schrieb in einem enthusiastischen Artikel für den *Architectural Record,* in dem er in den reichen, sanften Farben des deutschen Beitrags schwelgte: »Immer ist das Entwurfskonzept großzügig und einfach.«[8] Das Etikett ›Sezession‹ war in Amerika bald recht geläufig und wurde von einigen Kritikern den Arbeiten Wrights, Sullivans und Walter Burley Griffins angeheftet, allerdings mit der Einschränkung, daß damit weniger ein bestimmter Stil als vielmehr eine Einfachheit betont wurde, die die kontinentaleuropäischen mit den Gestaltern des Mittleren Westens verband.[9]

Im Oktober 1897 wurde im Hull-House die Chicago Arts and Crafts Society gegründet, nachdem im April 1897 in Boston eine Arts-and-Crafts-Ausstellung gezeigt und im Juni dort die Boston Society of Arts and Crafts gegründet worden war.[10] Hull-House (Abb. 6), ein bedeutendes Zentrum für Arts-and-Crafts-Aktivitäten in Chicago und Umgebung, war von Jane Addams und Ellen Gates Starr nach dem Modell der Toynbee Hall in London als eine Art Gemeindezentrum gestiftet worden. Bei einem Besuch der Toynbee Hall hatten Addams und Starr das Werk Ashbees kennengelernt, der dort die Guild School of Handicraft eingerichtet hatte.

Vorrangig sollten weder in Toynbee Hall noch in Hull-House nur einfach Waren produziert werden, vielmehr sollte das Kunsthandwerk das Leben der Menschen bereichern. Dieses Interesse an sozialen Reformen machte Hull-House nicht nur zu einem Treffpunkt für Künstler und Handwerker und für die Einwanderer, denen ihre Arbeit vor allem zugute kommen sollte, sondern auch für Politiker und Erzieher. Aus all diesen Kreisen setzten sich die Gründer der Chicago Arts and Crafts Society zusammen.[11]

Zu den Mitgliedern der Chicago Arts and Crafts Society gehörten neben anderen Architekten auch Frank Lloyd Wright, Robert C. Spencer jr., Dwight Perkins, Myron Hunt und Irving und Allen Pond. Viele von ihnen gehörten gleichzeitig dem Chicago Architectural Club an, der 1895 gegründet worden war. Zahlreiche Mitglieder des Clubs wiederum – zum Beispiel Howard Van Doren Shaw, George M. Niedecken, Elmer Grey, Birch Burdett Long, Arthur Huen, Richard Schmidt, Hugh M. G. Garden, Herman Von Holst und Louis Sullivan – standen der Arts-and-Crafts-Bewegung nahe.[12] Die gemeinsamen Interessen und zahlreichen Doppelmitgliedschaften führten dazu, daß beide Organisationen über mehrere Jahre hinweg zusammen Ausstellungen im Art Institute veranstalteten, bei denen sowohl Chicagoer als auch englische Arts-and-Crafts-Arbeiten gezeigt wurden. Den Höhepunkt bildete eine Ausstellung im

Abb. 7 Frank Lloyd Wright, Unity Temple, Ecke Lake Street und Kenilworth Avenue, Oak Park, Illinois, 1906

Jahre 1902, die fast ausschließlich der Arts-and-Crafts-Bewegung gewidmet war. Louis Sullivan hatte das Frontispiz für den Katalog gestaltet und war selbst mit Objekten und Zeichnungen beteiligt. Frank Lloyd Wright war – von Möbeln über Gläser bis zu Schals – mit insgesamt 65 Objekten vertreten.[13]

Einige Architekten, die sowohl Mitglieder der Society als auch des Clubs waren, gehörten auch einer eher zwanglosen Gruppierung an, die ›The Eighteen‹ genannt wurde. Viele von ihnen hatten ihre eigenen oder Gemeinschaftsbüros in der Steinway Hall. Die Mitglieder dieser Gruppe – darunter Wright, die beiden Ponds, Long, Spencer, Hunt, Perkins und Griffin – trafen sich zu den Mahlzeiten und diskutierten dabei Fragen der Architekturtheorie wie auch ihre eigene Arbeit. Zeitweise gesellten sich ihnen andere Chicagoer Architekten zu, zum Beispiel George und Arthur Dean, Garden, Schmidt, Huen und Shaw. Mit ihrem Einfluß sowohl auf die Jahresausstellungen der Arts and Crafts Society als auch auf die des Architectural Club bestimmten die Architekten dieses Kreises die neue Richtung der Architektur und Formgestaltung in den Vereinigten Staaten.[14]

Die Intensität, mit der in diesem Kreis Fragen der Formgestaltung diskutiert wurden, fand schließlich in einer Reihe bedeutender Vorträge und Veröffentlichungen Ausdruck, zum Beispiel in Elmer Greys ›The Architect and the »Arts and Crafts«‹, Irving Ponds ›The Life of Architecture‹, Louis Sullivans *Kindergarten Chats,* in Robert Spencers Artikeln über Farmhäuser und natürlich in Frank Lloyd Wrights Aufsätzen ›In the Cause of Architecture‹ und ›The Art and Craft of the Machine‹.[15]

Das problematische Verhältnis der Arts-and-Crafts-Bewegung zur Maschine war für zahlreiche dieser Aufsätze von zentraler Bedeutung. Bestimmte Architekturhistoriker stellten heraus, daß es einen fundamentalen Meinungsunterschied zwischen den Anhängern der Arts-and-Crafts-Bewegung in Chicago und denen in England gegeben habe, und daß die Amerikaner zu einer eher positiven Haltung der Maschine gegenüber neigten.[16] Wie jedoch schon zuvor bemerkt wurde, hatte sogar William Morris, der für die englische Arts-and-Crafts-Bewegung von so entscheidender Bedeutung war, seine Ansichten zur Rolle der Maschine schließlich gemäßigt. Dies war auch die Haltung der Chicago Arts and Crafts Society, die eine ihrer Zielsetzungen darin sah,

»... Entwicklungslinien aufzuzeigen, die die Maschine insofern beibehalten, als sie den Arbeiter von Schwerstarbeit befreien und ihm helfen, sein Produkt zu vervollkommnen, die jedoch auf keinen Fall der Maschine länger erlauben, den Arbeiter zu dominieren und seine Produktion auf eine mechanische Verzerrung zu reduzieren.«[17]

Ein Mitglied der Chicago Arts and Crafts Society, Oscar Lovell Triggs, der radikale politische Ansichten vertrat und an der University of Chicago Englisch lehrte, hielt die Auswirkungen der maschinellen Produktionsweise für so bedenklich, daß er die Industrial Art League (1899-1904) gründete. Triggs betrachtete diesen Bund als ein Mittel zur »Demokratisierung der Kunst« und organisierte Werkunterrichtskurse nach dem Vorbild der mittelalterlichen Zünfte, wie er sie verstand. Seine Äußerungen zur Problematik von Maschine und Arbeiter könnten auch von William Morris formuliert worden sein:

»Die Maschine hat eindeutig die Funktion, weitestgehend die mechanischen Arbeiten in der Welt sowie alle Schwerstarbeit zu übernehmen. Die ideale Maschine arbeitet automatisch; je besser und perfekter sie ist, desto eher kann auf menschliches Zutun verzichtet werden.

A Home in a Prairie Town

By FRANK LLOYD WRIGHT

This is the Fifth Design in the Journal's New Series of Model Suburban Houses Which Can be Built at Moderate Cost

Abb. 8 Frank Lloyd Wright, ›A Home in a Prairie Town‹; aus Ladies Home Journal, *Feb. 1901*

Zur Zeit zumindest ist die Maschine so angelegt, daß sie die einfachsten Arbeiten verrichtet und der Welt auch den weniger geschickten und intelligenten Arbeiter dienstbar macht. Je anspruchsvoller die Arbeit, je mehr Intelligenz und Geschick für die Fertigung eines Produkts erforderlich ist, desto größer ist die Notwendigkeit, daß ausgebildete Handwerker einen gegebenen Entwurf aufnehmen und verwirklichen.«[18]

Frank Lloyd Wright nahm in seinem Vortrag ›Die Kunst und Fertigkeit der Maschine‹, den er 1901 im Hull-House hielt, der Maschine gegenüber einen Standpunkt ein, von dessen Radikalität er überzeugt war:

»In den Jahren, die in meinem eigenen Leben dem Bemühen gewidmet waren, ein Gefühl für das Schöne in störrischem Material wirksam werden zu lassen, ist mit der Erfahrung eines jeden Jahres die Hoffnung stärker geworden und läuft nun auf die allmählich sich vertiefende Überzeugung hinaus, daß in der Maschine die einzige Zukunft für Kunst und Fertigkeit liegt – und ich halte sie für eine herrliche Zukunft; daß die Maschine tatsächlich die Metamorphose der alten Kunst und Fertigkeiten darstellt; daß wir endlich der Maschine von Angesicht zu Angesicht gegenüberstehen, der modernen Sphinx, deren Rätsel der Künstler lösen muß, wenn er Kunst am Leben erhalten will, denn in seiner Natur liegt der Schlüssel.«

A Fireproof House for $5000

Estimated to Cost That Amount in Chicago, and Designed Especially for The Journal

By Frank Lloyd Wright

One Side of the House, Showing the Trellised Extension

Abb. 9 Frank Lloyd Wright, ›A Fireproof House for $ 5000‹; aus Ladies Home Journal, *April 1907*

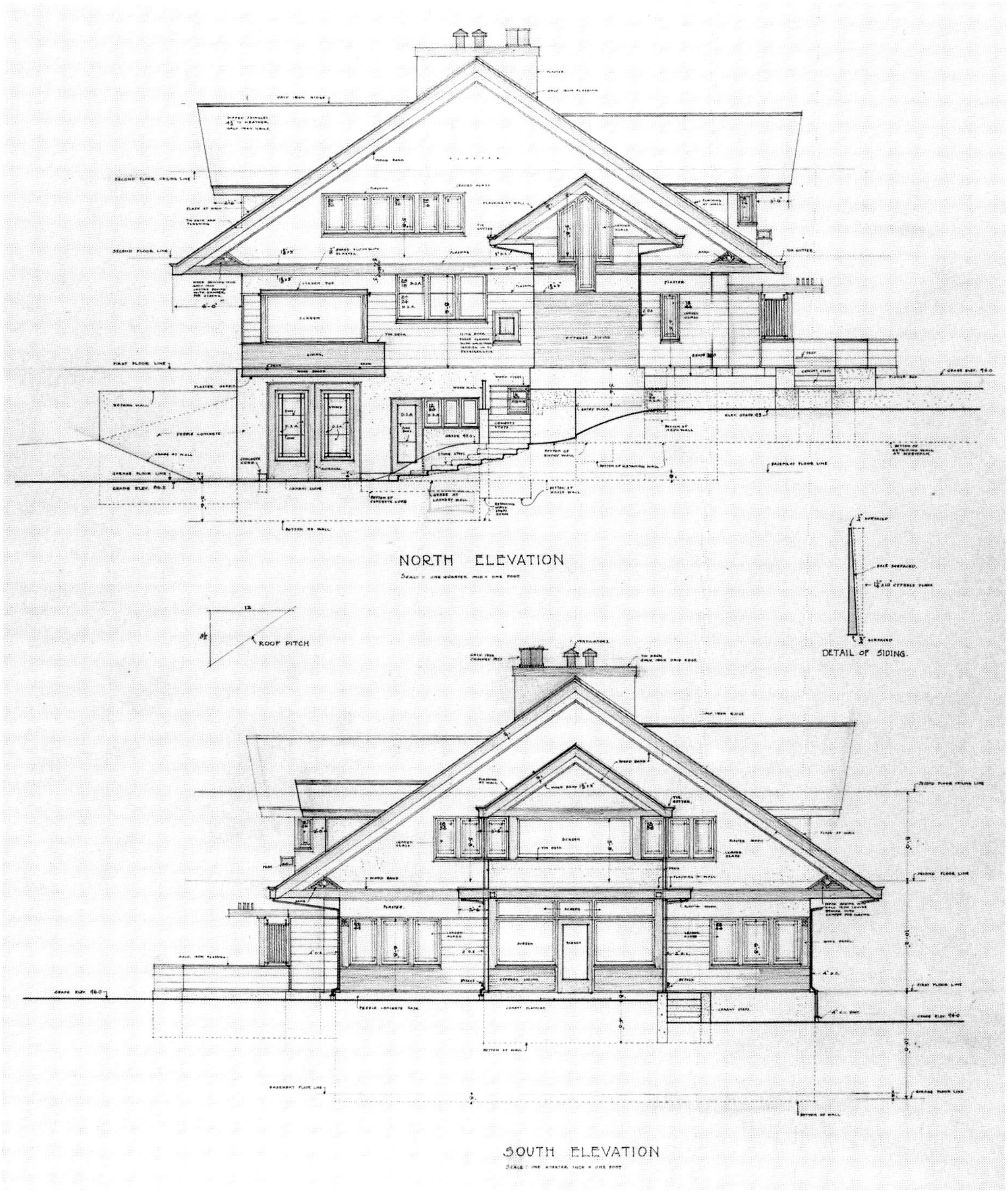

Abb. 10 Purcell and Elmslie, Zwei Aufrisse des Amy Hunter House, 1441 Braeburn Road, Flossmoor, Illinois, 1916 (Kat. 194)

Im weiteren führte Wright aus, daß seine eigene Ästhetik schlichter, einfacher Formen und Oberflächen in hohem Maße auf Morris zurückging:

»William Morris setzte sich mit Recht für die Einfachheit als die Grundlage jeder echten Kunst ein. Wir wollen uns über die Bedeutung dieses Wortes – EINFACHHEIT – für die Kunst klarwerden, denn sie ist entscheidend für die Kunst der Maschine.«

Wright war auf der Suche nach einer Bestätigung für seine eigene Ästhetik einer geradlinigen Einfachheit. Seine Bewunderung galt Maschinen, die auf schlichte, einfache Art und Weise Holz zurechtschnitten – oder Metall behandelten oder auch Lithographien herstellten – und die als Ergebnis schlichte, einfache und geradlinige Formen hervorbrachten. Wright legte jedoch eine Quelle für seine Ästhetik offen, als er schrieb, daß das Holz »überall und von allen Völkern außer den Japanern mißbraucht und übel behandelt worden [ist]«.[19] Im Grunde bestätigt und rationalisiert Wright in seinem später als Aufsatz veröffentlichten Vortrag seine eigenen ästhetischen Vorlieben für Einfachheit, die er in gewissen maschinenartigen Prozessen bekräftigt fand.

Der Punkt, an dem sich die amerikanische und die englische Haltung zur Maschine voneinander trenn-

Abb. 11 Gustav Stickley, Bungalow; aus The Craftsman, *April 1907*

ten, lag letzten Endes im Bereich ästhetischer Beurteilungen. Ashbee wies auf diesen Kontrast hin; er hielt Wrights Arbeit für zu brutal und kritisierte an dessen Unity Temple (Abb. 7) und Larkin Company Building, daß aus diesen Gebäuden jedes »handgefertigte Detail unerbittlich ausgeschlossen« sei. »Wir haben«, so Ashbee, »keine Einwände gegen gute, standardisierte maschinelle Formen, wir bevorzugen jedoch die handwerkliche Arbeit, wann immer wir sie bekommen können, und lehnen jegliche maschinell gefertigten Details oder Ornamente grundsätzlich ab.«[20]

Das Verhältnis zwischen Architektur und Handwerk beschäftigte zahlreiche Chicagoer Architekten. Elmer Grey faßte die Stellung des Architekten so auf: »Er ist weniger ein Handwerker als vielmehr ein Aufseher – oder anders gesagt, sein Handwerk ist das Beaufsichtigen der Arbeit anderer Handwerker.« Grey bezeichnete diese Beziehung als »kooperative Gemeinschaft« oder als »praktizierten Sozialismus«; wie viele Chicagoer Arts-and-Crafts-Architekten stellte auch er den Architekten über die anderen Fachhandwerker.[21]

Im frühen 20. Jahrhundert trat im Gebiet von Chicago die heute als ›Prairie-Schule‹ geläufige Richtung der Architektur in Erscheinung. Ihr führender Kopf war zweifellos Wright, wenngleich einige Architekten auch Louis Sullivan als geistiges und theoretisches Haupt dieser Schule betrachteten. Aus Wrights Büro kamen – um nur einige zu nennen – Gestalter wie Walter Burley Griffin, Marion Mahony, Francis Barry Byrne und William Drummond. Sie alle bemühten sich, die Prinzipien, die William Morris aufgestellt hatte, in ihre Arbeit einzubringen.

Die Ausgabe des *Ladies Home Journal* vom Februar 1901 enthielt einen Entwurf von Wright mit dem Titel ›A Home in a Prairie Town‹ (Abb. 8). Wright selbst bezeichnete dieses Werk als »ganz und gar mit dem Geist der Prärien durchtränkt«.[22] Die meisten dieser Prairie-Häuser fanden sich tatsächlich in den Vororten von Chicago, die in dieser Zeit entstanden. Erst nach 1910, als die Bewegung bereits auseinanderfiel, wurden auch in ländlichen Städten und Gemeinden Häuser im Stil der Prairie-Schule gebaut. Die Prärie diente als Metapher, die eine neue Gesellschaft und eine neuartige Kunst versprach – frei von den lähmenden Traditionen der Alten Welt und der Ostküste. Das Konzept der Demokratie, das Wright und Sullivan unablässig beschworen, spielte in dieser Präriemetapher eine bedeutende Rolle. Der Dichter Walt Whitman, den beide sehr hochschätzten, hatte prophezeit, daß aus den Prärien des Westens ein neuer Mensch hervorkommen werde – der Adam Amerikas, dem eine neue Kunst und eine neue Architektur zur Verfügung stehen müsse, damit er eine neue demokratische Gesellschaft schaffen könne. In einem tiefgreifenden Sinne vermittelten Sullivans *Kindergarten Chats,* Wrights ›Die Kunst und Fertigung der Maschine‹ wie auch die Gebäude, die diese beiden Architekten entwarfen, den Geist der neuen demokratischen Gesellschaft. Irving K. Pond faßte dies 1918 so zusammen: »Die horizontalen Linien des neuen Ausdrucks finden bei den Anhängern dieser Schule Anklang als Widerhall des Geistes der Prärien des weiten Mittleren Westens, der für sie das Wesen der Demokratie verkörpert.«[23]

Tatsächlich repräsentierten die Häuser der Prairie-Schule in mancher Hinsicht die neue amerikanische Mittelschicht. Zwar wurden einige von wohlhabenden Leuten in Auftrag gegeben, doch wurden die wichtigsten Arbeiten der Architekten der Prairie-Schule für Kunden aus der Mittelschicht entworfen. Die meisten dieser Häuser basierten auf dem Prinzip der Ballonrahmenkonstruktion, das seit der Mitte des 19. Jahrhunderts allgemein verbreitet war. Sowohl Wrights berühmtes ›Fireproof House for $5000‹ (Abb. 9; 1907 in *Ladies Home Journal* veröffentlicht) als auch das Haus, das Vernon Watson (später ein Partner von Thomas Tallmadge) im Jahre 1904 für sich selbst in Oak Park, Illinois, baute, leiten sich von diesem Typus ab. Beide Entwürfe sind in Form und Grundriß im wesentlichen geradlinig. Was sie zu Prairie-Häusern macht, sind die Dächer mit ihren geringen Neigungen, die weit überhängenden Dachkanten, die horizontale Ausrichtung, die ausgedehnten Fensterreihen und die ineinanderfließenden Lebensräume.[24]

Diese und andere Häuser, zum Beispiel das Haus für Amy Hunter in Flossmoor, Illinois (1916; Abb. 10), von William Gray Purcell und George Grant Elmslie, wurden in ihrer Entstehungszeit der Bungalow-Bewegung zugerechnet. Besonders Purcell war darum bemüht, eine Alternative zu den dürftigen Standardformen für die Häuser der Mittelschicht hervorzubringen, und entwarf eine Reihe von Häusern, bei denen es sich im wesentlichen um Bungalows handelte.[25] Der Bungalow – dessen Ursprünge vor allem in Indien lagen – wurde als ein neuartiger Haustypus betrachtet, der der Mittelschicht eine menschenwürdige, preisgünstige Alternative zu den bislang üblichen Wohnhäusern bot. Für diese Hausform, die über

führt. Dieses Haus ist alles andere als eine Kopie des indischen Bungalows.«[26]

Seltsamerweise wurde die Prairie-Schule von Gustav Stickley, der zu den wichtigsten Förderern nicht nur des Bungalows, sondern auch der amerikanischen Arts-and-Crafts-Bewegung überhaupt zählte, wie auch von seiner Zeitschrift *The Craftsman* (Abb. 11) praktisch ignoriert. Allerdings erschienen dort mehrere Artikel von Louis Sullivan. Carl K. Bennett, der Präsident der National Farmer's Bank in Owatonna, Minnesota, war von diesen Aufsätzen so beeindruckt, daß er Sullivan den Auftrag für ein neues Bankgebäude gab. Das Ergebnis war das vielleicht schönste Gebäude im Spätwerk Sullivans (siehe Weingarden, Abb. 1, 20, 21).[27] Stickley veröffentlichte auch einen Aufsatz von Purcell und Elmslie sowie mehrere Entwürfe von Oscar L. Triggs. In ästhetischer Hinsicht zeigt sich eine deutliche Verwandtschaft zwischen Stickleys Craftsman-Möbeln und den Einrichtungen, die nach Entwürfen der Prairie-Schule gefertigt wurden, und viele Prairie-Häuser wurden tatsächlich mit Stickleys Möbeln ausgestattet. Zu Beginn seiner Laufbahn wurde Stickley sehr von Harvey Ellis beeinflußt, der auch als geistiger Ahnherr der Prairie-Schule betrachtet wurde; insofern ist es noch weniger verständlich, daß die Architekten der Prairie-Schule auf so wenig Anerkennung bei ihm stießen.[28] Vielleicht empfand er ihre Arbeiten nicht nur als zu extrem, sondern sah in ihnen auch eine zu große Herausforderung für die behagliche Häuslichkeit, die er selbst vertrat.

Natürlich bauten die Architekten der Prairie-Schule nicht nur preisgünstige Wohnhäuser für die Mittelschicht. Wright zum Beispiel erhielt von Henry Ford den Auftrag für ein repräsentatives Haus in Dearborn, Michigan, und auch andere Architekten der Prairie-Schule waren solchen Aufträgen gegenüber sicherlich nicht abgeneigt (Tafel 48). Die Entwürfe für die großen anspruchsvollen Gebäude im Prairie-Stil hatten den gleichen geradlinigen, geometrischen Charakter wie die kleineren Häuser, wie diese setzten sie sich aus aufeinander bezogenen Flächen und Räumen zusammen.

Ein Ziel, das sich die Arts-and-Crafts-Bewegung in England wie in Chicago gesetzt hatte, war die Wiederherstellung dessen, was die industrielle Revolution auseinandergerissen zu haben schien: die harmonische Einbeziehung menschlicher Ansiedlungen in die Natur. In der Enklave der Prairie-Schule im Gebiet Rock Crest-Rock Glen bei Mason City, Iowa, konnte diese Mission exemplarisch erfüllt werden (Tafel 49). Das achtzehn Morgen große Gebiet, das auf einer Seite von Kalksteinklippen begrenzt wurde, an denen ein Bach entlangführte, und auf der anderen Seite in sanfte Bergtäler abfiel, lag in der Nähe des Stadtzentrums. Da es in früherer Zeit als Steinbruch gedient hatte und dann als Müllkippe und für Industrieanlagen benutzt worden war, hatte man es als Baugelände aufgegeben. 1908 erhielt Frank Lloyd Wright von zwei Geschäftsleuten aus Mason City, J. E. E. Markley und James Blythe, die Aufträge für ein Bank- und

Abb. 12 Walter Burley Griffin, Perspektivische Ansicht des Joshua Melson House, 56 River Heights Drive, Mason City, Iowa, 1912

höchstens zwei Stockwerke verfügte und durch tiefe Dachüberhänge gekennzeichnet war, setzten sich die amerikanischen Propagandisten der Arts-and-Crafts-Bewegung sehr stark ein. Im Laufe der Zeit entwickelten sich unterschiedliche regionale Ausformungen; so lehnte sich der Bungalow in Kalifornien an Ranchhütten und an der Ostküste an einfachste kleine Satteldachbauten wie ›Cape Cod Cottages‹ und ›Saltboxes‹ und sogar an Häuser im Kolonialstil an. Im Mittleren Westen wurden die Prairie-Häuser häufig als Bungalows klassifiziert. Henry Saylor schrieb in seinem Buch *Bungalows* (1911) über ein Haus der Architekten Tallmadge und Watson:

»Ihre Betonung der horizontalen Linie – ganz im Einklang mit den flachen Ebenen des Zentralwestens – hat im Grunde einen neuen Stil in die Architektur einge-

Abb. 13 Elmer Grey, Perspektivische Skizze eines Sommerhauses für Frank Gordon Bigelow, Fox Point, Wisconsin, 1900

Abb. 14 Francis Barry Byrne mit Walter Burley Griffin (?), Aufrißstudie des geplanten C. A. Dakin House, Mason City, Iowa, um 1912 (Kat. 187)

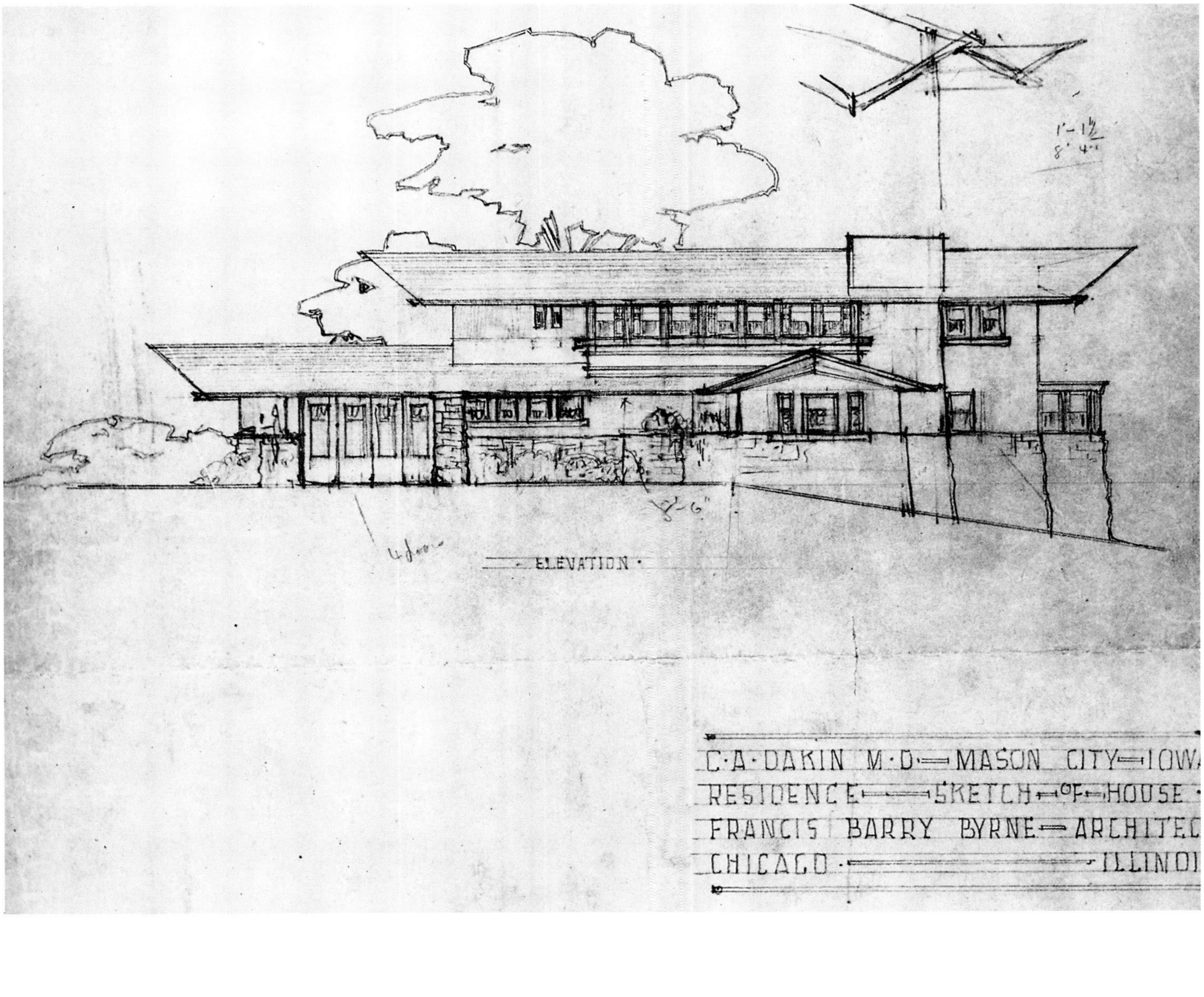

Abb. 15 Frank Lloyd Wright, Nathan G. Moore House, 333 Forest Avenue, Oak Park, Illinois, 1895 (1923 wiederaufgebaut)

ein Hotelgebäude. Anschließend bekam er die Aufträge für zwei Privathäuser in Mason City. Das erste wurde vollendet, das zweite jedoch, das Joshua Melson in Auftrag gegeben hatte und das auf den Kalksteinklippen gebaut werden sollte, war noch nicht über das Entwurfsstadium hinausgelangt, als Wright sein Architekturbüro in Chicago aufgab und sich zusammen mit der Frau eines Kunden nach Europa einschiffte (angeblich um die Produktion der Wasmuth-Veröffentlichungen zu beaufsichtigen).

Melson wandte sich daraufhin an zwei frühere Mitarbeiter Wrights, an Marion Mahony und Walter Burley Griffin. Griffin legte den Plan vor, das Baugelände sowohl längs der Klippen als auch längs der Straßen, die es umgaben, mit Häuserreihen einzugrenzen. Plangeschruppte Kalksteinquader aus dem Steinbruch waren als vereinheitlichendes Element für die Häuser selbst und auch für niedrige Terrassenmauern und Torpfosten vorgesehen. Bei den meisten Häusern sollten die Räumlichkeiten mit Versorgungsfunktionen – Küche, Vorratskammer und Garage – zur Straße hin liegen, während sich die wichtigsten Aufenthaltsräume und Ausblicke zur offenen Zentralfläche hin orientierten. Das Zentrum des Geländes nahm eine Prärie-Flußlandschaft ein, die als öffentliche Grünfläche gemeinsam genutzt werden sollte. Die Ansicht, die Marion Mahony in Gouache und Tinte auf grünem Satin ausführte, mutet geradezu orientalisch an: die Vegetation ist exotisch und wird in flachen Farbflächen in einer nebelhaften Atmosphäre dargestellt. In dieser Zeichnung drückt sich das Verhältnis der Prairie-Schule zur Natur aus – nicht eine rauhe, ungezähmte Natur, sondern eine harmonische Durchschnittslandschaft, die häusliche Wonne versprach. Rock Crest-Rock Glen wurde erschlossen, um dort eine in die Natur eingebettete Vorstadtidylle anzulegen. Die moderne Technologie, die die Erschließung und Neugestaltung der Landschaft erst ermöglichte, wurde aus dieser Idylle völlig verbannt. Zusammen mit Markley und Blythe und einem weiteren Geschäftsmann aus Mason City, W. J. Holahan, unterzeichnete Melson ein Abkommen, das Gelände zu erwerben, instand zu setzen und nur für Wohnzwecke zu verwenden.[29]

Von den sechzehn Häusern, die Griffin und Mahony in ihrem Plan vorgesehen hatten, wurden nur acht gebaut. Griffin war am Bau von etwa vier dieser Häuser beteiligt; den höchsten Stellenwert hatte dabei das primitivisierende Melson House (Abb. 12), das den Anschein erweckt, als sei es aus den Kalksteinklippen herausgeschnitten. Im Grundriß folgt das Melson House dem 5000-Dollar-Hausschema Frank Lloyd Wrights. Gerade als in Rock Crest-Rock Glen mit den Bauarbeiten begonnen wurde, gewann Griffin den internationalen Wettbewerb für die Planung der australischen Hauptstadt Canberra und

Abb. 16 Robert C. Spencer jr., U. F. Orendorf House, Canton, Illinois, 1905; aus Western Architect, *April 1914*

Abb. 17 Howard Van Doren Shaw, Mentor Building, Nordostecke Monroe und State Street, 1906

Abb. 18 Howard Van Doren Shaw, Halle des Hauses ›Ragdale‹

Abb. 19 Arbeitszimmer des Hauses ›Ragdale‹ mit Sitzbank und Arbeitstisch (Kat. 100)

überließ daraufhin die Bauausführung Barry Byrne, der seine Erfahrungen ebenfalls in Wrights Büro gesammelt hatte (siehe Van Zanten). Byrne überwachte die Bauarbeiten an Griffins Häusern und entwarf selbst verschiedene weitere Gebäude, unter anderem ein Mausoleum für Melsons Frau. Sein Hausentwurf für C. A. Dakin, der nie realisiert wurde, sah lange horizontale Dächer und gestutzte Giebelseiten vor (Abb. 14). Für den Unterbau und die Pfeiler sollte der Kalkstein aus dem örtlichen Steinbruch verwendet werden. Aus irgendeinem Grund gab es ein Zerwürfnis zwischen Byrne und den Bauherren in Mason City, die sich von ihm trennten. Von ortsansässigen Architekten und Bauunternehmern wurden in diesem Gebiet noch mehrere Häuser gebaut, die Wesenszüge der Prairie-Schule an den Tag legten.

Rock Crest-Rock Glen, eines der größten Ensembles von Häusern im Stil der Prairie-Schule in Ameri-

Abb. 20 Howard Van Doren Shaw, Haus ›Ragdale‹, 1230 North Greenbay Road, Lake Forest, Illinois, 1897-98

ka überhaupt, läßt das Idealbild der Anhänger dieser Schule für eine Wohnsiedlung erkennen: eine Gruppe von harmonischen, jedoch nicht einförmigen Einfamilienhäusern, eingebettet in eine kultivierte Landschaft. Das Ensemble zeigt auch, daß nach 1910 die wichtigeren Beispiele für die Architektur der Prairie-Schule in kleineren Städten und Gemeinden außerhalb von Chicago gebaut wurden: Die Ideale der Arts-and-Crafts-Bewegung schienen sich auf dem Land eher realisieren zu lassen als in den Ballungszentren.

Die Prairie-Schule stellte jedoch nur einen Aspekt der Arts-and-Crafts-Bewegung in Chicago dar; weitere stilistische Tendenzen entwickelten sich aus dem gegenseitigen Einfluß, den die Arts and Crafts Society, die Gruppe der Eighteen und der Architectural Club aufeinander ausübten. Sogar bei Frank Lloyd Wright zeigten sich Elemente anderer Stilrichtungen, sehr deutlich zum Beispiel in dem Haus, das er 1895 für Nathan G. Moore in Oak Park entwarf (Abb. 15). Hier finden sich nicht nur gotische Ornamente im Stil Sullivans, sondern auch ein steiles Schrägdach und Fachwerk – beides für Wright ganz und gar untypisch. Arthur Huen, ein Mitglied der Eighteen und des Architectural Club, der sich mit dem Bridesmaid-House in Des Moines, Iowa (1899-1900), bis hin zur Niedekken-Möblierung streng an die Prairie-Schule hielt, eignete sich später einen konservativen Stil an und ließ sogar historische Stile wiederaufleben.[30] Das Werk Elmer Greys, der ebenfalls den vorher genannten Architektengruppen angehörte, wies zwar einige Spuren der horizontalen Linienführung und Geometrie der Prairie-Schule auf, doch scheinen seine Hauptinspirationsquellen regionaltypische Bauformen wie Scheunen und Ställe gewesen zu sein. Sein Entwurf für ein Sommerhaus in Fox Point, Wisconsin (1900; Abb. 13), zeigt zwar kleinere Fachwerkkomponenten, doch das hervorstechende Formelement ist das große, scheunenartige Schindeldach. 1903 zog Grey nach Südkalifornien und entwarf dort zusammen mit Myron Hunt, ebenfalls ein Chicagoer Arts-and-Crafts-Architekt, eine Reihe Arts-and-Crafts-typischer Häuser, aber auch zahlreiche neuklassizistische Gebäude.[31]

Bei Robert Spencer, einem herausragenden Mitglied aller drei genannten Chicagoer Organisationen, zeigt sich besonders eindrucksvoll der fließende und vielschichtige Charakter der Arts-and-Crafts-Bewegung in Chicago. Mitte der neunziger Jahre hatte Spencer als Wrights Partner gearbeitet und war einer der ersten gewesen, der über dessen Arbeiten schrieb. Einige seiner Entwürfe hielten sich strikt an die Geometrie der Prairie-Schule und vermieden jeglichen Verweis auf ausländische Quellen. Mit der gleichen Selbstverständlichkeit konnte er jedoch auch Häuser mit ausgeprägten Bezügen zum englischen Mittelalter entwerfen, wie etwa das Orendorf House mit seinem hervorstechend hohen Dach in Canton, Illinois (1905; Abb. 16). In der Möblierung sind traditionelle Elemente mit Zügen der Art nouveau und des ›Mission Style‹ kombiniert. Der gemütliche Wohnraum hätte mit seiner einfachen Gestaltung aus Holz, der Kaminecke und der Schablonenmalerei seinen Platz in jedem englischen Arts-and-Crafts-Wohnhaus finden können.[32]

WAR EMERGENCY UNION

Strauch

Abb. 21 Howard Van Doren Shaw, Market Square, Lake Forest, Illinois, 1914-15, Nordseite

Abb. 22 Howard Van Doren Shaw, ›Phi Delta Theta‹-Verbindungshaus, 309 East Chalmers Street, Champaign, Illinois, 1923

Abb. 23 Shaw, Market Square, Südseite

Von Chicagoer Arts-and-Crafts-Architekten, die sich außerhalb des strengen Stils der Prairie-Schule bewegten, nimmt Howard Van Doren Shaw eine besonders herausragende Stellung ein. Thomas Tallmadge (vom Architekturbüro Tallmadge and Watson) charakterisierte Shaw als »den Rebellischsten unter den Konservativen und den Konservativsten unter den Rebellen«.[33] In seinen frühen Geschäftsbauten – zum Beispiel in den Gebäuden für Mentor (Abb. 17) und für die Nyberg Motor Company in Chicago – folgte er der Tradition Sullivans und verwendete einen geradlinigen Konstruktionsrahmen, den er mit dekorativen Elementen versah.[34] Für die Wohnhäuser – so auch für sein eigenes Haus ›Ragdale‹ in Lake Forest, Illinois (1897-98; Abb. 20) – griff er dagegen gerne auf englische Vorbilder zurück; ebenfalls sein Donnelly Printing Building in Chicago zeigt ausgeprägt englische Züge. ›Ragdale‹ verfügt mit seinen zwei Giebeln, der Stuckfassade und dem über einem zurückversetzten Eingang hervorspringenden Erker im zweiten Stock über alle Merkmale, die typisch für ein Haus von Voysey sind. Das Äußere von ›Ragdale‹ weist sogar erstaunliche Ähnlichkeiten mit Voyseys eigenem Haus ›Orchid‹ in Chorlywood, England, auf; wenn dieses Haus nicht erst 1899 gebaut worden wäre, also nachdem Shaw sein Haus bereits entworfen hatte, könnte man meinen, Shaw habe Voyseys Entwurf einfach kopiert. Festzuhalten bleibt jedenfalls, daß sich – bis hin zu den Herzen, mit denen die Fensterläden verziert sind – in ›Ragdale‹ zahlreiche Einflüsse der englischen Arts-and-Crafts-Bewegung finden lassen.[35]

Auch im Innern des Hauses ist der englische Einfluß unverkennbar, wenngleich wiederum in Shaws persönliche Ausdrucksformen umgesetzt. Die Vorderhalle (Abb. 18), die in der Querachse zum Eingang liegt, dient sowohl als eigenständiger Raum wie auch als Korridor, der in das Wohn- und in das Eßzimmer übergeht. Sie ist mit Tafelwerk aus unbehandeltem Eichenholz ausgekleidet und mit Fenstersitzen versehen, die Deckenwölbung besteht aus glattem Stuck. Besonders bemerkenswert ist die Trennwand aus Bleiglas zwischen Halle und Eßzimmer, die an ähnliche Entwürfe von Lutyens aus der gleichen Zeit erinnert.[36] Die Wand erweckt den Eindruck, als beziehe das Haus Fragmente früherer Gebäude ein und schaffe eine Innenwelt, die von der äußeren völlig abgetrennt ist. Auch die übrige Innenausstattung fußt auf Prinzipien der Arts-and-Crafts-Bewegung. Zum Mobiliar schrieb ein zeitgenössischer Kommentator, es zeige »einen Anflug der langen Linien der Art nouveau, doch keineswegs im Übermaß«.[37] Wahrscheinlich bezog sich der Autor auf die Möbel, die von Harvey Ellis entworfen und von Gustav Stickley ausgeführt wurden, wie auch auf Shaws eigene Entwürfe für die Sitzbank und den Arbeitstisch mit seinem eleganten Aufsatz (Abb. 19; Tafel 33), die an die Arbeiten der britischen Arts-and-Crafts-Gestalter Arthur H. Mackmurdo und Charles Rennie Mackintosh erinnern.[38]

Shaw sollte auch weiterhin intensiver als seine Kollegen die konservativeren Ausdrucksformen der Arts-and-Crafts-Bewegung ausschöpfen. Er war insofern ein Eklektiker, als er sich unbefangen der Vergangenheit und der Gegenwart bediente, jedoch war er dabei weder ein Archäologe noch ein Dogmatiker. Seine Vorliebe galt Stilformen englischen Ursprungs, doch wenn sie seinen Absichten entsprachen, griff er auch auf französische und sogar auf italienische Formelemente zurück. Ausgedehnte horizontale Dächer findet man bei ihm nie; seine Vorstellung von der Schutzfunktion eines Daches drückte er mit Hilfe großer Satteldächer aus, die das Haus genau bedeckten (Abb. 22; Tafel 36).

Der Market Square in Lake Forest (1912-17), Shaws bedeutendstes Projekt, veranschaulicht zum einen seine Vorstellungen vom menschlichen Zusammenleben und zum anderen die Auswirkungen, die die Maschine – in Form des Automobils – auf das amerikanische Vorstadtleben hatte. Der Platz ist quadratisch angelegt, offen und mit Bäumen gesäumt. An drei Seiten ist er von Gebäuden mit Läden im Erdgeschoß und Wohnungen, Studios und Büros in den oberen Stockwerken umgeben. Die offene Seite des Platzes geht auf eine Hauptstraße hinaus, die Lake Forest mit Chicago verbindet, und führt auch zu einer Bahnstation für den Pendelverkehr. Die Gebäude, die sich bereits auf dem Gelände befanden, wurden abgerissen. An ihrer Stelle entstand ein Ensemble, das einen reibungslosen Verkehrsfluß gewährleisten, genügend Parkplätze bereitstellen und eine verkaufsfördernde Atmosphäre schaffen sollte. Außerdem befand sich hinter dem Platz ein Gebäude, das als Gemeindeklubhaus und als Turnhalle diente, gleichzeitig war dort und in den angrenzenden Häusern der YMCA und der YWCA untergebracht.

In stilistischer Hinsicht lassen sich zahlreiche Bezüge finden. Der Chicagoer Architekt und Kritiker Peter B. Wight schrieb 1917: »Es gibt eine gewisse Ähnlichkeit mit den alten flandrischen und deutschen Städten des 15. und 16. Jahrhunderts. Es handelt sich jedoch nicht um eine Kopie.«[39] Im übrigen finden sich englisches Fachwerk, holländische Dächer und Giebel und Elemente der amerikanischen Kolonialarchitektur. Der Turm auf der Nordseite (Abb. 21) ähnelt den Türmen, die George Maher 1891 in Luzern entwarf (Kat. 37), also kurz bevor sich Shaw zum erstenmal nach Europa aufmachte. Shaws Turm ist jedoch keine Kopie davon, ebensowenig ist er ein Duplikat seines Südturms (Abb. 23). Die verschiedenen Stilelemente – zum Beispiel skulpturale Bestandteile, römisch-dorische Säulen und Erkerfenster –, die aus verschiedenen Materialien – Holz, Stuck, Fliesen und Backsteine – zusammengesetzt und miteinander verflochten sind, bringen vielmehr ein phantastisches Szenarium hervor, das dem Ethos der Arts-and-Crafts-Bewegung in hohem Maße entspricht. Der Market Square in Lake Forest war möglicherweise das erste automobilgerechte Einkaufszentrum, das in den Vereinigten Staaten geplant und gebaut wurde; hier fand der Geist bürgerlichen Friedens und Gemeinschaftssinns, den die Arts-and-Crafts-Bewegung zu fördern suchte, seinen architektonischen Ausdruck.

Spätere Kommentatoren sahen eine tiefe Kluft zwischen der scheinbar konservativen Formensprache eines Howard Van Doren Shaw und der vermeintlich progressiven eines Walter Burley Griffin.[40] Trotz aller Unterschiede wurden sie zu ihrer Zeit dennoch zusammen mit Zeitgenossen wie Wright, Huen, den Ponds, Grey, Spencer und anderen der gleichen Bewegung zugerechnet. Der Begriff ›Prairie School‹ wurde erst später geprägt. Zwar benutzte Wright das Wort ›Prärie‹ in Zusammenhang mit bestimmten Häusern und als eine Metapher für Freiheit, doch wurden die hier genannten Architekten zusammen mit Sullivan seinerzeit unter den Bezeichnungen ›Chicago School‹, ›New School of the Middle West‹ oder einfach ›Western‹ zusammengefaßt.[41]

Ungeachtet aller individuellen Unterschiede verfolgten die Chicagoer Arts-and-Crafts-Architekten ein gemeinsames Ziel. Ihr Interesse galt vor allem der Wohnarchitektur, und insbesondere waren sie bemüht, in Modell-Vorstadtsiedlungen das tägliche Leben der Amerikaner wieder harmonischer zu gestalten. Sie griffen auf die Ideale und gelegentlich auch auf die Formensprache William Morris' und anderer europäischer Arts-and-Crafts-Gestalter zurück und fanden auf dieser Grundlage ihre eigene Linie. Sicherlich waren Louis Sullivan und Frank Lloyd Wright die dominierenden Gestalten der Chicagoer Bewegung, doch auch Architekten wie Spencer, Grey und Shaw entwarfen immer wieder faszinierende Formen. Konservative und progressive Ideale und Formensprachen existierten Seite an Seite, bis die Unterschiede zu guter Letzt verschwammen. Denn, um mit Frank Lloyd Wrights einleitenden Worten zu seinem Aufsatz ›In the Cause of Architecture‹ von 1908 zu sprechen: »So radikal sie auch sein mögen, die Arbeiten, die hier veranschaulicht werden sollen, sind einer im besten Sinne des Wortes konservativen Sache gewidmet.«[42]

Übersetzung: Wolfgang Himmelberg

ANMERKUNGEN

1 Hintergrundinformationen zur englischen Arts-and-Crafts-Bewegung finden sich bei Gillian Naylor, *The Arts and Crafts Movement*, London 1971, und Peter Davey, *Architecture of the Arts and Crafts Movement*, London 1980.

2 Siehe *New Free Style, Arts and Crafts-Art Nouveau-Secession*, Ian Latham (Hrsg.), London 1980; Gabriel P. Weisberg, *Art Nouveau Bing, Paris Style 1900*, New York 1986; und *Art Nouveau Architecture*, Frank Russell (Hrsg.), London 1979.

3 Hintergrundinformationen zur amerikanischen Arts-and-Crafts-Bewegung bieten Richard Guy Wilson, ›American Arts and Crafts Architecture: Radical Though Dedicated to the Cause Conservative‹, *The Art that is Life: The Arts and Crafts Movement in America*, Boston 1987, S. 103-31; ders. *McKim, Mead and White, Architects*, New York 1983; Vincent Scully, Jr., *The Shingle Style and the Stick Style: Architectural Theory and Design from Richardson to the Origins of Wright*, revidierte Neuauflage, New Haven, Conn. 1971; und Doreen Bolger Burke u. a., *In Pursuit of Beauty: Americans and the Aesthetic Movement*, New York 1986.

4 Wie jeder Architekturhistoriker, der sich mit diesem Thema beschäftigt, bin auch ich den folgenden Veröffentlichungen verpflichtet: H. Allen Brooks, *The Prairie School: Frank Lloyd Wright and His Midwest Contemporaries*, Toronto 1973; ders., ›Chicago Architecture: Its Debt to the Arts and Crafts‹, *Journal of the Society of Architectural Historians* 30, Dez. 1971, S. 312-17; und Sharon Darling, *Chicago Furniture: Art, Craft and Industry, 1833-1983*, Chicago und New York 1984.

5 Alan Crawford, ›Ten Letters from Frank Lloyd Wright to Charles Robert Ashbee‹, *Architectural History* 12, 1970, S. 64-76; ders. *C. R. Ashbee: Architect, Designer and Romantic Socialist*, New Haven, Conn. 1985. Die in Deutschland herausgegebenen Veröffentlichungen zu Wright hatten die Titel: *Ausgeführte Bauten und Entwürfe von Frank Lloyd Wright*, Berlin 1910, bekannt als das ›Wasmuth-Portfolio‹, und *Frank Lloyd Wright – Ausgeführte Bauten*, Berlin 1911, mit einer Einführung von C. R. Ashbee, bekannt als der ›kleine Wasmuth‹.

6 Cheryl Robertson, *The Domestic Scene (1897-1927): George M. Niedecken, Interior Architect*, Milwaukee, Wisc. 1981.

7 Leonard K. Eaton, *American Architecture Comes of Age: European Reaction to H. H. Richardson and Louis Sullivan*, Cambridge, Mass. 1972, S. 208-10.

8 Irving K. Pond, ›German Arts and Crafts at St. Louis‹, *The Architectural Record* 17, Feb. 1905, S. 121. Siehe auch Gustav Stickley, ›The German Exhibit at the Louisiana Purchase Exposition‹, *The Craftsman* 6, Dez. 1904, S. 488-506; und Brooks (Anm. 4), S. 91.

9 C. Matlack Price, ›Secessionist Architecture in America‹, *Arts and Decoration* 3, Dez. 1912, S. 51-53.

10 Karen Evans Ulehla, *The Society of Arts and Crafts, Boston: Exhibition Record 1897-1927*, Boston 1981, S. 4-5.

11 Die Gründungsmitgliederliste und die Satzung wurden im *Catalogue of the Eleventh Annual Exhibition by the Chicago Architectural Club*, Chicago 1898 veröffentlicht; siehe auch Jane Addams, *Forty Years at Hull-House*, New York 1935; und ›Chicago Arts and Crafts Society‹, *Hull-House Bulletin* 1, 1. Dez. 1897, S. 9.

12 Die Anfänge des Clubs reichen bis ins Jahr 1885 zum Chicago Architectural Sketch Club zurück. Siehe Wilbert R. Hasbrouck, *Chicago Architectural Journal* 1, 1981, S. 7-14; und John Zukowsky, ›The Chicago Architectural Club, 1895-1940‹, *Chicago Architectural Journal* 2, 1982, S. 170-74.

13 The Art Institute of Chicago, *The Chicago Architectural Annual*, Chicago 1902.

14 H. Allen Brooks, ›Steinway Hall, Architects and Dreams‹, *Journal of the Society of Architectural Historians* 22, Okt. 1963, S. 171-75. Siehe auch Frank Lloyd Wright, *An Autobiography*, New York 1977, S. 147, 155.

15 Elmer Grey, ›The Architect and the »Arts and Crafts«‹, *Architectural Record* 21, Feb. 1907, S. 134-37; Irving K. Pond, ›The Life of Architecture‹, *Architectural Record* 18, Aug. 1905, S. 144-60; Robert Spencer, ›American Farmhouses‹, *Brickbuilder* 9, Aug. 1900, S. 179-86; ders., ›The Farmhouse Problem‹, *Annual of the Chicago Architectural Club*, Chicago 1900, S. 38-40; Frank Lloyd Wright, ›The Art and Craft of the Machine‹, 1901, nachgedruckt in *Frank Lloyd Wright: Writings and Buildings*, Edgar Kaufmann und Ben Raeburn (Hrsg.), New York 1960, S. 55-73 (dt.: *Frank Lloyd Wright: Schriften und Bauten*, München 1963; der Aufsatz dort unter dem Titel ›Die Kunst und Fertigkeit der Maschine‹, S. 52-73; deutsch von Jutta und Theodor Knust); und Wright, ›In the Cause of Architecture‹, *Architectural Record* 23, März 1908, S. 155-222, nachgedruckt in *Frank Lloyd Wright on Architecture*, Frederick Gutheim (Hrsg.), New York 1941, S. 31-45.

16 Brooks (Anm. 4), S. 20. Ich bin Debora Fulton für ihre hilfreichen Informationen zum Problem der Maschine in der Arts-and-Crafts-Bewegung zu Dank verpflichtet.

17 Satzung (Anm. 11), ohne Seitenangabe; siehe auch ›Notes‹, *The House Beautiful* 3, Dez. 1897, S. 29.

18 Oscar Lovell Triggs, *Chapters in the History of the Arts and Crafts Movement*, Chicago 1902, S. 193. Triggs schrieb zahlreiche Artikel für *The House Beautiful* und *The Craftsman*.

19 Wright ›Die Kunst und Fertigkeit der Maschine‹ (Anm. 15), S. 52, 62, 65.

20 Charles R. Ashbee, ›Man and the Machine, The Soul of Architecture, II‹, *The House Beautiful* 28, Juli 1910, S. 55-56; Ashbee schrieb drei weitere Artikel für *The House Beautiful*, die im Juni, August und September erschienen (S. 23-25, 88-90, 109-11).

21 Grey (Anm. 15), S. 132.

22 ›Letters, 1903-1906, by Charles E. White jr., from the Studio of Frank Lloyd Wright‹, Nancy K. Morris Smith (Hrsg.), *Journal of Architectural Education* 25, Herbst 1971, S. 104.

23 Irving K. Pond, *The Meaning of Architecture: An Essay in Constructive Criticism* Boston 1918, S. 175. Pond stand dieser Horizontalität kritisch gegenüber, da sie »den Naturgesetzen zuwiderlaufe«.

24 H. Allen Brooks, ›Percy Dwight Benteley at La Crosse‹, *The Prairie School Review* 9, drittes Quartal 1972, S. 6-8; und Richard Guy Wilson und Sidney K. Robinson, *The Prairie School in Iowa*, Ames, Iowa 1977, S. 6-7. Siehe auch ›The Work of Tallmadge and Watson, Architects‹, *Western Architect* 22, Dez. 1915, nachgedruckt in *Prairie School Architecture: Studies from »The Western Architect«*, H. Allan Brooks (Hrsg.), Toronto 1975, S. 268-89.

25 Zu Purcell und Elmslie siehe David Gebhard, ›William Gray Purcell and George Grant Elmslie and the Early Progressive Movement in American Architecture from 1900 to 1920‹, Diss., University of Minnesota 1957; und Brooks (Anm. 24), S. 80-129.

26 Henry Saylor, *Bungalows*, New York 1911, S. 40-41. Siehe auch Robert Winter, *The California Bungalow*, Los Angeles 1980; und Clay Lancaster, *The American Bungalow: 1880-1930*, New York 1985.

27 Mary Ann Smith, *Gustav Stickley, The Craftsman*, Syracuse 1983, S. 134-35; Louis H. Sullivan, ›Reply to Mr. Rederick Stymetz Lamb on »Modern Use of Gothic: The Possibility of New Architectural Style«‹, *The Craftsman* 8, Juni 1905, S. 336-38; ders., ›The Architectural Discussion: Form and Function Artistically Considered‹, *The Craftsman* 8, Juli 1905, S. 453-58; ders., ›What is Architecture? – A Study of the American People‹, *The Craftsman* 10, Mai, Juni, Juli 1906, S. 142-49, 352-58, 507-13; Carl K. Bennett, ›A Bank Built for Farmers: Louis Sullivan Designs a Building Which Marks a New Epoch in American Architecture‹, *The Craftsman* 15, Nov. 1908, S. 176-85.

28 Smith (Anm. 27), S. 57-72; William Gray Purcell und George G. Elmslie, ›The American Renaissance‹, *The Craftsman* 21, Jan. 1912, S. 430-35; Oscar Lovell Triggs, ›The Workshop-School‹, *The Craftsman* 3, Okt. 1902, S. 20-32; ›The New Industrialism‹, Nov. 1902, S. 93-106; ›A School of Industrial Art‹, *The Craftsman* 3, Jan. 1903, S. 215-23; ›The Play Principle‹, *The Craftsman* 4, Juni 1903, S. 286-94. Siehe auch ders., *A Rediscovery: Harvey Ellis, Artist, Architect*, Rochester, N. Y. 1972.

29 Umfangreichere Betrachtungen zum Erschließungsgebiet in Mason City und zum Melson House finden sich bei Wilson und Robinson (Anm. 24), S. 10-16; Robert E. McCoy, ›Rock Crest-Rock Glen: Prairie School Planning in Iowa‹, *Prairie School Review* 5, drittes Quartal 1968, S. 5-39; Brooks, *The Prairie School* (Anm. 4), passim. Siehe auch Walter Burley Griffin, ›Trier Center Neighborhood, Winnetka, Illinois‹, *Western Architect* 19, Aug. 1913, S. 75-76, nachgedruckt in Brooks, *Prairie School Architecture* (Anm. 24), S. 16-17.

30 Wilson und Robinson (Anm. 24), S. 4-5; Wesley Shank, ›The Residence in Des Moines‹, *Journal of the Society of Architectural Historians* 29, März 1970, S. 56-59; Robert Spencer, Jr., ›Country Houses‹, *House Beautiful* 19, Dez. 1905, S. 23.

31 ›House of Herbert Underwood, Esq., Fox Point, Wisc., Mr. Elmer Grey, Architect, Milwaukee, Wisconsin‹, *American Architect* 72, 1319, 6. April 1901, S. 8. Greys Zeichnungen befinden sich in der University of California in Santa Barbara.

32 ›Three Houses by Mr. Robert C. Spencer, Jr.‹, *Architectural Record* 18, Juli 1905, S. 40-50. Zu Spencer siehe Brooks, *The Prairie School* (Anm. 4), S. 91-98 und passim; William Gray Purcell, ›Spencer and Powers, Architects‹, *Western Architect* 20, April 1914, S. 35 und passim, nachgedruckt in Brooks, *Prairie School Architecture* (Anm. 24), S. 191-219.

33 Thomas E. Tallmadge, ›Howard Van Doren Shaw‹, *Architectural Record* 60, Juli 1926, S. 71-73. Zu Shaw siehe auch Leonard K. Eaton, *Two Chicago Architects and their Clients: Frank Lloyd Wright and Howard Van Doren Shaw*, Cambridge, Mass. 1969; Richard Guy Wilson, The *AIA Gold Medal*, New York 1984, S. 47-59, 156-57; Julie L. Vosmik, ›The Early Domestic Architecture of Howard Van Doren Shaw‹, M.A.-Arbeit, University of Virginia 1982.

34 Abgebildet in Thomas Tallmadge, ›The »Chicago School«‹, *Architectural Review* 15, April 1908, S. 73.

35 Duncan Simpson, *C. F. A. Voysey: An Architect of Individuality*, New York 1979, S. 87-88; und Susan Dart, *Evelyn Shaw McCutcheon and Ragdale*, Lake Forest, Ill. 1980.

36 Der Verweis auf das Haus von Lutyens bezieht sich auf die im oberen Stockwerk gelegene Halle im Haus Munstead Wood für Gertrude Jekyll, 1893-1897, abgebildet in Lawrence Weaver, *Houses and Gardens by Sir Edwin Lutyens*, London 1913, S. 18.

37 ›»Ragdale«. The Country Home of Mr. Howard Shaw, Lake Forest, Illinois‹, *Architectural Review* 11, Jan. 1904, S. 25.

38 Sowohl der Ellis-Stuhl als auch der Shaw-Schreibtisch befinden sich heute in der Sammlung des Art Institute of Chicago.

39 Peter B. Wight, ›The New Market Square at Lake Forest, Illinois‹, *Western Architect* 26, Okt. 1917, S. 30; dieser Artikel ist die ausführlichste zeitgenössische Beschreibung des Projekts. Siehe auch Susan Dart, *Market Square, Lake Forest, Illinois*, Lake Forest, Ill. 1984.

40 Brooks, *The Prairie School* (Anm. 4), und Eaton (Anm. 33), um nur zwei Beispiele zu nennen.

41 Zur Geschichte der Terminologie siehe Brooks, *The Prairie School* (Anm. 4), S. 7-13, und ders., ›Chicago School: Metamorphosis of a Term‹, *Journal of the Society of Architectural Historians* 25, Juni 1966, S. 115-18. Siehe auch Hugh Garden, ›A Style of the Western Plains‹, Henry Saylor, *Architectural Styles for Country Houses*, New York 1919, S. 101-11.

42 Wright, ›In the Cause of Architecture‹ (Anm. 15), S. 31.

Lauren S. Weingarden

Louis H. Sullivans Ornament und die Poetik der Architektur

Einleitung: Eine Methode, Sullivans Schriften und Entwürfe zu begreifen

Während seiner gesamten Schaffenszeit verfaßte Louis Sullivan Schriften und Texte, in denen er den eigenen Gestaltungsprozeß erläuterte und zur Architektur seiner Zeit Stellung nahm.[1] Er versuchte, beides durch eine kritische Methode zu verbinden, die die im 19. Jahrhundert geführte Diskussion über Stilfragen der Architektur gleichzeitig entlarven wie auch erneuern sollte. In seinen Schriften griff Sullivan den Historismus des 19. Jahrhunderts an, um amerikanische Architektur wieder an aktuelle Gegebenheiten und zeitlose Ursprünge anzuschließen. Seine kritische Methode war jedoch nicht, wie er betonte, ausschließlich an seine Schriften geknüpft.

Sullivan war der Meinung, daß Architektur als eine Art plastische Sprache gelesen werden sollte. In einem seiner Aufsätze, ›Was ist Architektur? Eine Studie über das amerikanische Volk von heute‹ (1906), stellte er fest, daß sowohl die Planer als auch die Betrachter von amerikanischer Architektur des 19. Jahrhunderts die Gabe verloren hätten, vergangene und zeitgenössische Stile als »Dokumente« des »Denkens eines Volkes« zu lesen.[2] Er legte außerdem dar, daß die Amerikaner es versäumt hätten, einen spezifischen, ihrer Denkweise angemessenen Stil zu entwickeln, denn beide, Planer wie Betrachter hätten ihre Bande zur Natur und den sie formenden Kräften zerschnitten. Sullivan zufolge waren solche Bande in allen »lebendigen« Stilen der Vergangenheit erhalten, und er schrieb die augenblicklichen Fehlentwicklungen einer »irrationalen Kluft zwischen Theorie und Praxis« zu. Um diesem Mangel abzuhelfen, bemühte er sich, den Leser seiner Texte zu einem Leser seiner Architektur-Sprache zu erziehen.

Sullivan legte seinen Leseinstruktionen die Prämisse zugrunde, daß die »Kunst des Lesens« als Synonym für die »Kunst der Interpretation« zu verstehen sei. Der Leser-Betrachter sollte deshalb als erstes lernen, das »Buch« der Natur als »Symbol« seiner »eigenen kreativen Energie und seines (inneren) Gleichgewichts zu lesen.« Danach sollte er analoge Interpretationsmethoden anwenden, um zu beurteilen, ob die Teile oder die Gesamtheit einer architektonischen Komposition als Symbole der schöpferischen Kraft sowohl des Künstlers als auch der Natur Gültigkeit besäßen. Mit anderen Worten, Sullivan riet dem Leser-Betrachter, sein künstlerisches Werk als »Philosophie, Poesie, Kunst des Ausdrucks«[3] zu begreifen.

Sullivan hinterließ zwar schriftliche Anweisungen für das »Lesen« der Strukturen seiner »visuellen« Texte, nicht jedoch für seine geschriebenen Texte. Aus diesem Grund haben Kritiker und Historiker den überwiegenden Teil von Sullivans Schriften als lyrische autobiographische Abhandlungen über nicht-architektonische Themen eingestuft und sich insbesondere auf die »funktionalistischen« Aspekte seiner Architekturtheorien und Entwürfe konzentriert.[4] Was diese Betrachter jedoch übersehen haben, ist die Tatsache, daß Sullivan sowohl für seine geschriebenen als auch für seine visuellen Texte eine metaphorische Sprache benutzte, da er seine Schriften und Bauwerke so verstand, daß sie als Auslegung und Kritik gleichzeitig wirken sollten. Ohne Verständnis seiner metaphorischen Sprache können wir weder die struktuellen Zusammenhänge seiner Theorie und Praxis begreifen noch die symbolische Funktion seiner Architekturkonzepte.

Der erste Abschnitt dieses Aufsatzes behandelt die Art und Weise, in der Sullivan linguistische Modelle der Naturwissenschaften, der Transzendentalphilosophie und der Poesie des 19. Jahrhunderts aufgriff, um zu erläutern, wie die Stilentwicklung in der Kontinuität und dem Wandel in der Natur wurzelt, beziehungsweise sich hiermit deckt. Sullivan fand in den Schriften des englischen Philosophen Herbert Spencer und der amerikanischen Transzendentalisten Ralph Waldo Emerson und Walt Whitman seinen eigenen Wunsch wieder, die Natur zum Dreh- und Angelpunkt aktueller Ereignisse und immerwährender Gesetzmäßigkeiten zu machen.[5] Deshalb bediente sich Sullivan der Sprache der Wissenschaften, denn sie bot ihm ein Modell für die Beschreibung natürlichen Wachstums und Verfalls. Die Sprache der Transzendentalphilosophie benützte er als Möglichkeit, die rein wissenschaftlichen Erklärungen der realen Erscheinungsformen von Natur mit metaphysischen Spekulationen über ihre verborgene Idealität in Einklang zu bringen. In der Poesie schließlich fand Sullivan eine beispielhafte Symbolsprache, mit der er Naturphänomene im Sinne der konzeptuellen philosophischen Synthese des Realen und Idealen darstellen konnte. Sullivan war also bestrebt, seiner Architektur den gleichen Wert wie den Naturwissenschaften, der Philosophie und Poesie beizumessen, und leistete insofern einen wichtigen Beitrag zur Diskussion des 19. Jahrhunderts über die Sprache der Natur,

Abb. 1 Louis H. Sullivan, Fassadenornament an der National Farmers Bank, 101 Cedar Street North, Owatonna, Minnesota, 1906-08

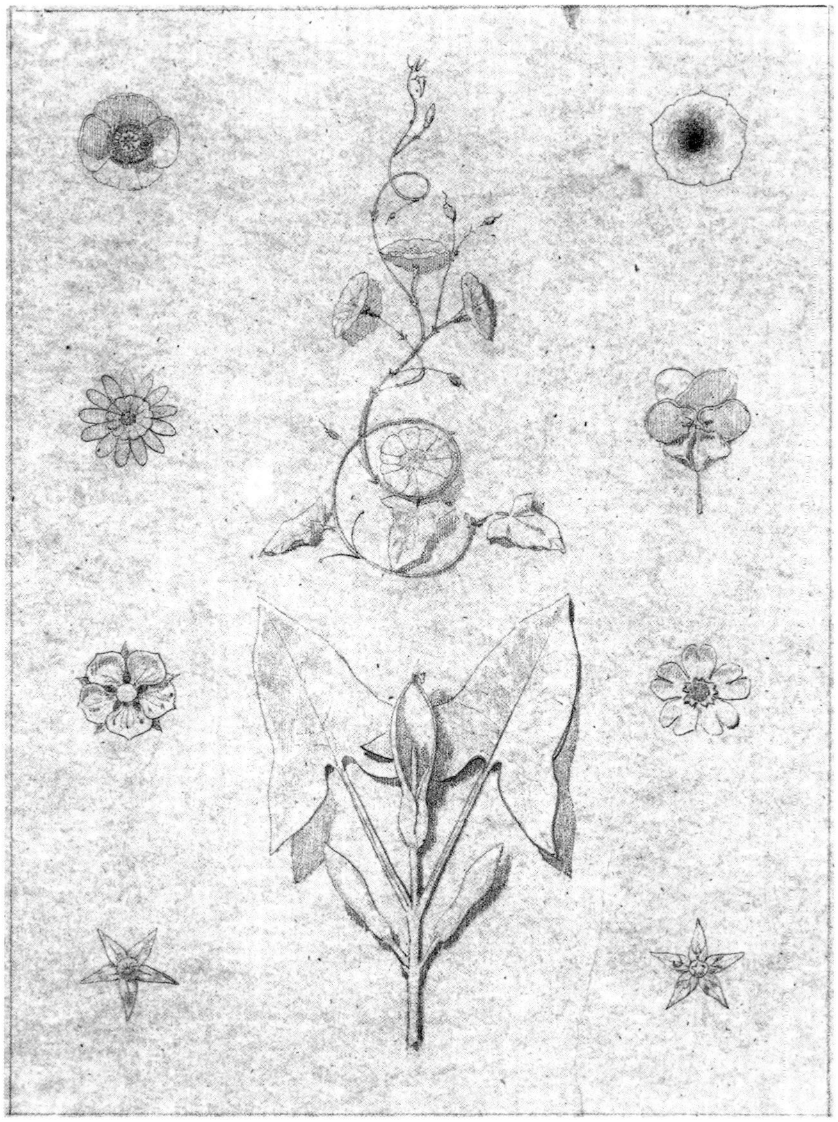

Abb. 2 Sullivan, Skizzierte Kopie eines Kompositenornaments; aus Ruprich-Robert, Flore Ornamentale, *um 1880 (Kat. 108)*

als er die jeweiligen Sprachmodelle auf die Architektur ausweitete. Sullivans Methode, eine archaische Sprache der Natur zu lesen, zu interpretieren und zu benützen, wird daran deutlich, wie er die Metapher als literarisches Programm verwendete und wissenschaftliche, philosophische und poetische Texte paraphrasierte. So wie er die Sprache der Natur visuell umsetzte, können auch seine metaphorischen und sprachbildenden Anstrengungen in verbale und visuelle Beziehungen zu ästhetischen Texten gesetzt werden. Der zweite Teil dieses Aufsatzes wird darauf eingehen, daß Sullivan John Ruskins symbolische Abhandlungen über die Natur und das gotische Ornament als Anleitung für eine eigene ›Natur‹-Sprache des Ornaments benützte, um eine »poetische Architektur« zu formulieren.

Sullivans Stilkonzept: Die Elementarsprache der Natur

Trotz seines sichtbaren Dialogs mit historischen Traditionen versuchte Sullivan, die Bemühungen des 19. Jahrhunderts um eine Erneuerung der Architektur weg von den Stilzitaten und ›zurück zur Natur‹ zu lenken. Seine theoretischen Auseinandersetzungen mit den Texten von Spencer, Emerson und Whitman müssen daher in Hinblick auf seine Suche nach dieser elementaren, natürlichen Architektursprache untersucht werden. Sullivan stellte mit Hilfe dieser Schriften »organische« Analogien zwischen Natur und Architektur her, um so die Stilentwicklung und den künstlerischen Schaffensprozeß zu erklären. Wie wir sehen werden, laufen in Sullivans theoretischer und visueller Sprache eines »organischen Ornamentsystems« die Darlegungen von Naturwissenschaften, Transzendentalphilosophie und Poesie zusammen.

Sullivan schätzte Herbert Spencers Schriften über die Evolutionstheorie sehr hoch.[6] Noch wenig erforscht ist aber, wie Sullivan für seine künstlerischen Ziele eine allgemeine Evolutionstheorie statt einer begrenzteren biologischen adaptierte, und zwar analog zu Spencers Anwendung des naturwissenschaftlichen ›Evolutionsgesetzes‹ auf metaphysische und soziologische Probleme.[7] Wie bereits die Titel von Spencers Werken verraten, sah dieser in *First Principles of a New System of Philosophy; A System of Synthetic Philosophy* (1864) und in *Illustrations of Universal Progress; A Series of Discussions* (1878) das »universelle Gesetz« fortschreitender Evolution als die Grundvoraussetzung für allen natürlichen und menschlichen Wandel. Ausgehend von der Prämisse, daß »alles Bewegung, alles Rhythmus« sei, beschrieb er den evolutionären Lebenskreislauf als eine ständige Wechselwirkung der konfligierenden Kräfte von Materie und Bewegung, der Wurzel allen Wachstums und Vergehens. Spencer bezeichnete Unterbrechungen in diesem Kreislauf als Reifephasen – jene Stadien, in denen der Organismus eine relative Stabilität oder ein dynamisches Gleichgewicht zwischen Materie und Bewegung erreicht.

Spencers dialektische Muster evolutionären Wachsens und Vergehens lieferten Sullivan eine Strategie, von Stilzitaten zu einer organischen Darstellung zu gelangen. In seinem 1888 geschriebenen Essay ›Style‹ postulierte er, daß »Stil immer die Antwort des Organismus auf seine Umgebung« sei, und verwies auf jenen von Spencer festgestellten Bewegungscharakter allen Seins.[8] Er beschrieb die linguistische Funktion von ›Stil‹, indem er eine biologische Analogie mit einer romantischen Sicht des schöpferischen Prozesses, wie im 19. Jahrhundert üblich, kombinierte. Bezeichnenderweise war Sullivan hierin mit anderen Schriftstellern und bildenden Künstlern einig, die das Kunstwerk als Symbol oder Metapher einer ursprünglichen, wenn auch geistigen Inspirationsquelle ansahen. Sullivan setzte also den künstlerischen Prozeß mit dem der Natur parallel. Wie er erklärte, steht ein »echtes« Kunstwerk mit »Stil« als einem »Symbol oder Zeichen« der »Seele« (der Natur, des Künstlers und des Kunstwerks) in direkter Verbindung, »jener unerforschlich zwingenden Kraft, die einen Organismus und dessen Leben bestimmt.«

In demselben Essay führte Sullivan ein poetologisches Modell ein, das die symbolische Funktion von

Abb. 3 John Ruskin, ›Abstrakte Linien‹; aus The Stones of Venice, *4. Aufl. 1886, Bd. 1, Tafel 7*

Stil erklären und seine symbolbildenden Verfahrensweisen darlegen sollte. Erneut verknüpfte er dabei Kunst mit Natur. Abschließend riet er, den Lebenszyklus einer Pinie als eine Metapher für »stilistisches Wachsen und Vergehen« zu begreifen. Damit wollte er das Stilempfinden des Lesers von der »Einbindung in ein grob materielles Umfeld«, das dem Verfall besonders preisgegeben ist, befreien. Anstatt solche äußerlichen, zeitabhängigen Formen zu studieren, sollte der Künstler Stil in der poetischen Sprache der Natur mit ihren »gewöhnlichen und einfachen Dingen« suchen und so die »Identität und geistige Natur« einer tieferen Realität erkennen. Im weiteren übertrug Sullivan jenes poetologische Modell auf sein »organisches Ornamentsystem«. Hiermit bestätigte er gleichzeitig seine geistige Herkunft von der amerikanischen Transzendentalphilosophie.

Sullivan kombinierte ein linguistisches Stil- und ein metaphorisches Sprachkonzept mittels transzendentalphilosophischer und poetologischer Erkenntnisse. Für ihn und seine transzendentalistischen Vorläufer diente Poesie der Philosophie als Symbolsprache, durch die geistige Realität zu vermitteln war. Durch die Kenntnis ihrer gemeinsamen literarischen Postulate können wir untersuchen, auf welche Weise Ralph Waldo Emersons Entsprechungstheorie und Walt

Abb. 4 Sullivan, Deckenentwurf, 1876 (Kat. 110)

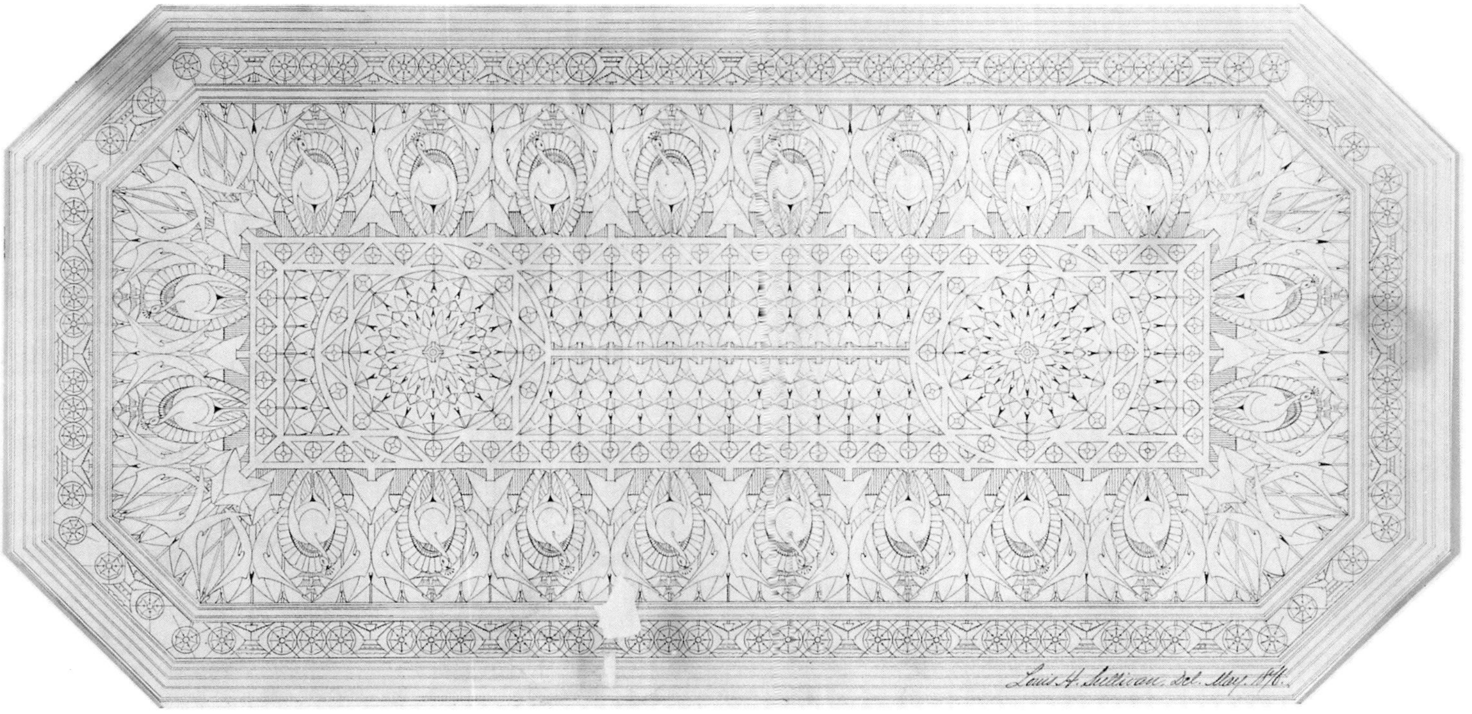

Whitmans Lyrik und Prosa Sullivan dabei halfen, verbale in visuelle Metaphern zu übersetzen.

Sullivan konzentrierte seine Bemühungen um eine Symbolsprache auf ein von Emerson bereits angesprochenes Problem: Wie kann Amerikas geistiger Fortschritt innerhalb einer immer stärker vom materiellen und technischen Fortschritt dominierten Gesellschaft erhalten werden?[9] Emerson beschwor Avantgardisten der angewandten wie der bildenden Kunst, Propheten einer »transzendentalen Demokratie« zu werden und so Amerikas augenscheinliche Bestimmung als »Naturnation« zu erfüllen.[10] Er nahm dann aber den Dichter als Paradebeispiel, um Künstler und Handwerker in jedem Medium über die Möglichkeiten zu informieren, das geistige Kontinuum zwischen allen natürlichen und vom Menschen gefertigten Dingen herauszustellen. Nach seinen Ausführungen gebraucht der Dichter, der sich ständig an der Natur inspiriert, Worte als Analogien für alle Naturerscheinungen und dann wieder als Symbole des »göttlichen Geistes«.

Abb. 5 Sullivan, Aufrißstudie eines Treppengeländers, um 1880 (Kat. 109)

Gestützt auf Emersons Vordenken, entwickelte Whitman Symbolik zu einer Technik der amerikanischen Literatur: Sowohl in der Struktur als auch in der Bildersprache seiner Lyrik und Prosa verwandelte Whitman offensichtlich widersprüchliche Bilder bäuerlicher und städtischer Existenz, organischer und mechanischer Kräfte und individueller und kollektiver Erfahrungen in Symbole des »Kosmos« und seiner Zufälligkeiten, des »Ich« und »Nicht-Ich«.[11]

Sullivan wiederum erfüllte die Emersonsche Mission im Bereich der Architektur.[12] Er entwarf eine Ornamentsymbolik, die sich in zwei Weisen auf Form und Inhalt von Whitmans Gedichten bezog. Zum einen setzte Sullivan Ornamentik in Analogie zu poetischem Ausdruck und seinem Verhältnis zu einem noch jungen Technologie-Wunder, dem Stahlgerüst des Wolkenkratzers und den sozio-ökonomischen Beweggründen für dessen Konstruktion. Zum anderen benannte er die triadische Struktur von Whitmans Weltanschauung in »Unendlicher Schöpferischer Geist« um, womit er das absolute Prinzip der Kreativität mit ihren zugehörigen Elementen, dem Objektiven und dem Subjektiven, meinte. Dann verband er diese Begriffe mit den geometrischen und botanischen Komponenten seines Ornaments.

In seinem Essay ›Das Ornament in der Architektur‹ (1892) erklärte Sullivan, wie er poetische Verfahren zur Findung einer Symbolsprache für seine architektonischen Darstellungen umwandelte. Er begann seine Abhandlung mit der Frage: Warum brauchen wir das Ornament? Als Antwort schlug er zunächst ein Moratorium für das Ornament vor, damit der Poet-Architekt die Schönheit und ursprüngliche Bedeutung von »reinen und einfachen«, »elementaren« Formen neu entdecken könne, die Sullivan als objektive, logische Äußerungen der »Beziehung des Menschen zur Natur und zu seinen Mitmenschen« ansah. Dabei hielt er jedoch die Anfertigung von vereinfachten geometrischen Massenstudien nur für eine erste Phase, rationale Konstruktion in Kunst zu verwandeln. Auf dieser Stufe, meinte Sullivan, sei Ornament »ein geistiger Luxus und keine Notwendigkeit«. Genau von diesem »Luxus« aber war Sullivan, der Poet-Architekt, betroffen. Er argumentierte nämlich, daß das Ornament ein emotionales Bedürfnis befriedige, »eine Sehnsucht nach Romantik« stille. Diese Romantik veranschaulichte er verbal und visuell, indem er das Ornament als »Gewand poetischen Bildwerks« begriff, mit dem man »starke(), gewaltige() und einfache() Formen« bekleiden könne.[13] Wenn wir diese Bemerkungen mit seinen Hochhausentwürfen in Verbindung bringen, wird ersichtlich, daß Sullivan das Ornament als das subjektive, organische Gegenstück zur objektiven Massenstudie und zu dem darunterliegenden Stahlskelett erneuern wollte. Für Geschäftsgebäude – wie auch für andere Bauten – schlug er eine Gesamtkomposition vor, die den »unendlichen schöpferischen Geist« repräsentieren sollte.

In seiner letzten Abhandlung *A System of Architectural Ornament According with a Philosophy of Man's Powers* (1922-23; 1924) verknüpfte Sullivan aus-

Abb. 6 Sullivan, Ornamententwurf, 6. April 1881; Michigan Historical Collections, Bentley Historical Library, University of Michigan

Abb. 7 Sullivan, Volutenornament vom Jeweler's Building, 15-19 South Wabash Avenue, 1881-82 (Kat. 111)

drücklich verbale und visuelle Tatbestände, um die Symbolfunktionen seines Ornaments, seinen Prozeß des Entwerfens und seine Theorie über Stilwandel zu belegen (Tafeln 40, 41; Kat. 157-64).[14]

In zwei kurzen Aufsätzen, ›Prelude‹ und ›Interlude‹, wiederholte Sullivan sein theoretisches und philosophisches System. Den Hauptteil seiner Abhandlungen nahmen zwanzig Tafeln mit Ornamententwürfen ein. Auf jeder der Platten beschrieb und illustrierte er den Prozeß des Entwerfens als eine sukzessive Synthese von »subjektiv-organischen« und »objektiv-anorganischen« Elementen zu einem »mobilen Gleichgewicht«.[15] Die Terminologie, die Sullivan hier benutzte, war erneut von Herbert Spencers wissenschaftlicher Evolutionstheorie abgeleitet.

So bezeichnet er in seiner Abhandlung abstrakte geometrische Formen und »mechanische«, achsensymmetrische Muster als Symbole des »Objektiv-Anorganischen«. Umgekehrt identifizierte er botanische Motive und Wachstumssymbole mit dem »Subjektiv-Organischen«. Schließlich begann Sullivan seine »organisch-anorganischen« Transformationen auf zwei verschiedene Weisen zu demonstrieren. Einerseits schuf er eine Art »Morphologie« der Komposition mit Keim oder Samenzelle und anderen einfachen botanischen Formen, andererseits ordnete er gerade, kurvige, eckige oder wellenförmige Linien zu parallelen, radialen und axialen Mustern.

Sullivan arbeitete diese verbal-visuellen Analogien aus, um seinen neuen Stil mit den ewigen und zeitgebundenen Ursprüngen der Urreligionen und der modernen Wissenschaften zu koppeln. Er führte an, wie primitive Gesellschaften einst ähnliche, wenngleich einfachere, abstrakte Symbole benutzt hatten, um »die transzendentale in physische, greifbare und sogar psychische Realität zu transformieren«, und fügte hinzu, daß die moderne Gesellschaft ein weit komplexeres wissenschaftliches und metaphysisches Naturverständnis entwickelt habe. Deshalb ersetzten nun kompliziertere Formen die früheren und spiegelten so die kosmischen Rhythmen wider, die von jeher künstlerische Kreativität befruchtet hatten. Auf der Basis dieser historischen Perspektive ›visualisierte‹ Sullivan seine eigene Verbindung zu den »universellen«, »primitiven Ursprüngen« aller wahren Kunst aller Orte und Zeiten. Indem er Pflanzenmotiven eine lineare geometrische Ordnung zuerst entgegensetzte, dann beide kombinierte, benützte er gleichzeitig universale wie regionale Naturformen und vergegenwärtigte so »die umfassende Macht oder Energie, die überall zu allen Zeiten an allen Orten fließt und nach Ausdrucksformen sucht.«[16]

Sullivan entwickelte seine Ornamentsymbolik ebenso wie seine Elementarsprache der Architektur aus einem kritischen Dialog sowohl mit der Vergangenheit als auch mit dem zeitgenössischen »Zwist der Stile«. In ›Vergleich zwischen emotionaler und intellektueller Architektur. Eine Studie über das Objektive und das Subjektive‹ (1894) arbeitete er seine evolutionäre Theorie des Stilwandels und sein linguistisches Stilkonzept zu einem historischen Überblick über Architektur von der vorklassischen bis zur Epoche des Mittelalters aus.[17] Er führte den Leser zu den außer-westlichen und den Ursprüngen westlicher Stilformen zurück, zu Stilen, die für ihn die intuitiv religiösen und mythischen Antworten auf Gesetzmäßigkeiten der Natur bedeuteten.

Den am Ende abgehandelten Stil der Gotik verglich Sullivan mit dem klassischen griechischen Stil, die er beide als Paradebeispiel einer Elementarsprache von zugleich objektiver und subjektiver Darstellung ansah. Er identifizierte die statischen Strukturen der Griechen und ihre Liebe zu reinen Formen als »intellektuelle« Antwort auf die Natur und als objektive Weltsicht. Die dynamischen Strukturen der Gotik und deren naturalistische Formen hingegen assoziierte er mit Emotionalität und einer subjektiven Weltanschauung. Dann jedoch hob er die Gegensätzlichkeiten zwischen dem griechischen und dem gotischen Stil hervor, um zu zeigen, daß jede historische Position zu »einseitig« sei.

»Die gotische Architektur – mit Gedanken, die hoch im Himmel bei Christus weilen, und mit verzückt nach oben blickenden Augen, die, fiebrig und überreizt, wenig von dem, was hier unten lebt, wahrnehmen – liebt Gärten und Pflanzen und hegt tiefe Sympathie für die sichtbaren Formen der Natur; sie hat zwar einen vielfältigen Reichtum zufälliger Ausdrucksformen hervorgebracht, ermangelt jedoch des einheitlichen Begreifens, der absoluten Bewußtheit und der Beherrschung der reinen Form, die allein aus heiterer und gelassener Kontemplation, aus dem Frieden und der vollkommenen Ruhe des Geistes kommen können.«

Am Ende seiner vergleichenden Analyse spekulierte Sullivan über eine Synthese der beiden Weltanschauungen und verglich verschiedene Ausdrucksmittel:

»Ich glaube, daß die Griechen die Statik, die Baumeister der Gotik die Dynamik der Kunst erkannten, daß aber weder diese noch jene ihr bewegliches Gleichgewicht erfaßten, sie alle ahnten nichts von der Bewegung und der Beständigkeit in der Natur.«[18]

Mit einer solchen stilistischen Synthese übertrug Sullivan Emersons Sicht von Amerikas Schicksal auf den Bereich der Architektur. Sullivan prophezeite amerikanischer Architektur eine Synthese aus allen »gegenwärtigen Kunstrichtungen und den notwendigen [objektiven und subjektiven] Elementen für einen großen *Stil*« (Hervorhebung im Original). Für Sullivan würde eine derartige amerikanische Entwicklung eine universale organische Darstellung ermöglichen, durch welche die künstlerische und infolgedessen auch die geistige Erneuerung des Menschen durch die Natur veranschaulicht werden könnte. Er hielt den neuen Stil, den er die »echte, poetische Architektur« nannte, für fähig, »Subjektivität und Objektivität zu verkörpern, und zwar nicht als zwei getrennte Sphären, sondern als zwei einander ergänzende und harmonische Phasen eines Impulses, die immer schon den verkörperlichten Geist der Natur bestimmt haben.«[19]

Im Hinblick auf Sullivans allmähliche Synthese einer zugleich objektiven und subjektiven Darstellungsform, wie sie in seinem reifen Ornamentstil zum Ausdruck kommt, gehen wir als nächstes auf seine frühe Beschäftigung mit der Gotik und seine darauf aufbauende Weiterentwicklung ein.[20] In jener Zeit zwschen 1873 und 1885 ersann Sullivan die formalen Analogien für einen Stil und den anschaulichen Dialog mit ihm, den er für die »subjektiv-organische« Darstellung von Natur hielt.

Sullivans formale Entwicklung: Die Erneuerung einer natürlichen Stilsprache

Sullivans früheste Studien über das wiederentstandene Ornament der Gotik formten nahezu ausschließlich seine Entwicklung eines neuen Ornamenttyps. Paul Sprague hat die stilistischen Wurzeln und künstlerischen Einflüsse seiner Ornamentfindung dargestellt, indem er Sullivans formale Entwicklung nachzeichnete. Die folgenden Untersuchungen basieren auf Spragues Beobachtungen, wie Sullivan den Stil der Gotik in ein Netz formaler und künstlerischer Analogien zur Natur einband[21], und zeigen im besonderen, daß Sullivan John Ruskins Methode folgte, abstrakte und realistische Elemente gotischer Motive herauszu›picken‹ und miteinander zu kombinieren. Sullivan behielt diese Methode auch später bei, um damit den ›organischen‹ Unterbau seines reifen Ornaments zu betonen. In *Die sieben Leuchter der Baukunst* (1849) und *Die Steine von Venedig* (1851-53) hatte Ruskin die »Organik« von Form und Inhalt der gotischen Bildersprache symbolistisch interpretiert. Wahrscheinlich förderte oder inspirierte sogar die naturalistische Konnotation, die Ruskin dem gotischen Ornament gab, ähnliche Beschreibungen, die Sullivan in einer Anzahl anderer architekturhistorischer Abhandlungen und Handbücher des 19. Jahrhunderts über das Ornament gefunden hatte.[22] Unter jenen Texten war für ihn auch Owen Jones' *Grammatik der Ornamente* (1854) im Hinblick auf die »organischen« Prinzipien gotischer Formensprache wichtig.[23] Daneben bestätigte Victor-Marie Ruprich-Roberts *Flore Ornamentale* (1879) die naturabgeleiteten Bedeutungen solcher Prinzipien, ohne historische Bezüge zu bemühen (Abb. 2).[24]

Während die Wissenschaft die formativen Einflüsse von Jones' und Ruprich-Roberts Abhandlungen auf Sullivans frühe Entwicklung aufmerksam registrierte und kommentierte, blieben seine ebenfalls starken und kontinuierlichen Gedankenverbindungen zu den Arbeiten Ruskins weitgehend unbeachtet.

Abb. 8 Sullivan, Skizze eines Säulenkapitells vom Wineman House, 2544 South Michigan Avenue, um 1882; The Avery Architectural Library, Columbia University

Abb. 9 Adler and Sullivan, Reliefplatten aus glasierter Terrakotta vom Scoville Building, 619-31 West Washington Street, 1884-85 (abgerissen); The Saint Louis Art Museum

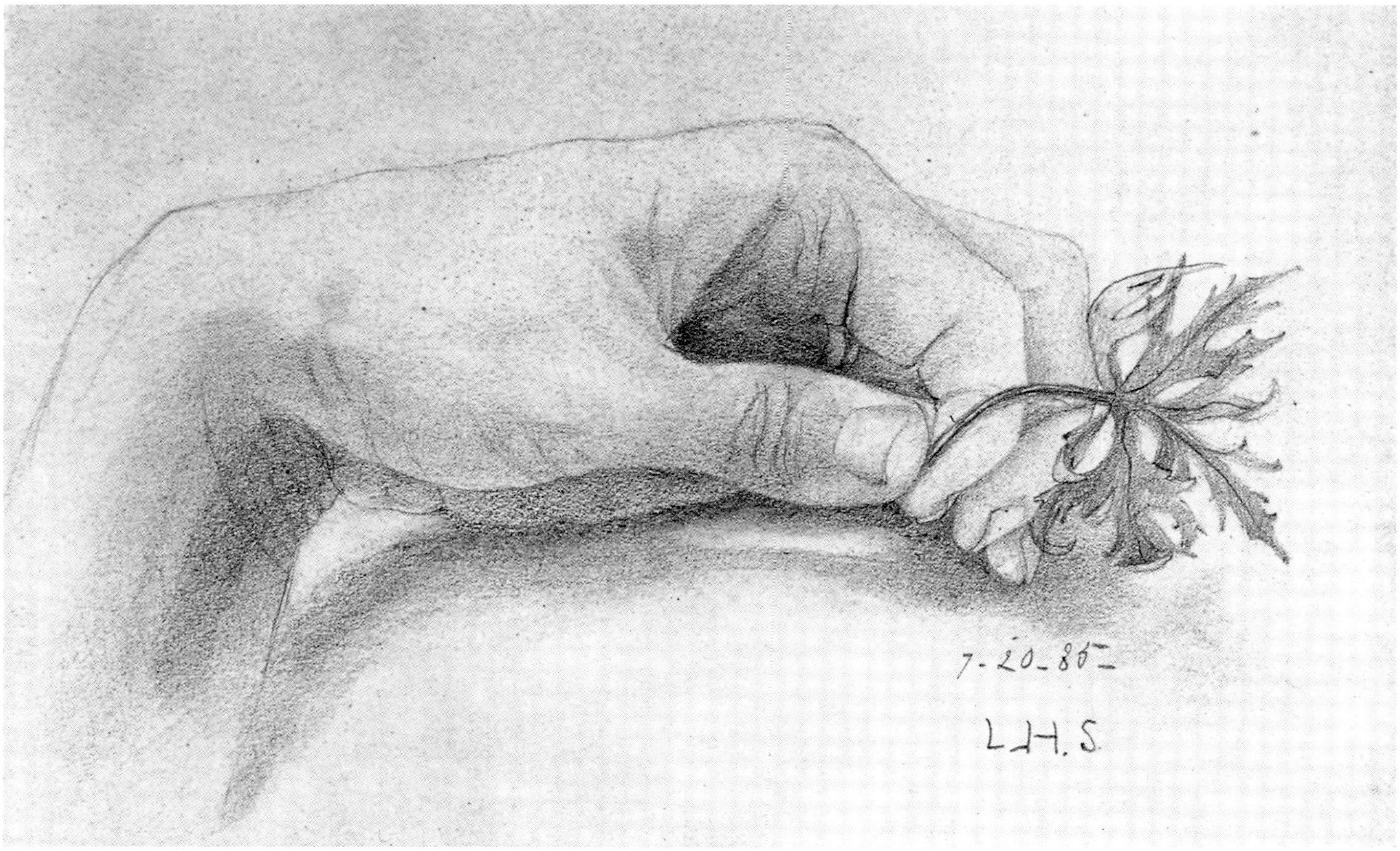

Abb. 10 Sullivan, Skizze einer Hand mit einem Blatt, 20. Juli 1885 (Kat. 114)

Dieses Versäumnis beruht möglicherweise darauf, daß Sullivan sich einmal herablassend über Ruskin geäußert hatte und daß weder er noch seine Zeitgenossen Ruskin ausdrücklich mit seinem Werk in Verbindung brachten.[25] In seinen Schriften paraphrasierte Sullivan jedoch Passagen aus Ruskins *Die sieben Leuchter der Baukunst* und *Die Steine von Venedig,* insbesondere die Kapitel über die ›Nature of Gothic‹ und ›The Material of Ornament‹.[26] Diese verbalen Bezüge, in Verbindung mit visuellen Bezügen zu Ruskins illustrierten Beschreibungen eines gotischen Naturalismus, müssen als konkrete Beweise für Sullivans direkte ›Schuld‹ gegenüber Ruskins Schriften gewertet werden. Solche Bezüge verweisen außerdem auf Sullivans Beteiligung an der Ruskin-Rezeption in der amerikanischen transzendentalen Ästhetik, Kunsterziehung und Praxis.[27]

Sullivan wählte aus Ruskins Texten jene Konzepte und Methoden aus, die ihm bei seiner Aufgabe im Sinne Emersons halfen, die objektiven mechanistischen Zwänge von Architekturkompositionen zu lindern. Unter den poetischen und bildnerischen Darlegungen von Ruskin über den Gestaltungsprozeß des gotischen Handwerks könnte Sullivan Ornamentdefinitionen in Verbindung mit Architektur gefunden haben, die seine eigenen transzendentalen Konzepte und seine poetischen Methoden der Symbolfindung bestätigten. So erhellte Ruskin zum Beispiel in *Die sieben Leuchter der Baukunst* das Thema seiner Abhandlung mit dem von ihm so benannten »Leuchter der Aufopferung«, indem er ausschließlich Ornamentstrukturen als wahre Kunstform akzeptierte. Innerhalb dieses ersten »Leuchters« definierte er Architektur als

»(...) die Kunst (...) die, obwohl sie als unzertrennliche Bedingung die Notwendigkeit und Zweckmäßigkeit des Gebäudes zugiebt (!) und einschließt, seiner äußeren Gestalt gewisse Eigenschaften aufprägt, die schön, anmutig oder ehrwürdig, im Übrigen aber entbehrlich sind.«[28]

Ruskin begründete diese Einschränkung in der moralischen und psychologischen Wirkung der Kunstform auf den Betrachter. Deshalb schloß er aus seiner Definition von Architektur jenen Faktor aus, den er als die »Elemente der Technik wie der Einbildungskraft« oder einfacher als das »Konstruktive« bezeichnete.[29]

Sullivans Behauptung, daß das Ornament, »geistig betrachtet, ein Luxus und keine Notwendigkeit« sei, zeigt seine weiterhin bestehende verbale Nähe zu Ruskinschen Konzepten.[30] Aber Sullivan ging noch weiter. Er übernahm nicht nur Ruskins theoretischen Standpunkt zur Verhältnismäßigkeit von Ornament und Konstruktion für seine eigenen Zwecke, sondern er eignete sich außerdem Ruskins künstlerische Methoden an, um ein aus der Natur abgeleitetes Ornament symbolisch zu gestalten. Ruskin beschrieb jene Arbeitsprozesse in ›The Nature of Gothic‹, wo er ausführte, wie der mittelalterliche Handwerker das »Kräutlein am Wegesrand« in ein Symbol oder einen »geistigen Ausdruck« des unsichtbaren Bandes zwischen Künstler und Natur verwandelte.[31]

Ruskins strukturale Beschreibung eines gotischen »Naturalismus« ist der Schlüssel für eine angemessene Einschätzung von Sullivans formaler Auseinandersetzung mit Ruskins Abhandlungen. In ›The Nature of Gothic‹ nahm Ruskin einen Diskurs über »Naturalismus« (den er seiner Abhandlung über Malerei entnommen hatte) wieder auf, um darzulegen, wie der mittelalterliche Handwerker eine abstrakte in eine realistische Darstellung organischen Lebens integriert.[32] Dabei ging er den historischen Ursprüngen der Abstraktion in den Gestaltungsprinzipien der Gotik nach. Als erstes beobachtete er, daß in den frühesten Formbildungen der Gotik die rohe und unzureichende Wiedergabe des Naturvorbilds Verzerrungen hervorbrachte, was Ruskin als unvermeidliches, aber kühnes Zeichen einer entstehenden »lebendigen Kunst« einstufte.[33] Daraufhin zeigte er, wie solche Verzerrungen durch das naturgetreuer dargestellte »Winden einer Ranke und das Knospen der Blüte« gemildert wurden. Schließlich stellte er fest, daß die Handwerker der Gotik konsequent ihre ›Fehlerhaftigkeit‹ perfektionierten und aus symbolischen und formalen Gründen Verzerrungen als Element abstrakter Gestaltung benutzten. Ruskin definierte diese Verquickung des Abstrakten und des »Natürlichen« als »Naturalismus«. Für Ruskin umfaßte »Naturalismus« sowohl den symbolischen »geistigen Ausdruck« einer heftigen Zuneigung« des Künstlers zur Natur als auch die künstlerischen Mittel, Natur mit den schwerfälligen Materialien der Architektur zu vergegenwärtigen.[34]

Gemäß dieser doppelten Sehweise des kreativen Prozesses umriß, kategorisierte und illustrierte Ruskin die abstrakten Prinzipien der gotischen Gestaltungsweise im Sinne eines linearen Symbolismus (Abb. 3). In ›The Material of Ornament‹ rekonstruierte er den Prozeß der Symbolentstehung bei dem mittelalterlichen Handwerker. Ausgehend von der Annahme, daß der mittelalterliche Handwerker Natur als von einer immerwährenden göttlichen Gegenwart durchdrungen sah, erklärte Ruskin, daß alle sichtbaren Formen und vitalen Kräfte der Natur die »eigentlichen Materialien des Ornaments« seien. Er definierte solche »Materialien« als »was immer Gott geschaffen hat und dessen richtige Behandlung ... in Übereinstimmung mit oder symbolisch für seine Gesetze.«[35] Von seiner Grundregel geleitet, daß Naturschönheit von der Häufigkeit und Sichtbarkeit ihrer Formen abhänge, fügte er hinzu, daß »... alle wirklich schönen Formen ... aus Kurven gebildet (seien), da es kaum eine gewöhnliche natürliche Form gibt, worin man eine gerade Linie erkennen kann.«[36] Ruskin beharrte auf seiner Neigung, geschwungene Linien als Ausdruck organischen, stetigen Lebensflusses zu benützen. In seiner Charakteristik konkreter Erscheinungsformen schrieb er, daß »der Wesenscharakter der Schönheit vom sichtbaren Ausdruck

Abb. 11 Sullivan, Skizze eines Ornamentdetails, um 1885 (Kat. 115)

Abb. 12 Ruskin, ›Ornamente von Rouen, St. Lô und Venedig‹; aus The Seven Lamps of Architecture, *1848, Neudruck 1886, Tafel 1*

vitaler Energien in organischen Gegenständen abhängt [wie bei] vielfältig geschwungenen Linien, ... die Aktivität und Kraft ausstrahlen.«[37]

Wir können nun untersuchen, wie Ruskins Abhandlungen über den »Naturalismus« der Gotik Sullivan sowohl in seinen Natur- als auch in seinen Kunstbetrachtungen beeinflußten. Noch existierende Dekorationsentwürfe, Architekturfragmente, Skizzen und ausgearbeitete Zeichnungen liefern genügend Material, um Sullivans visuelle Nähe zu Ruskin in der Übergangsphase zu seiner Entwicklung zu verifizieren. Wir können diese Nähe dreifach nachvollziehen: in Sullivans »subjektiv-organischen« Transformationen von neugotischen und gotischen Motiven; in seiner künstlerischen Wiedergabe von Naturmotiven und in seiner spezifischen Darstellung von Ornamenten im Verhältnis zum jeweiligen »natürlichen« Modell.

Zunächst zeichnete Sullivan – als Lehrling bei Furness and Hewitt 1873 in Philadelphia – konventionelle neugotische Ornamente.[38] Danach – bis etwa 1880 – lehnte er sich eng an die statischen und starren Formen traditioneller Botanikdarstellungen an (Abb. 4). Diese Formen veränderte er allmählich nach Ruskinschen Techniken. Zum Beispiel läßt Sullivans Entwurf für ein Treppengeländer (1880; Abb. 5) erkennen, daß die Ähnlichkeiten, die seine neugotischen Entwürfe von 1880 mit Frank Furness' Dekorationsmotiven für die Pennsylvania Academy of Design (1871-76) und den Guarantee Trust and Safe Deposit Co. (1873-75) aufweisen, ganz bestimmter Art sind:[39] Sie ahmen diejenigen konventionellen Pflanzenmuster von Furness nach, die von kurvigen Strukturen bestimmt sind.

Verwandte Anlehnungen an Ruskin und Furness bleiben auch in Sullivans zwischen 1881 und 1883 entstandenen Zeichnungen erhalten. Sullivans Modifikationen der neugotischen Motive von Furness, wie sie sich in einer Zeichnung von 1881 (Abb. 6, 7) zeigen, zitieren Formelemente, wie sie Ruskin mit den »sich windenden Ranken« bereits an den Originalen des gotischen »Naturalismus« beobachtet hatte (Abb. 8).[40] Zum Beispiel verwandelte er schnecken-, muschel- und fächerförmige Blätter, Rosetten und Knospen in asymmetrische Muster von gekurvten, spiralenförmigen Linien. Mit diesem dominierenden kurvenlinigen Element gab Sullivan seinen Zeichnungen aus der Zeit zwischen 1881 und 1883 eine organische Integrität und Dynamik ein, die in Furness' kompakteren achsensymmetrischen Modellen fehlte.

Um 1884 band Sullivan immer häufiger konventionelle Elemente aus dem Formenvokabular der Gotik in Netzgebilde von geschwungenen Linien und realistischeren Motiven ein. Er entwickelte diese »subjektiv-organischen« Elemente auf zwei Weisen: Zum einen begann er, kurvenlinige Konfigurationen breiter, abstrakter und vielfältiger anzulegen, als er es früher, zwischen 1881 und 1883, getan hatte. Zugleich entwickelte er eine realistischere Wiedergabe der botanischen Formen. Ab und zu kombinierte er diese Formen mit abstrakt-geometrischen.[41]

In Sullivans abstrakteren kurvenlinigen Entwürfen von 1884 taucht eine neue Bildersprache auf. Der Anfang dieser neuen Entwicklung zeigt sich in einer Zeichnung vom 6. Mai 1884, in der Motive der Gotik in geschwungene Formen eingebunden werden (Kat. 113).[42] In dieser Zeichnung umgibt ein üppiges Girlandenwerk, das von glatten, knollenartigen Kugeln gesäumt wird, eine asymmetrisch placierte Knospe und ein muschelartig gezacktes Blatt; das gesamte Gebilde entfaltet sich aus einem einzigen Blütenstiel. Der Unterschied zu den 1883 gezeichneten Motiven liegt darin, daß die Girlanden zahlreicher sind und daß eine einzelne, dominant schwingende und doch in den Hintergrund zurücktretende Kurve das ganze Bild umrahmt.

Sullivan perfektionierte diese kurvenlinigen Formen in jener Zeit zu einer eigenständigen Gestaltung, in der er aus einer zentralen Kugel eine umrahmende Girlande und Wellenformen entwickelte. Da dieses Motiv unabhängig von historischen Stilen, und auch deutlich von Sullivans reifem Stil unterschieden ist, können wir die Kombination von Kugel, Girlanden und Wellen berechtigterweise das ›1884er Motiv‹ nennen.[43] Diese Unterscheidung wird ebenfalls durch das Giebelfeld des Scoville Building (1884-85; Abb. 9) und das Kaminrelief des Rubel House (1884; Kat. 112) – beide in Chicago – nahegelegt. Sullivan verwendete jenes Motiv ausgesprochen häufig sowohl bei Geschäftsgebäuden als auch bei Wohnhausentwürfen.

Im Jahr 1884 kombinierte Sullivan erneut eine Anzahl kurvenliniger Formen, mit dem Ziel, eine noch geschwungenere Komposition zu erreichen, wie sie dann tatsächlich »die Bewegung, das Fließende und den Naturalismus« seines Spätwerks auszeichnen sollte.[44] So stellen die Zeichnungen vom 6. Mai 1884 und die Reliefs mit dem ›1884er Motiv‹ eine formale Verbindung zwischen Sullivans eher abgeleitetem Stil und der Frühphase seines reifen Stils her. Gleichzeitig verknüpft jedoch eine ebenfalls wichtige, sich immer weiter entwickelnde Symbolik die früheren und die späteren Arbeiten. Die Veränderungen, deren Ergebnis das ›1884er Motiv‹ war, müssen im Kontext von Sullivans Suche nach einer symbolischen Darstellungsform betrachtet werden; sie haben darüber hinaus Bedeutung im Hinblick auf seine Experimente mit Ruskins abstrakten Prinzipien organischer Gestaltung.

Sullivan könnte in Ruskins ›The Material of Ornament‹ eine Symbolik von kurvenlinigen Formen und Wellenlinien gefunden haben, die im Sinn seiner eigenen symbolbildenden Verfahren war. In jener Abhandlung erklärte Ruskin, daß »Wellenlinien« auf eine künstlerische Absicht antworteten, »Wasser zu veranschaulichen, um so ein Ereignis zu erklären, oder als heiliges Symbol zu dienen«.[45] Sullivans geschwungene Formen rufen sowohl Assoziationen an Wellenbewegung als auch an die organische Entfaltung von Wurzeln und Ranken hervor. Diese Nähe zu Ruskins Symbolen für »vitale Energien« wird am augenfälligsten, wenn man das vollständige ›1884er Motiv‹ mit Sullivans Beschreibungen von Naturereignissen vergleicht. In seinen frühesten Schriften benützte Sullivan das »Zurück zur Natur« des Künstlers als einen literarischen Topos, der die natürlichen Ursprünge eines neuen Stils vergegenwärtigen sollte. Wie in *Kindergarten Chats* (1901-02; 1918), seinem umfassendsten Beitrag zu diesem Thema, versetzte Sullivan den Architekturstudenten mitten in einen Wald hinein, oder gelegentlich auch ans offene Meer, um so die Existenz des Makrokosmos im Mikrokosmos aus direkter Anschauung zu belegen; das heißt, um das zyklische Drama des Wachsens und Vergehens der Natur als die Auswirkung einer erhabenen, evolutionären Kraft zu beweisen. Im Zusammenhang mit seinen Bemühungen, Analogien zwischen verbalen und visuellen Formen zu bilden, kann das ›1884er Motiv‹ als Sullivans erster ausdrücklicher Versuch gewertet werden, ein eigenes Symbol für jenes Phänomen zu finden, das er als die Ursache allen morphologischen Wandels betrachtete – den »unendlichen schöpferischen Geist«.

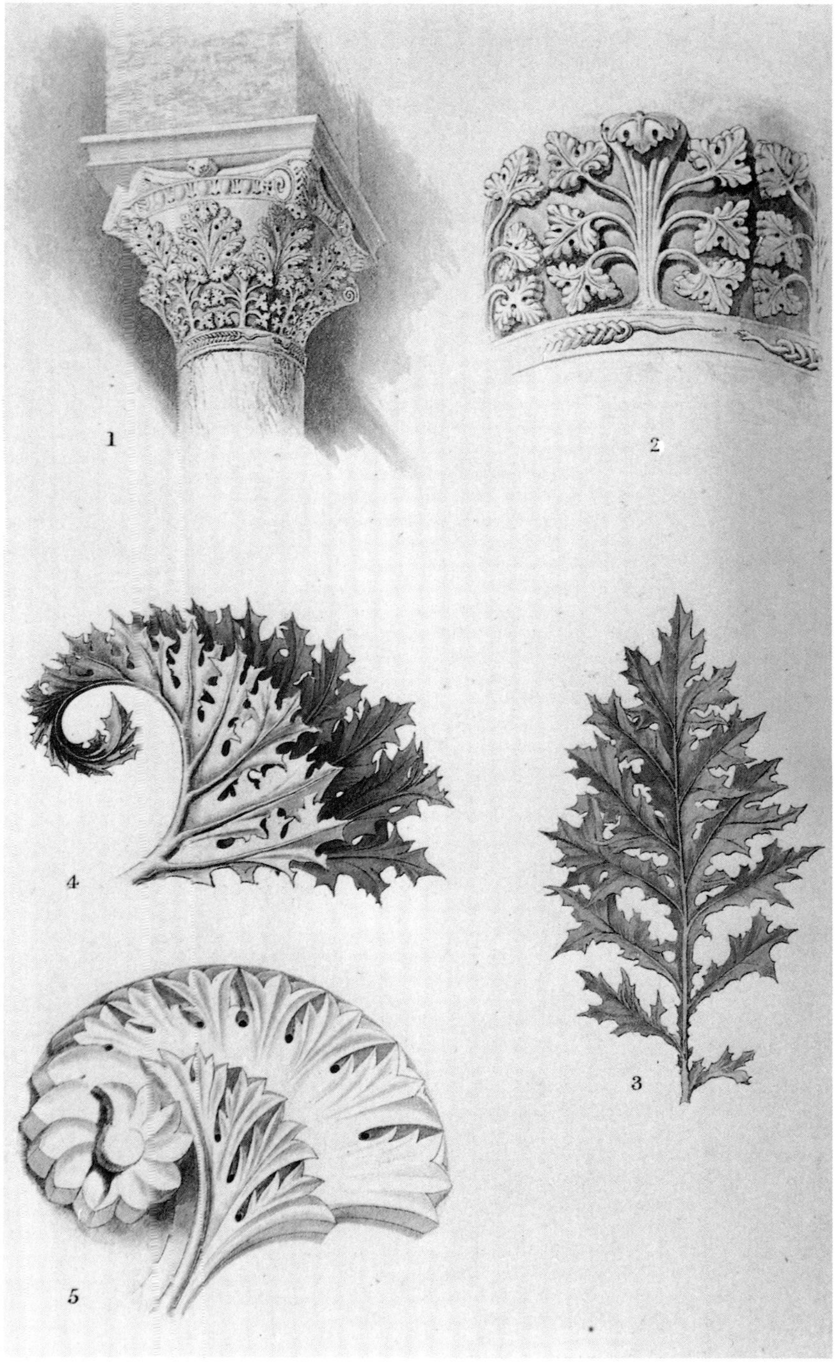

Abb. 13 Ruskin, ›Akanthus von Torcello‹; aus The Stones of Venice, *4. Aufl. 1886, Bd. 2, Tafel 2*

Von 1885 an wandte sich Sullivan stärker unmittelbar der Natur zu, als sich von vollendeten Stilen leiten zu lassen (Kat. 1[illegible]6). In jenem Jahr spielte er in seinem Essay ›Characteristics and Tendencies of American Architecture‹ (1885) auf diese Wendung an, indem er sich auf Ruskins mittelalterlichen Künstler berief. Er schrieb, daß der moderne Architekt trotz der gegebenen Verhältnisse, die sein »ununterdrückbares Sehnen nach Idealen« erschwerten, als Künstler dennoch solche Ideale nähren müsse, um »den geplagten Wandersmann mit erfrischenden Gerüchen und fröhlichen Farben am Wegesrand« zu erfreuen.[46] Tatsächlich orientierte sich Sullivan auch noch am Anfang seiner reifen Stilphase an Ruskin, um die Ursprünge eines neuen Stils in der Natur zu lokalisieren. Sowohl in seinen realistischeren Pflanzenbildern als auch in seiner Darstellungsweise der Verwandlung des Realen ins Ideale ging Sullivan eher im Sinne des Ruskinschen Handwerkers der Gotik vor, als daß er gotische Formen imitierte.

Ornamentstudien des Jahres 1885 zeigen, daß Sullivan die organische Form und die symbolischen Konnotationen der abstrakten Wellen und Kurven des ›1884er Motivs‹ in realistischere Wiedergaben pflanzlicher Vorlagen ausarbeitete (Abb. 10, 11).[47] Diese Wende von organischer Abstraktion zu botanischem Realismus zeigt, daß er wahrscheinlich den begrenzten kommunikativen Wert der suggestiven, aber schwer faßbaren symbolischen Bildersprache erkannte.[48] Sullivans realistische Wiedergaben von gezackten und runden, fleischigen Blättern erinnern an Ruskins Zeichnungen und in Stein ausgeführte Ornamente von Distel- und Akanthusblättern (Abb. 12-15). Gleichzeitig stellte er mit realistischen Pflanzenbildern einen Bezug zur urzeitlichen Vegetation der amerikanischen Landschaft her.

Darüber hinaus enthüllen die 1885 entstandenen Studien, wie Sullivan das Reale in Hinblick auf ein abstraktes Ideal neu faßte. Ob er Kurven oder gerade Linien und Ecken verwendete, immer legte er eine geometrische Ordnung als vereinheitlichenden Entwurf wie auch als symbolisches Motiv zugrunde. Diese formalen Veränderungen rücken die Zeichnungen von 1885 in die Nähe seines reifen Stils, der zum ersten Mal 1886-1889 mit den Dekorationsentwürfen für das Auditorium Building voll ausgeprägt war.[49] Gleichzeitig begann Sullivan eine Art graphischer Darstellung anzuwenden, die seine Methoden weiterhin mit denen von Ruskin verband und damit mit dem von der Natur inspirierten Handwerker der Gotik.

Eine Anzahl von Sullivans Studien aus dieser Übergangsphase folgen ebenfalls Ruskins Erklärung, wie sich das Naturvorbild einem Abstraktionsprozeß unterzieht, sobald es in Stein gehauen und in das architektonische Gesamtgefüge integriert wird. Ruskin bildete das Natur- und das in Stein gehauene Motiv nach drei verschiedenen Mustern ab: in paarweiser

Abb. 14 Adler and Sullivan, Geschnitztes Holzrelief vom Auditorium Building, um 1888-89

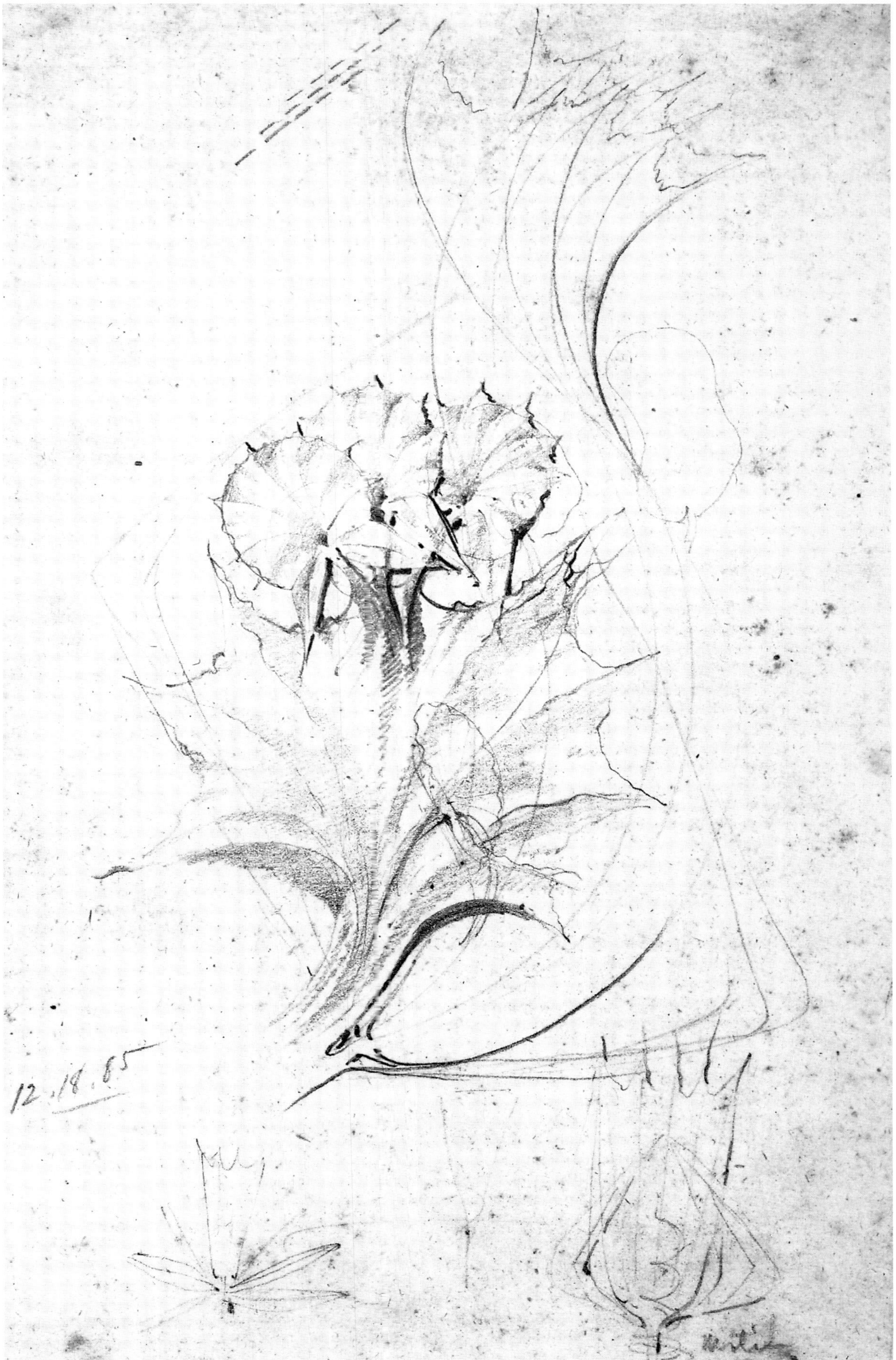

Abb. 15 Sullivan, Ornamentstudie, 18. Dez. 1885, The Avery Architectural Library, Columbia University

Abb. 16 Ruskin, ›Detail der Kathedrale von St. Lô, Normandie‹; aus The Seven Lamps of Architecture, *1848, Neudruck 1886, Tafel 2*

Abb. 17 *Adler and Sullivan, Lobby des Auditorium Hotel, Congress Parkway zwischen Michigan und Wabash Avenue, 1887-89*

Gegenüberstellung; in einzelnen Stadien von aufeinander folgenden Umwandlungen; und in einer Verschmelzung von Ornament und Pflanze, die über die Bindung an die Architektur hinausgeht (Abb. 16). Desgleichen stellte Sullivan in seinen Ornamentstudien (wie auf den Tafeln seiner Abhandlungen) häufig kleinformatige, realistische Pflanzen- und/ oder geometrische Skizzen über, unter oder neben die fertig ausgearbeitete Studie. So hielt er sein Verfahren fest, aus Natur Geometrie herauszudestillieren und danach das Naturvorbild in eine ornamentale Form zu transformieren.[50]

Sullivan bezog sich mit seinen vorbereitenden Skizzen und Werkzeichnungen für die Reliefs des Auditorium Building ein weiteres Mal auf Ruskin, ebenso wie im vollendeten Werk. Er wiederholte volutenförmige Akanthusblatt-Motive, die er auf Spiralformen aufsetzte, an den Kragsteinen, den Treppenpfosten und Bögen des Auditorium-Theaters, des Cafés und der Hotel-Empfangshallen (Abb. 17, 18). Sullivan vergegenwärtigte hier die morphologischen Übergänge der Naturvorlage in eine Reliefform, genau wie Ruskin dies mit Tafel 1 in *Die sieben Leuchter der Baukunst* und Tafel 2 in *Die Steine von Venedig* (Abb. 12, 13) illustriert hatte. In ähnlicher Art und Weise bildete Sullivan in den graphischen Versionen dieser Motive wie auch in den Zeichnungen für Ornamentbögen realistische Pflanzen- und abstrakte Volutenmotive als vitale, in Spannung zur trägen architektonischen Masse stehende Einheiten ab. Sullivans Arrangement ist eine der Variationen von Ruskins noch weitergehend organischem Schema, wie es sich auf Tafel 2 in *Die sieben Leuchter der Baukunst* darstellt. Schließlich zeigt sich auch eine analoge organische Transformation in den Arbeitszeichnungen für verzierte Glühlampenfassungen – jedoch in einer umgekehrten und sukzessiven Reihenfolge (Abb. 19). Sullivan verband hier und auch später pflanzliches

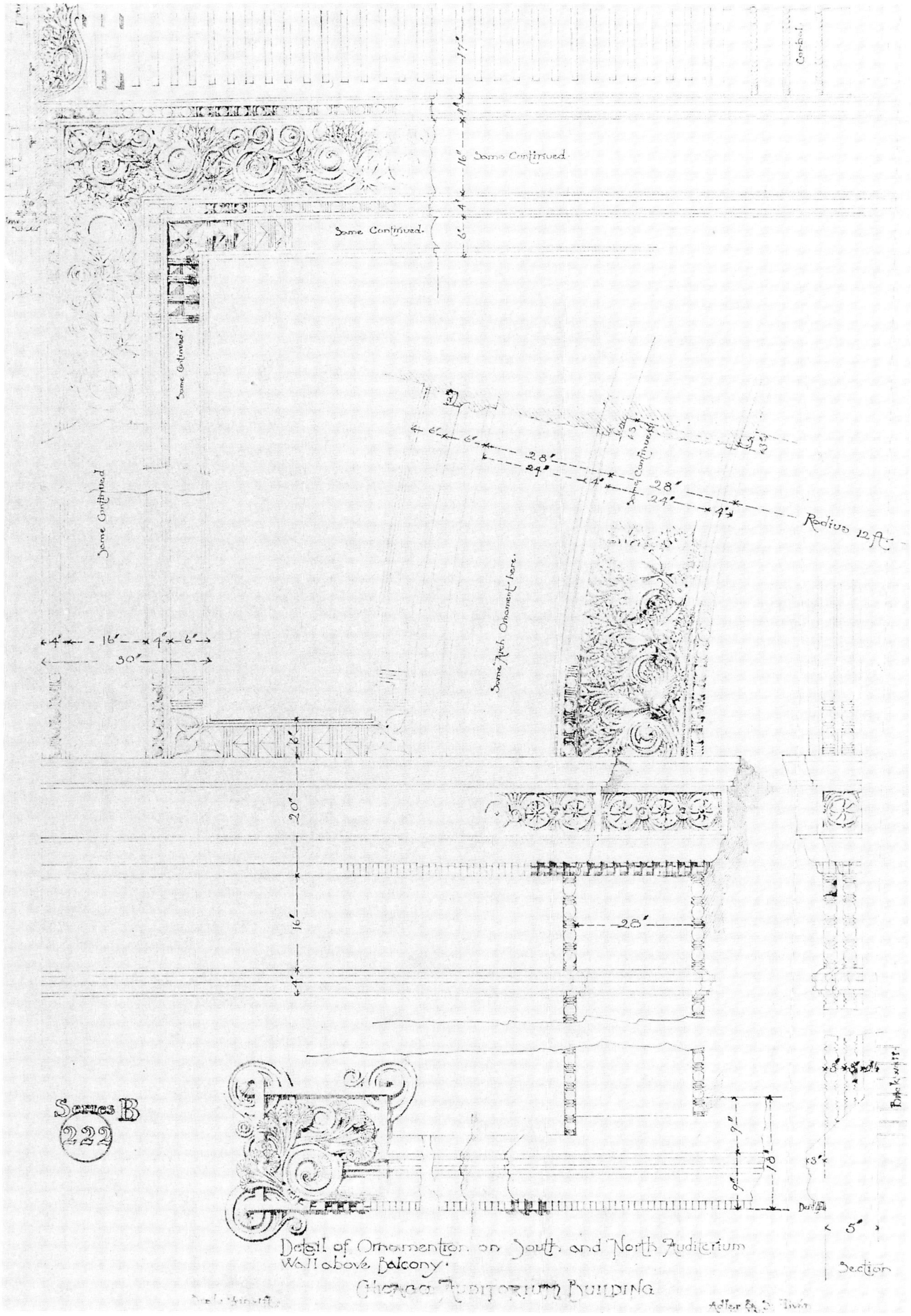

Abb. 18 Adler and Sullivan, Arbeitszeichnung für die Ornamentierung der Nord- und Südwand über dem Balkon, Auditorium Theater, um 1887 (Kat. 118)

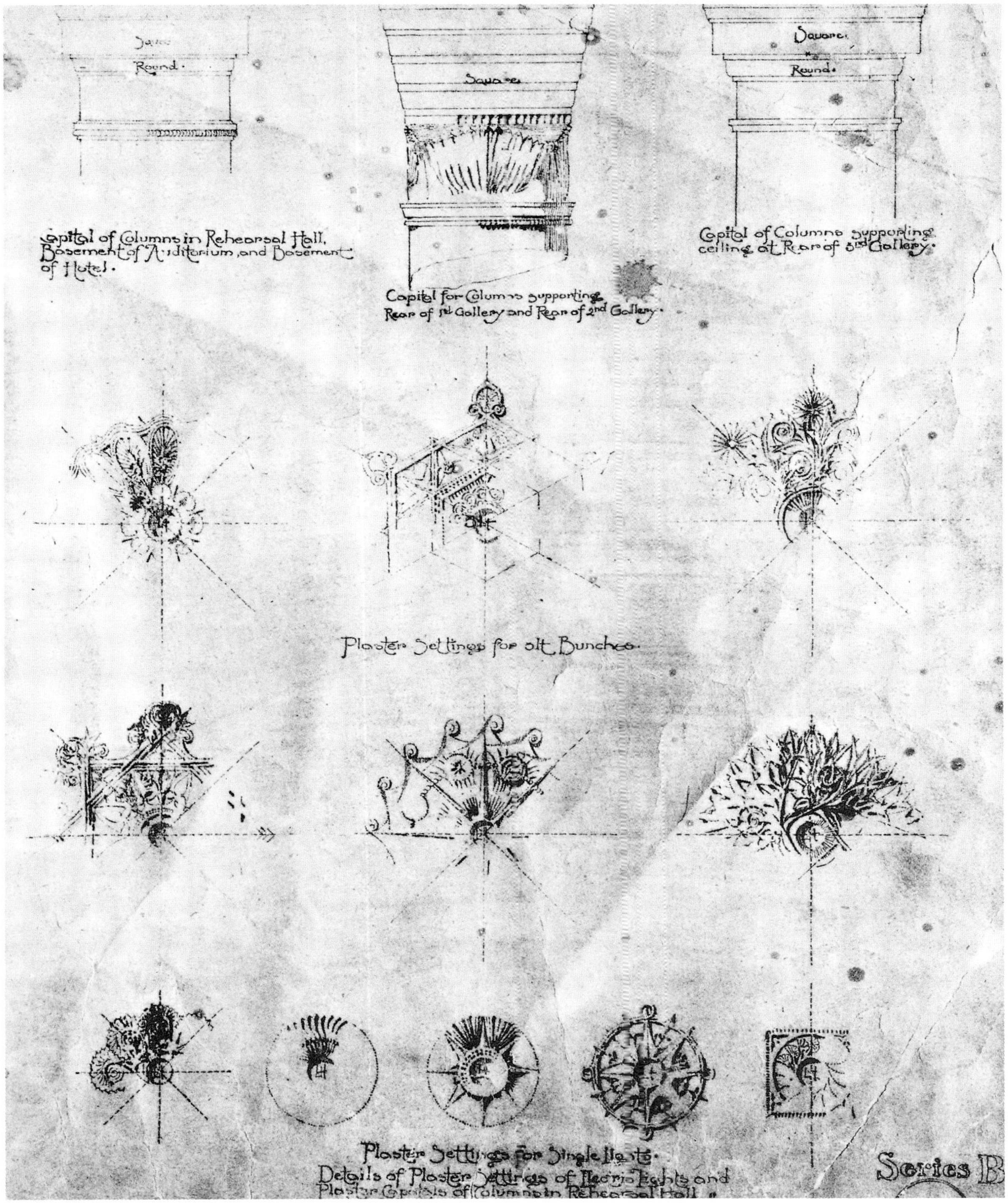

Abb. 19 Adler and Sullivan, Arbeitszeichnung für das Auditorium Building, um 1887; The Art Institute of Chicago

Wachstum mit einer abstrakten Ordnung, indem er sein organisches Ornamentmotiv innerhalb von Segmenten radialer Achsen entwickelte (Abb. 1, 20, 21).

Vom Entwurf des Auditorium Building bis zur perfekten Ausbildung seines architektonischen Ornamentsystems 1922-23 verfeinerte Sullivan diese graphische Darstellungsweise seiner evolutionären Arbeitsmethode. Die Tafeln 1 und 10 in *A System of Architectural Ornament* (Abb. 22) zeigen insbesondere, wie Sullivans Ornament seine Rückkehr zur Natur mit Mitteln der Wissenschaft und Kunst ankündigte. Diese Rückkehr über den Weg der Wissenschaft betonte er durch die Inschrift »Remember the Seed Germ« (»Gedenke des Saatkorns«) und durch die Hinweise auf Asa Grays *School and Field Book of Botany* und Edmund Beecher Wilsons *The Cell in Development and Heredity* (siehe Tafel 5 für letzteres). Gleichzeitig implizierte er seine Rückkehr zur Natur über den Weg der Kunst. Im Hinblick auf Sullivans verbale und visuelle Analogien ist somit erkennbar, wie er Muster für sukzessives und wellenförmiges Wachstum benützte, um seine eigene Stellung gegenüber dem gotischen Naturalismus im Sinne John Ruskins darzulegen.

Die Ruskinsche Entwicklungslinie stellt nur eine, wenn auch dominante Seite von Sullivans Konzeption

eines neuen amerikanischen Architekturstils dar. Auf den Tafeln seiner Abhandlung vereinte er zudem den gotischen Naturalismus wieder mit dem klassischen Rationalismus, eine Tradition, die er vom französischen Akademismus übernommen hatte. Wie er aus jener klassischen Tradition einen neoplatonischen Symbolismus entwickelte, muß Gegenstand einer weiteren Studie sein. Dieser Aufsatz beschränkte sich auf die Beleuchtung von Sullivans Evolutionstheorie des stilistischen Wandels, um zu zeigen, wie er mit Hilfe dieser Theorie zu einer neuen Ornamentform gelangte. Darüber hinaus konnte demonstriert werden, daß wir die ursprüngliche Reziprozität von Sullivans Theorie und Praxis mit einem linguistischen Interpretationsmodell wieder offenlegen können. Durch dieses Modell ließ sich ein neues Ergebnis aus bekannten Fakten und Dokumenten gewinnen: Sullivans künstlerische und formale Vorgehensweise auf seiner Suche nach einem originären, in der Natur gründenden und ihr angemessenen Stil.

Übersetzung: Eva Karcher

Abb. 20 Sullivan, National Farmers Bank, Owatonna, Minnesota

Abb. 21 Ornamentrelief aus Terrakotta für die National Farmers Bank

Abb. 22 Sullivan, ›Fließender Parallelismus‹, 1922; aus A System of Architectural Ornament, *1924, Tafel 10*

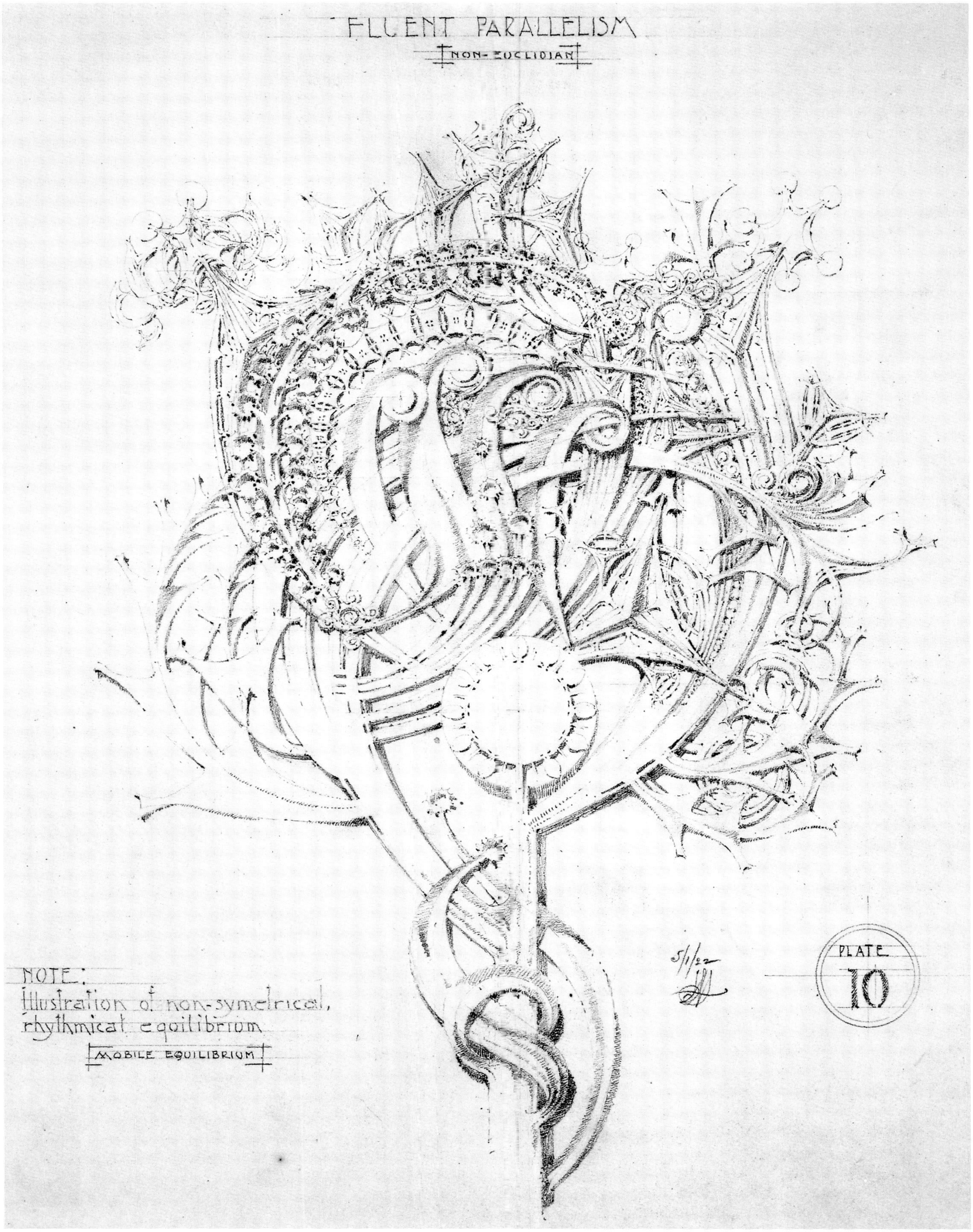
FLUENT PARALLELISM
NON-EUCLIDIAN
NOTE:
Illustration of non-symetrical, rhythmical equilibrium
MOBILE EQUILIBRIUM
5/1/22
PLATE
10

ANMERKUNGEN

1 Sullivans früheste bekannte Schriften über Ornament und Architektur erscheinen im ›Lotos Club Notebook‹, 1872-82; New York, Avery Architectural Library, Columbia University. Dieses ›Notebook‹ enthält die Berichte von Sportereignissen und Lesungen für Club-Mitglieder, ebenso wie Architekturskizzen von Sullivan und John Edelmann. Willard Connely übernahm einen der Essays über »Mißratene Ausstattung« von Edelmann, zu dem Sullivan die Einführung schrieb und den er möglicherweise auch mitverfaßte; vgl. Willard Connely, *Louis Sullivan as He Lived: The Shaping of American Architecture,* New York 1960, S. 77-79.

2 Louis H. Sullivan, ›What is Architecture? A Study in the American People of Today‹ (1906), *Kindergarten Chats and Other Writings,* Isabella Athey (Hrsg.), New York 1947, S. 228-29. Dt.: ›Was ist Architektur? Eine Studie über das amerikanische Volk von heute‹, Paul Sherman, *Louis H. Sullivan. Ein amerikanischer Architekt und Denker.* (Aus dem Englischen übers. von Henni Korssakoff-Schröder) Berlin, Frankfurt/M. u.a. 1963, S. 152-164.

3 Ibid. S. 164.

4 In *The Autobiography of an Idea,* New York 1924, berichtete Sullivan, daß nur wenige seiner gleichgesinnten Kollegen die architektonischen Feinheiten einer seiner frühesten und esoterischsten Schriften verstanden hätten, nämlich ›Inspiration: A Poem in Prose‹, die er 1886 anläßlich der Jahresversammlung der Western Association of Architects (vgl. S. 301-02) vorstellte. ›Inspiration‹ war als ›Essay on Inspiration‹ in *Inland Architect and Building News* 8, Dezember 1886, und als Broschüre der Inland Architect Press, 1886, wiederaufgelegt in Chicago 1964, erschienen.

5 Die Bücher, die Sullivan las und besaß, können teilweise aus der ›Lotus Club Notebook‹-Leseliste erschlossen werden, ebenso aus seiner *Autobiography* (Anm. 4), einer Bücherliste (heute im American Institute of Architects, Washington D.C.), die sich in seinem Ferienhaus in Ocean Springs, Mississippi, befand (vgl. Mikrofilm im Art Institute of Chicago), und aus einer Auktionsliste von Büchern. Williams, Barker and Severn Co. *Auction catalogue No. 5533,* Chicago, Nov. 29, 1909, Burnham Library, The Art Institute of Chicago. Jetzt in David S. Andrew, *Louis Sullivan and the Polemics of Modern Architecture,* Chicago 1985, Anhang 2, S. 162. Welche Bücher Sullivan nach 1909 erhielt oder erwarb, kann teilweise aus seiner Neigung, andere Autoren zu paraphrasieren, rekonstruiert werden.

6 Frank Lloyd Wright behauptete, daß Sullivan »Walt Whitmans ›Leaves of Grass‹ liebte und Herbert Spencer las«, und er fügte hinzu, daß ihm Sullivan Bücher von beiden Autoren gegeben hätte; vgl. *Genius and the Mobocracy,* New York 1949, S. 72; *An Autobiography,* New York 1943, S. 103. Spencers *Synthetic Philosophy* und *Illustrations of Universal Progress* erscheinen 1877 auf Sullivans Leseliste im ›Lotus Club Notebook‹ (Anm. 1). In seiner *Autobiography* (Anm. 4) nannte Sullivan Spencer und Darwin zusammen mit anderen Evolutionswissenschaftlern des 19. Jahrhunderts, in deren Theorien er »gutes Gedankenfutter fand« (S. 254-55). An dieser Stelle lobte Sullivan auch Spencers Bemerkung einer »wohltätigen Kraft«, die als »elementare« verursachende Kraft allem Wachsen und Vergehen zugrunde läge (S. 255).

7 Sullivans metaphysisches Verständnis der Evolutionstheorie steht sowohl konzeptionell als auch terminologisch Spencers philosophischen Schriften näher als Darwins mechanistischeren, wissenschaftlichen – obgleich atheistischen – Beschreibungen und dessen Evolutionstheorie. Sullivans frühe Bekanntschaft mit den führenden literarischen und religiösen Transzendentalisten in Neu England formte seine Aufnahmebereitschaft für Spencer. Zur Popularität von Spencer unter Transzendentalisten (insbesondere, weil er sowohl Göttlichkeit als auch Religion akzeptierte) vgl. Stow Persons, ›Evolution and Theology in America‹, *Evolutionary Thought in America,* Stow Persons (Hrsg.), New Haven, Conn. 1968, S. 424. Zu Sullivans Aneignung von Darwins und Spencers Evolutionstheorien siehe Lauren Weingarden, ›Louis H. Sullivan's Metaphysics of Architecture (1885-1901): Sources and Correspondences with Symbolist Art Theories‹, Phil. Diss., University of Chicago 1981.

Modernistische Architekturhistoriker machten keine Unterscheidung zwischen Spencers und Darwins Evolutionstheorien. Deshalb sind Sullivans Theorie organischen Ausdrucks und sein daraus resultierendes Diktum »Form folgt der Funktion« immer wieder mit einer ›mechanistisch-rationalistischen‹ Interpretation verbunden worden. Vgl. z.B. Donald Drew Egbert, ›The Idea of Organic Expression and American Architecture‹, *Evolutionary Thought in America,* S. 361-63. Paul Sprague versuchte in ›Louis Sullivan and his Chief Draftsmen‹, Phil. Diss., Princeton University 1969, S. 14-20, 40-41, solche Mißverständnisse zu korrigieren, indem er Sullivans metaphysische Idee der Funktion als »vitalistische«, immaterielle schöpferische Kraft beschrieb, als eine Kraft, die sich am intensivsten in seinem Ornament ausdrücke. Er versuchte jedoch nicht, Sullivans symbolische Darstellungsweise zu beschreiben. Vgl. auch Anm. 16 unten.

8 Louis H. Sullivan, ›Style‹, eine Abhandlung, die im Chicago Architectural Sketch Club am 9. April 1888 gelesen worden war; veröffentlicht in *Inland Architect and Building News* 11, Mai 1888, S. 59-60. In diesem Aufsatz formulierte Sullivan erneut seine frühere poetische Dramatisierung des schöpferischen Prozesses des Künstlers in der Natur, wie in ›Inspiration‹ (Anm. 4) geschehen.

9 Sullivan reicherte diese amerikanische Tradition mit einer Untersuchung der deutschen idealistischen Philosophie des 19. Jahrhunderts an, Studien, die er 1876 begann, vgl. Sullivan *Autobiography* (Anm. 4), S. 206, 249. Obwohl er 1923 schrieb, er erkenne die abstrakten Philosophien der Deutschen nicht an, hielt Sullivan Arthur Schopenhauers Ästhetik für seine eigenen künstlerischen Projekte für relevant (S. 209). Wir wissen aus Sullivans Auktionsliste (Anm. 5), daß er Schopenhauers Schriften besaß. Schon bei ›Inspiration‹, also 1886, und von da an kontinuierlich benützte Sullivan die Begriffe »objektiv« und »subjektiv«, um die künstlerischen Verwandlungen vom Idealen zum Realen zu beschreiben. Diese Passagen, ebenso wie Sullivans anti-materialistische Bemerkungen, machen seinen direkten Zugang zu Schopenhauers idealistisch-ästhetischem System und seiner pessimistischen Philosophie, wie sie in *Die Welt als Wille und Vorstellung* dargelegt wird, augenfällig. Zur Diskussion der idealistischen Ästhetik des 19. Jahrhunderts und der Erörterung subjektiv-objektiver Darstellung vgl. Richard A. Shiff, ›The End of Impressionism: A Study in Theories of Artistic Expression‹, *Art Quarterly,* Herbst 1978, S. 338-78; und Weingarden (Anm. 7).

10 Zu Emersons Erörterungen der prophetischen Aufgabe des Künstlers und zum kreativen Prozeß vgl. ›Art‹, 1836, und ›The Poet‹, 1844, Ralph Waldo Emerson: *Essays and Lectures,* Joel Porte (Hrsg.), New York 1983, S. 431-40, S. 445-68; und ›Thoughts on Art‹, 1841, *The Literature of Architecture,* Don Gifford (Hrsg.), New York 1966, S. 99-110.

11 Vgl. zum Beispiel Walt Whitman, ›Preface‹, *Leaves of Grass,* 1855, und ›Democratic Vistas‹, 1870, *Walt Whitman: Complete Poetry and Prose,* Justin Kaplan (Hrsg.), New York 1982, S. 1-26, 929-94.

12 Sullivan betrachtete Whitman zum ersten Mal als seinen literarischen Mentor, als er dem Dichter eine Kopie von ›Inspiration‹ mit der Bitte um kritische Würdigung schickte; vgl. Brief an Whitman vom 9. Februar 1887, veröffentlicht in Sherman Paul, *Louis Sullivan: An Architecture in American Thought,* Englewood Cliffs, N.J. 1962, S. 1-3. In seinem Aufsatz ›The Tall Office Building Artistically Considered‹, 1896, führte Sullivan klar aus, daß er beim Entwerfen eines Wolkenkratzers eine philosophische Aussage machen wolle. Vgl. *Kindergarten Chats,* (Anm. 2), 202-13, bes. S. 206; neu aufgelegt als ›Form and Function Artistically Considered‹, *The Craftsman* 8, Juli 1905. Vgl. auch Lauren S. Weingarden, ›Naturalized Technology: Sullivan's Whitmanesque Skyscrapers', *Centennial Review* 30, Herbst 1986, S. 480-95.

13 Louis H. Sullivan, ›Ornament in Architecture‹, 1892. Dt.: ›Das Ornament in der Architektur‹, Paul Sherman, *Louis H. Sullivan. Ein amerikanischer Architekt und Denker* (Anm. 2), S. 130-134, Zitat S. 130.

14 1922 beauftragte die Burnham Library des Art Institute of Chicago Sullivan, seine Philosophie und seinen Ornament-Gestaltungsprozeß darzulegen; vgl. John Zukowsky und Pauline Saliga, ›Late Works by Burnham and Sullivan‹, *The Art Institute of Chicago Museum Studies* 11, 1, Herbst 1984, S. 73-74. Das Gesamtwerk wurde 1924 vom American Institute of Architects als *A System of Architectural Ornament According with a Philosophy of Man's Powers* veröffentlicht. George Grant Elmslie, Sullivans Haupt-Entwerfer zwischen 1893 und 1909, vermachte die Originalzeichnungen zu jenem Band 1931 der Burnham Library.

15 In der Zeichnung für Tafel 3 benutzte Sullivan den Terminus »mobiles Gleichgewicht«, im veröffentlichten Gesamtwerk gebrauchte er den Begriff »mobile Geometrie«; diese Veränderung ist möglicherweise auf die Absicht, die Synthese gegensätzlicher Phänomene zu betonen, zurückzuführen.
Elmslie benützte, als er über Sullivans »organisches« Ornament schrieb, wie es in der Abhandlung illustriert wird, ebenfalls die Terminologie Spencers. Vgl. Elmslies Aufsatz von 1935, ›Sullivan's Ornamentation‹, wieder abgedruckt in *American Institute of Architects Journal* 6, Oktober 1946, S. 155-58.

16 Sullivan, ›Interlude‹, *A System of Architectural Ornament* (Anm. 14). In *Kindergarten Chats* (Anm. 2) gab Sullivan eine ähnliche Definition für seine zentrale These, »Form folgt der Funktion«, indem er »Funktion« mit dem »unendlichen schöpferischen Geist« und »Form« mit der materiellen Hülle des Immateriellen korrelierte. Desgleichen verband Sullivan den »objektiven« und den »subjektiven« Symbolismus mit den Grundelementen von Architektur – Pfeiler, Türsturz, Bogen. Vgl. *Kindergarten Chats* (Anm. 2), S. 46, S. 120-24, 160-76.

17 Sullivan, ›Emotional Architecture as Compared with Intellectual. A Study in Objective and Subjective‹ (1894). Dt.: ›Vergleich zwischen emotionaler und intellektueller Architektur Eine Studie über das Objektive und das Subjektive‹, Paul Sherman, *Louis H. Sullivan. Ein amerikanischer Architekt und Denker* (Anm. 2), S. 135-144.

18 Ibid. S. 143.

19 Ibid.

20 Spragues Beobachtungen weiterführend, hat Narciso Menocal auf gotische »Quellen« für Sullivans Architekturkompositionen und Ornamententwürfe hingewiesen, und auf Viollet-le-Ducs Erörterungen gotischer Konstruktionen und Ornamentzeichnungen; vgl. Narciso G. Menocal, *Architecture as Nature: The Transzendentalist Idea of Louis Sullivan,* Madison, Wisc. 1981, S. 18, 24, 45-51.

Sullivan besaß Benjamin Bucknalls Übersetzungen von Viollet-le-Ducs *Discourses on Architecture,* 1889, wieder abgedruckt New York 1959, und *Dessins inédits de Viollet-le-Duc,* Paris 1884. Vgl. ebenfalls Anm. 5 u. 22.

21 Aufgrund ihrer formalen Vorgehensweise leugnete Sprague Sullivans künstlerische Verbindung zu Ruskin ab, und Menocal mag sie übersehen haben; vgl. Sprague (Anm. 7), S. 64-65.

22 Sullivans Auktionsliste von 1909 schloß eine weite Skala von historischen Studien über Architektur und Ornament von der Antike bis zum 19. Jahrhundert einschließlich Monographien über Werke von Zeitgenossen ein. Während Owen Jones' und Ruprich-Roberts Abhandlungen nicht auf jener Liste stehen, ist Habert-Dys' *Fantaisies Decoratives,* Paris 1886, dort aufgeführt. Diese Abhandlung muß zu jenen visuellen Quellen gezählt werden, die Sullivan gebrauchte, um eine Bildersprache der geometrischen und naturalistischen Motive zu formulieren.

Wie in Anmerkung 20 aufgeführt, besaß Sullivan Viollet-le-Ducs *Discourses on Architecture.* Auch hier könnte sich Sullivan verbal und visuell davon überzeugt haben, daß die gotischen Baumeister ihre ornamentale Bildersprache aus der »lokalen Pflanzenwelt« entwickelten und daß sie anschließend die Naturvorlagen »nüchtern und rational« dahingehend umformten, daß sie das Ornament den geometrischen Konturen und dynamischen Kräften der gotischen Konstruktionen unterordneten; vgl. Viollet-le-Duc, *Discourses on Architecture* (Anm. 20), Bd. 1, S. 270-71.

23 Zur Diskussion des technischen Einflusses von Jones' Gestaltungsprinzipien auf Sullivans Ornamentik vgl. Sprague (Anm. 7), S. 65-68, und *The Drawings of Louis Henry Sullivan: A Catalogue of the Frank Lloyd Wright Collection at the Avery Library,* Princeton, N.J. 1979, S. 4-5. hier im folgenden als *Avery* aufgeführt. In seiner *Autobiography* (Anm. 6) erwähnte Frank Lloyd Wright, daß Sullivan sich 1888 nur schwer an Jones erinnerte (S. 91-92). Jedoch legen Sullivans naturalistische Blattskizzen von 1885 (*Avery* Nr. 19-24) und das Türrelief für Samuel Stern (*Louis H. Sullivan Architectural Ornament*

Collection: Southern Illinois University at Edwardsville, Edwardsville, Illinois 1982, hier im folgenden angeführt als *SIU*, Abb. 21-22) nahe, daß Sullivan Jones' »Blaetter(!) nach der Natur« (Owen Jones, *Die Grammatik der Ornamente,* 1854 (dt.: 1856), Tafeln 91-92) als Beispiele aufgriff, von der Abstraktion zu einer stärkeren Annäherung an die Natur zurückzukehren. Des weiteren gingen Jones' vierunddreißig Gestaltungsprinzipien aus *Die Grammatik der Ornamente* unmittelbar Sullivans Beschreibungen der Dekorationen des Auditorium Building voraus; vgl. *Industrial Chicago* 2, Chicago 1891, S. 487-91.

24 Zu Sullivans kontinuierlicher Verbindung mit Ruprich-Roberts *Flore Ornamentale* vgl. Theodore Turak, ›French and English Sources of Sullivan's Ornament and Doctrines‹, *Prairie School Review* 2, Fourth Quarter 1974, S. 6-17 und zu Sullivans Berührung mit diesem Traktat während seiner Lehrzeit bei Frank Furness 1873 vgl. James O' Gorman, *The Architecture of Frank Furness,* Philadelphia 1972, S. 35-36. In einem Papier, das David Van Zanten 1984 der ›Louis Sullivan Session‹ der Midwest Art History Association anläßlich der Jahresversammlung präsentierte, mutmaßte er, daß Sullivan während seiner Pariser Studentenzeit an der Ecole des Beaux-Arts (1874-75) möglicherweise Ruprich-Roberts Motive bereits gesehen habe, bevor diese Tafeln dann in Buchform erschienen.

25 Vgl. zum Beispiel Sullivan, ›The Young Man in Architecture‹, 1900, *Kindergarten Chats* (Anm. 2), S. 214-23, Zit. S. 215.

26 Innerhalb dieses Beitrags wird John Ruskins *Die sieben Leuchter der Baukunst* nach der deutschen Übersetzung von Wilhelm Schoelermann, Leipzig 1900, zitiert. *The Stones of Venice* 1,2 wird zitiert aus Band 9 und 10 der Library Edition von *The Works of John Ruskin,* E.T. Cook und Alexander Wedderburn (Hrsg.), London 1903-12. Für die Zitate werden Buchtitel, Kapitelüberschriften, Paragraphen und Seiten angegeben.

27 Zur Diskussion von Ruskins Einfluß auf die amerikanische Kunsterziehung und transzendentalistische Ästhetik vgl. Roger Stein, *John Ruskin and the Aesthetic Thought in America: 1860-1900*, Cambridge, Mass. 1967. Sullivan könnte in direkten Kontakt mit den Theorien und dem Gestaltungskonzept von Ruskin gekommen sein, als er als Lehrling bei Frank Furness (vgl. O'Gorman [Anm. 24], S. 20-21) und bei William Le Baron Jenney (1874) arbeitete (vgl. Turak [Anm. 24], S. 6). John Edelmanns neugotische Entwürfe (vgl. Donald Drew Egbert und Paul Sprague, ›In Search of John Edelmann‹, *American Institute of Architects Journal* 45, Feb. 1966, S. 35-41) und John Wellborn Roots visueller und verbaler Dialog mit Ruskins organischen Gestaltungskonzepten (vgl. John Wellborn Root, ›Architectural Ornamentation‹, 1885, *Meanings of Architecture,* Donald Hoffman (Hrsg.), New York 1967, S. 16-21) legen nahe, daß die entstehende Chicagoer Schule Sullivan und seinen Kollegen das willkommene Forum für ihre Diskussionen über Ruskins Werke bot. Sullivan bewunderte zwei von Henry Hobson Richardsons Arbeiten, die Brattle Square Kirche (1870-72, Boston) und das Marshall Field Wholesale Kaufhaus (1885, Chicago). Beide Entwürfe folgen eng Ruskins Beschreibungen des Erhabenen, wie in ›Der Leuchter der Kraft‹, *Die sieben Leuchter der Baukunst* (Anm. 26), diskutiert.

28 Ruskin, ›Der Leuchter der Aufopferung‹, *Die sieben Leuchter der Baukunst* (Anm. 26), § 1, S. 20.

29 Ibid., Einführung, S. 13.

30 Vgl. Sullivans mit Ruskin vergleichbares Argument hinsichtlich der Ausdrucksqualität des Ornaments in *Kindergarten Chats* (Anm. 2), S. 233-34.

31 Ruskin, ›The Nature of Gothic‹, *The Stones of Venice* 2 (Anm. 26), § 4-6, S. 182-184, § 68-69, S. 235-37.

32 Ibid. § 41-65, S. 215-33. Ruskin verglich hier Baumeister der Gotik und ihren schöpferischen Prozeß der Entwicklung eines vegetabilen Ornaments mit drei Arten von bildenden Künstlern und Darstellungsformen – den »Puristen«, »Sensualisten« und »Naturalisten« – und kam zum Schluß, daß die Baumeister der Gotik zusammen mit den »Naturalisten« am höchsten einzustufen seien, da beide Gruppen »Fakten mit Gestaltung verbinden« (vgl. bes. § 64, S. 231-32).

Da Ruskins »Naturalismus« von Architekturhistorikern als eine Theorie der Nachahmung mißverstanden worden war, haben Gelehrte den Einfluß von Ruskins Ornamentzeichnungen auf Sullivan und seine Mentoren übersehen (vgl. zum Beispiel Sprague [Anm. 7], S. 64-65, und O'Gorman [Anm. 24], S. 20-21). Umgekehrt beobachtete Stein die Anziehung von Ruskin auf amerikanische Kunsterzieher, Kritiker und Theoretiker aufgrund seiner Weise, Spiritualismus und Materialismus in seiner Ästhetik zu harmonisieren; vgl. Stein (Anm. 27), S. 82, 88-89.

33 Vgl. ebenfalls Ruskin, ›Der Leuchter des Lebens‹, *Die sieben Leuchter der Baukunst* (Anm. 26), § 5-13.

34 Ruskin, ›The Nature of Gothic‹, *The Stones of Venice* 2 (Anm. 26), § 10, 22, 25, 42-44, 68-69, S. 189-91, 202-4, 215-17, 235-37. Vgl. ebenso ›Der Leuchter des Lebens‹, *Die sieben Leuchter der Baukunst* (Anm. 26), § 5-13.

35 Ruskin, ›Material of Ornament‹, *The Stones of Venice* 1 (Anm. 26), § 17, S. 265

36 Ruskin, ›Der Leuchter der Schönheit‹, *Die sieben Leuchter der Baukunst* (Anm. 26), § 6, S. 199. Ruskin verband auch gekurvte Linien mit organischer Darstellung und gerade Linien mit anorganisch-geradlinigen oder kristallin-geologischen Formen, die er als Bildersprache für Ornamente ungeeignet fand. Vgl. auch ›Material of Ornament‹ (Anm. 35), § 20, S. 268.

37 Ruskin, ›Material of Ornament‹ (Anm. 35), § 20, S. 268.

38 Zu Sullivans Lehrzeit bei Furness vgl. Sprague (Anm. 7), S. 55-58, und Avery (Anm. 23), S. 4-5.

39 Vgl. Avery (Anm. 23), Abb. 14 (Ornamentzeichnung, 2. März 1881), und Sprague (Anm. 7), S. 78-81. Sullivan entwarf ähnliche Motive für die Reliefs des Jewelers' Building (1881; *SIU* [Anm. 23], Abb. 3-4), des Revell Building (1881; *SIU*, Abb. 6) und des Borden Block (1881).

40 Vgl. Sullivans Reliefs für das Rosenfeld Building (1882; *SIU* [Anm. 23], Abb. 7), für die Bloomenfeld Residence (1883; *SIU*, Abb. 9), für den Knisely Store (1883; *SIU*, Abb. 11) und für die Farbe Residence (1884; *SIU*, Abb. 12-15).

41 Vgl. Anm. 23.

42 Sprague ordnete diese Zeichnung der Übergangsphase von Sullivans Entwicklung zu. (*Avery,* Anm. 23), S. 29. Es sollte ebenfalls beachtet werden, daß die ›Knospen‹formation in der Zeichnung vom 6. Mai 1884 Viollet-le-Ducs ›Fleurons‹-Darstellungen des Ornaments von Notre Dame in *Dessins inédits* (Anm. 20) sehr ähnelt.

43 Sullivan führte die Wellenkonfiguration 1883 ein; vgl. das Relief des Giebelfelds der Hammond Library (*SIU*, Anm. 23, Kat. 17). Weitere Beispiele des ›1884er Motivs‹ können in den Ansichten der Ann Halsted Flats (1884; 1885 Ergänzung); der Rubel Residence (1884) und der Lindauer Residence (1884) betrachtet werden. Dieses Motiv war mehrfach auf Außen- und Innenwänden als Terrakotta-Relief vertreten, ebenso wie als geschnitztes Holzrelief an Türen und Fenstern und an Pilaster- oder Säulenkapitellen (*SIU,* Abb. 15-16; Kat. 27-41). Wie beim Scoville Building verwendete Sullivan das ›1884er Motiv‹ an den Giebelfeldern und Zwickeln des Attikageschosses beim Troescher Building auch in größerem Maßstab (abgebildet in Sprague [Anm. 7], Abb. 241-42). Zur Geschichte des Scoville Building siehe Paul Sprague, ›Sullivan's Scoville Building, A Chronology‹, *Prairie School Review* 2, Third Quarter, 1974, S. 16-23.

44 Sprague (Anm. 7), S. 173; Sprague beobachtete auch die wasserähnliche Bewegung wellenartiger Formen. Wenn wir dem Symbolwert der kurvenlinigen Formationen Rechnung tragen, ist der Wandel von den eher abstrakten Zeichnungen des Jahres 1884 zu den realistischeren von 1885 nicht so abrupt, wie Sprague dies später in *Avery* (Anm. 23), S. 31, angab.

45 Ruskin (Anm. 35), § 125, S. 232.

46 Sullivan, ›Characteristics and Tendencies of American Architecture‹, 1885, *Kindergarten Chats* (Anm. 2), S. 177-181; Zitat S. 181.

47 In ›Characteristics and Tendencies‹ (Anm. 46) führte Sullivan ebenfalls an, daß er 1885 zu einem »plastischen Alphabet« gelangt sei, das sich »mit seiner Suche nach der einfachstmöglichen Kombination von Zeichen deckte« (S. 179), eine Bemerkung, die die Inschrift »Alphabet« auf einer Ornamentstudie vom 18. Dezember 1885 erklärt (*Avery* [Anm. 23], Nr. 23; vgl. ebenfalls Nr. 24, eine Ornamentstudie vom 30. September 1885). Wie in der Zeichnung zu erkennen, benützte Sullivan nun ein Alphabet geometrischer und realistischer Motive.

48 Sullivan gelangte in seinen Schriften zu einer ähnlichen Einsicht und entwickelte einen mehr didaktischen, themenorientierten Stil nach dem höchst esoterischen ›Prosagedicht‹-Stil der 1886 geschriebenen Fassung von ›Inspiration‹ (Anm. 4).

49 Die Arbeitszeichnungen für das Auditorium Building (in hektographierten Drucken reproduziert) werden Frank Lloyd Wright zugeschrieben, der von Sullivan als Entwurfszeichner für diese Dekoration angestellt worden war. Wie Sprague erklärte, sind diese Arbeitszeichnungen entweder maßstabgetreue Neuzeichnungen von Sullivans kleineren Bleistiftskizzen, Nachzeichnungen in Tinte von diesen Bleistiftzeichnungen oder von Sullivans eigenen maßstabgetreuen Zeichnungen. In jedem Fall überwachte Sullivan Wright während der Jahre 1888-1890 streng und legte oft Details von wichtigen Teilen der Dekoration für das Auditorium Building an. Vgl. Sprague (Anm. 7), S. 116-17; *Avery* (Anm. 23), Nr. 35, Abb. 20-21.

50 Vgl. *Avery* (Anm. 23), Nr. 15-17B.

PIEDESTAL, BASE, CHAPITAU ET ENTABLEMENT DORIQUE.
Vignole.

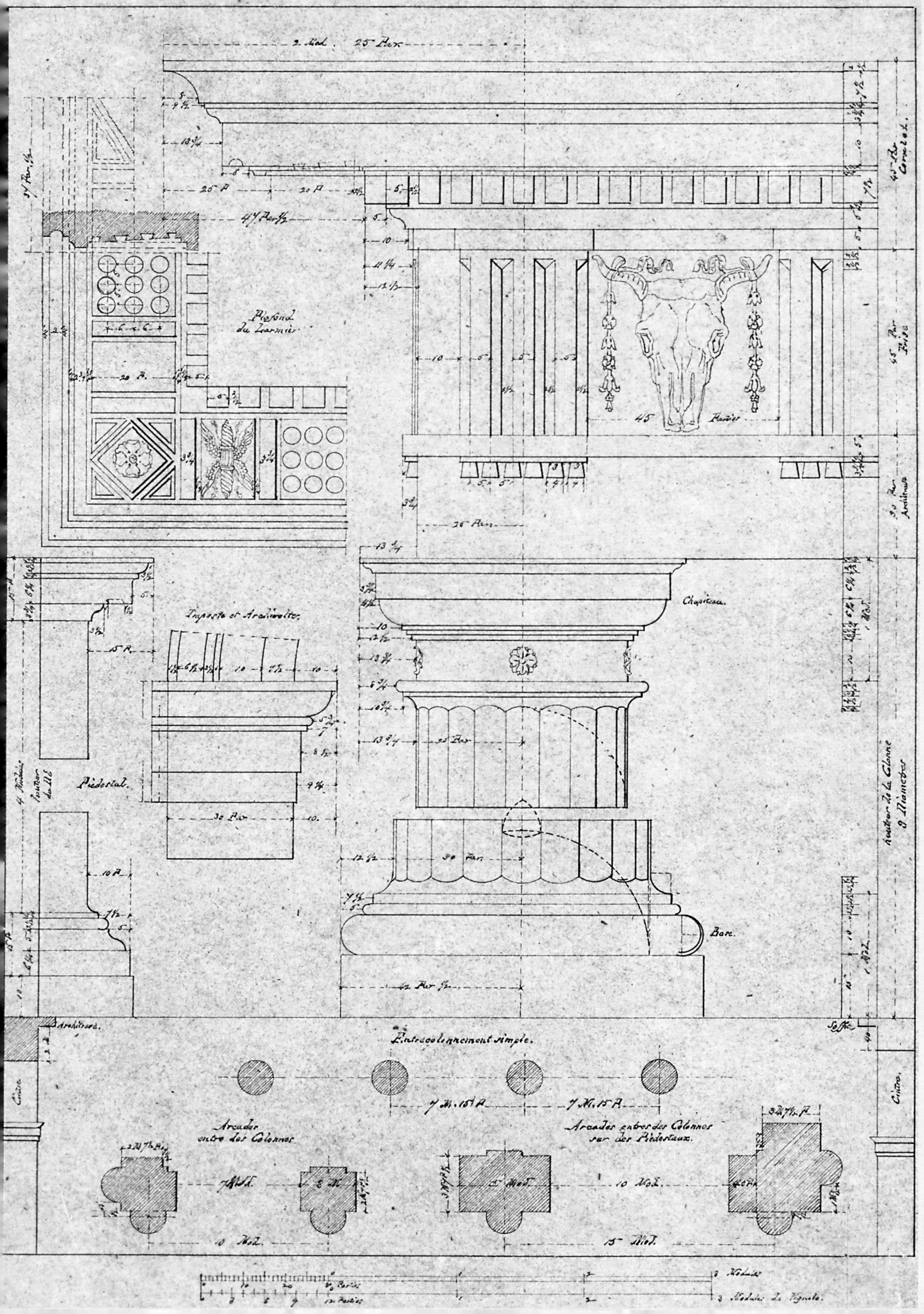

Martha Pollak

Sullivan und die Säulenordnungen

Im Mittelpunkt stehen hier die europäischen, insbesondere französischen Einflüsse auf zwei Tätigkeitsbereiche von Louis H. Sullivan. Zunächst wird seine künstlerische Ausbildung als Zeichner in den Vereinigten Staaten und in Paris anhand von verschiedenen Zeichnungen in der Sammlung des Art Institute of Chicago (Kat. 27-33) beleuchtet. Anschließend werden einige augenfällige Verbindungen zwischen Sullivans späteren Architekturtheorien und den Schriften einer Reihe von europäischen Denkern, die in seiner Privatbibliothek vertreten waren, aufgezeigt.

Unter den Zeichnungen von Louis Sullivan im Art Institute of Chicago befindet sich ein Satz Blätter, der die dorischen und tuskischen Säulenordnungen nach einer französischen Ausgabe von Vignola (Abb. 1; Kat. 27-29) darstellt. Es ist nicht ganz klar, ob Sullivan diese Blätter während seines Architekturstudiums am Massachusetts Institute of Technology (MIT) in den Jahren 1872-73 oder etwas später, 1875, an der Ecole des Beaux-Arts in Paris ausgeführt hat, wir wissen aber aus seiner Autobiographie, daß das Zeichnen der fünf Säulenordnungen am MIT obligatorisch war und seinen Widerwillen hervorgerufen hatte. Er widersetzte sich den »ewigen Wahrheiten«, die in dem Gebrauch der »richtigen« Ordnungen stillschweigend inbegriffen waren, und obwohl er lernte, gut und akkurat zu zeichnen, reagierte er auf diese klassische Erziehung fast ausschließlich negativ:

»Louis hatte seine Studien ziemlich gewissenhaft in Angriff genommen. Er lernte nicht nur zu zeichnen, sondern sehr gut zu zeichnen. Er zeichnete die ›Fünf Säulenordnungen‹ in einer Weise, die ganz an einen Kupferstich erinnerte, er lernte etwas über Durchmesser, Module, Minuten, Säulengebälk, Säulen, Giebelfelder und so weiter ... mit den damit verbundenen Minutenmessungen und dem reichen Vokabular. All diese Dinge, so nahm er zu diesem Zeitpunkt an, waren dazu bestimmt, in blindem Glauben als ewige Wahrheiten angenommen zu werden. Es wurde ihm gesagt, daß diese ›Säulenordnungen‹ ›klassisch‹ seien, was das Erreichen des Ziels der platonischen Vollendung einer Idee bedeutete.«[1]

Als Teil seiner Einführung in die Architektur am MIT studierte Sullivan die Grundmethode des Zeichnens unter William R. Ware und seinem Assistenten Eugène Létang, einem Absolventen der Ecole des Beaux-Arts. In seiner *Autobiography of an Idea* äußerte Sullivan regelrecht Verachtung für seine beiden Lehrer und beschuldigte sie beinahe, daß sie es versäumt hätten, seine Einbildungskraft so anzufeuern, wie das sein High-School-Lehrer Moses Woolson getan hatte:

»Er überlegte mit einer Art Verzweiflung, daß weder der tadellose Professor Ware noch der verschwitzte, blasse und ernsthafte Eugène Létang ein Moses Woolson waren. Ach, wenn doch nur Moses Woolson in Architekturgeschichte so versiert gewesen wäre wie in Englischer Literatur und eine Professur gehabt hätte; ach, welch glühende Flamme wäre hervorgebrochen, um ihre Strahlen wie eine aufgehende Sonne auszusenden und die Vergangenheit zu erleuchten.«[2]

Wie viele Architekturstudenten, die eine Berufung zum Bauen spüren, empfand Sullivan Abscheu vor dem scheinbar zwecklosen Ausbildungsverlauf. Zum Zeitpunkt seines Studiums war diese Lehrmethode

Abb. 1 Louis H. Sullivan, Aufrißstudie eines dorischen Sockels, einer Basis und eines Gebälks nach einer französischen Vignola-Ausgabe, um 1875 (Kat. 28)

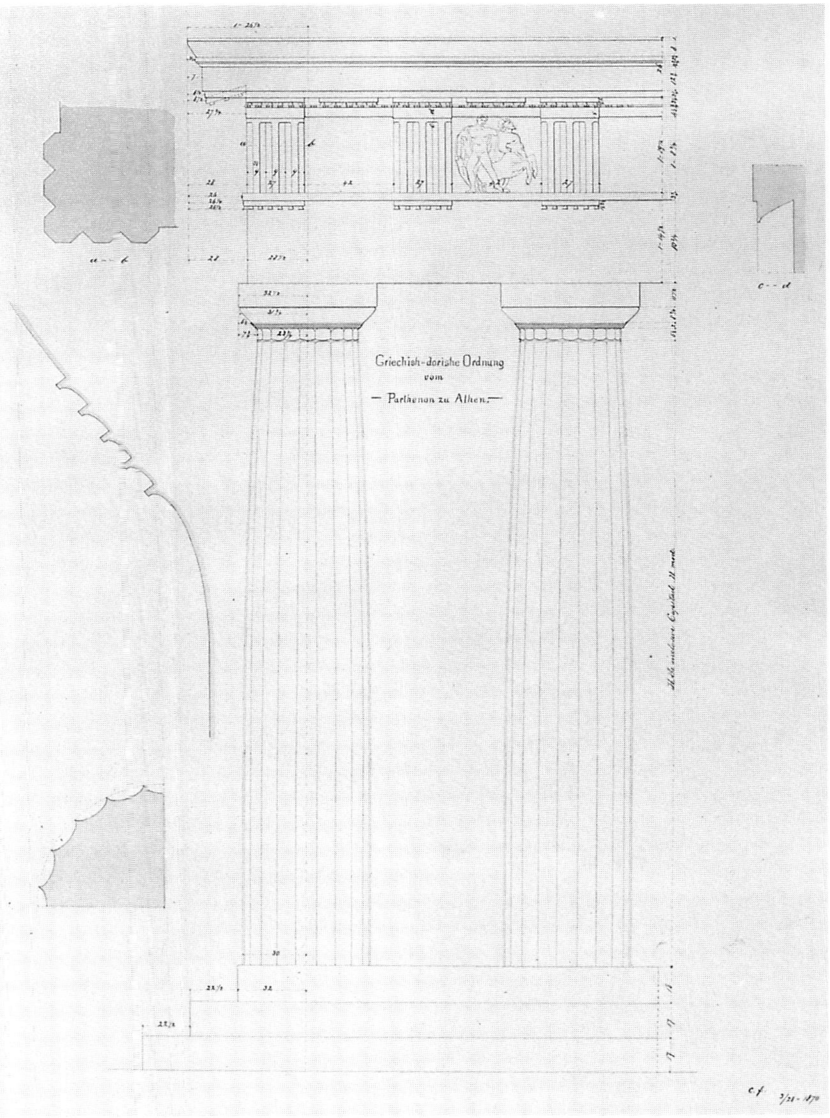

Abb. 2 Charles Fürst, Aufrißstudie der griechisch-dorischen Ordnung des Parthenon, Athen, 28. März 1870 (Kat. 9)

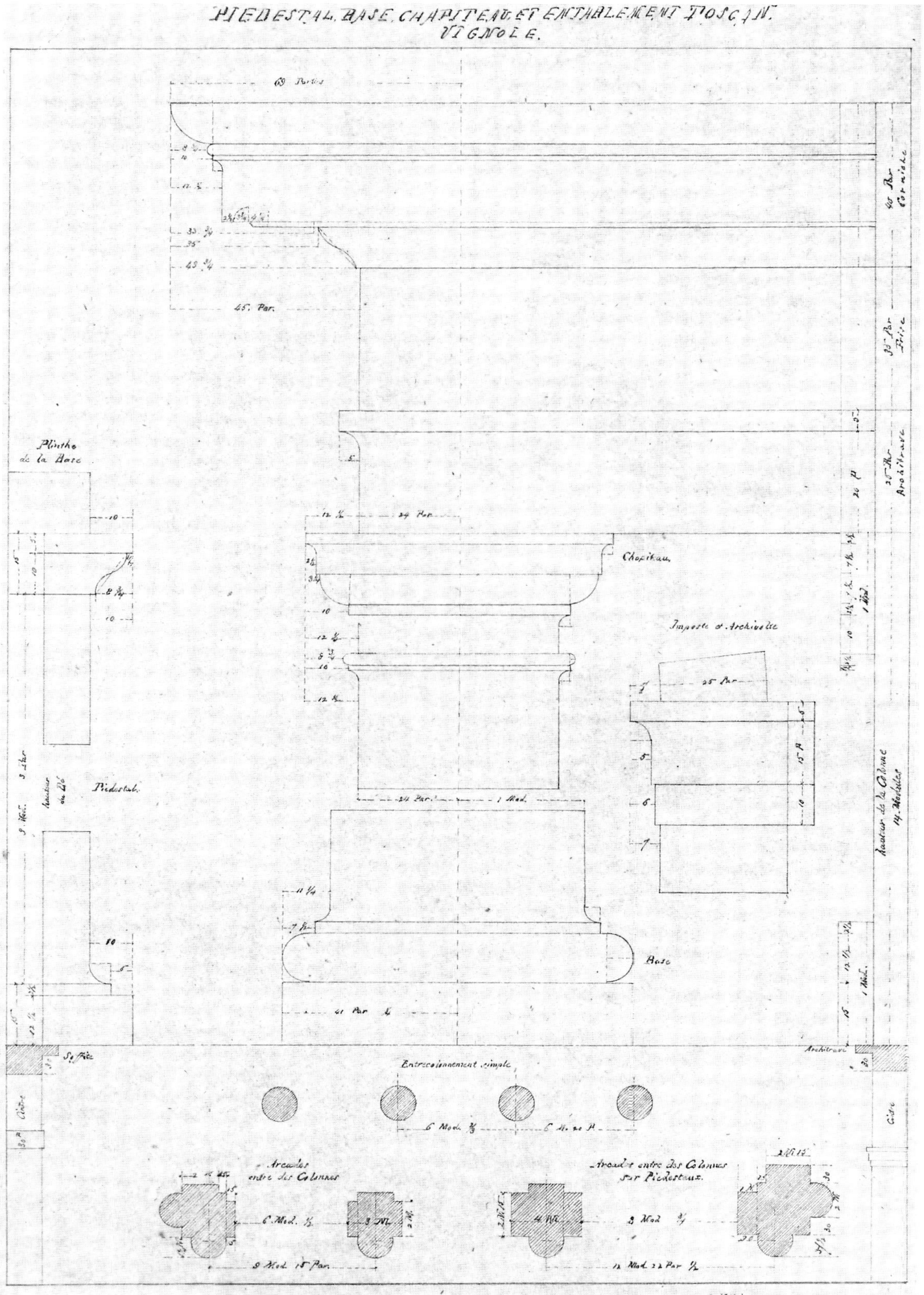

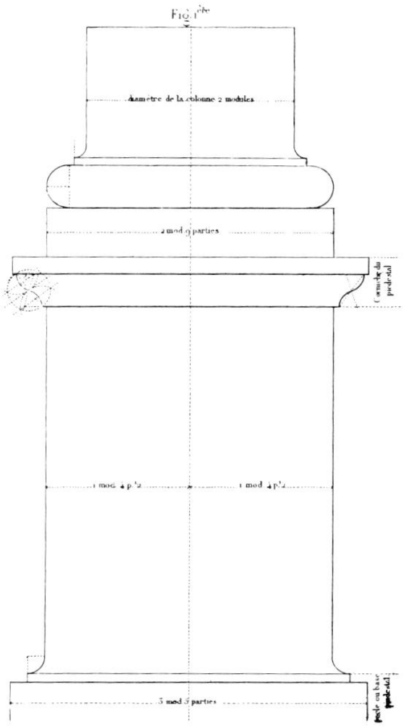

Abb. 4 Giacomo da Vignola, Tafel II (Detail); aus Traité élémentaire pratique d'architecture ou étude des cinq ordres, *zusammengestellt von J. A. Leviel, Paris 1890*

Abb. 3 Sullivan, Aufrißstudie der tuskischen Ordnung, um 1875 (Kat. 27)

bereits seit mindestens 175 Jahren institutionalisiert. Die Methode gründete auf zwei weithin vertretenen Postulaten. Das erste besagte, daß klassische Architektur und die Komposition der Säulenordnungen den Hauptanschauungsunterricht der Baugeschichte darstellten. Das zweite, stillschweigend in dem ersten enthalten, bestand darin, daß das Erbe der historischen Architekturformen als Schatzkammer und als Fundgrube für die Inspiration genutzt werden sollte. Man ging davon aus, daß die Architektur darunter

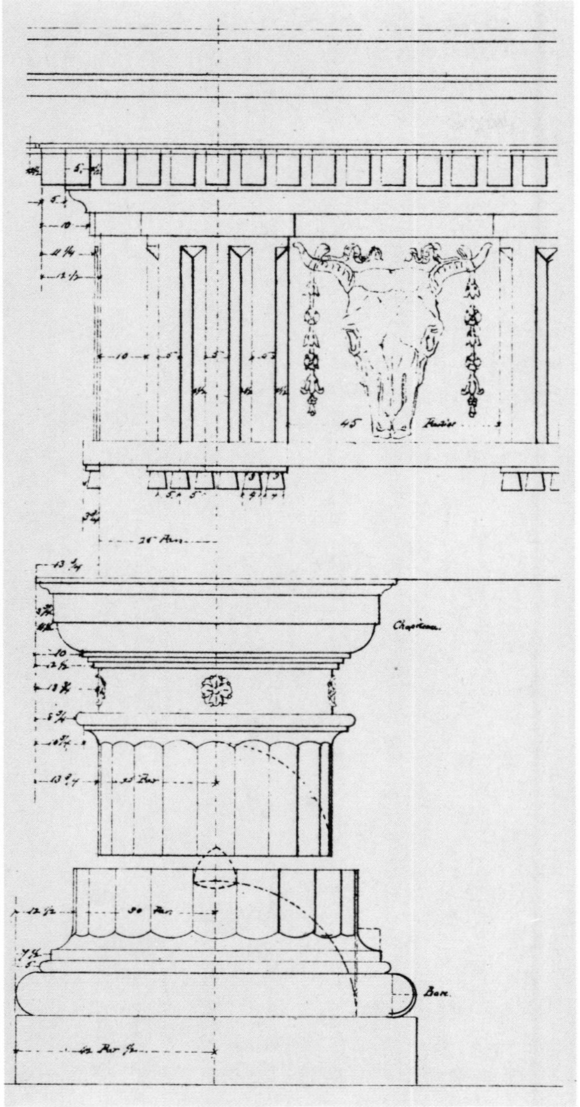

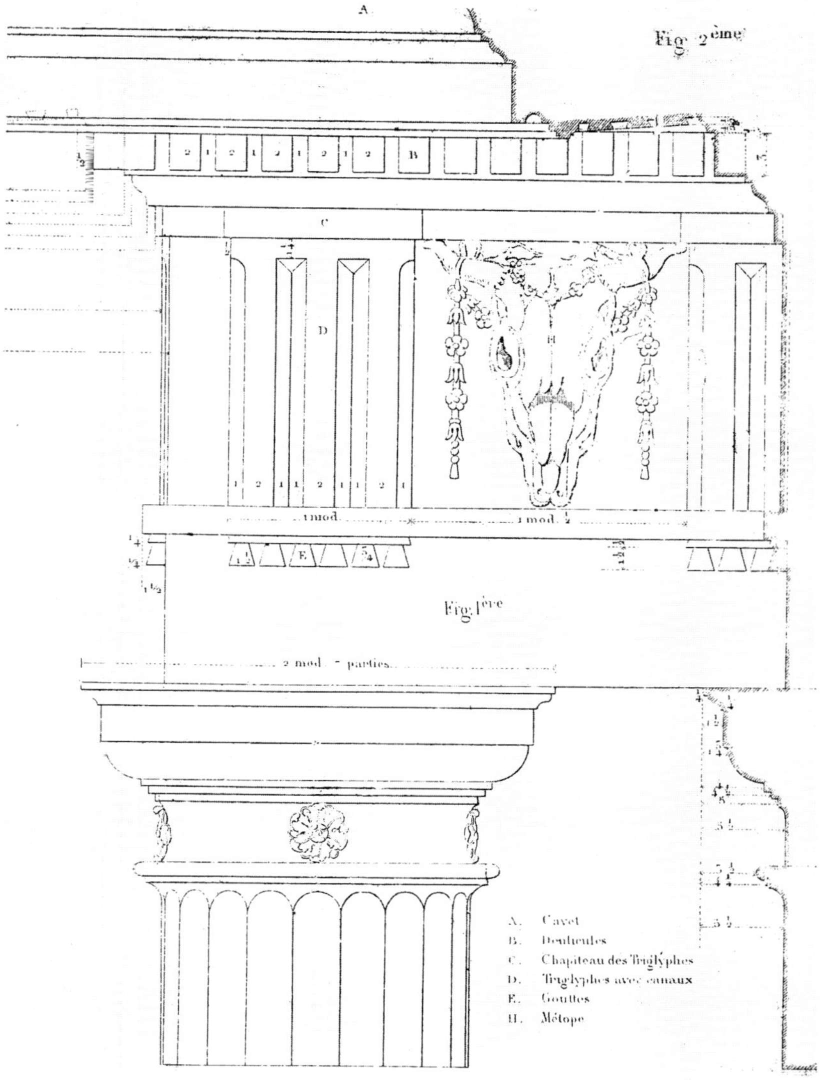

Abb. 5 Sullivan, Detail von Abb. 1

Abb. 6 Vignola, Tafel XIV (Detail); aus Traité élémentaire pratique d'architecture

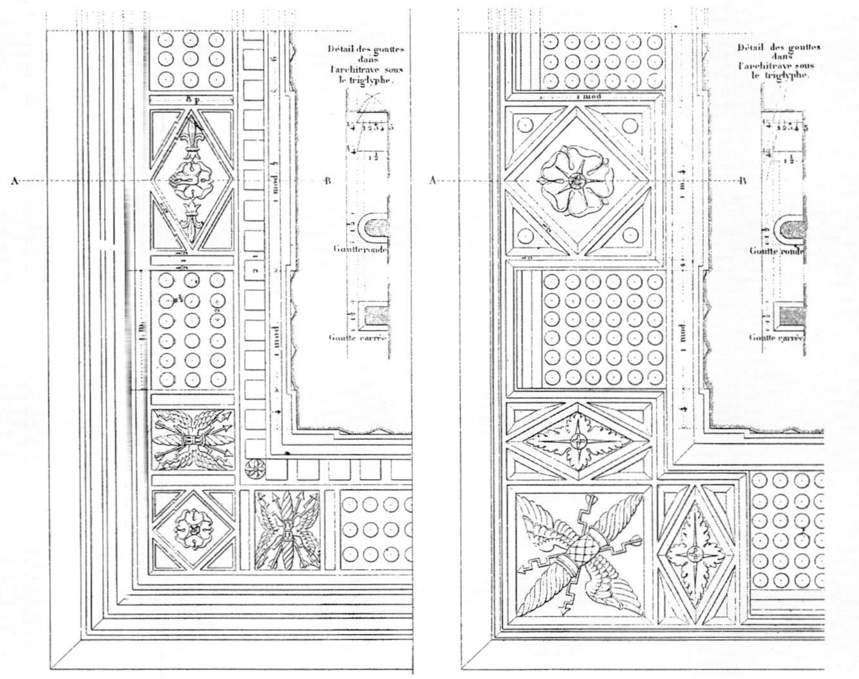

Abb. 7 Vignola, Tafel XVI (Detail); aus Traité élémentaire pratique d'architecture

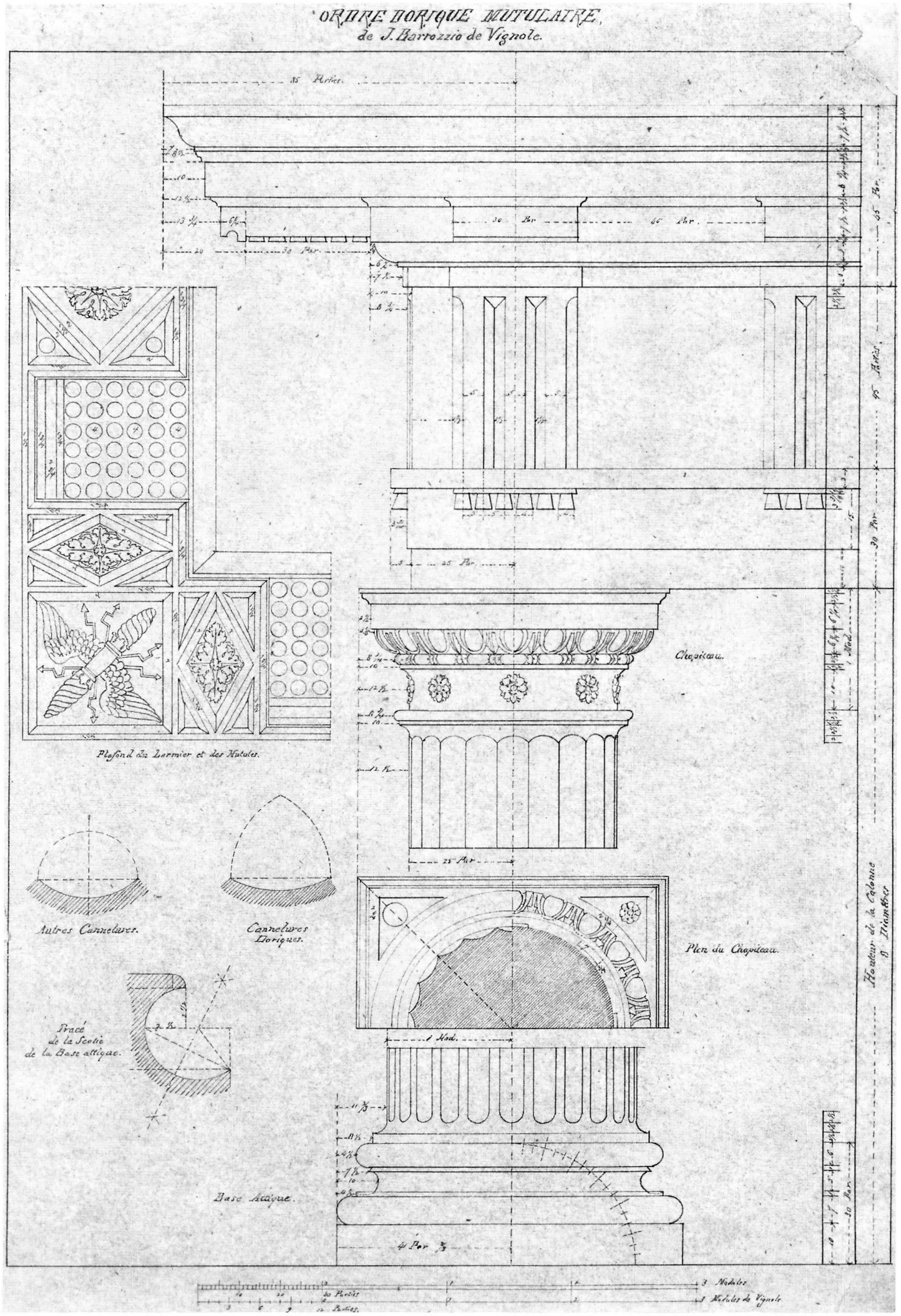

Abb. 8 Sullivan, Aufrißstudie einer Spielart der dorischen Ordnung, um 1875 (Kat. 29)

litt, keine wirklich mimetische Kunst zu sein; ihre Praktiker lösten dieses augenscheinliche Problem, indem sie ein Verfahren der Introversion oder des sich auf sich selbst beziehenden Eklektizismus schufen und dann institutionalisierten.

Wie Henry Millon gezeigt hat, wurde diese nachbildende Annäherung von Filippo Juvarra (1678-1736) an der Architekturschule der Accademia di San Luca in Rom gelehrt:

»Studenten wurden aufgefordert, ihr eigenes Album von Stichen auf Blättern derselben Größe anzulegen, indem sie nach den von Juvarra angegebenen Autoren zeichneten. Dazu mußten normalerweise Partien von verschiedenen Stichen für jede Einzeldarstellung genommen und dann auf einem oder zwei Blättern in einer solchen Weise zusammengestellt und angeordnet werden, daß die verschiedenen Vorschriften leicht verglichen werden konnten.«[3]

Obwohl die von Juvarra – einem hervorragenden Zeichner und einem der inspirierendsten Lehrer an der Akademie – entwickelte Technik mechanisch und reduzierend werden konnte, ermöglichte sie einen kritischen, vergleichenden und analytischen Zugang zum ererbten Korpus der architektonischen Schriften und Kompositionen. Ein Vergleich der Zeichnungen von Sullivan mit einer Kopie von Vignola enthüllt sowohl die Grenzen wie auch das stimulierende Potential der klassischen Juvarra-Methode.[4]

Die unbestreitbare Langeweile dieses traditionellen Studiums der Säulenordnungen konnte eine Arbeit gleicher Fadheit hervorbringen. Diese potentielle Gefahr kann man sehen, wenn man Sullivans Zeichnungen mit ähnlichen Stichen von dem Architekten Charles Fürst vergleicht, die dieser nach Architekturtheoretikern wie Vicenzo Scamozzi (1552-1616) und nach vermessenen Gebäuden in Rom und Athen (Abb. 2; Kat. 9-12) angefertigt hatte. Fürsts Blätter sind wegen seines grundlegenden Mißverständnisses der Bedeutung der Säulen mißglückt: Er bemerkt nicht, daß sie ein modulares, proportionales System sind. So zeichnet er den gesamten Säulenschaft und verkompliziert seinen Fehler noch, indem er zwei Säulen mit durchlaufendem Gebälk darüber zeichnet. Dies ist in keiner Weise Sullivans Problem. Seine Blätter, wenigstens drei der noch erhaltenen vier, sind streng, diszipliniert, sparsam und schön angeordnet und zeigen damit, daß die klassische Architekturausbildung lohnend sein konnte.

Sullivan integriert Elemente von mehreren unterschiedlichen Stichen in seine schöpferischen Zeichnungen. Für seine Darstellung der tuskischen Säulenordnung kombinierte er Elemente der Tafeln II, IV und VII der französischen Vignola-Ausgabe (Abb. 3, 4).[5] Die sich daraus ergebende Komposition ist reich im Detail und bietet dennoch eine klare Kontur der tuskischen Säulenordnung im Zentrum des Blattes. Die Zeichnung ist so streng wie die tuskische Säulenordnung selbst und genau mit Zahlen und Buchstaben beschriftet. Für die weniger geschmückte Ausführung der dorischen Säulenordnung übernahm Sullivan Teile der Tafeln XIII, XIV und XVI (Abb. 5-7).[6]

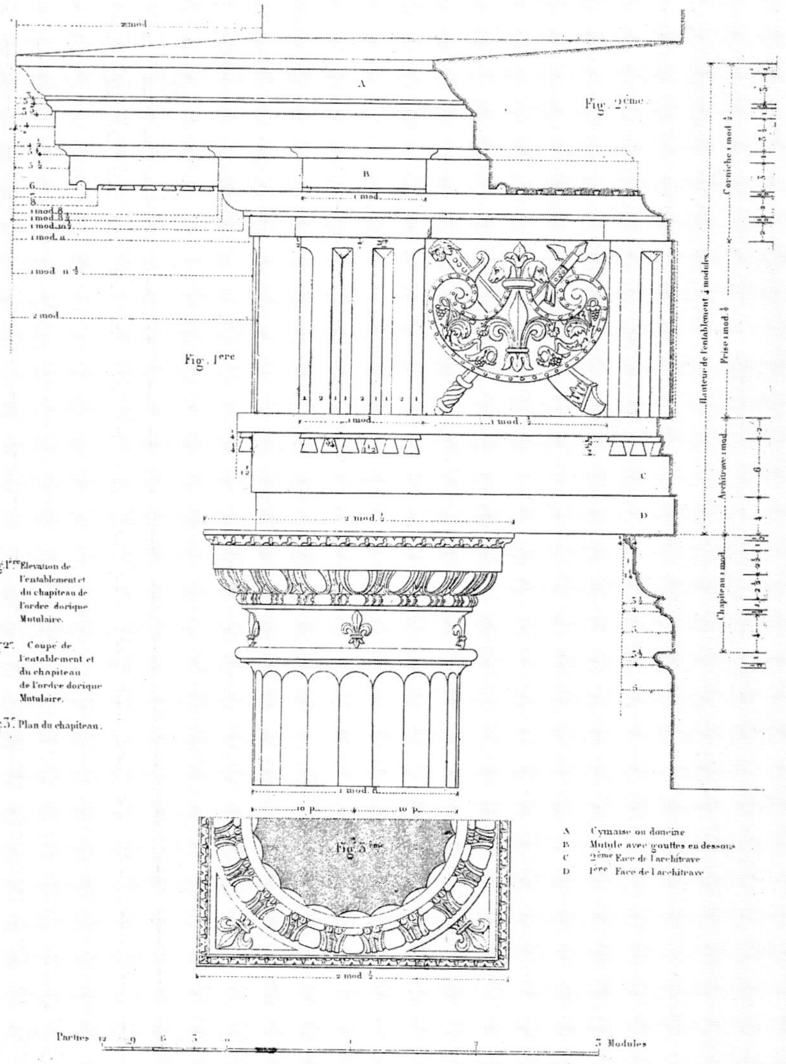

Abb. 9 Vignola, Tafel XV; aus Traité élémentaire pratique d'architecture

Der dorische Mutulus wurde hauptsächlich aus den Tafeln XV und XVI (Abb. 8, 9)[7] zusammengestellt. Das vierte Blatt (Abb. 10) scheint im Vergleich zu den anderen drei unvollendet. Es zeigt das Gesims und das Gebälk der korinthischen oder ionischen Säulenordnung – da nur eine Skizze des Kapitells gezeigt wird, kann man nicht sicher sagen, um welche Säulenordnung es sich handelt. Sullivan wich von seinem Vorbild in einem grundlegenden Punkt ab: Er zeichnete überhaupt keine Profile seiner Details.

In den gestochenen Tafeln wurde die Zeichnung des Profils dazu benutzt, die Hauptzeichnung mit der Säulenordnung visuell vom Rand des Blattes zu trennen. Dies war auch hilfreich bei der Trennung der Maße und der Beschriftung von der Strichzeichnung. Sullivan benutzte keine Legenden, und seine Beschriftungen sind direkt neben die Zeichnung gesetzt. Es gibt viele Beispiele, aus denen die Instrumente, die er zum Nachzeichnen der verschiedenen Kurven verwendet hat, eindeutig erkennbar sind und dabei die Hand eines Anfängers verraten. Ihre wahrscheinliche Entstehung läßt sich daraufhin in seine Studienzeit am MIT datieren. Da Sullivan die bei Vignola enthal-

Abb. 10 Sullivan, Detailstudie eines antiken Frieses und Gebälks, um 1875 (Kat. 30)

tenen Texterklärungen ausließ, hatte er eine größere Fläche zur Verfügung, auf der er die Elemente der Säulenordnung einschließlich der Pläne für die Arkaden am Fuß des Blattes arrangieren konnte. Seine Blätter haben eine lebhafte, künstlerische Qualität.

Sullivans Ausbildung am MIT folgte nach einjähriger Unterbrechung eine Studienzeit in Paris, während der er sich auf die Aufnahmeprüfung zur Ecole des Beaux-Arts vorbereitete und sie dann erfolgreich bestand. Bevor er seine Architekturstudien im Atelier von Emile Vaudremer aufnahm (er trat dabei in die Fußstapfen seines Lehrers Eugène Létang am MIT), machte Louis Sullivan eine Reise nach Italien. Sein Interesse an italienischer Malerei und Architektur war, wie er uns erzählt, durch seine Begegnung mit den Schriften des französischen Kulturhistorikers Hippolyte Taine (1828-1893) angeregt worden, der zwanzig Jahre lang Professor für Ästhetik und Kunstgeschichte an der Ecole des Beaux-Arts gewesen war.

»Während seiner Vorbereitungsarbeiten hatte er drei kleine Bände von Hippolyte Taine entdeckt, die der Kunstphilosophie in Griechenland, Italien und den Niederlanden gewidmet waren. Von diesen Arbeiten erhielt er drei starke Eindrücke, neuartige Schocks: Erstens, daß es so etwas wie eine Philosophie der Kunst *gab;* zweitens, daß nach Herrn Taines Philosophie die Kunst eines Volkes ein Reflex oder ein direkter Ausdruck des Lebens jenes Volkes ist; drittens, daß man mit diesem Leben sehr gut vertraut sein muß, um der Kunst auf den Grund gehen zu können. All dies war neu und leuchtend.«[8]

Taines Michelangelo-Besprechung hatte eine solche Wirkung auf Sullivan, daß er nach Rom reiste, um die Sixtinische Kapelle zu sehen, wo er eine gleichsam mystische und ekstatische Offenbarung hatte:

»In dem Band über Italien ... stand eine Aussage, die Louis traf und ihm von drohender Bedeutung erschien: Sie erschreckte ihn. Sie hatte diesen Inhalt: Daß in bezug auf die Arbeit von Michelangelo in der Sixtinischen Kapelle das Jüngste Gericht, verglichen mit der Decke, *offensichtlich mit mehr Schwungkraft* gemalt worden war. Nun hatte Louis niemals jemandem die Aufsicht über seine Augen anvertraut, und er plante auch nicht, sie nun Herrn Taines Obhut anzuvertrauen ... Er war stolz darauf, daß er sehen konnte. Aber waren seine

Augen in der Lage, eine so subtile Veränderung in der Arbeit des großen Künstlers wahrzunehmen, wie sie das Wort *Schwungkraft* implizierte, die, wie Herr Taine sagte, *offensichtlich* war? ... Er mußte nach Rom gehen, um dies zu überprüfen; denn der Wert seines ganzen Systems schien auf dieser feinen Unterscheidung zu beruhen. Es war lebenswichtig. Es durfte keinen Zweifel geben. Außer Frage, er *mußte* der Qualität seines Augenlichtes sicher sein. Er ging nach Rom, zitternd, aber mutig. Dann endete eine steigende Qual für immer in einem erhebenden Moment der Erleichterung; und Louis wußte ein für allemal, daß er alles sehen konnte, was Augen sehen können.«[9]

Daß Sullivan in seiner Beschreibung dieser bedeutenden Erfahrung Taine die Rolle des Cicerone zuwies, mag nachträglich geschehen sein, als er sich in späteren Jahren an das Ereignis erinnerte. Aber ob Sullivan Taine nun kurz vor seiner Italienreise, während der Reise oder später in jenem Jahr gelesen hat – in jedem Fall hat er diesen Philosophen zu einem frühen Zeitpunkt kennengelernt.[10] Der charismatische und bewunderte Moses Woolson, Sullivans Lehrer im ersten Jahr an der Latin High School in Boston, hatte verkündet, daß »die beste existierende Geschichte der englischen Literatur von einem Franzosen geschrieben worden war, einem gewissen Hippolite (sic) Taine mit Namen«.[11] In jener Vorlesung war Taines Name mit dem Begriff der Kultur in Verbindung gebracht worden, einer Idee, die für den jungen Louis völlig neuartig war und ihm die plötzliche Erkenntnis brachte, daß »Kultur ... den Genius eines Volkes bezeichnete ... seine Kultur ist sein eigener Ausdruck seines innersten Selbst«.[12] So wurde Taine als visionärer Denker gepriesen, der eine Synthese zwischen Philosophie und literarischer Fragestellung zustande brachte. Da das Lob von Woolson ausgesprochen wurde, dem Sullivan völlig vertraute, scheint es wahrscheinlich, daß Taines *Philosophie der Kunst* (1867) a priori Glaubwürdigkeit für den jungen Reisenden besaß. Eine Ausgabe aus dem Jahr 1868 von Taines *Geschichte der Englischen Literatur* befand sich in Sullivans Bibliothek, als sie 1909 versteigert wurde.[13]

Taines stürmische und unkonventionelle akademische Karriere mag ebenfalls ein sympathisches Vorbild für den impulsiven Sullivan gewesen sein. Taine unterhielt kaum Kontakte zu Unversitätskreisen, von denen er wegen seiner politischen und philosophischen Ansichten ausgeschlossen war.[14] Er hatte am Jardin des Plantes (auch unter dem Namen Muséum d'histoire naturelle bekannt) studiert, wo er ein Anhänger von Etienne Geoffroy Saint-Hilaire (1772-1844), einem wichtigen prädarwinistischen Anatomen, und von Georges Cuvier (1769-1832), dem hervorragenden Paläontologen und früheren Direktor des Museums, wurde.[15] Die *Philosophie der Kunst* ging aus Taines 1864 an der Ecole des Beaux-Arts gehaltenen Vorlesungen hervor.

Es gibt verschiedene Punkte in Taines *Philosophie,* die Sullivans Denkweise über Architektur stark beeinflußt zu haben scheinen und bei der Formulierung der in seiner Autobiographie ausgedrückten Ideen Hilfe leisteten. Die Bedeutung des kulturellen Kontextes und Sullivans Reaktion darauf sind weiter oben genannt worden. Taine faßte diese Auffassung in seinen gesammelten Vorlesungen wie folgt zusammen: Das Kunstwerk sei »von einer Gesamtheit bestimmt, (...) welche der allgemeine Zustand des Geistes und der umgebenden Sitten ist«.[16] Seine Definition von Kunst liest sich wie eine kurz umrissene Geschichte der Form oder der Ästhetik:

»Wir haben zuerst geglaubt, ihr Ziel sei die *Nachahmung der sichtbaren Erscheinung.* Dann haben wir, indem wir die stoffliche Nachahmung von der geistigen trennten, gefunden, daß das, was sie in der sichtbaren Erscheinung nachahmen will, die *Beziehungen der Teile* seien. Endlich, als wir bemerkten, daß diese Beziehungen verwandelt werden können und dürfen, um die Kunst zu ihrer Vollendung zu führen, haben wir aufgestellt, daß, wenn man die Beziehungen der Teile studiert, man es tut, *um in ihnen einen wesentlichen Charakter herrschend zu machen.* Keine dieser Begriffsbestimmungen zerstört die vorhergehende, sondern jede von ihnen verbessert und vergenauert sie ...«[17]

Taines Vorstellungen von »der sichtbaren Erscheinung«, der »Beziehungen der Teile« und dem »wesentlichen Charakter« sind in Sullivans Suche nach der idealen Form zu erkennen. In Paris bemerkte er sehr schnell, daß die Ausbildung an der Ecole des Beaux-Arts, die auf der Verwendung eines Plans als hauptsächlichem Konstruktionswerkzeug basierte, ihm nicht helfen würde, das zu entdecken, was er wissen wollte. Obwohl Sullivan glaubte, daß der Plan »einen Sinn von Ordnung, Funktion und kunstgerechter Handhabung wunderschön veranschaulicht«, kam er »langsam zu der Überzeugung, daß dieser Großen Schule in ihrer perfekten Blüte der Technik, die unergründliche Seele der ursprünglichen Inspiration fehlte«.[18]

Die Lektüre Taines gab Sullivan eine theoretische Grundlage für sein Nachdenken über Kunst, Architektur, Talent und die Bedeutung der Form. Sie mag ihn auch mit einigen geläufigen wissenschaftlichen und philosophischen Denkungsweisen in Frankreich vertraut gemacht haben, die er weiter in den damaligen Enzyklopädien, wie dem *Grand dictionnaire universel* von Pierre Larousse, der 1866 begonnen wurde, verfolgt haben könnte. Die Veröffentlichung von Larousse war ein intellektuelles Ereignis der zweiten Hälfte des 19. Jahrhunderts, deren Bedeutung nur der Veröffentlichung der *Encyclopédie* ein Jahrhundert früher (1751-1765) gleichkam. Der Larousse stellte eine Sammlung kritischer Analysen von Werken und Leben illustrer Männer bereit, darunter Taine und die Wissenschaftler Etienne Geoffroy Saint-Hilaire und Georges Cuvier. Taines *Geschichte der Englischen Literatur* war nur eine der 274 Positionen, die in dem Katalog vom 19. November 1909 aufgelistet waren und Sullivans Bibliothek zum Auktionator begleiteten. (Ironischerweise verdanken wir die Kenntnis von Sullivans Büchersammlung und Haushaltsgegenständen seiner bedauerlichen Insolvenz.) Die im Auktionskatalog aufgeführten Bücher vermitteln einen Eindruck von der Weite von Sullivans intel-

Abb. 11
Porträt von Johann Wolfgang von Goethe; aus Johann Kaspar Lavater, Physiognomische Fragmente, *Leipzig 1775-78*

Abb. 12 Porträt von Johann Kaspar Goethe; aus Lavater, Physiognomische Fragmente

lektuellem Horizont, seiner großen Neugier und seinen eklektischen Interessen.[19] Der Katalog ist von Anhängern des Sullivanschen Œuvre ausgegraben worden, um Licht auf seinen Charakter und seine Neigungen zu werfen und auf diese Weise nachzuvollziehen, wie Sullivan zu seinen architekturtheoretischen Überzeugungen fand.

Unter jenen Büchern befindet sich eine Abhandlung über Physiognomik von dem Schweizer Theologen und Dichter Johann Kaspar Lavater (1741-1801). Dieses Werk nimmt aufgrund seines Themas einen einzigartigen Platz in Sullivans Bibliothek ein. Lavaters *Physiognomische Fragmente* sind eine der frühesten Veröffentlichungen, die Sullivan besaß, wurden aber niemals von den Historikern berücksichtigt, die seine mögliche Lektüre solcher Autoren wie Nietzsche, Whitman und Schopenhauer untersucht haben. Als Philosoph, Dichter und Redner sowie protestantischer Theologe war Lavater der Autor zahlreicher Gedichtbände, Predigten und theologischer Schriften, durch die er einen großen kulturellen Einfluß nicht nur in seiner Heimatstadt Zürich und der Schweiz, sondern auch in Deutschland und England ausübte.[20] Die *Physiognomischen Fragmente,* die in Leipzig in vier Bänden zwischen 1775 und 1778 veröffentlicht wurden, waren sein bedeutendstes Werk. Die dreibändige englische Ausgabe erschien zwischen 1789 und 1798 in London unter dem Titel *Essays on Physiognomy Designed to Promote the Knowledge and the Love of Mankind.*[21]

Das Erscheinen des Buches war mit außerordentlichen Erwartungen verbunden, da sich Lavater einer großen Gefolgschaft als Pfarrer und geistiger Führer im gesamten deutschsprachigen Mitteleuropa und darüber hinaus erfreute. Die Bände waren mit rund achthundert Kupferstichen prächtig illustriert. Seinerzeit wurde es als Arbeit von größtem psychologischem Interesse betrachtet, es faszinierte die ›Halbgelehrten‹ und befriedigte die Masse in hohem Maße. Die wenigen, die wagten, Kritik daran zu üben, wurden als neidische Verleumder zurückgewiesen. Im Jahr 1869 jedoch gab der Eintrag über Lavater im Larousse folgendes Urteil über seine Arbeit ab: »Ein Versuch, präzise Gesetze über die Beziehung zwischen der Seele und der Physiognomie aufzustellen, ist ein Unterfangen, das eines Mystikers wert ist, der von seiner Einbildungskraft fortgerissen wird, es bringt einen auf einen so gefährlichen wie mutmaßlichen Weg.«[22]

Lavaters Absicht, die im Untertitel zu diesem Werk »zur Beförderung der Menschenkenntnis und Menschenliebe« erklärt wird, war es, die menschliche Natur durch eine Analyse ihrer physikalischen Erscheinungen zu porträtieren. Dieses ästhetische Interesse gründete auf seinem Glauben, daß die äußere Gestalt ein Spiegelbild und ein Symbol des Charakters ist. Bei seiner Analyse der äußeren Erscheinung des Menschen hoffte Lavater, die innere Substanz jedes Menschen zu finden, ein Vorgehen, das durch die Physiognomieforschungen der Renaissance und des Klassizismus bis zu Aristoteles' Begriff der substantiellen Form zurückverfolgt werden kann, welche er mit Energie und dem dynamischen Element der Existenz gleichsetzte. Diese nicht-zufällige Komponente – »mit Form meine ich das Wesen jedes Dinges«[23] – war das Ziel von Lavaters Suche, er widersetzte sich unerbittlich dem Glauben, »daß alles im Menschen von der Bildung, Kultur, dem Beispiel abhängt und nicht von der ursprünglichen Organisation und Gestaltung«.[24]

Obwohl Lavater sehr wegen seiner charismatischen Persönlichkeit und als Gründer einer neuen Physiognomik bewundert wurde, war sein größter Feind zeitlebens der Spott, da die europäischen Denker in ›Physiognomisten‹ und ›Antiphysiognomisten‹ gespalten waren. Aber sein Ziel war weit davon entfernt, verachtenswert zu sein – es war nichts Geringeres als die Rekonstruktion der menschlichen Natur nach einer geistigen, aber wissenschaftlichen Theorie von der Einheit von Seele und Körper. Die grundlegende Idee in den *Physiognomischen Fragmenten* war die, daß »die Beschaffenheit der Seele in der des gesamten Körpers, besonders aber der des Antlitzes sich abspiegele«, und deshalb mußte die menschliche Gestalt als ein »harmonisches Kunstwerk« betrachtet werden, das von der Hand der »Meisterkünstlerin Natur« geschaffen worden war.[25] Diese ›Doktrin der Harmonie‹ fand auch im Werk von Geoffroy und Cuvier Ausdruck. Geoffroys zoologische und anatomische Studien führten ihn dazu, das »Prinzip typischer Einheit in der Organisation« zu entwickeln, das besagte, daß es einen einzigen, stetigen Strukturplan gab, der allen Tieren zugrunde lag. Diese Theorie verband die Prinzipien der Wahlverwandschaften, der Ungleichheit der Entwicklung, der Beständigkeit der Verbindungen, und des Gleichgewichts der Organe.[26] Cuvier war Urheber der wissenschaftlichen Paläontologie. Seine Theorie von der »Wechselbeziehung der Formen«, die es ihm ermöglichte, ein Skelett mit kleinen erhaltenen Fragmenten zu rekonstruieren,[27] war die Übersetzung von Lavaters Hypothese des perfekten Zusammenhangs der Lebewesen in die Naturwissenschaft.[28] Obwohl Geoffroy und Cuvier enge Freunde waren und in der anatomischen Forschung zusammenarbeiten, stießen sie in einem öf-

Abb. 13 Sullivan, Skizze eines grotesken Kopfes, 26. Jan. 1878 (Kat. 106)

Abb. 14 Sullivan, Skizze eines Männerkopfes im Profil, 2. Nov. 1878 (Kat. 107)

fentlichen Disput in der Akademie der Wissenschaften im Jahr 1830 aufeinander. Der Disput widmete sich einigen derselben theologischen und physiognomischen Themen – wenn auch mit anderen Worten –, die Lavater Jahrzehnte früher bewegt hatten.

In der zweiten Hälfte des 19. Jahrhunderts wurde Lavaters Wissenschaft nur noch als exzentrischer und antiquierter Okkultismus behandelt. Neuere Arbeiten stellen seinen Beitrag jedoch in eine wichtige kulturell-geistige Tradition der Geistesgeschichte, und sein Einfluß auf die französische Literatur des 19. Jahrhunderts war unleugbar stark.[29] Sowohl Balzac als auch George Sand gehörten zu seinen Bewunderern.[30]

Bei der Suche nach einer engeren Verbindung zwischen den Theorien Lavaters und Sullivans wenden wir uns noch einmal der Bibliothek des Architekten zu. In einem Werk von Herman Grimm mit dem Titel *The Life and Times of Goethe* ist ein gesamtes Kapitel einer Analyse der Beziehung zwischen Goethe und Lavater gewidmet, die regelmäßig korrespondierten.[31] Wie Grimm schreibt, sei Lavater für Goethe »ein Individuum [gewesen], einzig, ausgezeichnet, ...die Blüte der Menschheit, das Beste vom Besten«.[32] Goethe wurde von Lavaters persönlicher Anziehungskraft und Brillanz dazu verleitet, Mitherausgeber der *Physiognomischen Fragmente* zu werden: »Für dieses Werk hat Goethe sich zum Mitarbeiter heranholen lassen, bis er zuletzt den Druck selbst zu besorgen unternahm und gleichsam für das Buch mit einstand.«[33] Sein eigenes Porträt und das seines Vaters befinden sich unter den Stichen in der Abhandlung (Abb. 11, 12). Obwohl Goethe sehr von Lavater beeindruckt war, sich sehr mit ihm und seinem Werk über Physiognomik auseinandersetzte und sogar von seinem Schreibstil beeinflußt war, wies er ihn schließlich zurück. Grimms Darlegung ihrer Beziehung ist von den negativen Urteilen gefärbt, die Goethe im Alter über Lavater fällte.[34] Der jüngere Goethe hatte über seine Beziehung zu Lavater in *Dichtung und Wahrheit* geschrieben, die Sullivan als Teil einer gesammelten deutschen Ausgabe von Goethes Werken besaß.[35] Sullivan scheint ein starkes Interesse an deutscher Kultur und deutschen Ideen gehabt zu haben, vielleicht angeregt von seinem Freund John Edelman oder wahrscheinlicher von seinem eigenen deutschen Großvater.[36]

Goethes Studien der jungen Wissenschaft der Physiognomik waren Teil seiner breitgestreuten Interessen an Dichtung, Philosophie und den Naturwissenschaften. Er betrieb letztere gleich nach seiner Ankunft in Weimar, wo er den Begriff der »Urpflanze« formulierte, der archetypischen Pflanze, aus der alle anderen Pflanzen gemäß dem Naturgesetz entwickelt werden können und auf die alle Pflanzen zurückverfolgt werden können.[37] Goethe fühlte sich wie Taine stark zur Naturwissenschaft hingezogen und hatte großes Interesse an den Auswirkungen der wissenschaftlichen Methode und Entdeckung für die Philosophie. Er zeigte dies, indem er genau den berühmten Disput zwischen Geoffroy und Cuvier verfolgte und ihn fesselnder fand als die stürmischen politischen Ereignisse der Julirevolution von 1830 in Frankreich.[38]

Während andere Sullivans Romantik kommentierten, ist der Einfluß seines Interesses an der Physiognomik auf seine Schriften und Architekturgestaltung bis heute nicht zur Sprache gebracht worden. Und dennoch ist dieses Interesse durch seine ganze Autobiographie hindurch offenkundig. Bis Sullivan die *Autobiography of an Idea* schrieb, war die Physiognomik schon ausgedehnt in der französischen Literatur popularisiert worden, insbesondere von Balzac, der eine große Leserschaft hatte. In Sullivans Beschreibung seiner Großeltern mütterlicherseits – »Henri List ... 1,80 Meter groß, gut proportioniert, aufrechte Haltung, gewölbter Kopf, volles, glatt rasiertes Gesicht, volle Lippen, kleine graue Augen, vorstehende Augenbrauen und Säufernase ... Ihre Mutter war schweizerisch-französischer Abstammung ... Aber ihre lange florentinische Nase wies auf eine italienische Linie hin« – verkörpert seine besondere Hervorhebung des Kopfes Lavaters Glauben, daß das Gesicht der Spiegel des moralischen Charakters ist.[39]

Tatsächlich sind alle Menschen, die für Sullivans geistiges und emotionales Leben wichtig sind, in allen Einzelheiten beschrieben, einschließlich einer langatmigen Analyse seiner Cousine Minnie und der Architekten Edward Burling und Dankmar Adler (später Sullivans Partner). Sullivan schrieb von Burling, daß »er ein unglaublicher Yankee mit langer und dicker Nase war, der merklich schnell alterte und von offensichtlich schwächer werdendem Willen war«, während Adler »ein gesetzter, kurznasiger Jude mit starkem Bart und einer prächtig gewölbten Stirn [war], die plötzlich an der soliden Masse des schwarzen Haares stoppte. Er war der Inbegriff von Standhaftigkeit und Stärke, physisch wie geistig.«[40] Diese Assoziation zwischen Erscheinung (Form) und Charakter (Inhalt) und seine zahlreichen Skizzen zeigen, daß Sullivan ein Physiognomist war (Abb. 13, 14).[41]

Unter den oben angesprochenen Theorien und Ansichten scheint die von Cuvier die wichtigste für eine Untersuchung der europäischen Einflüsse auf Sullivans Werk zu sein. Cuvier hat offensichtlich das Denken einer ganzen Reihe von Menschen durch seine Arbeit am Jardin des Plantes beeinflußt. So war beispielsweise der Architekt und Theoretiker Gottfried Semper Cuvier zu Dank verpflichtet, dessen Ausstel-

Abb. 15 Sullivan, Teil einer Trennwand des Schlesinger and Mayer Store (heute Carson Pirie Scott), Südostecke State und Madison Street, 1899-1904 (Kat. 136)

Abb. 16 Sullivan, Innenansicht mit hölzerner Trennwand des Schlesinger and Mayer Store

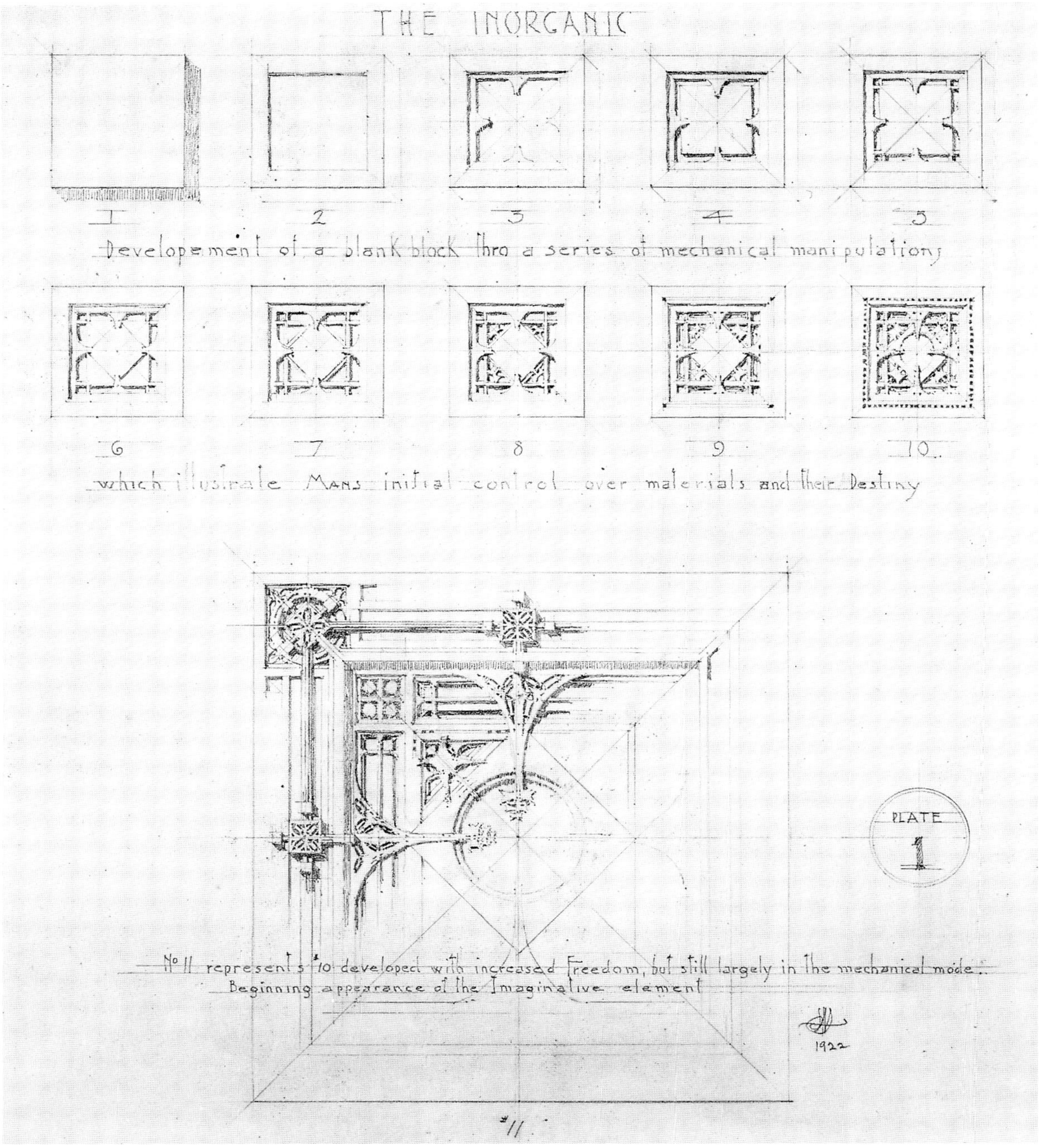

Abb. 17 Sullivan, ›Entwicklung eines reinen Quaders durch eine Reihe mechanischer Manipulationen‹, 1922; aus A System of Architectural Ornament, *1924, Tafel 1 (Kat. 157)*

Abb. 18 Sullivan, ›Impromptu‹, 1922; aus A System of Architectural Ornament, *Tafel 16 (Kat. 163)*

lung von Tierskeletten teilweise das klassifizierende System inspiriert hatte, mit dem Semper versuchte, eine Typologie der Architektur zu erstellen.[42] Cuviers Doktrin hatte auch eine starke Wirkung auf Viollet-le-Duc, und kein Architekt der zweiten Hälfte des 19. Jahrhunderts konnte seinem Einfluß völlig entfliehen.[43]

Während es in Geoffroys Disput mit Cuvier um technische Inhalte von lebhaftem Interesse für Zoologen, Paläontologen und Anatomen ging, hatten Geoffroys »philosophische Anatomie« und Cuviers »funktionalistische Anatomie« weitreichendere Auswirkungen, die in der Literatur, Philosophie und schließlich in der Architektur spürbar wurden. Diese wissenschaftliche Kontroverse kristallisierte die hauptsächlichen Streitfragen der Naturwissenschaft des frühen 19. Jahrhunderts heraus, indem sie zwei gegensätzliche Interpretationen der Tierstruktur vorschlug; die eine erklärte sich »durch morphologische Gesetze«, die andere »erklärte sich in erster Linie durch Verweise auf die Funktion«.[44]

Geoffroy schlug vor, daß die Anatomie Form und Funktion der Teile zugunsten des »Prinzips der Verbindungen« ignorieren sollte, was der Kern der Morphologie-Wissenschaft war. Seine Auffassungen waren im wesentlichen evolutionär und ebneten den Weg für Darwins Theorien. Seine Theorie befreite die Wissenschaftler davon, nach den allgemeinen Gesetzen der Organisation des Tieres zu suchen, während Cuvier in der Rolle des Wissenschaftlers das Zusammentragen eindeutiger Fakten sah.[45] Es gab zwei Hauptelemente in Cuviers funktionalistischer

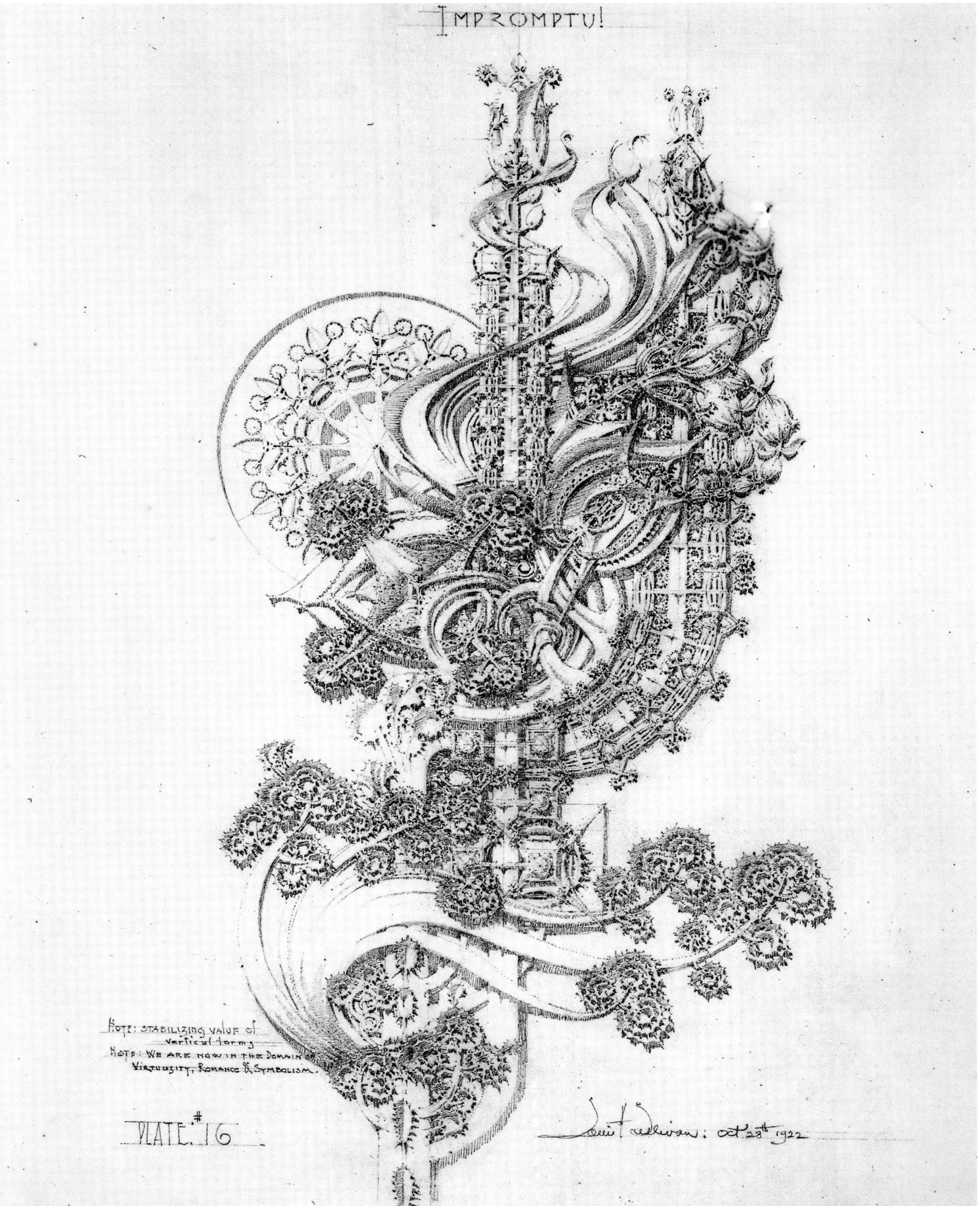
IMPROMPTU!
NOTE: STABILIZING VALUE OF vertical forms
NOTE: WE ARE NOW IN THE DOMAIN OF VIRTUOSITY, ROMANCE & SYMBOLISM.
PLATE: # 16
Louis H. Sullivan: Oct. 28th 1922

Maxime: »Daß die Bedürfnisse des Tiers ausreichten, um seine Struktur zu bestimmen«, und daß »der Schöpfer frei war, das geeignete Organ hervorzubringen«.[46] Laut Cuvier sind einzigartige Hauptorgane, wenigstens bei großen Tieren, eher solche, die durch Sezieren sichtbar werden, als solche, die man von außen sieht. Daraus folgt, daß die Funktion, die die Form des Tiers bestimmt, in seinem Inneren liegt. Also bestimmt die Funktion selbst nicht nur die komplizierteren, asymmetrischen Formen, sondern jene Formen sind auch unsichtbar.[47] Cuvier scheint zu dem Lager gehört zu haben, das Lavater sehr kritisch gegenüberstand und voll Verachtung für seine Physiognomik-Theorien war.[48] Dennoch besteht zwischen Cuviers und Lavaters philosophischen Ausgangspunkten eine starke Ähnlichkeit, daß nämlich die äußere Erscheinung sowohl der Menschen als auch der Tiere nur ein Spiegelbild der inneren wesentlichen Qualitäten und Funktionen ist, die unsichtbar sind und dem nackten Auge verborgen bleiben.

Wir wissen aus seiner Autobiographie, daß Sullivan ein großer Leser war; deshalb erscheint es logisch, daß er Cuviers Arbeit und den Disput mit Geoffroy kannte.[49] Sullivans Maxime, »die Form folgt der Funktion«, wird als Essenz seines Beitrages zur modernen Architektur betrachtet. Cuvier wäre mit dieser Feststellung in Anbetracht seiner eigenen funktionalistischen Theorien sicherlich einverstanden gewesen. Seine Lehre könnte tatsächlich dazu verwendet werden, Sullivans architektonische Leistung, insbesondere seine Ornamentik (Abb. 15, 16) zu interpretieren. Ich würde sogar sagen, daß Sullivan über das Motto »Form folgt der Funktion« als Sammelbegriff für die materialistische Qualität seiner großen Gebäude hinaus von der Vorstellung fasziniert war, daß die Hauptorgane der Anatomie einzigartig und asymmetrisch waren. Mit dieser Idee vor Augen schuf er das umfassendste und schönste Ornamentsystem der modernen Architektur, das am Äußeren eines Gebäudes die wahre Natur der Funktionen im Innern illustrieren sollte. Wie er zusammenfassend in *A System of Architectural Ornament* (Abb. 17, 18; Tafeln 40, 41; Kat. 157-64) darlegte, machte er das Unsichtbare sichtbar. In seinem leidenschaftlichen Streben nach Ehrlichkeit in der Architektur und nach der wesentlichen Form verband Sullivan Lavaters Überzeugung, daß die Erscheinung ein Spiegel der Seele und des Charakters ist, mit Cuviers funktionalistischer Theorie. So vereinte er in persönlicher und kreativer Weise die offensichtlich gegensätzlichen oder unvereinbaren Ergebnisse des Vaters der Physiognomik und des Vates der Paläontologie.

Die faszinierendste der Fähigkeiten, die Cuvier nachgesagt wurden, war die Mühelosigkeit, mit der er – durch seine vorherige Kenntnis der Möglichkeiten – ein gesamtes Skelett aus dem kleinsten Knochenfragment rekonstruieren konnte.[50] Dies war keine ganz neue Idee, da schon Diderot zugeschrieben wurde, allein durch Betrachtung eines einzigen Fingerknöchels feststellen zu können, ob ein Mensch gesund oder deformiert war.[51] Diese beiden Anekdoten verweisen auf einen gängigen Topos, der ein Äquivalent in der Architektur hat. Die Komposition in der klassischen griechischen, dann römischen und später Renaissance-Architektur beruhte auf den Säulenordnungen, die die Verwendung eines modularen, proportionalen Systems für die Konstruktion der Gebäude vorschrieben. Der Modul war der Schaftdurchmesser an der Basis der Säule. So reicht eine Säulentrommel vom Säulenschaft für die Rekonstruktion eines ganzen Gebäudes aus. Das mühselige Studium der Säulenordnungen wurde sogar weiterbetrieben, nachdem die Unmöglichkeit der perfekten absoluten Proportionen nachgewiesen worden war;[52] es vermittelte den Studenten ein tieferes Verständnis der antiken Architektur und stellte eine Übung dar, den Entwurf eines Gebäudes als System verwandter Teile zu begreifen.

Die scheinbar unzusammenhängenden Fäden in Sullivans geistigem und künstlerischem Hintergrund werden so wieder miteinander verbunden. Er bezog Inspirationen und Unterstützung für seine Neigung zur organischen Philosophie aus scheinbar entgegengesetzten Quellen. Seine klassische – wenn auch kurze – Ausbildung in den Säulenordnungen hatte eine tiefe Wirkung auf ihn. Sein unersättliches Lesen außerhalb der Disziplin der Architektur, worauf der Inhalt seiner Bibliothek schließen läßt, könnte ihn zu den großen wissenschaftlichen Debatten seines Jahrhunderts geführt haben. Sullivan entwickelte aus einer Verschmelzung gegensätzlicher Traditionen des Klassizismus und der organischen Philosophie seine eigenen Architekturtheorien und brachte sie in seinen Gebäuden und Zeichnungen zum Ausdruck. Da die Funktion im Hinblick auf seine moralische Verpflichtung, eine Architektur der Demokratie zu schaffen, von größter Bedeutung für ihn war, stützte er sich sowohl auf ein Studium der Säulenordnungen als auch auf eine von Cuvier inspirierte funktionalistische Theorie. Sein glühendes persönliches Streben nach einer charakteristischen und umfassenden Architektur wurde mit dieser Synthese erfüllt, die er durch sein System des organischen Ornaments erreichte.

Übersetzung: Ralf Gesatzky

ANMERKUNGEN

Danken möchte ich Professor Leo Schelbert, University of Illinois in Chicago; Daniel F. Goujet, Maître de Conférence am Muséum d'histoire naturelle; Professor David Hull, Northwestern University; Professor James G. Turner, University of Michigan; und Timothy Samuelson, Commission on Chicago Historical and Architectural Landmarks, für ihren verständigen Rat und ihre großzügige Hilfe bei der Vorbereitung dieses Aufsatzes. Professor Marco Diani, Northwestern University und CNRS (Paris) bin ich zu tiefem Dank verpflichtet, weil er mich an seiner Forschung über die französische Geistesgeschichte des 19. Jahrhunderts teilhaben ließ.

1 Louis Sullivan, *The Autobiography of an Idea,* 1924; Neuaufl. New York 1956, S. 186.

2 Ibid., S. 189.

3 Henry A. Millon, *Filippo Juvarra: Drawings from the Roman period 1704-1714,* Rom 1984, Teil I, S. XXIV.

4 Die Vignola-Ausgabe, die ich für diesen Vergleich verwendet habe: Vignole, *Traité élémentaire pratique d'architecture ou étude des cinq ordres,* zusammengestellt von J.-A. Leveil, Paris 1891.

5 Der Fuß des Schaftes, Basis, Plinthe, Kapitell und Gebälk des Modells stammen von Tafel II. Das obere Ende des Schaftes, Kapitell und Gebälk waren auf Tafel IV gestaltet. Von dieser Tafel übernahm er auch das einfache Interkolumnum, während der Plan der Arkade auf Säulen, die Arkade auf Säulen über Säulenfüßen und die Einzelheiten des Gesimses teilweise durch Tafel VII inspiriert waren.

6 Aus Tafel XIII nahm er den Fuß des Schaftes, Basis, Plinthe und Fuß der Säulenordnung sowie die geometrische Herleitung der Kannelierung des Schaftes. Das Gesims, das Gebälk, das Kapitell und das obere Ende des Schaftes waren von Tafel XIV abgezeichnet, ebenso die Erhöhung des Kämpfers der Archivolte. Schließlich war der Plan des vorkragenden Gesimses von der linken Abbildung auf Tafel XVI abgezeichnet.

7 Sullivan ließ die Metope im Fries aus und ersetzte die stilisierte Lilie im Echinus und auf dem Abakus durch impressionistisch anmutende Rosetten. Der Plan des Gesimses wurde nach der rechten Abbildung auf Tafel XVI gestaltet. Die Basis der Säulenordnung und die Studien für die Kannelierung sind sehr wahrscheinlich nach Tafeln, die heute nicht mehr vorhanden sind, gestaltet worden. Am meisten erstaunt die relative Sorglosigkeit, mit der die naturalistischen Elemente der Dekoration gezeichnet sind. Dies wird besonders bei den Blättern des Gesimses und den Rosetten des Echinus deutlich.

8 Sullivan (Anm. 1), S. 233.

9 Ibid., S. 234.

10 Louis Sullivan, Notizbuch, Ms. S. 190, Avery Architectural Library, Columbia University, New York. Im ›Lotos Club Notebook‹, in dem eine Reihe handschriftlicher Bemerkungen stehen und das von Sullivan, seinem Freund John Edelman und anderen Mitgliedern des Clubs geführt wurde, gibt es eine Auflistung von 31 Büchern, die 1875 von Louis Sullivan oder von allen Mitgliedern des Clubs vielleicht auf seinen Vorschlag hin gelesen wurden. Erst im Herbst 1875 kehrte Sullivan nach Chicago zurück. Taines *Philosophie der Kunst,* das erste Buch auf der Liste und wahrscheinlich am 5. Januar begonnen, wurde also während seiner Italienreise gelesen und nicht vorher.

11 Sullivan (Anm. 1), S. 167.

12 Ibid.

13 Williams, Barker and Severn Co., *Auction catalogue No. 5533,* Chicago, 29. Nov. 1909. Burnham Library, The Art Institute of Chicago. Jetzt in David S. Andrew, *Louis Sullivan and the Polemics of Modern Architecture,* Chicago 1985, Anhang 2, S. 162. Dieser Band von Taine war Position 29 im Auktionskatalog.

14 Für eine knappe Biographie und Analyse des Werks von Taine siehe André Creson, *Hippolyte Taine, sa vie, son œuvre,* Paris 1951. Zur Bewertung durch einen Zeitgenossen siehe Pierre Larousse, *Grand dictionnaire universel du XIX. siècle,* Paris 1866-79, Band 14, S. 1408.

15 Für eine Untersuchung der Rolle des Museums für Naturgeschichte in wissenschaftlichen Kreisen des 19. Jahrhunderts siehe William Coleman, *Biology in the Nineteenth Century, Problems of Form, Function and Transformation,* New York 1971, S. 3-14.

16 Hippolyte Taine, *Philosophie der Kunst.* Übertragen von Ernst Hardt, Jena 1907, S. 33.

17 Ibid., S. 37 f.

18 Sullivan (Anm. 1), S. 240.

19 Siehe Anmerkung 13.

20 Larousse (Anm. 14), Band 10, S. 266-67.

21 Die englische Ausgabe wurde von der französischen Ausgabe übersetzt, die in Den Haag in vier Bänden zwischen 1781-1803 unter dem Titel *Essais sur la physiognomie, destinés à faire connaître l'homme et à le faire aimer* veröffentlicht wurde.

22 Larousse (Anm. 14), Band 10, S. 267.

23 W. Tatarkiewicz, ›Form in the history of aesthetics‹, Philip Wiener (Hrsg.), *Dictionary of the History of Ideas,* New York 1973, Band 2, S. 216-25.

24 J.K. Lavater, zitiert nach der englischen Ausgabe, *Essays on Physiognomy Designed to Promote the Knowledge and Love of Mankind,* 3 Bände, London 1789-98, Band 1, Fragment 116.

25 Herman Grimm, *The Life and Times of Goethe,* Boston 1880 (Position 78 im Auktionskatalog von Sullivans Bibliothek – siehe Anmerkung 13). Hier zitiert aus Herman Grimm, *Das Leben Goethes.* Neu bearbeitet und eingeleitet von Reinhard Buchwald, Stuttgart 1940, S. 167.

26 Larousse (Anm. 14), Band 8, S. 1180.

27 Ibid., Band 5, S. 693.

28 Grimm (Anm. 25); Toby A. Appel, *Philosophical Anatomy and the Cuvier-Geoffroy Debate,* Chicago 1986, Einleitung. Ich bin Professor David Hull von der Northwestern University, Philosophische Fakultät, zu Dank verpflichtet, weil er meine Aufmerksamkeit auf diese Arbeit gelenkt und mir seinen maschinengeschriebenen Text geliehen hat. F. Baldensperger, *Etudes d'histoire littéraire,* Paris 1910, Band 2, S. 51-91.

29 Zur Beurteilung Lavaters siehe Kamal Redwan, *Die Sprache Lavaters im Spiegel der Geistesgeschichte,* Göppingen 1972; Christian Janentzky, *Lavaters Sturm und Drang,* Halle 1916; und neueren Datums in der Kunstgeschichte, Barbara M. Stafford, »Peculiar Marks«: Lavater and the Countenance of Blemished Thought‹, eine Schrift, die 1986 bei dem Treffen der College Art Association präsentiert wurde.

30 Appel (Anm. 28), Kap. 6.

31 Siehe Anmerkung 25. Ihre Korrespondenz befindet sich in *Goethe und Lavater,* Heinrich Funck (Hrsg.), Weimar 1901.

32 Grimm (Anm. 25), S. 164.

33 Ibid., S. 166.

34 Ibid., S. 172. In seinen Gesprächen mit J.P. Eckermann sagte Goethe über Lavater: »Er belog sich selbst und andere.«

35 Position 147 im Auktionskatalog (Anm. 13).

36 Sullivan berichtet in seiner *Autobiography* (Anm. 1; S. 11-12), daß sein Großvater, Henri List, Griechisch in Genf unterrichtete. Sullivan reichte auch die Familienlegende weiter, daß List ein rebellischer Geistlicher in Deutschland gewesen war. Lists genaue akademische Titel und sein Vorleben bleiben ein Geheimnis.

37 Goethes Naturbegriff war im wesentlichen organisch. Wie G.N.G. Orsini in ›Organicism‹ (Anm. 23), Band 3, S. 421-27, anführt, verurteilt Goethe in *Faust I* den analytischen Wissenschaftler: »Dann hat er die Teile in seiner Hand,/Fehlt leider! nur das geistige Band,« läßt er Mephistopheles sagen; Faust I, Vers 1938-1939.

38 Appel (Anm. 28), Einleitung, Kap. 5.

39 Sullivan (Anm. 1), S. 11.

40 Ibid., S. 142, 252.

41 Eine ähnliche Idee wird von N. G. Menocal in *Architecture as Nature, the Transcendentalist Ideal of Louis Sullivan,* Madison, Wisc. 1981, S. 63 ausgedrückt: »Sullivan glaubte, daß die äußere Erscheinung eines Werks der Natur das Bild seines Wesens sei. Ein Entwurf könnte so sein, daß er die heroische Seele eines Gebäudes ausdrückt, er könnte seine transzendente Individualität in derselben Weise porträtieren, wie das Bild eines Menschen der beste Ausdruck des physischen und psychischen Charakters jener Person sein konnte.« Menocal bezieht sich jedoch nicht auf physiognomische oder anatomische Modelle.

42 Wolfgang Herrmann, *Gottfried Semper: In Search of Architecture,* Cambridge, Mass. 1984; und Besprechung von Rosemarie Bletter in *Times Literary Supplement,* 24. Jan. 1986.

43 Siehe den Aufsatz von Joseph Rykwert, ›Architettura e organicismo dall'organon al funzionale‹, *L'Avventura delle idee nell'architettura 1750-1980,* J.M. Lampugnani (Hrsg.), Mailand 1985, S. 103-19.

44 Appel (Anm. 28), S. 5.

45 Ibid., Kap. 5.

46 Ibid., S. 6.

47 Rykwert (Anm. 43), S. 108.

48 Siehe den Brief von Charles Villers an Georges Cuvier, Metz, 1802, in F. Baldensperger (Anm. 28), S. 67-68.

49 Es gibt einen langen Eintrag über Cuvier in Larousse (Anm. 14), der sich im ganzen wie eine Auflistung von Sullivans Anliegen liest. Seine Kenntnis von Cuvier kann sehr wohl mehr gewesen sein als eine Bekanntschaft aus zweiter oder dritter Hand, da er die Schriften mehrerer Autoren las, oder wenigstens besaß, die den biologischen Disput aus der Nähe verfolgten und sich über die Auswirkungen des wissenschaftlichen Disputs auf das Verständnis der Natur und des menschlichen Lebens Gedanken machten.

50 Larousse (Anm. 14), Band 5, S. 693.

51 Grimm (Anm. 25), S. 175.

52 Von Claude Perrault in *Ordonnance des cinq espèces de colonnes selon la méthode des anciens,* Paris 1683, Vorwort.

44069

C. W. Westfall

Vom Haus zum Hochhaus: Ein Jahrhundert der großen Hotels und Appartementhäuser in Chicago

Zur Zeit der Stadtgründung Chicagos betrachtete man das amerikanische Hotel eher als öffentlichen Treffpunkt für die ortsansässigen Geschäftsleute denn als Bleibe für Reisende.[1] Die frühen Hotels am Chicago River – anfangs schlicht, dann zunehmend anspruchsvoll – zeigen die Richtlinien auf, denen ein Jahrhundert lang jene Hotels folgten, die die ersten Ränge einnehmen wollten. Eine Voraussetzung dafür war die erstklassige Qualität von Küche und Service und der Vergnügungsprogramme. Bar, Speisesaal, Empfangshalle und Salons mußten sowohl die städtischen Geschäftsleute als auch die Prominenzen auf der Durchreise anziehen. Das Gebäude selbst mußte zu den großartigsten der Stadt zählen, prächtiger noch als die neuesten städtischen oder bundesstaatlichen Regierungsbauten. Und schließlich mußte sein Name lokale Bedeutung haben, und nicht etwa Assoziationen an die Ostküste oder das Ausland hervorrufen.

Von den sechziger Jahren des 19. Jahrhunderts an kamen Familien in die Hotels, und bald zogen auch Dienstreisende bei längeren Aufenthalten ein Hotel einem provisorischen Heim vor. Als immer häufiger Damen in Hotels übernachteten, wurde es erforderlich, ihnen einen separaten Eingang mit einer Verbindung zu den oberen Stockwerken zur Verfügung zu stellen, um sie vor den Blicken der Männer, die sich in der Empfangshalle oder den Salons aufhielten, zu schützen. Diese Besonderheit wurde erst in unserem Jahrhundert abgeschafft.

Zu jener Zeit gewann Potter Palmer, der erfolgreichste Kurzwarengroßhändler der Stadt, maßgeblichen Einfluß auf das Hotelgewerbe in Chicago. Palmer erkannte als erster, daß der wirtschaftliche Erfolg eines Hotels von der Bedeutsamkeit seiner Rolle im Geschäftsleben einer Stadt abhing. Sein Einzug in das Hotelgewerbe war Teil eines größeren Planes zur Umgestaltung des Stadtzentrums. Zwischen dem alternden, aber geschäftigen Hafen- und Handelsviertel am Chicago River und der sich südwärts ausdehnenden Wohnbebauung, wenige Straßenzüge von der Überschwemmungszone am Seeufer entfernt, errichtete Palmer einen imposanten Verkaufspalast, den er an seinen früheren Partner Marshall Field verpachtete. Kurz danach, im Jahre 1870, eröffnete er das erste Palmer House, ein luxuriöses, von John M. Van Osdel entworfenes achtstöckiges Hotel an der Quincy Street, drei Blocks von Marshall Field's entfernt.

Abb. 1 Marshall and Fox, Blackstone Hotel, Nordwestecke Balbo Street und Michigan Avenue, 1908

Abb. 2 W. W. Boyington, Grand Pacific Hotel, Nordostecke LaSalle und Jackson Street, 1870; 1872 nach dem Brand wiederaufgebaut (inzwischen abgerissen); aus Rebuilt Chicago, *Chicago 1873*

Abb. 3 John M. Van Osdel mit Charles M. Palmer, Palmer House III, Südostecke State und Monroe Street, 1872 (abgerissen); aus Rebuilt Chicago

Bald begann Palmer mit dem Bau eines neuen, wiederum von Van Osdel entworfenen Hotels, das den größten Teil der State Street von dem Block nördlich des Palmer House einnehmen sollte.

Im Jahr vor der Eröffnung des ersten Palmer House wurde die transkontinentale Eisenbahnverbindung fertiggestellt, die den künftigen Wohlstand Chicagos sicherstellen sollte. Der Verlauf des Eisenbahnbaus in den Vereinigten Staaten brachte es mit sich, daß es niemals eine Linienverbindung von der Ost- zur Westküste gab, was dazu führte, daß transkontinentale Züge stets in Chicago hielten und den dortigen Bahnhof zum verkehrsreichsten des ganzen Landes machten. In Europa, besonders in England, bauten die Eisenbahngesellschaften Bahnhöfe, denen Hotels angegliedert waren, eine Praxis, die sich in Amerika nicht durchsetzte. In Städten, wo die Bahnlinien endeten, benötigte man jedoch Hotels, und Palmers Hotels zählten zu den vielen, die gebaut wurden, um den in Chicago erwarteten Zuwachs an Durchreisenden aufnehmen zu können. Diese Hotels wurden meist ohne Rücksicht auf den Standort der zahlreichen städtischen Bahnhöfe plaziert; das 1871 fertiggestellte Grand Pacific Hotel bildete hier die einzige Ausnahme.

Zu den Geldgebern dieses Hotels gehörten führende Aktionäre der Eisenbahngesellschaften, die die am Rande der Innenstadt gelegene Van Buren Street Station am Ende der LaSalle Street benutzten (Abb. 2).[2] Das Grand Pacific Hotel wurde vom zweiten bedeutenden Hotel-Architekten Chicagos, William W. Boyington, entworfen; es war sechs Stockwerke hoch und nahm einen halben Straßenblock ein. Ähnlich wie Van Osdel bevorzugte Boyington den damals gerade in Mode gekommenen Second-Empire-Stil, der den ruhigen italianisierenden Stil an Beliebtheit übertroffen hatte. Charakteristisch für diesen Stil ist eine fünfteilige, meist steinerne Fassade, die von einem kunstvollen Konsolgesims gekrönt wird, über dem sich häufig ein von Eck- und Mittelpavillons begleitetes Mansarddach erhebt. Die Fassaden sind durch eine Mischung von Rechteck- und Bogenfenstern verschiedener Größe, durch unterschiedliche Geschoßhöhen und eine Überfülle von Pilastern und Säulen gekennzeichnet.

Diese neuen Hotels waren größer, sorgfältiger geplant und besser ausgestattet als ihre Vorgänger in Chicago. Sie verfügten über eine größere Zahl und Vielfalt von Gästezimmern und Räumlichkeiten, die von kleinen Dachmansarden für Hotelangestellte und Gästepersonal bis zu perfekten Suiten mit separaten Toiletten reichten. Ein größeres Angebot an luxuriös möblierten Gesellschaftsräumen, aufwendigen Treppenhäusern, Speisezimmern und Küchen wurde sowohl dem kultivierten Geschmack der Reisenden von der Ostküste als auch den erstaunlichen Ansprüchen der derben Männer des Westens gerecht. Die Hotels stellten darüber hinaus eben erst vervollkommnete

Annehmlichkeiten bereit, wie Fahrstühle, Dampfheizungen, elektrische Rufanlagen, fließendes Wasser sowie Telegrafen- (und bald Telefon-)Verbindungen zur Rezeption, zur Stadt und zur Welt. Keines dieser Hotels war jedoch feuersicher.

Die fünfhundert Räume des Grand Pacific Hotel waren nahezu fertiggestellt, Van Osdels Palmer House war schon weit gediehen und Konkurrenten bereiteten ihre Einweihungsfeierlichkeiten vor, als der große Brand im Oktober 1871 die Hotels und die ganze übrige Innenstadt zerstörte. Jetzt kämpften die Eigentümer nicht mehr um Gäste, sondern darum, als erste wieder ihre Pforten zu öffnen. Ein neues Grand Pacific, das man nach den alten Plänen erbaut hatte, konnte im Juni 1873 seiner Bestimmung übergeben werden;[3] das dritte Palmer House folgte nur wenige Monate später. (Van Osdels zweites Palmer House wurde vor seiner Fertigstellung vom Feuer zerstört.)

Obgleich als letztes wiedereröffnet, wurde das Palmer House zum ersten Hotel am Platze (Abb. 3). Es wird berichtet, daß Potter Palmer unmittelbar nach dem Brand von seinem Architekten begleitet nach Europa reiste, um »gründlich die Vorzüge solcher Bauten wie des Grand Hôtel [1862] und des Hôtel du Louvre [1855] in Paris, Langhams [1864] in London sowie des Beau Rivage d'Angleterre [1865] und des Grand Hôtel de la Paix [1872] in Genf« zu studieren, Architekten in Fragen der Feuersicherheit zu konsultieren und Materialien zu bestellen.[4] Da Palmer spät begonnen hatte, mußte er sich jetzt sputen, wenn er noch von der vom Kongreß am 5. April 1872 beschlossenen Gesetzgebung profitieren wollte, die eine Ermäßigung von Einfuhrsteuern auf Baumaterialien – außer Holz – zuließ, die innerhalb eines Jahres nach Verabschiedung des Gesetzes »tatsächlich dazu verwendet werden, Gebäude anstelle der verbrannten« zu errichten. Das importierte Glas und die 500 Tonnen Eisenträger, die Palmer in Belgien gekauft hatte, wurden von einer 350 Mann starken Arbeitskolonne in bis elf Uhr nachts verlängerten Arbeitsschichten im Schein elektrischer Bogenlampen eilig verarbeitet, die auf dem »riesigen Bauwerk, das im künstlichen Licht wie ein großes Skelett wirkte« (Abb. 4), Schatten malten.[5] Obgleich Van Osdels Name herkömmlicherweise mit dem Entwurf dieses Palmer House verbunden ist, war sein Anteil daran weniger bedeutsam als bei den ersten beiden.[6] Das neue Palmer House umfaßte acht Stockwerke und mehr umbauten Raum als sein unvollendeter verbrannter Vorgängerbau; es enthielt 700 Zimmer, 16 Läden, 60 Büros im Mezzaningeschoß, eine prächtige Empfangshalle, Treppen und öffentliche Räume, ganz zu schweigen von dem Friseurladen im Untergeschoß, in dessen Fußboden Silberdollars eingelassen waren. Um sich der Feuersicherheit des Hauses zu rühmen, bot Palmer jedem, der den Versuch wagen wollte, eine Wette an: »Wenn nur das Zimmer brennt, zahlen Sie; wenn das Hotel brennt, zahle ich!« Das Palmer House setzte für eine ganze Generation den Maßstab für Luxus und blieb bis weit in das nächste Jahrhundert hinein das größte Hotel der Stadt.

Abb. 4 Palmer House während nächtlicher Bauarbeiten, 1872; aus Rebuilt Chicago

Die ersten Appartementhäuser der Stadt – ein Begriff, der hier zur Bezeichnung von Bauten benutzt wurde, die so hoch waren, daß ein Fahrstuhl angebracht schien – entwickelten sich aus den besten Hotels. Von Anfang an hatte sich Chicago dem Bau von Mehrfamilienhäusern jeglicher Form widersetzt. Die ersten Bauten dieser Art, lokal als ›flats‹ (was sowohl ›flach‹ als auch ›Wohnung‹ heißen kann) bezeichnet, waren so niedrig, daß Aufzüge nicht vonnöten waren. Diese ›flats‹ waren nach dem Feuer als Notbehelf errichtet worden und gaben sich bis zur Jahrhundertwende redlich Mühe, sich als Einfamilienhäuser zu tarnen. Zu der Zeit und später hatten jene, die in den Wohngebieten reihenweise zwei- und dreigeschossige Häuser sowie zwei-, drei- und vierstöckige ›flats‹ errichteten, das Leitbild der Kleinstadt vor Augen. Einzig im Geschäftszentrum, wo die Hotels entstanden, begann der Bauboom der achtziger Jahre die Merkmale der Kleinstadt durch solche der Großstadt mit immer höheren Geschäftsbauten zu verdrängen.

Die ersten Appartementhäuser Chicagos sollten Familien als Bewohner gewinnen, die sich auch ein Einfamilienhaus hätten leisten können. Lange nach Boston und New York wurden in Chicago die ersten Gebäude dieser Art in den achtziger Jahren geschaffen.[7] Sie entstanden in dem ausgedehnten Bezirk zwischen dem wachsenden, von Geschäftsbauten beherrschten Stadtzentrum und dem sich ausdehnenden Wohngürtel, wobei ihre Entwürfe den gleichen Man-

gel an Bedachtheit verrieten wie ihr Standort. Diese Appartementhäuser glichen in ihrer äußeren Form und mit ihren Gemeinschaftsspeisesälen und Salons Hotelbauten, waren aber aufgrund der bei Wohnhäusern nötigen Privatsphäre zurückhaltender gestaltet. In der Struktur der einzelnen Wohnungen und ihrer Lage abseits der kommerziellen Hotels entsprachen sie Wohnbauten. Die Folge war, daß sie weder wie Hotels eindeutig den Geschäftsbauten noch wie Vorortvillen oder kleinere Etagenhäuser den Wohnbauten zuzuordnen waren. Dieser Zwiespalt sollte die meisten der besseren Appartementhäuser in Chicago überschatten.

Über Chicagos erstes Appartementhaus, das 1879 fertiggestellte Walton, ist sehr wenig bekannt. Das von Lawrence G. Hallberg im Jahre 1882 entworfene Mentone bekennt sich durch seine formale Ähnlichkeit mit Richard Morris Hunts Stuyvesant Apartment House in New York, auf das wiederum das Werk Viollet-le-Ducs Einfluß genommen hatte, zu auswärtigen Vorbildern für diesen Bautyp. 1889 wurde das Mentone einer Sanierung unterzogen. Zu den ursprünglichen sechs Geschossen kamen zwei hinzu, und man bot nun zahlreichere der hotelüblichen Dienstleistungen an.[8]

Das größte der ersten drei Appartementhäuser in Chicago war das 1880 von der prosperierenden Firma Treat and Foltz entworfene siebenstöckige Ontario, das gleich den meisten der gelungeneren Häuser und mehr als das Mentone heimischen Bautraditionen entsprach (Abb. 5).[9] Auf jedem Stockwerk befanden sich Wohnungen mit zwei oder drei Schlafräumen

Abb. 5 Treat and Foltz, Fassadenaufriß der Ontario Apartments zur State Street, 1880 (Kat. 76)

Abb. 6 Treat and Foltz, Isometrie der Ontario Apartments, 1880 (Kat. 75)

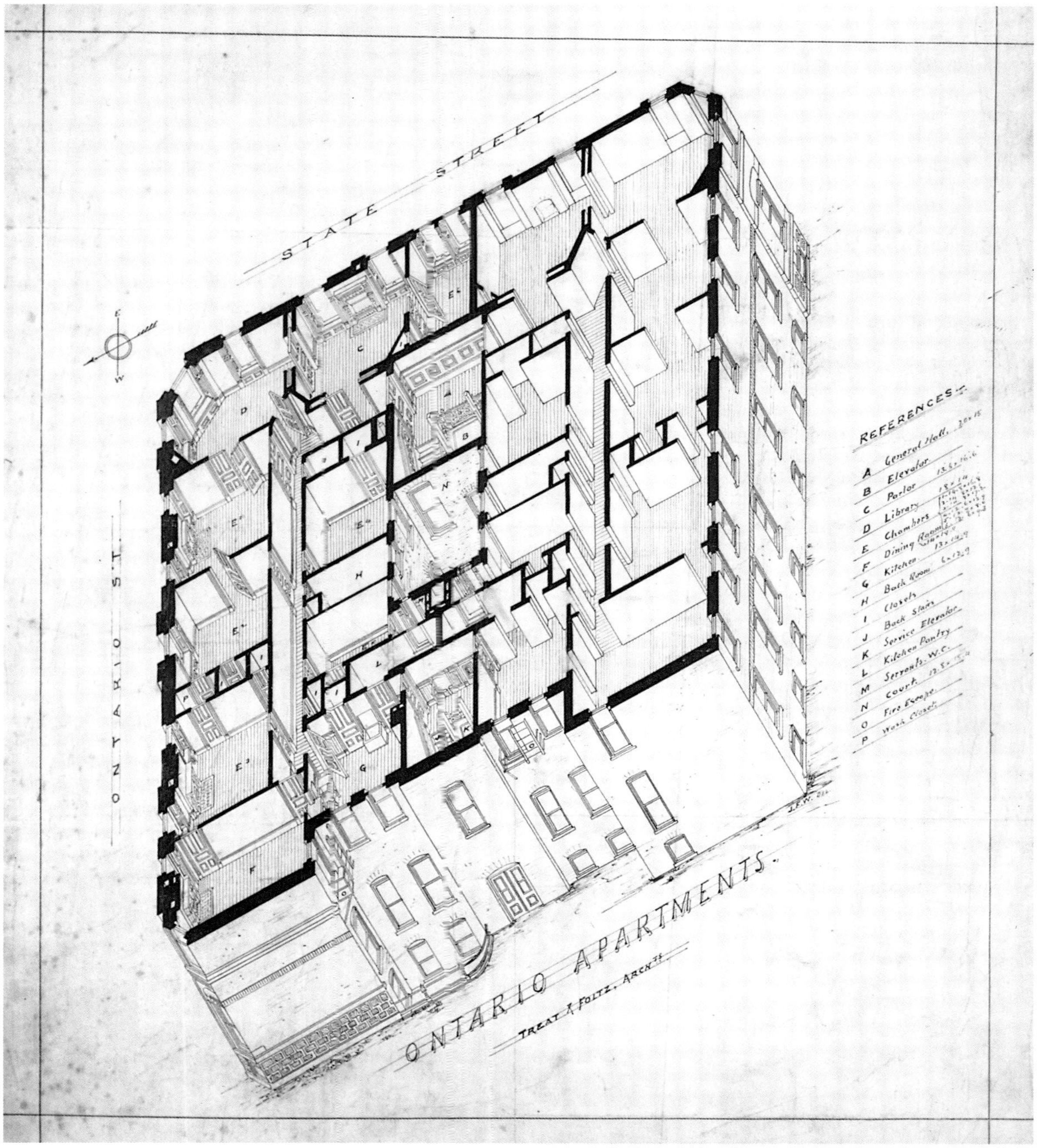

(sowie einem Mädchenzimmer), die im Grundriß den wenigen während der vergangenen sechs Jahre in Chicago gebauten größeren, besser ausgestatteten Wohnungen ähnelten (Abb. 6). Die hier verwendeten Baumaterialien, Backstein und Haustein sowie die Form des Eingangsportikus, die in Stein geschnittenen Dekorationsmuster und Metallornamente bekennen sich sowohl zu zeitgenössischer französischer Mode als auch zu dem bei Wohnbauten in Chicago vorherrschenden Baustil; seine Ausdehnung, Massengruppierung und allgemeine Gestaltung ließen es für einen Wohnbau jedoch viel zu groß erscheinen, und der Gemeinschaftsspeisesaal paßte besser zu einem Hotel als zu einem Privathaus.

Einigen Anfang der achtziger Jahre erbauten Hotels fehlte es in ähnlicher Weise an einer klaren funktionalen Ausgereiftheit. Ihr Standort im Zentrum an der Michigan Avenue mit Blick über den See sowie ihre prunkvollen Salons und Speisesäle ließen darauf schließen, daß sie für durchreisende Besucher bestimmt waren; in den oberen Geschossen hingegen befanden sich appartementartige Suiten für Dauerbewohner. Der anspruchsvollste Bau dieser Gruppe war das Hotel Richelieu. Das im Jahr 1885 eröffnete Hotel war das gewagte Unternehmen des Chicagoers H. V. Bemis, der mit Bierbrauen und Getreidehandel ein Vermögen verdient und es beim Pferderennen und für das Hotel am Michigan-See wieder ausgegeben hatte. Der Bau des luxuriösen Richelieu hatte Bemis den Spitznamen ›Kardinal‹ eingetragen; er hatte gehofft, das Hotel könne das allgemeine Geschmacksniveau in Chicago heben. Das sechsstöckige

Hotel war mit in Europa und Amerika gesammelten Kunstwerken vollgestopft und kredenzte die exquisitesten Speisen und Weine der Stadt. Manager des Unternehmens war Henry Clair, ein ehemaliger Assistent A. T. Stewarts – des einzigen in der Textilbranche, mit dem Palmer und Marshall Field nicht versucht hatten zu konkurrieren – und der Betreiber einer Reihe von Luxushotels in New York City und Badeorten an der Ostküste.[10] In einem Bericht heißt es, das Richelieu »ist eines der perfektest eingerichteten und elegantesten Hotels in Amerika ... [und] vereint die Bequemlichkeit eines Hotels mit dem Wesen eines wohlgeordneten, schönen Heims«.[11] Es überdauerte allerdings nicht einmal ein Jahrzehnt. Anders als Objekte, die einen beständigeren Platz im Leben der Stadt fanden, hatte es nicht vermocht, seine Fremdartigkeit dem Lokalgefühl anzupassen, und versäumt, sich auf eindeutige Weise entweder mit den Privathäusern der Stadt oder den Hotels der City zu verbünden.[12]

Im folgenden Jahr wurde das erste eindeutig als Wohnbau erkennbare Appartementhaus errichtet, das allerdings eine ganz spezielle Anziehungskraft besaß. 1886 konzipierte das junge Architekturbüro Burnham and Root, das sich mit seinen Entwürfen für Geschäftsbauten und Villen einen immer größeren Ruf erworben hatte, zwei Gebäude, die kommerzielle Zwecke mit Wohnzwecken vereinten. Sie wurden als »größte Bauten dieser Art westlich von New York und ... gutgeplant für Wohnzwecke«[13] bezeichnet; der größere, das Argyle (Abb. 7), befand sich in der Nähe des Richelieu an der Michigan Avenue, aber noch näher an der Nahtstelle zwischen Geschäftszentrum und Wohngürtel. Die *Chicago Tribune* berichtete: »Es wird ein Haus für Reiche sein. Hinsichtlich architektonischer Kunstgriffe und Schönheit der Ausstattung wird es an nichts fehlen.« Im Erdgeschoß lagen zwei große Restaurants, die man durch weite Eingangshallen und großzügige Vestibüle betrat. Im Bericht heißt es weiter, daß sich darüber auf jedem Stockwerk zwei Wohnungen mit sehr großen Räumen befanden; im zweiten und dritten Geschoß waren sie als Suiten jeweils in drei Räume unterteilt und mit einem Badezimmer, einem Vorratsraum und einem Weinkeller ausgestattet, was sie besonders für Junggesellen geeignet erscheinen ließ.[14] Das andere Appartementhaus, das Pickwick, hatte seinen Standort unmittelbar im Zentrum eines weiter südlich gelegenen exklusiven Wohngebiets. Die kurze Seite des Baues, an der sich einer der beiden Eingänge befand, lag an der Michigan Avenue und war etwa sechs Meter von der Straße in eine Fluchtlinie mit den dortigen Villen zurückgesetzt. Die Fassaden beider Bauten wiesen vorspringende Erker sowie Schmuckelemente aus Backstein und Terrakotta auf. Trotz ihrer hohen, schmalen, keineswegs kubischen Form glichen ihre Entwurfsmerkmale denen kurz zuvor erbauter Villen.

Die hohe architektonische Qualität der beiden Bauten ließ zusammen mit ihrem Maßstab (nicht aber ihrer Masse) eher auf die Annehmlichkeiten eines Privathauses schließen als auf den kommerziellen Durchgangscharakter ihrer Vorgänger. Dadurch unterschieden sie sich von den preiswerten Appartementbauten – oft eine Billigversion des Mentone oder Richelieu –, die sich entlang der starkbefahrenen Cable-car-Strecken südlich vom Loop ausbreiteten und die kommerzielle City in die Wohnstadt hineintrugen.

Diese beiden Appartementhäuser von Burnham and Root verhalfen weniger begabten Architekten, wenn auch auf indirektem Wege, zu einem neuen Rezept. Als Mittler fungierte das großartige Auditorium Building von Adler and Sullivan (1887-89).[15] Eine kleine Gruppe wohlhabender Bürger Chicagos ließ mit dem Auditorium ein Gebäude errichten, das ihrer Stadt in gleicher Weise zugute kommen sollte wie die Pariser Oper, die dortigen Hotels und Salons den französischen Bürgern. Unter einem einzigen Dach waren ein großartiger Opernsaal sowie die damit einhergehenden Sozialräume untergebracht, ein Hotel mit vierhundert luxuriös ausgestatteten Gästezimmern, eine Bar, für bedeutende festliche und städtische Anlässe geeignete Bankettsäle und schließlich ein Bürotrakt, der helfen sollte, das Ganze zu finanzieren. Eine Werbeschrift prahlte, »das Auditorium Hotel könnte als Inbegriff der besten Chicagoer Hotels gelten, wenn ihm überhaupt eines davon gleichkäme«.[16] Als Aufenthaltsort für hochstehende Persönlichkeiten gedacht, waren dem Hotel nur Villen und Privatclubs vergleichbar, die, ähnlich den Hotels wiederum, eine besondere Art öffentlicher und dennoch exklusiver Wohnstätten darstellten, die ihren Benutzern ein zweites Zuhause boten.

Es sind drei Varianten von Sullivans Entwurf für den gewaltigen Außenbau des Auditorium bekannt, zwei davon als Studien, die dritte als Darstellung der endgültigen Fassung. Die früheste Ansicht gibt Aufschluß darüber, wie Sullivan dem Bau trotz seiner Multifunktionalität zu einem einheitlichen Charakter verhelfen wollte – ein unübliches, wenn auch nicht singuläres Problem. Unmittelbar neben dem Auditorium befand sich S. S. Bemans gerade fertiggestelltes Studebaker Wagon Company Building, in dem in den Obergeschossen eine Fabrik mit Warenlager und in den Untergeschossen extravagante Schauräume untergebracht waren, die den Charakter der Fassade bestimmten. Drei Straßen weiter nördlich befand sich George M. Pullmans Geschäftssitz (siehe Schlereth, Abb. 14), ein riesiger Steinbau, der seinem Äußeren nach ebensosehr einer Festung wie einem Bürogebäude glich und nicht ahnen ließ, daß sich in den oberen Stockwerken 75 Junggesellen-Appartements befanden.[17] Sullivan entschied sich im Falle des Auditorium Building ebenfalls dafür, von einer Teilfunktion, hier dem Hotel, das Aussehen des Gebäudes bestimmen zu lassen. Seine Ausrichtung orientierte sich an seiner spezifischen Lage: Der Büroblock liegt dem Geschäftszentrum der Stadt gegenüber, das Hotel ordnet sich an der Michigan Avenue südlich des Argyle in das dem Seeufer entlang entstehende Hotelzentrum ein, und der Eingang zu dem zwischen

Abb. 7 Burnham and Root, Argyle Apartment Building, Ecke Michigan Avenue und Jackson Street, 1886 (abgerissen); aus Inland Architect and News Record 9, *März 1887*

Abb. 8 Adler and Sullivan, Erster Entwurf des Auditorium Building, Congress Parkway zwischen Michigan und Wabash Avenue, 1887

THE ARGYLE APARTMENT BUILDING, CHICAGO.

Abb. 9 Adler and Sullivan, Auditorium Building, 1887-89

Abb. 10 Adler and Sullivan, Standard Club, Ecke Michigan Avenue und 24th Street, 1887 (abgerissen); der sechsstöckige Anbau links wurde 1892 von Adler and Sullivan hinzugefügt

Hotel und Büros liegenden Auditorium befindet sich an einer Seitenstraße und wird durch einen flachen Mauervorsprung erkennbar. Durch diese Anordnung werden die Hotelfassaden und damit das Hotel stärker betont als das Auditorium oder der Bürotrakt.

Sullivan stattete das als Hotel ›getarnte‹ Gebäude mit den Attributen des neuesten Architekturtrends aus. Hätte er mit seinem Bau auf das zu der Zeit führende Chicagoer Hotel anspielen wollen, so hätte er sich mit seinem Entwurf auf den des Palmer House beziehen müssen. Daß er dies nicht tat, deutet darauf hin, daß entweder er oder die Finanziers des Auditorium Building das Palmer House für unmodern hielten. Vielleicht war es in einer Welt, in der Mode als Indikator für die soziale Stellung galt, überholt; vielleicht repräsentierte es sowohl im wörtlichen als auch übertragenen Sinn jene aristokratische Gesellschaftsschicht, die das mehr demokratisch orientierte Auditorium-Projekt gerade ersetzen oder ergänzen sollte. Statt sich also auf das Palmer House zu beziehen, weist Sullivans frühester Entwurf (Abb. 8) Erker, Giebel, ein Satteldach, Variationen der Oberfläche und Kontur sowie eine Anzahl anderer Merkmale auf, die gleichzeitig zwei Dinge bewirkten: Sie spielten unmittelbar auf die besten zeitgenössischen Villen der Stadt an und reduzierten optisch die Größe des Blocks und verstärkten seine Solidität, wobei sie ihm den höchstmöglichen malerischen Charakter verliehen, den sein Standort und seine Funktion zuließen. Sullivan präsentierte den Bau damit in der von seinen Förderern gewünschten Form eines überdimensionalen Wohn- oder Clubhauses.

Der schließlich verwirklichte Entwurf weist wesentliche Unterschiede auf (Abb. 9). Die unteren Stockwerke der beiden ersten Entwürfe blieben, ebenso wie die von Bemans Nachbarbau entlehnte mehrgeschossige Bogenstellung, nahezu unverändert, aber der Rest des endgültigen Entwurfs fiel ganz entscheidend anders aus als seine Vorgänger. Möglicherweise ist diese Veränderung als Reaktion auf John Roots Spott über die exzessive Ornamentik zu verstehen; vielleicht ist sie Ausdruck der Faszination, die Henry Hobson Richardsons Entwurf für den Marshall Field Wholesale Store auf Louis Sullivan ausübte. Was immer auch der Grund gewesen sein mag, nichts in dem fertigen Außenbau »erlaubt es einem, seinen überwiegend ›kulturellen‹ Charakter abzulesen ... Um es mit Sullivans eigenen Worten zu sagen, in diesem Fall erzeugt die Funktion *Auditorium* nicht die Form *Auditorium*. Die Form ist die eines *Bürogebäudes*«, aufgefaßt als eine Art »architektonisches Manifest: es handelt sich um den ersten Bau, in dem er [Sullivan] bewußt ›modern‹ zu sein versuchte ...«[18] Diese These trifft auf den ganzen Bau zu, selbst wenn man die Worte ›Hotel‹ oder ›Club‹ gegen das Wort ›Auditorium‹ austauscht. Entscheidend ist, daß das fertige Auditorium eher den Bauten zuzuordnen ist, die den anonymen Aktivitäten einer vom Kommerz regierten Demokratie Platz bieten, als solchen, die den Privatangelegenheiten einer Kleinstadt dienen.

Was immer Sullivan beabsichtigt hatte, sein Erfolg war nicht vollkommen. Das Gebäude verleugnet seine Vorläufer im Wohnbau nicht völlig, besonders durch den groben Charakter der unteren Geschosse, der vom ersten Entwurf bis zur endgültigen Ausführung relativ unverändert blieb. Das rustizierte Mauerwerk der Bögen und Tür- und Fensterstürze war zu der Zeit gerade in Mode und bei zahllosen Wohnbauten zu finden. Adler und Sullivan bekannten sich dazu, als sie dies und den Rhythmus der oberen Geschosse des Auditorium Building wieder aufgriffen, um ihrem Standard Club (Abb. 10; Tafel 34) von 1887, der an der Michigan Avenue noch vier Blocks tiefer als die Pickwick Apartments in den Wohnbezirk vordrang, einen Anstrich des Privaten zu verleihen.

All das reichte jedoch nicht aus, um das riesige Gebäude zu domestizieren. Das Auditorium erhielt zwar den Bezug zu den Kleinstadthäusern aufrecht, setzte aber deutliche Zeichen, die die Großstadt der Blocks, ja sogar der Hochhäuser ahnen ließen. Während die unteren Geschosse darauf hindeuteten, daß es sich um ein großartiges Hotel und einen Club der Stadt handelte, sanktionierte seine Blockhaftigkeit den Gebrauch rationeller Massengruppierung für die Appartementhäuser, die bald in großer Zahl am Seeufer entstehen sollten. In ähnlicher Weise kündigte die Andeutung, daß ein Gebäude seine Funk-

Abb. 11 Clinton J. Warren, Virginia Hotel, Nordwestecke Rush und Ohio Street, 1889-90 (abgerissen)

tion nicht preisgeben, sondern nur einen turmähnlichen Charakter aufweisen müsse, die Bauformen der modernen Industriestadt an, in der sich die Bauten nicht so sehr ihrer Funktion als ihrer Höhe nach unterscheiden.

Blockhafte Gebäude, die eindeutig den kommerziellen Zielsetzungen der Chicagoer Unternehmer entsprachen, sollten schnell das Stadtzentrum einnehmen. Ob es sich dabei um reine Geschäftsbauten oder geschäftlich genutzte Wohnbauten wie Hotels oder Appartementhäuser handelte, unterschieden sie sich sehr von Gebäuden dieser Art in anderen Orten. Die Bürger Chicagos sahen sich nicht außerhalb ihrer eigenen Wohnbezirke nach Vorbildern für diese großen kommerziellen Wohnbauten um. Chicagos Geschäftszentrum hatte die Wandlung von der Klein- zur Großstadt nicht in dem Bemühen vollzogen, ein vorbestimmtes Programm zu erfüllen oder einer großartigen Vision vom neuen Aussehen der bedeutendsten Stadt im Zentrum des Kontinents zu entsprechen. Man ahmte nicht andere Städte nach oder bezog die Vorbilder für seine Entwürfe von der Ostküste oder aus dem Ausland. Statt dessen vollzog sich die Wandlung unwissentlich und unbeabsichtigt. Das führte dazu, daß diese neuen großen Mehrfamilienwohnhäuser, ob Appartements oder Hotels, zum überwiegenden Teil frei von importierten Merkmalen blieben. Sie behielten viele bodenständige Charakterzüge der frühen Chicagoer Wohnbauten bei, und während sie gleichzeitig zum Image der neuen City beitrugen, erhielten sie den Geist der alten Stadt.

Der Wandel beschleunigte sich durch die Wahl Chicagos zum Schauplatz der Weltausstellung des Jahres 1893. Chicago beeilte sich, rechtzeitig sowohl Unterbringungsmöglichkeiten für Ausstellungsbesucher zu schaffen als auch Wohnraum für die noch immer wachsende Einwohnerschaft der Stadt. Die meisten neuen Wohnbauten lagen zwischen den Villen verstreut, die an den Parallelstraßen der Boulevards zwischen Loop und Ausstellungsgelände im Hydepark gelegen waren, und erhoben sich über die altgedienten, niedrigen Wohnhäuser ringsum. Weitere entstanden andernorts. Ein Beispiel dieses neuen Wohnhaustyps stellen die Cleveland (oder Goudy) Flats von Treat and Foltz an der North Side dar (1890-91).[19] Dieser viergeschossige Bau mit 32 Wohnungen, steinernen Eingangsbögen und blechverkleideten Erkern bestand aus Backstein, einem derart allgemein gebräuchlichen Material, daß man es als ›Chicagoer Granit‹ bezeichnete.

Dem Vorbild von Argyle, Pickwick Apartments und Auditorium folgend, fanden Hochhäuser ebenfalls zunehmende Verbreitung.[20] Ihre äußerliche Homogenität steht im Kontrast zur Heterogenität der Vorgänger, von denen nur wenige die formalen Besonderheiten dieses Bautyps aufweisen. Bei den neuen Gebäuden bevorzugte man eine verhältnismäßig flache Silhouette und planes Ziegel- anstelle von Steinmauerwerk. Gleich dem Auditorium waren Bauten mit unmittelbarer Anziehungskraft auf Fremde öfter mit einem großen, hinter die Fassade zurückgesetzten Balkon über dem Eingang versehen; sie behielten jedoch die Erker und Fensternischen bei, auf die Sullivan bei seinem endgültigen Entwurf für das Auditorium verzichtet hatte.

Die besseren Gebäude unterschieden sich hinsichtlich ihrer Innenräume stark voneinander und straften so ihre gleichartigen Fassaden Lügen. Aufgrund der anhaltenden Unfähigkeit, sich entweder für den Hotel- oder den Wohnhauscharakter zu entscheiden, versuchte jeder Bau, jeglichem Anspruch zu genügen. Die bei den Argyle Apartments gelobten Annehmlichkeiten und ihre Flexibilität scheinen das Vorbild für diese Häuser abgegeben zu haben; und die besten Entwürfe stammten von Clinton J. Warren, der zur Entstehungszeit des Argyle für Burnham and Root gearbeitet hatte.

Im Jahre 1889 entwarf Warren den bemerkenswertesten Bau jener neuen Gruppe, das ausnehmend große Virginia Hotel (Abb. 11; auch unter dem Namen McCormick Apartment House bekannt), das unter großem Beifall am 1. Mai 1890 eröffnet wurde, dem ersten Tag der traditionellen sechsmonatigen Pachtsaison der Stadt. Das von Leander McCormick, einem Mann von untadeligem Ruf, erbaute und bewohnte Haus lag am Südrand von ›McCormickville‹; die übrigen Mitglieder der durch Mähmaschinen zu Reichtum gekommenen Familie McCormick waren an der North Side ansässig. Wie in der Werbeschrift des Virginia zu lesen steht, hatte man dort erkannt, »daß in den Großstädten zur Zeit immer mehr Familien dazu tendieren, auf Dauer in Hotels zu wohnen«[21], und sich das große Mehrfamilienhaus als akzeptable Wohnform für Chicagos angesehenste Bürger etabliert.

Bei dem Bemühen, die Attraktivität des Gebäudes zu erhöhen, kamen technischen Neuheiten und der Ausstattung größere Bedeutung zu als der äußeren Erscheinung. Eine Presseerklärung betont, daß das Haus:

> »feuersicher [ist] und über Dampfheizung, elektrisches Licht sowie sämtliche luxuriösen Annehmlichkeiten der modernsten Bauten seiner Art verfügt. Mr. R. Hall McCormick [Leanders Bruder] hat persönlich eine Reihe von Appartementhäusern in dieser Stadt und in New York besichtigt, um ihre besten Attribute kennenzulernen; diese neue Konstruktion soll alles bisher in Chicago Gebaute übertreffen. Es wird 400 auf 54 Suiten verteilte Zimmer geben.«

Jedes Appartement war mit einem Telefon und gasbetriebenen offenen Kaminen ausgestattet; im Untergeschoß befanden sich ein Billardraum und eine Bowlingbahn; darüber hinaus gab es einen sogenannten ›parlor floor‹ mit öffentlichen Empfangsräumen und Restaurants, so daß »sich eine Familie hinsichtlich der Mahlzeiten auf diese öffentlichen Einrichtungen verlassen konnte«. Jedes Appartement verfügte aber auch über eine Küche, in der man entweder Gas- oder Kohleherde benutzen konnte.[22] Die meisten Räume hatten Außenwände, einige erhielten allerdings Licht und Luft nur durch schmale, zur Straße hin offene Höfe.

Abb. 12 Marshall and Fox, Marshall Apartments, 1100 North Lake Shore Drive, 1905 (abgerissen); aus A Portfolio of Fine Apartment Homes, *Chicago 1928*

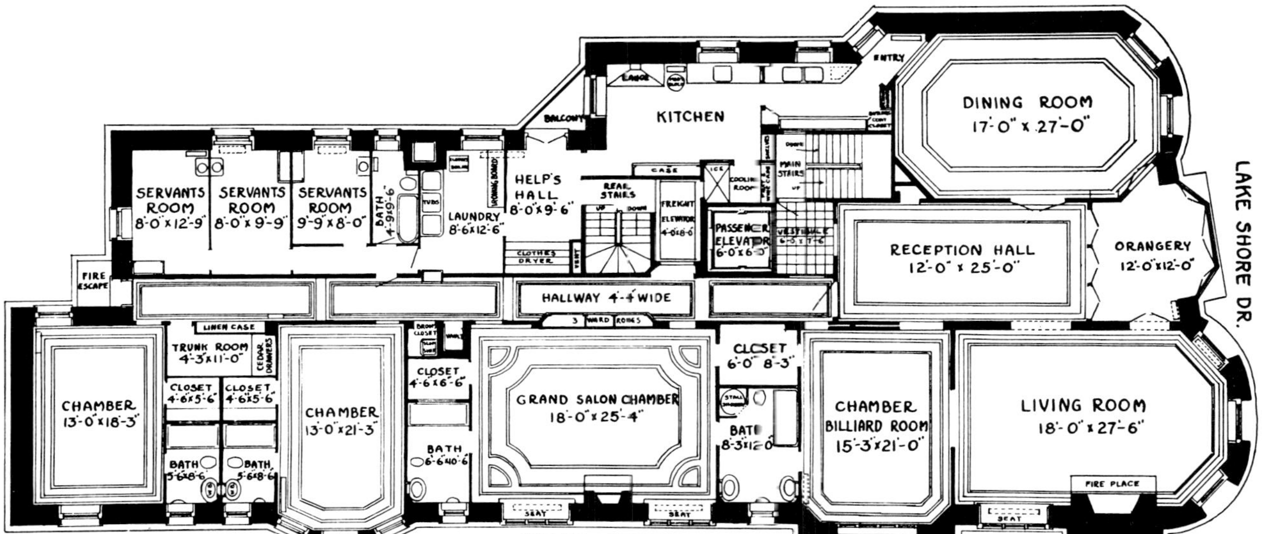

Abb. 13 Grundriß der Marshall Apartments; aus Directory to Apartments of the Better Class along the North Side of Chicago, *Chicago 1917*

Ein halbes Dutzend weiterer von Warren entworfener Häuser stellten Variationen des Virginia dar. Das letzte dieser Gruppe war das achtgeschossige Plaza Hotel, das Warren 1891 für sich und einen Partner an der North Side errichtete. Er zog sich daraufhin von seiner Laufbahn als Architekt zurück, um sich der Verwaltung seiner 150 Zimmer zu widmen.[23]

Die landesweite Depression des Jahres 1893 wirkte sich trotz des Erfolges der Weltausstellung auch in Chicago aus, und der Bau von Hotels und Appartementhäusern kam sogar schon vor Ende der Ausstellung nahezu zum Erliegen. Es verging fast ein Jahrzehnt, bis die Bautätigkeit wieder in vollem Umfang aufgenommen wurde; in der Zwischenzeit be-

Abb. 14 Marshall and Fox, 1550 North State Parkway, 1911; aus A Portfolio of Fine Apartment Homes

Abb. 15 Holabird and Roche, LaSalle Hotel, Nordwestecke LaSalle und Madison Street, 1909 (abgerissen)

schränkte sich der Wohnhausbau auf Villen und Landhäuser, die von Wohlhabenden in Auftrag gegeben wurden. Die Entwürfe für diese Bauten offenbaren einen radikalen Wandel im Hinblick auf die Gestaltung der Wohnung. Verschwunden waren die beispiellosen, hausgemachten Stilvariationen von Burnham and Root, die höchst individuelle Arbeitsweise Sullivans und die Nachahmungen der neuesten englischen und französischen Modeerscheinungen. Statt dessen demonstrierten diese Bauten, daß die Weltausstellung jenen vollendeten klassischen Stilvarianten zur Legitimation verholfen hatte, die – vorerst nur – in den Innenräumen der in der Zeit zwischen Auditorium und Ausstellung erbauten Hotels

Abb. 16 Holabird and Roche, Perspektivische Ansicht der Lobby mit geplanter Dekoration, Palmer House, 17 East Monroe Street, 1925 (Kat. 249)

und Appartementhäuser häufig anzutreffen waren. Dieser innenarchitektonische Stil wurde schließlich auf die Außengestaltung übertragen: Chicagos Neubauten evozierten damit Zeiten und Orte, die fern des neubesiedelten Westens lagen.

Und dennoch brachte, wie Herbert Croly, ein genauer Beobachter von der Ostküste, bemerkte, das neue Jahrhundert in Chicago das bewundernswert »schmucklos-schlichte Appartementhaus« hervor, was darauf hindeutet, daß sich die Architekten der Stadt von einer gesunden heimischen Konvention leiten ließen.[24] Diese Konvention, die von zwei Jahrzehnten hektischer Bautätigkeit, gefolgt von einer Zeit der Reflexion profitiert hatte, war mit einem neuerwachten Interesse an der Verwendung traditioneller Stile gepaart, um Entwürfe für Hochhäuser zu schaffen, die streng bodenständig, unmißverständlich dem Wohnbau zuzuordnen und entweder eindeutig als Hotels oder als Appartementhäuser identifizierbar waren. Es dauerte nicht lange, bis sich diesen beiden Bautypen ein dritter hinzugesellte, das Wohnhotel (residental hotel) – eine gezielte Kombination und von daher verschieden von den Argyle Apartments oder dem Virginia Hotel, bei denen die Kombination ein unbewältigtes Zufallsprodukt blieb. Alle drei Bautypen unterschieden sich jetzt hinsichtlich

Abb. 17 Marshall and Fox, Drake Hotel, Südostecke Michigan Avenue und East Lake Shore Drive, 1919

Abb. 18 Holabird and Roche, Stevens Hotel (heute Chicago Hilton and Towers), 720 North Michigan Avenue, 1927

Abb. 19 Marshall and Fox, South Shore Country Club, 7059 South Shore Drive, 1906-15, Tagesraum

Abb. 20 South Shore Country Club, großer Ballsaal

ihres Programms, ihrer Innenausstattung, äußeren Erscheinung sowie Stellung innerhalb des Stadtgefüges.

Die für Hotels und Appartementhäuser um die Jahrhundertwende und für Wohnhotels bald darauf festgelegten Bauformen sollten während der nächsten fünfzig Jahre als Richtlinie gelten. Die wohlhabenden Schichten akzeptierten diese Gebäude bald als ihnen gemäßen Wohnsitz. Daß nun immer mehr solcher Häuser entstanden, gab den Architekten die Möglichkeit, Innen- und Außengestaltungen zu entwerfen, die genau auf eine bestimmte Klientel zugeschnitten waren. Sie hatten es nicht mehr nötig, stilistische Anleihen bei Privathäusern zu machen; statt dessen konnten sie aus dem bestehenden Formenkatalog für große Wohnbauten schöpfen, deren Spektrum von den besten traditionellen Hotels zu Wohnhotels und Appartementhochhäusern reichte.

Unter den Architekten aller drei großen Wohnbautypen war Benjamin Howard Marshall in der Zeit zwischen der Jahrhundertwende und der Weltwirtschaftskrise der dreißiger Jahre führend.[25] Marshall, ein Chicagoer Autodidakt, baute zehn Jahre lang Villen im Süden der Stadt, ehe er dazu überging, auch Appartementhäuser und Hotels zu entwerfen. Seine Hotels zeichneten sich durch ein von anderen nie erreichtes exotisches und luxuriöses Ambiente aus, und auch bei der Inszenierung einer unzweifelhaft häuslichen Atmosphäre im Inneren und Äußeren teurer Appartementhäuser blieb er unübertroffen.

Marshalls erstes luxuriöses Appartementhaus, das achtstöckige Raymond aus dem Jahre 1900, zeigte einen modellhaften Grundriß, der die Konfusion, Dunkelheit und räumliche Enge früherer Pläne durch eine sinnvolle Trennung von öffentlichen, Privat- und Wirtschaftsräumen, großzügig ineinandergreifende Zimmer und eine angemessene Beachtung von Faktoren wie Licht und Luft ersetzte. Potter Palmer, der größte Grundbesitzer am nördlichen Seeufer, versuchte, den Bau zu verhindern, da er eine Wertminderung seiner Wohnhäuser in dieser Gegend befürchtete. Der Investment- und Versicherungskaufmann Harry Raymond behielt jedoch die Oberhand. Bereits während der Bauzeit wurde das Raymond als eines der »Projekte des Jahres« gepriesen; noch vor seiner Eröffnung sprach man davon, daß es einen hohen Qualitätsmaßstab setze, mit dem andere Bauten in der Gegend gleichziehen müßten.[26] Marshalls zweiter Bau dieser Art, die nahegelegenen neungeschossigen Marshall Apartments von 1905, war das erste Appartementhaus am North Lake Shore Drive am Fuß der Gold Coast (Abb. 12). »Die Makler und Bauunternehmer waren einhellig der Überzeugung«, erklärte ein 1912 veröffentlichter Bericht, »daß der Lake Shore Drive in erster Linie eine Straße für exklusive Villen darstellte und seine Anrainer wohl kaum für die Idee des Appartementhauses zu gewinnen wären.« »Das Marshall«, fährt der Bericht fort, »ist besonders wegen seiner distinguierten Bewohner bemerkenswert. Unter ihnen ist Joy Morton hervor-

zuheben, der, nachdem er die Pläne inspiziert hatte, einer der ersten war, die dort eine Wohnung bezogen ... Es wird nur eine Frage weniger Jahre sein, bis diese berühmte Promenade mit Appartementhäusern gesäumt sein wird.«[27] Mortons Rolle im Marshall ähnelte der von Leander McCormick im McCormick Apartment House – die Tatsache, daß er dort lebte, sicherte die soziale Stellung des Hauses. Marshall und sein Vater hatten das Marshall als Kapitalanlage errichtet, und da es über ein ausgedehnteres Grundstück und großzügigeres Budget verfügte als das Raymond, setzte es für die nächste Bautengeneration den Maßstab.

Die Grundrißanlage der acht Wohnungen im Marshall, die jeweils eine ganze Etage einnahmen, übertraf die des Raymond und wurde zur Richtschnur der atmosphärischen Wohngestaltung innerhalb der engen Grenzen eines Hochhauses (Abb. 13). Sein Außenbau wurde ebenfalls zur Norm. Wenn seine Massengruppierung auch der des Argyle, des Pickwick und Hunderter anderer vergleichbarer Gebäude ähnelte, hat der eigentliche Entwurf seinen Ursprung in einer wenige Straßen entfernt gelegenen Villa, die Charles McKim 1892 für den Bankier Bryan Lathrop in einem von der georgianischen Stilepoche und der amerikanischen Kolonialzeit inspirierten Stil erbaut hatte.

Marshall bediente sich darüber hinaus mehrerer anderer historischer Stile, so der französischen aus der Zeit von Ludwig XIV. bis Ludwig XVI., einer verfeinerten Variante des Stiles der Gebrüder Adam (drei englische Architekten, deren Baustile sich im letzten Viertel des 18. Jahrhunderts in Amerika durchsetzten, Anm. d. Übers.) und schließlich der Manier der italienischen Hochrenaissance, wie sie die hervorragendsten akademischen Schulen in Frankreich vermittelten. Bis zum Ende der zwanziger Jahre riskierte ein Chicagoer Bauunternehmer ein mögliches finanzielles Fiasko, wenn er den andernorts populären Beaux-Arts-Klassizismus anstelle einer der von Marshall bevorzugten Stilformen verwendete.

Unumstrittene Nummer eins unter Chicagos Luxus-Appartementhäusern war Marshalls eigenes Gebäude, das er 1911 an der North State Parkway 1550 errichtete (Abb. 14). In Chicago bezeichnete man es als französisch (eine Assoziation, die Marshall durch die Beschriftung der Pläne in dieser Sprache förderte); aus New Yorker Sicht hatte es jedoch mehr mit dem »schmucklos-schlichten Appartementhaus« gemein, das Herbert Croly bewunderte. Sein Plan mit jeweils einer großzügigen, gutgeschnittenen Wohnung pro Stockwerk zeichnet sich durch Klarheit und Eleganz aus. Die Wirtschaftsräume konzentrieren sich auf einer Seite und werden durch einen schmalen Lichthof belüftet. Die Anlage wird von einer Folge gleichartiger, sämtlich an der Vorderseite des Gebäudes angeordneter Wohnräume beherrscht, von deren Fenstern man auf den Lincoln Park blickt. Die Schlafräume, die jeweils mit einem großzügigen Bade- und Ankleidezimmer ausgestattet sind, blicken auf das

Abb. 21 Marshall and Fox, Edgewater Beach Hotel, 5349 North Sheridan Road, 1916

Abb. 22 Howard Van Doren Shaw, 1130 North Lake Shore Drive, 1910

Seeufer; man hielt diesen Blick damals aufgrund zweier Villen auf den Parzellen zwischen Seeufer und Haus für unverbaubar (was sich jedoch als Fehleinschätzung erwies). Marshall verwendete gemeinhin mit Chicagoer Gebäuden assoziierte Materialien und Stilelemente. Das Stahlskelett des Baues trägt eine verhältnismäßig schwach profilierte Curtain Wall aus Terrakotta, die nur durch die eingeschobenen Balkone an den zahlreichen, aber schlichten Fenstern eine stärkere Reliefwirkung erhält. Zusammen mit dem von Gras und Sträuchern bewachsenen Vorplatz sorgt die relative Schlichtheit der Fassade dafür, daß das Haus sich in die herkömmliche Chicagoer Bauweise einfügt und sich gleichzeitig durch den größeren Abstand zwischen Gebäude und Boulevard vom Pariser Stil abhebt. Dieser Punkt wird noch von dem verhältnismäßig sehr kleinen Eingang unterstrichen, der jedoch einem Wohnhaus durchaus angemessen ist.

Bald nachdem Marshall dem Appartementhaus zu einem neuen, hohen Standard verholfen hatte, vollbrachte er die gleiche Leistung für die besten Hotelbauten der Stadt. Im Jahre 1908 entwarf er das Blackstone (Abb. 1; Tafel 84), Chicagos erstes Luxushotel, das sich in jeder Hinsicht vom Vorbild des Auditorium Hotel löste (Abb. 9). Es wurde von den Brüdern John und Tracy Drake, deren Vater Eigentümer des Grand Pacific Hotel war, in Auftrag gegeben und auf einem Grundstück ihres Vaters an der South Michigan Avenue, wenige Blocks südlich des Auditorium Hotel errichtet. Das Haus zielte nicht so sehr auf Reisende, die der Gründer der Drake-Dynastie ins

Grand Pacific locken wollte, sondern auf die gleiche Klientel, auf die es auch Palmer und McCormick für ihre Hotels abgesehen hatten. Das Blackstone wurde bald zum Mittelpunkt von Chicagos exklusivsten gesellschaftlichen Ereignissen, wo Debütantinnenbälle und Feste stattfanden, die die gesellschaftliche Elite der Stadt zuvor in ihren Privathäusern ausgerichtet hatte.[28] Die Louis-XV-Dekoration aus vergoldetem Stuck in den Innenräumen und Bronze, Marmor, Terrakotta sowie kunstvolle elektrische Kandelaber am Außenbau legten einen neuen Stil für den eleganten gesellschaftlichen Rahmen in Chicago fest.

Das Blackstone war das erste von zahlreichen, allerdings dann meistens für Reisende bestimmten Hotels, die vor dem Ersten Weltkrieg überall im Zentrum der Stadt entstanden. Manche wurden von Marshall entworfen, manche von anderen Architekten, wie das LaSalle Hotel von Holabird and Roche (Abb. 15), aber auf irgendeine Weise ähnelten sie alle dem Blackstone. Um ihr Angebot zu erweitern, planten die Drakes einen Anbau, dessen sieben untere Geschosse Bankett- und Ballsälen Platz bieten sollten, sowie eine Galerie und eine »neue Kunsthalle« über dem Blackstone Theater, das Marshall 1910 im Westen an das Hotel anschließend für sie gebaut hatte.[29]

Amerikas Kriegseintritt durchkreuzte jedoch diese Pläne, und als die zivile Bautätigkeit wieder aufgenommen wurde, wandten sich die Drakes für ihre erweiterten Unternehmungen der North Side zu. Der 1909 veröffentlichte Chicago-Plan von Burnham und Bennett zeigt, wie eine neue Brücke und ein Boulevard den Loop mit Chicagos North Side Gold Coast verbinden sollte; dieser Stadtteil war im Begriff, die South Side als exklusivstes Wohngebiet abzulösen. Die Drakes errichteten ihr neues, wiederum von Marshall entworfenes Hotel (Abb. 17) mit Seeblick an der Stelle, wo die neue Michigan Avenue auf den Lake Shore Drive mündete. Brücke und Hotel wurden beide im Jahre 1920 eröffnet. Die Drakes griffen dabei eine Chicagoer Tradition wieder auf, indem sie dem Hotel einen einheimischen Namen, in diesem Fall ihren eigenen, gaben.

Das Drake Hotel erhebt sich mit dreizehn Stockwerken über einem H-förmigen Grundriß. Die ersten beiden Geschosse bilden ein Podium, in dem Läden mit Zugang zur Lobby sowie Restaurants, Aufenthalts- und Empfangsräume untergebracht sind. Obwohl es in Verbindung mit anderen Projekten entworfen wurde, die sich in den Plan von Burnham und Bennett einfügen sollten, stand es im Widerspruch zu dessen Grundgedanken. Der Plan sah nämlich eine Stadt vor, deren Zentrum, das sich bis zum Grundstück der Drakes ausdehnte, aus Gebäuden bestehen sollte, deren Fassaden zwar im Detail eine Vielfalt dekorativer Stile aufwiesen, ihre gleichartige Massengruppierung aber für ein einheitliches Bild sorgte.[30] Das Drake ging den entgegengesetzten Weg: Es behandelte seinen Anteil des Straßenblocks als passenden Sockel für ein von den Nachbarhäusern unabhängiges Gebäude und verfügte zu allen Seiten über vollständig ausgearbeitete Fassaden, gleich ob es sich um

Abb. 23 Robert DeGolyer mit Walter T. Stockton, 1120 North Lake Shore Drive, 1924

eine Straßenfront oder nur um eine innenliegende Grundstücksgrenze handelte. Das Drake, für sich gesehen ein exzellenter Entwurf, unterschied sich also vom Blackstone und den meisten anderen gleichartigen Hotels und Hochhäusern, die sich eindeutig in die Stadt, besonders in den Plan von Burnham und Bennett, einfügen. Der Charakter des Gebäudes führte zu seiner ungeklärten Stellung zwischen einem freistehenden städtischen Wohnhaus (wenngleich es dafür viel zu groß war) und einem turmhohen Gebäude in einer Großstadt (obgleich es viel zu geschlossen für einen Großstadt-Häuserblock war). Die Erfahrung lehrte später, daß es sich um ein isoliertes Bauwerk jener Art handelte, das aggressive Unternehmer, die auch die Spaltung eines gewachsenen Gemeinwesens in Kauf nahmen, in einer Stadt nach Sullivans Vorstellung bauen sollten.

Der Entwurf des Drake kündigte den Untergang der Geisteshaltung an, die das Stadtkonzept aus dem Jahre 1909 beflügelt hatte. Er läßt darauf schließen, daß entweder die führenden Hoteliers der Stadt und der Architekt ihrer luxuriösesten Herbergen die städtischen und planerischen Implikationen des Burnham/Bennett-Planes nicht verstanden, oder daß die

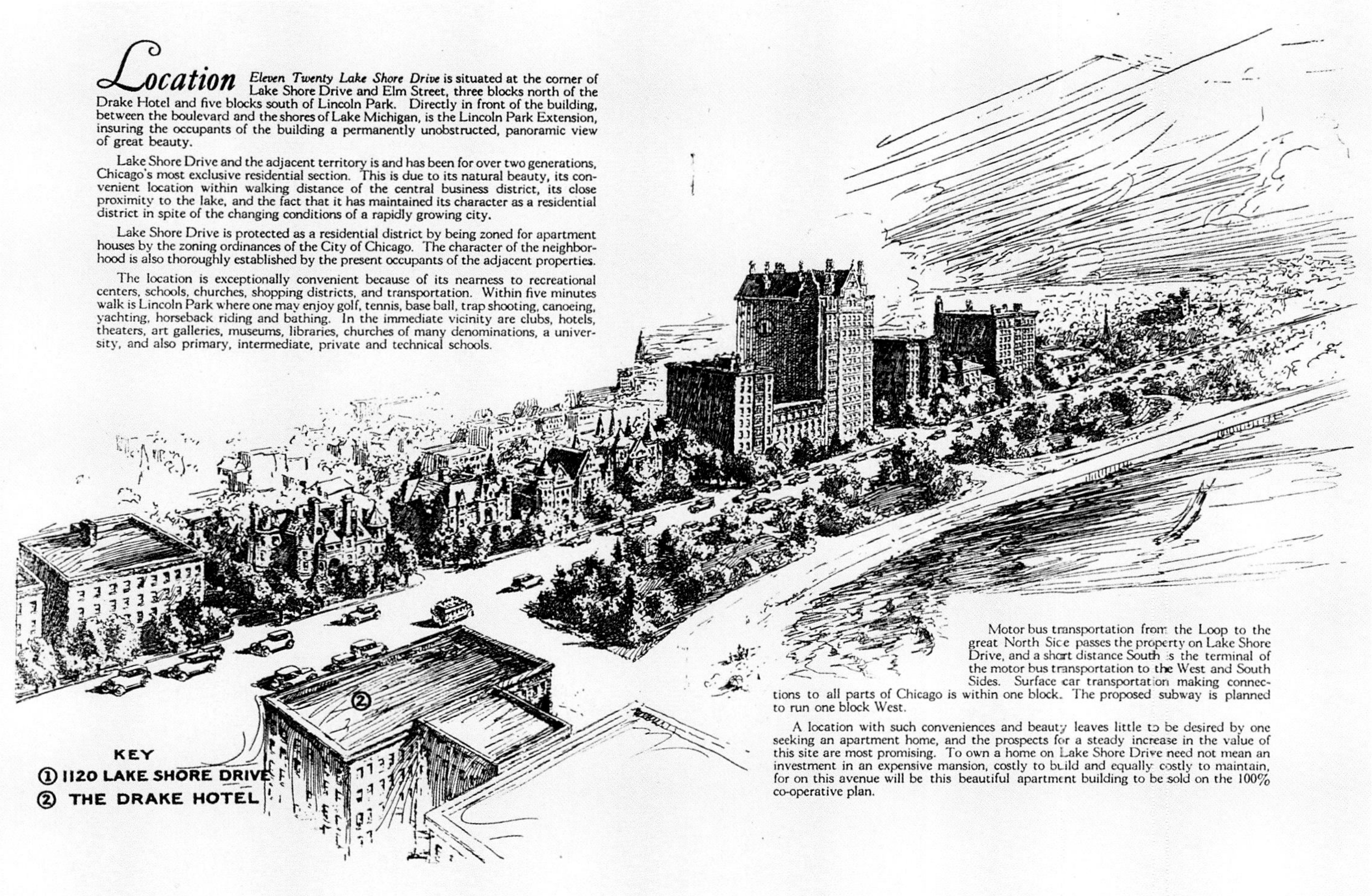

dem Plan zugrundeliegenden Vorstellungen ihre schöpferischen Kräfte nicht länger fesselten und sie es ablehnten, sich weiterhin von ihm leiten zu lassen. Wie auch immer, Bauherr und Architekt des Drake griffen auf eine seit den neunziger Jahren des letzten Jahrhunderts gebräuchliche Lösung für Appartementhäuser und Hotelbauten auf einem rechtwinkligen Baugrund zurück.[31] Der H-förmige Grundriß ließ Licht und Luft auch in weit von der Grundstücksgrenze entfernt liegende Räume vordringen, andererseits verlieh er dem Bau eine auffällige und eigenständige Präsenz. Dies war anfangs weniger problematisch, als der Bau etwa doppelt so hoch war wie die umgebende Wohnbebauung. Wenn aber ein Gebäude derart auffällig aus der Straßenflucht zurückgesetzt ist wie das Drake, wenn es so übergroß und von ebenso großen Bauten umgeben ist, die, wie im Falle des Drake beabsichtigt, in ihrer Gesamtheit den Eindruck einer City erwecken, dann sprengt es die Struktur einer Stadt. Aber genau diese Bruchstelle ist in den Augen des Unternehmers von Interesse, denn sie wird zum werbenden Signal, das die Aufmerksamkeit auf das Gebäude lenkt. In der Werbebroschüre für das Virginia Hotel aus dem Jahre 1890 heißt es:

»Die Mauern [des Gebäudes] erheben sich hoch über die umliegenden Häuser; da sowohl die rückwärtigen Mauern als auch die Straßenfronten mit rotem Backstein verkleidet sind, bietet es auf allen vier Seiten ein einheitliches Bild. Es hat eine gebieterische Ausstrahlung und unterstreicht das Fortschreiten der Verschönerungsarbeiten in jenem prachtvollen Teil der Stadt.«[32]

Seine rote Backsteinfassade verband das Virginia ebenso mit den zeitgenössischen Villen, wie das Drake durch seine Kalksteinverkleidung und die auf Formen der italienischen Renaissance beruhende Gestaltung mit der seit der Jahrhundertwende zunehmend in Mode gekommenen Formensprache im Wohnhausbau verbunden war. Die Verwendung von Kalkstein bei dem Nachfolger des Blackstone als Arbiter elegantiarum bereitete einer neuen Mode für die vornehmsten Appartementhäuser und folgenden Hotelbauten den Weg, ebenso wie seine Massengruppierung künftig immer dann nachgeahmt wurde, wenn es die Grundstücksgröße zuließ.

Zu den Hotelneubauten der zwanziger Jahre zählte das vierte Palmer House, das zwischen 1924 und 1927 mit Backsteinfassaden über einem Kalksteinsockel errichtet wurde. Holabird und Roche waren die Architekten des Gebäudes, das mit seinen drei Untergeschossen und fünfundzwanzig Stockwerken mehr als einen halben Straßenblock einnimmt; es verfügt über ausgedehnte Wirtschaftstrakte und 2268 Gästezimmer. Es trat an die Stelle eines Gebäudes, dessen Stil eindeutig aus der Mode gekommen und dessen Ausstattung veraltet war, aber es übernahm nicht die führende Stellung, die sein Vorgänger einst im gesell-

Abb. 24 North Lake Shore Drive; aus einer Immobilien-Werbebroschüre

Abb. 25 Rissman and Hirschfeld, 3520-30 North Lake Shore Drive, 1924

schaftlichen Leben der Stadt innehatte. Nichtsdestoweniger zählt seine prächtige, geschmackvolle Lobby im zweiten Stock mit angeschlossenem Bankett- und Ballsaal zu den elegantesten der Stadt (Abb. 16; Kat. 249).

Im Jahre 1927 vollendeten Holabird und Roche das Stevens Hotel (Abb. 18; Tafeln 86, 87), das schon im Ersten Weltkrieg als größtes Hotel der Welt konzipiert worden war. Sowohl bei der Innengestaltung als auch bei der äußeren Formgebung folgten die beiden Architekten erneut den von Marshall mit dem Blackstone aufgestellten Maßstäben. Allerdings ermöglichten erst bestimmte bautechnische Methoden, die nach Fertigstellung des Blackstone entwickelt worden waren, den Bau dieses riesigen, 25stöckigen Hotels, dessen Fassade die gesamte Länge eines Straßenabschnitts einnahm. Es erwies sich als größtes der Hotels, die auf ein Reisepublikum ausgerichtet waren, und fand in ausländischen Veröffentlichungen wegen seiner Größe und Effizienz Beachtung.[33] Das Stevens (nunmehr Hilton) existiert noch heute als letztes einer ganzen Reihe von Hotels, die sich ausgehend vom Auditorium in südlicher Richtung über mehrere Straßenabschnitte hinziehen, und bietet den großartigen Blick auf den Michigan-See, der diesen Standort für Hotelbauten so erstrebenswert machte.

Schon seit Anfang der sechziger Jahre des 19. Jahrhunderts erfreuten sich die Gäste der nördlich und südlich des Stadtzentrums gelegenen Pensionen in heißen Sommern der kühlenden Seebrisen und während der Winterzeit zahlreicher Sportmöglichkeiten. Nach der Jahrhundertwende sicherten sich die Wohlhabenden ihren Anteil am Seeufer durch die Gründung exklusiver Clubs. Im Jahre 1905 errichtete Jarvis Hunt auf dem ausgedehnten Gelände des elitären Saddle and Cycle Club ein Klubhaus aus Stein und Schindeln;[34] 1906 begannen die Bauarbeiten an einer von Benjamin Marshall im mediterranen Stil entworfenen Villa für den South Shore Country Club unmittelbar südlich des Hydepark (Abb. 19, 20).

Die großartigste Einrichtung dieser Art war jedoch Marshalls Edgewater Beach Hotel, das trotz seiner Clubatmosphäre jedem offenstand, der den moderaten Zimmerpreis zahlen konnte. Man begann mit dem Bau im Jahre 1915; er lag unmittelbar nördlich des Saddle and Cycle Club, nur etwa fünfzehn Kilometer vom Zentrum des Loop entfernt, und war mit der Straßenbahn leicht erreichbar.[35] Im Jahre 1919 erweiterte Marshall das achtgeschossige Gebäude und fügte 1923 im Süden einen weiteren Bau hinzu. Dieses neue Gebäude erreichte in mehreren Abtreppungen eine Höhe von achtzehn Geschossen; in einem der oberen Stockwerke befand sich eine Radiostation, für die ursprünglich zwei Sendetürme geplant waren (die jedoch nie gebaut wurden). Die unter einer Terrasse mit geschlossenen Aufenthaltsräumen gelegene Garage mit 200 Plätzen war durch die Lobby zugänglich und stellte die Verbindung zum ersten Haus her (Abb. 21). Die beiden Eisenbetonbauten erinnerten mit ihren rosa Wänden, roten Ziegeldächern und blaugemusterten Innenräumen entfernt an mediterrane Architektur, während die Massengruppierung ganz der heimischen Tradition verpflichtet war. Die 300 Meter lange Strandpromenade des Hotels führte zu einer Freilufttanzfläche, von der man in einen Speisesaal mit Oberlicht gelangte, das sich bei entsprechendem Wetter öffnen ließ. Zu dem Komplex gehörten Gartenanlagen, Kinderspielplätze, ein beleuchteter Tennisplatz, der sich im Winter in eine Eisbahn verwandeln ließ, sowie ein Golfplatz mit neun Löchern. Im Jahre 1927 errichtete Marshall am nördlichen Ende des ausgedehnten Geländes das neunzehngeschossige Edgewater-Beach-Appartementhaus (Tafel 85). Hierbei handelte es sich um ein elegantes Gebäude, das weniger für Reisegäste als für Bewohner gedacht war, die sowohl auf die Dienstleistungen eines Hotels als auch auf die Ungestörtheit einer Privatwohnung Wert legten, eben die Annehmlichkeiten, die ein Wohnhotel bot.

Mit dem Bau von Wohnhotels waren Marshall andere Architekten zuvorgekommen. Als sich in den Jahren unmittelbar vor dem Ersten Weltkrieg die Lebensweise der Chicagoer wandelte und man sich weniger an der Familie und am häuslichen Leben orientierte, antworteten die Architekten mit der Entwicklung zweier Typen von Wohnhotels, die auf unterschiedliche soziale Schichten zielten. Die neuen Gebäude entstanden in bereits etablierten Wohnvierteln – einige nahe dem See im Hydepark, die meisten jedoch nördlich der Gold Coast bis hin zu Marshalls Edgewater-Komplex und weiter.

Der eine Typus war auf die Bedürfnisse junger alleinstehender oder verheirateter Einsteiger in die neuentstandene Angestelltenriege der sich wandelnden Wirtschaftsstruktur Chicagos zugeschnitten. Man nahm seitens der Bauunternehmer an, diese Gruppe wüßte die Nähe zu den Stränden zu schätzen und stattete die Gebäude mit Balkonen, Loggien, Dachrestaurants und Tanzsalons in einem an mediterrane Villen erinnernden Rahmen aus. Vermutlich den ersten Bau dieser Art stellen die Eastwood Beach Apartments dar, ein sechsgeschossiger Wohnblock von John Nyden aus dem Jahre 1916. Er bot achtzig Appartements Platz, von denen einige zwei Zimmer, die meisten aber nur ein geräumiges Zimmer und einen großspurig als »Empfangshalle« bezeichneten winzigen Flur aufwiesen; darüber hinaus verfügten sie über einen weiteren kleinen Raum, der als »Frühstückszimmer mit komplett eingerichteter Kochnische« bezeichnet wurde, ein Badezimmer mit »Porzellankachelwanne und Dusche«, einen großen Wandschrank, der »Ankleidezimmer« genannt wurde und mit Kleiderpresse, Kommode sowie einem »hygienischen Marshall-Stearns-Klappbett« ausgestattet war, das man in den großen Raum ausklappen konnte, der so vom Wohn- zum Schlafzimmer wurde. Der Bau bot »in der Tat sämtliche Annehmlichkeiten eines modernen Clubs oder Hotels mit der Privatsphäre einer Wohnung«.[36]

Der andere Gebäudetyp richtete sich an die wohlhabenderen, etablierteren Schichten. Das Parkway Hotel aus dem Jahre 1916 war der erste Bau dieser Art. Es wurde von Walter W. Ahlschlager in der Manier eines Renaissancepalastes entworfen, verfügte über elf Geschosse mit 225 Zimmern und versprach,

> »das ideale Wohnhotel Chicagos ... für jede Jahreszeit [zu sein]. Es wird mit jeder Neuerung, jeder Bequemlichkeit dienenden Vorrichtung ausgestattet sein, in einer Atmosphäre kultivierten Geschmacks, die den Ansprüchen jener Gruppe von Leuten genügt, die Räumlichkeiten der gehobenen Kategorie beanspruchen ... Jede Einheit verfügt über ein eigenes Bad, die Hälfte mit Dusche. In den Nachmittags- und Abendstunden steht zum Tanzen ein Ballsaal zur Verfügung. Für Bankette, Abendessen, Tagesgesellschaften, Kartenclubs, Tanzveranstaltungen etc. können besondere Arrangements getroffen werden. Im Haus befindet sich ein Marinello Shop, ein Friseur, eine Drogerie, ein Billardzimmer und Tabakwarenläden.«[37]

Durch den Ersten Weltkrieg wurde der Elan der Baubranche in Chicago gedämpft, und auch der nachfolgende Aufschwung brachte keine neuen Bautypen hervor. Wie schon nach dem großen Brand von 1871 reproduzierte der Bauboom die gleichen Häusertypen, die schon vor der Unterbrechung allgemeine Zustimmung gefunden hatten. Die Bauunternehmer der Nachkriegszeit sahen sich mit einer rasch zunehmenden Inflation der Baukosten und beschränkten Einkünften der Mieter konfrontiert, die auf der Suche nach gesellschaftlichem Leben außerhalb ihres häuslichen Rahmens waren, und reagierten darauf mit gewissen Anpassungen. Künftig errichteten sie größere Gebäude mit kleineren Appartements, die zunehmend Anklang fanden durch arbeits- und platzsparende Vorrichtungen wie Gas- oder Elektrokühlschränke und Klappbetten.

Für die Mehrzahl der Hotel- und Appartementbauten, die nach der Weltausstellung entstanden, bildete eine Spielart des Klassizismus die Entwurfsgrundlage. Offenbar rief der Klassizismus die gewünschte Assoziation an jene Form zivilisierten städtischen Lebens hervor, die durch diese Bauten ermöglicht werden sollte. Einige nach 1893 entstandene Villen und Landhäuser dagegen wurden in Varianten der Gotik, speziell der englischen Gotik und des Tudorstiles erbaut, da man meinte, daß sich diese Stilarten besser für Wohnhäuser eigneten.

Das erste luxuriöse Appartementhaus, das diesem Beispiel folgte, wurde 1910 am North Lake Shore Drive 1130 im Tudorstil erbaut (Abb. 22). Es stand in der Nähe eines Vorgängers, des Marshall, dem es ein würdiger Rivale war. Howard Van Doren Shaw war sowohl der Architekt als auch einer der acht Eigentümer, die alle in dem neungeschossigen Gebäude wohnten.[38] Shaw hatte sich durch seine einfallsreichen Entwürfe für eine Klientel einen Ruf geschaffen, die seinem eigenen sozialen Umfeld angehörte – wenn auch nicht auf gleiche Weise wie Louis Sullivan,

Frank Lloyd Wright und andere. An Gewinn interessierte Investoren und wohlhabende Bürger auf der Suche nach einem standesgemäßen Wohnsitz neigten dazu, solchen Architekten den Vorzug zu geben, die sich an historischen Vorbildern orientierten.

Eine Ausnahme von dieser Regel stellte das Architekturbüro Schmidt, Garden and Martin dar, eine der wenigen großen Firmen, die sowohl dem Prairie-Stil verwandte innovative Arbeiten übernahmen als auch orthodoxe Geschäftshäuser und luxuriöse Wohnungsbauten für Investoren ausführten, denen jegliche Innovation widerstrebte. Im Jahre 1910 wandte sich Buckingham Chandler, ein Stadtplaner, der auf einem engen Grundstück an der Gold Coast das »ideale Appartementhaus« errichten wollte, an dieses Büro. Das Ergebnis waren die sechsstöckigen Chandler Apartments (1914 kam ein siebtes hinzu) mit Wohnungen von vierzehn und fünfzehn Zimmern. Chandler beschreibt das Projekt als

»Verbindung des Pariser Appartements mit seinem reizvollen Hof und Brunnen mit dem bodenständigen Geschäftssinn Chicagos, kombiniert mit all den Annehmlichkeiten und der planerischen Sorgfalt, durch die sich unsere gutsituierten amerikanischen Häuser auszeichnen ... [Der Außenbau] wurde im Stil der englischen Renaissance der Zeit Charles' II. und James' II. errichtet, eines durch den Architekten Sir Christopher Wren und den großartigen Holzschnitzer Grinling Gibbons denkwürdigen Zeitalters.«[39]

Der gleiche traditionelle Ansatz blieb auch dann maßgeblich, wenn der Kapitalanleger selbst für seine Fortschrittlichkeit bekannt war – in diesem Falle Hugh Garden. 1915 entwarf und baute Garden sein eigenes achtstöckiges Luxusgebäude. Das Unternehmen war riskant, weil das Ufergrundstück acht Kilometer nördlich des Loop und fünf Kilometer von anderen Hochhäusern der North Side, die sich damals nur auf die Gold Coast beschränkte, entfernt lag. Die Wahl des Tudorstiles für die Fassade war augenscheinlich der Versuch, die Investition sicherer zu gestalten.[40] Als er wenige Jahre später die Garden Apartments mit beträchtlichem Gewinn verkaufte, hatte das Haus bereits weitere Luxusbauten, die meisten in einer historisierenden Stilvariante, um sich versammelt.

Eine ähnliche Verwendung des konservativen Tudorstiles bei einem innovativen Bau findet sich bei Robert DeGolyers Lake Shore Drive 1120 aus dem Jahre 1924 (Abb. 23). Es war dies das erste an der Gold Coast errichtete Hochhaus; das erste, dessen Baukörper von dem 1923 in Kraft getretenen ›Zoning Code‹ bestimmt wurde; und das erste von einer Kooperative finanzierte Luxus-Hochhaus an der Gold Coast, das der Allgemeinheit zum Kauf angeboten wurde; durch den Erwerb von Anteilen wurde man zum Besitzer der bezogenen Wohnung. New Yorker Appartementhäuser, die zahlreicher, größer und in stärkerer Konzentration innerhalb der Stadtstruktur verbreitet waren als ihre Pendants in Chicago, hatte man seit Jahrzehnten auf diese Weise finanziert. In Illinois hatte zwischen dem großen Brand von 1871 und dem Ersten Weltkrieg die Gesetzgebung des Staates (mit der Billigung der Chicagoer Immobilienmakler) die Bildung von Gesellschaften zum Zwecke der Stadtentwicklung verhindert.

Die neue Finanzierungsmethode, zusammen mit dem auf einem New Yorker Gesetz von 1916 basierenden Zoning Code, gestattete es Bauten in der Art des Drake, in Chicago tonangebend zu werden. Die Gebäudegröße wurde nach dem veranschlagt, was der Markt würde verkraften können, was eine Gesellschaft zu finanzieren bereit sein würde und was der Zoning Code zuließ. Nach kurzer Zeit betrachtete man Appartementhäuser – anders als vor der Weltausstellung – nicht länger als Zwitter innerhalb des Stadtgefüges und tarnte sie von daher nicht mehr als Wohnhäuser oder gab ihnen das Aussehen übergroßer Klubhäuser beziehungsweise fehlplazierter Hotels. Man hielt sich bei den Entwürfen auch nicht mehr an den Burnham/Bennett-Plan, der von der Vorstellung ausging, daß zusammenhängende Baublöcke ein einheitliches Stadtbild ergeben sollten. Statt dessen konzentrierten sich die Architekten ausschließlich auf ihre Baugrundstücke und packten sie möglichst effizient mit Gebäuden voll, die sie als unabhängige Objekte, und nicht als Teil eines Ganzen auffaßten. Die daraus entstandene äußere Form wies mehr Ähnlichkeit mit einem Turm als mit einem Block auf und unterstrich ihre Eigenständigkeit dadurch, daß sie die umgebende Bebauung überragte, wie eine Abbildung in der Werbeschrift für DeGolyers Bau beweist – in diesem Fall die beiden ersten Gebäude am Seeufer von Shaw und Marshall, sowie einen weiteren Bau von Marshall, das Stewart aus dem Jahre 1912 (Abb. 24).

Bis 1920 schossen Dutzende von ähnlichen Bauten in den Himmel; sie wurden von Architekten entworfen, denen spezielle Kenntnisse zu Gebote standen, um diese Unternehmungen profitabel zu gestalten. Zu den aktivsten Architekten zählte Marshall, der fast immer die besten und kostspieligsten Aufträge erhielt und sie gekonnt ausführte; außerdem William Ernest Walker, der Marshall in den Anfangsjahren fast gleichkam; DeGolyer, dessen große Schaffenskraft und Kompetenz sich auf etwas weniger exklusive Bauten konzentrierte;[41] Ahlschlager, der für imposante, auffällige und innovative Entwürfe zuständig war; die Architekturbüros Fugard and Knapp sowie McNally and Quinn, die für Angehörige der wohlhabenderen Schichten zahlreiche solide Häuser errichteten; daneben Büros wie Rissman and Hirshfeld (Abb. 25), Hooper and Janusch, Huszagh and Hill oder Leichenko and Esser, die wie viele andere Unternehmen gediegene Entwürfe für weniger anspruchsvolle Gebäude lieferten; schließlich B. Leo Steif, Raymond Gregori und Philip Maher, die äußerst vielversprechende Ansätze zeigten, als die Wirtschaftskrise der dreißiger Jahre die Bautätigkeit für mehr als ein Jahrzehnt lahmlegte.

In ihren Fassadenentwürfen folgten diese Architekten den für Chicago typischen strengen Konventionen, wobei sie gelegentlich in der Detailgestaltung

Einflüsse der Gotik oder des Tudorstiles andeuteten, häufiger jedoch Varianten des Klassizismus. Nach 1927 ließ man langsam von Zitaten historischer Stilformen ab und trug statt dessen modernistische Unabhängigkeit zur Schau. In das Gebäudeinnere zwängten die Architekten immer mehr kleine, praktisch geschnittene und gutausgestattete Wohnungen. Fast in jedem Jahr wurden auch ein oder zwei Gebäude mit sehr großen Wohnungen errichtet, aber eine Gold-Coast-Adresse, livrierte Türsteher sowie positive Presseberichte und Mundpropaganda sagten mehr über das höhere soziale und wirtschaftliche Prestige der Bewohner aus als die Fassadengestaltung oder großzügig bemessene Innenräume. Peter J. Webers Harbor Apartment Building an der Sheridan Road 3400 (Tafel 89) stellt ein Beispiel eines solchen Luxusgebäudes dar, obwohl es sich weit nördlich der eigentlichen Gold Coast befindet. Der Außenbau zeigt eine überarbeitete, wuchtigere Version von Marshalls North State Parkway 1550. Mit dem Bau wurde im Jahre 1919 gegenüber den Garden Apartments begonnen, Materialknappheit verzögerte die Eröffnung jedoch bis in das Jahr 1921, als sich die Zehn- bis Sechzehn-Zimmer-Wohnungen mit Millionärsfamilien zu füllen begannen.[42]

Die Anhäufung dieser Gebäude veränderte den offiziellen Charakter der Stadt. Das Zentrum wurde aufgrund zahlreicher Geschäftsbauten immer dichter. Einige Hochhäuser wiesen mehr als zwanzig Geschosse auf, was seit Inkrafttreten der neuen Bauverordnungen im Jahre 1923 zulässig war. Die Wohngebiete breiteten sich ständig weiter aus, wobei dreigeschossige Mietshäuser den inneren, Einfamilienhäuser den äußeren Gürtel bildeten; in beiden Zonen blieb der kleinstädtische Charakter Chicagos durch grasbewachsene Vorplätze, Höfe und Gärten erhalten. In einem schmalen Streifen entlang des nördlichen Seeufers und in einzelnen Inseln im Hydepark waren jedoch einige isoliert stehende Hochhäuser entstanden. Diese Zone der Wohnhochhäuser, die weder dem ›Flachland‹ der Einfamilienhäuser noch den Geschäftsblöcken im Stadtzentrum zuzuordnen war, wurde zum Vorboten des Chicago der Zeit nach 1950, in dem sich die amerikanischen und europäischen Erfahrungen der zehner und zwanziger Jahre mischten: Seine Gebäude sind unabhängig von der Vergangenheit, haben weder in der Kleinstadt noch in der City einen Platz und sind mehr das Produkt von Technik und Wirtschaft als von Architektur oder dem Streben nach höherer Lebensqualität.

Übersetzung: Christiane Court

ANMERKUNGEN

1 David Watkin, ›The Grand Hotel Style‹, *Grand Hotel*, New York und Paris 1984, S. 15. Zahlreiche Erzählungen von George Ade, einem Chicagoer Autor der Jahrhundertwende, bestätigen dies.

2 Bezüglich der Eigentümer vgl. Alfred T. Andreas, *History of Chicago*, 3 Bde., Chicago 1884-86, Bd. 2, S. 509. Die LaSalle Street entwickelte sich rasch zum Bank- und Handelszentrum des amerikanischen Westens. Als im Jahre 1885 W. W. Boyingtons Chicago Board of Trade Building am Fuß der LaSalle Street genau vor dem Bahnhof eröffnet wurde, tauschte das Hotel seinen Ruf als Herberge für Reisende gegen den einer Hochburg für Spekulanten und Industriekapitäne ein. 1875 ging das Hotel in den Besitz von John B. Drake über, von dem weiter unten ausführlicher die Rede sein wird.

3 Siehe David Lowe, *Chicago Interiors: Views of a Splendid World*, Chicago 1979, S. 14-15, für einen Grund- und Aufriß sowie Innen- und Außenaufnahmen.

4 Es ist nicht klar, wer dieser Architekt war, oder ob überhaupt ein Architekt dabei war. Für weitere Informationen vgl. Anmerkung 6. ›Our Great Hotels: The Palmer House‹, *Land Owner* 5, Juni 1873, S. 115. Die in Klammern gesetzten Daten entsprechen den von Watkin angegebenen (Anm. 1), Index.

5 ›Palmer's Grand Hotel‹, *Land Owner* 5, März 1873, S. 82. Die Titelseite dieser Ausgabe zeigte einen Holzstich von der Nachtarbeit, aus dem hervorging, daß aus Gründen der Feuersicherheit die Küche in einem separaten Gebäude untergebracht war; es heißt dort, »jeder Eisenträger, den der Aufzug nach oben brachte, kostete $69 in Gold, der Preisnachlaß betrug über $10«. Ausführliche Debatten, die man in *The Congressional Globe* nachlesen kann, verzögerten die Verabschiedung des Act of Congress bis sechs Monate nach dem großen Stadtbrand.

6 Im *Land Owner* 5, Juni 1873, S. 115, heißt es: »Das Gebäude steht seit zwei Jahren unter der Aufsicht des begabten jungen Architekten Mr. C. M. Palmer, den Mr. P. Palmer für einen überragenden Designer und Konstrukteur hält.« Charles M. Palmer war nicht mit Potter Palmer verwandt. Thomas Tallmadge, *Architecture in Old Chicago*, Chicago 1941, S. 113, nennt ebenfalls C. M. Palmer, der sein Büro im Zwischengeschoß des Palmer House hatte. Andreas (Anm. 2), Bd. 3, S. 64, schreibt: »Die Pläne für dieses Gebäude wurden zum großen Teil im Ausland erdacht, wenn nicht sogar fertiggestellt. Im Hinblick auf den Bau besuchte Mr. Palmer in Begleitung eines der führenden Architekten dieser Stadt die wichtigsten Städte Europas. Das Gebäude entspricht in seinem Äußeren und den entscheidenden Merkmalen der Innenraumgestaltung modernen französischen Vorstellungen, ganz besonders im Zwischengeschoß mit seinem ausgesprochen pariserischen Flair.

7 Zum Beispiel wurden das Hotel Pelham in Boston im Jahre 1857, die Stuyvesant Apartments in New York 1869 gebaut.

8 Presseberichten zufolge sollte es sich »um eines der ansehnlichsten und bestausgestatteten Gebäude seiner Art in Chicago oder dem Westen handeln ... Der Bau wird 12 Abteilungen oder Wohnungen mit jeweils 8 bzw. 9 Zimmern enthalten; hinzu kommen Speisekammer, Wandschränke und Badezimmer; die Haupträume werden mit Holz und furnierten Paneelen gefällig verkleidet sein. Im Zentrum des Gebäudes wird ein geräumiger Personenfahrstuhl verkehren, während der Lastenaufzug an der Rückseite untergebracht ist. Für das Wohlbefinden und den Komfort von Personal und anderen Bewohnern innenliegender Räume gibt es zwei Schächte für Licht und Belüftung ... Der Stil des Gebäudes ist als moderne Handhabung der Gotik anzusehen und fördert das Hauptziel eines harmonischen Gesamteindrucks.« ›Apartment House‹, *Chicago Tribune*, 8. Okt. 1982, S. 18.

9 In Frank A. Randall, *History of the Development of Building Construction in Chicago*, Urbana, Ill. 1949, S. 94, wird das Datum der Genehmigung mit 3. August 1880 angegeben. Die auf Juni und Juli 1880 datierten Originalpläne befinden sich heute im Department of Architecture des Art Institute of Chicago. 1892 fertigten Treat and Foltz Pläne für den Umbau zum Hotel mit zwei weiteren Geschossen und für einen zusätzlichen Bau im Norden des Grundstücks an; *Economist*, 16. April 1892, S. 574. Die zwei Stockwerke wurden nicht hinzugefügt, aber Pläne im Art Institute zeigen, daß Veränderungen vorgenommen wurden und daß man das viergeschossige Wohnhaus im Norden mit dem Gebäude verband und in seinen Betrieb einbezog, wodurch erweiterte Räumlichkeiten für Restaurants möglich wurden.

10 Die Beschreibung in Andreas (Anm. 2), 3. Bd., S. 355-56, vermittelt einen Eindruck von der Unfähigkeit der Zeitgenossen, Bemins' Unternehmung richtig einzuschätzen.

11 Charles Eugene Banks, *The Artistic Guide to Chicago and the World's Columbian Exposition*, 1893, S. 157. Noch eine Generation später erinnerte man sich seiner gerne: »Seit seiner Schließung findet der weitgereiste Gast nichts Gleichrangiges mehr.« Paul Gilbert und Charles Lee Bryson, *Chicago and Its Makers*, Chicago 1929, S. 134, Abb. S. 138.

12 Ein weiteres bemerkenswertes Beispiel stellen die im Jahre 1875 an der Kreuzung von Michigan und Van Buren erbauten sechsgeschossigen Beaurivage Bachelor Apartments dar, die 1882 nach einem Brand wieder aufgebaut und 1891 in ein Hotel umgewandelt wurden. In dem von Rand McNally and Co. herausgegebenen und bei Randall (Anm. 9), S. 174, nachgedruckten *Bird's-Eye Views and Guide to Chicago* des Jahres 1898 heißt es, daß es sich hier um »Chicagos erste ›French flats‹ oder erstes modernes Appartementhaus« handele, eine Behauptung, die sich aufgrund mangelnder Präzision bei der Begriffsbestimmung und Datierung nicht verifizieren läßt. Die Ausgabe des Jahres 1880 von Chicagos *Elite Guide* führt Bewohner von fünfzehn Appartements auf, u. a. den damaligen Eigentümer J. K. Fisher und den Architekten Peter B. Wight. In Gilbert und Bryson (Anm. 11), S. 294, findet sich eine Photographie.

13 *Inland Architect* 9, 3, 1887, S. 28, wo fälschlicherweise behauptet wird, daß beide achtstöckig und für jeweils fünfzehn Familien gedacht seien. Vgl. auch Donald Hoffmann, *The Architecture of John Wellborn Root*, Baltimore und London 1973, S. 98-99.

14 *Chicago Tribune*, 31. Jan. 1886, S. 20.

15 Die beste Quelle ist nach wie vor Hugh Morrison,

Louis Sullivan: Prophet of Modern Architecture, 1935, rev. Aufl. New York 1962, S. 85ff.

16 *Chicago and Its Resources Twenty Years After*, Chicago 1892, S. 15. Laut dieser Veröffentlichung waren die drei Rivalen des Auditorium Hotel in der Gruppe der »weltberühmten Hotels« das Grand Pacific, das Palmer House und das Richelieu. Es ist beachtenswert, daß der Turm des Auditorium 1912 und schon früher als Signet von *The National Hotel Reporter*, einer Fachzeitschrift jener Zeit, diente; eine entsprechende Abbildung findet sich in ›Hotel Association of Chicago‹, *Hotel Monthly* 20, Juni 1912, S. 43.

17 Der zehnstöckige Bau wurde 1883 begonnen; sein riesiges, zur Adams Street gelegenes Eingangsportal verband das Gebäude mit den Geschäftsbauten des Loop und nicht mit den umgebenden Hotels. Vgl. *Industrial Chicago: The Building Interests*, Chicago 1891, Bd. 1, S. 178-79. Nach 1888 wohnten und arbeiteten dort im 8. und 6. Stock Irving K. und Allen B. Pond, die für Jane Addams in Hull-House Modellwohnungen entwarfen.

18 David S. Andrew, *Louis Sullivan and the Polemics of Modern Architecture*, Urbana und Chicago 1985, S. 86 bis 87, 91.

19 Unter den zahlreichen in einem Bericht aufgeführten Bauten an der North Side befindet sich auch das hier erwähnte Cleveland Apartment House, dessen Eigentümer W.C. Goudy war. In dem Bericht (*Economist*, 14. Juli 1894, S. 71-72) heißt es, daß der Bau in den ersten beiden Jahren vierzehn bis sechzehn Prozent abwarf; die Pläne des Gebäudes befinden sich im Besitz des Art Institute of Chicago.

20 Eine frühe, irreführende Erwähnung einiger Aspekte dieser Bauten findet sich in Sigfried Giedion, *Space, Time and Architecture: The Growth of a New Tradition*, 3. Aufl. Cambridge, Mass. 1956, S. 375-79 (dt.: *Raum, Zeit, Architektur*, Ravensburg o.J. [1965]). Carl W. Condit, *The Chicago School of Architecture: The History of Commercial and Public Building in the Chicago Area, 1875-1925*, Chicago 1964, S. 148-59, enthält die einzige, recht einseitige Besprechung der Bauten.

21 [E.S. Hand], *The Virginia: A Description, with Illustrations, of the new Hotel lately erected at the Gateway to the fashionable North Side of Chicago*, New York 1890, o.S. Daniel Bluestone entdeckte diese Publikation in der Library of Congress und machte mich freundlicherweise darauf aufmerksam. Die Familie McCormick nutzte dieses Gebäude als Erweiterung ihrer hier gelegenen Häuser; vgl. z.B. die Bemerkungen in Emmett Dedmon, *Fabulous Chicago*, New York 1953, S. 132-33.

22 *Economist*, 29. Dez. 1888, S. 8. Eine andere Quelle berichtet: »Es ist mit der größten privaten Stromerzeugungsanlage der Stadt ausgerüstet und verfügt über fünfzehn Dampfmaschinen mit zwischen zehn und zweihundertfünfzig Pferdestärken«; *Daily News Almanac*, Chicago 1891, S. 358. *Industrial Chicago* (Anm. 17), Bd. 1, S. 243, weist besonders auf die Waschräume im Obergeschoß hin und stellt fest, daß »die Wohnungen in Salon, Bibliothek und Speisezimmer unterteilt und so angelegt sind, daß sie sich zu einem Raum umgestalten lassen«.

23 Es soll entlang der Geschäftsstraße elf Ladengeschäfte und darüber 150 Ein- bis Sieben-Zimmer-Wohnungen enthalten haben; *Economist*, 26. Sept. 1891, S. 534; 17. Okt. 1891, S. 678; 30. Jan. 1892, S. 162; 16. April 1892, S. 576; *Daily News Almanac*, 1892, S. 382. Einen Blick in die Lobby findet man in Lowe (Anm. 3), S. 21.

24 Herbert Croly, ›Some Apartment Houses in Chicago‹, *Architectural Record* 21, 1907, S. 119-30.

25 Für hier nicht enthaltene, spezifische Angaben vgl. den Aufsatz von C.W. Westfall, ›Benjamin Henry [irrtümlich statt Howard] Marshall of Chicago‹, *Chicago Architectural Journal* 2, 1982, S. 8-27, der ein Verzeichnis von Marshalls Bauten enthält und die Beziehungen zwischen seinen Entwürfen für Wohnhäuser, Appartementbauten, Clubs und Hotels untersucht. Der unten erwähnte Charles Fox war lange Zeit Partner von Marshall. Vgl. auch Robert F. Irving, ›Benny Marshall: The Dreams That Money Could Buy‹, *Inland Architect* 22, Feb. 1978, S. 14-17; und Carl John Sterner, ›The Marshall-Walton Papers‹, *The Library Chronicle of the University of Texas at Austin* 9, 1978, S. 61-65.

26 Siehe *Economist*, 8. Sept. 1900, S. 276; 17. Sept. 1900, S. 304; 29. Sept. 1900, S. 362; 31. Dez. 1900, S. 807; und 2. März 1901, S. 249.

27 Raymond Thompson, ›Apartment Houses on Chicago's Lake Shore Drive‹, *The Apartment House* 2, Aug. 1912, S. 16-17.

28 Arthur Meeker, *Chicago With Love*, New York 1955, S. 129, 131, 273.

29 Im Jahre 1912 rühmte sich die 1898 gegründete Hotel Association of Chicago ihrer 38 angeschlossenen Hotels mit insgesamt 12000 Zimmern, von denen sich 8000 in feuersicheren Gebäuden befanden. Die Hotels sind in ›Hotel Association of Chicago‹, *Hotel Monthly* 20, Juni 1912, S. 40-43, abgebildet. Die Angaben zum Anbau des Blackstone Theater sind teilweise den 1916 Skizzen in der Sammlung von Zeichnungen Marshalls an der University of Texas entnommen.

30 Für eine ähnliche Analyse, die die Bedeutung der Beziehung zwischen Gebäude und Straße in den Entwürfen von Burnham and Root aus den späten achtziger und neunziger Jahren, einschließlich dem Argyle und dem Pickwick, betont, vgl. Mario Manieri-Elia, ›Towards an »Imperial City«: Daniel H. Burnham and the City Beautiful Movement‹, *The American City: From the Civil War to the New Deal*, übers. von B.L. La Penta, Cambridge, Mass. 1979, S. 13.

31 Als Beispiel eines Falles, in dem ein kleineres Grundstück nur die Hälfte eines H-Grundrisses zuließ, sei das fünfstöckige Tudor Building (1893-94) von Treat and Foltz erwähnt. Es lag rückwärtig an einer schmalen Gasse, zeigte aber an allen anderen Seiten ausgearbeitete Fassaden. Beschrieben wurde es im *Economist*, 6. Mai 1893, S. 634; zur Gestaltung des Gebäudes siehe *Sanborn Atlas of Chicago*, New York 1925, Bd. 14. Ein anderes Beispiel stellt das siebenstöckige Kenwood Apartment Building an der South Side dar, das von Charles S. Frost 1892 entworfen, aber erst 1895 fertiggestellt wurde; *Inland Architect* 21, Nr. 2, 1893, S. 26, Tafel mit Grundriß und Ansicht an späterer Stelle; eine Photogravüre wurde im *Inland Architect* 43, Nr. 2, 1899, veröffentlicht.

32 Hand (Anm. 21), o.S.

33 Im folgenden zwei Beispiele für ausländische Publikationen, die Chicagoer Hotels Beachtung schenkten: Fritz Kunz-Düsseldorf, *Der Hotelbau von heute*, Stuttgart 1930, in dem eine Besprechung des Stevens Hotel enthalten ist, und *Neuzeitliche Hotels und Krankenhäuser*, Berlin-Charlottenburg 1930, das die Seiten 11-29 der Beschreibung des Bismarck Hotel widmet.

34 Ein Bewohner der Gold Coast berichtete: »*Die* Klubs sind das Casino und der Saddle and Cycle Club.« Originalzitat aus Harvey Warren Zorbough, *The Gold Coast and the Slum*, Chicago 1929, S. 50. Das nahe dem Drake gelegene Casino war der erste Club Chicagos, der sowohl Männer als auch Frauen als Mitglieder aufnahm.

35 Für Abbildungen siehe ›The Edgewater Beach Hotel, Chicago, Ill.‹, *American Architect* 112, 26. Sept. 1917, S. 233-34 und weitere Tafeln.

36 A.J. Pardridge und Harold Bradley, *Directory to Apartments of the Better Class along the North Side of Chicago*, Chicago 1917, S. 114; siehe auch *Modern Type of Apartment Hotels Thruout United States*, Chicago 1917, o.S. Für die Baugenehmigung siehe *Economist*, 8. Juli 1916, S. 104.

37 Pardridge und Bradley (Anm. 36), S. 88; *Economist*, 26. Aug. 1916, S. 417, 430; zum Anbau vgl. *Economist*, 18. Mai 1918, S. 924. Eine von der Lott Hotel Company, die das Parkway Hotel und andere ähnliche Häuser erbaute und führte, schon frühzeitig veröffentlichte Broschüre führte aus: »Die enorme Nachfrage nach Wohnraum in Hotels ist auf die große Zahl von Dauergästen zurückzuführen, die ihr Privathaus aufgegeben haben ... Die hohen Kosten für Heizung, Nahrung und andere Gebrauchsgüter sorgen, zusammen mit dem Bedürfnis dieser Bevölkerungsschicht nach der Befreiung von diversen häuslichen Pflichten, für diesen Wandel der Lebensweise.« *Apartment Hotels: The Belden, The Webster, The Parkway*, Chicago o.J., o.S.; ein Exemplar bei der Chicago Historical Society. Sein Erfolg führte im Jahre 1919 zu einem ebenfalls von Ahlschlager entworfenen Anbau mit 163 Suiten zu jeweils vier Zimmern.

38 *Economist*, 12. Feb. 1910, S. 242; 23. April 1910, S. 839; und 19. Okt. 1918, S. 646. Im Jahre 1922 entwarf Shaw das noch heute vorhandene dreizehngeschossige Gebäude im georgianischen Stil am Lakeview 2450, in das er dann selbst einzog; der Bau nimmt nur einen Teil des Grundstücks ein, und jede der zwölf sehr großen Wohnungen gestattet über den Lincoln Park hinweg den Blick auf den Michigan-See. Shaws eigentlicher Wohnsitz befand sich in Ragdale in Lake Forest, und er betrachtete dies, gleich seinen Mitbewohnern, nur als seine Stadtwohnung.

39 Buckingham Chandler, ›»33 Bellevue Place« – An Ideal Realized‹, *The Apartment House* 1, Okt. 1911, S. 14, 15; die Publikation enthält auch Pläne und Zeichnungen.

40 Innerhalb eines Jahres waren schon sechs der sieben Dreizehn- und Vierzehn-Zimmer-Appartements mit jeweils vier Bädern für eine Jahresmiete von $5400 bei einer Laufzeit der Mietverträge von fünf und mehr Jahren vermietet; *Economist*, 31. März 1917, S. 699.

41 Einer seiner frühen größeren Bauten war ein sechsstöckiges Gebäude mit zehn Wohnungen in der E. Pearson Street 200 von 1917, das als eines der wenigen in Chicago einem direkten Vorbild nachempfunden war, in diesem Falle dem Palazzo Farnese in Rom; zu den Bewohnern zählte auch Ludwig Mies van der Rohe. Dazu siehe Pardridge und Bradley (Anm. 36), S. 68-69, mit einer Ansicht und einem Grundriß.

42 Vgl. unter anderem *Economist*, 26. Juli 1919, S. 213; 23. Aug. 1919, S. 389; die Baugenehmigung wurde am 23. Sept. 1919, S. 545 veröffentlicht; 22. Jan. 1921, S. 203; 15. April 1922, S. 860.

Sally Chappell

Als ob immer die Sonne schiene: Das Wrigley Building von Graham, Anderson, Probst and White

Der Entwurf des Wrigley Building von einem der konservativsten Chicagoer Architekturbüros verrät eine ganze Reihe von traditionellen Einflüssen: eine schöpferische Übernahme des europäischen Klassizismus, das Vermächtnis des Chicagoer Geschäftshausstils der achtziger Jahre des 19. Jahrhunderts, das Erbe der Weltausstellung von 1893, neue Entwicklungen in der Keramikindustrie, die Herausforderung durch die zeitgenössische New Yorker Architektur und eine Empfänglichkeit für die bürgerlich geprägte Einstellung der großen Geschäftswelt von Chicago. Aber erst der genialen Handschrift eines begabten Architekten ist der künstlerische Schwung und die Qualität zu verdanken, die das Wrigley-Projekt aus einer additiven Aneinanderreihung dieser verschiedenen Stilelemente zu einer lebendigen Synthese formte.

Fragt man die Chicagoer Bürger nach ihrem Lieblingsgebäude, lautet die spontane Antwort sehr wahrscheinlich »Das Wrigley!« (Abb. 1, 2). Angestellte, Bauarbeiter, Anwälte und Taxifahrer – alle lieben den funkelnden Turm am Fluß. Und die Touristen kommen in seinen blühenden Brunnenhof, um ein Erinnerungsphoto vom Höhepunkt der Michigan Avenue mit nach Hause nehmen zu können.

Obwohl sich an der Stelle, wo die Michigan Avenue auf den Chicago River stößt, 1920 ein Wirrwarr von Warenspeichern und Fabriken befand (Abb. 3), vertraten die Chicagoer bald die Ansicht, daß das Wrigley Building und die gerade vollendete zweigeschossige Brücke das »neue Tor zu Groß-Chicago« bildeten. Sie behaupteten sogar, daß der Platz bald »so berühmt wie die Place de la Concorde in Paris« (Abb. 5) sein würde. Diese Voraussage erwies sich zwar als übertrieben, doch hat die nachfolgende Bebauung – mit dem London Guarantee and Accident Building (1923; jetzt Stone Container Building) an der Südwestecke, dem 333 North Michigan Building an der Südostecke (1927-28; Abb. 4), dem Tribune Tower (1925) und dem Equitable Building (1965) an der Schrägseite der Nordostecke – die Kreuzung in einen Aussichtspunkt verwandelt, von dem aus das

Abb. 1 Graham, Anderson, Probst and White, Wrigley Building, 410 North Michigan Avenue, 1919-21 (vor der späteren Erweiterung)

Abb. 2 Links: *Wrigley Building mit Erweiterung, 1924, und* rechts: *Howells and Hood, Chicago Tribune Tower, 435 North Michigan Avenue, 1925*

Abb. 3 Wrigley Building mit umgebenden Industriegebäuden

Abb. 4 Links: *Holabird and Root, 333 North Michigan Avenue Building, 1928, und* rechts: *Alfred S. Alschuler, London Guarantee and Accident Building (heute Stone Container Building) 360 North Michigan Avenue, 1923*

Abb. 5 »Das neue Tor zu Groß-Chicago«

Flußpanorama dem heutigen Betrachter einen lebhaften Eindruck von Chicagos abwechslungsreicher Architekturgeschichte bietet.

Mit dem Gelände verbinden sich jedoch auch andere Erinnerungen an die Chicagoer Geschichte. Von hier aus unternahmen Jacques Marquette und Louis Jolliet ihren ersten Transport in den Westen der Großen Seen, hier pflanzte La Salle die französische Fahne auf, hier stand Fort Dearborn, und hier lud Ouilmette den Häuptling der Potawatomi ›Black Partridge‹ (Schwarzes Rebhuhn) erstmals zu einer Weihnachtsfeier ein. Cyrus Hall McCormick errichtete 1847 eine Mähmaschinen-Fabrik am Ostufer des Flusses. Jean Baptiste Point du Sable wohnte an dem Ort, wo heute das Wrigley Building steht. Da der Platz architektonisch bemerkenswert und eine Fundgrube der Lokalgeschichte ist, wird gerade ein Gutachten für das historische Ensemble der Michigan Avenue Bridge einschließlich seiner wichtigen Hochbauten geschrieben, um es als Denkmal zu deklarieren.

Während heutzutage in Chicago Wolkenkratzer alltäglich sind, war der Bau des Wrigley Building 1919-22 eine Sensation, da die Stadt damals als weitläufiges Straßenraster mit Geschäftshausblocks angelegt war. Die hohe, schlanke Form des Wrigley war zugleich Bedrohung und Herausforderung für die traditionelle Raster-Block-Struktur der Stadt.

Um das begreifen zu können, muß man sich zuerst mit der Geschichte der Stadtplanung und der mehrstöckigen Geschäftsgebäude vertraut machen. Das Wrigley Building verkörpert eine Epoche der amerikanischen Architektur, in der eine Anzahl signifikan-

ter Vorgaben durch die Vorstellungskraft des verantwortlichen Entwurfszeichners Charles G. Beersman (1888-1946) zu einer einzigartigen Synthese vereinigt wurde.

William Wrigley jr., Chef der Wrigley Company, einer erfolgreichen Kaugummifabrik, stellte sich einen der internationalen Bedeutung der Gesellschaft angemessenen Hauptgeschäftssitz vor und beauftragte das Chicagoer Architekturbüro Graham, Anderson, Probst and White mit dem Entwurf. Graham übergab den Auftrag an Beersman, einen der vielversprechenden jungen Entwurfszeichner des Büros.

Im Anschluß an seine den Traditionen der Ecole des Beaux-Arts in Paris verpflichtete Ausbildung an der Universität von Pennsylvania gewann Beersman das Le-Brun-Stipendium für ein Reisejahr in Europa. Um 1919 kam er zu Graham, Anderson, Probst and White. Wie sein ehemaliger Chef Daniel H. Burnham bewunderte auch Ernest R. Graham die Arbeiten der »Beaux-Arts-Jungens vom Osten«,[1] und beide hatten eine Reihe von ihnen angestellt, angefangen mit Charles B. Atwood und Peirce Anderson. Im Falle des Wrigley war Grahams Wahl besonders glücklich, da das Grundstück Möglichkeiten und Herausforderungen bot, denen nur ein talentierter Entwerfer gewachsen war.

Ausschlaggebend für die Planung war die Form des »überall schiefen«[2] Grundstücks (Abb. 7). Der Abschnitt der Michigan Avenue nördlich des Flusses liegt zum südlichen etwas nach rechts verschoben. Die Brücke und das Verbindungsstück der Michigan Avenue am Ostrand des Baugeländes verliefen deshalb leicht diagonal, ebenso die East North Water Street an seiner Nordseite und das südliche Flußufer. Es galt aus diesen Beschränkungen eine Tugend zu machen oder ganz und gar zu scheitern, indem man im Zentrum Chicagos einen toten Punkt schuf. Die gesamte Belegschaft des Architekturbüros war an wochenlangen Diskussionen beteiligt, und Beersman spielte eine Idee nach der anderen durch. Die dreieckige Form des Grundstücks machte es für den standardisierten kubischen Geschäftshausblock aus dem Firmenrepertoire ungeeignet und stellte somit eine besondere Herausforderung dar: Für das Projekt, das sich im Wasser spiegelte, konnte kein massiger Baukörper in Frage kommen. Beersman ließ sich seine früheren Erfahrungen durch den Kopf gehen – seine Ausbildung, seine Reisen, sein Wissen über New York und seine Kenntnis der Chicagoer Gebäudetypen. Schließlich hatte er den entscheidenden Einfall, und das stolze, majestätische Bauwerk, das wir heute sehen, entstand auf seinem Zeichenbrett (Abb. 6). Obwohl viele Architekturentwürfe das Ergebnis partnerschaftlicher Zusammenarbeit sind, betonte das langjährige Firmenmitglied Charles F. Murphy, daß das »Wrigley Charlie Beersmans Werk« war.[3]

Am Kreuzungspunkt des Flusses mit der Michigan Avenue war die Nordwestecke, die William Wrigley 1918 auswählte, weitaus die günstigste. Aufgrund der Richtungsänderung des Straßenverlaufs von Süden her schien das Wrigley Building jetzt genau in der Mitte der Michigan Avenue zu stehen, so daß es durch seine Lage von allen Richtungen her zum Blickfang wurde (Abb. 8). Entsprechend heißt es in der Schilderung eines Zeitgenossen:

»Im Abstand einer Meile wird man sich plötzlich der neuen Präsenz bewußt ... man kann den Wolkenkratzer in all der filigranen Anmut seiner vielen Spitzen und Türmchen sehen, so wie man die Türme einer abgelegenen Burg auf einem Felsen erblickt, lange bevor man ihre Grundmauern erkennen kann ... Vielleicht hat man den beeindruckendsten Blick vom Fluß westlich der Rush Street, von wo aus die drei unter dem Straßenniveau liegenden Stockwerke sichtbar sind und das riesige Gebäude durch die Widerspiegelung im bewegten Flußwasser noch an Höhe zu gewinnen scheint.«[4]

Ein Journalist der früheren *Chicago Post* schrieb, daß der Wolkenkratzer von der Roosevelt Road aus

»wie eine gespenstische Märchenburg [wirkt]. Von der Adams Street her wird er als Höhepunkt des Boulevard erkennbar. Jenseits der Madison [Street] beherrscht er das ganze Stadtbild, wobei ihm noch die Wirkung des benachbarten Meisterwerks – der Brücke – zugute kommt«.[5]

Ein anderer Zeitgenosse schrieb, daß von den neu entstandenen Ausblicken nach Norden »das an dieser Stelle nur anderthalb Meter breite Wrigley als riesi-

Abb. 6 V.l.n.r.: *Ernest R. Graham, Peirce Anderson, Edward Probst und Howard J. White, mit einem Modell des Wrigley Building, 1922*

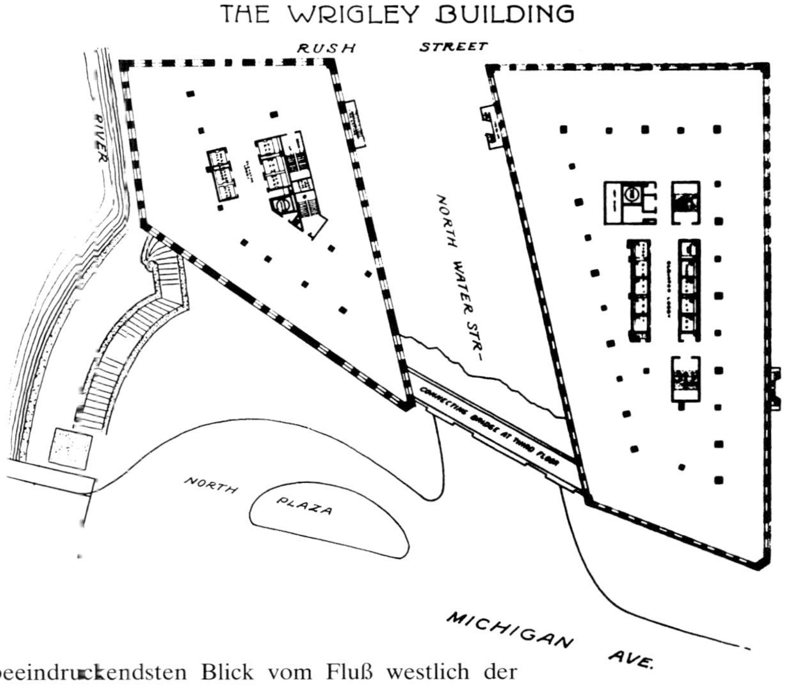

Abb. 7 Lageplan des Wrigley Building; aus einer Werbebroschüre der Firma

Abb. 8 Blick auf die Michigan Avenue Bridge und die North Michigan Avenue mit Wrigley Building und Chicago Tribune Tower

ger, scharf konturierter Bug [erscheint], der gleichsam die Luft durchschneidet und sich mit furchteinflößender, überwältigender Majestät langsam auf den Betrachter zubewegt«.[6] Durch die Biegung in der Straßenführung erhielt dieser »strategische, bemerkenswerte, unvergleichliche Ort« eine außergewöhnliche Bedeutsamkeit, und der Fluß verdoppelte die Wirkung noch, indem er das Bild nach Westen hin spiegelte und nach Südosten einen prächtigen Vordergrund abgab. Gerade über das Problem des unregelmäßig geformten Bauplatzes kam Beersman auf die Lösung des polygonalen Gebäudegrundrisses, der den bugförmigen Kontur der Nordostfassade inspirierte. All dies wäre verlorengegangen, wenn er versucht hätte, den standardisierten Burnhamschen Geschäftshausblock, einen dieser großen Kuben, die aus dem rechtwinkligen Straßennetz Chicagos erwachsen waren, hier anzubringen. In manch anderer Hinsicht jedoch wurzelt auch das Wrigley Building im Chicagoer Geschäftshausstil, der nach der großen Feuersbrunst von 1871 aufkam.

Die Konstruktion des Gebäudes entspricht den älteren Vorbildern – Stahlskelett mit kassettiertem Sockel und mit Glasfenstern zwischen den Stützpfeilern. Die Vertikalgliederung besteht in der gewohnten Dreiteilung – Basis, Schaft und Kapitell. Wäre es kein turmartiges Hochhaus, könnte das Wrigley als eine Kreuzung zwischen der Rookery und dem Reliance Building seinen Platz in der langen Reihe der Werke Daniel Burnhams einnehmen.

Das Reliance Building (1895; Abb. 9) war das Ergebnis verschiedener Neuerungen der neunziger Jahre – des Geschäftshausstiles und der Weltausstellung von 1893. Durch die Chicagoer Weltausstellung drang die französisch-inspirierte Beaux-Arts-Architektur – zum Beispiel die ›Weiße Stadt‹ – ins öffentliche Bewußtsein. Die Ausstellungsgebäude begeisterten alle Besucher und wurden geradezu als Verkörperung des ›Schönen Amerika‹, als Erfüllung des Traums von Alabasterstädten, angesehen. Jedoch war die auf Hanf und Gips aufgesprühte weiße Tünche der Weltausstellung nur kurzlebig. Erst als die Keramikindustrie große, zur Außenverkleidung geeignete Platten herstellte, konnte der Architekt seine Vorstellung in dauerhafte Realität umsetzen. Als erstem gelang dies Atwood mit seinem Entwurf für das Reliance Building, und das Wrigley war dessen direkter Nachkomme.

Transparenz und Weiße des Reliance waren eine Neuheit. Die Betrachtung eines frühen Entwurfs für dieses Gebäude erweckte im Architekturhistoriker William H. Jordy den Eindruck, daß Atwood »es als schimmernde, substanzlose Licht-Schatten-Struktur gesehen haben muß – eher ein Ding aus Raum, denn Materie. Wie weit ist dieser filigrane Bau von den massiven Chicagoer Blocks des vorhergehenden Jahrzehnts entfernt!«[7] Obwohl Beersman die Ausdehnung der Glasflächen im Vergleich zum Reliance Building zugunsten von mehr klassizistischer Solidität einschränkte, war auch für ihn die Farbe Weiß das Mittel für eine leichte, helle Qualität des Gebäudes. Damit folgte er dem Beispiel vieler Architekten der Epoche. Der augenfällige Fortschritt beim Wrigley Building bestand in der ungewöhnlichen Lebhaftigkeit des Lichtspiels. Bei der Ausarbeitung dieses subtilen Bewegungsmomentes kam Beersman seine Beaux-Arts-Ausbildung in den malerischen Techniken, besonders der des Aquarellierens zugute. Sechs Schattierungen einer bestimmten Emailleglasur, die sich von einem Grau im Erdgeschoß bis zu blassen cremefarbenen Tönungen an der Spitze aufhellten, wurden auf Terrakotta gebrannt. Das Ergebnis macht den Eindruck, »als ob immer die Sonne auf seinen oberen Teil schiene«,[8] wie es ein Zeitgenosse formulierte. Einen anderen Journalisten veranlaßte dieser Effekt zu der Feststellung, daß sich das Wrigley »vom dunstigen Nebel zum hellen Himmel« aufzuschwingen scheint.[9]

Neben den malerischen Effekten nimmt das Wrigley Building auch andere Stilelemente der Beaux-Arts-Schule auf. Ein Gebäude muß – wie man in Frankreich sagt – ›bien disposé‹ sein. Unter anderem muß ein ›gut plaziertes‹ Gebäude jeden Lagevorteil nutzen. Das Wrigley Building wahrt eine in jeder Hinsicht gelungene urbanistische Verbindung zur Stadt. Zur Seite der Michigan Avenue hin liegt ein offener Platz, und zwischen dem Nord- und Südgebäude bietet ein Hof eine parkähnliche Erholungsfläche. Der Platz ist mit dem niedriger gelegenen Fluß durch eine gewundene Treppe verbunden, die zu einer abgestuften, von der Stadt Chicago angelegten Terrasse führt.

Als Mitglied der Chicagoer Stadtbaukommission war William Wrigley jr. an der Stadtentwicklung interessiert. Im Entwurfsstadium des nördlichen Gebäudeabschnittes stimmte er dem Plan zu, das Gebäude so weit von der Grundstücksgrenze zurückzuversetzen, daß seine Ostfront bündig zum Südgebäude liegen würde. Später spendeten er und die Treuhänder des Ferguson Fonds insgesamt 100000 Dollar für Reliefs zum Schmuck der vier Pylonen der Michigan-Avenue-Brücke, die von Edward H. Bennett entworfen und im Mai 1920 enthüllt wurden (siehe Draper, Abb. 6; Kat. 237).[10]

Ohne die Beziehungen seines Auftraggebers zur Stadtverwaltung hätte Charles Beersman nicht die Gelegenheit gehabt, die städtebaulich gelungene Verbindung der beiden Gebäudeteile und der Übergänge zu Fluß und Straße zu entwerfen. Als wichtige Auftraggeber städtebaulicher Projekte fühlten die Chicagoer Unternehmer in dieser Epoche eine starke gesellschaftliche Verpflichtung gegenüber der Öffentlichkeit. Aber das Wrigley Building ist gleichermaßen ein Beispiel für Zusammenarbeit zwischen privaten und öffentlichen Bauträgern. Die Flußbefestigungen, die Treppe und der Platz sind, ebenso wie der Platz über der East North Water Street und die breiten Bürgersteige, immer noch offizielles Eigentum der Stadt Chicago. Diese übernahm die Reparaturkosten für die Bürgersteige, die Wrigley Company hingegen verpflichtete sich, für Abfall- und Schneebeseitigung sowie für die Bepflanzung aufzukommen. Im Laufe der Jahre gab die Stadt ihre Zustimmung zur Errichtung zweier Verbindungsbrücken zwischen den beiden Gebäudesektionen im dritten (1924) und im 14. Geschoß (1931). Für das Durchgangsrecht zahlt die Wrigley Company der Stadt bis heute jährliche Abgaben.[11]

Ein weiteres Dogma, das Beersman von seinen an der Ecole des Beaux-Arts geschulten Lehrern übernommen hatte, war die Forderung, daß ein Gebäude ›bien distribué‹ sein muß. Die Proportionen und Anordnungen der Räume müssen sich von ihrer jeweiligen Funktion her bestimmen. So sind die Büros in den oberen Stockwerken des Wrigley gewöhnlich recht großzügig konzipiert. Ihre regelmäßige Abfolge wird im nüchternen Raster der Fenster am Außenbau deutlich. Die Eingangshalle jedoch wäre den Pariser Vorgängern von Beersman reichlich bescheiden vorgekommen, wenn man in Betracht zieht, daß der Auftraggeber das aufsehenerregendste Gebäude in der Stadt bauen wollte. Nach dem Absenken der Decke bei einem späteren Umbau erscheint die Eingangshalle, verglichen mit anderen damals von dem Architekturbüro gestalteten öffentlichen Räumen, sogar noch gedrückter. Die Aufteilung der Mittelgeschosse entspricht den üblichen zeitgenössischen Bürolabyrinthen, mit Ausnahme der polygonalen Eckräume und der nach vier Seiten offenen Turmzimmer.

Abb. 9 D. H. Burnham and Co., Reliance Building, 32 North State Street, 1895

Von einer konservativ eingestellten Jury hätte das Gebäude eine anerkennende Bewertung für seine gute Gliederung erhalten. Die Binnengliederung zeigt sich am Außenbau, und mit den Worten eines zeitgenössischen Kritikers gesprochen, ist

»[der Turm] so entworfen, daß er nicht kahl und übergangslos von einem Flachdach aufsteigt, sondern aus einem Gewirr niedrigerer Dächer, Brüstungen, Türmchen und Spitzen. Das mildert den harten Effekt und schafft eine harmonischere Skyline, als wenn er kraß und unvermittelt vom Hauptdach ausginge.«[12]

Das Observatorium im Turm des Wrigley Building war damals der höchste Punkt der Stadt. Die Turm-

Abb. 10 Andrew Noble Prentice, Skizze der Giralda, Sevilla, 1889

Abb. 11 McKim, Mead and White, Turm des Madison Square Garden, Madison Avenue zwischen 26th und 27th Street, New York, 1887-90 (abgerissen)

spitze mit dem kleinen, von einer Kuppel gekrönten Rundtempel, der eine Höhe von über 120 Metern erreichte, konnte jedoch nur als Schmuck dienen und durfte nicht genutzt werden, da die Gebäudehöhe in Chicago in der Zeit von 1920 bis 1923 auf 80 Meter beschränkt war.

Anregung für den Entwurf des Wrigley Building fand Beersman bei zwei verschiedenen Quellen. Als Vorbild für die Form des Baukörpers diente ihm die Giralda in Sevilla (ein ursprünglich maurisches Minarett von Aben Yuqub Yusuf, das nach einem Erdbeben 1568 als Turm einer Kirche wieder aufgebaut und mit einem Renaissance-Glockenstuhl versehen wurde). Als Vorbild für die Ornamentik diente ihm der nach François I. benannte Dekorationsstil, der durch den Einfluß des französischen Königs in ganz Europa Verbreitung fand. Die Anspielung auf spanische Traditionen schien passend, weil dort der Gebrauch glasierter Kacheln eine lange Geschichte bis zurück zur Eroberung durch die Mauren hatte und das Wrigley Building eben auch mit glasierten Keramikplatten verkleidet werden sollte. Tatsächlich erlangte der Turm des Wrigley, wie Beersman gehofft haben muß, für Chicago die gleiche Bedeutung wie die Giralda für Sevilla (Abb. 10). Das folgende Zitat aus einem zeitgenössischen Stadtführer könnte genausogut für eine Beschreibung des Wrigley Building in Chicago stehen:

»Die Giralda ist in der Stadt allgegenwärtig – man sieht sie völlig überraschend ganz oder teilweise von allen Punkten der Stadt aus. Wenn man von der Giralda herabblickt, genießt man ... einen weiten, schönen Ausblick über die Stadt und den beschaulich zum Hafen strebenden Fluß, der Sevilla den Zugang zum Meer eröffnet.«[13]

Beersman variierte jedoch Umriß und Proportionen des Turmes, vielleicht, weil er den ersten Absatz der Giralda, wo die Renaissanceformen über die mittelalterlichen Rudimente gesetzt sind, zu streng fand. Wenn man beide Türme vergleicht, erscheint die Giralda nüchtern und massiv gegenüber dem lieblichen ›Zuckerbäckerstil‹ des Wrigley.

Ein anderer Einflußbereich war sicher die zeitgenössische New Yorker Architektur. Graham, Beersman und Wrigley informierten sich bis ins Detail über die neuesten Veränderungen der Skyline von Manhattan. Im unteren Broadway-Gebiet gab es schon Wolkenkratzertürme, bevor die Chicagoer durch die Weltausstellung von 1893 Gefallen an flachen Dächern und gleichen Gesimshöhen gefunden hatten. Das von Richard Morris Hunt entworfene Tribune Building (1873-75) war eines der ersten schlank in die Höhe strebenden New Yorker Großstadt-Symbole. Ihm folgte eine Reihe von Gebäuden, die Winston Weismann »mounted towers« nannte, wie zum Beispiel McKim, Mead and Whites Madison Square Garden (1887-90; Abb. 11), Ernest Flaggs Singer Building von 1908 und Cass Gilberts Woolworth Building von 1911-13 (Abb. 12).[14]

Auf einige frühe Beispiele der »mounted towers« konnte auch Chicago mit Stolz verweisen. Zwei davon hatte Louis Sullivan kurz vor der Weltausstellung in Chicago errichtet – das Auditorium Building und das Schiller Theater. Es gab aber auch noch andere Beispiele im Central Manufacturing District, auf den Dächern von Bahnhöfen genauso wie auf anderen Gebäuden. Die mit der Weltausstellung aufgekommene Vorliebe für den Beaux-Arts-Klassizismus beherrschte jedoch die Vorstellung jedes Beteiligten und beeinflußte das Werk fast aller Chicagoer Architekten für die nächsten 25 Jahre. Im Vergleich zu den rastlos aufstrebenden Wolkenkratzern New Yorks waren die Chicagoer Gebäude durch gediegen-klassizistische Zurückhaltung und monumentale Festigkeit gekennzeichnet.

Einige Chicagoer müssen gefühlt haben, daß das Woolworth Building mit seiner blockartigen Basis und dem schlanken Turm eine zukunftsträchtige neugotische Kombination von Geschäftshaus und Wolkenkratzer darstellte. Aber für Graham und auch für Anderson, der immer noch der erste Entwurfszeichner des Büros war, war die Neugotik nicht annehmbar. Vielleicht erst zu dem Zeitpunkt, als William Mitchell Kendall vom Architekturbüro McKim, Mead and White 1913 das Municipal Building von New York entwarf, akzeptierten die Männer in Grahams Büro die Möglichkeit, das Beste beider Welten zu vereinen – Würde und große Höhe, eine Synthese aufstrebender Monumentalität. Ihr junger Kollege Beersman sollte dieser Kombination in Chicago konkreten Ausdruck verleihen.

Das Gebäudedekor entsprach der traditionellen französischen Architekturtheorie, die besagt, daß ein Gebäude durch das Vorzeigen historischer Ornamentformen einen positiven Bezug zur Vergangenheit herstellen müsse. Die Ornamentik sollte jedoch nicht einfach kopiert, sondern in der entsprechenden Auffassung neu entworfen werden. Beim Schmuck des Dachgesimses, der Fenster- und rundbogigen Türrahmen des Wrigley Building orientierte sich Beersman an der von François I. im 16. Jahrhundert bevorzugten Flachrelief-Ornamentik mit Urnen und floralen Darstellungen. Allgemein gesprochen, verkörperte die Festlichkeit des Gebäudes den Optimismus der gesamten Epoche und die Hoffnung, daß der Erste Weltkrieg tatsächlich den endgültigen Schlußstrich unter die kriegerischen Auseinandersetzungen gezogen hatte. Indem er diesen lokalen Aspekten des Zeitgeistes Form verlieh, entsprach Beersman ebenfalls den Forderungen der europäischen klassizistischen Tradition.

Abschließend zum Entwurfsstadium sollte noch darauf hingewiesen werden, wie der Architekt beide Teile des Gebäudes zu einem organischen Ganzen vereinte, denn das Gelände für das Nordgebäude wurde erst nach der Fertigstellung des südlichen Bauabschnittes erworben. Das neue Gebäude wurde in ähnlichem Stil entworfen, mit den gleichen glasierten Keramikplatten verkleidet und auf der Höhe der oberen Michigan Avenue durch eine drei Stockwerke hohe dekorative Wand verbunden. Den Vorteil des doppelgeschossigen Straßensystems nutzend, das durch die gleichzeitige Konstruktion der zweigeschossigen Brücke entstand, entwarf der Architekt in Ergänzung dazu einen Platz über der East North Water Street, der aber erst 1957 seine gegenwärtige Form erhielt. Die Korbbögen der verglasten Wand am Eingang waren aber schon im Entwurf von 1924 enthalten. Der so entstehende Windfang bietet einen willkommenen Schutz vor der Chicagoer Witterung, eine Funktion, die kein anderer Platz in der ›Windy City‹ erfüllt.

Nach Joseph I. Karls Worten gab der Bau von 1924 den Plänen von William Wrigley jr. ihre Vollendung,

> »[denn] die beeindruckende künstlerische Verschönerung seines imponierenden Besitzes, der den nördlichen Platz der Michigan Avenue Bridge beherrscht . . . macht die Stadt Chicago zu seinem Schuldner . . . obwohl durch die Straße getrennt, sind beide Grundstücke durch die gekonnte Art der Behandlung in wunderbarer Harmonie zu höherer Einheit verschmolzen.«[15]

Karl wies darauf hin, daß der neue Nordbau auch als isoliertes Gebäude ein »bemerkenswertes Bauprojekt« wäre. Wie der Hauptbau springt auch das Nebengebäude über dem Abschlußgesims des Grundblocks leicht zurück und trägt auf dieser Plattform einen absichtlich bescheidenen Turm, der die Dominanz des älteren Gebäudes respektiert. Die beiden Türme stehen wie Geschwister, nicht aber wie Zwillinge nebeneinander. Das höhere Südgebäude wirkt durch seinen Turm würdevoll-herrschaftlich, das niedrigere Nordgebäude erscheint eher monumental. In ihrer sich wechselseitig ergänzenden Stellung sind sich beide Gebäude auch selbst genug und doch dem Gesamtkomplex unterworfen. Die scheinbare Unterordnung des ›Nebengebäudes‹ ist um so erwähnenswerter, als es fast die doppelte Flächenausdehnung des ersten Gebäudes besitzt – 1950 gegenüber 1020 Quadratmetern. Wie das erste zählt das Nordgebäude bei einer Höhe von 64 Metern vom Platz bis zur krönenden Brüstung 16 Stockwerke; daran anschließend ragt der quadratische Turm oder die Spitze jedoch nur bis zu einer Höhe von 91 Metern auf, verglichen mit den über 120 Metern des Südgebäudes.

Abb. 12 Cass Gilbert, Woolworth Building, 223 Broadway, New York, 1911-13

Die Haupteingänge beider Gebäude sind ähnlich gestaltet. Die Türen reichen bis zur Simshöhe im dritten Stock und führen zu hohen marmornen Eingangshallen, die wiederum zu den Aufzugshallen führen. Im Südteil gibt es sechs Personenaufzüge, im Nordteil neun. Zwei abgeschlossene Treppenhäuser entlang des Aufzuges sorgen für die Verbindung zwischen den Stockwerken für Notfälle. Alle Versorgungseinrichtungen befinden sich im Mittelteil eines jeden Gebäudes. Die Flure, die sich auf jedem Stockwerk von den Aufzügen aus nach Osten und Westen ausdehnen, sind mit Marmor ausgelegt, die Türen sind aus Mahagoni und mit Leisten verziert. Einer bis heute beibehaltenen Tradition gemäß sind der erste bis vierte Stock an Unternehmer, eine Bank und ein Restaurant vermietet.

Eine andere für die damalige Zeit bemerkenswerte Einrichtung war das mit Fernrohren ausgestattete Observatorium, das den Ausblick auf die Stadt erlaubte. Für die Zeitgenossen war das Observatorium eine Attraktion wegen der »Vogelperspektive« auf den Michigan-See und die sich meilenweit ausdehnende Landschaft. Ein Führer stand »für alle Fragen« zur Verfügung. Die originale Turmuhr mit Zifferblättern auf allen vier Seiten gibt es immer noch (Abb. 14). Jedes Zifferblatt hat einen Durchmesser von sechs Metern; die Stundenzeiger aus Rotholz sind 2,30 und die Minutenzeiter 3,50 Meter lang. Die Uhr funktioniert – überwacht durch ein elektronisches Kontrollsystem – so zuverlässig, daß sich die gesamte Stadt nach ihr richten kann.

Die Außenverkleidung des Wrigley Building entspricht der allgemeinen Praxis des Architekturbüros in jener Epoche. Die beiden unteren Geschosse an der Flußseite, die auf dem Straßenniveau liegen, bestehen aus Kalksteinblöcken mit tiefen Fugen. Diese Verwendung von Rustikamauerwerk ist noch ein Widerhall einer jahrhundertealten Tradition, derzufolge am Boden, wo die Wand das größte Gewicht zu tragen hat, der massivste und schwerste Bauteil war. Beim Wrigley Building jedoch sollte dieses Stilmittel auch einen Bezug zu der Alltagsseite des Gebäudes herstellen: zu der Wasserfront, wo große Güter geliefert werden, und zu den Zufahrtsstraßen, wo die Güterverladung stattfindet. Über den Bürgersteigen auf dem oberen Niveau der Michigan Avenue wandelt sich durch die Terrakottaverkleidung der architektonische Ausdruck des Gebäudes ins Helle und Festliche. Auf Gesimshöhe sind die Pfeiler mit fliegenden Adlern und weinlaubbekränzten Vasen dekoriert, die sich gegen den Himmel abheben. Die vielen Absätze des sich verjüngenden Aufbaus bis hinauf zur Spitze sind mit Terrakotta-Blumenkränzen, Bogenreihen, Zahnschnitten und anderen klassizistischen Formen verziert. Der Uhrenturm wird von einem offenen Rundtempel mit Kreuzblume gekrönt. Wenn man nach Vorbildern für dieses verschwenderisch dekorierte Gebäude einer eklektizistischen Architekturepoche sucht, muß man nicht nur die Giralda erwähnen, sondern auch das Denkmal des Lysikrates (334 v. Chr.) in Athen (Abb. 13).

Über viele Jahre hin hat die Terrakottaverkleidung des Wrigley Building das Zentrum Chicagos mit ihrem schimmernden Glanz geschmückt. Während die Schönheit des Materials seine früheren Versprechungen eingelöst hat, war dies in bezug auf seine Haltbarkeit unglücklicherweise nicht der Fall. Unter großem Kostenaufwand mußte die Oberfläche jedes Jahr gewaschen werden, und bald entdeckte man feine, dem Craquelé alten Porzellans vergleichbare Bruchstellen.[16] 1974 spitzten sich die Probleme der terrakottaverkleideten Gebäude zu. Im Oktober erschlug ein herabfallendes Bruchstück einen Passanten. Die Stadt stellte daraufhin sechs Arbeitsgruppen speziell ausgebildeter Bauinspektoren zusammen. Diese ermittelten 2600 terrakottaverkleidete Gebäude in Chicago, von denen 1100 offenbare Schäden aufwiesen.

Es stellte sich bald heraus, daß der Hauptfeind der Terrakotta das Wasser ist. Wenn Regenwasser in die Mörtelfugen eindringt und bis zu den Eisenlagern (etwa 13 cm breite Eisenwinkel, die die Platten jedes Stockwerks halten) gelangt, bildet sich Rost, der den normalen Elastizitätsspielraum reduziert, Druck auf die Terrakottaplatten ausübt und sie so zum Brechen bringt. Bei kaltem Wetter sind sie durch das gefrorene Wasser einem noch höheren Druck ausgesetzt. 1979 hatte die für das Wrigley Building eingeteilte Arbeitsgruppe 10000 der insgesamt 20000 Platten an beiden Gebäuden neu befestigt. Man nahm jede Platte über und unter dem alten Eisenträger ab, beseitigte den Rost, behandelte den Träger mit einem Rostschutzmittel oder ersetzte ihn und befestigte neue Terrakottaplatten.

Die Unternehmung war kostspielig und schwierig. Da auch Dekorationsstücke – oft in Fragmenten – abgenommen wurden, wurde jedes Stück markiert, wieder zusammengeklebt und zu Gladding McBean, dem einzigen noch existenten Terrakottafabrikanten der USA, nach Lincoln in Kalifornien gesandt. In diesem Restaurierungsstadium versuchte man die verschiedenen Weißtöne durch sechs verschiedene Glasuren zu erhalten. Als die Ersatzstücke zurückkamen, mußte die Arbeitsgruppe wieder den genauen Platz für jedes Stück herausfinden.

Dieser wurde mit Mörtel bedeckt, in die Einsatzlöcher der Platten wurden – statt der alten Eisenstäbe – rostfreie Stahlstäbe eingesetzt, die dann im Stahlgerüst verankert wurden. Um die Platte zuverlässig zu befestigen, wurde sie verhakt, bevor sie wieder in den frischen Mörtel eingepaßt wurde.[17]

In den folgenden Jahren faßte man den Entschluß, die porzellanartigen Stücke durch Plastikrepliken zu ersetzen. Die erste Phase dieser einschneidenden Veränderung begann im April 1984 mit der Ersetzung von 350 witterungsgeschädigten Kreuzblumen. Die Originale waren zwischen 75 Zentimeter und drei Meter hoch und wogen 68 bis etwa 1135 Kilogramm (Kat. 253). Insgesamt gab es achtzehn verschiedene Typen und Größen, davon einige sehr reich verziert. Die nach den Originalformen gegossenen Plastikrepliken wiegen fast so viel wie die Terrakottaplatten und sind witterungsbeständig.[18] Heute erscheinen die

Löwenköpfe, Voluten und Vasen aus Fiberglas nicht mehr als Fremdkörper am Wrigley Building. Allerdings ist ihre Farbigkeit nicht nach dem subtilen originalen Farbschema, das durch sechs verschiedene Tönungen von Grau bis zu Titanweiß das Aufsteigen des Gebäudes nachvollzog, abgestuft. Die neuen Plastikteile haben in allen Stockwerken eine einheitliche Cremefarbe.

Es ist interessant, daß die Abbildung des Wrigley Building nur selten als Reklame für die Wrigley-Produkte benutzt wurde. Nur als Werbung für das Restaurant oder das Observatorium erschien gelegentlich eine Zeichnung des Turms in der *Chicago Tribune*. Offensichtlich war man bestrebt, die korporativen Büros von der Geschäftsbasis der Wrigley Company – der Kaugummiproduktion – zu trennen. Auf ähnliche Weise wurde das Image des Woolworth Building in New York nie mit der Einkunftsquelle der Familie in Zusammenhang gebracht. Die moderne Trennung zwischen Mittel und Zweck ist bei beiden Gebäuden augenscheinlich und verführt zu der Annahme, daß der Auftraggeber desto höher in der architektonischen Rangliste aufsteigen wollte, je niedriger sein Produkt auf der sozialen Stufenleiter rangierte, und daß er gleichzeitig beider Bildersymbolik getrennt halten wollte.

Man könnte jedoch entgegnen, daß Wrigley dazu durch den geschäftlichen Erfolg seiner Leuchtreklame am menschenüberfüllten Times Square in New York City ermutigt wurde. Als größtes Exemplar ihrer Art war sie 76 Meter lang, 21 Meter hoch und aus 17286 Glühbirnen montiert, die ein Paar Pfauen, Fontänen und sich drehende Speerträger illuminierten (Abb. 15). Auch wenn William Wrigley jr. kein solch offensichtliches Geschäftssignum an seinem Gebäude in Chicago angebracht haben wollte, konnte der Bau doch in einem allgemeineren Sinne eine Reklamefunktion für Wrigley übernehmen – nicht für das Produkt, sondern für das Unternehmen. Vielleicht hoffte Wrigley auch, das Ansehen seiner Kaugummisorten Spearmint, Doublemint und Juicy Fruit zu steigern, wenn er sie für das öffentliche Bewußtsein mit dem makellos weißen, hellen Gebäude in Chicago verband. Die Werbung war damals überfüllt mit Bildern von gesunden Familien und Kindern mit strahlend weißen Zähnen. Wie David Van Zanten hervorhob, waren die zwanziger Jahre eine Epoche, in der durch Filme und Hochglanzmagazine eine visuell überhitzte Atmosphäre geschaffen wurde, um Produkte loszuschlagen, und unvermeidlich wurde auch die Architektur diesem kommerziellen Ziel untergeordnet.[19]

Welches auch immer seine Motive waren, sicher ist, daß Wrigley keine Kosten für die Errichtung seines Gebäudes an der Michigan Avenue scheute. Zum Vergleich sei angeführt, daß die von Graham, Anderson, Probst and White etwa gleichzeitig erbaute Federal Reserve Bank in Kansas City 0,867 Dollar pro Kubikfuß kostete, das Wrigley Building dagegen 1,228 Dollar pro Kubikfuß für das Südgebäude und 0,835 Dollar für das Nordgebäude, also im Durch-

Abb. 13 Denkmal des Lysikrates, Athen, 334 v. Chr.; aus James Fergusson, A History of Architecture in All Countries, *New York 1907*

Abb. 14 Wrigley Building, Turmuhr

schnitt 0,978 Dollar pro Kubikfuß für beide. Das Builders Building, das 1927 jenseits des Flusses von denselben Architekten erbaut wurde, kostete 0,622 Dollar pro Kubikfuß. Durch die Zurücksetzung des Gebäudes von der Grundstücksgrenze und dadurch, daß er unter der genehmigten Gebäudehöhe blieb, verlor Wrigley noch zusätzlich im Hinblick auf die größtmögliche Ausnutzung des Grundstücks. Das Streben nach Ansehen und das Pflichtgefühl gegenüber der Öffentlichkeit scheint stärker gewesen zu sein als die Gewinnkalkulation.[20]

Die Begeisterung für Werbung war eine der drei von William Wrigley jr. vertretenen Schlüsselpositionen in der Unternehmensführung. Nach dem Erfordernis hoher Rücklagenbildung und nach der Aufrechterhaltung eines guten Verhältnisses zu den Großhändlern und Börsenmaklern glaubte er an die Werbung. ›The Wrigley Review‹ war 1927 eines der ersten kontinentalen Radioprogramme, und Wrigley war auch der erste Mäzen der berühmten Show ›Guy Lombardo and His Royal Canadians‹. Das Unternehmen hatte immer einen hohen Werbeetat, um den Forderungen seines Gründers nachzukommen. Trotzdem war das Wrigley Building nicht nur ein auffallendes Aushängeschild für das Unternehmen. Wrigleys Sohn Philip erläuterte in einem Interview:

»Ich glaube, ich erklärte Ihnen bereits seinen jugendlichen Ehrgeiz, ein Haus auf einem Hügel zu bauen. Das gleiche war es mit Chicago. Er wollte einfach etwas haben, das er selbst geschaffen hatte. Er war von Natur aus schöpferisch veranlagt, und es war seins, es war anders und es war an einem berühmten Ort... Dad hatte immer Bilder auf seinem Briefkopf, bis zurück zu der Zeit, als kaum jemand Telephon hatte. Schließlich bekamen sie im Büro eines, und der Briefkopf damals zeigte ein Telephon, das stolz verkündete, wir haben ein Telephon – mit folgender Nummer ... So haben wir auch viele Mieter von Büros im Wrigley Building, die auf ihrem Briefkopf das Gebäude abbilden, wie um zu sagen ›das ist unser Chicagoer Büro‹ ... Es ist ein Wahrzeichen. Interessanterweise benützt die BOAC eine Abbildung des Big Ben in London und der Uhr des Wrigley Building. Es sind zwei gegeneinander gesetzte Bilder für eine ganzseitige Zeitschriftenanzeige, wo es heißt ›BOAC von Chicago nach London‹ und umgekehrt von London nach Chicago. Die Türme und Uhren werden als Symbole [für zwei Städte] benützt.«[21]

Zwar ist das Wrigley bis heute ein Symbol für Chicago geblieben, doch wurde an ihm – wie auch an vielen anderen Werken der zwanziger Jahre – aus der Sicht der modernistischen Architektur während der fünfziger und sechziger Jahre Kritik geübt. Entweder wurde es gar nicht oder nur kurz in den zeitgenössischen Architekturbüchern erwähnt. Ein Verfasser machte sich darüber lustig, daß es ein Gebäude sei, das sich weigere, »in die Schule zu gehen – in diesem Fall die Chicagoer Architekturschule«, hob aber dennoch seine Einzigartigkeit und seinen Charme hervor.[22] Noch 1980 hieß es in einem Stadtführer, daß das »Gebäude seinen Ruhm durch andere Qualitäten als durch sein architektonisches Verdienst erreicht hat«.[23]

Keine Betrachtung des Wrigley Building ist vollständig ohne den Vergleich mit der modernen, zur gleichen Zeit entstehenden Architektur Europas. Neben den asymmetrischen, flachgedeckten, schmucklosen Gebäuden, die nach dem Ersten Weltkrieg in Europa Gestalt annahmen, als die dortigen Architekten etwas von der utopischen Vision umzusetzen suchten, die von allen geteilt wurde, die sich durch Kunst und Technik eine bessere Lebensqualität für alle Klassen erhofften, ist das Wrigley Building traditionell achsensymmetrisch, freizügig mit Dekor überladen, einer konsumorientierten Theatralik hingegeben und nicht im mindesten Teil einer neuen sozialen Ordnung oder Vision.

Das Gebäude hat auch seine Fehler. Einige Gesimsornamente sind zu sehr vereinfacht, und die Eingangshalle ist unterproportioniert. Es gibt keine anderen öffentlichen Räume, und der Ausbau der Flußseite ist minimal. Bei gerechter Beurteilung jedoch werden diese Versäumnisse durch die erstaunliche Anpassung des Gebäudes an seine städtebauliche Situation, seine großzügigen Proportionen, die subtile Behandlung seiner Außenverkleidung und die Einrichtung seiner Büros aufgewogen. Wenn auch das Ansehen des Gebäudes auf dem Höhepunkt der Moderne kurzzeitig gefährdet war, und wenn auch bei der Terrakottaverkleidung einige Kompromisse eingegangen werden mußten, ist das, was schließlich zum Ruhm des Wrigley Building geführt hat, im Laufe der Zeit vervollkommnet worden: seine dramatische, funkelnde Nachtbeleuchtung (Abb. 1).

Die Mieterbroschüre von 1922 wies darauf hin, daß »das sich drehende Licht auf der Turmspitze ebenso als Leuchtfeuer für die Seeschiffer wie für die Luftschiffer dient«, und vermerkt auch, daß »das Gebäude – zusätzlich zu der Beleuchtung auf dem eigenen Dach – von Hunderten von Flutlichtern auf den angrenzenden Gebäuden beleuchtet wird, so daß es auch nachts in ätherischer Schönheit dasteht«.[24] Zeitgenössische Reporter verwiesen darauf, daß die Laterne mit dem sich drehenden Licht aus über dreißig Kilometern Entfernung vom See und von allen Stadtteilen her sichtbar war.[25] Ein Kritiker, der für *Architecture and Building* schrieb, erklärte 1921 diesen verblüffenden Effekt damit, daß

»das Licht der 500-Watt-Lampen auf dem Dach des Kirk Building an der Michigan Avenue durch starke Röntgenreflektoren projiziert wird, ... deren Wirkung sich mit zunehmender Höhe verstärkt, bis der Turm in ›funkelnder Herrlichkeit‹ herausragt ... Das Relief der Türmchen und des anderen Dekors der Turmspitze wird durch kleinere Röntgenreflektoren mit 250-Watt-Lampen sichtbar gemacht. Insgesamt sind es 123 Einheiten mit 500 Watt und 37 Einheiten mit 250 Watt, zusammen also 70750 Watt. Von Fachleuten wird diese Flutlichteinrichtung als eine der bemerkenswertesten, die es je gab, bezeichnet.«[26]

Sicherlich hatte sie großen Erfolg als eine der ersten, wenn nicht überhaupt *die* erste ihrer Art und hat seitdem Einfluß auf die Errichtung beleuchteter Gebäude in den zwanziger Jahren genommen.

Abb. 15 Elektrische Leuchtreklame für Wrigley's Spearmint Gum, Times Square, New York

Als 1970 das alte Lagerhaus mit den Fassadenflutlichtern abgerissen wurde, installierte man eine neue Lampenreihe auf der Seite des East Wacker Drive, die doppelt so stark wie die alten Lampen leuchtete. Das ganze Gebäude wird jetzt durch 118 tausend Watt starke Metall-Halogenid-Lampen angeleuchtet. Der Effekt strahlender Helligkeit wird durch vier weitere Lichterreihen an der Spitze erzeugt. Drei Reihen sind mit sechzehn 500-Watt-Quarzlampen ausgestattet, und zwar im 17. und im 19. Stock sowie an der Spitze. Eine vierte Lampenreihe über dem Swimming-pool des River Plaza Building dient zur Beleuchtung der Westseite. Diese Reihe besteht wegen ihrer größeren Entfernung aus sechzehn 1000-Watt-Quarzlampen.[27] Außer im Zweiten Weltkrieg und für eine kurze Zeit während der Energiekrise in den frühen siebziger Jahren strahlte das Wrigley immer über der nächtlichen Skyline von Chicago.

Licht ist ein kraftvolles Ausdrucksmittel. Als in der Weltausstellung von 1893 erstmals die Elektrizität als architektonisches Medium verwendet wurde, verwirrte es jeden, der es sah. Die Bogenlampen, die Glühlampen und die farbigen Flutlichter verwandelten das tägliche Wunder der Weltausstellung in einen nächtlichen Zauber, den keiner je vergaß, der ihn gesehen hatte. William Wrigley jr. und Ernest R. Graham besuchten als junge Männer die Ausstellung und behielten diesen Eindruck im Gedächtnis, bis sich ihnen Jahre später mit dem Wrigley Building in Chicago die Möglichkeit bot, die gleiche Idee an einem bleibenden Bauwerk zu verwirklichen.

So wurde die leblose Baumasse plötzlich gegen das Vergessen der Nacht zum Leben erweckt. Das beleuchtete Wrigley Building vermittelte den Chicagoer Bürgern der zwanziger Jahre, wenn sie über die Michigan-Avenue-Brücke gingen, eine Botschaft von Nachkriegsoptimismus. Sechzig Jahre später betrachten die Chicagoer die nächtliche Erscheinung des Wrigley wahrscheinlich etwas anders. Seit der Geburt des Atomzeitalters trug sein ständig wiederkehrender Glanz die Botschaft der Hoffnung auf Leben, auf Stadtlichter für alle Zeiten mit sich.

Übersetzung: Gabriele Schickel

ANMERKUNGEN

Die Forschungsarbeiten für diesen Aufsatz wurden ermöglicht durch die Graham Foundation for Advanced Studies in the Fine Arts an der DePaul Universität und das Entgegenkommen von William Surman, des Geschäftsführers von Graham, Anderson, Probst and White. Die Autorin möchte auch Robert Bruegmann für seine konstruktive Kritik danken.

1 Interview mit Charles F. Murphy, 22. Juni 1981.
2 F. K. Plous jr., ›The Dowager of Michigan Avenue‹, *Chicago Sun-Times*, 23. Juli 1972.
3 Interview (Anm. 1).
4 ›New Wrigley Building, Chicago's Tallest Structure‹, *Fort Dearborn Magazine*, März 1921, o. S.
5 Zitiert in Plous (Anm. 2).
6 ›Wrigley Building, Chicago, Ill.‹, *Architecture and Building* 53, Dez. 1921, S. 95.
7 William H. Jordy, *American Buildings and Their Architects*, Bd. 3, *Progressive and Academic Ideals at the Turn of the Twentieth Century*, New York 1972, S. 60.
8 ›New Wrigley Building‹ (Anm. 4).
9 ›Wrigley Building‹ (Anm. 6), S. 95.
10 Die Reliefs wurden den Pylonen 1928 durch die Bildhauer James Earle Fraser und Henry Hering hinzugefügt. Der Ferguson Fonds wurde 1905 aus dem Nachlaß von Benjamin Franklin Ferguson, einem anerkannten und berühmten Chicagoer Geschäftsmann, eingerichtet. Das Art Institute of Chicago verwaltet den Fonds, der bestimmt ist »zur Errichtung und Erhaltung von Denkmalstatuen und Monumenten, die ganz oder teilweise aus Stein, Granit oder Bronze bestehen und in den Parks, entlang der Boulevards oder an anderen öffentlichen Plätzen innerhalb der City von Chicago, Illinois, an verdiente Männer und Frauen der amerikanischen Geschichte erinnern«. Zitiert in einem Artikel von William M. R. French, dem ersten Direktor des Art Institute, in *Bulletin of the American Association of Museums* 8, 1914, S. 128.
11 Linda Hanrath, Körperschaftsbibliothekarin der William Wrigley jr. Company, in einem Brief an den Autor, 19. Sept. 1985.
12 ›Wrigley Building‹ (Anm. 6), S. 95.
13 *All Sevilla*, Barcelona 1981, S. 6-7.
14 Winston Weisman, ›A New View of Skyscraper History‹, *The Rise of an American Architecture*, Edgar Kaufmann jr. (Hrsg.), New York 1970.
15 Joseph I. Karl, ›Wrigley Buildings Attract Anew‹, *Real Estate News* 19, 1. Jan. 1924, S. .
16 ›The Wrigley Building‹, *Chicago Tribune*, 15. Sept. 1968.
17 ›Facelift: Sprucing up the Wrigley Building‹, *All Around Wrigley*, Sommer 1979, S. 1 .
18 Bob Olmstead, ›Plastic s-tile Wrigley‹, *Chicago Sun-Times*, 25. April 1984.
19 David Van Zanten, ›Twenties Gothic‹, *New Mexico Studies in Architecture*, 1982, S. 19-23.
20 Einen beträchtlichen Teil vermietbaren Raumes opferte Wrigley aus ästhetischen, gesellschaftlichen und werbetechnischen Gründen. Auch nach der Festlegung neuer Richtlinien im Jahr 1924, die eine höhere Höhe und ein größeres Volumen erlaubten, wurde das neue Gebäude der niedrigeren Gesimshöhe des Südgebäudes angepaßt. Vier Stockwerke gingen dadurch verloren. Mit 1486 Quadratmetern pro Stockwerk hätte dieser Raum etwa 1600000 Dollar an jährlichen Mieteinnahmen beim Dollarwert von 1986 eingebracht.
21 Paul McClelland Angle, Interview mit Philip K. Wrigley 1966, Abschrift in der Chicago Historical Society.
22 Plous (Anm. 2).
23 Ira J. Bach, *Chicago's Famous Buildings*, 3. Aufl. Chicago 1980, S. 53.
24 Die Mieterbroschüre von 1922 befindet sich in den Wrigley-Archiven.
25 ›New Wrigley Building‹ (Anm. 4).
26 ›The Wrigley Building at Night‹, *Architecture and Building* 53, Dez. 1921, S. 95.
27 Robert Bruegmann, ›Relighting the Skyline‹, *Inland Architect* 26, 1982, S. 54.

Robert Bruegmann

Als Welten aufeinanderprallten: Europäische und amerikanische Beiträge zum Wettbewerb der ›Chicago Tribune‹ von 1922

Auch nach mehr als sechzig Jahren ist die Bildtafel 196 in dem zum Wettbewerb für das Verwaltungsgebäude der ›Chicago Tribune‹ herausgegebenen Buch so rätselhaft wie eh und je.[1] Über einem im oberen Teil abgetreppten Sockel ragt vor dem Hintergrund dramatisch geballter Wolken eine gigantische dorische Säule in den Himmel (Abb. 1). Der Entwurf ist so großartig gezeichnet, daß er einen fast plausiblen Eindruck macht, dennoch fällt es schwer zu glauben, Adolf Loos habe ihn ernst gemeint. Sollte er wirklich geglaubt haben, konservative Chicagoer Geschäftsleute hätten der Vorstellung etwas abgewinnen können, durch die Kannelüren einer 120 Meter hohen dorischen Säule aus glänzendem schwarzen Granit auf die nüchternen Gebäude ihrer Stadt hinunterzuschauen?

In Loos' eigener Beschreibung ist allerdings von Ironie keine Spur.[2] Er erklärte, ein Bauwerk schaffen zu wollen, das derart ins Auge falle, daß es für Chicago zu einem Wahrzeichen werde wie Kathedralen und andere bedeutende Baudenkmale für europäische Städte. Das höchste Gebäude der Welt zu errichten, ließen die Bauvorschriften von Chicago nicht zu. Sicherlich hätte er sich einfach ganz an den Stil seiner Zeit halten und ein Gebäude entwerfen können, das an die Entwürfe seiner Avantgarde-Kollegen in Deutschland erinnert hätte, doch er verwarf diesen Gedanken, weil Novitäten dieser Art schnell unmodern werden. So griff er auf eine Form zurück, die, wie er sagte, in sich schön war und zugleich altehrwürdige historische und architektonische Assoziationen hervorrief.[3] Außerdem, so argumentierte er, sei die Verwendung solcher historischer Formen in der Architektur Amerikas nichts Ungewöhnliches. Die Spitze des berühmtesten amerikanischen Geschäftsgebäudes der Zeit, des Woolworth Building in New York, war zum Beispiel dem ›Butterturm‹ der Kathedrale von Rouen aus dem 16. Jahrhundert nachgebildet.[4] Loos befaßte sich sogar – wenngleich nicht sonderlich erfolgreich – mit den praktischen Problemen eines Bürohochhauses mit kreisrundem Stockwerkgrundriß.[5]

Abb. 1 Adolf Loos, Wettbewerbsbeitrag für den Chicago Tribune Tower, perspektivische Ansicht; aus The International Competition for a New Administration Building for the Chicago Tribune, *Chicago 1923, Tafel 196*

Abb. 2 Saverio Dioguardi, Wettbewerbsbeitrag für den Chicago Tribune Tower, perspektivische Ansicht; aus International Competition, *Tafel 248*

Seine Avantgarde-Kollegen in Europa waren entsetzt.[6] Seit der Jahrhundertwende hatten sie sich mit vereinten Kräften bemüht, eine neue Architektur hervorzubringen, die unabhängig von der ihrer Ansicht nach überholten akademischen Tradition war. Viele reagierten vor allem auf die originalgetreue Übernahme klassischer Formen und Ornamente mit Verachtung und Hohn. Loos selbst hatte bereits einige der ›abstraktesten‹ ornamentlosen Gebäude des Jahrhunderts gebaut. Wie konnte ausgerechnet er seinem Entwurf ein derart klassisches Element wie die dorische Säule zugrunde legen? Und wie konnte er sie zu solcher Größe aufblähen und auf einen klassischen Sockel stellen, dessen Portal noch dazu von unverkennbar figurativ-allegorischen Skulpturen gekrönt war? Das war einfach zuviel. Sollte es Loos mit seinem Beitrag tatsächlich ernst gewesen sein, so hätte sein Entwurf, zusammen etwa mit dem des Italieners Saverio Dioguardi, der einen römischen Triumphbogen mit den Ausmaßen eines Wolkenkratzers vorgeschlagen hatte (Abb. 2), zu den ›altmodischsten‹ Wettbewerbsbeiträgen überhaupt gehört.[7]

Wesentlicher waren die Einwände, die aus städteplanerischen Gründen gegen den Entwurf vorgebracht wurden. Loos schien mit seinem Beitrag zu signalisieren, daß er die amerikanische Stadt, so wie sie war, akzeptierte. Offenbar wollte er für diesen Stadttypus neuartige Monumente schaffen, indem er alte Formen in völlig neue Größenordnungen übertrug. Die Vertreter der europäischen Avantgarde hätten vielleicht zugestanden, daß New York oder Chicago aufregende Städte waren, doch zugleich betrachteten sie diese Städte als Alpträume chaotischen Wachstums und unkontrollierter privater Landausbeutung, oft unter krasser Mißachtung des Allgemeinwohls.[8] Wie konnte ein Europäer wie Loos, der noch dazu aus Wien stammte, wo kirchliche und staatliche Baudenkmäler immer noch das Stadtbild beherrschten, einem derart krassen Kommerzialismus erliegen, der es Frank Woolworth, dem Herrn über ein Groschenwarenhaus-Imperium, eine Zentrale zu bauen ermöglichte, die die nahegelegene New York City Hall völlig in den Schatten stellte? Wie konnte überdies ein Leser der altehrwürdigen Zeitungen Europas ein ›Wildwestblatt‹ wie die ›Chicago Tribune‹ ernst nehmen, die sich tatsächlich für die beste Zeitung der Welt hielt? Und wie schließlich konnte irgend jemand auf die Vorstellung eingehen, das »schönste und außergewöhnlichste Bürogebäude der Welt«, wie es im Wettbewerb gefordert wurde, könne durch bloßen Aufwand gewaltiger Geldsummen zustandekommen?

Selbst die Biographen von Loos haben sich mit der Beurteilung dieses Entwurfs schwergetan. Einige haben ihn als ernsthaftes Projekt aufgefaßt und außerordentlichen Scharfsinn aufgebracht, um wenig überzeugende rationale Deutungsversuche vorzulegen. Im allgemeinen konnten sich jedoch selbst glühendste Bewunderer von ihm nicht dazu durchringen, seinen Entwurf als ernstgemeinten Konstruktionsvorschlag zu akzeptieren, sondern sie deuteten ihn als einen satirischen Kommentar zu Amerika, zu den kapitalistischen Wertvorstellungen dieses Landes und zur schwadronierenden Sprache der Zeitung. Oder vielleicht hatte sich Loos auch einfach nur einen Spaß erlaubt – in Anlehnung an die künstlerischen Scherze der Dadaisten in Paris, denen er sich zu dieser Zeit zugesellte.[9]

Das Verwirrspiel um den Beitrag von Loos ist symptomatisch für das ganze Wettbewerbsunterfangen der ›Chicago Tribune‹. Auf den ersten Blick war alles klar. Das Wettbewerbsprogramm schien von bewundernswerter Prägnanz. Teilnahmeberechtigt waren Architekten aller Nationen, der erste Preis war mit 100000 Dollar dotiert. Außerdem wurde eine Gruppe bekannter amerikanischer Architekten eingeladen, von denen jeder für seine Teilnahme 2000 Dollar erhielt. Jeder Teilnehmer wurde gebeten, sechs Zeichnungen einzureichen: einen Erdgeschoßgrundriß und einen charakteristischen Stockwerksgrundriß, zwei Aufrisse, einen Querschnitt und eine Perspektive von Südwesten aus. Die Jury, die sich aus vier Direktoren des Zeitungsunternehmens und dem Chicagoer Architekten Alfred Granger zusammensetzte, sollte das beste Projekt auswählen. Das Baugelände (Abb. 3), ein Grundstück, das sich über eine Länge von 300 Metern an der neuangelegten Michigan Avenue erstreckte, war sorgfältig beschrieben, und auch die Anforderungen an das Gebäude und die durch die Bauvorschriften von Chicago auferlegten Einschränkungen waren detailliert angegeben.[10]

Größten Wert legte die ›Chicago Tribune‹ darauf, daß der Wettbewerb international ausgetragen wurde. Er sollte über nationale Trennlinien und Vorurteile erhaben sein und die universale Gültigkeit der Architektur in der modernen Stadt demonstrieren. Die Architekten sollten sich so uneingeschränkt wie möglich ihren ästhetischen Vorstellungen widmen können. Architekten aller Nationen sollten gleichberechtigt nebeneinanderstehen und nach den gleichen Maßstäben bewertet werden. Alle Wettbewerbsbeiträge sollten veröffentlicht werden, damit sich die Leser in aller Welt ihr Bild machen konnten.

Tatsächlich sollte sich jedoch zeigen, daß die architektonischen Sprachen der Wettbewerbsteilnehmer aus aller Welt ebenso unterschiedlich waren wie ihre Muttersprachen. Das Ergebnis des Wettbewerbs war weniger eine internationale Demonstration von Talent und Können als ein Lehrstück in gegenseitigem Nichtbegreifen. Am deutlichsten zeigte sich dies in den Beiträgen aus jenen Weltteilen, wo das Wolkenkratzer-Problem besonders lebhaft diskutiert wurde: einerseits in den Vereinigten Staaten, vor allem in New York und in Chicago, andererseits in der Nordhälfte Europas, vor allem in Berlin und Amsterdam.

Aus dem Blickwinkel der Jury und der meisten amerikanischen Kommentatoren waren die amerikanischen Beiträge allen anderen weit überlegen; unter den europäischen Entwürfen konnte in ihren Augen allenfalls der des finnischen Architekten Eliel Saarinen Gnade finden.[11] Für die Autoren, die den Wettbewerb in den deutschen Architekturzeitschriften

Abb. 3 Ansicht des Baugeländes für den Chicago Tribune Tower, 1922; dieses Photo wurde jedem Wettbewerbsteilnehmer geschickt

kommentierten, galten dagegen alle prämierten Entwürfe und der weitaus überwiegende Teil der Beiträge amerikanischer Architekten als altmodisch, unoriginell und sozial unverantwortlich; nur einige wenige europäische Entwürfe hielten sie für wert, ernstgenommen und näher betrachtet zu werden.[12]

Hier sollen nicht etwa die Argumente der beiden Seiten referiert werden. Vielmehr konzentrieren sich unsere Überlegungen auf einen Aspekt, der von den Amerikanern und ihren europäischen Kollegen völlig unterschiedlich gesehen wurde: das Verhältnis der Architektur zum Wirtschaftsleben und zur Gesellschaft im Kontext der modernen Stadt.

1. Die Amerikaner

Für viele amerikanische Wettbewerbsteilnehmer war das Bürohochhaus ein Gebäudetypus, mit dem sie vertraut waren. Sie kannten die ökonomischen Bedingungen, die von einem Bürohochhaus ein Maximum an vermietbarer Nutzfläche forderten. Sie kannten auch die Haltung der Öffentlichkeit, die sich gegen diese neuen Dimensionen richtete, gegen diese riesigen Gebäude, die der Straße Licht und Luft nahmen und neuartige Brandschutz- und Sicherheitsfragen aufwarfen. Aufgrund dieser Bedenken hatten viele Kommunen bereits in den achtziger Jahren des vorigen Jahrhunderts zunehmend restriktive baurechtliche Vorschriften erlassen.[13] Sie betrafen sowohl die Nutzung als auch die Höhe und das Volumen der Gebäude innerhalb einer Stadt. Dieses ganze Paket von Restriktionen wurde als ›zoning‹ bezeichnet. Das erste und bekannteste war 1916 in New York erlassen worden. Chicago hatte im Jahre 1922 zwar noch keinen ›Zoning‹-Plan, doch schon seit den achtziger Jahren waren recht strenge Höhenbeschränkungen in die Bauvorschriften der Stadt aufgenommen worden.[14] Der Wortlaut dieser Vorschriften sowie ihre Formulierungen im Programm für den ›Tribune‹-Wettbewerb waren deutlich. Das ›Tribune‹-Gebäude durfte zum Beispiel nur bis zu einer Höhe von 80 Metern gewerblich genutzt werden. Bis zu einer Gesamthöhe von 120 Metern konnten auf diesen genutzten Gebäudeteil Schutzmauern, Mansarden, Kuppeln und Türme aufgesetzt werden, unter der Bedingung, daß der Stockwerksgrundriß solcher rein dekorativer Aufbauten beträchtlich kleiner war als der des Hauptblocks.[15]

Wie in anderen amerikanischen Städten wurden auch in Chicago die Bauvorschriften hauptsächlich aus praktischen Erwägungen erlassen, um den Straßen Licht und Luft zu sichern und eine wirksame Brandbekämpfung zu ermöglichen. Jeder amerikanische Architekt, der die Diskussionen über diese Vorschriften in den Fachzeitschriften verfolgte, konnte jedoch erkennen, daß sie zugleich ganz bestimmte ästhetische Absichten ausdrückten. Die Bestimmungen, die die ungenutzten Bauelemente oberhalb des Hauptgesimses betrafen, dienten offensichtlich der Auflockerung der Massivität und sollten zu einer phantasievolleren Ausschmückung der Gebäude ermutigen. Der Rücksprungbestimmungen, die in das

›Zoning‹-Gesetz von 1923 aufgenommen wurden, lag auch der Wunsch zugrunde, die Monotonie der früheren Höhenbegrenzungen zu überwinden: endlose Gebäudereihen, die sich steil vom Gehweg bis zu einer immer gleichen Gesimshöhe emporstreckten. Die Vorbilder für diese Vorschriften fanden sich in europäischen Städten, insbesondere in Paris, wo Höhenfestlegungen und Rücksprungbestimmungen seit langem gang und gäbe waren.[16] Das Neue und Einzigartige an der amerikanischen Situation war, daß die Dimensionen verschwenderische Ausmaße angenommen hatten.

Abb. 4 Harvey Wiley Corbett, ›New York: Lösungsvorschlag für Verkehrsprobleme‹; aus Werner Hegemann, Amerikanische Architektur und Stadtbaukunst, *Berlin 1925*

Abb. 5 Howells and Hood, Wettbewerbsbeitrag für den Chicago Tribune Tower, perspektivische Ansicht; aus International Competition, *Tafel 1*

Abb. 6 Bertram D. Goodhue, Wettbewerbsbeitrag für den Chicago Tribune Tower, perspektivische Ansicht; aus International Competition, *Tafel 97*

Die meisten amerikanischen Wettbewerbsteilnehmer hielten sich eng an das durch diese Vorschriften und durch das Programm der ›Chicago Tribune‹ vorgegebene Konzept. Das Ergebnis war eine Reihe von Entwürfen, die alle einen sechzehn bis zwanzig Stockwerke hohen unteren Block hatten, der die zur Nutzung zugelassene Gebäudeummantelung ausfüllte. In den meisten Fällen war zuunterst ein drei- oder vierstöckiger Sockel vorgesehen, um den Zugangsbereich und die öffentlichen Räume zu akzentuieren. Die folgenden zwölf bis sechzehn Stockwerke unterschieden sich in den einzelnen Entwürfen kaum voneinander – gleichgültig, ob sie im gotischen, klassizistischen oder exotischen Stil ausgeführt waren –, da das Wettbewerbsprogramm große, helle Stockwerksflächen verlangte und damit Grundrisse, die die Ummantelung in ihrer Gesamtheit ausfüllten, sowie relativ dünne, mit großen Fenstern ausgefüllte Wände. Individuelle Vielfalt zeigte sich zumeist erst oberhalb der Gesimsleiste des Hauptblocks, wo die Architekten ihre Türme, Kuppeln und andere dekorative Elemente unterbringen konnten. Die eigentliche Herausforderung für den Architekten lag darin, den Übergang zwischen den massigen unteren Gebäudeteilen und den wesentlich schlankeren oberen elegant zu gestalten. In den meisten Fällen wurde diese Aufgabe durch Plazierung von Türmchen, Pyramiden, Statuen oder anderen Verzierungen an den Ecken des unteren Blocks gelöst – allesamt Elemente von rein dekorativer Funktion, die sich somit von der Gebäudeummantelung aus nach außen erstrecken konnten, ohne den nutzbaren Raum zu beanspruchen. Sie halfen, den Schwung der aufstrebenden vertikalen Linien von den unteren zu den oberen Abschnitten fortzusetzen. In einigen Fällen ging der Architekt noch einen Schritt weiter und opferte ein wenig vom zulässigen Nutzraum des Hauptblocks, um das Gebäude mehrere Male zurückzusetzen und damit einen Teleskopeffekt zu erreichen, der die Übergänge vom Sockel bis zur Spitze weniger abrupt erscheinen ließ.

Da die Spitze eines Gebäudes ohne Rücksicht auf funktionale Zwänge gestaltet und aus großen Entfernungen gesehen werden konnte, war sie der Teil, der das Gebäude und damit auch den Inhaber am augenfälligsten charakterisierte. Deshalb wandten ihr die Architekten, die hier ihrer Phantasie freien Lauf lassen konnten, die meiste Aufmerksamkeit zu. Der hohe Stellenwert, der ihrer Gestaltung beigemessen wurde, zeigt sich auch in der Reihenfolge der Wettbewerbsbeiträge in dem erwähnten Sammelband. Ursprünglich hatte man die Entwürfe nach Herkunftsländern und Architektennamen angeordnet. Spuren davon sind auch in der endgültigen Fassung noch zu erkennen. In dieser ist jedoch eine ähnliche Gestaltung der Gebäudespitze das wichtigste Ordnungsprinzip. Offensichtlich wollte man damit dem Leser den Vergleich der bedeutendsten Aspekte erleichtern. Und so findet man auf jeweils aufeinanderfolgenden Seiten polygonale durchbrochene Kronen im Stil der Gotik, kreisförmige römische Tempel, orientalische oder islamische Kuppeln, Obelisken, Säulen, erleuchtete Kugeln und so fort.

Die überwiegende Mehrheit der amerikanischen Architekten akzeptierte in ihren Beiträgen nicht nur die Bestimmungen des Wettbewerbsprogramms, sondern auch die allgemeine Konzeption des typisch amerikanischen Banken- und Geschäftsviertels. So schlugen sie Bauten vor, die im unteren Teil von blockhafter Massivität waren, während oben ein architektonisches Feuerwerk losgelassen wurde. Vor diesem Hintergrund kann es nicht verwundern, daß der Entwurf von Raymond Hood und John Mead Howells den Sieg davontrug.[17] Er erfüllte auf bewundernswerte Art und Weise alle Erwartungen. Er bot einen gut durchdachten Bürogebäudeplan mit groß-

zügigen, um den Aufzugsschacht und den Versorgungskernbereich angelegten offenen, rechteckigen Flächen und einer in allen Geschossen nahezu gleichförmigen Anordnung der Fenster. Der Übergang zum Turm erfolgte durch Strebepfeiler, welche die den massigen unteren Gebäudeteil strukturierenden Linien nach oben weiterführten und ihn damit visuell an den Turm mit seiner reichen Ornamentik anschlossen – eine geschickte Lösung, die mit großem Beifall aufgenommen wurde. Die Architekten merkten hierzu an, daß der Turm nachts mit Scheinwerfern angestrahlt werden könne, um eine noch dramatischere Wirkung zu erreichen. Der gotische Stil des Gebäudes wurde damit begründet, daß in diesem Stil den vertikalen Stahlkonstruktionssäulen ein überzeugender architektonischer Ausdruck gegeben werden könne (Abb. 5; Tafeln 94, 96; Kat. 270).

Die Architekten erwähnten dies zwar nicht, doch

›gotisch‹ war ja auch das Woolworth Building in New York, seinerzeit das größte und prestigeträchtigste Bürogebäude (1911-13 von Cass Gilbert entworfen). Der Entwurf zeigte auch gewisse Ähnlichkeiten mit einem Plan für die Gestaltung der North Michigan Avenue von 1918, an dem mehrere bekannte Architekten aus Chicago beteiligt waren.[18] Aus der Beschreibung von Hood und Howells geht allerdings deutlich hervor, daß die Wahl des Stils kein allzu wichtiger Gesichtspunkt war. Sicherlich suggerierten die Strebepfeiler die wörtliche Übernahme gotischer Stilelemente. Ein Blick auf den Schaft und den Sockel zeigt jedoch, daß es unterhalb dieser Strebepfeiler kaum etwas erkennbar Gotisches gab, und tatsächlich sollte dieses Gebäude das einzige bleiben, bei dem Hood und Howells auf derart offenkundig historische Bezüge zurückgriffen.

Einige der anderen amerikanischen Wettbewerbsbeiträge wiesen in die gleiche Richtung. Der einflußreichste davon war wohl der von Bertram Goodhue, dem maßgeblichsten amerikanischen Architekten der dem Wettbewerb unmittelbar vorangehenden Jahre. Goodhue legte einen blockhaften Entwurf vor, aus dem praktisch alle historischen Bezüge getilgt waren und in dem alles Ornamentale eine untergeordnete Rolle spielte, um die Dramatik der skulpturalen Gebäudemasse hervorzuheben (Abb. 6). Wenngleich der Entwurf einen vielleicht etwas verwegenen Eindruck machte, sollte er sich doch als überaus anregend auf die Gestaltung der großen, nach dem Prinzip des Rücksprungs (Zoning) konstruierten Wolkenkratzer der zwanziger Jahre erweisen sowie auf die Entwicklung visionärer Projekte für ganze Städte, in denen das Zoning als grundlegendes Ordnungsprinzip Verwendung fand (Abb. 4).[19]

2. Die Europäer

Im großen und ganzen wiesen die Wettbewerbsbeiträge der Europäer untereinander weniger Gemeinsamkeiten auf als die der Amerikaner. Dies kann kaum überraschen, da nur wenige europäische Architekten über unmittelbare Erfahrungen mit der Konstruktion von Wolkenkratzern verfügten und die Diskussion über Funktion und Erscheinungsbild des Wolkenkratzers nicht kannten, die in den Vereinigten Staaten schon seit Jahrzehnten im Gange war. Einige Europäer kümmerten sich erst gar nicht um die praktischen Anforderungen des amerikanischen Geschäftslebens und hatten nur die monumentale Form im Auge. Der Entwurf Dioguardis gehört in diese

Abb. 7 Walter Fischer, Wettbewerbsbeitrag für den Chicago Tribune Tower, perspektivische Ansicht; aus International Competition, *Tafel 221*

Abb. 8 J. Braham und R. Kastelleiner, Wolkenkratzerentwurf, erster Preis im Wettbewerb für die Friedrichstraße, Berlin, 1921; aus Wasmuths Monatshefte *7, 1922-23*

Abb. 9 K. Paul Andrae, ›Das größere Berlin VIII‹, 1913-20; aus Wasmuths Monatshefte *7, 1922-23*

Kategorie. Zweifellos gestaltete dieser Architekt mit beachtlichem Geschick eine kraftvolle, dramatische Gebäudesilhouette, die Anordnung der Innenflächen und die Befensterung jedoch war – gelinde gesagt – exzentrisch, und das Aufzugssystem war geradezu teuflisch kompliziert. Entwürfe wie seiner übten auf die Zukunft der Architektur kaum einen Einfluß aus, da sie ohne Zweifel schon damals auf Europäer wie Amerikaner einen hoffnungslos altmodischen und unpraktikablen Eindruck machten.

Als progressiver wurden die Beiträge erachtet, in denen sich die Anregungen der gemäßigten Avantgarde der Jahre vor dem Ersten Weltkrieg zeigten. Seit etwa 1910 hatte sich der bekannte deutsche Architekt Peter Behrens für Hochhäuser eingesetzt.[20] Zusammen mit anderen bedeutenden Architekten wie Alfred Messel, Paul Bonatz und Wilhelm Kreis hatte er sich im Laufe der Zeit auch immer mehr von der reichen Ornamentik des 19. Jahrhunderts entfernt und verdichteten, einfacher strukturierten Gebäudemassen und entschlackten Formen zugewandt. Ein gutes Beispiel für diese architektonische Richtung ist der Entwurf von Walter Fischer aus Magdeburg (Abb. 7). Wie die meisten amerikanischen Beiträge war auch seiner auf die Bedürfnisse der späteren Nutzung ausgerichtet: Alle Geschosse waren als helle Büroflächen gestaltet. Seine Behandlung der Fassaden unterschied sich jedoch deutlich von der der meisten amerikanischen Architekten. Reminiszenzen an die Gotik wurden wach, wenn die Fenster zurückgesetzt, die Pfeiler vor- und über die Dachzeilen hinaufgerückt und die Vorder- und Seitenfassaden mit Hilfe großer vertikaler Fenster geöffnet wurden. Noch konsequenter als die allermeisten Amerikaner wandelte Fischer historische Prototypen in neue Formen um. Die deutschen Kritiker merkten ganz richtig an, daß sein Entwurf eine gotische Atmosphäre ausstrahlte, ohne eigentlich auf gotische Zitate zurückzugreifen, wie sie sich zum Beispiel in den Strebepfeilern im preisgekrönten Entwurf von Hood und Howells fänden.[21] Dieser Eindruck wurde durch Fischers Zeichenstil noch verstärkt. In seiner Perspektive riefen mit diagonalen Strichen kraftvoll gezeichnete Schatten einen atmosphärischen Effekt hervor, der weniger die Details als vielmehr die Struktur des Gebäudes hervorhob. Sowohl die Massierung und Gestaltung der Fassaden als auch die Zeichentechnik scheinen durch den gemäßigten Flügel der expressionistischen Bewegung im Deutschland der Nachkriegszeit angeregt worden zu sein. Fischers Beitrag war ein Musterbeispiel für die Art von Entwürfen, die bei den zahlreichen deutschen Hochhauswettbewerben in den frühen zwanziger Jahren regelmäßig den Sieg davontrugen. Er war geistesverwandt mit jenem, der den Kasseler Architekten Braham und Kastelleiner im berühmten Wettbewerb für einen Wolkenkratzer an der Friedrichstraße in Berlin den ersten Preis einbrachte (Abb. 8). Auch mit verschiedenen anderen durch Veröffentlichungen bekannt gewordenen Entwürfen prominenter deutscher Architekten dieser Zeit wies er Gemeinsamkeiten auf.[22]

Abb. 10/11 B. Bijvoet und J. Duiker; Max Taut, Wettbewerbsbeiträge für den Chicago Tribune Tower, perspektivische Ansichten; aus International Competition, *Tafeln 238 und 229*

Es scheint, daß für viele progressive deutsche Architekten der Wolkenkratzer eine der interessantesten Herausforderungen der modernen Architektur war. Deutsche Architekturzeitschriften der frühen zwanziger Jahre, wie *Wasmuths Monatshefte* oder die *Deutsche Bauzeitung*, vor allem aber die Magazine, die sich mit Stadtplanung befaßten, wie *Stadtbaukunst alter und neuer Zeit*, waren voll mit Artikeln über die Frage, wie der Wolkenkratzer historischen deutschen Stadtzentren eingepaßt werden könne. Einige Architekten, zum Beispiel Max Berg, hofften, den neuen Gebäudetypus bei ihren Bemühungen um eine alternative, nichtkapitalistische Gesellschaft einsetzen zu können. Sie stellten sich den Wolkenkratzer als ›Stadtkrone‹ vor, als zentralen Treffpunkt für die Bürger. Er sollte die säkulare, sozialistische Stadt symbolisieren und damit die Funktion der Kathedralen und Paläste in der Stadt des Mittelalters übernehmen. Andere Architekten wiederum akzeptierten zwar grundsätzlich den kapitalistischen Status quo,

Abb. 12/13 Walter Gropius und Adolf Meyer; Jarvis Hunt, Wettbewerbsbeiträge für den Chicago Tribune Tower, perspektivische Ansichten; aus International Competition, *Tafeln 197 und 118*

sahen jedoch die Gefahren, die dem Gemeinwohl von privaten Grundbesitzern drohten. Sie glaubten, mit Hilfe durchdachter Planungsmaßnahmen müßten Wolkenkratzer nur an Stellen errichtet werden, wo sie eine legitime Funktion als Mittelpunkt ganzer urbaner Kompositionen erfüllen könnten. Andere, wie zum Beispiel K. Paul Andrae, erarbeiteten auf der Grundlage der neuen amerikanischen Vorstellungen vom Prinzip des Zoning Pläne für ganze Wolkenkratzerstädte (Abb. 9).[23] Allen diesen gemäßigten deutschen Architekten und Kommentatoren war gemeinsam, daß sie die planlose Wucherung unverhältnismäßig großer und übermäßig ornamentierter Wolkenkratzer ablehnten, die sie in den Städten Amerikas zu sehen glaubten.[24]

Die radikaleren deutschen Architekten der frühen Weimarer Republik teilten diesen kritischen Blick. Da sie sich mit den bestehenden Verhältnissen jedoch erst recht nicht abfinden wollten, fielen ihre Lösungsvorschläge um einiges brutaler aus. Im Wettbewerb

Abb. 14 Eliel Saarinen, Wettbewerbsbeitrag für den Chicago Tribune Tower, Aufrißdetail der oberen Stockwerke; aus International Competition, *Tafel 15*

Abb. 15 Saarinen, Schnittdetail durch die oberen Stockwerke; aus International Competition, *Tafel 16*

der ›Chicago Tribune‹ war diese Richtung durch das Team Walter Gropius aus Weimar und Adolf Meyer aus Berlin, den Berliner Max Taut und das Team Bijvoet und Duiker aus Holland vertreten. Obwohl alle eine Reihe von Vorstellungen teilten – insbesondere waren sie alle überzeugt, daß alte architektonische Formen völlig ungeeignet seien, das neue Zeitalter zu gestalten –, unterschieden sich ihre einzelnen Wettbewerbsbeiträge recht deutlich voneinander. Bijvoet und Duiker scheinen ihrem Entwurf (Abb. 10) die Experimente der holländischen De-Stijl-Bewegung und das Werk Frank Lloyd Wrights zugrunde gelegt zu haben, der vor und in den zwanziger Jahren in Europa sehr populär war. In Max Tauts Entwurf (Abb. 11) dagegen scheint die kristalline Transparenz des Gebäudes die Faszination zu reflektieren, die Glas auf die Expressionisten ausübte, wenngleich deren Interesse an malerischen Effekten rigoros zurückgewiesen wird. Der Beitrag von Gropius und Meyer schließlich scheint bei allen Einflüssen der De-Stijl-Bewegung und des russischen Konstruktivismus ganz deutlich auf dem unverhüllten Ausdruck der Baustruktur zu gründen (Abb. 12; Tafel 93). Einige Autoren haben davon gesprochen, daß Gropius den Versuch gemacht habe, mit diesem Entwurf an die Arbeiten von Chicagoer Architekten des späten 19. Jahrhunderts, wie Burnham and Root und Louis Sullivan, anzuschließen. Tatsächlich wurde das Werk dieser Architekten, das in den Vereinigten Staaten weitgehend vergessen war, damals von Gropius und seinen Avantgardekollegen in Europa neu entdeckt.[25] Es scheint, daß Gropius das Konstruktionsmodul des bereits existierenden vierstöckigen Druckereigebäudes – auf seiner Perspektivzeichnung rechts zu sehen – bewußt als einen Ausgangspunkt für seinen Entwurf aufgriff. Merkwürdigerweise war allerdings für das Konstruktionssystem seines Turms nicht Stahl vorgesehen – das Material, das in Chicago fast ausschließlich verwendet wurde –, sondern Stahlbeton, das bevorzugte Material der europäischen Avantgarde.[26]

Allen diesen Architekten war gemeinsam, daß sie die Voraussetzungen, von denen die meisten Amerikaner und gemäßigten Europäer ausgingen, fast vollständig verwarfen. In keinem dieser drei Entwürfe gibt es etwa ein krönendes, rein dekoratives Element. Zwar zeigen die Perspektivzeichnungen, daß alle auch eine Art Turm vorsahen, der sich über die zugelassene Nutzhöhe hinaus erstreckte, doch wurden diese Elemente nicht anders behandelt als die Bürogeschosse im unteren Teil.[27] Ein Grund dafür war wahrscheinlich, daß diese der politischen Linken verpflichteten Architekten jede Form von Ausschmükkung als überflüssig ablehnten, besonders historisierende Elemente als geradezu anstößig empfanden, da diese für sie die Dekadenz des bürgerlichen Geschmacks und Konsumverhaltens repräsentierten. Aufgrund ihrer politischen Ansichten verwarfen sie auch die traditionelle Gebäudehierarchie, die die Klassenstruktur der kapitalistischen Gesellschaft architektonisch institutionalisierte. So war es nur folgerichtig, wenn Gropius und Meyer in ihrem Entwurf für ein prestigeträchtiges Bürogebäude auf ein Fabrikgebäude wie eine Druckerei zurückgriffen. Aufschlußreich ist hier ein Vergleich mit dem Beitrag des Chicagoer Architekten Jarvis Hunt. Hunt, der zwei Jahre zuvor die Druckerei entworfen hatte, legte einen Entwurf für einen monumental gestalteten Turm vor, der das ›höherwertige‹ Bürogebäude deutlich gegen das benachbarte Fabrikgebäude absetzen sollte (Abb. 13).[28]

Was darüber hinaus in den radikaleren europäischen Beiträgen zutage tritt, ist ein äußerst negatives Urteil über den Zustand der typisch amerikanischen Stadt.[29] Zwar brachten die radikalen Architekten zum Teil die gleichen Kritikpunkte vor, die auch ihre gemäßigteren deutschen Kollegen äußerten, doch schlugen sie weit drastischere Gegenmaßnahmen vor. Während die Gemäßigteren hohe Gebäude sinnvoll in die historischen Stadtzentren integrieren wollten, scherten sich die Radikalen nicht mehr im geringsten um die alten Stadtkerne. Tatsächlich lassen sich ihre Vorlagen als Entwürfe für die ersten Gebäude einer Stadt der Zukunft betrachten.

In diesem Zusammenhang ist eine Vorstudie von Max Taut interessant. Sie zeigt eine Rückansicht seines Turms sowie das in einem ›modernen‹ Stil umgestaltete Druckereigebäude – sonst nichts! Dies läßt darauf schließen, daß Taut vor seinem geistigen Auge alle existierenden Gebäude in der Umgebung des Bauplatzes beseitigt hatte. Eben zu dieser Zeit arbeiteten denn auch Kollegen von Taut und Gropius an Plänen für neue Stadtbezirke und ganze Städte, in denen sie völlig mit den traditionellen Stadtstrukturen brachen; sie fegten die alten Städte mit ihren chaotischen Zuständen kurzerhand vom Tisch und ersetzten sie durch große, einzeln stehende Turmbauten, miteinander verbunden durch Eisenbahnen und Autobahnen. Diese Vision war offensichtlich von italienischen Futuristen und russischen Konstruktivisten angeregt worden und unterschied sich – bemerkenswerterweise – kaum von gewissen Szenen in amerikanischen Science-fiction-Geschichten.[30]

Abb. 16 Saarinen, Perspektivische Ansicht; aus International Competition, *Tafel 13*

Abb. 17 Saarinen, Projekt für die Entwicklung des Seeufers von Chicago; aus American Architect *124, 5. Dez. 1923*

3. Eliel Saarinen

Der einzige Beitrag, dem es gelang, die Kluft zwischen der Alten und der Neuen Welt zu überbrücken, war der des finnischen Architekten Eliel Saarinen. Selbst die schärfsten europäischen Kritiker räumten ein, daß unter den ›gotischen‹ Entwürfen seiner deutlich herausrage, und überraschend viele amerikanische Kommentatoren gestanden ihm zu, daß keiner ihrer Landsleute sich so sehr in den Geist Amerikas eingefühlt habe wie er.[31] Sein Beitrag war der einzige, dem von allen Seiten Beachtung und zumeist auch Anerkennung entgegengebracht wurde. Er machte ihn in den Vereinigten Staaten mit einem Schlag bekannt. Saarinens Erfolg beruhte im wesentlichen auf seiner Einsicht in die Bedingungen, die amerikanische Städte so hatten werden lassen, wie sie sind, und auf seiner plausiblen Vision davon, wie sie werden könnten. Dies ist zu erhärten.

Auf den ersten Blick glich Saarinens Entwurf vielen amerikanischen Beiträgen (Abb. 16). Es ist ungeklärt, inwieweit er mit der amerikanischen Bürogebäude-Praxis vertraut war, oder ob er amerikanische Architekten kannte, die ihm bei seinem Entwurf geholfen haben könnten.[32] Gewisse Kenntnisse muß er auf jeden Fall gehabt haben, denn eine Aufrißvorstudie scheint zumindest teilweise auf die Vorderansicht des Woolworth Building zurückzugehen.[33] Im Gegensatz zu vielen amerikanischen Teilnehmern am ›Chicago Tribune‹-Wettbewerb nahm Saarinen dieses Gebäude jedoch nur als einen Ausgangspunkt für seine eigenen Vorstellungen. In seiner endgültigen und äußerst ausgefeilten Entwurfsfassung ist die teleskopartige, pyramidenförmige Gliederung wesentlich prägnanter ausgearbeitet als in den meisten amerikanischen Entwürfen. Indem er der Basis des Gebäudes und den oberen Rücksprüngen einen rechtwinkligen und dem ersten Rücksprung einen kreuzförmigen Grundriß gab, vermied er Monotonie. Bei all dem folgte er bewährten akademischen Prinzipien. Besonders erfolgreich löste er die schwierige Aufgabe, die Gebäudemassen in ein Gesamtbild zu integrieren. Teilweise gelang ihm dies, indem er vor den Fensteranlagen vertikale Streben vorspringen ließ und sie über die verschiedenen Dachzeilen hinausführte, um kreuzblumenartige Auskragungen zu erreichen. Wahrscheinlich übernahm Saarinen diese Gestaltung von gemäßigten deutschen Expressionisten wie Hans Poelzig, Max Berg oder Walter Fischer, er könnte sie jedoch auch ohne Rückgriff auf Vorbilder selbst entwickelt haben. Das gleiche gilt für den heftigen, diagonalen Zeichenstil seiner Perspektive, der – wie bei Fischer – die Massierung betonte und damit die Aufmerksamkeit von verwirrenden Details ablenkte. Bei den Rundbögen und einigen der skulpturalen Ausschmückungen scheint es sich dagegen um seine eigenen Einfälle zu handeln, auch wenn sie letzten Endes wohl auf die Wiederbelebung der Romanik im späten 19. Jahrhundert zurückgehen. Wo die Ursprünge der einzelnen Elemente auch immer liegen mögen, Saarinens eigentliche große Leistung war, daß er sie zu einem persönlichen Stil verschmolz, einem weitgehend ahistorischen Stil, der dennoch die ›monumentalen‹ Ansprüche des Standortes und des Auftraggebers erfüllte.

Überdies gelang es ihm, die Spitze, also das ›Aushängeschild‹ des Gebäudes, so auf den Büroblock abzustimmen, daß beide Bestandteile eine harmonische Einheit bildeten. Tatsächlich erreichte er eine Geschlossenheit, die von keinem anderen prämierten Wettbewerbsbeitrag übertroffen wurde. Er sah als abschließendes Element einen großen Raum vor, der vermutlich als offene Aussichtsplattform gedacht war. Die oberen, mit Wandmalerei bedeckten Wände dieses Raumes wurden von einer offenen Arkade getragen. Von außen betrachtet, setzten sich die Linien des Hauptblocks über die Pfeiler der Arkade in die Spitze des Turms fort, während mit den Hohlräumen der Bögen eine visuelle Trennung gegeben war. Sein abschließendes Element war zwar vielleicht weniger dramatisch als die Strebepfeilerkonstruktion von Howells and Hood, es stellte jedoch eine subtilere und harmonischer auf den Gebäudeblock abgestimmte Komposition dar (Abb. 14, 15).

Der entscheidende Grund, weshalb Saarinens Entwurf so große Anerkennung fand, ist in den Zeichnungen nur angedeutet. Als beinahe einziger Wettbewerbsteilnehmer zeigt er in seiner Perspektivzeichnung das Gebäude nicht isoliert, sondern inmitten anderer großer, straßenfüllender Bürogebäude, die sich nach oben hin im Schatten verlieren, vermutlich dort, wo sie von der Straße zurückspringen. Im Gegensatz zu den meisten Amerikanern, die stillschweigend die Voraussetzung akzeptierten, sie hätten es mit einem isolierten Bauplatz zu tun, oder zu den Europäern, die die amerikanische Stadt so verabscheuten, daß sie Idealentwürfe vorlegten, die an kein real vorhandenes Baugelände gebunden waren, war Saarinen entschlossen, den gegebenen Bauplatz so zu nutzen, daß das Ergebnis als beispielhaft für die gesamte weitere Stadtentwicklung gesehen werden konnte. Wie er sich diese Entwicklung vorstellte, erklärte er in einer Publikation, die fast gleichzeitig mit dem Buch zum Wettbewerb der ›Chicago Tribune‹ erschien. 1923 veröffentlichte die Zeitschrift *American Architect* ein Projekt, das Saarinen für die Seeuferpromenade von Chicago entworfen hatte. Darin fanden sich als Bestandteil eines städtischen Komplexes, der im Grant Park angesiedelt werden sollte, zwei Gebäude, die seinem Büroturm für die ›Chicago Tribune‹ sehr ähnlich sahen (Abb. 17; Tafel 95).[34]

Dieser Plan stellte seinen Entwurf für die ›Chicago Tribune‹ in einen größeren Kontext und beantwortete damit eine Reihe von Fragen, die dieser aufgeworfen hatte. Saarinen, der in Finnland sowohl als Architekt wie auch als Stadtplaner gearbeitet hatte, verdeutlichte in seiner Beschreibung des Seeuferprojekts, wie er der Stadt Chicago gegenüberstand. Zwar mißbilligte auch er das Durcheinander und das unkontrollierte Wachstum, das er hier vorfand, doch im Unterschied zu vielen seiner kompromißloseren Kollegen erkannte und akzeptierte er, daß fundamentale Änderungen im politischen und ökonomischen System Amerikas kaum zu erwarten waren. Unter dieser Voraussetzung hoffte er, zumindest für die Seeuferpromenade, den markantesten und attraktivsten Bereich der Stadt, ein größeres Maß an Geschlossenheit zu erreichen und damit auch für die übrigen Stadtbereiche ein Zeichen zu setzen. Es war ein Idealentwurf, der auf seinem Vertrauen auf die Kraft einer guten Idee gründete. Er sagte nichts darüber, wie die Stadt und die privaten Grundeigentümer zur Annahme dieses Konzepts bewegt werden könnten.

Alle seine Überlegungen lassen erkennen, wie eng Saarinen sich an Daniel Burnham und dessen bekannten Chicago-Plan von 1909 anlehnte, dem er ausdrücklich Bewunderung zollte. Aus seinem eigenen Plan geht hervor, daß er Burnhams Schema weitgehend unverändert übernehmen und ihn nur um ein neues Element erweitern wollte, um ihn den veränderten Umständen anzupassen.

Zunächst nahm er sich die Verkehrsprobleme vor. Um das chaotische Schienengewirr am Seeufer loszuwerden, schlug er einen großen unterirdischen Bahnhof unter dem Grant Park vor. Hier sollten – sobald sie elektrifiziert und in den Erdboden verlegt worden waren – die bestehenden Seeuferlinien zusammentreffen sowie diejenigen, die durch neue Tunnels unterirdisch von der West Side zum Seeufer geführt werden sollten. Noch dringlicher war das Problem des Automobilverkehrs. Während das Automobil zu der Zeit, als Burnham an seinem Plan arbeitete, noch eher ein Spielzeug für Reiche war, hatte es sich in der Zwischenzeit zu einem der wichtigsten Faktoren des innerstädtischen Verkehrs entwickelt. Saarinen wollte das Geschäftsviertel, ›The Loop‹, über eine tiefgelegte, genau entlang der Nord-Süd-Achse des Parks verlaufende Schnellstraße durch ein riesiges unterirdisches Parkhaus entlasten. Von dort aus sollten dann die Büros und Geschäfte im Loop zu Fuß erreicht werden.

Abb. 18 Reinhard and Hofmeister; Hood, Godley and Fouilhoux; Corbett, Harrison and MacMurray, Rockefeller Center, Fifth Avenue zwischen 49th und 50th Street, New York, 1929-39

Oberirdisch plante er eine monumentale Anordnung niedriger Gebäude, die im Park Höfe und Arkaden bilden sollten, sowie zwei Wolkenkratzer an den beiden Enden der Nord-Süd-Achse. Bei diesen zwei Türmen hätte es sich um die auffälligsten Gebäude der Stadt gehandelt; sie hätten jedoch weder die Kirche noch den Staat repräsentiert, also nicht die Rolle übernommen, die den ›herausragendsten‹ Bauwerken der europäischen Städte traditionellerweise zukam. Nur dem nördlichen Turm hatte Saarinen eine bestimmte Funktion zugedacht: Er sollte als Hotel dienen, vielleicht um die bedeutende Rolle Chicagos als profanes Handels- und Verkehrszentrum zu unterstreichen.

Wie der Entwurf für den Büroturm der ›Chicago Tribune‹ stellt auch dieses Projekt eine äußerst eindrucksvolle Synthese verschiedener Vorstellungen dar. Saarinen distanzierte sich darin entschieden von Planern wie Camillo Sitte, der kleinformatige, häufig pittoreske urbane Effekte propagierte, und lenkte statt dessen den Blick auf die grandiose Monumentalität der französischen Stadtplanung des 19. Jahrhunderts und auf das zeitgenössische amerikanische Ideal der ›City Beautiful‹.[35] Völlig neue Vorstellungen legte er mit seiner riesigen Tiefgarage und den in großzügigem Abstand voneinander gestaffelten Wolkenkratzern vor. Saarinen brachte in diesem Projekt moderne Größenordnungen und Verkehrsprobleme freimütig in die Planungskonzepte der Beaux-Arts-Schule ein; die unaufdringliche, respektvoll formulierte Präsentation trug wesentlich zum Erfolg seines Entwurfs bei.

Wie der Wolkenkratzer-Entwurf für die ›Chicago Tribune‹ wurde auch das Seeuferprojekt nie realisiert. Nichtsdestoweniger wurden Saarinens Vorstellungen ausgiebig diskutiert. Es ist jedoch schwierig, den Einfluß seiner Entwürfe auf die amerikanische Architektur und Stadtplanung der Folgezeit genau zu bestimmen, da sie so sehr in Einklang mit Entwicklungen der frühen zwanziger Jahre in den Vereinigten Staaten standen. Man hat behauptet, daß bestimmte Gebäude – zum Beispiel die Zentrale der Pacific Telephone Company in San Francisco von Timothy Pflueger, das American Radiator Building von Raymond Hood in New York und das 333 North Michigan Avenue Building in Chicago von Holabird and Root – wie auch ganze Gebäudekomplexe, etwa das Rockefeller Center in New York (Abb. 18), den unmittelbaren Einfluß des Saarinen-Entwurfs erkennen lassen. Es scheint jedoch, daß er letzten Endes weniger eine neue Ausdrucksform entwickelte als vielmehr neue Ideen aus Europa und aus den Vereinigten Staaten äußerst erfolgreich miteinander kombinierte und populär machte.[36] Offensichtlich war es nicht der Aspekt des Neuen, der Saarinens Beitrag für den Wettbewerb der ›Chicago Tribune‹ seinerzeit so bekannt werden ließ, sondern vielmehr die weitverbreitete Auffassung, daß dieser Beitrag die Hoffnungen der ›Chicago Tribune‹ auf ein allgemeingültiges, Menschen jeglicher Herkunft ansprechendes Bauwerk am überzeugendsten erfüllte.

Übersetzung: Wolfgang Himmelberg

ANMERKUNGEN

1 Die Wettbewerbsbestimmungen wurden dargelegt in Howard L. Cheney, *Program of Architectural Competition for the Administration Building of the Chicago Tribune*, einer Broschüre, die die ›Chicago Tribune‹ 1922 veröffentlichte. Sämtliche Beiträge sowie Analysen und Indexe wurden in einem Buch veröffentlicht, das auch von der ›Tribune‹ herausgegeben wurde, *The International Competition for a New Administration Building for the Chicago Tribune*, Chicago 1923. Dieses Buch ist von Rizzoli in einer etwas gekürzten Form nachgedruckt worden: *Tribune Tower Competition*, Band I, New York 1980.

2 Loos' Beschreibung findet sich in Ludwig Münz und Gustav Künstler, *Der Architekt Adolf Loos*, Wien 1964, S. 175-77.

3 Wahrscheinlich spielte bei der Entscheidung für diese Form auch die Doppelbedeutung des Wortes ›column‹ – einmal ›Säule‹ und einmal ›Zeitungsspalte‹ – eine Rolle.

4 In den Entwürfen, die Paul Gerhardt aus Chicago und Mathew L. Freeman einreichten, ragte eine Säule aus einem mehr oder weniger konventionellen Gebäudeblock hervor.

5 Siehe dazu die Abbildung des Stockwerkgrundrisses in Münz und Künstler (Anm. 2), S. 175.

6 Eine typische Reaktion findet sich zum Beispiel bei Ludwig Hilberseimer, *Contemporary Architecture, Its Roots and Trends*, Chicago 1964, S. 165.

7 Eine sehr interessante Erörterung dieses Entwurfs und der anderen italienischen Wettbewerbsbeiträge gibt Giorgio Muratore in ›Métamorphose d'un mythe 1922 bis 1943: le gratte-ciel américain et ses reflets sur la culture architecturale italienne‹, *Archithèse* 18, 1976, S. 28-36.

8 Informationen zu europäischen Meinungsäußerungen zu amerikanischen Wolkenkratzern finden sich unter Anm. 22.

9 Manfredi Tafuri in Giorgio Ciucci u. a., *The American City: From the Civil War to the New Deal*, übers. von Barbara Luigia La Penta, Cambridge, Mass. 1979, S. 402 bis 403. Benedetto Gravagnuola, *Adolf Loos, Theory and Works*, New York 1982, S. 174.

10 Die Michigan Avenue spielte in Burnhams *Plan of Chicago* von 1909 eine Schlüsselrolle. Sie entstand, indem eine ältere Straße, die nördlich des Flusses verlief, die Pine Street, verbreitert und über eine neue zweigeschossige Brücke mit dem Loop verbunden wurde. Von Anfang an hatten die Grundbesitzer einen großen Einkaufsboulevard im Auge, der sich hinter keinem der großen europäischen Vorbilder zu verstecken hätte, und sie versuchten Baubeschränkungen durchzusetzen, um architektonische Konsistenz sicherzustellen. Bereits 1918 gab der Einzelhandelsverband einer Gruppe von Architekten den Auftrag, ein Planungsschema für die architektonische Gesamtentwicklung der Avenue zu entwerfen. Ein Bericht über dieses Projekt, an dem unter anderen Andrew Rebori und Holabird and Roche beteiligt waren, erschien in *American Architect* 114, 11. Dez. 1918, S. 691-99, 701. Zur Entwicklung des Boulevards siehe John Stamper, *The Architecture, Urbanism, and Economics of Chicago's North Michigan Avenue, 1830-1930*, Diss., Northwestern University 1985.

11 Siehe zum Beispiel Irving K. Pond, ›High Buildings and Beauty, Part I‹, *Architectural Forum* 38, Feb. 1923, S. 41-44; Thomas E. Tallmadge, ›A Critique of the Chicago Tribune Building Competition‹, *Western Architect* 32, Jan. 1923, S. 7-8.

12 Die ausführlichste Besprechung war die von Gerhard Wohler, ›Das Hochhaus im Wettbewerb der Chicago Tribune‹, *Deutsche Bauzeitung* 58, 5. Juli 1924, S. 325-30; und 16. Juli 1924, S. 345-47. Siehe auch die Erörterung in Werner Hegemann, ›Das Hochhaus als Verkehrsstörer und der Wettbewerb der Chicago Tribune‹, *Wasmuths Monatshefte* 8, 1924, S. 296-309. In jüngerer Zeit hat Manfredo Tafuri eine detaillierte Studie des Wettbewerbs in Ciucci u. a. (Anm. 9), S. 390-419, veröffentlicht. Siehe auch Reyner Banham, *Theory and Design in the First Machine Age*, New York 1967, S. 268-69.

13 Zu den amerikanischen Baubeschränkungen siehe das ausgezeichnete Buch von Seymour Toll, *Zoned America*, New York 1969.

14 Zur Zeit des Wettbewerbs war eine ›Zoning‹-Ordnung für Chicago, die 1923 erlassen wurde, in Vorbereitung. Teilweise lehnte sie sich eng an die berühmte New Yorker Bauordnung von 1916 an. Diese wiederum gründete zum Teil auf früheren Höhenvorschriften wie denen, die in Chicago in Kraft waren. Eine – allerdings nicht immer zuverlässige – Erörterung der Bauordnungen beider Städte findet sich in Carol Herselle Krinsky, ›Sister Cities: Architecture and Planning in the Twentieth Century‹, John Zukowsky, David Van Zanten und Carol Herselle Krinsky, *Chicago and New York: Architectural Interactions*, Chicago 1984, S. 58-60.

15 Die Gesamtstockwerksfläche des Turmaufsatzes durfte 334 Quadratmeter nicht überschreiten, das heißt, die Gesamtfläche aller Geschosse des Turms durfte nur etwa ein Drittel der Erdgeschoßfläche des Gebäudes betragen. Diese Bestimmung erklärt die Tatsache, daß in vielen Beiträgen der Turm aus einem einzigen großen Raum oder aus wenigen, sehr hohen Räumen besteht: So konnte die Maximalhöhe erreicht werden, ohne die zulässige Fläche zu überschreiten. Es scheint, daß eine Reihe von Wettbewerbsteilnehmern diese Vorschrift entweder nicht verstanden hatten oder aber sie umgingen, indem sie Elemente entwarfen, die wie Bürostockwerke aussahen, jedoch als bloße Speicherflächen oder – für den Fall, daß die Bauvorschriften geändert werden sollten – als Reserveflächen ausgewiesen wurden.

16 Informationen zu den ästhetischen Grundlagen der

Bebauungspläne finden sich zum Beispiel in Irving Pond, ›Zoning and the Architecture of High Buildings‹, *Architectural Forum* 35, 4, Okt. 1921, S. 131-34.

17 Zu diesem Beitrag siehe Walter H. Kilham, *Raymond Hood, Architect*, New York 1973, S. 57-60; Leon V. Solon, ›The Evolution of an Architectural Design‹, *Architectural Record* 3, März 1926, S. 215-25; Robert A. M. Stern und Thomas P. Catalano, *Raymond Hood*, New York 1982, S. 7-8, 34-35.

18 Zur Michigan Avenue siehe Stamper (Anm. 10).

19 Zu den Reaktionen der Architekten auf die Baubestimmungen siehe Carol Willis, ›Zoning and Zeitgeist, the Skyscraper City in the 1920s‹, ein Aufsatz, der in Kürze im *Journal of the Society of Architectural Historians* erscheinen wird.

20 Die Debatte, die unter der europäischen Avantgarde zur Frage hoher Gebäude im Kontext der Stadt geführt wurde, wird zur Zeit von Francesco Passanti untersucht, der in seiner Arbeit zu Le Corbusier beschrieben hat, wie sehr der junge schweizerische Architekt sowohl Peter Behrens als auch dem französischen Architekten August Perret verpflichtet war.

21 Wohler (Anm. 12), S. 347.

22 Der Wettbewerb für die Friedrichstraße war derjenige, zu dem Mies van der Rohe seinen berühmten Glaswolkenkratzerentwurf einreichte. Zu diesem Wettbewerb siehe Adolf Behne, ›Der Wettbewerb der Turmhaus-Gesellschaft‹, *Wasmuths Monatshefte* 7, 1922-23, S. 58-67; Max Berg, ›Hochhäuser im Stadtbild‹, *Wasmuths Monatshefte* 6, 1921-22, S. 101-20.

23 Eine Zeichnung von Andrae wurde in *Wasmuths Monatshefte,* 1922-23, veröffentlicht. Der Bildunterschrift zufolge stammte sie aus dem Jahr 1913. Auch wenn der Entwurf etwas später entstanden sein sollte, zeigt er, daß einige Europäer die gleiche Richtung wie ihre amerikanischen Kollegen verfolgten und sich unter Einbeziehung der neuen Ideen zur Staffelung ein Bild von der Stadt der Zukunft zu machen suchten.

24 Der Unterschied zwischen der deutschen und der amerikanischen Praxis wird überaus prägnant in zwei Artikeln im *Journal of the American Institute of Architects*, Sept. 1923, S. 365-71, zusammengefaßt: ›Skyscrapers in Germany‹ von dem Deutschen Walter Curt Behrendt und ›Skyscrapers in America‹ von dem Amerikaner George C. Nimmons. Siehe auch ›Zur Entwicklung des Hochhauses in Deutschland‹, *Deutsche Bauzeitung* 55, 5. März 1921, S. 89-95; und Martin Mächler, ›Zum Problem des Wolkenkratzers‹, *Wasmuths Monatshefte* 5, 1920-21, S. 191-94, 260-63.

25 Zur Wiederentdeckung der Chicagoer Schule durch Europäer siehe Lewis Mumford, ›New York vs. Chicago in Architecture‹ *Architecture* 56 Nov. 1927, S. 241-44.

26 Brief von Gropius an Morton Frank aus dem Jahr 1958, veröffentlicht in Reginald R. Isaacs, *Walter Gropius, der Mensch und sein Werk*, Berlin 1983-84.

27 Zu den Größenbeschränkungen für den Turmaufsatz siehe Anm. 15.

28 Es hat tatsächlich den Anschein, daß Hunt (Tafel 118 im Buch zum Wettbewerb der ›Chicago Tribune‹) in seinem Drang zur Monumentalität so weit ging, daß er die Bestimmungen des Wettbewerbsprogramms außer acht ließ und damit seine Aussichten, einen der Preise zu erlangen, ernsthaft aufs Spiel setzte. Obwohl das Programm Stockwerke forderte, die den Bauplatz praktisch ausfüllten, gab Hunt seinem Gebäude in dem Bereich des Geländes, der an der Michigan Avenue lag, einen halbkreisförmigen Grundriß und opferte damit einen beträchtlichen Teil der Geschoßfläche.

29 Eine der besten Darstellungen dieser Einschätzung gab ihr Kollege Ludwig Hilberseimer in ›Das Hochhaus‹, *Das Kunstblatt* 6, 12, 1922, S. 525-31.

30 Die berühmten Zeichnungen von Mies van der Rohe für den Friedrichstraße-Wettbewerb zeigen deutlich, daß er so entschieden wie möglich mit der bestehenden Form des Straßenbildes brechen wollte: ›Hochhausprojekt für Bahnhof Friedrichstraße‹, *Frühlicht* 1, 1922, S. 122-24. Das bekannteste dieser Stadtprojekte ist natürlich die Stadt für zwei Millionen Menschen, die Le Corbusier damals plante, doch auch Hilberseimer arbeitete seinerzeit offensichtlich an einem ähnlichen Projekt. Francesco Passanti beschäftigt sich zur Zeit mit diesen Projekten (siehe Anm. 20).

31 Zum Saarinen-Beitrag siehe Irving K. Pond (Anm. 11), S. 42-43; Pond, ›Eliel Saarinen and his Work: A Word of Appreciation and Greeting‹, *Western Architect* 32, 7, Juli 1923, S. 75-76; Walter Creese, ›Saarinen's Tribune Design‹, *Journal of the Society of Architectural Historians*, Juli-Dez. 1947, S. 1-5; Albert Christ-Janer, *Eliel Saarinen, Finnish Architect and Educator*, Chicago 1979, S. 57-59, 147; David G. DeLong, ›Eliel Saarinen and the Cranbrook Tradition in Architecture and Urban Design‹, *Design in America: The Cranbrook Vision*, New York 1983, S. 47-52. Die euphorischsten Kommentare gaben Tallmadge (Anm. 11), und ders., *Story of Architecture in America*, New York 1927, S. 290-95; sowie Louis Sullivan in seinem berühmten Artikel ›The Chicago Tribune Competition‹, *Architectural Record* 53, Feb. 1923, S. 151-57. Zum Standpunkt der Europäer siehe Wohler (Anm. 12), S. 345-46.

32 Im Buch zum Wettbewerb wurden die Chicagoer Architekten Dwight G. Wallace und Bertell Grenman als Partner genannt, in der Literatur zu Saarinen sind sie jedoch anscheinend nirgendwo sonst erwähnt.

33 Die Vorstudie weist zum Beispiel bemerkenswerte Gemeinsamkeiten mit dem Entwurf auf, den Richard Yoshijiro Mine aus Urbana, Ill. einreichte. Auch dieser Entwurf lehnte sich offensichtlich eng an den Aufriß des Woolworth Building an. Siehe dazu John Zukowsky, Pauline Saliga und Rebecca Rubin, *Chicago Architects Design: A Century of Architectural Drawings from The Art Institute of Chicago*, Chicago 1982, S. 82.

34 Eliel Saarinen, ›Project for the Lake Front Development of the City of Chicago‹, *American Architect* 124, 5. Dez. 1923, S. 487-514.

35 Zu Saarinens früheren Stadtprojekten siehe die ausgezeichnete Analyse von Marc Treib in ›Urban Fabric by the Bolt‹, *Architectural Association Quarterly* 13, Jan. bis Juni 1982, S. 43-58, und in ›Eliel Saarinen as Urbanist: The Tower and the Square‹, *Arkkitehti* 3, 1985, S. 16-31, 92-95.

36 Eine gute Übersicht über diese Entwürfe, die deutlich die zentrale Stellung des Saarinen-Projekts in der Entwicklung des Hochhauses aufzeigt, findet sich in Francisco Mujica, *History of the Skyscraper*, New York 1930.

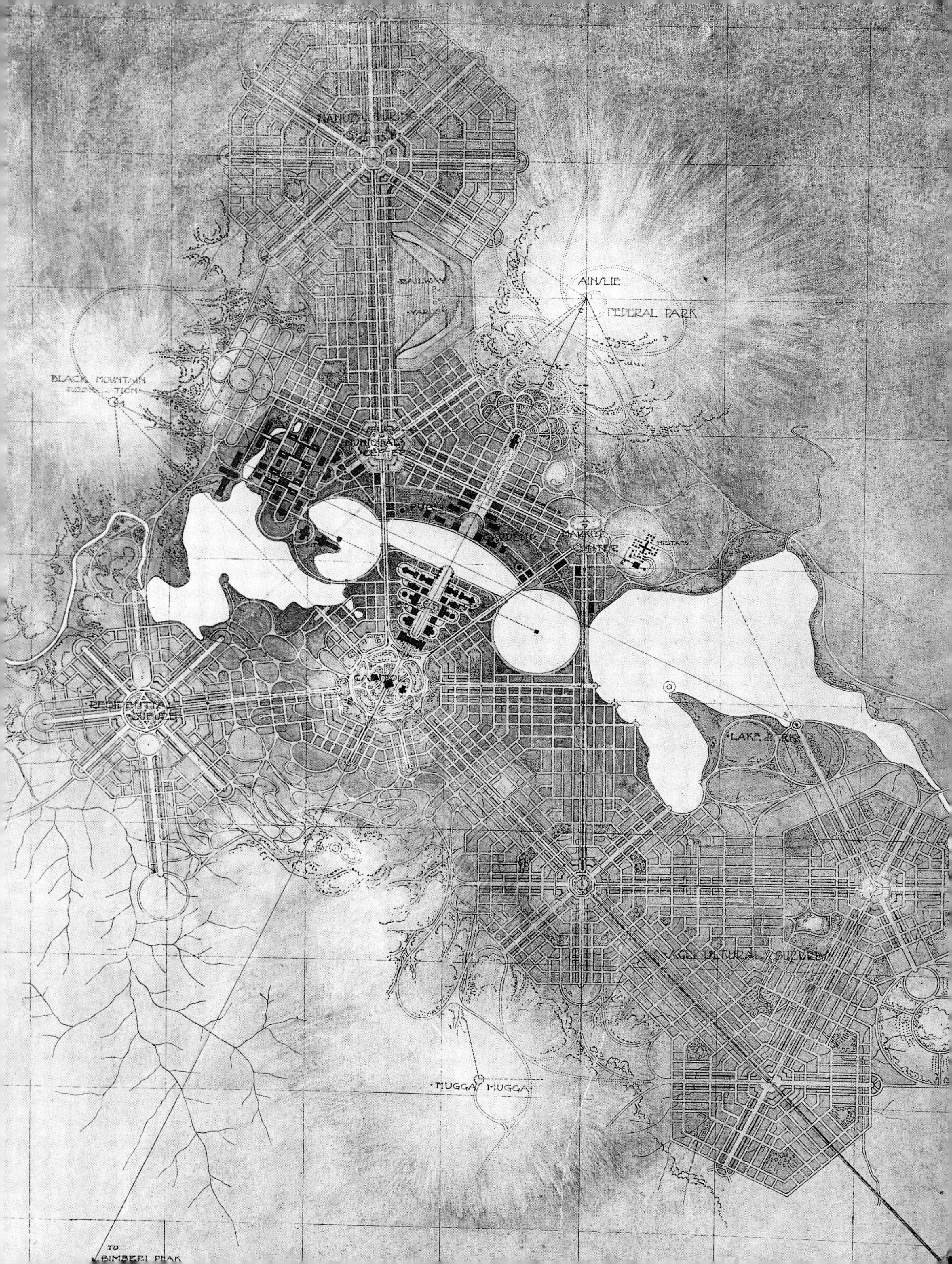

AINSLIE
FEDERAL PARK
BLACK MOUNTAIN
RAILWAY
MARKET
CAPITOL
MUGGA MUGGA
TO
BIMBERI PEAK

David Van Zanten

Walter Burley Griffins Plan für die australische Hauptstadt Canberra

Am 23. Mai 1912 erklärte King O'Malley, Innenminister des Australischen Bundes, den Chicagoer Architekten Walter Burley Griffin zum Gewinner des internationalen Wettbewerbs für die Planung der Bundeshauptstadt Canberra.[1] Die Wahl des 36jährigen Architekten, Landschaftsgestalters und ehemaligen Mitarbeiters von Frank Lloyd Wright ist bemerkenswert, vor allem wenn man an die Architekten denkt, die in anderen Teilen des Britischen Weltreiches damals an ähnlichen Projekten arbeiteten.

Während der letzten Dekaden des 19. Jahrhunderts und in den Jahren kurz vor dem Ersten Weltkrieg wurden die ausgedehnten britischen Kolonialbesitzungen reorganisiert und in ein neues Reichssystem eingegliedert. Diese Aufgabe war gewaltig und wurde einesteils brüsk, wie im Fall von Südafrika durch Cecil Rhodes, andernteils grandios, wie in Indien durch Lord Curzon, bewältigt. In Australien aber nahm dieser Vorgang eine völlig andere Form an.

Die britische Vision von einem beständigen Weltreich äußerte sich in schwülstigen Erklärungen, glänzenden Zeremonien und prunkvollen Bauwerken. Zu den gewaltigsten dieser rhetorischen Gesten zählten die Pläne für zwei monumentale Hauptstadtkomplexe: die Pretoria Union Buildings in Südafrika und Neu-Delhi in Indien.[2] Pretoria wurde zwischen 1910 und 1913 von Herbert Baker (1862-1946) errichtet, der sich als Cecil Rhodes' Architekt bezeichnete und im weiteren eine blendende Architektenkarriere in Afrika, Indien und England machte.[3] Der Neu-Delhi-Plan von 1912 war das Werk eines anderen britischen Architekten, Edwin Landseer Lutyens (1869-1944), der von Baker unterstützt wurde: Beide bekamen für ihre Verdienste den Adelstitel ›Sir‹ zuerkannt. Wie war es nun möglich, daß die Australier für die Planung ihrer Hauptstadt einen unbekannten amerikanischen Architekten wählten?

Leider ist es uns heute, 75 Jahre später, nicht möglich, diese Frage mit Gewißheit zu beantworten. Wir können allerdings davon ausgehen, daß Griffins Plan von einer Direktheit und Einfachheit (die man vielleicht mit dem Attribut ›demokratisch‹ versehen könnte) geprägt gewesen ist, die zum einen der Inbegriff der Chicagoer Architekturschule war, aber zufällig eben auch einer gewissen Vorstellung von Australien – und ganz besonders der von King O'Malley – entsprach.

Griffin wurde 1876 als Sohn des Versicherungsmaklers George Walker Griffin und der Sozialarbeiterin Estelle Malvina Burley in Maywood, Illinois, einem Vorort westlich von Oak Park, geboren, wo er bis zu seiner Übersiedlung nach Australien im Jahre 1914 lebte. Er besuchte das Gymnasium von Oak Park und studierte Architektur an der Universität von Illinois, die er 1899 als ›Bachelor of Science‹ verließ. Sein besonderes Interesse galt der Chicagoer Schule um Louis Sullivan und Frank Lloyd Wright. Von 1901 bis 1905 arbeitete er für Wright im Oak Park Studio, wo er einen seiner ersten selbständigen Aufträge ausführte, das in Wrights Prairie-Stil erbaute William H. Emery House in Elmhurst, Illinois (1901-02). In jener Zeit freundete er sich mit den Prairie-School-Architekten William Drummond, Francis Barry Byrne (der später Griffins Büro übernahm, als dieser nach Australien ging) und Marion Mahony, die eine von Wrights besten Entwurfszeichnern war und 1911 Griffins Frau wurde. Gegen Ende 1905 machte er sich selbständig. Sein Sieg beim Wettbewerb für die Planung der Stadt Canberra sieben Jahre später war seine erste große Chance.

Der australische Innenminister O'Malley (um 1858 bis 1953) war eine außergewöhnliche Persönlichkeit. Er war ein – wie er glaubte – in Kanada geborener Amerikaner und wanderte 1886 nach Australien aus. Nachdem er an verschiedenen kleineren Unternehmungen beteiligt gewesen war, wurde er 1901 als Labour-Party-Mitglied ins Commonwealth-Parlament gewählt. Zunächst nur als Mitglied, dann als Minister ging er mit viel Enthusiasmus eine Reihe von Problemen an: Kampf gegen den Alkoholismus; Einsatz für die Rechte unehelicher Kinder; Bau einer transkontinentalen Eisenbahn nach Perth; Einrichtung einer allgemeinen Sparkasse, der Australian Commonwealth Bank; und schließlich die Gründung von Canberra. Als Protest gegen die Zwangsaushebung für den Beitrag Australiens zum Ersten Weltkrieg trat er 1916 zurück.[4]

Was O'Malley aber vor allem auszeichnete, war sein Wesen. Er hatte etwas von einem Abraham Lincoln und etwas von einem Will Rogers. Er war von großer Statur und stets etwas sonderbar gekleidet. Er liebte Witze, vor allem über sich selbst. Er konnte sich mit jedem unterhalten – redete seine Gesprächspartner mit ›Bruder‹ und ›Schwester‹ an – und ließ selten eine Gelegenheit aus, dies auch zu tun. Er sah die Welt mit kristallener Schärfe und arbeitete mit solcher Direktheit an ihrer Verbesserung, daß sein Einsatz oft von Erfolg gekrönt war.

Abb. 1 Walter Burley Griffin, Wettbewerbsentwurf für die australische Hauptstadt Canberra; Stadtplan, 1912

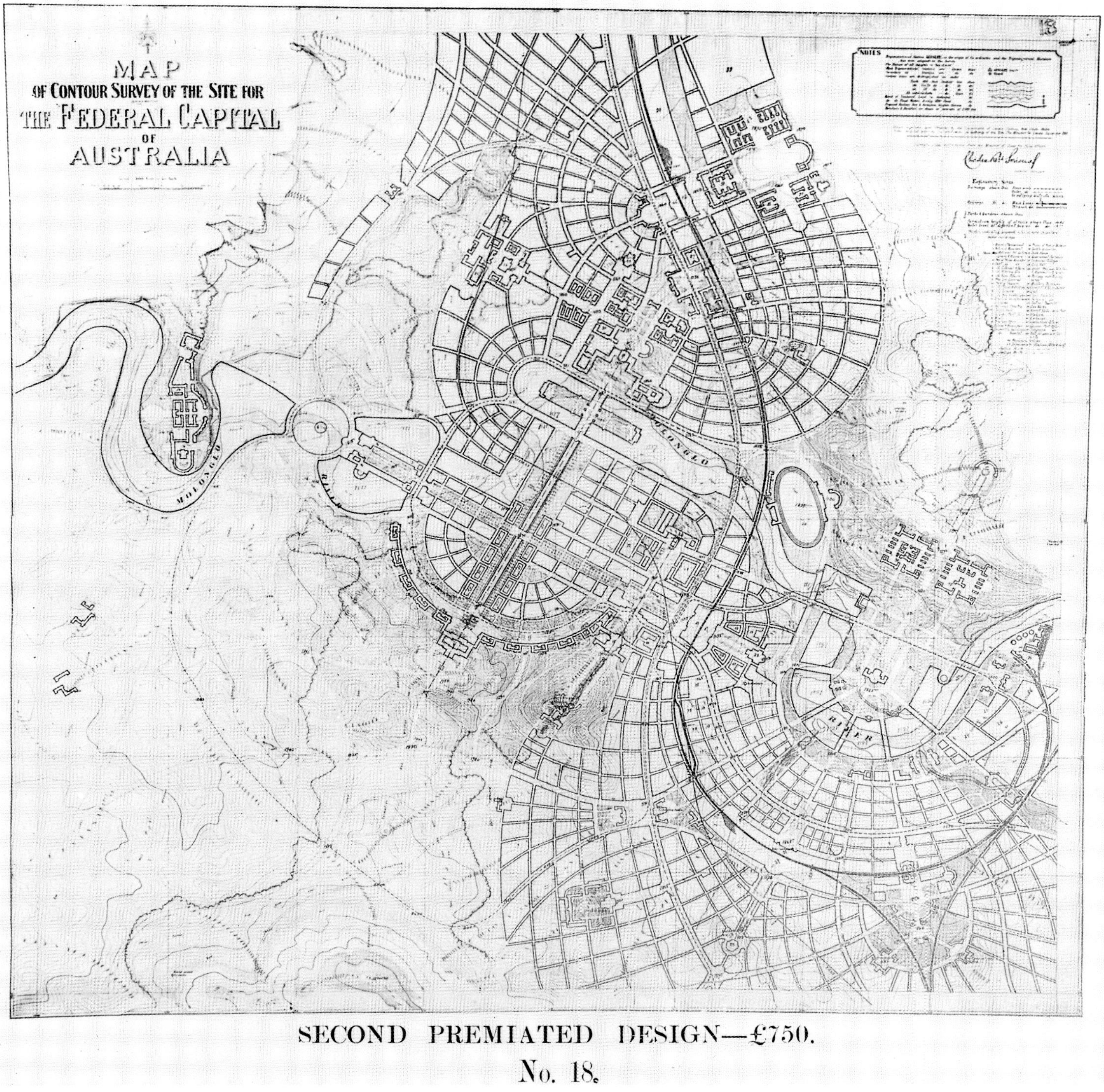

Abb. 2 Eliel Saarinen, Wettbewerbsentwurf für Canberra; Stadtplan (auf eine topographische Karte gezeichnet), 1912

Obwohl er Griffins Plan zunächst ungerührt gegenüberstand, freundete er sich in seiner zweiten Amtszeit (1915-16) mit ihm an, unterstützte ihn und bewohnte in den zwanziger Jahren ein von Griffin entworfenes Haus in Castlecrag, einem Vorort von Sydney.

Der Wettbewerb

Nach Entstehung der ersten englischen Niederlassung in der späteren Kolonie Neusüdwales 1788 wurden fünf weitere Kolonien auf dem australischen Kontinent gegründet. 1900, nach zehnjährigen Verhandlungen, wurden die sechs separaten Kolonien zum Australischen Bund vereinigt. Eine Bedingung der Bundesverfassung war, daß die Regierung in einer neugegründeten Stadt, mindestens 150 Kilometer von Sydney entfernt, untergebracht sein sollte. Verschiedene zwischen 1908 und 1910 ergangene Erlasse legten den Standort der zukünftigen Hauptstadt nahe der Siedlung Canberra – etwa auf halbem Weg zwischen Sydney (Bundesstaat Neusüdwales) und Melbourne (Bundesstaat Victoria) – fest. Am träge fließenden Molonglo River gelegen, etwa 110 Kilometer vom Meer entfernt, in einem Tal mit hügeligem Weideland, das zu beiden Seiten Bergketten säumten,

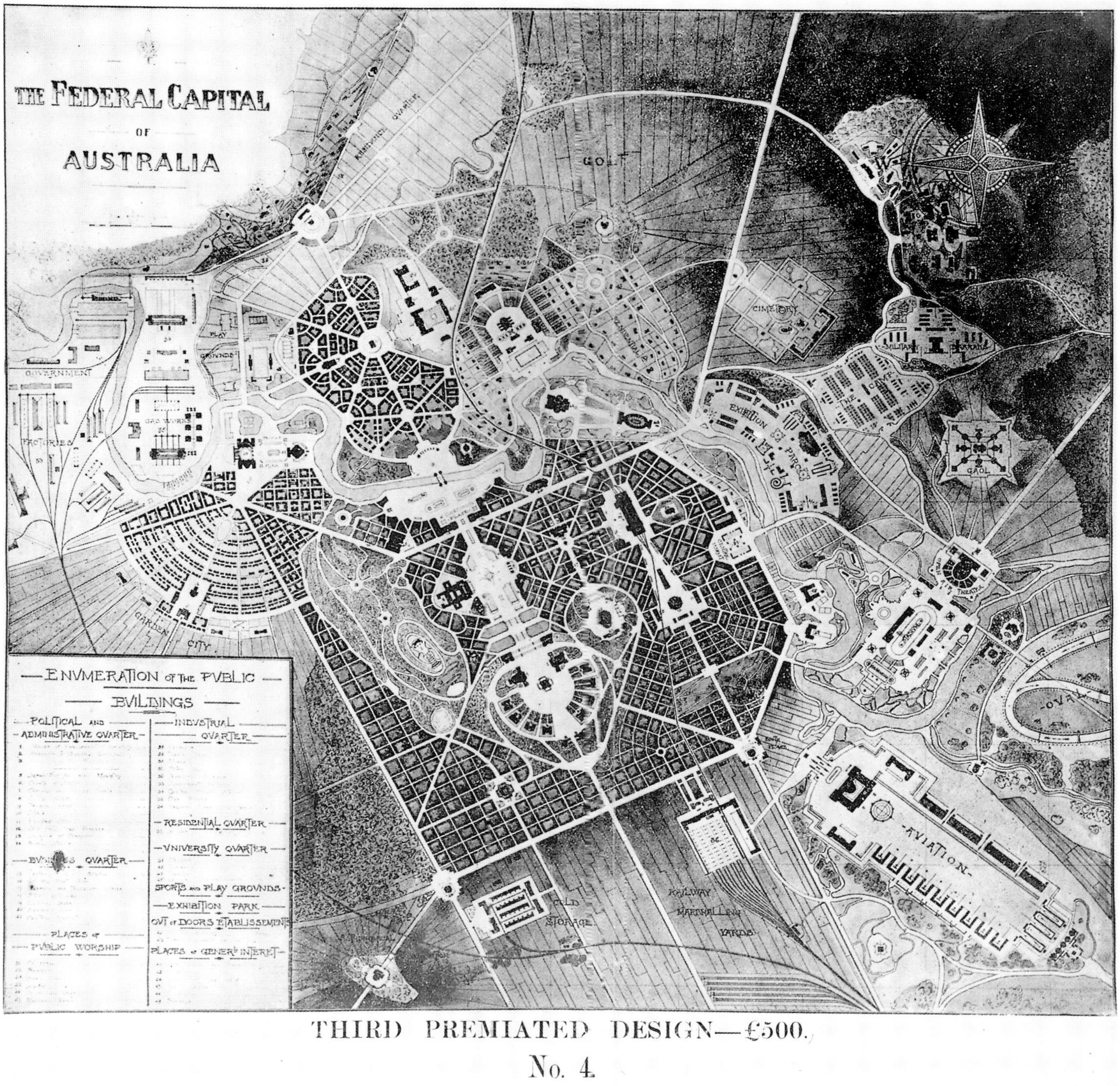

Abb. 3 Donat-Alfred Agache, Wettbewerbsentwurf für Canberra; Stadtplan, 1912

war Canberra mit einem trockenen und angenehmen mediterranen Klima gesegnet.

Am 1. Januar 1911 nahm die Bundesregierung das Gelände in Besitz. Colonel David Miller, der Sekretär des Innenministeriums, schlug einen internationalen Wettbewerb für einen Stadtentwurf vor, aus dem ein endgültiger Plan entwickelt werden könne. Ein separater Wettbewerb sollte für den Entwurf der Parlamentsgebäude ausgeschrieben werden. King O'Malley, Innenminister der Labour-Regierung unter Premierminister Andrew Fisher, willigte in den Vorschlag ein, und am 30. April 1911 wurde der erste Wettbewerb offiziell bekanntgegeben. Den angehenden Wettbewerbsteilnehmern in Wellington, Ottawa, Pretoria, Kapstadt, London, Paris, Berlin, Washington, New York und Chicago wurden spezifische Unterlagen zur Verfügung gestellt. Darunter waren zum Beispiel eine Höhenlinienkarte des Geländes, eine Panoramazeichnung des Tales und der Berge dahinter, wichtige topographische Informationen sowie eine Liste mit den zu berücksichtigenden öffentlichen Einrichtungen. Die Teilnehmer sollten ein »schmückendes Gewässer« durch Stauung des Molonglo River einplanen. O'Malley wurde, wie folgt, zitiert:

»Die Bundeshauptstadt soll eine schöne Stadt werden, die eine beherrschende Lage einnimmt, mit weiten Aus-

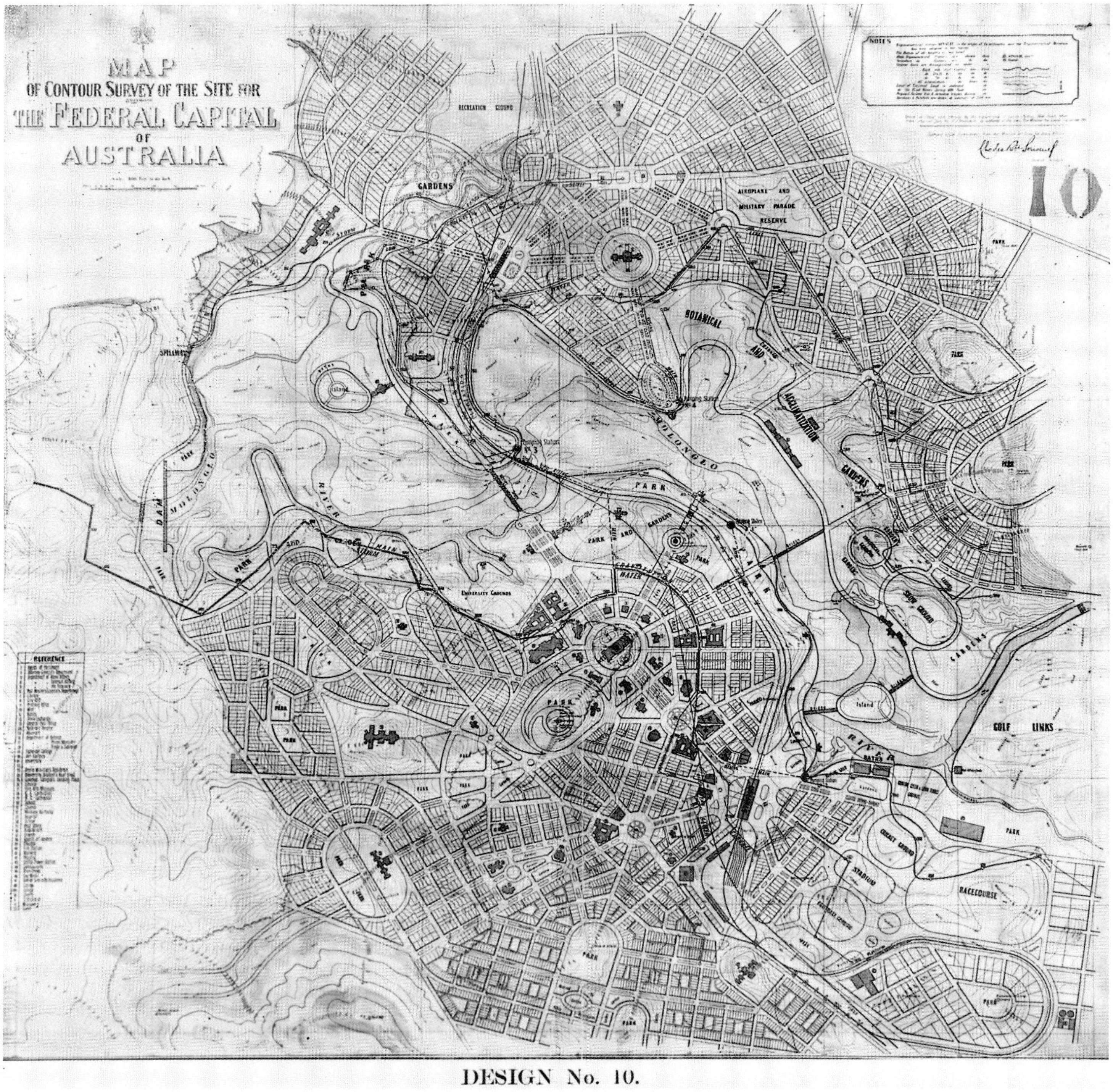

Abb. 4 W. Scott Griffiths mit Charles Gibbon Coulter und Charles Henry Caswell, Wettbewerbsentwurf für Canberra; Stadtplan, 1912

blicken und noblen Merkmalen, die einen würdigen Entwurf gewährleisten, und das nicht nur für die Gegenwart, sondern für alle Zeiten. Deshalb müssen die Möglichkeiten, die das Gelände vom landschaftlichen Standpunkt her bietet, sorgfältig erwogen werden, um ein malerisches Gesamtbild entstehen zu lassen, auch im Hinblick auf Verschönerungen und Erweiterungen.«[5]

Die – bis dahin noch nicht benannte – Planungskommission würde sich aus einem Ingenieur, einem Architekten und einem staatlich anerkannten Landvermesser zusammensetzen, die dem Minister Bericht erstatteten, welcher dann, ohne möglichen Einspruch, die endgültige Entscheidung treffen würde. Die Entwürfe würden Eigentum der australischen Regierung werden, die sich all der ihr brauchbar erscheinenden Vorschläge bedienen würde. Die Pläne müßten bis zum 31. Januar 1912 beim Ministerium in Melbourne eingehen; der erste Preis würde mit 1750, der zweite mit 750 und der dritte mit 500 Pfund dotiert werden.

Um die Jahrhundertwende waren Architektenwettbewerbe sehr umstritten, weil die Gewinner oft nicht berechtigt waren, ihre eigenen Entwürfe auszuführen; statt dessen wurden sie lediglich ausbezahlt und mußten mit ansehen, wie ihre Ideen von anderen umgemodelt wurden.[6] Und genau das schienen auch

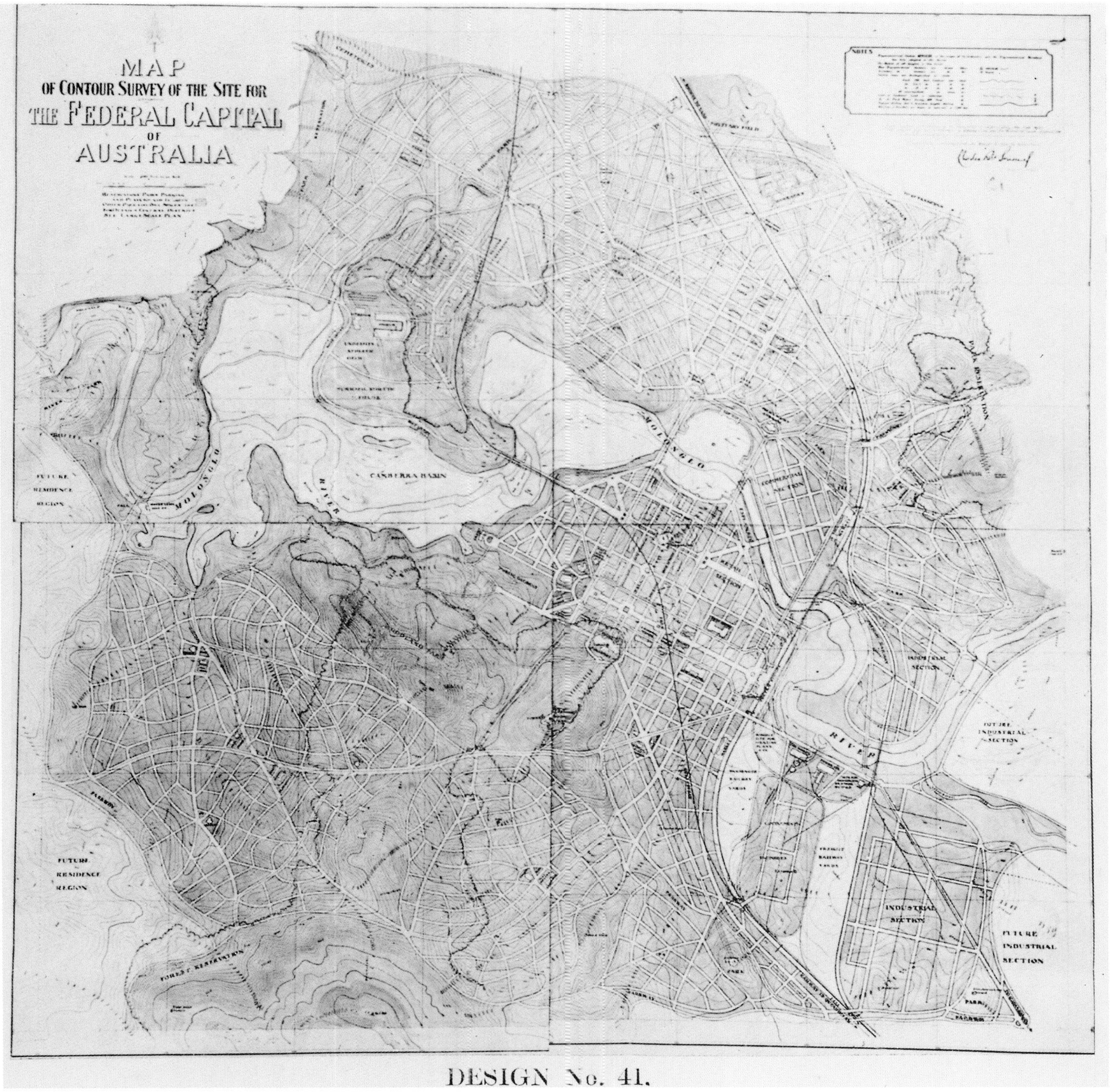

Abb. 5 Arthur C. Comey, Wettbewerbsentwurf für Canberra; Stadtplan, 1912

O'Malley und Miller zu planen. Dieser Verdacht und das verhältnismäßig niedrige Preisgeld[7] lösten heftigen Widerspruch bei den Architektenkammern von Victoria und Neusüdwales aus. Ihre Proteste wurden vom Royal Institute of British Architects in London vermerkt, das schließlich den Wettbewerb boykottierte und somit faktisch alle großen Architekten des britischen Empire von der Teilnahme ausschloß.[8] Das American Institute of Architects dagegen brachte zwar auch seine Mißbilligung zum Ausdruck, glaubte sich jedoch nicht berechtigt, seinen Mitgliedern die Teilnahme an ausländischen Wettbewerben einfach zu verbieten.[9]

Trotz dieses unglücklichen Beginns gingen bis Ablauf der Frist 137 Eingaben in Melbourne ein und wurden im Ballsaal des Regierungsgebäudes eindrucksvoll zur Prüfung ausgestellt. Die Planungskommission, die am 2. März 1912 offiziell ernannt wurde, bestand aus James Alexander Smith, dem ehemaligen Vorsitzenden des Victoria Institute of Engineers, dem Architekten John Kirkpatrick und J. M. Coanne, einem staatlich anerkannten Landvermesser – alles herausragende australische Fachleute.[10] Laut ihrem Bericht vom 14. Mai 1912 war das Urteil gespalten.[11]

Smith und Kirkpatrick erkannten den ersten, zweiten und dritten Preis jeweils den Entwürfen von Wal-

Abb. 6 Nils Gellerstedt mit Ivan Lindgren und Hugo du Rietz, Wettbewerbsentwurf für Canberra; Stadtplan, 1912

ter Burley Griffin aus den Vereinigten Staaten, Eliel Saarinen aus Finnland und Donat-Alfred Agache aus Frankreich zu (Abb. 1-3). Coane dagegen sprach W. Scott Griffiths (in Zusammenarbeit mit Charles Gibbon Coulter und Charles Henry Caswell) aus Sydney den ersten, Arthur C. Comey aus Cambridge, Massachusetts, den zweiten und Nils Gellerstedt (zusammen mit seinen Mitarbeitern Ivan Lindgren und Hugo du Rietz) aus Stockholm den dritten Preis zu (Abb. 4-6). Smith und Kirkpatrick forderten darüber hinaus, daß zwei weitere Entwürfe – der von Harold Van Buren Magonigle aus New York und der vom Architekturbüro Schanfelberg, Rees and Gummer aus London – für besondere Verdienste erwähnt werden sollten (Abb. 7, 8). O'Malley stimmte dem Mehrheitsbeschluß zu und ernannte Griffin am 23. Mai 1912 zum Sieger des Wettbewerbs für den Entwurf der Bundeshauptstadt von Australien.

Die *New York Times* brachte die Nachricht am Freitag, dem 24. Mai 1912, widmete dem Projekt und Griffins Ideen am 25. Mai einen Leitartikel und in ihrem Sonntagsmagazin vom 2. Juni sogar eine ganze Seite, worin Griffin ausführlich zitiert wurde:

»Ich weiß nicht, ob ich nach Australien gerufen werde, um den Bau der neuen Stadt zu überwachen. Ich hoffe es. Ich erwarte es sogar. Es wäre nur recht und billig.

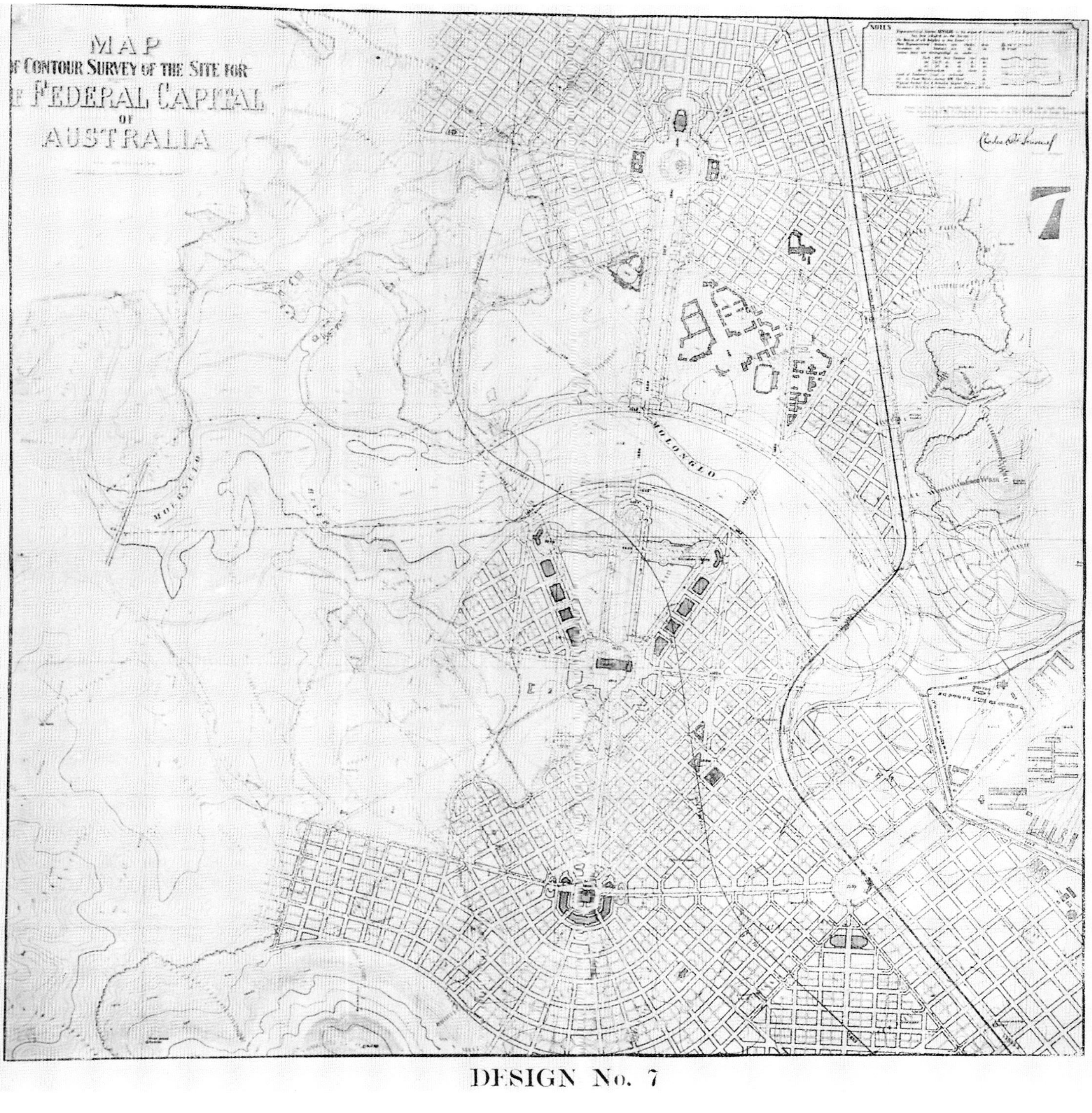

Abb. 7 Harold Van Buren Magonigle, Wettbewerbsentwurf für Canberra; Stadtplan, 1912

Denn niemand in der Welt kann meine Ideen besser umsetzen als ich selbst.

Ich weiß nicht, welche architektonische Richtung ich einschlagen soll. Ich habe eine Stadt entworfen, die keiner anderen Stadt in der Welt gleicht. Ich habe sie auf eine Weise konzipiert, von der ich damals annahm, daß keine Regierungsbehörde der Welt sie akzeptieren würde. Ich habe eine ideale Stadt entworfen – eine Stadt, die meinem Ideal von einer Stadt der Zukunft entspricht.

Ich bin, was man einen Naturalisten in der Architektur nennen könnte. Ich glaube an keine Architekturschule. Ich glaube vielmehr an eine Architektur, die das logische Ergebnis der Umwelt ist, in der sie verwirklicht werden soll. Ich habe Häuser in Chicago gebaut, die den dortigen Erfordernissen gerecht werden sollen. Sie stimmen nicht mit den üblichen Häusertypen überein ... Ich habe mich bemüht, sie auf die klimatischen und topographischen Bedingungen Chicagos abzustimmen.

Natürlich ist es schwer, solche Gebäude zu beschreiben. Sie sind nicht wie die Gebäude irgendeiner Schule ... Unsere nationale Architektur muß ja überhaupt erst entwickelt werden. Wenn sie sich herausgebildet hat, wird es eine Architektur sein, die den klimatischen Bedingungen entspricht; an welchen Richtlinien sie sich orientieren wird, muß sich erst herausstellen.

Ich bin noch nie in Australien gewesen, doch ich habe eine Vorstellung vom australischen Klima. Und so habe

DESIGN No. 35.

Abb. 8 Schanfelberg, Rees and Gummer, Wettbewerbsentwurf für Canberra; Stadtplan, 1912

ich auch eine vage Vorstellung, welche Art von Architektur ich für die zukünftige australische Hauptstadt empfehlen soll. Doch ich bin noch nicht in der Lage, mich in allen Einzelheiten darüber zu äußern. Australien ist ein neueres Land als die USA. Es hat keine architektonischen Traditionen. Seine Architekturideale sind noch nicht von irgendwelchen importierten Schulen beeinflußt ... Ich glaube, in einem solchen, von Traditionen freien Land sollte ich in der Lage sein, einen sehr schönen architektonischen Typus zu entwickeln, der den klimatischen Besonderheiten entspricht und mit seiner Typographie übereinstimmt. Das würde ich gern versuchen.«

Die Fachwelt reagierte überrascht und etwas herablassend auf den Erfolg des noch wenig bekannten Architekten – außer im Mittleren Westen, wo Griffins Triumph als großartiger Beweis lokaler architektonischer Errungenschaften gesehen wurde. Die Entwurfszeichnungen wurden in den meisten einflußreichen nationalen und internationalen Zeitschriften veröffentlicht, auch wenn sie nur mit spärlichen kritischen Kommentaren versehen waren. Griffin, inzwischen eine kleine Berühmtheit, wurde unter anderem gebeten, seinen Plan der American Civic Association bei ihrer Versammlung im Dezember 1912 in Baltimore vorzulegen. O'Malley und Miller aber nahmen

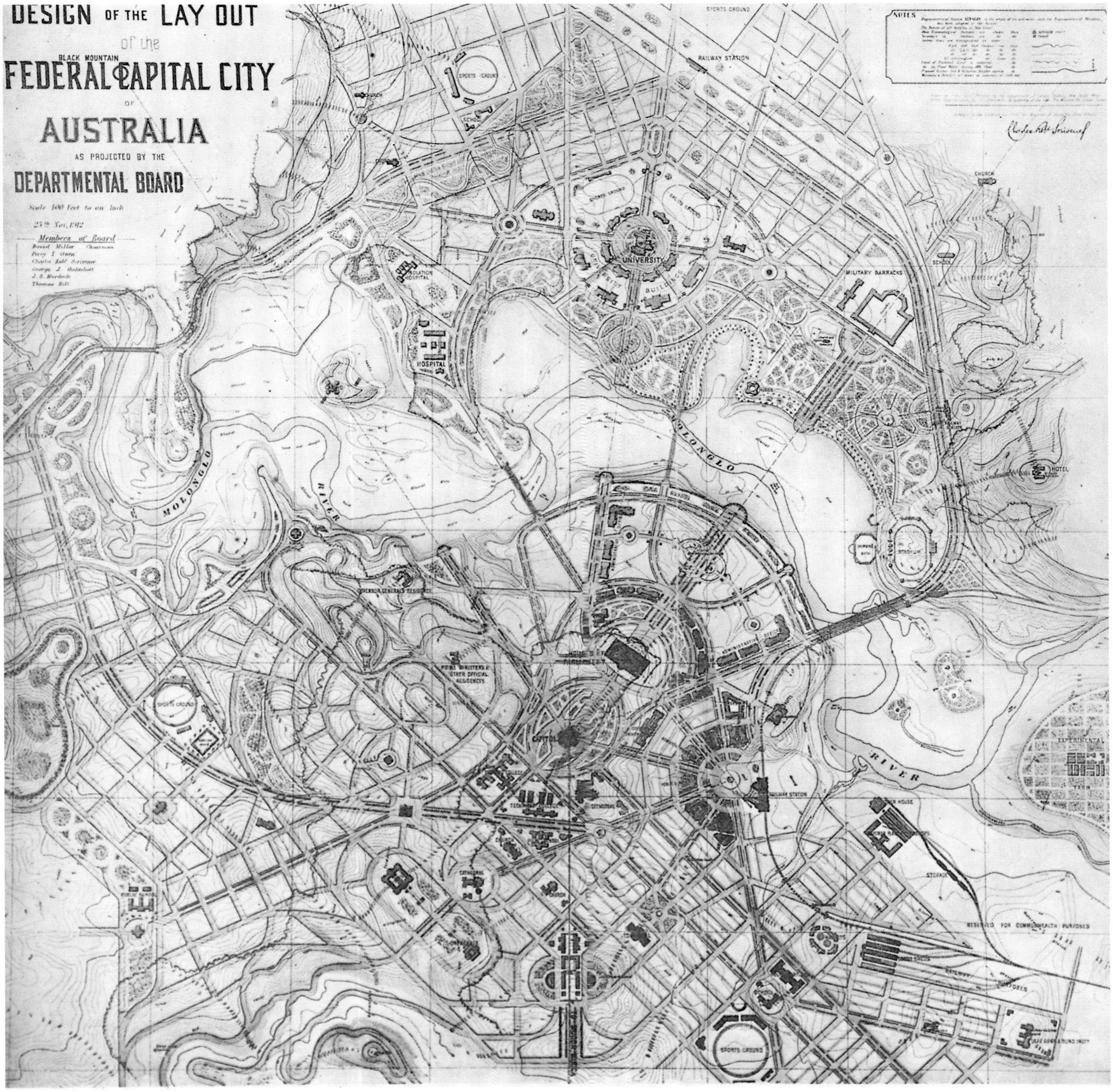

keine weitere Verbindung zu ihm auf, und am 25. November 1912 legte ihr Ministerium einen sonderbaren Plan für Canberra vor: ein Gemisch aus Vorschlägen von Griffin und anderen Architekten (Abb. 9). Das rief natürlich erneut den Protest der Fachwelt hervor, und Griffin schrieb einen langen Brief an O'Malley, in dem er ihn eindringlich darum bat, sowohl wegen der nachlässigen Behandlung seiner Projekte als auch wegen der bekümmernden Qualität des Ergebnisses die Ausführung seiner Entwürfe selbst übernehmen zu dürfen.

Zu eben diesem Zeitpunkt stürzte die Labour-Regierung, und die Liberale Partei kam unter Joseph Cook an die Macht. Der neue Innenminister W. H. Kelly reagierte auf den wiederholten Aufruhr unter den Architekten, indem er Griffin am 25. Juli 1913 telegraphierte und aufforderte, nach Australien zu kommen. Griffin nahm die Einladung spontan an und traf bereits am 19. August in Sydney ein. Seine Ankunft erregte großes Aufsehen. Er sprach vor den Architektenkammern von Neusüdwales und Victoria. Die größte Fachzeitschrift, *Building*, veröffentlichte seine Reden, seine Erläuterungen zum Canberra-Plan und eine lobende Kurzbiographie ›Walter Burley Griffin der Rebell‹. Er besuchte das Gelände, konferierte mit Regierungsvertretern und wurde

Abb. 9 Departmental Board of the Ministry for Home Affairs, Plan für die australische Hauptstadt Canberra, Nov. 1912

schließlich am 18. Oktober für die Zeit von drei Jahren zum ›Federal Capital Director of Design and Construction‹ ernannt. Sein Wunsch, den er dem Reporter der *New York Times* mit soviel Nachdruck erklärt hatte, schien in Erfüllung zu gehen. Griffin überarbeitete seinen Plan, den er in Chicago – ohne Kenntnis aus erster Hand – von Canberra angefertigt hatte und kehrte am 15. November nach Amerika zurück, um private und geschäftliche Angelegenheiten zu regeln, bevor er sich in Australien niederließ.

In Chicago angekommen, betraute er Francis Barry Byrne, seinen ehemaligen Partner in Wrights Oak Park Studio, mit der Leitung seiner amerikanischen Geschäfte – inzwischen vielversprechende Aufträge für die Universität von New Mexico und eine neue Stadt bei Mossmain, Montana, sowie eine Reihe großer Wohnhäuser, darunter den Ausbau von Rock Crest-Rock Glen in Mason City, Iowa (Kat. 186).

Während seines Aufenthaltes in Australien hatte Griffin die Richtlinien und ein Programm für den

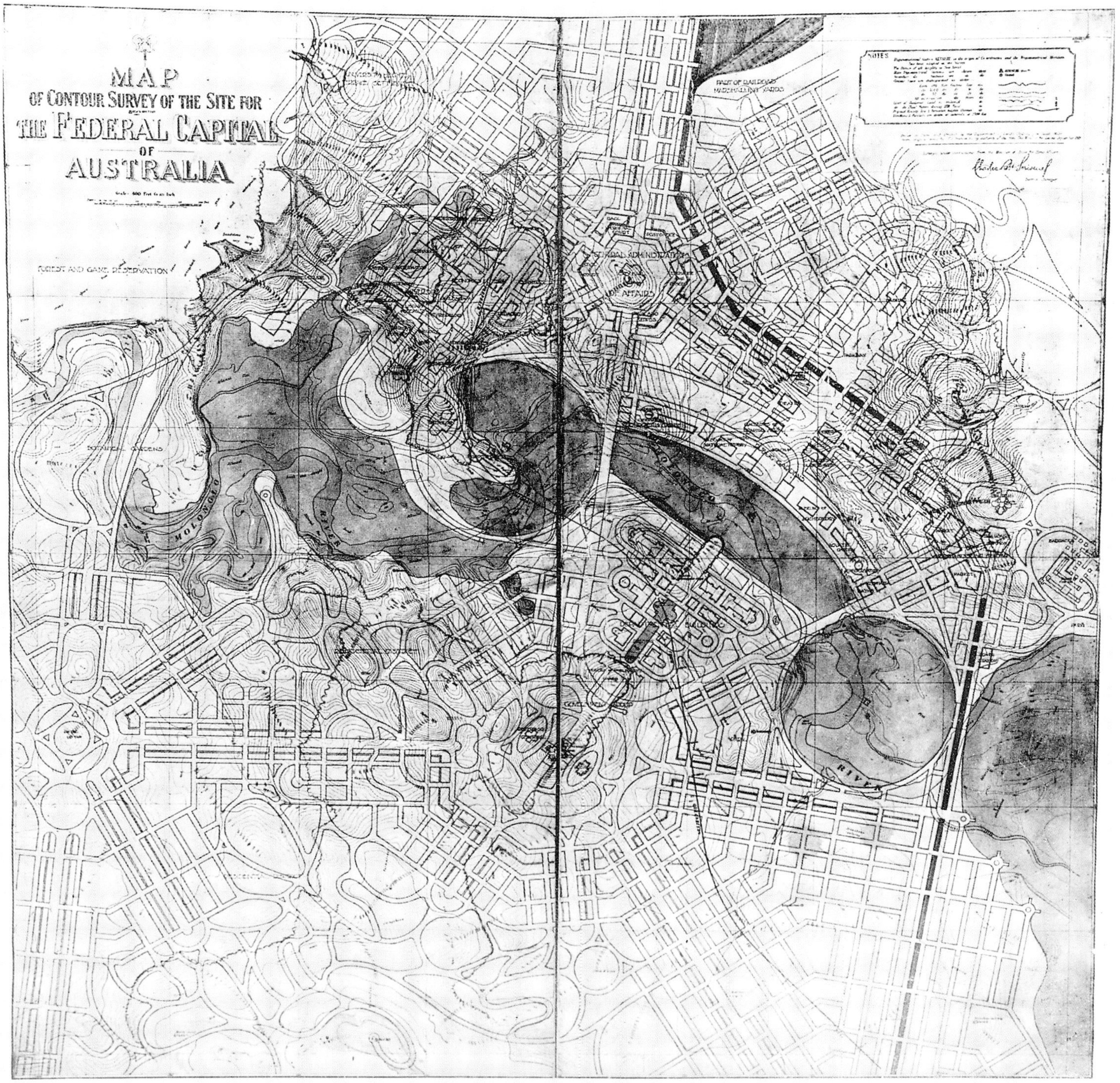

FIRST PREMIATED DESIGN—£1,750.
No. 29.

Abb. 10 Griffin, Wettbewerbsentwurf für Canberra; Stadtplan (auf eine topographische Karte gezeichnet), 1912

Abb. 11 Griffin, Blick vom Mount Ainslie auf Canberra, um 1911-12 (Kat. 184)

Wettbewerb zum Entwurf der Parlamentsgebäude für Canberra ausgearbeitet. Nach seiner Abreise wurden diese Richtlinien vom australischen Kabinett akzeptiert, und ein vom 5. Februar 1914 datiertes Telegramm informierte Griffin, daß sich die Jury aus einem englischen, einem amerikanischen, einem französischen und einem deutschen Architekten zusammensetzen würde, die sich unter dem Vorsitz eines australischen Entwerfers in London treffen sollten.[12] Am 15. Februar reiste Griffin von Chicago nach Europa, um die Juroren auszuwählen und Vorträge über den Wettbewerb zu halten. In einem Telegramm vom 15. März an die australische Regierung schlug er Sir John James Burnet, Louis Sullivan, Victor Laloux und Otto Wagner als Preisrichter und den angesehenen anglo-australischen Architekten John Sulman als Vorsitzenden vor. Sie wurden am 25. Juni formell von ihrem Treffen in Kenntnis gesetzt, und der Wettbewerb wurde am 30. Juni ausgeschrieben.

Wagner wurde – neben anderen Qualifikationen – wohl vor allem wegen seines ›Modernismus‹ ausgewählt (seine *Moderne Architektur* war von Griffins Architektur-Professor Nathan C. Ricker für seine Studenten an der Universität von Illinois übersetzt worden); Burnet wegen seiner Verwendung von Stahlbeton bei Geschäftsgebäuden, wie beim Kodak House in London (1910-11); und auf Laloux fiel die Wahl sicherlich wegen seiner eindrucksvollen Gare du Quai d'Orsay (1896-1900) in Paris (jetzt das Musée d'Orsay),[13] und weil sein Atelier an der Ecole des Beaux-Arts bei den amerikanischen Architekturstudenten das beliebteste war.

In einem Brief vom 9. Juni 1914 an den Innenminister faßte Griffin seine Aktivitäten in Amerika und Europa für das Canberra-Projekt zusammen.[14] Bei einem Besuch in San Francisco war er um ein Modell seines Canberra-Entwurfs für die Panama-Pacific-Ausstellung gebeten worden, das er mit australischen Geldern ausführte. Während seines Aufenthalts in Chicago hatte er von der Leitung der Exposition Internationale Urbaine in Lyon, die vom Bürgermeister Edouard Herriot organisiert worden war, eine ähnliche Anfrage erhalten und zu diesem Zweck eine Kopie seiner Wettbewerbsentwürfe anfertigen lassen. Darüber hinaus hielt er fünfzehn Lesungen in Chicago, Milwaukee und St. Louis, schlug aber spätere Einladungen aus.

In London war er mit Sir John James Burnet zusammengetroffen und hatte den Canberra-Plan dem Royal Institute of British Architects vorgelegt. In Paris hatte er mit Victor Laloux gesprochen und Louis Bonnier – Inspecteur général des travaux d'architecture de Paris und Vorsitzender der Société des architectes diplômés par le gouvernement – zugesagt, ihm Zeichnungen seiner Hausentwürfe für eine Ausstellung zur Verfügung zu stellen, die vom 20. Juni bis 13. Juli im Musée des Arts Décoratifs stattfand.[15] In Deutschland war er mit den beiden Architektur-Verlegern Hoffmann in Stuttgart und Wasmuth in Berlin zusammengetroffen, in Wien mit Otto Wagner. Auf jeder dieser Zwischenstationen seiner Informationsreise durch Europa hatte er die städtischen Einrichtungen in Augenschein genommen und sich mit den technischen Stellen beraten.

Aus Griffins Korrespondenz mit Wagner[16] geht hervor, mit welchen Ideen sie sich beschäftigten. In seinem ersten Schreiben an Griffin vom 11. März 1914 (wohl kurz nachdem sie sich begegnet waren) vermerkt Wagner, daß er nichts über die Arbeit des englischen Arts-and-Crafts-Entwerfers William R. Lethaby finden und deshalb kein Urteil über seine künstlerischen Verdienste abgeben könnte. Als nächstes ein Brief vom 10. April 1914 von Griffin, in dem er die Jury-Mitglieder aufzählt und auf Deutsch erklärt (merkwürdigerweise, denn er sprach kein Deutsch), daß Lethaby »unserem Programm« (wörtlich) wohlwollend gegenüberstehe. Dasselbe, sagte er, gelte für Burnet, obwohl das einzige Werk, das dies bewies, sein Kodak House war. Am 23. April 1914 antwortete Wagner, daß er das Wettbewerbsprogramm ins Deutsche übersetzen und veröffentlichen könnte und auch Burnet um Informationen über das Kodak House bitten würde. Am 5. Mai 1914 schrieb Wagner erneut an Griffin und teilte ihm mit, daß er die Übersetzung abgeschlossen hätte, daß er aber an der Klausel Anstoß nehme, derzufolge eine »Harmonie des Stils« angestrebt werden solle. Anstelle dessen schlug er vor zu sagen, daß sie »die Entwicklung des Stils unseres eigenen Zeitalters anerkennen und nur echte Künstler an dem Wettbewerb teilnehmen lassen wollen, denn echte Künstler *kopieren nie*« (Hervorhebung von Wagner). Am 26. Juni erhielt Wagner ein etwas wirres Telegramm mit der Nachricht, daß George Temple-Poole den Vorsitzenden Sulman in der Jury abgelöst hätte. Damit endet ihre Korrespondenz.

Griffin unternahm im Mai 1914 eine zweite Australienreise. Am 4. August erklärte England Deutschland und Österreich-Ungarn den Krieg, und Australien folgte unmittelbar seinem Beispiel. Mit dem Kriegsausbruch verloren das Canberra-Projekt und der Wettbewerb für die Parlamentsgebäude natürlich an Gewicht[17], und Wagner war plötzlich Bürger eines feindlichen Staates.

Im Laufe der folgenden fünf Jahre wurden Griffins Aufgabenbereiche immer mehr eingegrenzt. Lionel Wigmore und Donald Leslie Johnson haben Einzelheiten von Griffins zunehmender Verbitterung dokumentiert, während Colonel David Miller und Colonel Percy T. Owen, den Miller zum Bauleiter in Canberra ernannt hatte, Griffins tatsächliche Kontrolle über die Ausführung seines Plans allmählich verwehrten.[18] Im Dezember 1920 zog sich Griffin vollständig aus dem Projekt zurück.

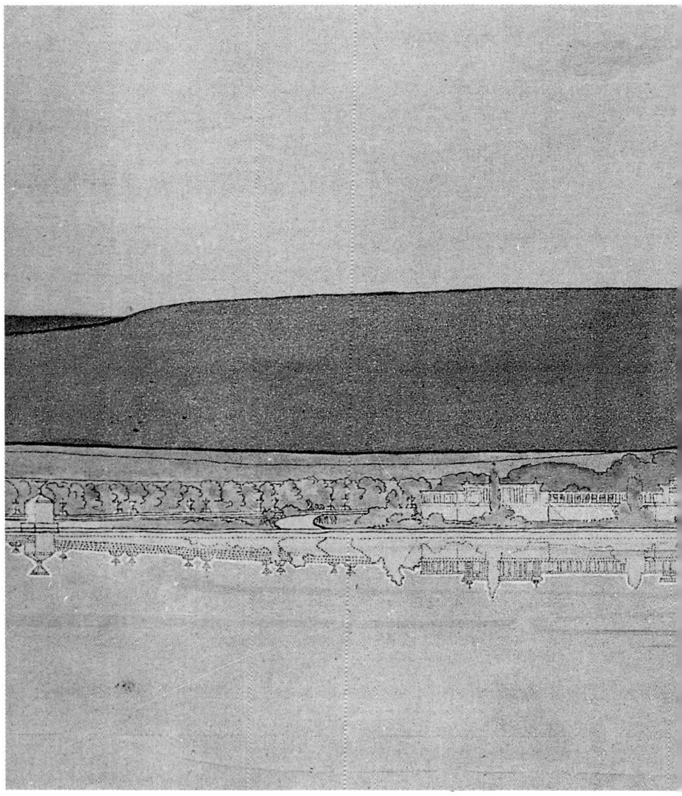

Griffins Entwurf

Das Planen einer Stadt ist etwas äußerst Komplexes, das ständigen Änderungen unterworfen ist. Griffins Plan für Canberra existiert in drei leicht abgewandelten Fassungen: zunächst die Zeichnungen und der erläuternde Aufsatz, mit denen er den Wettbewerb von 1912 gewann (Abb. 10-13). In perspektivischen Zeichnungen sind die Gebäude angegeben, mit denen der Plan ausgefüllt werden könnte – eine monumentale Version des Prairie-Stils in Stahlbeton. Im Oktober 1913, gegen Ende seines ersten Australien-Aufenthaltes, entstand der zweite, überarbeitete Plan mit erläuterndem Text. Von 1918, nachdem die Arbeiten am Gelände begonnen hatten, stammt der dritte, der formelle Arbeitsplan, der 1925 in revidierter Form vom Architekturausschuß veröffentlicht wurde, der Griffin später ablöste.[19] Wir wollen uns

Abb. 12 Griffin, Aufriß des Regierungsgebäudes auf dem Kurrajong, vom See aus gesehen, 1912

Abb. 13 Griffin, Kathedrale und Militärakademie, vom Kurrajong aus gesehen, 1912

hier mit dem ersten und ursprünglichen Entwurf befassen.

Griffin sah in der Topographie des Geländes eine natürliche Achse, die südwestlich vom Mount Ainslie zum Bimberi Peak verlief, direkt über eine leichtere Erhebung, den Kurrajong, um den sich der Molonglo River schlängelte. Im rechten Winkel dazu erblickte er eine zweite kleinere Achse, vom Gipfel des Black Mountain südostwärts das Molonglo-Überschwemmungsgebiet hinab. Auf diese natürliche Infrastruktur baute er seinen Plan auf. Die Parlamentsgebäude wurden auf den Kurrajong gesetzt und breiteten sich an der Hauptachse zum Molonglo aus. Sie waren durch ein oktagonales Straßennetz strukturiert, das sich die Hänge hinab ausdehnte und diagonale, axiale Avenuen nordwärts in ein Tal und südost- und süd-

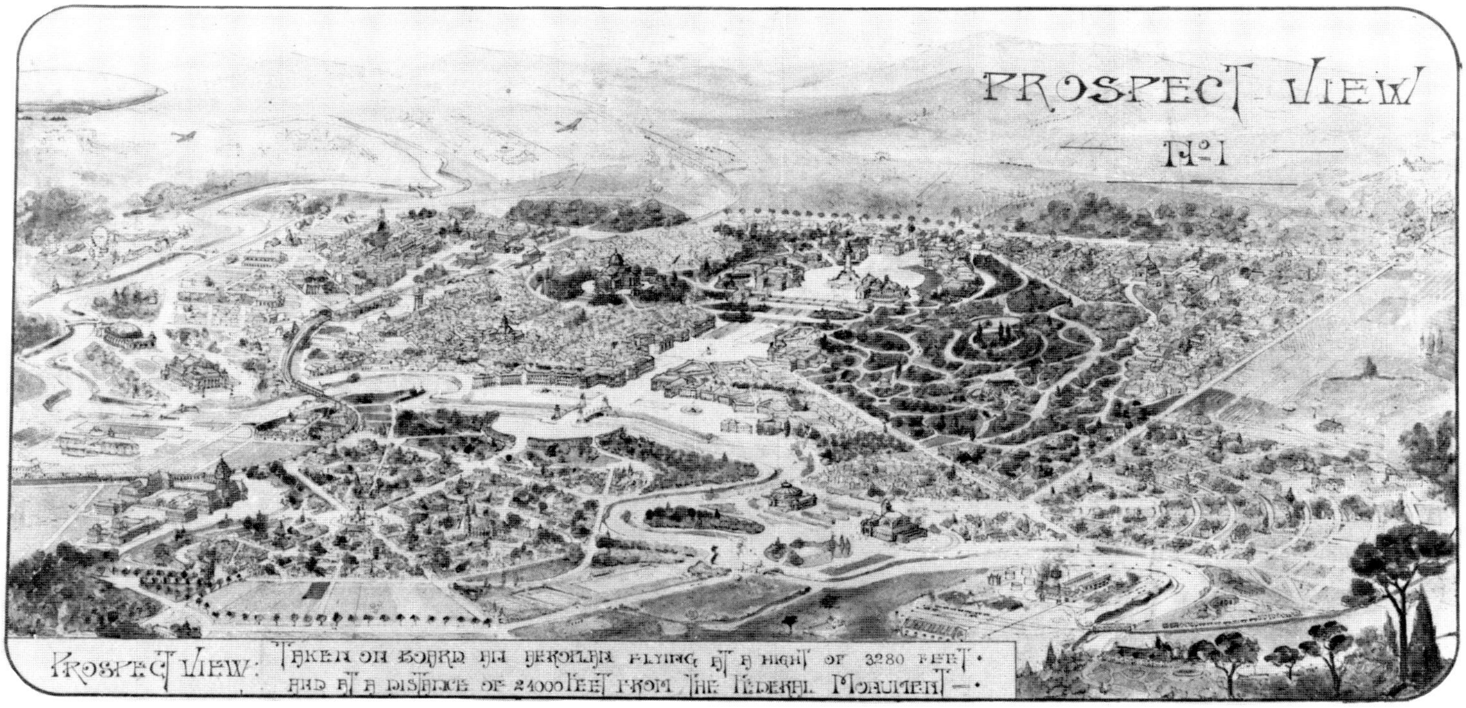

Abb. 14 Agache, Wettbewerbsentwurf für Canberra; Flugplatz, 1912

Abb. 15 Agache, Wettbewerbsentwurf für Canberra; Gesamtansicht, 1912

wärts zum Überschwemmungsgebiet aussendete. Wie im Programm vorgesehen, staute Griffin den Fluß und ließ entlang der Querachse vor dem Kurrajong eine Kette von Seen verlaufen. Dann führte er zwei der Diagonalen des Kurrajong-Netzes auf Brücken über den See und rahmte den Zwischenraum mit den beiden hexagonalen Knotenpunkten, dem Geschäftsviertel mit dem Hauptbahnhof und dem städtischen Verwaltungszentrum.

Zwischen Geschäftsviertel und Regierungszentrum, parallel zur kleineren Achse mit den kulturellen Einrichtungen – Kunst- und Naturkundemuseum, Theater, Oper, Stadion und Turnhalle, die in einem großen Park am Seeufer verstreut lagen – ließ Griffin eine breite Avenue verlaufen. Diese Avenue öffnet sich in ihrer Mitte zu einem baumbestandenen Boulevard, der die Hauptachse die Hänge des Mount Ainslie hinauf zu einem öffentlichen Park und Kasino führt. Um diesen dreieckigen Kern von drei mehrachsigen Netzen führte Griffin seine Achsen, wo die topographischen Bedingungen es erlaubten, weiter auswärts, um sie zu weiteren acht- und sechseckigen Einheiten zu vereinigen: zu einem Industriezentrum im Norden, einem exklusiven Wohnviertel im Westen und drei »landwirtschaftlichen Gartenstädten« im Südosten. Unterhalb des Black Mountain, jenseits des Geschäftsviertels, an der kleineren Achse in westlicher Richtung war eine Universität plaziert, im

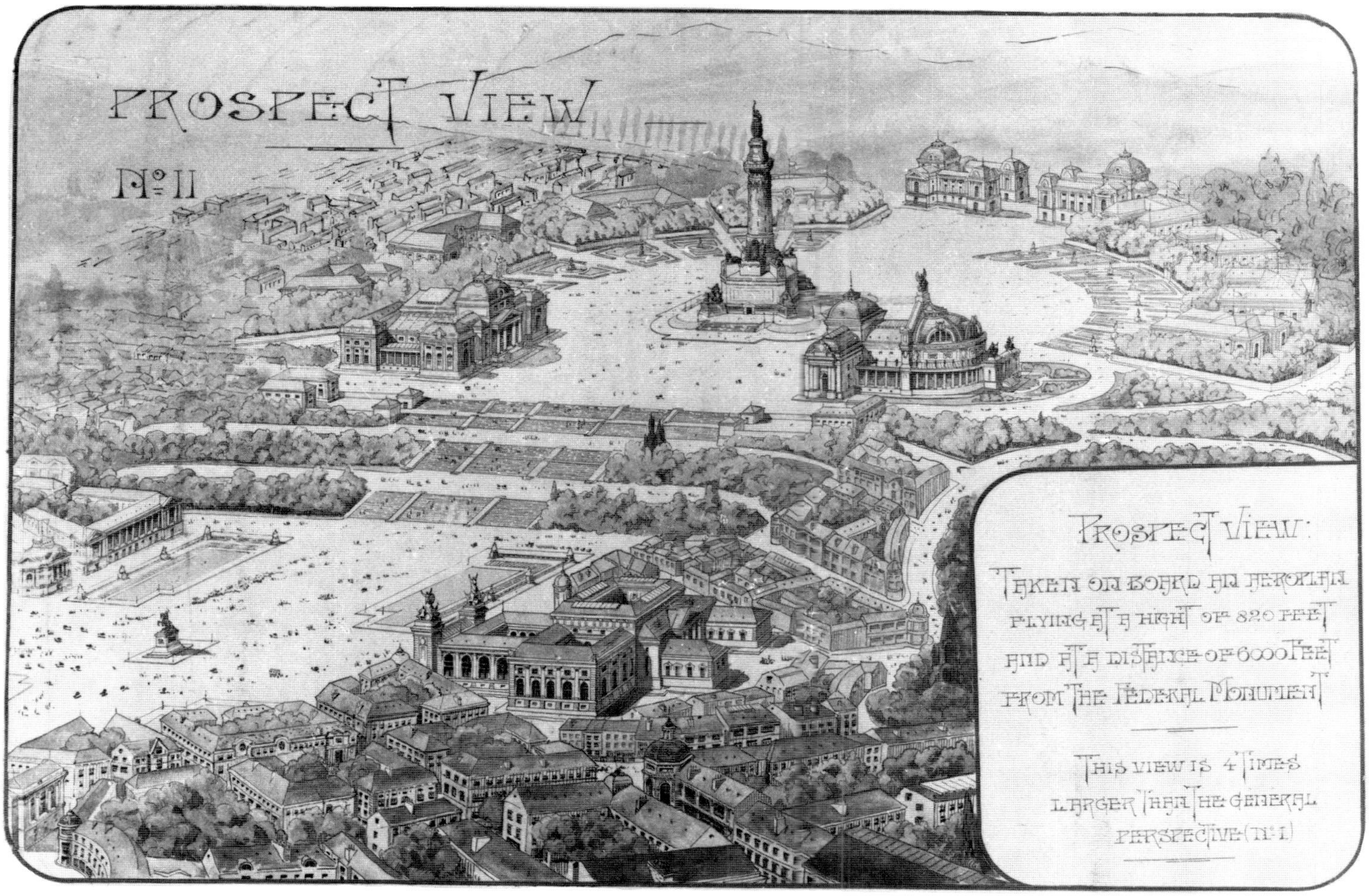

Abb. 16 Agache, Wettbewerbsentwurf für Canberra; Regierungsgebäude, 1912

Osten, hinter der Stadtverwaltung, eine Militärakademie. In seinen Stadtansichten – von Marion Mahony großartig in flachem japanischem Stil gezeichnet – ist das Straßennetz mit Gebäuden in malerischen monumentalen Gruppierungen ausgefüllt, die zur Ausführung in Stahlbeton geometrisch konzipiert sind.

In keinem Bericht des australischen Juroren-Ausschusses sind Analysen der verschiedenen Entwürfe enthalten. Mit Ausnahme des *Städtebaus* und der schwedischen Zeitschrift *Arkitektur* hat keine der damaligen Fachzeitschriften die Pläne einander gegenübergestellt. Diese hätten kaum unterschiedlicher sein können. Zunächst einmal ist man verblüfft über die Einfachheit und Klarheit der amerikanischen Entwürfe, verglichen mit der Verworrenheit der anderen Pläne. Magonigle, Comey und Griffin (Abb. 1, 5, 7) schufen ein einziges, zusammenhängendes Muster, orientierten es an der Hauptachse zwischen Ainslie- und Bimberi-Berg und plazierten Kapitol, Geschäftszentrum und Kulturgebäude an deutlichen Schwerpunkten. Diese Entwürfe sind mit einem einzigen Blick überschaubar. Demgegenüber nimmt sich Griffiths' Plan (Abb. 4) chaotisch aus; der von Agache wirkt verstreut, nicht auf das Gelände abgestimmt, und das trotz der geschickten Einbeziehung von Gartenstadt, Gaswerk, Regierungsgebäuden, Ausstellungspark und des großen Flugplatzes (Abb. 3, 14-16). Und Saarinens Plan schließlich scheint übertrieben ausgefeilt zu sein (Abb. 2, 17-20).

Der deutsche Architekturkritiker Wernecke, der für den *Städtebau* schrieb, wählte den Gellerstedt-Plan für eine detailliertere Analyse aus und sah – trotz seiner scheinbaren Komplexität – eine monumentale Achse vom Bahnhofsplatz zur Kuppel des Parlamentsgebäudes und eine deutliche Eingrenzung des Zentrums durch einen breiten Boulevard (Abb. 6). Doch dies ist vielleicht die Ausnahme, die die Regel bestätigt: Gellerstedt und seine Mitarbeiter führten ihren Plan – als Antwort auf die von ihnen wahrgenommenen funktionellen und topographischen Komplexitäten – so detailliert und starr aus, daß man den Eindruck gewinnt, sie hätten eine alte europäische Stadt auf dieses Fleckchen australischer Erde projiziert, statt lediglich ein Muster vorzugeben, das später nach und nach ausgefüllt werden konnte.[20]

Die amerikanischen Entwürfe enthalten dagegen wenige Details, die über die Vorgaben im Programm hinausgehen; es sind eher Grundmuster. Unter ihnen ist wiederum der Griffinsche am klarsten und flexibelsten mit seinem System von Achsen und achteckigen Zentren und seinem monumentalen Tableau aus Parlaments- und Kulturgebäuden, die sich unterhalb der Silhouetten von Mount Ainslie und Bimberi Peak im See spiegeln. Sein acht- und sechseckiges Gitterwerk erstreckt sich über die Talniederung wie die einfachen Muster westamerikanischer Städte.

Diese amerikanischen Canberra-Entwürfe sind alle in Beaux-Arts-Manier konzipiert, das heißt in einem

Abb. 17/18 Saarinen, Wettbewerbsentwurf für Canberra; Parlamentsgebäude, 1912

Abb. 19 Saarinen, Wettbewerbsentwurf für Canberra; Gesamtansicht, 1912

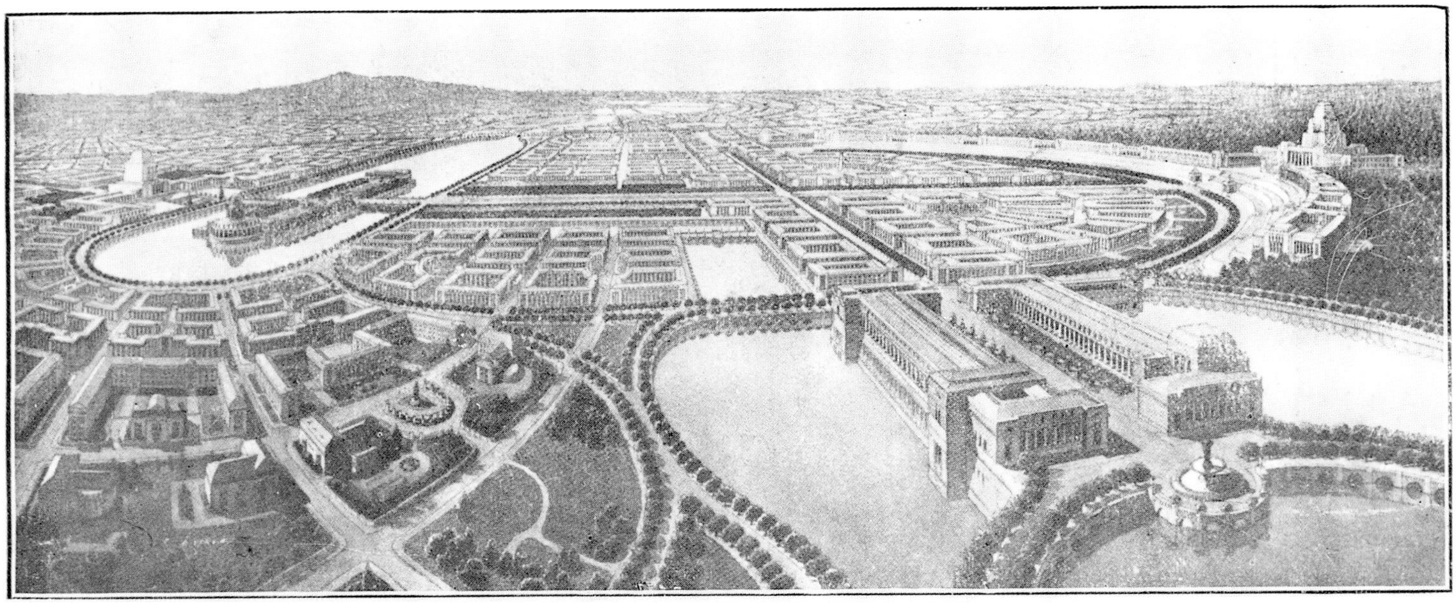

gleichmäßigen symmetrischen System gerader, monumentaler Achsen, die sich in einem oder mehreren Schwerpunkten kreuzen, wo die wichtigsten Bauten stehen. Die Beaux-Arts-Städteplanung war mit dem ›Court of Honor‹ der Chicagoer Weltausstellung von 1893 (siehe Loyrette, Abb. 1) und den folgenden Ausstellungen in Buffalo (1901), St. Louis (1904) und San Francisco (1915) in den Vereinigten Staaten eingeführt worden. Nach der Chicagoer Ausstellung hatte sie Daniel Burnham in seinen Projekten zur Umgestaltung von Washington (1901-02), Cleveland (1902-03), San Francisco (1905), Manila und Baguio auf den Philippinen (1905) und schließlich von Chicago selbst (1909) auf großartige Weise angewandt. Der *Plan of Chicago* war in Buchform veröffentlicht worden und um 1910, als Griffin, Magonigle und Comey an ihren Canberra-Entwürfen arbeiteten, äußerst heftig umstritten.[21] Burnhams Werk war nur die Hauptantriebsfeder einer breiten Bewegung zur Realisierung einer monumentalen Städteplanung in den Vereinigten Staaten, vorangetrieben durch Beaux-Arts-Architekten wie Charles Follen McKim, John Mervan Carrère und seinen Partner Thomas Hastings, Edward H. Bennett und John Galen Howard. Es wurden Konferenzen gehalten, Bücher veröffentlicht, Pläne in Auftrag gegeben und gelegentlich – wie im Fall von San Francisco und Philadelphia – auch teilweise ausgeführt.

Obwohl im Tonfall eher amerikanisch, war die Beaux-Arts-Bewegung französischen Ursprungs und leitete ihren Namen von der bedeutendsten Pariser Architekten-Schule, der Ecole des Beaux-Arts, ab. Um die Jahrhundertwende zeichnete sich diese Schule vor allem durch ihr klares Konzept architektonischer Organisation aus, die auf einem System symmetrischer monumentaler Achsen beruhte. Das kam am deutlichsten in den wohldurchdachten Entwürfen einzelner Bauten zum Ausdruck, konnte aber ohne weiteres auf ganze Baukomplexe ausgedehnt werden, wie es Emile Bénard in seinem gefeierten Wettbewerbsentwurf für die Universität von Kalifornien in Berkeley (1899) getan hatte.[22] Die Prinzipien der Beaux-Arts lagen der eindrucksvollen Umgestaltung von Paris im Zweiten Kaiserreich (1852-1870) zugrunde, und Paris wiederum lieferte zusammen mit Washington D.C., das 1791 von dem Franzosen Charles L'Enfant konzipiert worden war, das Vorbild für Burnham und seine Freunde.

Im Jahre 1912 schuf ein weiterer hochangesehener Zögling der Ecole, Ernest Hébrard, einen Entwurf, der mit dem Canberra-Plan vergleichbar ist: ein internationales Weltzentrum, völlig neu konstruiert und der intellektuellen Zusammenarbeit gewidmet (Abb. 21).[23] Ähnlich wie Griffin und die amerikanischen Beaux-Arts-Entwerfer zentrierte Hébrard seine Komposition auf einen Stern von Avenuen – in diesem Fall von einem Wolkenkratzer, dem ›Fortschrittsturm‹, beherrscht – mit einer breiten, zentralen, mit Kultureinrichtungen flankierten Avenue, die zu einem kuppelgekrönten Tempel der Künste und darüber hinaus zu einem ornamentierten Becken, ei-

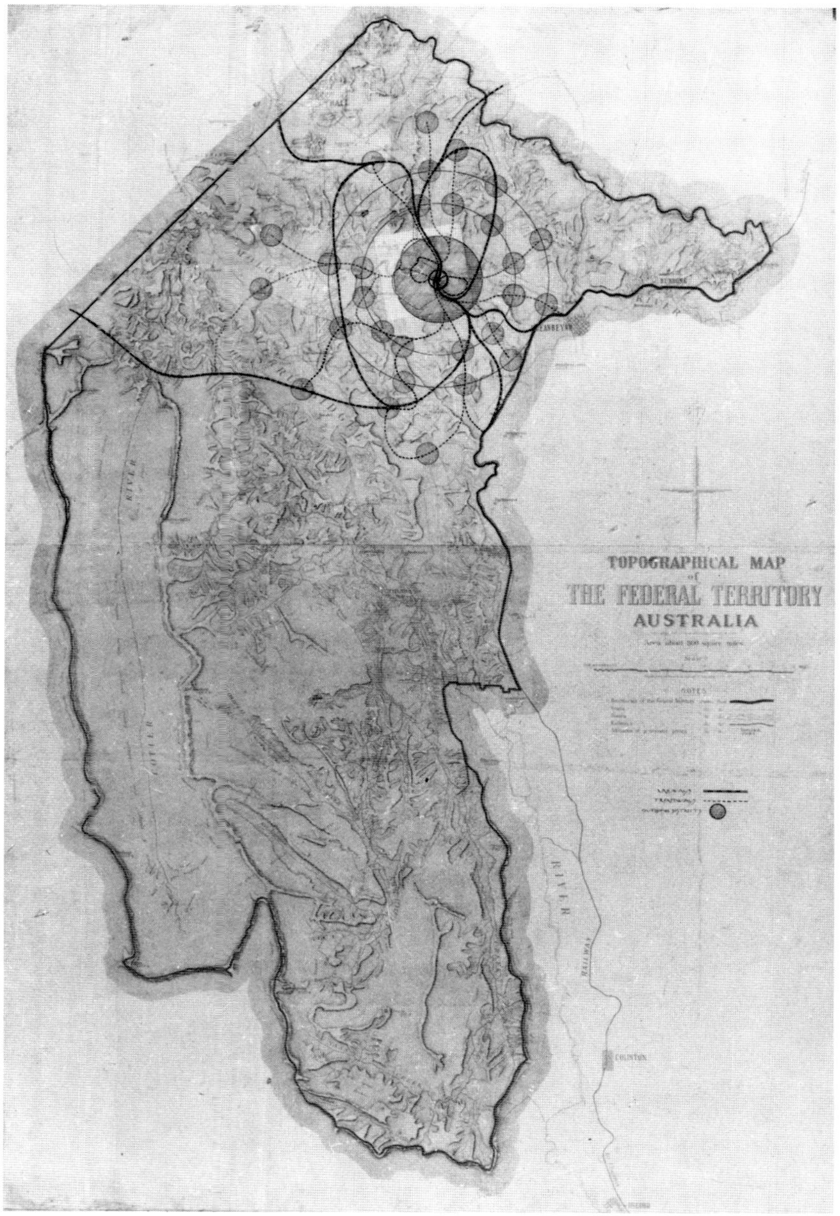

Abb. 20 Saarinen, Wettbewerbsentwurf für Canberra; Regionalplan mit Satellitenstädten, 1912

nem Stadion und schließlich zum Meer führte. Ein Netzwerk von Wohnstraßen, durch diagonale Avenuen sternförmig angeordnet, breitete sich weit in die flache, ideal vorgestellte Landschaft aus. Dies war in jener Zeit der utopischen Weltorganisationen, wie dem Internationalen Ständigen Gerichtshof im Haag, ein sehr ernsthaftes Vorhaben, das von einer weitverbreiteten Bewegung unterstützt wurde, und so war Hébrards Plan weltweit viel diskutiert. Seine Kritiker aber hoben hervor, daß der Entwurf in all seiner abstrakten geometrischen Koordination nicht ausreichend auf das wichtigste natürliche Merkmal, das Meer, ausgerichtet sei und daß die Gebäude viel zu weit verstreut und überdimensioniert seien. »Wir fühlen uns durch solche riesigen Einheiten eher enerviert als inspiriert«, schrieb A. Trystan Edwards zu Hébrards Entwurf im Londoner *Architects' and Builders' Journal*.[24] Griffins Canberra-Plan ist dagegen wesentlich einladender und humaner dimensioniert.

Die Hauptstädte des British Empire

Der Vergleich mit dem Plan von Hébrard ist freilich nur ein formaler. Der Entwurf von Canberra war ein sehr spezifisches Projekt – die Erschaffung einer Hauptstadt für eine wichtige Einheit des Britischen Weltreiches. Pendants dazu waren die zeitgenössischen Pläne für die Hauptstadt-Komplexe in Pretoria und Neu-Delhi. Dies waren keine einfachen Straßenmuster, sondern wohldurchdachte symbolische Aussagen, nur leicht abgewandelt je nach unterschiedlicher imperialistischer Weltanschauung in Südafrika, Indien und Australien.

Zunächst entstand Pretoria, das Werk des hervorragenden Architekten Sir Herbert Baker. Er hatte eine typische englische Architektenausbildung genossen: Im ländlichen Kent aufgewachsen, hatte er bei George F. Bodley, Richard Norman Shaw und George Peto an der Royal Academy studiert und war ein Bewunderer von Ruskin, Morris und Jekyll. Im Jahre 1892 siedelte er nach Kapstadt über und fing Feuer für die Vision eines Britischen Weltreiches, das im Norden die holländischen Buren-Republiken (Oranje-Freistaat und Transvaal) umfassen und sich bis nach Kairo erstrecken sollte. Nach dem Burenkrieg von 1899 bis 1902 machten sich die siegreichen Briten die Republiken zu eigen und vereinigten sie mit den übrigen britischen Besitzungen zur Südafrikanischen Union. Mit dem ›Act of Union‹ vom 31. Mai 1910 wurde dieser neuen Union eine Selbstverwaltung und die Einrichtung des Regierungssitzes in der alten Burenhauptstadt Pretoria, hoch im Berginneren, zugestanden.

Baker wurde unvermittelt mit dem Entwurf eines geeigneten Komplexes für die Regierungsgebäude betraut. In seinem *Architecture and Personalities* (1944) erklärt er, daß er das Gelände auf der flachen Ebene innerhalb der Stadt ablehnte, um die Bauten sehr viel eindrucksvoller auf halber Höhe der Südhänge des Meintjes Kop zu plazieren, mit bepflanzten Terrassen, die bis ins Tal hinabführten (Abb. 22, 23). Das Hauptgebäude selbst war in zwei Blöcke unterteilt, verbunden durch eine lange, offene, halbkreisförmige Kolonnade, die zurück bis an den Berghang reichte und an ihren Enden mit zwei hohen Kuppeln versehen war. Diese beispiellose Form sollte die Vereinigung der englischen und burischen Kolonisten versinnbildlichen und ein Amphitheater für öffentliche Zeremonien schaffen. Jenseits dieser Säulenreihe empfahl Baker eine Ruhmeshalle in Form eines Kuppelbaus oder eines klassizistischen Tempels, von dem eine beschwerliche ›Via sacra‹ zu einem kleinen Friedenstempel am Bergkamm führen sollte. Am Ende aber wurde nur das Hauptgebäude verwirklicht und auf den Terrassenbau gegenüber der Stadt größtenteils verzichtet.

Der Stil ist anglo-niederländischer klassizistischer Barock des 17. Jahrhunderts, ähnlich dem von Christopher Wren beim Royal Hospital in Greenwich. Die Detailarbeit ist schlicht, fast akademisch, und mit lokalen tropischen Elementen untermalt. Baker erinnerte sich später, daß sein Symbolismus von Cecil Rhodes und den Buren-Generälen Louis Botha und Jan Smuts sehr bewundert worden war. Baker war Imperialist vom Schlage eines Rhodes: Er glaubte, England sei ausersehen, das Schicksal der Welt in die Hand zu nehmen. Auch war er ein Künstler der Symbole in der simplen, aber ehrlichen Art eines rechtschaffenen Anglikaners.[25] Seine Union Buildings sind von einer unerschrockenen Überzeugung geprägt. Während des Ersten Weltkrieges erklärte Baker stolz, sein Amphitheater sei der Schauplatz von zwei glänzenden Zeremonien gewesen, der Feier von General Bothas Eroberung Deutsch-Südwestafrikas und der anläßlich General Smuts' Sieg in Deutsch-Ostafrika (heute Tanganjika).

Vergleichsweise scheint der Plan für Neu-Delhi auf einer Wüstenebene zwar gewaltig, aber enttäuschend. Die Ursprünge dieses Plans unterschieden sich auch wesentlich von denen Canberras oder Pretorias. Er sollte nicht, wie die beiden anderen, eine politische Umgestaltung symbolisieren; diese kam erst 1919 mit den Montagu-Chelmsford-Reformen, die den Bau eines asymmetrisch gelegenen, runden Parlamentsgebäudes erforderten, das die klaren Linien des Entwurfs zerstörte. Im Gegenteil – Delhi war die alte Mogul-Hauptstadt des indischen Reiches. 1877 war es Schauplatz des prächtigen Durbar gewesen, bei dem Königin Victoria zur Kaiserin von Indien gekrönt worden war. Ihr Nachfolger Edward VII. wurde 1903 bei einem vom damaligen indischen Vizekönig Lord Curzon organisierten Durbar auf ähnliche Weise geehrt. Zu diesem Anlaß knieten und paradierten über hunderttausend Teilnehmer inmitten der provisorischen Pavillons, die in der Ebene nördlich der Stadt errichtet worden waren.

Im Jahre 1911 veranstaltete Vizekönig Lord Hardinge einen noch spektakuläreren Galaempfang, bei dem der neue König George V. seine Absicht kundtat, an diesem Standort eine ständige Hauptstadt zu gründen, um die Ablösung der Mogul-Dynastie durch die britische Monarchie ›in Stein‹ zu versinnbildlichen. Die anglo-indischen Behörden riefen ein Stadtplanungskomitee ins Leben und betrauten den angesehenen Architekten Edwin Lutyens mit dem Entwurf. 1913 wurde Baker aus Südafrika gerufen, um Lutyens zu assistieren. Ihr Entwurf wurde im März 1913 in einem dreibändigen Bericht veröffentlicht.[26]

Der Plan für Neu-Delhi gab der orientalisierten Macht des britischen Königs Ausdruck. Er ließ sehr deutlich ein Beaux-Arts-System aus miteinander verbundenen Achsen mit öffentlichen Gebäuden, Botschaften und Amtssitzen erkennen. (Am nördlichen Rand befand sich das Wohnviertel der Regierungsbeamten.) Lutyens entwarf eine dominierende Hauptachse, eine über drei Kilometer lange Parade-Allee, die King's Way genannt wurde und in einer kuppelgekrönten Durbar-Halle (Abb. 24) endete. Diese Halle war von der gewaltigen vizeköniglichen Residenz umgeben, dem Symbol von Englands uneingeschränkter Macht. Längs der Hauptachse rahmten den Palast die beiden Sekretariate ein, in denen die gesamte Ver-

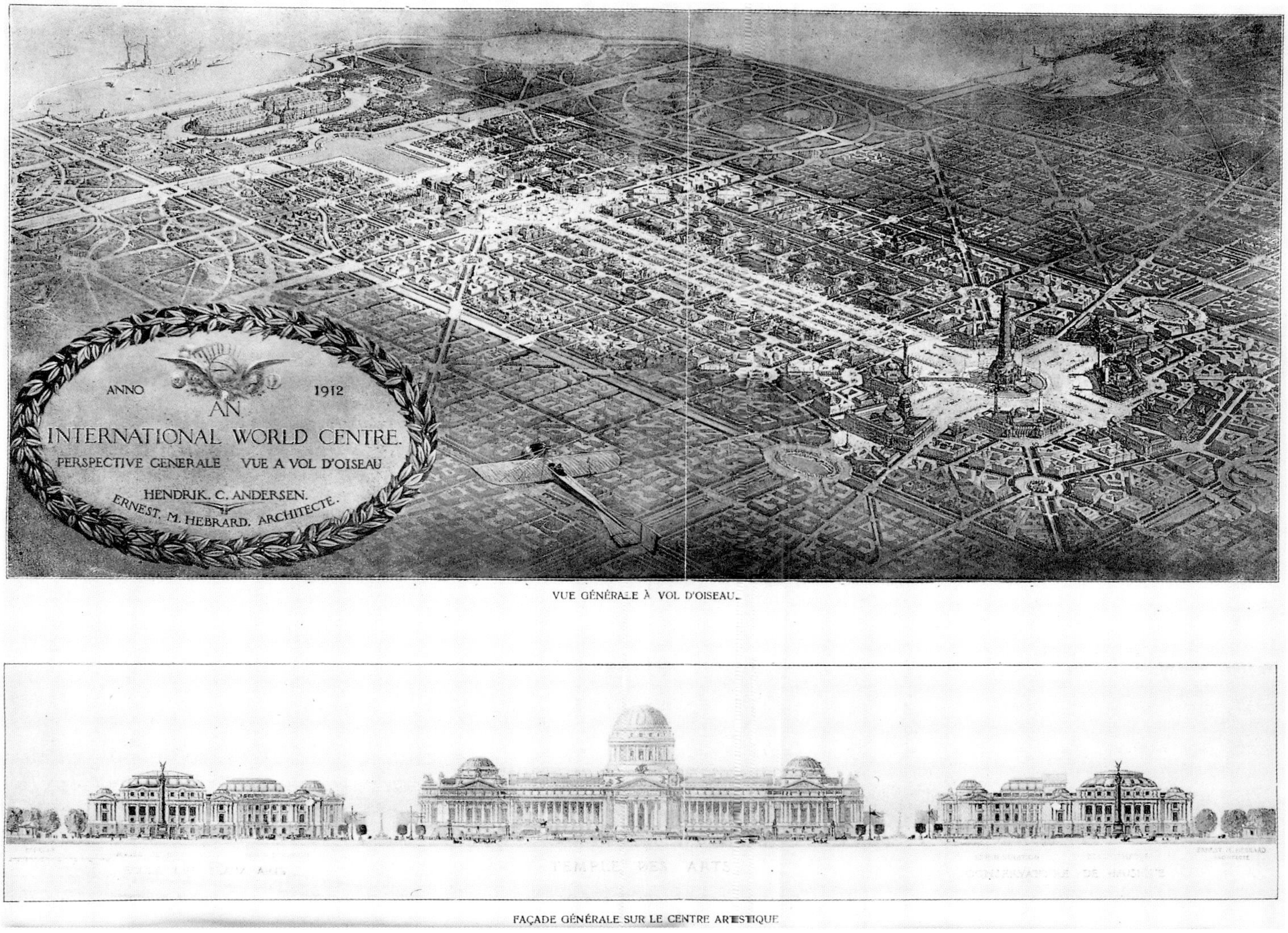

Abb. 21 Ernest M. Hébrard, Plan eines internationalen Weltzentrums aus der Vogelperspektive mit einem Aufriß, 1912

waltung des Subkontinents untergebracht werden sollte. Etwa auf halber Strecke der Zeremonienstraße bildete der Queen's Way eine Querachse, die zum Bahnhofsplatz und weiter zum alten Delhi führte. Ein zeitgenössischer Kritiker bemerkte, daß der Plan für einen »ständigen Durbar« entworfen zu sein schien. Vor der Verfassungsreform von 1919 war das einzige konsultative Element in dem Plan eine Ratskammer innerhalb des vizeköniglichen Palastes.

Wie anders war all das im Vergleich zu Canberra! Lord Hardinge forderte 1912 die Pläne der Preisträger des australischen Wettbewerbs an, um sie vom Stadtplanungs-Komitee Neu-Delhis prüfen zu lassen. Wie sonderbar müssen sie ihm erschienen sein![27] Doch Australien war eben ein ganz anderes Land und O'Malley ein ganz anderer Mann. Die Initiative für den Australischen Bund war von den Australiern selbst ausgegangen. Sie hatten Canberras Architekten durch einen offenen Wettbewerb ausgewählt – von der britischen Fachwelt belächelt und von einem cleveren jungen Yankee gewonnen. Pretorias und Neu-Delhis Architekten dagegen waren von der Kolonialverwaltung mit der Zustimmung der Londoner Fachwelt bestimmt worden. Und das spiegelte sich natürlich in den Resultaten wider. Der Pretoria-Plan war ein optimistisches Sinnbild der anglo-burischen Union, scheinbar spontan, in Wirklichkeit jedoch von militärischer Macht auferlegt. Und der Plan für Neu-Delhi war der stolze Ausdruck britischer Herrschaft über eine fremde Rasse. Der Canberra-Entwurf dagegen war für einen Ort gedacht, in dem man leben, flanieren und kulturelle und sportliche Ereignisse genießen sollte. Er ist bescheiden, offen und human.

Ein Vergleich mit den Plänen für Pretoria und Neu-Delhi zeigt, daß eines der Schlüsselelemente die Behandlung des ›Kapitols‹ selbst ist. Obwohl der Entwurf der Parlamentsgebäude einem separaten Wettbewerb anvertraut worden war, mußte der Canberra-Plan diese vorgesehenen Gebäude berücksichtigen, die Griffin denn auch in groben Zügen entwarf. Sein Vorschlag ist recht unkonventionell. Seine Houses of Parliament sind flache Bauten unterhalb der Kuppe des Kurrajong; die Verwaltungsbüros sind terrassenförmig den Hang zum See hinunter angelegt. In einem Park auf dem Gipfel des Kurrajong wird eine ungewöhnliche stufenartige Pyramidenkonstruktion von den Amtssitzen des Premierministers und Generalgouverneurs flankiert. Griffin bezeichnete sie als »Herz der Staatsverwaltung und Zentrum für allgemeine amtliche und soziale Aufgaben und Zeremo-

Abb. 22 Sir Herbert Baker, Union Buildings, Pretoria, 1910-12; im Vordergrund Statue von General Louis Botha

Abb. 23 Baker, Union Buildings, Pretoria, 1910-12; Luftaufnahme

nien«.[28] Alle Hauptachsen der Stadt gehen von ihren offenen Seiten aus. Als Archiv und Ruhmeshalle wäre es ein bemerkenswertes, die Stadt beherrschendes Belvedere gewesen. Und als Zeremonienhalle wäre sein Inneres für riesige Menschenmengen im Park und an den Achsen sichtbar gewesen. Wo der Plan für Pretoria heroisch und der für Neu-Delhi zeremoniell wirkt, ist Griffins Canberra-Plan offen und feierlich, im Sinne von Amerikas Weltausstellungskomplexen in Chicago und St. Louis.

Zur Person

Griffins Plan scheint von einem tief verwurzelten demokratischen Denken zu zeugen. Die Verteilung der Kulturgebäude in einem Park am Seeufer vis-à-vis den Parlamentsgebäuden, das Kasino an den Hängen des Mount Ainslie und ganz besonders die hübsch angelegten Vororte sind Ausdruck einer Freude an Geselligkeit und Freizeitaktivitäten im Grünen, die zwanglose Menschen wie ›Midwesterners‹ und Australier für ihre Hauptstadt wohl wünschten. Die Schlichtheit von Griffins Plan – verglichen mit den Städteentwürfen seiner europäischen Kollegen Saarinen, Baker, Hébrard und Lutyens – führt uns zurück zu seiner Chicagoer ›Lehrzeit‹ um die Jahrhundertwende.

Wir erwähnten bereits, daß Griffin in einem Vorort von Chicago aufwuchs, an der Universität von Illinois Architektur studierte und danach für Frank Lloyd Wright arbeitete. Ort und Zeitpunkt hätten für einen jungen amerikanischen Architekten kaum günstiger sein können: Sullivan war noch immer – wenn auch mehr als Autor denn als Baumeister – eine maßgebende Autorität, und Wright war im Begriff, eine solche zu werden. Eine Vielzahl junger talentierter Entwerfer, darunter auch Griffin und Marion Mahony, scharten sich um die beiden Meister.

Noch bedeutender indes war, daß Chicago selbst die neue amerikanische Metropole war, die mit New York rivalisierte und die Architektur geradezu neu erfand. Hier war ein ganz neuer Architektentypus geboren – Planer, Ingenieur und Künstler in einer Person –, eine neue Gebäudekonstruktion – der Stahlskelett-Wolkenkratzer –, ein neuer Entwurfsstil wie im Werk von Sullivan und Wright, und ein neuer Planungsumfang wie in den Projekten von Daniel Burnham. Um die Jahrhundertwende sprach man in den Kreisen um Sullivan und Wright stolz von einem ›Chicagoer Stil‹, doch darüber hinaus gab es eine ganze Welt von Chicagoer Gebäuden, die von den Grundlagen, die an der Universität von Illinois gelehrt wurden, bis hin zu den Visionen ganzer neugebauter Städte eines Burnham reichte.

Griffins erster australischer Freund und Fürsprecher, der Verleger George A. Taylor, schrieb, daß eines von Griffins prägenden Erlebnissen auf das Jahr 1893 zurückging, als er im Alter von vierzehn Jahren auf der Chicagoer Weltausstellung den ›Court of Honor‹ bewunderte. Verbunden mit dieser fesselnden Vision war ein lebhaftes Interesse an Landschaftsarchitektur und Botanik. So belegte er als Wahlfach einen Gartenbaukurs an der Universität[29] und übte sich gleich zu Beginn seiner Laufbahn als Landschaftsgärtner, indem er 1907 die Eastern State Normal School in Bloomington, Illinois, gestaltete.

Ansonsten entwarf Griffin Einfamilienhäuser und Wohnviertel. Er bemühte sich, Straßenmuster so zu gestalten und Grundstücke so zu plazieren, daß sie sich optimal in die natürliche Topographie einfügten und gleichzeitig die Kommunikation ihrer Anwohner förderten. Der *Western Architect* schrieb 1913 zu diesen Entwürfen:

»Bei seinen städteplanerischen Arbeiten fällt immer wieder sein Bestreben auf, für Wohlbefinden und Glück aller Bewohner zu sorgen, und das ohne Rücksicht auf Klassenunterschiede. In seinen Entwürfen offenbart sich auch stets ein großartiger Geist gut nachbarlichen Einvernehmens, der sich darin äußert, daß jedes Mitglied immer auch die Belange eines jeden anderen berücksichtigt, und sein Garten ist so gestaltet, sein Haus so konzipiert, daß sich nicht nur sein Besitzer daran erfreut, sondern daß sie ein wesentlicher Bestandteil eines symmetrischen Plans werden, der zur Schönheit und zum Wert des Besitzes seiner Nachbarn sowie auch zum materiellen Fortschritt und zur Verschönerung der Stadt beiträgt, in der er lebt. In allen hierin beschriebenen und illustrierten Projekten tritt Griffins Geist so deutlich zutage, daß – selbst wenn man ihm nie begegnen sollte – man doch den Charakter dieses Mannes kennt.«[30]

Doch Griffin hatte auch Größeres im Sinn. Auf der St.-Louis-Weltausstellung von 1904 ließ ihn ein chinesischer Delegierter einen Plan für eine neue Stadt bei Schanghai entwerfen. Der Plan ging leider verloren; Griffin bezeichnete ihn aber später als Vorgänger des Canberra-Plans. Um 1910 begann sich seine Architektur vom Wrightschen Einfluß zu emanzipieren, abstrakter und monumentaler zu werden und Motive der Pueblos und Mayas zu integrieren (Abb. 12). Er experimentierte mit Konstruktionstechniken, wobei er Stahlbeton verwendete. Er erhielt Aufträge für öffentliche Gebäude und Komplexe, gestaltete sie monumental und geometrisch und übertrug dramatische, exotische Formen und Räume in die starren Betonentwürfe. Wie er selbst angab, hatte er die politische Entwicklung Australiens seit der Gründung des Commonwealth im Jahre 1900 verfolgt und die eigene philosophische und künstlerische Reife erlangt, als 1911 der Wettbewerb zum Entwurf von Canberra ausgeschrieben wurde.

Die Weltausstellung von St. Louis (Abb. 25), zu der Griffins chinesischer Kunde geschickt worden war, machte großen Eindruck auf die junge Chicagoer Schule und auf Frank Lloyd Wright. Wright war so begeistert von den deutschen Architektur- und Design-Exponaten, insbesondere dem modernen, spektakulären Werk von Josef Maria Olbrich, daß er seiner gesamten Belegschaft vom Oak Park Studio Urlaub gab, um sie selbst in Augenschein nehmen zu können. Griffin arbeitete zu der Zeit bei ihm, und da sein Bruder Ralph in St. Louis lebte, hat er sicher die Gelegenheit genutzt, die Ausstellung zu besuchen. Sein Canberra-Plan läßt darauf schließen, daß ihn

Abb. 24 Sir Herbert Baker und Sir Edwin Lutyens, Palast des Vizekönigs und Ministerium, Neu-Delhi, 1913-30; Parade zum Tag der Republik; aus Robert Grant Irving, Indian Summer, *New Haven 1981*

nicht nur der deutsche Pavillon beeindruckt hat. Die von Cass Gilbert entworfene Gesamtgestaltung der Ausstellung war eine verfeinerte Ausführung der Chicagoer Weltausstellung von 1893. An drei Achsen, die sternförmig von einer eindrucksvoll gekrönten Festhalle auf einem Hügel ausgingen, waren verschiedene Gebäudekomplexe angelegt. Sicher war dies der unmittelbare Ursprung der zentralen Zone in Griffins Canberra-Plan: das Dreieck mit den Parlamentsgebäuden und den beiden städtischen Zentren. Bei beiden Plänen geht die Komposition von einer offenen pyramidenförmigen Halle aus. Entlang der zwei seitlichen diagonalen Achsen sind in beiden Entwürfen monumentale Gebäude angeordnet, die wieder zurück auf die Halle schauen. Diese steht zwar isoliert von ihnen, spiegelt sich aber jeweils in einem künstlichen Bassin auf der zentralen Achse. Die Chicagoer Weltausstellung hat sicherlich erste architektonische Ambitionen in Griffin geweckt, doch scheint die Ausstellung von St. Louis vor allem seine städtebaulichen Vorstellungen geprägt zu haben. Bezeichnenderweise nannte Griffin den See in Canberra »Court of Honor Reservoir«.

An seinem Canberra-Plan lassen sich deutlich mehrere Geisteshaltungen ablesen: ein für den Mittleren Westen charakteristischer Sinn für eine liberale Gemeinschaft; das Bestreben der Chicagoer Schule, eine neue Architektur zu entwickeln, die ihrer Funktion und Umwelt angepaßt war; und eine romantische Begeisterung für die neue Industriestadt, die in Burnhams ›Court of Honor‹ und der Weltausstellung von St. Louis Gestalt angenommen hatte. Diese Elemente nämlich hatten sich um 1910 in losem Zusammenhang und mit jeweils beachtlicher individueller Verfeinerung in Chicago herausgebildet. Der zentrale Faktor war Burnhams zweites großes Geschenk an die Stadt, sein *Plan of Chicago* (Tafeln 70-78; Kat. 227-236), der während seiner Entstehung politisch unterstützt und 1909 vom Commercial Club veröffentlicht worden war. Seine großartigen Zeichnungen wurden im Art Institute ausgestellt.

Sieht man einmal von seinen grandiosen öffentlichen Plätzen und Monumenten ab, war dieser Chicago-Plan mehr von praktischen Erwägungen geprägt, wie Verkehrsproblemen, Vororterschließungen und einem regionalen Parksystem. Chicagos fortschrittliche Philanthropen, die zunächst in Hull-House und später, nach 1903, im großen City Club von Chicago zusammentrafen, debattierten über den Plan und machten Gegenvorschläge, die mehr die nüchternen demokratischen Probleme hervorhoben.[31] Zahlreiche Diskussionen zu urbanen Problemen wurden von den führenden amerikanischen und europäischen Städteplanern und Gartenstadt-Befürwortern geleitet, u. a. von Dr. Albert Suedekum aus Berlin (November 1910), Raymond Unwin (Juni 1911), Thomas Mawson (November 1911), Jacob Riis (Januar 1910), Henry Hornbostel (März 1912) und Jarvis Hunt (Januar 1913). Der Aktivist George Hooker wurde 1903 zum Civic Secretary des Clubs ernannt und gründete 1911 ein Stadtplanungs-Komitee mit dem Landschaftsarchitekten Jens Jensen als Vorsitzendem und Wrights Assistenten William Drummond und dem Architekten Dwight Perkins (Marion Mahonys Cousin) als Mitgliedern. Leider gibt es aus dieser Zeit keine Mitgliederlisten mehr, so daß unklar ist, ob auch Griffin dem Club beigetreten war. Der City Club organisierte Diskussionen, Ausstellungen und schließlich, im März 1913, einen Wettbewerb für einen idealen Vorortsplan. Der erste Preis von Wilhelm Bernhard war im neuen Chicago-School-Stil konzipiert, das heißt mehr an Griffin als an Sullivan oder Wright angelehnt. Auch ein Entwurf von Drummond, den Griffin beraten hatte, und ein Plan von Wright, der außer Konkurrenz lief, waren unterbreitet worden.[32] 1914 folgte ein Wettbewerb für ein Vorortszentrum. (Griffin sandte Otto Wagner eine Kopie dieses Wettbewerbsprogramms nach Wien.) Einen Augenblick lang, kurz vor Ausbruch des Ersten Weltkrieges, scheinen alle Komponenten des Canberra-Plans beieinander und das Thema lebhafter Debatten gewesen zu sein.

Wenn der Ursprung von Griffins Konzept so klar ist – was war dann die Ursache für die Resonanz in Australien? Denn es war trotzdem kein gewöhnlicher Plan. In seiner Klarheit, Ernsthaftigkeit und urbanistischen Anmut war er eine bemerkenswerte Zusammenfassung und Umwandlung aller der Ideen, die im City Club diskutiert worden waren. Der Idealismus und die unbefangene Freude, die Griffin dem *Times*-Reporter nach seinem Wettbewerbssieg zum Ausdruck brachte, wird auch in dem Brief an King O'Malley vom 21. Januar 1913 deutlich, als er erfuhr, daß sein Plan abgeändert worden war:

»Ich habe an diesem australischen Ereignis nur deshalb teilgenommen, weil ich seit Jahren schon ein großer

Bewunderer der kühnen und radikalen Schritte in Politik und Wirtschaft bin, die Ihr Land gewagt hat und die für lange Zeiten Europäern und Amerikanern ein Vorbild sein werden . . .

Der von mir vorgelegte Plan war in erster Linie ein Ausdruck von Funktionen. Ungeachtet der Tatsache, daß sich ein Großteil der meisten modernen Entwurfsarbeiten direkt historischer Vorbilder und Prototypen bedient und sich in endlosen ermüdenden Wiederholungen und Kopien ausdrückt, handele ich in der Praxis nach der Überzeugung, daß solche Schritte irrelevant, wenn nicht sogar unwissenschaftlich sind und daß unsere Arbeit darin besteht, Topographie und Material direkt den Erfordernissen oder Funktionen anzupassen, denen sie zu dienen haben, ebenso wie beim Ingenieurwesen, wenngleich die Elemente des Problems, vor allem die sozialen und ethischen, ganz entschieden anders sind . . .

Meine Arbeit ist vor allem im Zusammenhang mit einer architektonischen Entwicklung in diesem Land bekannt geworden, die unabhängig von klassischen, gotischen oder irgendwelchen anderen historischen oder akademischen Grundlagen, frei auch von dem Bestreben, originell, exzentrisch oder auffällig zu sein. Sie ist mehr als nur das Ergebnis des Kontrastes zwischen entliehenem Putz angewandter akademischer Architektur und einer freimütigen Anpassung gegenwärtiger arbeitssparender, wirtschaftlicher Konstruktionsmethoden und -materialien für die wesentlichen, aber oft neuen Funktionen unserer komplexen Aktivitäten. Das heißt mit anderen Worten, daß die Architektur als eine demokratische Sprache des Alltagslebens – nicht als Idiom eines aristokratischen, besonders verfeinerten Kultes – behandelt werden soll.«[33]

Als O'Malley Griffin persönlich kennenlernte, erklärte er ihm, weshalb er ihn nicht gleich zu Beginn nach Australien eingeladen hatte: Er wollte nicht den Eindruck entstehen lassen, »ein Yankee hole den anderen«.

Griffin hielt mit seinen Ideen und Vorstellungen nicht hinterm Berg, als er 1913 nach Australien kam. Er hielt Vorträge vor den Architektenkammern von Victoria und Neusüdwales über Demokratie, über das Modell von Wissenschaft und Ingenieurwesen und die Notwendigkeit, eine neue Architektur für eine neue Umwelt zu erfinden. In einer im *Building* erschienenen Artikelserie wiederholte er diese Themen und übertrug sie auf seinen Canberra-Plan. Der Verleger George A. Taylor schrieb dazu ein enthusiastisches Vorwort:

»Griffin ist ein moderner Evangelist mit der Botschaft vernünftiger Baukonstruktionen. Das schlecht belüftete Haus, die schlecht gebaute Stadt bringen den niedergeschmetterten Menschen hervor. Die armselige Straße bringt den armseligen Mann, die kränkliche Frau, das anämische Kind und eine wankende Nation hervor.

Die Welt braucht Rebellen in ihrer Architektur, genauso wie in ihrer Kunst, Theologie und Wissenschaft.

Dann werden die Menschen die Hymne geistiger Freiheit, die das Weltall durchdringt, besser verstehen.
Mit dem donnernden Brüllen der Lokomotive und dem Dröhnen der gewaltigen Maschinen von der Erde; mit dem Hämmern der riesigen Ozeandampfer und dem Zischen der U-Boote von den Meeren; mit dem Summen der Flugzeuge und dem singenden Funken des Radios aus den Lüften erhebt sich ein Lobgesang, um den Großen Schöpfer zu preisen für den unendlichen Spielraum, den er dem menschlichen Intellekt eingeräumt hat.«[34]

Abb. 25 Cass Gilbert, Festhalle, Weltausstellung von St. Louis, Missouri, 1904; aus Walter B. Stevens, The Forest City, *St. Louis 1904*

Nachspiel

Soviel zu O'Malleys Wettbewerb und Griffins erstem Canberra-Plan. Dies war der einfache, der spannende Teil der Geschichte. Doch da gab es auch noch das Nachspiel, das Lionel Wigmore und Donald Leslie Johnson dokumentiert haben. Als sich Griffin definitiv in Melbourne niederließ, um seine Aufgaben als leitender Entwurfsarchitekt zu übernehmen, gab es bald Unstimmigkeiten zwischen ihm und der Belegschaft des Innenministeriums. Wie schon erwähnt, hatte Colonel David Miller seinem Freund Colonel Percy T. Owen die Bauleitung in Canberra übertragen. Er hatte bereits mit der Planierung und ersten Absteckarbeiten begonnen, sich dabei aber nur in Ausnahmefällen an Griffins Anweisungen gehalten. Daraufhin brach ein langer und erbitterter Streit aus.

Zwischen 1916 und 1917 wurde die Rechtslage von einer ›königlichen Untersuchungskommission‹ geprüft, und mit der Veröffentlichung des ›Parlament-Referats 153‹ der Sitzungsperiode von 1914 bis 1916 wurden Klage und Gegenklage öffentlich bekanntgegeben. Im Oktober 1919 lief Griffins zweite Drei-Jahres-Frist ab, und sein Vertrag wurde nur vierteljährlich verlängert. Im Dezember 1920 zog er sich gänzlich aus dem Projekt zurück und weigerte sich, den Architekten-Ausschuß zu unterstützen, der ihn abgelöst hatte. Millers und Owens Feindseligkeit war vielleicht nur als bürokratischer Widerstand gegen ›Einmischung von außen‹ zu sehen, möglicherweise aber ging sie auch tiefer. James Weirick hat darauf hingewiesen, daß beide Australier in Südafrika für das Empire gekämpft hatten. Es muß ihnen schwergefallen sein, bei der Errichtung der Hauptstadt ihres Australian Commonwealth unter einem pazifistischen Yankee zu dienen.[35]

Obwohl Griffin seine amerikanische Staatsbürgerschaft nicht ablegte, blieb er in Australien. Er hatte einen Kreis begeisterter Freunde um sich geschart, mit denen er ab 1920 zusammenarbeitete, um Castlecrag – ein malerisches Kap, das in die Hafenbucht von Sydney reicht – mit Häusern für ihn selbst und seine Freunde (darunter auch O'Malley) im Stil der Gebäude seines Canberra-Plans zu bebauen. Obwohl die Zeiten nach der großen Depression von 1929 äußerst hart waren, fertigte Griffin in den Dreißigern eine erstaunlich große Anzahl von Entwürfen für städtische Verbrennungsanlagen an. 1935 reiste er nach Lakhnau in Indien, um eine Universitätsbibliothek zu entwerfen, und traf dort eine derart freundliche und zuvorkommende Atmosphäre an, daß er und seine Frau Marion sich dort für die letzten beiden Jahre einer äußerst produktiven Zusammenarbeit niederließen. Im Februar 1937 starb Griffin eines plötzlichen Todes. Seine Frau kehrte in die Vereinigten Staaten zurück, wo sie utopische Ideen spann und eine Biographie über ihren Mann schrieb – *The Magic of America* –, bevor sie 1962 starb.[36]

Nachdem die Australier die große Depression und sechs Kriegsjahre überlebt hatten, wandten sie sich in den Fünfzigern mit erneutem Interesse dem Canberra-Plan zu. 1951 traf der Federal Congress on Regional and Town Planning in Canberra zusammen und machte dabei die Stadt selbst zu seinem Hauptthema. 1957 wurde die National Capital Development Commission ins Leben gerufen, um die Weiterentwicklung von Canberra zu erörtern, und 1958 wurde Peter Harrison, ein Bewunderer von Griffins Original-Plan, zum Stadtplanungsleiter ernannt. Harrison machte sich nun daran, im Geist von Griffins Plan zu arbeiten. 1963 wurde der Molonglo gestaut, der künstliche See angelegt und angemessenerweise ›Lake Burley Griffin‹ getauft. Inzwischen sind auch endlich die Parlamentsgebäude auf dem Kurrajong im Bau. Jetzt, da die Meinungsverschiedenheiten und Rankünen vergangener Jahre vergessen sind, hat man die wesentlichen Stärken von Griffins Originalplan erkannt.

Der Canberra-Plan stellt eine außergewöhnliche und doch charakteristische Episode in der Geschichte der Chicagoer Architektur dar. Wie so viele Werke von Chicagos Architekten der Jahrhundertwende ist er einfach und zweckmäßig, dennoch beseelt – und nichtsdestoweniger einheitlich und wirkungsvoll. Das Muster ist klar, der Topographie angepaßt, und dennoch dramatisch in der Anordnung der Regierungsgebäude an den Hängen des Kurrajong und entwaffnend festlich durch die Plazierung der Kulturpaläste am Seeufer mit Blick auf dieses Tableau. Vom Genre her ist der Plan das Pendant zu Sullivans Wolkenkratzer-Typus, Wrights Prairie House und Burnhams Konzept einer Weltausstellung: ein Teil der Chicagoer Vision von der modernen Stadt.

Übersetzung: Bettina Runge

ANMERKUNGEN

Ich möchte verschiedenen Freunden, die mir bei der Entstehung dieses Aufsatzes geholfen haben, meinen herzlichen Dank aussprechen: Porter Mansfield, der die Veröffentlichungen der australischen Regierung zu Griffins Canberra-Projekt herausgefunden und photokopiert hat; Joan Draper, die das Manuskript las und wichtige kritische Hinweise und Ergänzungen lieferte; James Weirick aus Canberra, der seine ausführlichen Griffin-Recherchen mit mir durchging; Sharon Irish, von der ich viel über Ernest Hébrard erfahren habe und die an der Universität von Illinois Griffins Akten durchgesehen hat; Craig Miller für seine hilfreichen Informationen über Eliel Saarinen; Joanna Walker aus Pretoria, die mir wichtige Daten über Herbert Baker lieferte; Terence McCarthy, dem australischen Generalkonsul in Chicago, für seine zahlreichen Informationen und Ratschläge; und schließlich Henri Loyrette für seine hilfreichen Hinweise zu Griffins französischen Kontakten.

1 Eine Bibliographie zu Griffin und Canberra würde enthalten: Donald Leslie Johnson, *The Architecture of Walter Burley Griffin*, South Melbourne, Australien 1977; David Van Zanten, *Walter Burley Griffin, Selected Designs*, Palos Park, Ill., 1970; James Birrell, *Walter Burley Griffin*, Brisbane, Australien 1964; und Lionel Wigmore, *The Long View: A History of Canberra, Australia's National Capital*, Melbourne, Australien 1963. Griffins Unterlagen und Entwürfe sind verteilt über die Mitchell Library, Sydney; das Art Institute of Chicago; die Avery Architectural Library, Columbia University, New York; die New York Historical Society; und die Mary and Leigh Block Gallery, Northwestern University, Evanston, Illinois.

2 Natürlich gab es noch weitere, kleinere Projekte anderswo im British Empire, z. B. in Ottawa: 1913 wurde ein Wettbewerb für den Entwurf der monumentalen Verwaltungsgebäude ausgeschrieben, den Vorsitz der Jury hatten T. E. Collcutt, ehemaliger Präsident des Royal Institute of British Architects, und die kanadischen Architekten H. G. Russell und J. O. Marchand. Abgabetermin war der 2. Januar 1914, später verschoben auf den 2. April. (*Builder*, 19. Sept. 1913, S. 287; 7. Nov. 1913, S. 486; *Journal of the Royal Institute of British Architects* 20, 28. Juni 1913, S. 612.) Doch der Wettbewerb scheint nichts Brauchbares ergeben zu haben. Mit einem Schreiben vom 20. Dezember 1913 wurde Edward Bennett aus Chicago – Daniel Burnhams Mitarbeiter bei seinem Chicago-Plan – beauftragt, einen Entwurf für diese Gebäudegruppe und einen Bericht zur Neuplanung der gesamten Stadt anzufertigen; er lieferte beides im Januar 1915 ab. Vgl. die Ottawa-Unterlagen in der Bennett-Sammlung, Burnham Library, The Art Institute of Chicago. Siehe auch Joan Draper, *Edward H. Bennett: Architect and City Planner, 1874-1954*, Chicago 1982.

3 Vgl. Herbert Bakers Autobiographie, *Architecture and Personalities*, London 1944. Weitere Informationen lieferte mir Joanna Walker. Vgl. auch Bakers *Cecil Rhodes by his Architect*, Oxford 1934.

4 Zu O'Malley siehe Dorothy Catts, *King O'Malley: Man and Statesman*, Sydney, Australien 1957.

5 Vgl. Publikationen der australischen Regierung: *Preparation of Competitive Designs for the Federal Capital City of the Commonwealth of Australia*, 1911, Federal Capital City; *Report of Board Appointed to Investigate and Report to the Minister for Home Affairs in Regard to Competitive Designs*, 1912, Federal Capital City Designs; *Report of Board Appointed to Investigate and Report as to Suitability of Certain Designs for Adoption in Connexion with Lay-Out of Federal Capital*, 1912, Parlament des Commonwealth of Australia, Referat 153 der Sitzungsperiode 1914-15-16, Federal Capital; und *Documents Necessary to Complete Parliamentary Paper No. 153 of Session 1914-15-16 Laid on the Table of the House of Representatives on 16th June, 1915*. All diese Dokumente können in der Bibliothek der Graduate School of Design an der Harvard University eingesehen werden. Griffins Zeichnungen für den Wettbewerb sind in den Australian Archives, Canberra, aufbewahrt. Seine Lagepläne befinden sich im Department of Architecture, The Art Institute of Chicago.

6 Sowohl das Royal Institute of British Architects als auch das American Institute of Architects bemühten sich um die Jahrhundertwende, die Wettbewerbsbedingungen zu verbessern. Siehe z. B. Charles Moore, *Daniel H. Burnham: Architect, Planner of Cities*, Boston 1921, Bd. 1, S. 98 ff.

7 Hier zum Vergleich die Geldpreise des Architektenwettbewerbs für Berkeley: erster Preis $ 10000; zweiter $ 4000; dritter $ 3000; vierter $ 2000; fünfter $ 1000. Griffin empfahl für den Wettbewerb zum Entwurf der Parlamentsgebäude von Canberra: erster Preis £ 2000; zweiter £ 1500; dritter £ 1000; vierter und fünfter £ 500; sechster und siebter £ 250 (*Parliamentary Paper 153* [Anm. 5], S. 9, Brief vom 20. Nov. 1913).

8 Vgl. *Journal of the Royal Institute of British Architects*, 3. Serie, 8, 29. Juli 1911, S. 642; 19, 11. Nov. 1911, S. 24; 19, 9. Dez. 1911, S. 115; 19, 11. Mai 1912, S. 490. Siehe

auch einen Brief des Royal Institute of British Architects in der *Times*, London, 22. April 1912, der seine Aktion erläutert.

9 Der Standpunkt des American Institute of Architects wird erläutert in *American Architect* 102, 1910, 31. Juli 1912, S. 39-40, siehe auch Johnson (Anm. 1), S. 17.

10 Alle porträtiert in *Australian Dictionary of Biography*, Melbourne 1983.

11 Der Bericht der Kommission wurde von der australischen Regierung veröffentlicht, siehe Anm. 5.

12 Vgl. Veröffentlichungen der australischen Regierung, Anm. 5.

13 James Weirick hebt die Bedeutung der Gare du Quai d'Orsay hervor. Griffin selbst erwähnt das Kodak House in einem Brief an Otto Wagner vom 10. April 1914.

14 *Parliamentary Paper 153* (Anm. 5), S. 37-39.

15 Louis Bonnier, *Musée des Arts Décoratifs ... du 20 juin au 13 juillet 1914 ... Exposition d'esquisses d'architecture de l'architecte Américain Walter Burley Griffin organisée par l'Union centrale des Arts Décoratifs et par la Société des architectes diplômés par le gouvernement*, Broschüre mit einführenden Erläuterungen.

16 Diese Briefe sind im Besitz des Autors.

17 Man hatte erfolglos versucht, den Wettbewerb 1916 wiederaufzugreifen: *Journal of the Royal Institute of British Architects*, 3. Serie, 23, 26. Aug. 1916.

18 Im *Parliamentary Paper 153* (Anm. 5) werden Griffins Anklagen und Probleme genau dokumentiert.

19 Johnson (Anm. 1), S. 24-25.

20 Siehe Joan Drapers Dissertation an der Berkeley University von 1979, *The San Francisco Civic Center: Architecture, Planning and Politics*, in der diese Beobachtung allgemein für die amerikanischen Beaux-Arts-Entwürfe gemacht wird.

21 Veröffentlicht in dem gefeierten Band *Plan of Chicago* von Daniel Burnham und Edward H. Bennett, verlegt bei Charles Moore, Chicago 1909; neu aufgelegt 1970.

22 Sehr schön illustriert in der Veröffentlichung der Siegerentwürfe, *The International Competition for the Phoebe Hearst Architectural Plan for the University of California*, o. O. u. J.

23 Herausgegeben von der Société Internationale pour Favoriser la Création d'un Centre Mondial, geleitet von Hendrik C. Andersen, *La Conscience Mondiale*, Rom 1913. Vgl. Giuliano Gresleri und Dario Matteoni, *La Città Mondiale: Anderson, Hébrard, Otlet, Le Corbusier*, Venedig 1982. Letzteren Verweis verdanke ich Sharon Irish.

24 A. Trystan Edwards, ›Creation of a World Centre of Communication‹, *The Architects' and Builders' Journal*, 28. Jan. 1914, S. 82-85. Joan Draper (Anm. 20) weist darauf hin, daß Bénards Plan für den Berkeley-Campus zumindest eine ähnliche Beobachtung anregte, die im San Franciscoer *Bulletin* vom 22. Oktober 1899 stand.

25 Von Bakers Veröffentlichungen siehe *The Church House: Its Art and Symbolism*, London 1940.

26 Der erste, zweite und letzte *Report of the Delhi Town Planning Committee*, herausgegeben als British Parliamentary Papers, werden zitiert in Robert Grant Irvings *Indian Summer: Lutyens, Baker and Imperial Delhi*, New Haven 1981, S. 384-85.

27 Ibid., S. 87. Lord Denman, Generalgouverneur von Australien, erwähnte Lord Hardinges Ersuchen anläßlich seiner Festansprache zum Beginn der Arbeiten in Canberra am 12. März 1913; Wigmore (Anm. 1), S. 63.

28 Zitiert aus Griffins Originalmanuskript, S. 14, von dem mir die Australian Archives freundlicherweise eine Kopie zur Verfügung gestellt haben.

29 Aus Griffins Akten an der Universität von Illinois geht hervor, daß er im Herbst seines letzten Studienjahres die Kurse Gartenbau 4 und Gartenbau 5 belegt hat. Dies waren die einzigen im Architektur-Programm zulässigen Wahlfächer.

30 *Western Architect* 20, 8, Aug. 1913, S. 66.

31 Vgl. David P. Handlin, ›The Context of the Modern City‹, *The Harvard Architecture Review* 2, 1981, S. 77-89. Die Dokumente des Clubs werden in der Chicago Historical Society aufbewahrt. Der Club gab regelmäßig ein *Bulletin* mit Texten und Reden heraus. Vgl. auch Gwendolyn Wright, *Moralism and the Model Home*, Chicago 1980.

32 *City Residential Land Development*, Alfred B. Yeomans (Hrsg.), Chicago 1916.

33 *Parliamentary Paper 153* (Anm. 5), S. 5-7.

34 George A. Taylor, ›Walter Burley Griffin, Rebel‹, *Building*, Okt. 1913, S. 47-49. Donald Leslie Johnson geht in ›Walter Burley Griffin: An Expatriate Planner at Canberra‹, *Journal of the American Institute of Planners* 39, 5, Sept. 1973, S. 326-36, Taylors recht radikalen, unkonventionellen Wurzeln auf den Grund, ebenso wie der Tatsache, daß er bis 1930 der bedeutendste Verleger für Architektur in Australien war.

35 Wigmore und Johnson (Anm. 1) schreiben ausführlich über den sechsjährigen Kampf zwischen Griffin und Miller und Owen, teilweise dokumentiert in *Parliamentary Paper 153* (Anm. 5).

36 Kopien von *The Magic of America* sind in der Burnham Library, im Art Institute of Chicago und in der New York Historical Society zu finden.

Pabst
Blue Ribbon
BEER

Stanley Tigerman

Chicago: Eine persönliche Sicht

Die Bemühungen von Helden enden nicht immer unbedingt mit Erfolg. Heldentum ist überhaupt häufiger mit Scheitern als mit dem Gegenteil verbunden. Dieses Verhältnis gilt ganz besonders für Chicago, wo Helden dem Erfolg zum Opfer fallen. Chicago ist auch eine Stadt der Desillusionierung. Im Jahre 1924 verurteilte Louis Sullivan in einem Ausbruch von Verzweiflung die Weltausstellung von 1893: »Der Schaden, den diese Weltausstellung angerichtet hat, wird ein halbes Jahrhundert nachwirken, wenn nicht noch länger.«[1] Im Jahre 1985 strich Chicago seine Pläne für die Weltausstellung 1992, die nicht nur den fünfhundertsten Geburtstag der Entdeckung Amerikas gefeiert hätte, sondern auch den hundertsten jenes Ereignisses, das Chicagos Mündigkeit ankündigte und von Sullivan so angeprangert wurde. Ebenso wie die Architekten der Weltausstellung von 1893 durch ihre Entscheidung für den klassizistischen Stil früheren Epochen Legitimität verliehen, verhalten sich die postmodernen Nachkommen Chicagos fast ein Jahrhundert später bei ihrer Suche nach einer Sprache, auf die sich die Architektur berufen soll. Anscheinend leiden Architekten in Chicago heute wie früher unter einem Gefühl der Desillusionierung über die jeweilige Gegenwart.

Wenn man erkennt, daß die Enttäuschung über die Gegenwart von einem neugierigen Interesse am nichtvorhandenen Fernen, also von der Konzentration kritischer Kräfte auf die Erinnerung an eine frühere Zeit begleitet ist, dann ist die Faszination, welche eine ›legitime‹ Architektur früherer Epochen auslöst, ganz sicher das, was Sullivan meinte, als er seine Mißbilligung formulierte. Es war indessen ebenso der stumme Schrei des nichterhörten Helden. Denn Sullivan war in exemplarischer Weise heldenhaft, eine Figur vom Zuschnitt anderer Emigranten, die in diese Stadt am See gekommen sind und deren Schicksal von Theodore Dreiser bis Saul Bellow geschildert worden ist. Die gequälten Protagonisten der Literatur hatten ihre Entsprechungen in der Architektur. Louis Sullivan und Frank Lloyd Wright – vielleicht sogar in der nächsten Generation Mies van der Rohe –, sie alle bemühten sich verzweifelt, heldenhaft und frei von den Zwängen der Kultur zu sein und zu bleiben, auch wenn sie ständig mit der Aura jener Art Erfolg konfrontiert waren, nach der Chicagos frühe kaufmännischen und unternehmerischen Barone strebten, die Potter Palmers, Fields, Swifts und Armours.

In dieser Nation von praktisch denkenden Seelen, die daran gewöhnt sind, sonst unbrauchbare Konzepte für sich noch brauchbar zu machen, sind Vernunft und Zweckmäßigkeit stets der Stoff gewesen, aus dem der amerikanische Erfolg gemacht wird. Leider läßt das Ergebnis einer solchen Verwendung oft nicht mehr die Beweggründe für ein Konzept erkennen. Die Gefahr des Mißerfolgs kann begreiflicherweise nur vermieden werden, wenn man im Rahmen des Praktischen und Nützlichen bleibt; die Bedingung des Heroischen ist aber, daß der Architekt wie durch Sirenengesänge in unbekannte Gewässer geführt wird, die sein mögliches Ende bedeuten.

Sullivan und Wright (und auch Mies) waren mit Sicherheit dazu berufen, und jeder von ihnen erlitt eine Niederlage. Ich behaupte, daß das Gespenst des Mißerfolgs 1924 von Sullivan heraufbeschworen wurde, als ihm die Durchsicht der Wettbewerbsbeiträge für den Chicago Tribune Tower bestätigte, daß die Architekten wieder einmal im Banne der klassischen Sprache der Architektur standen, die bereits die Weltausstellung von 1893 beherrscht hatte. Das, was Sullivan dermaßen erregte, war die Tatsache, daß fast sämtliche amerikanischen Beiträge für dieses vielversprechende Ereignis entweder fest im klassizistischen oder im neugotischen Stil verankert waren. Für Sullivan muß es ein überwältigendes Gefühl der Verzweiflung gewesen sein, als er feststellte, daß seine Bemühungen in der Tat so gut wie keine Nachfolger, keine Schüler, keine Jünger gezeitigt hatten und sein Einfluß in der eigenen Zeit praktisch nicht existent war. Wenn man wie er heldenhaft wagt, das Reich der unbekannten Zukunft zu bewohnen, dann muß es schmerzhaft sein zu sehen, daß 1923 derartige Vorstellungen nur in den Beiträgen europäischer Architekten zu finden waren (beispielsweise in denen von Walter Gropius, Adolf Meyer und Max Taut; siehe Bruegmann, Abb. 11, 12). Sullivan war auf seinem heimatlichen Boden gescheitert, da seinesgleichen ganz offensichtlich seine Herausforderung nicht angenommen hatten. Und nachdem ihm der notwendige Mut und Optimismus für wagemutige architektonische Schöpfungen geraubt waren (John Entenza sagte von Mies van der Rohe, er zwinge seine Bauten mit seinem Willen zur Existenz[2]), waren die letzten Monate des Abstiegs in Chicago vernichtend für Sullivan. Fast unbemerkt brach er wie der Protagonist in Upton Sinclairs *Der Sumpf* vor Frustration und dem Gefühl des Gescheitertseins in einem billigen Hotel in Chicagos Süden zusammen. Erst viel später sollte sein Stern aufgehen als der eines viel verlästerten und mißverstandenen Helden seiner Zeit. Aber es ist nun einmal das Los des gescheiterten Helden, nach seinem Tode erhoben zu werden – wenn das für die Überlebenden kein Risiko mehr bedeutet. Statt sich dem Helden um zu stellen, wenn es da ist, scheint es

Abb. 1 Ansicht von Chicago nach Norden, um 1935

leichter, sich erst aus sicherer Entfernung heraus mit ihm zu befassen.

Jedoch schon während Sullivan verzweifelte und damit den Anfang vom Ende des Heldentums in der Architektur Chicagos anzeigte, begann sich ein anderer Typ Architekt in dieser binnenländischen Hauptstadt der Prärie zu regen. Dieser Typ schien die Art von Architektur vollkommen zu begreifen, die vonnöten war, um das negative Image Chicagos in der Welt zu verwischen und es durch eine Architektur zu ersetzen, die sich auf die Geschichte bezog und somit glaubwürdig war. Es war ein Typus, der seine Wurzeln in der Zweckmäßigkeit hatte, die er jedoch mit der Fähigkeit zu kunstvollen Prätentionen und Einfällen in feierlicher Weise zu kombinieren verstand. Ein solcher Architekt der Anpassung war Daniel H. Burnham, das Vorbild für die nun folgende Generation von Architekten. Burnham kombinierte nicht nur erfolgreich Zweckmäßigkeit mit Visionen legitimierter Architekturformen – zumal mit jenen, die wie der Klassizismus immer für Vertrauenswürdigkeit standen –, sondern er war in der Lage, die Entwurfsvorstellungen, die er (und andere) bei der Weltausstellung lediglich vorgeschlagen hatten, nun auch auszuführen. Seine Nachfolger, darunter David Adler, Benjamin Marshall und Howard Van Doren Shaw sowie im Grunde jedes größere Architekturbüro wie Holabird and Root; Graham, Anderson, Probst and White; sogar Skidmore, Owings and Merrill, waren zu dem Zeitpunkt, als Chicago ihre Dienste brauchte, gerade soweit, um es architektonisch mit anderen amerikanischen Großstädten aufzunehmen.

Auf Sullivans Vermächtnis, auf das Erbe des Heldenmuts, erhob nun sein wichtigster Schüler Anspruch, Frank Lloyd Wright, dessen Einfluß durch den Tribune-Wettbewerb ebenfalls erheblich geschmälert worden war. Wrights Vorstellungen galten nicht mehr wie noch zur Jahrhundertwende als paradigmatisch, denn die neue Architektengeneration von Chicago fand es ganz selbstverständlich, daß sie die allgemein akzeptierte Sprache sprechen mußte und dieser nicht entgegenarbeiten durfte. Selbstverständlich war Wright nicht ganz ohne Einfluß. Schwerpunkte waren De Stijl oder das Bauhaus, und die europäische Laufbahn von Mies van der Rohe war eindeutig durch die Wasmuth-Ausstellung 1910 und die darauffolgende Veröffentlichung der Zeichnungen von Wright beeinflußt. Eine populistische Erweiterung von Wrights Einfluß in Amerika zeigte sich, besonders nach dem Zweiten Weltkrieg, im Wohnhausbau kalifornischen Stils, aber Wright hat die hohe Kunst der Architektur und ihre späteren Praktiker doch nicht so geformt, wie er es zweifellos erhofft hatte. Im übrigen hatte er Chicago bereits verlassen, wo seine frühesten und optimistischsten Werke emporgewachsen waren. Er schien nicht länger willkommen, wozu vielleicht sein exzentrisches persönliches Verhalten, auch in bezug auf seine Familie, mehr als alles andere beigetragen hatte. Es schien jedenfalls nicht viel Platz für einen Helden in einer Stadt zu sein, die eher am Erfolg interessiert war.

Die Generation von Architekten, die auf die höchst produktive Bauperiode in den zwanziger Jahren folgte, war nicht besonders an größeren architektonischen Experimenten interessiert. Als dann in den ›tollen Fünfzigern‹ die architektonische Produktion in Amerika wieder auf vollen Touren lief, war die Laufbahn vieler Architekten in Chicago endgültig zerstört worden durch ein Jahrzehnt der Enttäuschung, durch die große Depression sowie durch ein weiteres Jahrzehnt, das sie in einem Krieg von apokalyptischen Ausmaßen entweder verbracht hatten oder von dem sie sich hatten erholen müssen. Der Verlust des starken Glaubens an die eigene Zeit brachte einen Verlust jener Unschuld mit sich, die die Architektur Chicagos ausgeströmt hatte. Zweckmäßigkeit schien das einzig Wichtige und die Position des Helden permanent verwaist.

War aber nicht Mies selbst im Grunde heroisch? Indem er nämlich der erste war, der gegen den Strom schwamm, vor allem, als er mit den Ausdrucksmöglichkeiten der unverhüllten Struktur experimentierte, wie bei den Promontory Apartments (1946-49) und den Apartments am Lake Shore Drive 860-880 (1948-51). Derart revolutionäre Bauten wirkten im Licht der konventionellen Architektur außergewöhnlich durch die Mauerwerkfassaden und die wie eingestanzt wirkenden Öffnungen, welche wieder einmal die klassische Sprache nachahmten. Natürlich scheiterten Mies und seine besondere Art Heldentum letztlich ebenfalls in Chicago, da die Gruppe von Schülern, die sich ohne theoretische Bemühungen seiner Ausdrucksweise bediente, diese bei ihrer Suche nach praktischer Anwendung verkümmern ließ.[3]

Sullivan, Wright und Mies waren alle Chicagoer der ersten Generation: Sullivan kam direkt aus Boston, Wright von den Bergen Wisconsins, und Mies war freiwillig aus Deutschland ausgewandert. Alle befanden sich fern des heimatlichen Bodens. Alle waren sie ›Umsiedler‹ und, da sie sich vielleicht nach dem sehnten, was verloren war oder ihnen fehlte, geprägt durch einen Zustand des Unbehagens an der Gegenwart, der ihr individuelles Heldentum scharf hervorhob. Es ist schwer, erfolgreich zu sein, wenn man an einem fremden Ort lebt; es ist dann beinahe natürlich, wenn man so reagiert, daß die eigenen Bemühungen als Versuche, heroisch zu sein, mißverstanden werden. Alle drei, Sullivan, Wright und Mies, verhielten sich auf ihre Art nicht immer im Einklang mit ihrer Umgebung, mit Chicago, und die Reaktionen anderer auf ihre architektonischen Sprachen müssen sie noch mehr isoliert und ihr Gefühl des Exils verstärkt haben.

Andererseits schlugen Burnhams Nachfolger und die gefälligen, ehrbaren Architekturbüros, welche die wahren Vorbilder für Zweckmäßigkeit waren, Kapital aus den Erfindungen der Heroen, die sie verdrängt hatten. Um des ewig andauernden Rufes von Chicago als Hauptstadt des normativen amerikanischen Pragmatismus willen stößt die Stadt, wenn notwendig, jedes Randelement ab, das als nicht verwendbar gilt. Zu gleicher Zeit jedoch transformiert sie schöpferi-

Abb. 2 Ansicht von Chicago nach Nordwesten, mit Grant Park und Buckingham-Fontäne, um 1929

schen Erfindungsgeist in jenen Stoff, aus dem utilitaristische ›Gebrauchsartikel‹ gemacht werden. Amerikas Genie liegt in seiner Fähigkeit, Heldentum in Erfolg zu verwandeln, Ideen in praktische Gebrauchsfertigkeit einzubringen und das Unbrauchbare brauchbar zu machen.

Während Unschuld zwangsläufig dem optimistischen Handeln des Helden zugeordnet ist, wird von Wissen und damit von der Skepsis erwartet, daß sie praktisch seien. Es besteht wenig Zweifel daran, daß Chicago heute an einem anscheinend endgültigen Verlust der Unschuld leidet. Die Architekten der sechziger und siebziger Jahre, die in Chicago versuchten, die nützlichen Aspekte der Architektur von Mies van der Rohe auszubauen, wußten, daß sich Zweckmäßigkeit auszahlt. Ihre Art Historizismus kam aus dem gleichen Geist der Nachahmung wie derjenige aller klassizistischen oder postmodernen Architekten in dem hundertjährigen Zeitraum zwischen der damaligen Weltausstellung und derjenigen, die offenbar nie stattfinden wird. Eine Gesellschaft, die bestimmt ist vom Verlust der Unschuld, ist grundsätzlich nicht an Abstraktionen interessiert oder zumindest skeptisch in dieser Hinsicht. Alles, was nicht in beruhigender Weise auf Bekanntes bezogen oder vertraut ist, wird in sichere Entfernung gebracht. Nichts leitete die Wege, auf denen Sullivan, Wright und Mies in die Zukunft vorstießen, als ihr individueller Mut. Um aber Dinge zu produzieren, die als zweckmäßig gelten, mußte die folgende Generation von Architekten, die den Karrieren dieser drei Helden folgte, alle Aspekte entfernen, die sie als unerklärlich oder überflüssig ansah. Und indem sie das tat, reduzierte sie Innovation zu Konvention. Diese zur Nachahmung neigender Schüler verdrängten auch die Originale, denen ursprünglich ihre Hochachtung gegolten hatte. Der Heroismus von Sullivan, Wright und Mies war geprägt von ihrer Unfähigkeit, sich von ihrem Werk zu distanzieren. Ihre untrennbare Verbundenheit mit der Architektur machte jeden von ihnen letztlich anfällig für das Scheitern. Man verehrte sie auf die gleiche Art, wie man religiöse Führer verehrt, und sie scheiterten, auf daß wir Erfolg haben können – indem wir die wesentlichen Merkmale eines jeden von ihnen unserem Geschmack entsprechend verdrängen und sie durch unsere eigenen großartigen Vorstellungen von Zweckmäßigkeit ersetzen, von etwas, das wir durch und durch begreifen und das die Gesellschaft stets ohne zu fragen akzeptiert. Damit ersparen wir schließlich und endlich der Gesellschaft die schwierige Aufgabe, das Wesentliche im Werk des Helden zu analysieren.

Übersetzung: Eva Zeumer

ANMERKUNGEN

1 Louis H. Sullivan, *The Autobiography of an Idea*, New York 1924, S. 325.
2 Rede im Arts Club von Chicago im Jahre 1966, als Mies van der Rohe von der Sektion Chicago des American Institute of Architects die Goldmedaille erhielt.
3 Vgl. Stanley Tigerman, ›Mies van der Rohe und seine Anhängerschaft oder der amerikanische Architekturtext und seine Lesbarkeit‹, *Mies van der Rohe: Vorbild und Vermächtnis*, Ausstellungskatalog, Stuttgart und Frankfurt a. M. 1986, S. 97-104.

Photonachweis

Alle Photographien, die zur Illustration der Aufsätze verwendet wurden, stammen aus der Sammlung des Art Institute of Chicago, wenn sie nicht unten aufgeführt sind. Die unten genannten wurden von anderen Institutionen, Agenturen oder Photographen zur Verfügung gestellt. Die Photographien im Tafelteil und im Katalog entstammen Leih-Institutionen, wenn wiederum nicht unten anders angegeben. Wo es möglich war, wurden ohne Berücksichtigung der Quellen die Photographen selbst genannt.

Umschlag vorne Howard N. Kaplan

Frontispiz Chicago Aerial Survey Co.

ESSAYS

Zukowsky
1, 19. Chicago Aerial Survey Co.; 2. Historic American Buildings Survey; 3, 7-11. J. W. Taylor; 12. Richard Nickel; 13, 15. über Commonwealth Edison; 14. R. Capes; 16. Ken Dequaine; 17. über das Historische Archiv Friedrich Krupp GmbH, Essen; 21. Kaufmann and Fabry.

Miller
1. Jex Bardwell, über die Chicago Historical Society; 2. Alexander Hesler, über die Chicago Historical Society; 3, 4, 6. über die Chicago Historical Society.

Larson
1. über die Chicago Historical Society; 9. über die Newberry Library; 14. J. W. Taylor; 15, 20, 21. über Gerald R. Larson.

Klotz
1, 6, 7, 17, 23. J. W. Taylor; 4. Barnum and Barnum; 5. Kaufmann and Fabry; 8, 10-12. über Heinrich Klotz; 13, 19, 20, 22. Chicago Architectural Photographing Co., über David Phillips; 18. über die Chicago Historical Society; 21. Richard Nickel; 24. Chicago Sun-Times.

Westfall
2. Alexander Hesler, über die Chicago Historical Society; 5, 7-9. John Gronkowski.

Geraniotis
1. Tom Cinoman; 2. Historic American Buildings Survey; 10, 20. J. W. Taylor.

Draper
2. über die Kartenabteilung der Library of the University of Illinois at Chicago; 3. Detroit Publishing Co.; 7. Joan Draper; 13. J. W. Taylor; 18. Chicago Aerial Survey Co.

Loyrette
6, 9. J. W. Taylor; 7. R. A. Beck; 8. Grignon; 10, 13, 14. Chicago Architectural Photographing Co., über David Phillips; 15. über Montauk Co.

Harris
1, 7, 18, 19. J. W. Taylor; 3, 8, 9, 13, 14, 16. Postkarten, über Neil Harris; 21, 25. Joseph A. Lundin; 22, 24. Fred G. Korth; 23. Chicago Architectural Photographing Co., über David Phillips; 26. über Sears, Roebuck and Co.

Clausen
1. über die Chicago Historical Society; 4. J. W. Taylor; 5-7. über Hasbrouck Peterson Associates; 9, 10, 12. John Gronkowski; 11. Philip Turner, für Historic American Buildings Survey; 14. Cervin Robinson, für Historic American Buildings Survey.

Schlereth
1. Harold Allen; 2-4, 14, 22, 23. J. W. Taylor; 10. über die Procter and Gamble Company; 11. Thomas J. Schlereth; 19. Chicago Architectural Photographing Co., über David Phillips; 20. über die Commission on Chicago Historical and Architectural Landmarks.

Harrington
1, 7, 9, 10, 14, 18, 20. über die Chicago Architecture Foundation; 2. Bob Thall, Commission on Chicago Historical and Architectural Landmarks, 1982; 3. über I C Industries; 4. Plan aus *Historic American Buildings Survey*; 8. Cervin Robinson, für den Historic American Buildings Survey; 11. Plan aus Commission on Chicago Historical and Architectural Landmarks, *John J. Glessner House*, Chicago 1984; 15-17, 19, 21. Kaufmann and Fabry, über die Chicago Architecture Foundation.

Wilson
1, 2. Chicago Architectural Photographing Co., über David Phillips; 6, 7, 15. J. W. Taylor; 12. über die Northwestern University; 13. Architectural Drawings Collection, University of California, Santa Barbara; 18, 19. über Alice Ryerson Hayes.

Weingarden
1, 17, 20, 21. Chicago Architectural Photographing Co., über David Phillips; 6. Historical Collections, Bentley Historical Library, University of Michigan; 8, 15. The Avery Architectural Library, Columbia University; 9. The Saint Louis Art Museum; 14. über Crombie Taylor, FAIA.

Westfall
1, 10, 11, 15. J. W. Taylor; 9, 17-21, 25. Chicago Architectural Photographing Co., über David Phillips.

Chappell
1, 7, 14, 15. über die William Wrigley Jr. Company; 2, 4, 8. Chicago Architectural Photographing Co., über David Phillips; 3. Kaufmann and Fabry, über die Chicago Historical Society; 9. über das Royal Institute of British Architects; 12. Wurts Brothers; 14. Ron Gordon.

Van Zanten
1, 12, 13. über den Australian Information Service; 14-20. über Australian Archives, Australian Capital Territory Regional Office.

Tigerman
1. Aerial Photograph Co.; 2. Chicago Aerial Survey Co.

TAFELN
11, 21, 39. Hedrich-Blessing; 12, 17. Bob Thall; 15, 16. über die Montauk Co.; 25, 42, 86, 88, 96. Howard N. Kaplan; 28-30, 33, 35, 38, 78, 83, 90. Kathleen Culbert-Aguilar; 31, 32. Judith Bromley; 45. Geremy Butler; 51, 53. Chicago Architectural Photographing Co., über David Phillips; 52. Chester Brummel; 57. über Continental Illinois National Bank and Trust; 58. über die Santa Fe Southern Pacific Corporation; 59. über Rubloff Inc.; 65. J. W. Taylor; 66. über Holabird and Root; 87. über Chicago Hilton and Towers.

KATALOG

Textabbildungen
2, 7, 8, 10, 21. J. W. Taylor; 4. Ron Gordon; 5, 15, 16. Chicago Architectural Photographing Co., über David Phillips; 9, 14. Harold Allen, für den Historic American Buildings Survey; 12. Richard Nickel; 18-20. Detroit Publishing Co.

Abbildungen der ausgestellten Werke
152. Richard Mather; 189, 246. Kathleen Culbert-Aguilar; 217. Michael Tropea.

Farbtafeln

1 I. T. Palmatary und Charles Inger, Chicago aus der Vogelperspektive, 1857 (Kat. 3)

CHICAGO, THE METROPOLIS OF THE NORTH WEST.

4 CHARLES FÜRST, Fassadenansicht einer Villa, um 1870 (Kat. 13)

2 LOUIS KURZ, Chicago, die Metropole des Nordwestens, 1864 (Kat. 4)

3 JOSHUA SMITH, Ansicht von Chicago nach dem großen Brand, 1871 (Kat. 5)

5 NATHAN CLIFFORD RICKER, Ansicht einer Villa mit Mansarddach, 1872 (Kat. 25)

6 Peter B. Wight, Aufrißzeichnung und Teilschnitt des Eliphalet W. Blatchford House, 1875 (Kat. 20)

7 Carter, Drake and Wight, Perspektivische Ansicht des Lenox Building, gezeichnet von John Wellborn Root, 1872 (Kat. 18)

8 Carter, Drake and Wight, Perspektivische Ansicht des Stewart-Bentley Building, gezeichnet von Daniel H. Burnham, 1872 (Kat. 17)

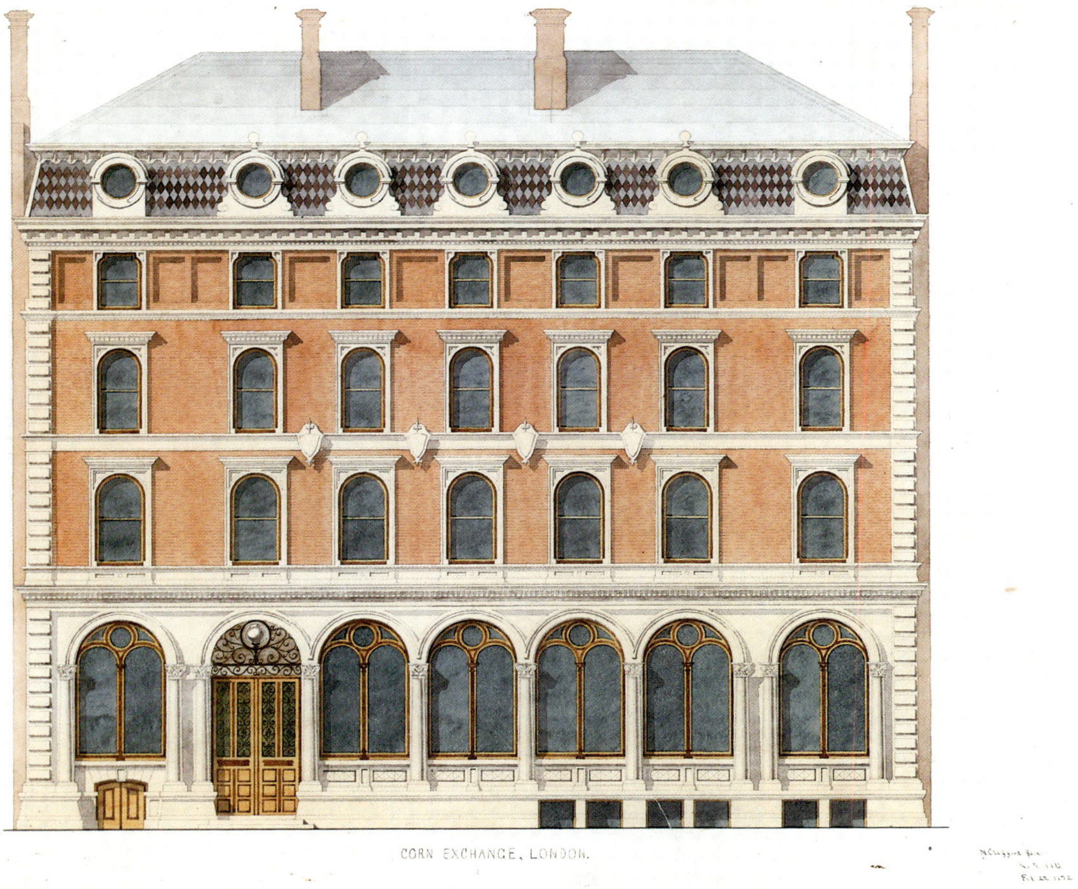

9
Nathan Clifford Ricker,
Fassadenansicht
der Getreidebörse, London,
1872 (Kat. 24)

10 Burnham and Root,
Aufriß der Rookery, 1885
(Kat. 58)

11 Burnham and Root,
Rookery,
209 South LaSalle Street,
1885-87

12/13 Adler and Sullivan, Börsensaal der Chicagoer Börse (1893-94), rekonstruiert 1976-77 im Art Institute of Chicago (siehe Kat. 129-31)

14 L. Prang and Co., Plakat des Home Insurance Building, um 1885-86 (Kat. 55)

HOME INSURANCE BUILDING
THE CHICAGO BUILDING OF THE HOME INSURANCE CO.
OF NEW YORK

15/16 Holabird and Roche,
Erweiterung des
Monadnock Building, 1893
(Burnham and Root, 1891),
53 West Jackson Blvd.,
Außenansicht und Detail

17 D. H. Burnham and Co.,
Fisher Building,
343 South Dearborn Street,
1896, Fassadendetail

18/19 Peter J. Weber, Entwurf eines Anbaus für das Fisher Building, 1906 (Kat. 239)

20 HOLABIRD AND ROCHE, Perspektivische Ansicht des McClurg Building, 1899 (Kat. 63)

HOTEL
GRACE
EUROPEAN

21-24 J. W. Taylor, Panorama von Chicago, Ausschnitte, 1913 (Kat. 96)

25 Adler and Sullivan, Auditorium Building, Nordwestecke Michigan Avenue und Congress Parkway, 1887-89

26 Henry Ives Cobb, Newberry Library, 60 West Walton Street, 1892, Haupteingang

27 Adolph Cudell und Arthur Hercz,
Perspektivische Ansicht
des Francis J. Dewes House, 1896
(Kat. 79)

28 Burnham and Root, Perspektivische Ansicht des Max A. Meyer House, 1888 (Kat. 73)

29 H. H. RICHARDSON, Perspektivische Ansicht des J. J. Glessner House, um 1885-87 (Kat. 68)

30 H. H. RICHARDSON, Perspektivische Ansicht der Wohnhalle mit Treppe des J. J. Glessner House, 1886-87 (Kat. 69)

31 H. H. Richardson, J. J. Glessner House, Eßzimmer mit Möbeln von Charles Coolidge (Kat. 70)

32 ISAAC E. SCOTT, Bücherschrank für die Familie J. J. Glessner, um 1875 (Kat. 23)

33 Howard Van Doren Shaw, Arbeitstisch des Architekten im Haus ›Ragdale‹, 1897 (Kat. 100)

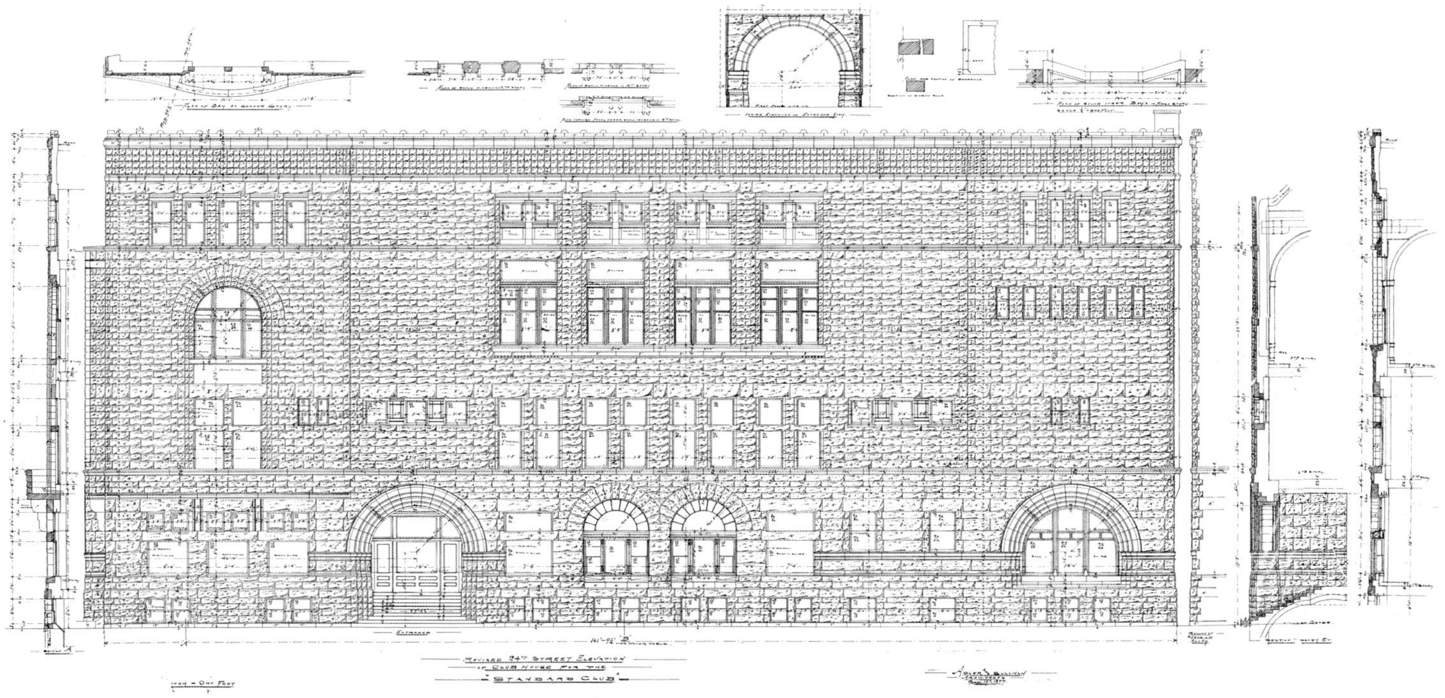

34 ADLER AND SULLIVAN, Überarbeiteter Aufriß der Fassade des Standard Club zur 24th Street, Teilschnitt und andere Details, 1887 (Kat. 117)

35 Charles S. Frost,
Perspektivische Ansicht des Calumet Club, 1893 (Kat. 78)

36 Howard Van Doren Shaw, Perspektivische Ansicht des ›Phi Delta Theta‹-Verbindungshauses, Champaign, Illinois, 1922 (Kat. 105)

37 Herman Valentin Von Holst, Perspektivische Ansicht des Hauses ›Glamis‹, Bethlehem, New Hampshire, 1904 (Kat. 86)

38 Holabird and Roche, Perspektivische Ansicht des University Club, 1908 (Kat. 85)

39 LOUIS H. SULLIVAN, Carson Pirie Scott and Company, Südostecke State und Madison Street, 1899, Detail des Haupteingangs

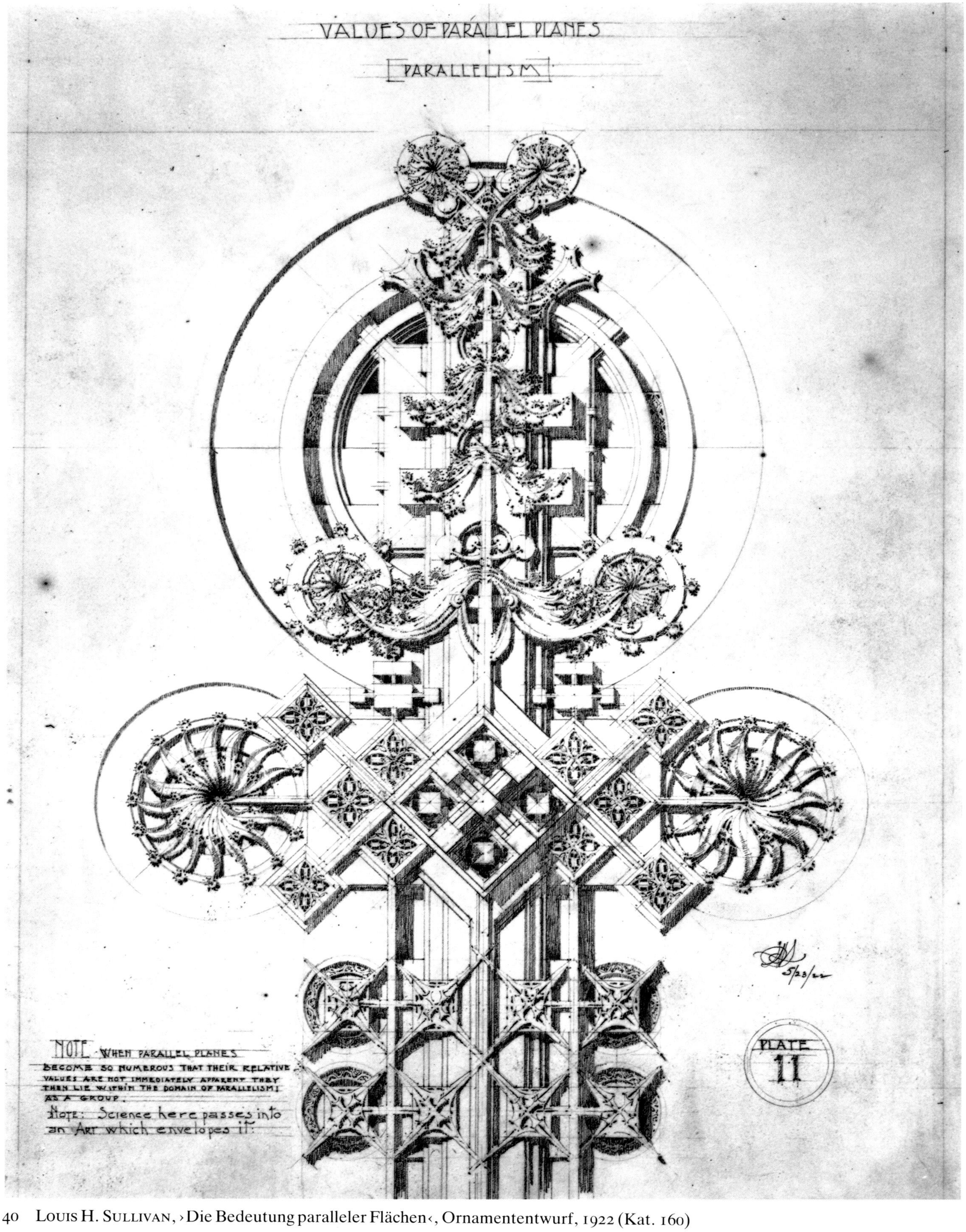

40 Louis H. Sullivan, ›Die Bedeutung paralleler Flächen‹, Ornamententwurf, 1922 (Kat. 160)

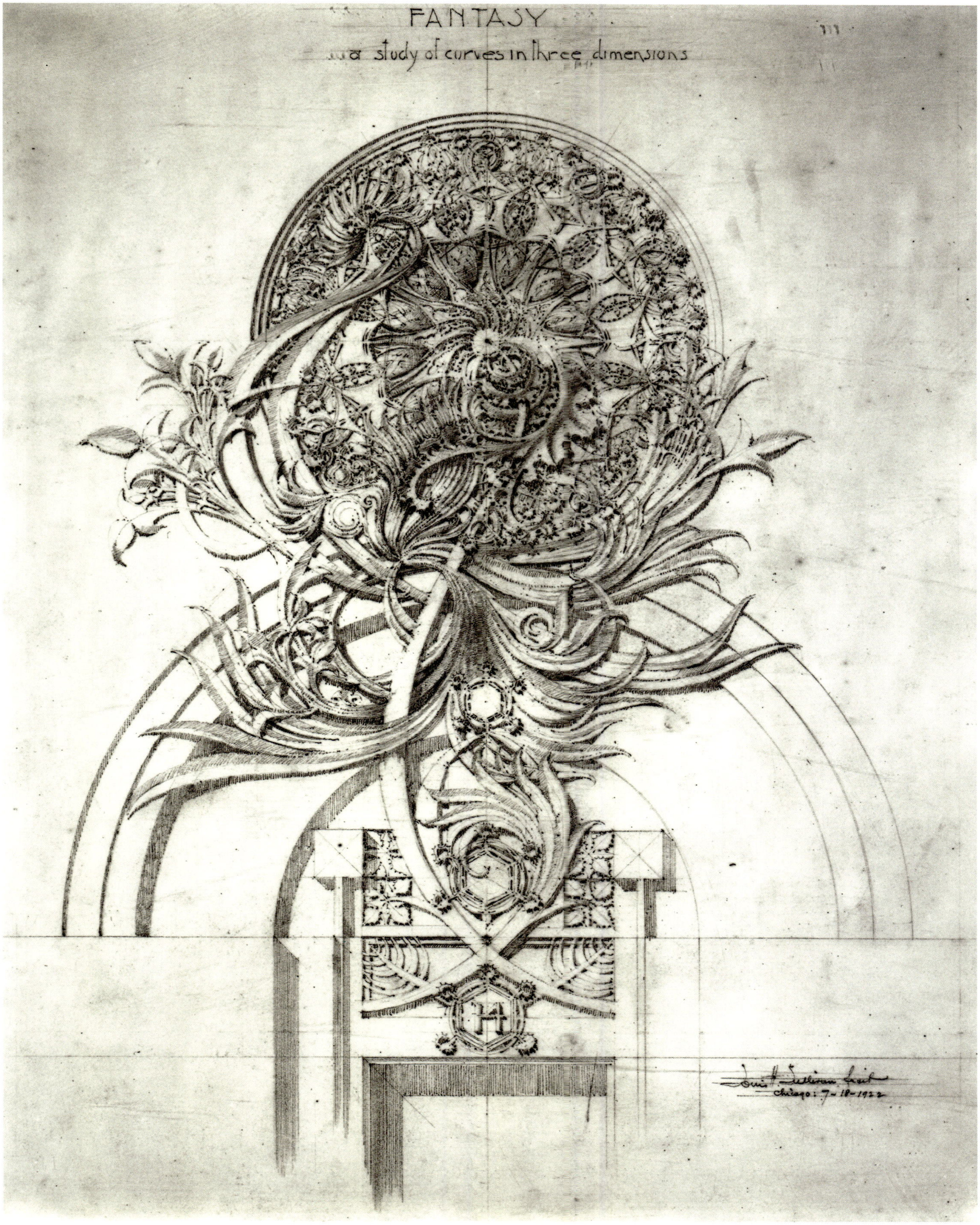

41 Louis H. Sullivan, ›Phantasie, eine Kurvenstudie‹, Ornamententwurf, 1922 (Kat. 162)

43 Louis H. Sullivan, Perspektivische Ansicht der St. Paul's Methodist Episcopal Church, Cedar Rapids, Iowa, um 1910 (Kat. 142)

42 Louis H. Sullivan, Getty-Mausoleum, Graceland Cemetary, 1890

44 Louis H. Sullivan, Südaufriß der St. Paul's Methodist Episcopal Church, 1911 (Kat. 144)

KEY TO NOTATIONS
HEATING PLANT
ST. PAUL'S METHODIST EPISCOPAL CHURCH
CEDAR RAPIDS, IOWA
LOUIS H. SULLIVAN, ARCHITECT CHICAGO ILL.
SOUTH ELEVATION
JULY 31, 1911
6.

THE FRANCIS APARTMENT BUILDING BUILT FOR THE TERRA HAUTE TRUST Co IN 1895 • DIVIDED INTO THREE • FOUR •
AND FIVE ROOM APARTMENTS • EXTERIOR OF YELLOW FIRECLAY ROMAN BRICK • CORNICE AND DADO CREAM WHITE VITREOUS
TERRA COTTA BOND STONE COURSES BASE AND WATER TABLE OF BUFF BEDFORD • FINISHED IN QUARTERED WHITE OAK • PAINTED
WALLS TILED BATHS MARBLE AND MOSAIC ENTRANCES

45 FRANK LLOYD WRIGHT, Perspektivische Ansicht der Francis Apartments, 1895 (Kat. 166)

46 PURCELL, FEICK AND ELMSLIE, Perspektivische Ansicht der geplanten First National Bank of Mankato, Minnesota, 1911 (Kat. 147)

47 ALFONSO IANNELLI mit FRANK LLOYD WRIGHT, Kopf einer Groteske aus den Midway Gardens, Chicago, 1914 (Kat. 192)

SUGGESTED DESIGN OF INTERIOR FOR
MR. HENRY FORDS RES. DEARBORN MICH.
NIEDECKEN-WALBRIDGE CO. INTERIOR ARCHITECTS. MILWAUKEE.

ROCK CREST
ROCK GLEN
MASON CITY
IOWA

48 George Mann Niedecken,
Präsentationszeichnung des geplanten Innenraums des Henry Ford House, um 1910 (Kat. 182)

49 Walter Burley Griffin und Marion Mahony Griffin,
Perspektivische Ansicht von Rock Crest-Rock Glen, um 1912 (Kat. 186)

50 Frank Lloyd Wright, Dreiteiliges Fenster einer Nische im Avery Coonley Playhouse, 1912 (Kat. 183)

51 Frank Lloyd Wright, Innenansicht des Avery Coonley Playhouse, 1912

52 Frank Lloyd Wright, Eßzimmermöbel des Robie House, 1909 (Kat. 176)

53 Frank Lloyd Wright, Eßzimmer des Robie House, um 1910

To D. H. Burnham
with my Compliments
Jules Guérin

54 D. H. BURNHAM AND CO., Perspektivische Ansicht des Flatiron Building, New York, 1902 (Kat. 214)

55 D. H. BURNHAM AND CO., Perspektivische Studie der geplanten Kolonnade des Eaton's Department Store, Toronto, 1912 (Kat. 220)

56 D. H. Burnham and Co., Perspektivische Ansicht eines geplanten Anbaus zum Land Title and Trust Co. Building von 1897, Philadelphia, 1900 (Kat. 213)

57
Graham, Anderson, Probst and White, Innenansicht des Continental Illinois National Bank and Trust Co. Building, 231 South LaSalle Street, 1924, erstes Obergeschoß

58 D. H. Burnham and Co., Railway Exchange Building (heute Santa Fe Center), 224 South Michigan Avenue, Lobby

59 D. H. Burnham and Co.,
Perspektivische Ansicht
des Conway Building, um 1912-14
(Kat. 225)

60 LEWIS EDWARD HICKMOTT,
Perspektivische Ansicht
der Weltausstellung (Ausschnitt),
1894 (Kat. 210)

61 THURE DE THULSTRUP, Perspektivische Ansicht des Seeufers während der Weltausstellung, um 1893 (Kat. 211)

62 JOHN WELLBORN ROOT, Perspektivische Ansicht eines geplanten Kunstmuseums, um 1890 (Kat. 199)

63 PETER J. WEBER, Perspektivische Ansicht des Chocolat-Menier-Pavillons, 1893 (Kat. 203)

Chicago Public Library
Competitive Design for the Chicago Public-Library Building.
Perspective View from the South East.
P. B. Wight. Architect.
Chicago.

64 P. B. Wight, Perspektivische Ansicht eines Wettbewerbsentwurfs für die Chicago Public Library, 1891 (Kat. 198)

65 Shepley, Rutan and Coolidge, Chicago Public Library, Nordwestecke Michigan Avenue und Washington Street, 1891-97, Außenansicht

66 Shepley, Rutan and Coolidge, Chicago Public Library, Ansicht des Mosaik-Treppenhauses

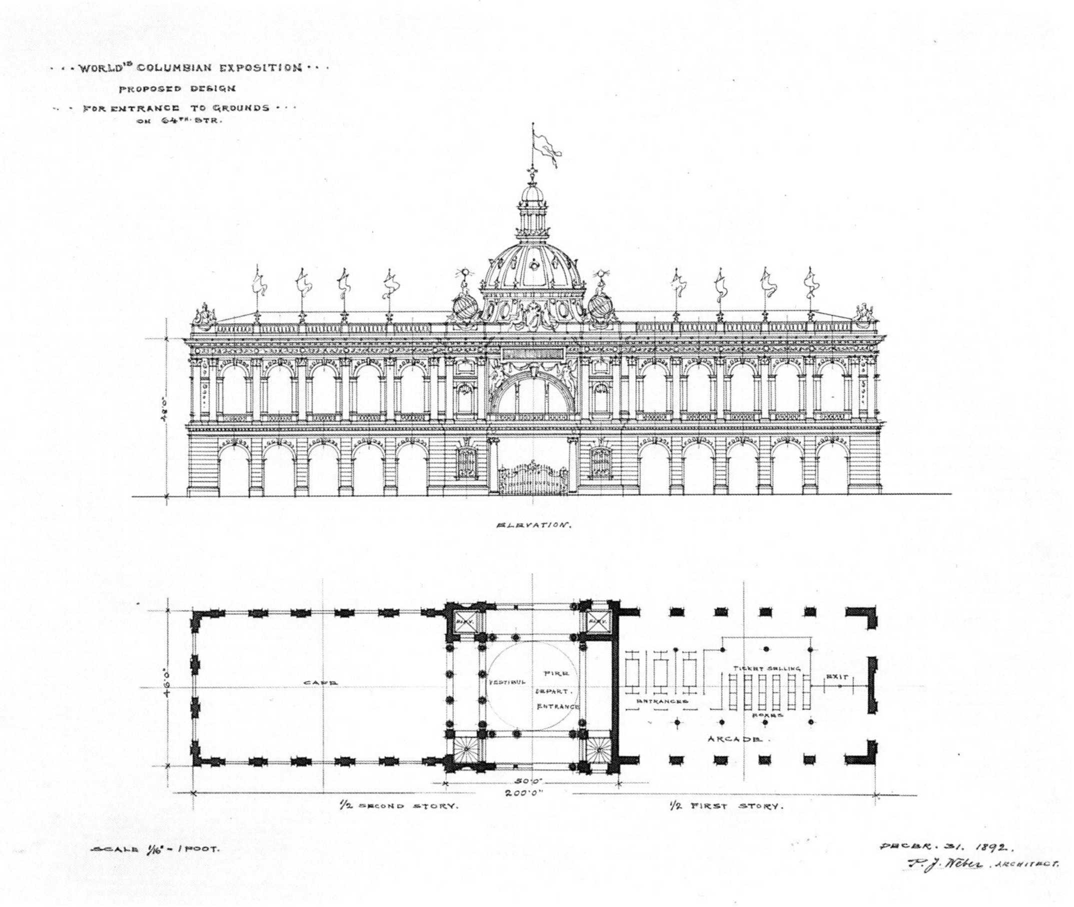

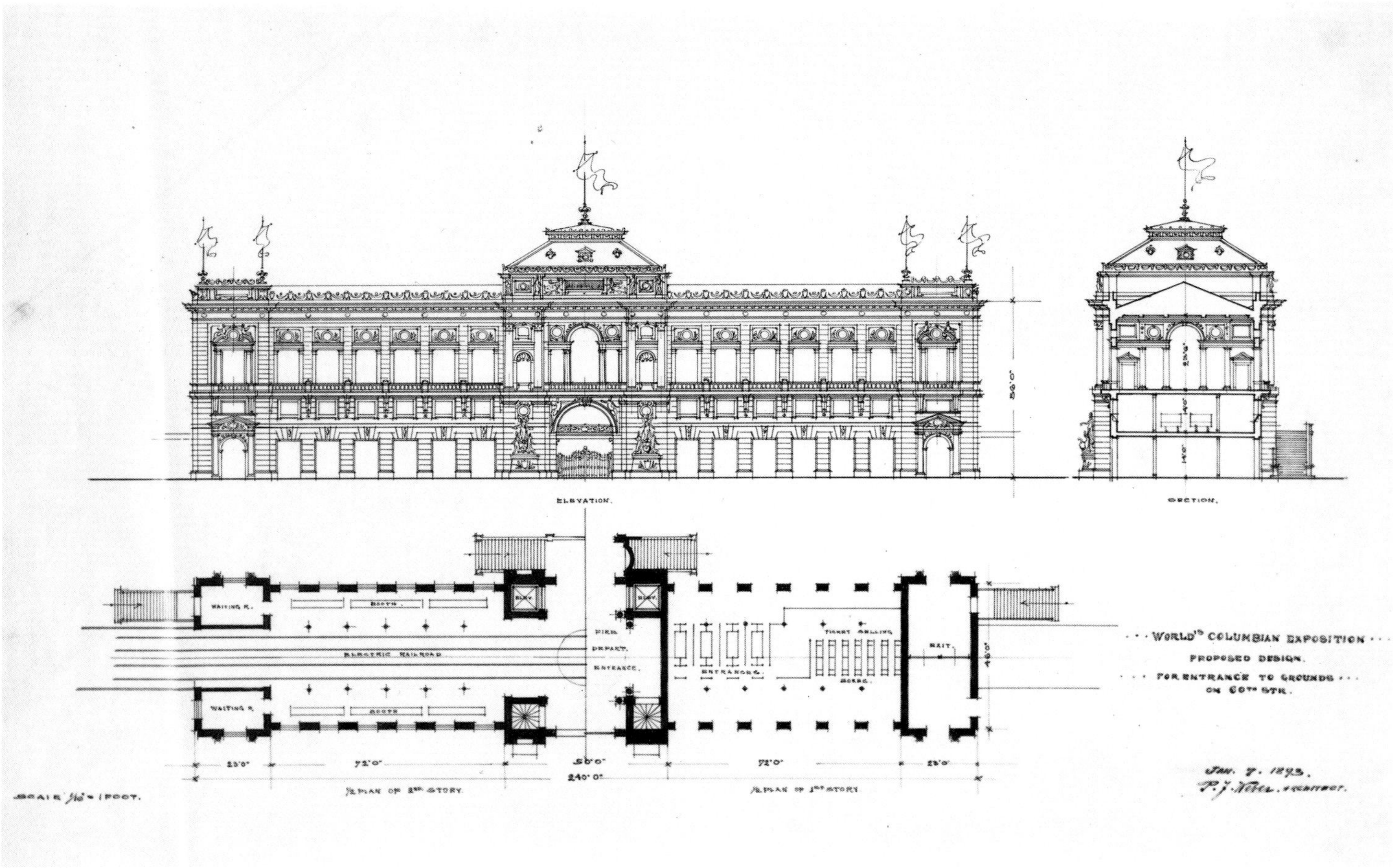

67 Peter J. Weber, Entwurf für den Eingang zum Weltausstellungsgelände an der 64th Street, 1892 (Kat. 201)

68 Peter J. Weber, Entwurf für den Eingang zum Weltausstellungsgelände an der 60th Street, 1893 (Kat. 202)

69 Jules Guérin für Daniel H. Burnham und Edward H. Bennett, Aufriß des geplanten Civic Center, 1908 (Kat. 234)

70/71 Jules Guérin für Daniel H. Burnham und Edward H. Bennett, Ansicht Chicagos vom Jackson Park bis zum Grant Park, 1907 (Kat. 227)

72 Jules Guérin für Daniel H. Burnham und Edward H. Bennett, Entwicklungsplan für das Stadtzentrum, 1907 (Kat. 236)

73 Jules Guérin für Daniel H. Burnham und Edward H. Bennett, Westansicht der geplanten Civic Center Plaza, 1908 (Kat. 232)

BLVE ISLAND AVENVE
HALSTED
STREET
CANAL
STREET
MICHIGAN
AVENVE

74 Fernand Janin (zugeschrieben) für
Daniel H. Burnham und Edward H. Bennett, Plan des Geschäftszentrums von Chicago, um 1908 (Kat. 233)

75 Fernand Janin für
Daniel H. Burnham und Edward H. Bennett, Aufriß des geplanten Civic Center (Ausschnitt), 1908 (Kat. 235)

76 Chris. U. Bagge für Daniel H. Burnham und Edward H. Bennett,
Ansicht der Michigan Avenue nach Süden, um 1908 (Kat. 230)

77 Jules Guérin für DANIEL H. BURNHAM und EDWARD H. BENNETT, Entwurf für einen Boulevard als Verbindung zwischen dem nördlichen und südlichen Flußufer, um 1908 (Kat. 229)

78 Jules Guérin für DANIEL H. BURNHAM und EDWARD H. BENNETT, Ansicht von Chicago nach Westen, 1907 (Kat. 228)

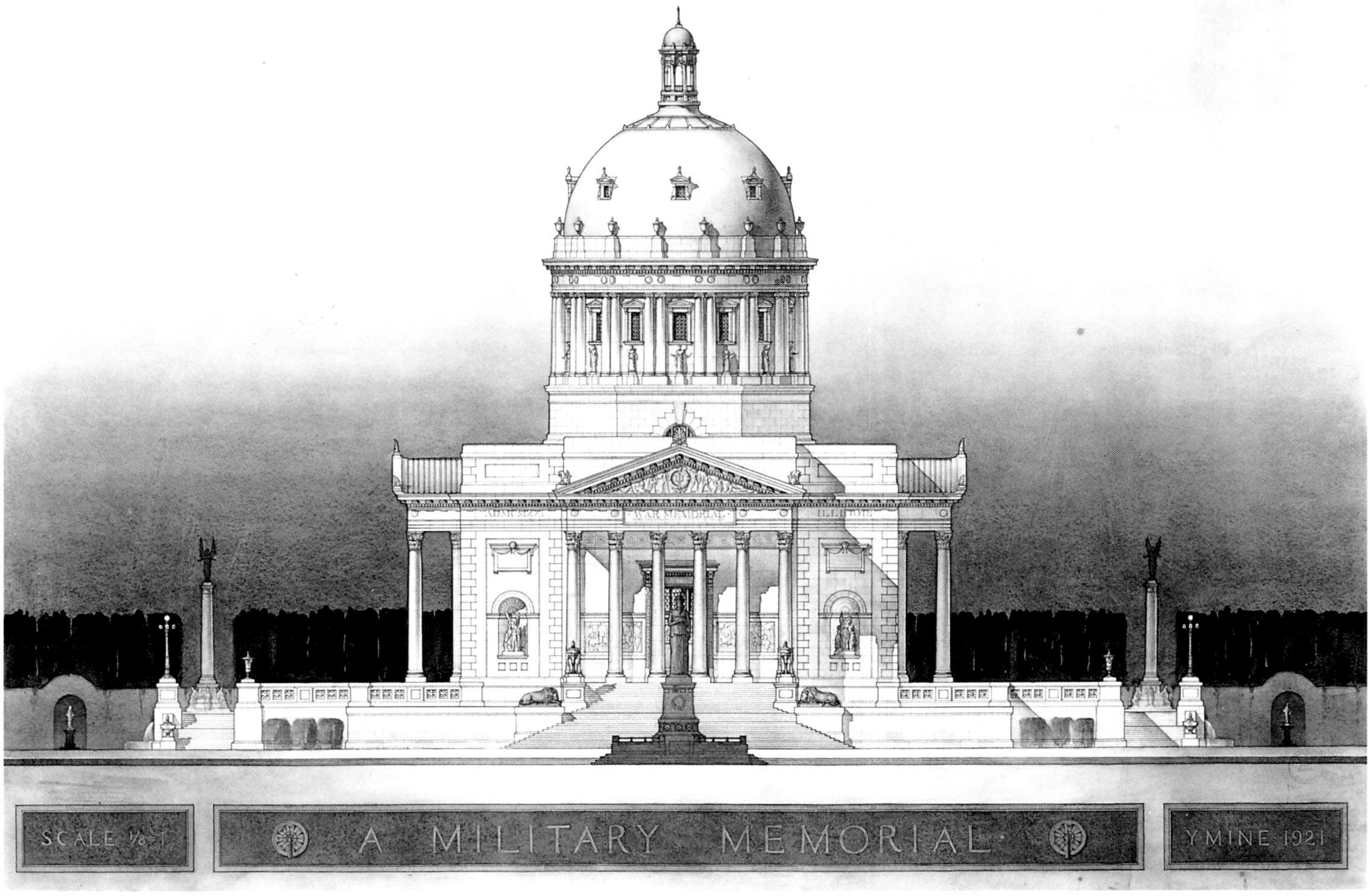
WAR MEMORIAL
SCALE 1/8=1
A MILITARY MEMORIAL
YMINE 1921

79 RICHARD YOSHIJIRO MINE,
Entwurf für ein Kriegerdenkmal,
1921 (Kat. 46)

80 AUGUST C. WILMANNS,
Aufrißzeichnung einer öffentlichen Bibliothek,
um 1896 (Kat. 80)

81 Peter J. Weber, Entwurf eines Hochhauses im Stil der Chicagoer Schule, 1910 (Kat. 240)

82 PETER J. WEBER, Entwurf eines Hochhauses im klassizistischen Stil, um 1910-15 (Kat. 241)

83 FROST AND GRANGER,
Perspektivische Ansicht
einer Erweiterung des St. Luke's Hospital,
um 1904 (Kat. 91)

84 MARSHALL AND FOX,
Perspektivische Ansicht
des Blackstone-Hotels und
-Theaters mit geplantem Anbau,
um 1911-15 (Kat. 242)

85 MARSHALL AND FOX,
Perspektivische Ansicht
der Edgewater Beach Apartments,
1927 (Kat. 251)

86 Holabird and Roche,
Stevens Hotel
(heute Chicago Hilton and Towers),
720 South Michigan Avenue,
1927, Außenansicht

87 Holabird and Roche,
Stevens Hotel,
Innenansicht der großen Halle

88
Graham, Anderson, Probst
and White,
Wrigley Building,
410 North Michigan Avenue,
1921-25, Außenansicht

White & Weber
Architects

89 PETER J. WEBER,
Perspektivische Ansicht
des Gebäudes
3400 North Sheridan Road,
um 1915-17 (Kat. 245)

90 WILLIAM DRUMMOND,
Wettbewerbsbeitrag
für den Chicago Tribune
Tower, 1922 (Kat. 258)

91 Holabird and Roche,
Wettbewerbsbeitrag für
den Chicago Tribune Tower, 1922
(Kat. 264)

92 RICHARD YOSHIJIRO MINE, Wettbewerbsbeitrag für den Chicago Tribune Tower, 1922 (Kat. 255)

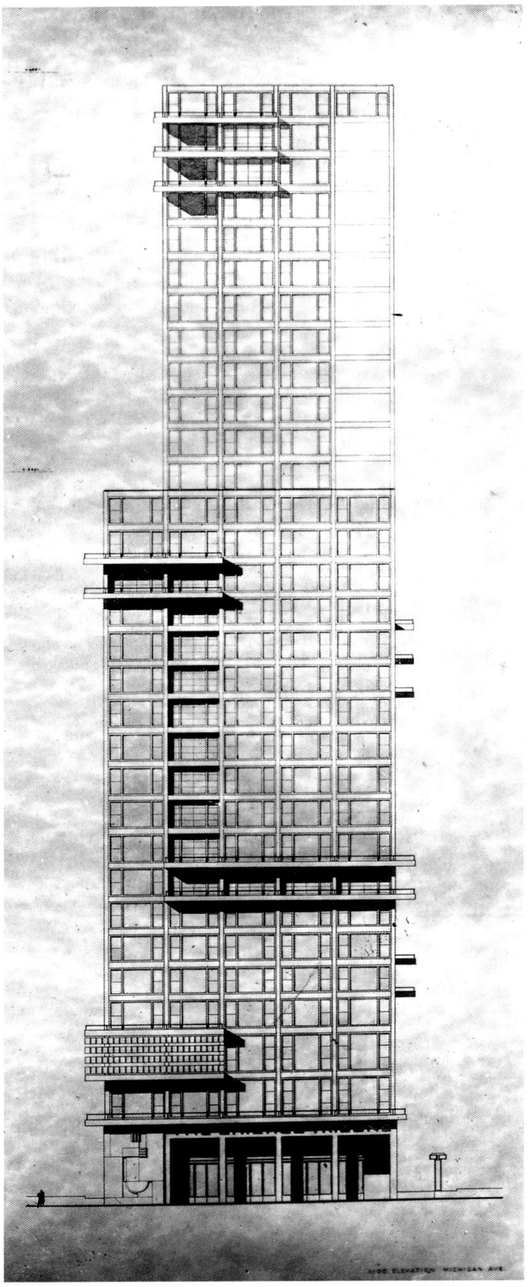

93 Walter Gropius, Wettbewerbsbeitrag für den Chicago Tribune Tower, 1922 (Kat. 256)

94 Raymond Hood von Howells and Hood, Wettbewerbsbeitrag für den Chicago Tribune Tower, 1922 (Kat. 269)

95 Eliel Saarinen, Perspektivische Studie des Chicago Lakefront Project, 1923 (Kat. 276)

Evanston Illinois 1923

96 Wrigley Building und Chicago Tribune Tower, Blick vom Wacker-Drive-Ufer des Chicago River

Katalog

John Zukowsky

Die Maße der Werke werden in Zentimetern angegeben, wobei immer Höhe vor Breite und Tiefe steht. Leihgeber zur Ausstellung sind als solche gekennzeichnet; bei allen Schenkungen an The Art Institute of Chicago sind die jeweiligen Stifter genannt.

I. Chicago: Der historische Zusammenhang

Obgleich die Gegend um Chicago im ausgehenden 17. Jahrhundert von französischen Missionaren und Forschungsreisenden erkundet wurde, dauerte es noch hundert Jahre, bis sich Pelzhändler, darunter der in England geborene John Kinzie (1803-1865), hier niederließen. Er wird häufig als der ›Vater Chicagos‹ bezeichnet, da sein Haus und seine Liegenschaften zu den größten im Dorf gehörten; Kinzie wurde so zu einem bedeutenden Grundstücksspekulanten und Siedlungsoberhaupt. Im Jahre 1830 entwarf man einen Rasterplan zur Besiedelung Chicagos, und drei Jahre später faßte man das mit Aussicht auf den Bau des Illinois-Michigan-Kanals rasch wachsende Dorf zu einer Stadtgemeinde zusammen. Erst der kometenhafte Aufstieg der Eisenbahn jedoch verwandelte die Ebene am Michigan-See in den wichtigsten Verkehrsknotenpunkt der Nation. Chicago entwickelte sich vom befestigten Dorf bei Fort Dearborn (Abb. 1) des Jahres 1803 (1812 durch einen Brand zerstört, 1816 neu erbaut) im Laufe der nächsten fünfzig Jahre zu einer Stadt in der Prärie. Die ausgestellten Drucke und Ansichten sollen einen Überblick über die Schnelligkeit des Wachstums innerhalb des Rasterplans geben. Diese Expansion wurde zum Teil durch die Entwicklung des ›Ballongerüsts‹ möglich – eine kostengünstige Bauweise mit maschinengefertigten Elementen, die die schnelle Errichtung von Gebäuden gestattete.

Das verheerende Feuer, das in Chicago vom 8. bis 10. Oktober 1871 wütete, schuf einen dringenden Wohnraumbedarf und ungeheure Chancen für Architekten, die aus den Städten der Ostküste, wie Boston und New York, und aus dem fernen Europa, besonders aus Deutschland, dorthin zogen. Beim Wiederaufbau der Stadt wirkten diese Architekten an der Entwicklung eines nichtbrennbaren Stahlgerüstes mit, was wiederum den Bau hoher Bürotürme, der sogenannten ›Wolkenkratzer‹ ermöglichte, die für die nächsten beiden Jahrzehnte den Typus der Chicagoer Geschäftsbauten prägten.

Abb. 1 Fort Dearborn aus der Vogelperspektive, 1803

1. Inger and Bodtker and Co., Lithographen. Chicago im Jahre 1820 mit einer Vignette von John Kinzie, gedruckt 1867. Farblithographie auf Papier, 53 x 66. Leihgabe der Chicago Historical Society.

2. Schnittmodell eines ›Ballongerüsts‹, um 1835. Holz, etwa 40 x 40 x 60. 1987 von Richard Tickner für The Art Institute of Chicago angefertigt.

3. I. T. Palmatary, Zeichner, und Charles Inger, Lithograph. Chicago aus der Vogelperspektive, 1857, von Braunhold und Sonne veröffentlicht. Lithographie, gerahmt, 141,5 x 229. Leihgabe der Chicago Historical Society. (Siehe Tafel 1.)

4. Louis Kurz. Chicago, die Metropole des Nordwestens, 1864. Farblithographie auf Papier, 59,4 x 74. Leihgabe der Chicago Historical Society. (Siehe Tafel 2.)

5. Joshua Smith, Photograph. Ansicht von Chicago nach dem großen Brand, 1871. Photographie, 23,5 x 80. Leihgabe der Chicago Historical Society. (Siehe Tafel 3.)

6. Kurz und Allison. Chicago in den Anfangsjahren, 1779-1857, veröffentlicht 1893. Farblithographie auf Papier, 55 x 70,3. Leihgabe der Chicago Historical Society.

7. Shober und Carqueville, Lithographen; Louis Klinckerfues und Jacob Richter, Architekten und Ingenieure. Ansicht Chicagos aus der Vogelperspektive, 1879 aus einer Höhe von 600 Metern über dem Erdboden aufgenommen. Farblithographie auf Papier, 65 x 99. Leihgabe der Chicago Historical Society.

8. Modell des im Wiederaufbau befindlichen Geschäftsviertels von Chicago im Jahre 1872. Verschiedene Materialien, ca. 397 x 397. 1987 von Richard Tickner für The Art Institute of Chicago angefertigt.

Kat. 7

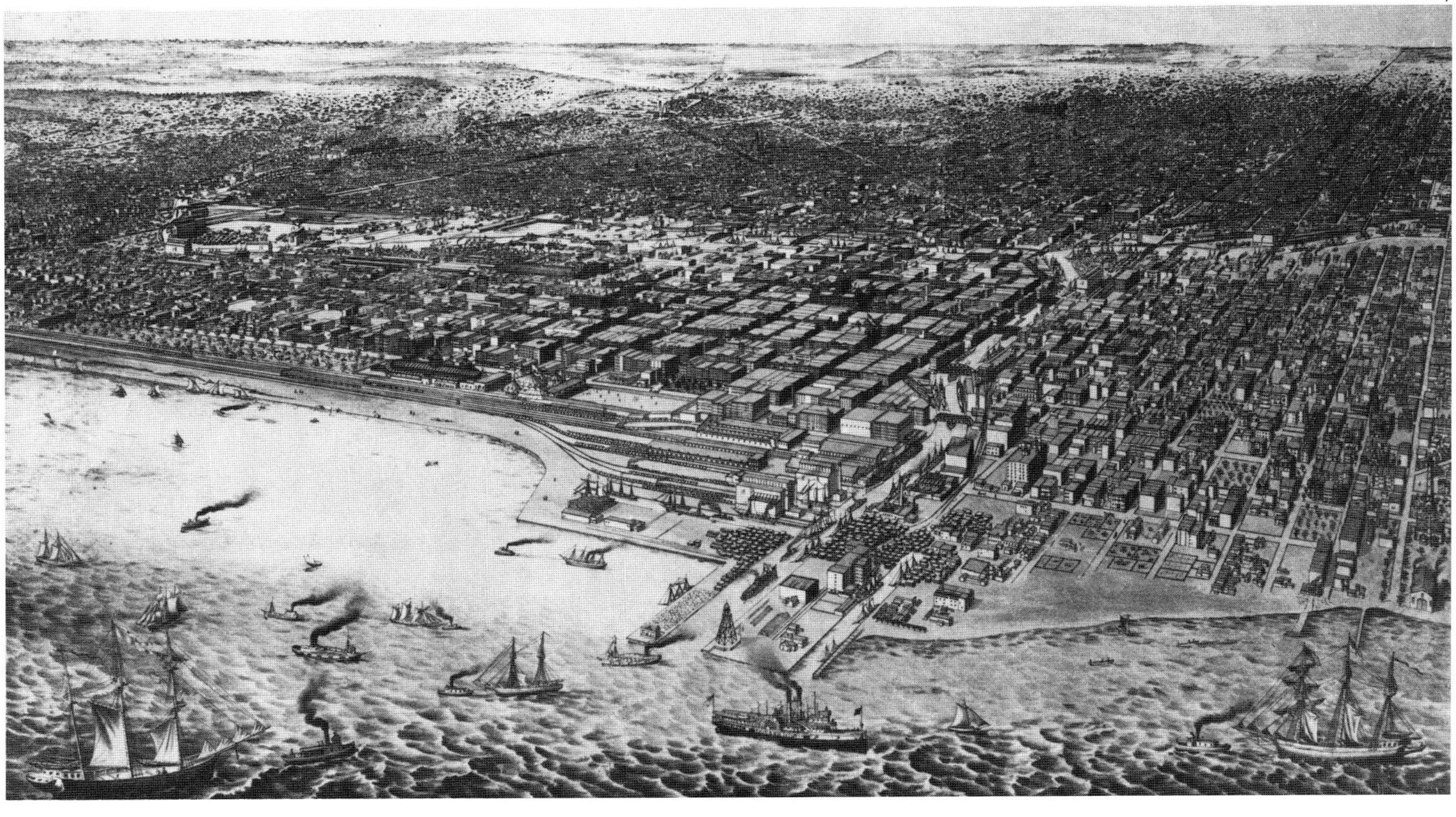

Abb. 2 Fürst and Rudolph, John York Building, 1888 (abgerissen)
Abb. 3 Prüfungsausschuß für die Architekten von Illinois in P. B. Wights Büro, 1898; aus Illinois Society of Architects, Handbook for Architects and Builders, *1898*

II. Europäische Grundlagen der Architektur Chicagos: Deutschland und Frankreich

Sowohl vor als auch nach der Feuersbrunst des Jahres 1871 wurden in Chicago, wie auch in den restlichen Vereinigten Staaten, Bauten in einer Vielzahl historisierender Stile errichtet. Dennoch ist der Charakter der städtischen Bebauung im wesentlichen von franko-germanischen Einflüssen geprägt. Der deutsche Einfluß ist im Werk der eingewanderten Architekten sichtbar, die, gemeinsam mit Tausenden ihrer Landsleute, nach der gescheiterten Revolution von 1848 das Land verlassen hatten. Unter ihnen waren Charles Fürst (Abb. 2) und Augustus Bauer, der im Jahre 1853 als erster von beiden in Chicago eintraf. Fürsts Entwürfe – vermutlich Arbeiten seiner Studienjahre – zählen zu den seltenen, aus dieser frühen Zeit noch erhaltenen Zeichnungen. Zu den in Chicago ansässigen deutschen Auftraggebern von Bauer und seinem Partner Robert Loebnitz zählte auch der Wagenbauer Peter Schuttler.

Deutsche Methoden bei der Architektenausbildung und deutsche Vorstellungen internationaler Architektur hielten in der Mitte der siebziger Jahre des 19. Jahrhunderts auch durch Nathan Clifford Ricker (Abb. 3) Einzug an der University of Illinois; Ricker reformierte grundlegend den Lehrplan des Instituts. Deutsche Zeitschriften wie *Architektonisches Skizzenbuch* und *Deutsche Bauzeitung* gelangten in die Bibliotheken verschiedener Chicagoer Architekten, darunter Peter B. Wight, der als Zeichenübung Kopien der Illustrationen anfertigte. Diese Publikationen informierten die Chicagoer Architekten über die neuesten europäischen Designtrends und gaben ihnen Anregungen für ihre eigenen Projekte, wie im Falle des in *Building News* veröffentlichten englischen Entwurfs, den Wight 1875 für seinen Entwurf des Opernhauses von Ottawa, Illinois, kopierte. Wight selbst ließ eine Methode zur Feuersicherung patentieren, und sein Büro, Carter, Drake and Wight, errichtete im Laufe der siebziger Jahre in Chicago eine Reihe von Geschäftshäusern, bei denen die später so bedeutenden Chicagoer Architekten Daniel H. Burnham und John Wellborn Root ihre ersten Erfahrungen sammelten. Obgleich fast alle Bauten Wights zerstört wurden und nur noch in Zeichnungen erhalten sind, existieren doch noch einige wenige, von anderen kurz nach dem Brand des Jahres 1871 entworfene Geschäftsgebäude. Das vor kurzem restaurierte Delaware Building (Abb. 4) von Wheelock and Thomas ist eines der bemerkenswertesten Beispiele.

Ein vergleichbarer, wenn nicht sogar größerer Einfluß auf die Architektur Chicagos ging von Frankreich aus. Nach dem amerikanischen Bürgerkrieg (1861-1865) und besonders nach der Rückkehr an der Ecole des Beaux-Arts in Paris ausgebildeter Architekten weitete sich der Einfluß Frankreichs aus. Als erster Amerikaner studierte Richard Morris Hunt an der Ecole, später folgten u. a. Louis H. Sullivan, William August Otis, Edward H. Bennett und John A. Holabird. Gleich vielen anderen kopierten sie entweder weiterhin Bauten aus Publikationen, oder sie bereisten Europa und andere Länder, wo sie architektonische Kostbarkeiten auf dem Skizzenblock festhalten konnten. So lernten sie aus erster Hand die Glanzleistungen der Vergangenheit kennen und bewahrten dieses Wissen für künftige eigene Schöpfungen. Daniel H. Burnhams 1896 gezeichnete Ansicht von Algier konzentriert sich beispielsweise auf die Uferzone und die große Gesamtansicht, was auf sein späteres Interesse an umfassenden Stadtplanungsprojekten hinweist. Frederick

Abb. 4 Wheelock and Thomas, Delaware Building, 36 Randolph Street, 1874

P. Dinkelbergs 1878 entstandene Zeichnung der Peterskirche in Rom erinnert uns daran, daß sie ihm als Inspirationsquelle für die Kuppel des 35 East Wacker Drive Building (Abb. 5) von 1926 diente. Die auf den Skizzen C. Herrick Hammonds festgehaltenen Pariser Szenen rufen uns ins Gedächtnis, daß Paris zu Anfang dieses Jahrhunderts die internationale Hauptstadt westlicher Kultur und Architektur verkörperte. Der 1899 entstandene Pont Alexandre III diente in den zwanziger Jahren als Vorbild für die Gestaltung der Pylonen im Grant Park in Chicago. Der französische Einfluß auf die Architektenausbildung verstärkte sich sogar noch, als die Zeichentechniken der Ecole an amerikanischen Schulen eingeführt wurden, wie an der Architekturfakultät des Armour Institute of Technology, das vom Ende des 19. Jahrhunderts bis 1938 im Art Institute of Chicago untergebracht war. In diesem Jahr wurde Ludwig Mies van der Rohe zu seinem Leiter berufen, lenkte die Ausrichtung des Curriculums von Frankreich zum deutschen Bauhaus und verlegte das Institut an seinen heutigen Standort an der 35th und State Street. In den vierziger Jahren wurde es in Illinois Institute of Technology umbenannt. Während der Blütezeit des Armour Institute als Beaux-Arts-Schule lehrte man dort Studenten wie James Edwin Quinn, Milton Herman und Paul McCurry, sorgfältig ausgearbeitete Wiedergaben sogar im Art Institute ausgestellter architektonischer Detailformen anzufertigen. Nachdem Norman J. Schlossman im Jahre 1922 sein Studium am Armour Institute erfolgreich abgeschlossen hatte, reiste er nach Europa, um die dortige Architektur zu besichtigen und zu skizzieren. Seine Skizzen dienten nach dem Ersten Weltkrieg als Unterlagen für den Wiederaufbau, gleichzeitig erinnern sie uns an die Unterbrechung des aktiven architektonischen Austauschs zwischen Chicago und Europa in den Kriegsjahren. Sogar der im Süden des Staates gelegene Campus der University of Illinois in Champaign-Urbana wurde von dieser Frankophilie der Entwurfstechniken angesteckt, was die 1921 entstandenen, vollendet ausgeführten Arbeiten des japanischen Emigranten Richard Yoshijiro Mine belegen. In Amerika ausgebildete Chicagoer Architekten wie George Maher und Howard Van Doren Shaw, deren Entwürfe entweder vom Jugendstil oder der Arts-and-Crafts-Bewegung beeinflußt waren, unternahmen ebenfalls die ›grand tour‹ durch Europa, um ihre Lieblingsbauten zu besuchen und zu skizzieren.

A. Deutsche Architekten und Ingenieure: Die Anfänge einer Chicagoer Architekturschule

9. Charles Fürst. Aufrißstudie der griechisch-dorischen Ordnung des Parthenon, Athen, am 28. März 1870 gezeichnet. Tusche, laviert auf Papier, 59,8 x 45. Schenkung von Mrs. Marie Fürst Florence an The Art Institute of Chicago. (Siehe Pollak, Abb. 2, S. 251.)

10. Charles Fürst. Aufrißstudie der römisch-dorischen Ordnung der Diokletiansthermen, Rom, am 1. April 1870 gezeichnet. Tusche, laviert auf Papier, 59,8 x 45. Schenkung von Mrs. Marie Fürst Florence an The Art Institute of Chicago.

11. Charles Fürst. Aufrißstudie einer dorischen Ordnung der Renaissancezeit von Scamozzi, am 5. Juni 1879 gezeichnet. Tusche auf Papier, 59,8 x 45. Schenkung von Mrs. Marie Fürst Florence an The Art Institute of Chicago.

12. Charles Fürst. Aufrißstudie einer griechisch-ionischen Ordnung vom Tempel der Minerva Polias, Athen, am 23. Mai 1879 gezeichnet. Tusche und farbige Tusche auf Papier, 59,5 x 45. Schenkung von Mrs. Marie Fürst Florence an The Art Institute of Chicago.

13. Charles Fürst. Fassadenansicht einer Villa, um 1870. Tusche und farbige Tusche auf Papier, 45 x 60,3. Schenkung von Mrs. Marie Fürst Florence an The Art Institute of Chicago. (Siehe Tafel 4.)

14. Bauer and Loebnitz. Aufriß des Peter Schuttler House, 287 West Adams Street, Chicago, 1873-74 (abgerissen). Bleistift und Tusche auf Papier, 62,7 x 53,8. Schenkung von Arthur Woltersdorf an The Art Institute of Chicago.

15. Peter B. Wight. Aufrißzeichnung eines Gartenpavillons des Hildebrandt-Hauses in Pankow bei Berlin von Kirhoff, gezeichnet von A. V. Keller, um 1860 von Wight aus *Architektonisches Skizzenbuch* 11, 3, 1853 kopiert. Bleistift und Aquarell auf Papier, 22,7 x 28,5. Schenkung von Peter B. Wight an The Art Institute of Chicago.

16. Peter B. Wight. Aufrißskizze eines Schaufensters in Frankfurt, entworfen von Ritter und gezeichnet von A. Schultz, von Wight um 1869 aus *Architektonisches Skizzenbuch* 7, 5, 1852, kopiert. Bleistift auf Papier, 16,3 x 22,5. Schenkung von Peter B. Wight an The Art Institute of Chicago.

17. Carter, Drake and Wight. Perspektivische Ansicht des Stewart-Bentley Building, 112-114 Dearborn Street (heute 30-32 North Dearborn Street), Chicago, gezeichnet von Daniel H. Burnham, 1872 (abgerissen). Tusche und Aquarell auf Papier, 55,9 x 29. Schenkung von Peter B. Wight an The Art Institute of Chicago. (Siehe Tafel 8.)

18. Carter, Drake and Wight. Perspektivische Ansicht des Lenox Building, 88-90 Washington Street (heute 59 West Washington Street), Chicago, gezeichnet von John Wellborn Root, 1872 (abgerissen). Tusche, laviert auf Papier, 51,2 x 25. Schenkung von Peter B. Wight an The Art Institute of Chicago. (Siehe Tafel 7.)

19. Peter B. Wight. Aufrißzeichnung des Modells der ›Heldendichtung‹ für das Opernhaus in Ottawa, Illinois, um 1875, Kopie von Henry Stacy Marks' Lünetten des Gaiety Theatre in London, veröffentlicht in *Building News,* 19. März 1869. Gouache und Bleistift auf Papier, 55,9 x 41,2. Schenkung von Peter B. Wight an The Art Institute of Chicago.

20. Peter B. Wight. Aufrißzeichnung und Teilschnitt des Eliphalet W. Blatchford House, ›Ulmenheim‹, 375 North LaSalle Street, Chicago, 1875 (abgerissen). Tusche und Aquarell auf Papier, 51 x 63. Schenkung von Peter B. Wight an The Art Institute of Chicago. (Siehe Tafel 6.)

21. Peter B. Wight. Schmuckkacheln aus dem Blatchford House, um 1875. Terrakotta, jede 12,7 x 12,7 x 4. Schenkung von Thomas Blatchford an The Art Institute of Chicago.

22. Peter B. Wight. Wandschrank aus Graunußholz aus dem Blatchford House, um 1875. Holz, 106,8 x 82,5 x 59,5. Leihgabe der More Collection.

23. Isaac E. Scott. Bücherschrank für die Familie J. J. Glessner, Chicago, um 1875. Walnuß mit Stechpalmen- und Ebenholzintarsien, 218,5 x 177,8 x 36,8. Leihgabe des Glessner House, Chicago Architecture Foundation. (Siehe Tafel 32.)

24. Nathan Clifford Ricker. Fassadenansicht der Getreidebörse, London, 22. Februar 1872. Aqua-

Kat. 14

Kat. 15

Kat. 19

Kat. 22

Kat. 26

rell auf Papier, 47 x 62,3. Leihgabe des Universitätsarchivs, University of Illinois at Urbana-Champaign. (Siehe Tafel 9.)

25. Nathan Clifford Ricker. Aufriß- und Grundrißzeichnung des ersten Geschosses einer Villa mit Mansarddach, 14.-30. März 1872. Aquarell auf Papier, 45,7 x 50,7 und 63,5 x 47. Leihgabe des Universitätsarchivs, University of Illinois at Urbana-Champaign. (Siehe Tafel 5.)

26. Peter J. Weber. Aufrißzeichnungen des neuen Ratskellers in Halle an der Saale, um 1880-1885. Tusche und Aquarell auf Papier, jedes Blatt ca. 69 x 98. Schenkungen von Bertram Weber an The Art Institute of Chicago.

B. Französische Konzepte der Architektenausbildung: Die Ecole des Beaux-Arts und Beaux-Arts-Schulen im Mittleren Westen; Weiterbildung durch Europareisen.

27. Louis H. Sullivan. Aufrißstudie der tuskischen Ordnung nach einer französischen Vignola-Ausgabe, um 1875. Tusche auf Transparentpapier, 30,5 x 20,3. Schenkung von George Grant Elmslie an The Art Institute of Chicago. (Siehe Pollak, Abb. 3, S. 252.)

28. Louis H. Sullivan. Aufrißstudie eines dorischen Sockels, einer Basis und eines Gebälks nach einer französischen Vignola-Ausgabe, um 1875. Tusche auf Transparentpapier, 30,5 x 20,3. Schenkung von George Grant Elmslie an The Art Institute of Chicago. (Siehe Pollak, Abb. 1, S. 250.)

29. Louis H. Sullivan. Aufrißstudie einer Spielart der dorischen Ordnung nach einer französischen Vignola-Ausgabe, um 1875. Tusche auf Transparentpapier, 30,5 x 20,3. Schenkung von George Grant Elmslie an The Art Institute of Chicago. (Siehe Pollak, Abb. 8, S. 254.)

30. Louis H. Sullivan. Detailstudie eines antiken Frieses und Gebälks, um 1875. Bleistift auf Transparentpapier, 20,5 x 20. Schenkung von George Grant Elmslie an The Art Institute of Chicago. (Siehe Pollak, Abb. 10, S. 256.)

31. Louis H. Sullivan. Skizze mit der Inschrift »Deja le violaneux commence a [illegible]oeler son instrument«, 26. Februar 1875. Tusche auf Papier, 27 x 21. Schenkung von Andrienne Sullivan an The Art Institute of Chicago.

32. Louis H. Sullivan. Skizze einer Mannes und einer Frau (ein Maler und sein Modell), 29. März 1875. Tusche auf Papier, 33,8 x 25,7. Schenkung von George Grant Elmslie an The Art Institute of Chicago.

33. Louis H. Sullivan. Gebälkstudie nach Ruprich-Robert, *Flore Ornamentale,* um 1880. Bleistift auf Transparentpapier, 27 x 20,4. Schenkung von George Grant Elmslie an The Art Institute of Chicago.

34. Frederick P. Dinkelberg. Perspektivische Ansicht des Innenraums von St. Peter, Rom, vermutlich von einem Stich oder einer Publikation kopiert, 1878. Tusche auf Papier, 73,5 x 60. Schenkung aus dem Nachlaß von George F. Killinger an The Art Institute of Chicago.

35. William August Otis. Aufrißskizze des Schlosses in La Clayette, Dept. Soane et Loire, 1880.

Abb. 5 Giaver and Dinkelberg mit Thielbar and Fugard, Jewelers Building (später Pure Oil Building), 35 East Wacker Drive, 1926

Kat. 33

Kat. 34

Kat. 37

Kat. 35 Kat. 38

Kat. 39 Kat. 41

Tusche auf Papier, 22,3 x 31. Schenkung von William Augustus Otis an The Art Institute of Chicago.

36. Irving K. Pond. Aufrißskizze des Nassauer Hauses, Nürnberg, um 1890. Tusche auf Papier, 35,5 x 25,5. Schenkung aus dem Nachlaß von Irving K. Pond an The Art Institute of Chicago.

37. George Maher. Perspektivische Skizzen von Bauten in Granada, Luzern, Rom und Köln, 1891. Tusche auf Papier, jedes Blatt ca. 25,3 x 19. Schenkungen von Violet Wyld und der Kenilworth Historical Society an The Art Institute of Chicago.

38. Daniel H. Burnham. Zwei Ansichten von Algier, 1896. Bleistift und Aquarell auf Papier, jedes Blatt 17,6 x 25,2. Schenkung von Daniel und Hubert Burnham an The Art Institute of Chicago.

39. Edward H. Bennett. Aufrißzeichnung der Porte Royale, Kathedrale von Chartres, 1896. Bleistift und Aquarell auf Papier, 95 x 61. Leihgabe von Mr. und Mrs. Edward H. Bennett jr.

40. C. Herrick Hammond. Perspektivische Skizze von Notre-Dame, Paris, 8. August 1904. Tusche auf Papier, 12,5 x 16,4. Schenkung von James W. Hammond an The Art Institute of Chicago.

41. C. Herrick Hammond. Perspektivische Skizze des Pont Alexandre III, Paris, 22 August 1904. Tusche und Aquarell auf Papier, 18,5 x 13,8. Schenkung von Mary Hammond Rodman im Gedenken an James Wright Hammond an The Art Institute of Chicago.

42. John A. Holabird. Perspektivische Skizze des Eingangs zu einem französischen Garten, um 1912. Aquarell auf Zeichenkarton, ca. 36,5 x 23,5. Schenkung von John A. Holabird jr. an The Art Institute of Chicago.

43. John A. Holabird. Vier perspektivische Skizzen: Caracallathermen, St. Peter in Rom, S. Maria della Pace und Palazzo Farnese, 1913. Bleistift auf Schreibpapier, jedes Blatt 19 x 12,6. Schenkungen von John A. Holabird jr. an The Art Institute of Chicago.

44. James Edwin Quinn. Aufriß eines Laubengangs, während des Studiums am Art Institute – Armour Institute of Technology entstandene Zeichnung, 16. November 1914. Tusche, Bleistift und Aquarell auf Papier, 15,5 x 10. Schenkung von James Edwin Quinn an The Art Institute of Chicago.

45. Howard Van Doren Shaw. Englisches Reiseskizzenbuch, 1920. Bleistift auf Papier, 15,5 x

Kat. 50

Kat. 48

Kat. 47

10. Schenkung von Susan Dart McCutcheon und John T. McCutcheon jr. an The Art Institute of Chicago.

46. Richard Yoshijiro Mine. Entwurf für ein Kriegerdenkmal, während des Studiums an der University of Illinois at Champaign-Urbana entstandene Zeichnung, 1921. Tusche, laviert auf Papier, 54,6 x 93,9. Schenkung von Richard Yoshijiro Mine an The Art Institute of Chicago. (Siehe Tafel 79.)

47. Milton Herman. Aufrißzeichnung und Schnitt eines Fensters, während des ersten Studienjahres am Armour Institute of Technology entstandene Zeichnung, 1922. Tusche und Aquarell auf Papier, 91 x 61. Schenkung von Paul McCurry an The Art Institute of Chicago.

48. Paul McCurry. Aufrißzeichnung und Schnitt eines gotischen Kamins in Laon aus dem 15. Jahrhundert (mit dem Wappen Pierre II. de Fontette) in The Art Institute of Chicago, im dritten Studienjahr am Armour Institute of Technology entstandene Zeichnung, 1924. Tusche und Aquarell auf Papier, 96 x 64. Schenkung von Paul McCurry an The Art Institute of Chicago.

49. Norman J. Schlossman. Perspektivische Skizze des Turms der Kathedrale von Soissons während Reparaturarbeiten nach Zerstörungen im Ersten Weltkrieg, 9. Dezember 1922. Bleistift auf Papier, 32,8 x 25,6. Schenkung von Norman J. Schlossman an The Art Institute of Chicago.

50. Norman J. Schlossman. Perspektivische Skizze des Innenraums der Kathedrale von Soissons während Reparaturarbeiten nach Zerstörungen im Ersten Weltkrieg, 9. Dezember 1922. Bleistift auf Papier, 32,8 x 25,5. Schenkung von Norman J. Schlossman an The Art Institute of Chicago.

III. Große und kleine Meisterwerke

Nordeuropa blieb auch weiterhin einer der Hauptbezugspunkte für Chicago. So diente dem Architekten Solon Spencer Beman das viktorianische England als Vorbild für seine 1879 entstandene Modellstadt Pullman in Illinois und für das Pullman Building von 1884. Andere griffen auf französische Quellen zurück wie Burnham and Root für ihre richtungsweisende Rookery von 1885. Burnham and Root wurde später, besonders in deutschen Publikationen der zwanziger Jahre, für ihr strenges, schmuckloses Monadnock Building internationale Anerkennung zuteil. Die lichten Räume dieses Gebäudes stehen im Kontrast zum Grundriß der Rookery, wo die Architekten eine teilweise auf französischen Atrium- und Kaufhausentwürfen basierende Innenhoflösung anwandten. Diese quadratischen Grundrisse mit ebenfalls quadratischem, innenliegendem Lichthof wurden zum Kennzeichen späterer Bürobauten von Burnham and Root, D. H. Burnham and Co. sowie der Nachfolgefirmen. Sowohl ihre als auch die Entwürfe anderer, zum Beispiel von Henry Ives Cobb, Charles S. Frost und Otto H. Matz, wurden jedoch entscheidend vom Werk des Bostoner Architekten Henry Hobson Richardson beeinflußt, wie die rustizierten Außenmauern und das deutlich neuromanische Gepräge ihrer Bauten beweisen. Richardsons neuromanische Gebäude in Chicago erlangten internationales Ansehen. Von besonderer Bedeutung sind das richtungsweisende Glessner House, der Marshall Field Wholesale Store und das weniger bekannte Franklin MacVeagh House (Abb. 6, 7); die beiden letztgenannten sind heute leider nicht mehr vorhanden.

William Le Baron Jenneys berühmtes Home Insurance Building aus dem Jahre 1884 (heute abgerissen) und die für die Chicagoer Schule typischen Stahlskelettbauten solcher Büros wie Holabird and Roche waren, ebenso wie die Arbeiten Howard Van Doren Shaws und Irving K. Ponds sowie seines Bruders Allen B. Ponds, Gegenstand zahlreicher Publikationen und Ausstellungen zur Architektur Chicagos. Aber man sollte nicht vergessen, daß eine Reihe weniger begabter Architekten in Chicago tätig war, darunter deutschstämmige Einwanderer und ihre Nachkommen, wie Alfred S. Alschuler, Frederick Baumann, Adolph Cudell (Tafel 27; Abb. 8), Fritz Foltz, Arthur Hercz, Edmund C. Krause, Richard E. Schmidt (Abb. 9), Herman Valentin Von Holst, August C. Wilmanns und Arthur Woltersdorf (Abb. 10). Gemeinsam mit ihren berühmteren Kollegen formten diese weniger bekannten Architekten das Stadtbild mit Bauten, deren Spektrum von kleinen Meisterwerken bis zu Hintergrundsgebäuden reichte. Ebenso wie bei ihren berühmten Kollegen änderten sich mit der Zeit auch bei ihnen Bauweisen und Architekturstile, welche die besonders am Ende der neunziger Jahre im Zuge des Erfolges der Weltausstellung von 1893 spürbare Verschiebung zu klassizistischer Detailgestaltung widerspiegelten. In jedem Fall hilft ihre Einbeziehung bei der exakteren Einordnung bedeutender Architekten in den Gesamtzusammenhang von Chicagos Baugeschichte. Damit fällt es uns auch leichter, die Errungenschaften und Wirkung von Chicagos ›Heroen der Architektur‹ einzuschätzen: Louis H. Sullivan, Frank Lloyd Wright und Daniel H. Burnham. Jeder dieser drei Ausstellungsabschnitte präsentiert einen Überblick über die Arbeiten des betreffenden Architekten in Beziehung zu einigen seiner Anhänger und bietet somit eine Art Kurzmonographie.

Abb. 6/7 H. H. Richardson, Franklin MacVeagh House, 1400 North Lake Shore Drive, 1885-87 (abgerissen); Außenansicht und Eßzimmer mit Palmenhof

Abb. 8 Cudell and Hercz, Francis J. Dewes House, 503 West Wrightwood Avenue, 1896; Vestibül

Abb. 9 Richard E. Schmidt, Montgomery Ward Building, 6 North Michigan Avenue, 1898 (verändert)

Abb. 10 Hill and Woltersdorf, Devoe Building, 14-16 West Lake Street, 1912-13 (abgerissen)

51. Solon Spencer Beman. Vorstudie zum Aufriß des Main Car Shop, Pullman, 1879-80. Bleistift auf Papier, 66 x 228. Schenkung von Pullman, Inc., an The Art Institute of Chicago.

52. Solon Spencer Beman. Aufriß des Pullman Office Building, Südwestecke Adams Street und Michigan Avenue, Chicago, 1884 (abgerissen). Tusche auf Leinenpapier, 100 x 110. Schenkung von Jeremy Beman an The Art Institute of Chicago. (Siehe Schlereth, Abb. 16, S. 182.)

53. Solon Spencer Beman. Detailskizze eines Pullman-Wagens, um 1892-94. Bleistift auf Transparentpapier, 52 x 74. Schenkung von Bates Lowry an The Art Institute of Chicago.

54. William Le Baron Jenney. Modell des Home Insurance Building, Nordwestecke LaSalle und Adams Street, Chicago, 1884 (abgerissen). Verschiedene Materialien, 38 x 38 x 51. 1987 von Richard Tickner für das Deutsche Architekturmuseum angefertigt.

55. L. Prang and Co., Lithographen. Plakat des Home Insurance Building, um 1885-86. Farbige Photolithographie, 84 x 65,5. Leihgabe des Deutschen Architekturmuseums. (Siehe Tafel 14.)

56. H. H. Richardson. Perspektivische Skizze des Marshall Field Wholesale Store, Ecke Adams und Franklin Street, Chicago, um 1885 (abgerissen). Bleistift, schwarze Kreide, rot laviert, weiß gehöht, 29 x 50,6. Leihgabe der Houghton Library, Harvard University. Wird nur in Chicago gezeigt.

57. H. H. Richardson. Perspektivische Studie einer Ecke des Marshall Field Wholesale Store, um 1885. Bleistift auf Transparentpapier, 45 x 54,6. Leihgabe der Houghton Library, Harvard University. Wird nur in Chicago gezeigt.

58. Burnham and Root. Aufriß der Rookery, 209 South LaSalle Street, Chicago, 1885. Kolorierte Hektographie, 61,2 x 72,6. Schenkung von D. H. Burnham jr. an The Art Institute of Chicago. (Siehe Tafel 10.)

59. Burnham and Root. Aufriß des Haupttreppenhauses der Rookery, 1885-86. Kolorierte Hektographie, ca. 71 x 101,5. Schenkung von D. H. Burnham jr. an The Art Institute of Chicago.

60. Burnham and Root. Modell der Rookery, 1885-86. Verschiedene Materialien. Für das Deutsche Architekturmuseum angefertigt.

61. Charles S. Frost. Aufriß und Schnitt der Chicago and Northwestern Railroad Station, Wisconsin Avenue, Milwaukee, Wisconsin, 1889 (abgerissen). Hektographie, Tusche und farbige Tusche auf Leinenpapier, 73,5 x 89. Leihgabe von Mr. und Mrs. Dale Cowel.

62. Holabird and Roche. Aufriß des Tacoma Building, Nordostecke LaSalle und Madison Street, Chicago, um 1888-89 (abgerissen). Sepiadruck, 121,3 x 79,5. Leihgabe der Chicago Historical Society, Schenkung von Holabird and Root.

63. Holabird and Roche. Perspektivische Ansicht des McClurg Building, 218 South Wabash Avenue, Chicago, 1899. Sepiadruck, 77,5 x 46,5. Leihgabe der Chicago Historical Society, Schenkung von Holabird and Root. (Siehe Tafel 20.)

64. Holabird and Roche. Aufriß und Schnitt der Terrakottaformen an den unteren Geschossen des Adams-Street-Anbaus zum Marquette Building

Kat. 56

Kat. 70

Kat. 66

Kat. 72

Kat. 71, Detail

Kat. 74

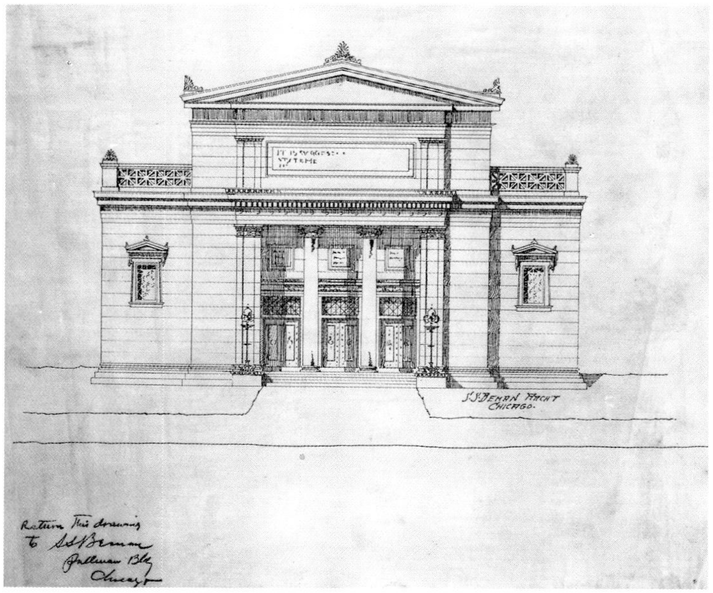

Kat. 83

aus dem Jahre 1893, 140 South Dearborn Street, Chicago, 1905. Hektographie mit Aquarellübermalungen, 96,5 x 61. Leihgabe der Chicago Historical Society, Schenkung von Holabird and Root.

65. H. H. Richardson. Präsentationszeichnung des J. J. Glessner House, 1800 South Prairie Avenue, Chicago, Mai 1885. Bleistift und Aquarell auf Transparentpapier, auf Karton aufgezogen, 29,6 x 65,5. Leihgabe der Houghton Library, Harvard University. Wird nur in Chicago gezeigt.

66. H. H. Richardson. Vorstudie zum Fassadenaufriß des J. J. Glessner House zur Prairie Avenue, um 1885. Bleistift, Tusche und Aquarell auf Tonpapier, 59 x 69,8. Leihgabe der Houghton Library, Harvard University. Wird nur in Chicago gezeigt.

67. H. H. Richardson. Detail der Fassade des J. J. Glessner House zur 18th Street. Bleistift auf Transparentpapier, 23,5 x 26. Leihgabe der Houghton Library, Harvard University. Wird nur in Chicago gezeigt.

68. H. H. Richardson. Perspektivische Ansicht des J. J. Glessner House, um 1885-87. Tusche auf Bristolkarton, 16,5 x 40,5. Leihgabe des Glessner House, Chicago Architecture Foundation. (Siehe Tafel 29.)

69. H. H. Richardson. Perspektivische Ansicht der Wohnhalle mit Treppe des J. J. Glessner House, 1886-87. Tusche auf Transparentpapier, 62,2 x 40,7. Leihgabe des Glessner House, Chicago Architectural Foundation. (Siehe Tafel 30.)

70. Charles Coolidge. Sessel und Stuhl für J. J. Glessner, 1887. Eichenholz; Sessel, 99,7 x 66 x 53,3; Stuhl, 97,3 x 53,3 x 45,8. Leihgabe des Glessner House, Chicago Architectural Foundation. (Siehe Tafel 31.)

71. John Wellborn Root von Burnham and Root. Perspektivische Vorstudien zur St. Gabriel Kirche, 4501 South Lowe Street, Chicago, um 1886. Bleistift und Aquarell auf Papier, 42,5 x 100,5. Schenkung von John Wellborn Root jr. an The Art Institute of Chicago.

72. John Wellborn Root von Burnham and Root. Perspektivische Ansicht des William J. Goudy House, 434 Elm Street, Chicago, um 1889 (abgerissen). Bleistift, laviert auf Papier, 53 x 45,5. Schenkung von Dr. Stanton Fletcher und Frau an The Art Institute of Chicago.

73. Burnham and Root. Perspektivische Ansicht des Max A. Meyer House, 2009 Prairie Avenue, Chicago, 1888 (abgerissen). Aquarell auf Papier, 63,5 x 40,6. Leihgabe von Mr. und Mrs. Dale Cowel. (Siehe Tafel 28.)

74. Jenney and Mundie. Aufriß und Schnitt einer Kaminverkleidung (Nr. 3) für Mr. Abraham Poole, 89 Pine Street, Chicago, um 1890 (abgerissen). Bleistift und Aquarell auf Papier, 28,2 x 35,8. Schenkung von Elmer C. Jensen an The Art Institute of Chicago.

75. Treat and Foltz. Isometrie der Ontario Apartments, Ecke State und Ontario Street, Chicago, gezeichnet von J. F. W., 1880 (abgerissen). Tusche auf Leinenpapier, 65,4 x 45,8. Schenkung von J. Arthur Scott an The Art Institute of Chicago. (Siehe Westfall, ›Vom Haus zum Hochhaus‹, Abb. 6, S. 271.)

76. Treat and Foltz. Fassadenaufriß der Ontario Apartments zur State Street, 1880. Tusche auf Leinenpapier, 72 x 75. Schenkung von J. Arthur Scott an The Art Institute of Chicago. (Siehe Westfall, ›Vom Haus zum Hochhaus‹, Abb. 5, S. 270.)

77. Treat and Foltz. Aufriß der Goudy Flats, 501-507 Fullerton Parkway, Chicago, um 1890. Tusche auf Leinenpapier, 59 x 94. Schenkung von J. Arthur Scott an The Art Institute of Chicago.

78. Charles S. Frost. Perspektivische Ansicht des Calumet Club, Nordostecke Michigan Avenue und 20th Street, Chicago, gezeichnet von T. O. Frankel, 1893 (abgerissen). Tusche auf Leinenpapier, 77,5 x 125. Leihgabe von Mr. und Mrs. Dale Cowel. (Siehe Tafel 35.)

79. Adolph Cudell und Arthur Hercz. Perspektivische Ansicht des Francis J. Dewes House, 503 West Wrightwood Avenue, Chicago, gezeichnet von Lawrence Buck, 1896. Aquarell und Bleistift auf Papier, 64 x 98. Leihgabe der Chicago Historical Society, Schenkung von Mr. Arthur Hercz und Mrs. Greta Hale. (Siehe Tafel 27.)

80. August C. Wilmanns. Aufrißzeichnung einer öffentlichen Bibliothek, um 1896, ausgestellt im Chicago Architectural Club. Aquarell auf Papier, 46 x 85. Anonyme Schenkung an The Art Institute of Chicago. (Siehe Tafel 80.)

81. August C. Wilmanns. Grundrißzeichnung einer öffentlichen Bibliothek, um 1896, ausgestellt im Chicago Architectural Club. Aquarell auf Papier, 46 x 85. Anonyme Schenkung an The Art Institute of Chicago.

82. Solon Spencer Beman. Aufriß, Grundriß und Detail der Blackstone Memorial Library, 4904 South Lake Park Avenue, Chicago, 1901-02. Tusche auf Leinenpapier, drei Blätter, 70 x 89, 54 x 94 und 38,4 x 67,2. Schenkungen von Jeremy Beman an The Art Institute of Chicago. (Siehe Schlereth, Abb. 24, S. 187.)

83. Solon Spencer Beman. Zwei Aufrisse der First Church of Christ Scientist, 4019 South Drexel Boulevard, Chicago, 1897. Tusche auf Leinenpapier, 48 x 45 und 57,5 x 75,5. Schenkung von Jeremy Beman an The Art Institute of Chicago.

84. Pond and Pond. Perspektivische Studie eines Hauses in LaSalle, Illinois, 1901-04, ausgestellt im Chicago Architectural Club. Bleistift und Aquarell auf Papier, auf Karton aufgezogen, 13,5 x 23,8. Schenkung aus dem Nachlaß von Irving K. Pond an The Art Institute of Chicago. (Siehe Wilson, Abb. 3, S. 210.)

85. Holabird and Roche. Perspektivische Ansicht des University Club, Ecke Michigan Avenue und Monroe Street, Chicago, 1908. Aquarell, Pastell und Bleistift auf Karton, ca. 160 x 122. Leihgabe des University Club, Chicago. (Siehe Tafel 38.)

86. Herman Valentin Von Holst. Perspektivische Ansicht des Hauses ›Glamis‹, Bethlehem, New Hampshire, für George Macbeth, 1904. Bleistift und Aquarell auf Papier, 21,3 x 43,8. Vorläufige Schenkung von Mr. und Mrs. David Hilliard an The Art Institute of Chicago. (Siehe Tafel 37.)

87. Richard E. Schmidt. Aufriß des Montgomery Ward Tower, 6 North Michigan Avenue, Chicago, um 1898 (verändert). Tusche auf Leinen-

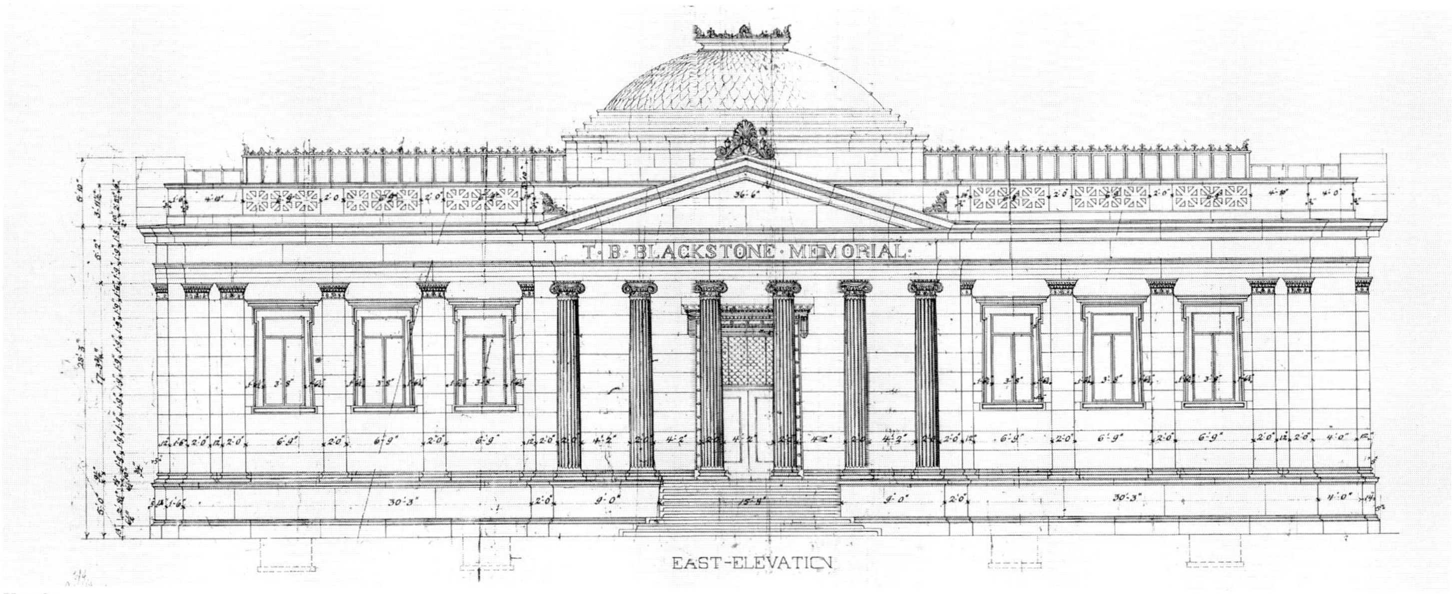

Kat. 82

Kat. 87

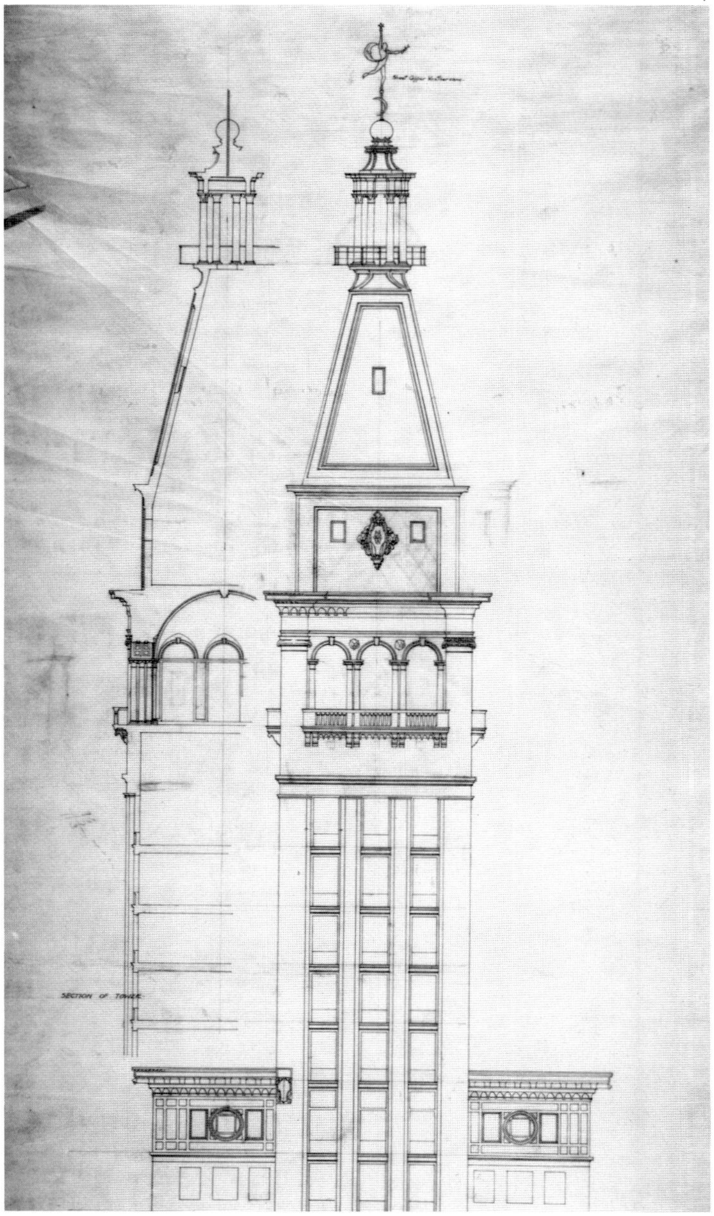

Kat. 93, Detail

papier, 106 x 48. Schenkung von Schmidt, Garden and Erikson an The Art Institute of Chicago.

88. Richard E. Schmidt. Aufriß des Michael Reese Hospital, 2789 South Ellis Avenue, Chicago, um 1905 (verändert). Tusche auf Leinenpapier, 106 x 73,3. Schenkung von Schmidt, Garden and Erikson an The Art Institute of Chicago.

89. David E. Postle und John Fischer. Aufriß eines achtzehnstöckigen Gebäudes, um 1900. Bleistift auf Papier, 191 x 107. Schenkung von Helen E. Fischer an The Art Institute of Chicago.

90. Frederick Baumann. Ost- und Westaufrisse eines Denkmalentwurfs, eventuell für den Wettbewerb des Department of Agriculture Monument, um 1900. Tusche und rote Tusche auf Leinenpapier, 78,5 x 58,6. Schenkung von Bertram Weber an The Art Institute of Chicago.

91. Frost and Granger. Perspektivische Ansicht einer Erweiterung des St. Luke's Hospital, 1439 South Michigan Avenue, Chicago, um 1904. Tusche auf Leinenpapier, 86,5 x 71,5. Leihgabe von Mr. und Mrs. Dale Cowel. (Siehe Tafel 83.)

92. Edmund C. Krause. Aufriß und Teilschnitt des Majestic Building, 16-22 West Monroe Street, Chicago, 4. September 1904. Tusche auf Leinenpapier, 211 x 88,8. Ankauf des Department of Architecture, The Art Institute of Chicago.

93. Edmund C. Krause. Fassadendetails des Terrakottaschmucks des Majestic Building, 16-22 West Monroe Street, Chicago, 1904. Tusche auf Leinenpapier, 211 x 94. Schenkung von David Fleener an The Art Institute of Chicago.

94. Marshall and Fox. Aufriß der Ohio-Street-Fassade eines Lagerhauses für A. C. McClurg and Co., 457-77 (heute 330-350) East Ohio Street, Chicago, 28. November 1907 (abgerissen). Tusche und farbige Tusche auf Leinenpapier, 63,5 x 92. Leihgabe der University of Texas at Austin, Architectural Drawings Collection. (Siehe Westfall, ›Bauten für Industrie und Handel‹, Abb. 4, S. 80.)

95. Marshall and Fox. Details, darunter Wandschnitt und Aufriß des Eckpavillons für ein Lagerhaus der Firma A. C. McClurg and Co., 28. November 1907. Tusche und farbige Tusche auf Leinenpapier, 95 x 61,5. Leihgabe der University of Texas at Austin, Architectural Drawings Collection.

96. J. W. Taylor, Photograph. Panorama von Chicago, 1913. Sechs Photographien, 20,5 x 152,5. The Burnham Library of Architecture, The Art Institute of Chicago. (Siehe Tafeln 21-24.)

97. Arthur Woltersdorf von Woltersdorf and Bernhard. Perspektivische Ansicht von Driscoll's Danceland, Madison Street, Chicago, 1910-15 (abgerissen). Pastell und Bleistift auf Papier, 16,2 x 56. Schenkung von Arthur Woltersdorf an The Art Institute of Chicago.

98. Alfred S. Alschuler. Fassadenaufriß des Ilg Electric Ventilating Co. Building, 2850 North Pulaski Road, Chicago, 31. Juli 1919. Tusche auf Leinenpapier, 79 x 127,8. Schenkung von Friedman, Alschuler und Sincere an The Art Institute of Chicago. (Siehe Westfall, ›Bauten für Industrie und Handel‹, Abb. 12, S. 86.)

99. Alfred S. Alschuler. Aufriß der Michigan-Avenue-Fassade des Ausstellungsraums und der Tankstelle der Hudson Motor Car Co., 2220-28 South Michigan Avenue, Chicago, 15. Februar 1921 (abgerissen). Tusche auf Leinen, 105 x 60,5. Schenkung von Friedman, Alschuler und Sincere an The Art Institute of Chicago.

100. Howard Van Doren Shaw. Arbeitstisch des Architekten im Haus ›Ragdale‹, 1230 North Greenbay Road, Lake Forest, Illinois, 1897. Eiche, 243,5 x 147,5 x 64. Leihgabe von Alice Ryerson Hayes. (Siehe Tafel 33.)

101. Howard Van Doren Shaw. Kaminroste mit Hirschköpfen und Schürhaken aus einem Privathaus, um 1900. Messing und Eisen; Kaminroste, je 66 x 96,5 x 66; Schürhaken, 106,7 x 15. Leihgabe von John und Susan Dart McCutcheon.

102. Howard Van Doren Shaw. Skizze eines Glockenturms, um 1919-20. Bleistift und Farbstift auf schwarzgerandetem Trauer-Briefpapier, 20,5 x 15,8. Schenkung von Susan Dart McCutcheon und John McCutcheon jr. an The Art Institute of Chicago.

103. Howard Van Doren Shaw. Detailskizzen für die Wohnung von Charles Hutchinson, 2450 Lakeview Avenue, Chicago, um 1924. Bleistift auf Papier, 22,8 x 15,1. Schenkung von Susan Dart McCutcheon und John McCutcheon jr. an The Art Institute of Chicago.

104. Howard Van Doren Shaw. Aufriß- und Grundrißskizzen des Catherine und Jessica Colvin House, 1350 North Lake Road, Lake Forest, Illinois, 1922 (nicht ausgeführt). Bleistift auf Transparentpapier, jedes Blatt ca. 43 x 56. Schenkung von Susan Dart McCutcheon und John McCutcheon jr. an The Art Institute of Chicago.

105. Howard Van Doren Shaw. Perspektivische Ansicht des ›Phi Delta Theta‹-Verbindungshauses, Champaign, Illinois, 1922. Bleistift auf Transparentpapier, auf Karton aufgezogen, 34 x 53. Schenkung von Susan Dart McCutcheon und John McCutcheon jr. an The Art Institute of Chicago. (Siehe Tafel 36.)

Kat. 97

Kat. 104

Abb. 11 Dankmar Adler, Isaiah Temple (heute Ebenezer Missionary Baptist Church), 4501 South Vincennes Avenue, 1898-99

Abb. 12 Parker N. Berry, Interstate National Bank, 13310 Baltimore Avenue, Hegewisch, Illinois, 1917-18 (abgerissen)

IV. Architektur und Ornament Louis H. Sullivans: Eine amerikanische Architektur

Louis H. Sullivans Ausbildung an der Ecole des Beaux-Arts im Jahre 1875 und seine Auseinandersetzung mit den europäischen Rationalisten, insbesondere mit Viollet-le-Duc, sowie mit französischen und deutschen Philosophen formte seine Einstellung zu ornamentalen und architektonischen Entwürfen. Er bemühte sich um eine eindeutig amerikanische Architektur, deren Schmuckformen von der zugrundeliegenden Geometrie natürlicher Formen bestimmt wurden und deren dreiteiligen, aus Basis, vertikalem Schaft und Kapitell bestehenden Fassadenaufbau er in Beziehung zu den kompositionellen Elementen der klassischen Säule setzte. Sullivan erhielt Auszeichnungen und Ehrungen von französischen Architektenverbänden, und Modelle seiner Arbeiten finden sich in französischen Sammlungen – so das Getty-Mausoleum (Tafel 42) und die Abgüsse von verzierten Toren im Musée des Arts Décoratifs in Paris. Neben diesem französischen Einfluß machte sich sein deutschstämmiger Partner Dankmar Adler für Planung und Entwurf zweier Meisterwerke des Theaterbaus, für das 1887-89 entstandene Auditorium und das Schiller Theater aus dem Jahre 1892 – letzteres leider heute zerstört – das Beste zunutze, das die deutschsprachigen Länder zu bieten hatten. Beide Theaterbauten verdanken viel den von Gottfried Semper gemeinsam mit Richard Wagner entwickelten Reformprinzipien.

Nachdem Adler und Sullivan im Jahre 1895 ihre Partnerschaft aufgelöst hatten, entwarf Adler in der Folgezeit hauptsächlich Industriebauten, Synagogen (Abb. 11) und die ihnen angeschlossenen Schulen. Sullivan wandte sich ebenfalls von den Bürohochhäusern ab, die die beiden zuvor gemeinsam errichtet hatten. Sullivans Einfluß ist jedoch in mehreren, sehr viel bescheideneren Projekten in Chicago und über den Mittleren Westen verstreut sichtbar, besonders in kleinen ländlichen Bankfilialen – man hat sie mit Schmuckkästen verglichen –, die von ihm und seinen Anhängern Parker N. Berry (Abb. 12), Homer Grant Sailor, William Gray Purcell und George Grant Elmslie für Städte in Minnesota, Iowa, Illinois, Wisconsin und Ohio konzipiert wurden. Ornamente im Stil Sullivans wurden von Midland Terra Cotta und anderen heimischen Firmen produziert; diese unautorisiert hergestellten Verzierungen finden sich auf zahlreichen kleinen Geschäftsbauten in sämtlichen Stadtteilen Chicagos.

In etwas legitimerer Manier wurden Ornamente à la Sullivan auch von Healy and Millet hergestellt, die bei einigen seiner Projekte, besonders bei dem 1894 entstandenen Börsensaal der Chicagoer Börse, als Innenausstatter mitgewirkt hatten. Noch bedeutender als dieses Vermächtnis ist das von Sullivan verfaßte Hauptwerk zur Theorie des Ornamententwurfs *A System of Architectural Ornament According with a Philosophy of Man's Powers.* Dieses Buch erschien kurz vor seinem Tode im Jahre 1924, die exquisiten Zeichnungen wurden jedoch teilweise schon 1922 vom Art Institute of Chicago in Auftrag gegeben.

106. Louis H. Sullivan. Skizzen fünf grotesker Köpfe, 26., 28., 29., 30. Januar und 6. Februar 1878. Bleistift auf Papier, jedes Blatt ca. 19,5 x 10,4. Schenkung von Andrienne Sullivan an The Art Institute of Chicago. (Siehe Pollak, Abb. 13, S. 259.)

107. Louis H. Sullivan. Skizze eines Männerkopfes im Profil, mit Datum und Initialen vom 2. November 1878. Bleistift auf Papier, 22 x 14,2. Schenkung von George Grant Elmslie an The Art Institute of Chicago. (Siehe Pollak, Abb. 14, S. 259.)

108. Louis H. Sullivan. Skizzierte Kopie eines Kompositenornaments aus Ruprich-Robert, *Flore Ornamentale,* um 1880. Bleistift auf Transparentpapier, 27,5 x 20. Schenkung von George Grant Elmslie an The Art Institute of Chicago. (Siehe Weingarden, Abb. 2, S. 230.)

109. Louis H. Sullivan. Aufrißstudie eines Treppengeländers, um 1880. Bleistift auf Transparentpapier, 21 x 13,6. Schenkung von George Grant Elmslie an The Art Institute of Chicago. (Siehe Weingarden, Abb. 5, S. 232.)

110. Louis H. Sullivan. Deckenentwurf, 1876. Tusche auf Papier, 40 x 73,5. Schenkung von George Grant Elmslie an The Art Institute of Chicago. (Siehe Weingarden, Abb. 4, S. 231.)

111. Dankmar Adler, Architekt. Jeweler's Building, 15-19 South Wabash Avenue, Chicago, 1881-1882. Volutenornament von Louis H. Sullivan. Gußeisen, 22,5 x 10 x 4. Schenkung von Richard Nickel an The Art Institute of Chicago. (Siehe Weingarden, Abb. 7, S. 233.)

112. Adler and Sullivan. Kopie einer Kaminplatte mit Sternmotiv vom Rubel House, 320 South Ashland Avenue, Chicago, 1884 (abgerissen). Gips, 56,5 x 55,2 x 23. Kopie eines Fragments aus roter Terrakotta in der Sammlung der Southern Illinois University at Edwardsville.

113. Louis H. Sullivan. Ornamententwürfe, 6. Mai 1884. Bleistift auf Papier, 34,7 x 21,2. Leihgabe der Avery Architectural and Fine Arts Library, Columbia University.

114. Louis H. Sullivan. Skizze einer Hand mit einem Blatt, 20. Juli 1885. Bleistift auf Papier, 25 x 20,3. Schenkung von Andrienne Sullivan an The Art Institute of Chicago. (Siehe Weingarden, Abb. 10, S. 236.)

115. Louis H. Sullivan. Drei Skizzen von Ornamentdetails, um 1885. Bleistift auf Papier, jedes Blatt ca. 35 x 21,5. Leihgabe von Mr. und Mrs. Joseph A. Guyer. (Siehe Weingarden, Abb. 11, S. 237.)

116. Louis H. Sullivan. Ornamententwurf, 19. Oktober 1885, mit der Widmung »18. Sept. 1913 für Earl H. Reed«. Bleistift auf Papier, 19,8 x 14. Schenkung von Earl H. Reed an The Art Institute of Chicago.

Kat. 113

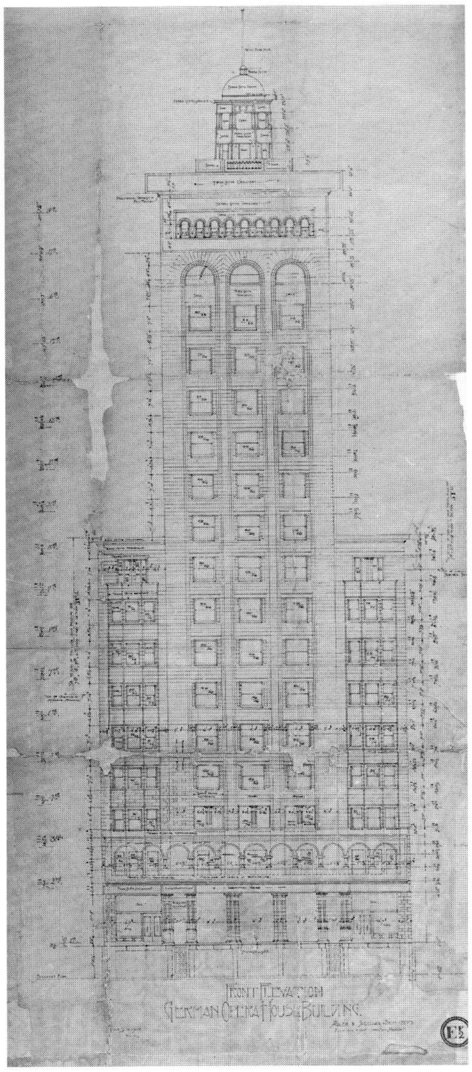

Kat. 122

117. Adler and Sullivan. Überarbeiteter Aufriß der Fassade des Standard Club zur 24th Street, Teilschnitt und andere Details, Michigan Avenue, Chicago, 19. September 1887 (abgerissen). Tusche auf Leinenpapier, 67,5 x 137,5. Schenkung von Friedman, Alschuler und Sincere an The Art Institute of Chicago. (Siehe Tafel 34.)

118. Adler and Sullivan. Arbeitszeichnung für die Ornamentierung der Nord- und Südwand über dem Balkon des Auditorium Theater, 70 East Congress Street, Chicago, Frank Lloyd Wright zugeschrieben, um 1887. Hektographie, 68,9 x 47,3. Schenkung von George Grant Elmslie an The Art Institute of Chicago. (Siehe Weingarden, Abb. 18, S. 244.)

Kat. 127

119. Adler and Sullivan. Zwei Türplatten mit Griffen des Auditorium Building, um 1888-89. Messing, jede Platte ca. 37 x 12,5 x 7. Schenkungen von Dr. Edwin DeCosta und Frau an The Art Institute of Chicago.

120. Adler and Sullivan. Entwurf ihres Bürofensters, Auditorium Building, um 1883. Hektographie auf Papier, 35,5 x 21. Leihgabe von Mr. und Mrs. Joseph A. Guyer.

121. Adler and Sullivan. Deckenplatte aus dem Friseurladen, Auditorium Building, um 1888. Stuck, 91,4 x 91,4 x 2,54. Leihgabe von Timothy Samuelson.

122. Adler and Sullivan mit Baumann and Cady. Fassadenaufriß des Schiller Theater, 64 West Randolph Street, Chicago, 1891 (abgerissen). Hektographie, 100 x 40,5. Schenkung von Balaban und Katz an The Art Institute of Chicago.

123. Adler and Sullivan. Ornamentdetail des Schiller Theater, 1891. Stuck, 99 x 81 x 4. Schenkung der Commission on Chicago Architectural Landmarks an The Art Institute of Chicago.

124. Adler and Sullivan. Abguß einer ornamentierten Tür des Getty-Mausoleums, Graceland Cemetary, Chicago, 1890, von N. Christofle, Paris, 1894 angefertigt, 233 x 105. Leihgabe des Musée

des Arts Décoratifs, Paris. (Siehe Loyrette, Abb. 12, S. 131; siehe auch Tafel 42.)

125. Adler and Sullivan. Skizze eines Schmuckfreskos für das Transportation Building, Weltausstellung, Chicago, um 1891 (abgerissen). Bleistift auf Transparentpapier, 45,7 x 44,6. Leihgabe der Avery Architectural and Fine Arts Library, Columbia University.

126. Adler and Sullivan. Modell des Goldenen Portals des Transportation Building, Weltausstellung, 1893. Kunstharzabguß, ca. 36 x 41. 1986 von Richard Tickner für das Musée d'Orsay angefertigt.

127. Adler and Sullivan. Lünette des Transportation Building und des Wohnhauses von Albert Sullivan, 4575 South Lake Park Avenue, Chicago, um 1892-93 (beide abgerissen). Stuck, 66 x 132,5 x 15. Kopie eines Originals im Besitz der Southern Illinois University at Edwardsville.

128. Drei von der Union Centrale des Arts Décoratifs an Louis H. Sullivan verliehene Medaillen, 1894. Gold, Silber, Bronze, jede mit einem Durchmesser von 5. Schenkung von George Grant Elmslie an The Art Institute of Chicago.

Kat. 130

129. Adler and Sullivan. Aufzuggitter vom Stock Exchange Building, 30 North LaSalle Street, Chicago, 1892-94 (abgerissen). Guß- und Schmiedeeisen, 212 x 104. Schenkung von Kenneth Newberger an The Art Institute of Chicago.

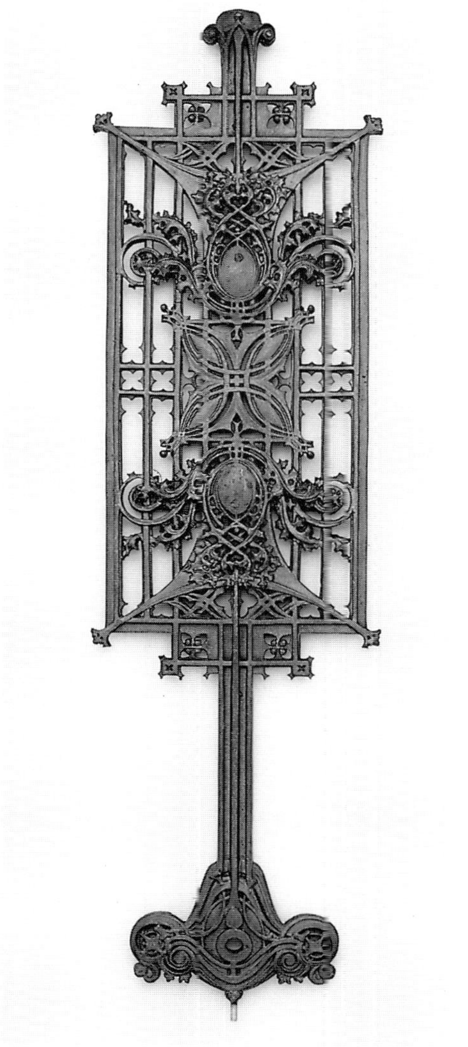

Kat. 137

130. Adler and Sullivan. T-Platte von den Aufzuggittern des Stock Exchange Building, 1892-94. Geprägtes Kupfer, 40,7 x 44,2. Schenkung von Sudler and Co. an The Art Institute of Chicago.

131. Adler and Sullivan. Teil der Wanddekoration des Börsensaals, Stock Exchange Building, ausgeführt von Healy and Millet, 1893-94. Öl auf Leinwand, 143,7 x 305,4 x 1. Schenkung von Mr. und Mrs. Arthur Dubin an The Art Institute of Chicago. (Siehe auch Tafeln 12, 13.)

132. Louis H. Sullivan. Skizze des Eliel Apartment Building auf Briefpapier des Büros Adler and Sullivan, 28. November 1894. Bleistift auf Papier, 27,4 x 20. Leihgabe der Avery Architectural and Fine Arts Library, Columbia University.

133. Louis H. Sullivan. Fassadendetail des Gage Building, 18 South Michigan Avenue, Chicago, 1898 (verändert). Gußeisen, 91,5 x 85. Schenkung von Mr. und Mrs. L. Lattin Smith an The Art Institute of Chicago.

134. Louis H. Sullivan. Aufrißstudie einer Schmucklünette, möglicherweise für das Gage Building, um 1899. Bleistift auf Papier, 16,8 x 18,2. Leihgabe der Avery Architectural and Fine Arts Library, Columbia University.

135. Louis H. Sullivan. Fensterdetail des Schlesinger and Mayer Store (heute Carson Pirie Scott), Ecke State und Madison Street, Chicago, 1899. Terrakotta, 27 x 45,7 x 15,2. Leihgabe von Timothy Samuelson.

136. Louis H. Sullivan. Teil einer Trennwand des Schlesinger and Mayer Store, 1899-1904. Holz, 35,5 x 35,5 x 2,5. Schenkung von George Fred Keck an The Art Institute of Chicago. (Siehe Pollak, Abb. 15, 16; S. 260-61.)

137. Louis H. Sullivan. Treppengeländer des Schlesinger and Mayer Store, entworfen von George Grant Elmslie, 1899-1904. Gußeisen, 89 x 25. Schenkung von Carson Pirie Scott an The Art Institute of Chicago.

138. Dankmar Adler. Aufrißstudie der Westfassade des Isaiah Temple (heute Ebenezer Missionary Baptist Church), 4501 South Vincennes Avenue, Chicago, 16. Mai 1898. Tusche auf Leinenpapier, 71 x 93. Schenkung von Friedman, Alschuler und Sincere an The Art Institute of Chicago.

139. Dankmar Adler. Alternativaufriß der Westfassade des Isaiah Temple, um 1898-99. Tusche auf Leinenpapier, 63,5 x 82,6. Schenkung von Friedman, Alschuler und Sincere an The Art Institute of Chicago.

140. Dankmar Adler. Aufriß eines Orgelprospekts mit Ornamenten im Stil Sullivans für den Isaiah Temple, 10. August 1898 (nicht ausgeführt). Tusche auf Leinenpapier, 37 x 48. Schen-

Kat. 140, Detail

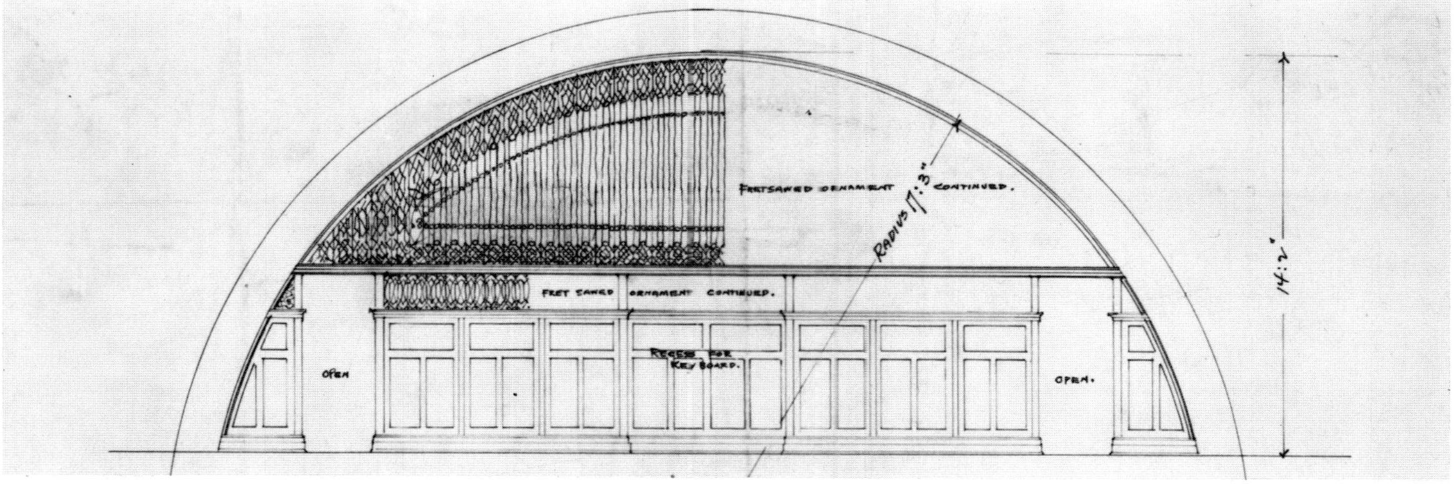

Kat. 143

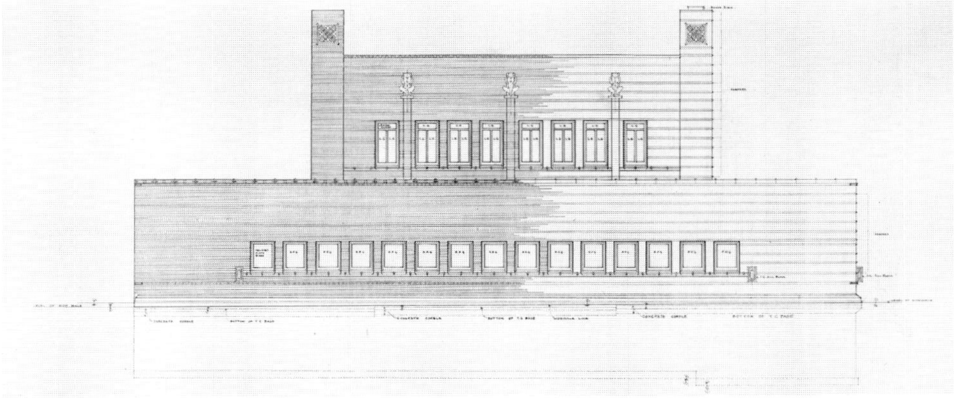

Kat. 146

Kat. 148

kung von Friedman, Alschuler und Sincere an The Art Institute of Chicago.

141. Dankmar Adler. Aufriß eines Orgelprospekts mit griechisch-römischen Ornamenten für den Isaiah Temple, 12. Oktober 1898. Tusche auf Leinenpapier, 56 x 54. Schenkung von Friedman, Alschuler und Sincere an The Art Institute of Chicago.

142. Louis H. Sullivan. Perspektivische Ansicht der St. Paul's Methodist Episcopal Church, 1340 Third Avenue, Cedar Rapids, Iowa, um 1910 (anders ausgeführt). Aquarell auf Papier, 56 x 89. Leihgabe des Cedar Rapids Museum of Art. (Siehe Tafel 43.)

143. Purcell, Feick and Elmslie. Perspektivische Ansicht der geplanten St. Paul's Methodist Episcopal Church, 1910. Tusche auf Leinenpapier, 65 x 79. Leihgabe der Northwest Architectural Archives, University of Minnesota.

144. Louis H. Sullivan. Südaufriß der St. Paul's Methodist Episcopal Church, 31. Juli 1911 (anders ausgeführt). Tusche auf Leinenpapier, 62 x 102,5. Schenkung von William Gray Purcell an The Art Institute of Chicago. (Siehe Tafel 44.)

145. Louis H. Sullivan. Ornamentdetails der St. Paul's Methodist Episcopal Church, am 31. Juli 1911 gezeichnet. Tusche auf Leinenpapier, 62 x 102,5. Schenkung von William Gray Purcell an The Art Institute of Chicago.

146. Louis H. Sullivan. Ostaufriß der Peoples Savings Bank, 101 Third Avenue, Cedar Rapids, Iowa, 14. Juli 1910. Tusche auf Leinenpapier, 69 x 102,5. Schenkung von William Gray Purcell an The Art Institute of Chicago.

147. Purcell, Feick and Elmslie. Perspektivische Ansicht der geplanten First National Bank of Mankato, Minnesota, am 12. September 1911 gezeichnet. Aquarell, Farbstift und Tusche auf Papier, 59,7 x 77,5. Leihgabe der Northwest Architectural Archives, University of Minnesota. (Siehe Tafel 46.)

148. Parker N. Berry. Aufrißstudie der geplanten Lincoln State Bank, Chicago, 1912. Bleistift auf Transparentpapier, 33,3 x 51,6. Schenkung von Homer Grant Sailor jr. an The Art Institute of Chicago.

149. Parker N. Berry. Präsentationszeichnung des geplanten Adeline Prouty Old Ladies Home, Princeton, Illinois, 1917. Tusche auf Papier, 51,5 x 61. Leihgabe von Deborah und Helmut Jahn.

150. Louis H. Sullivan. Drei Aufrißstudien der Farmers and Merchants Union Bank, Ecke James Street und Broadway, Columbus, Wisconsin, 1919. Bleistift auf Papier, verschiedene Maße. Schenkung von J. Russell Wheeler an The Art Institute of Chicago.

151. Louis J. Millet. Skizze mit der Widmung »Bon-Jour a Vous«, von Millet am 18. Februar 1921 an Sullivan geschickt. Bleistift und Farbstift auf Papier, 27,4 x 12,8. Schenkung von Robert Kueny und den University Archives der University of Wisconsin-Parkside an The Art Institute of Chicago.

152. Louis J. Millet. Skizze mit der Aufschrift »Grabmalentwurf«, um 1921. Bleistift auf Papier, 16 x 21,3. Schenkung von Robert Kueny und den

Kat. 152, Detail

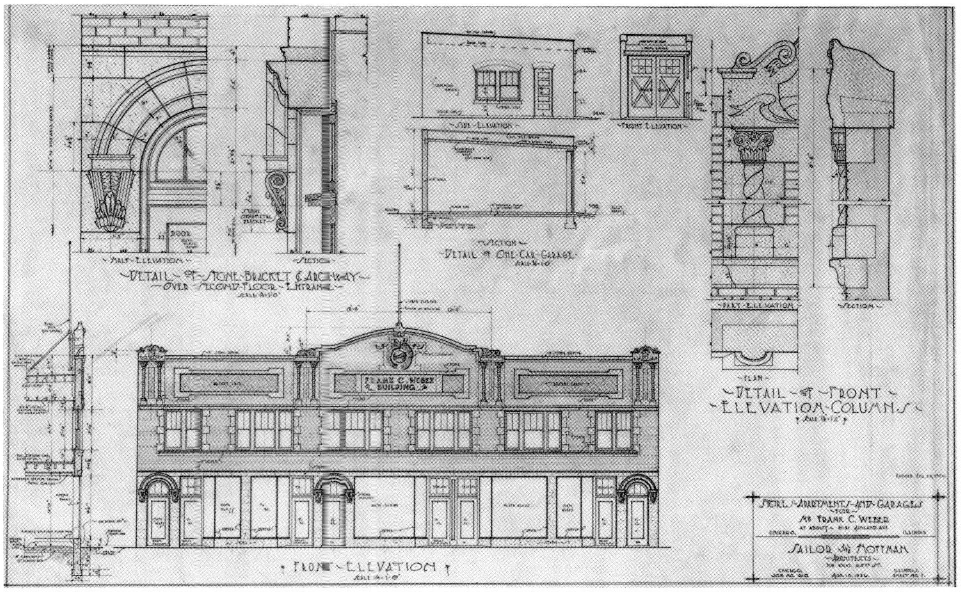

Kat. 153

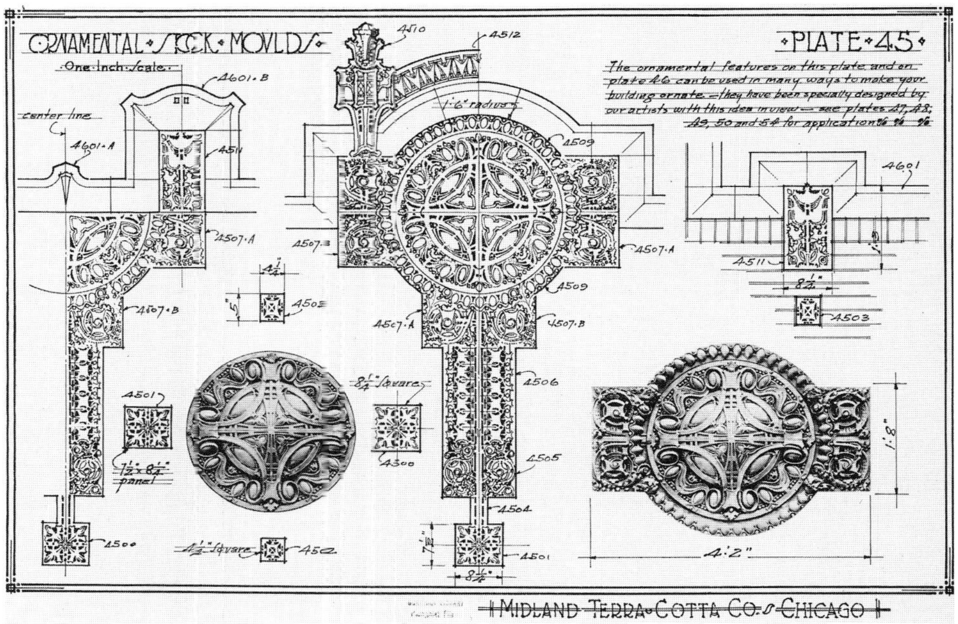

Kat. 154

University Archives der University of Wisconsin-Parkside an The Art Institute of Chicago.

153. Homer Grant Sailor von Sailor and Hoffman. Aufrisse und Grundrisse von Läden, Wohnungen und Garagen für Frank C. Weber, 8151 South Ashland Avenue, Chicago, 1926 (abgerissen). Tusche und farbige Tusche auf Transparentpapier, 57 x 91,5. Schenkung von Homer Grant Sailor jr. an The Art Institute of Chicago.

154. Midland Terra Cotta Co. Vier Schautafeln lieferbarer Ornamente im Stile Sullivans aus einer Werbebroschüre, um 1922-25. Offsetdruck, 25 x 36,2. The Burnham Library of Architecture, The Art Institute of Chicago.

155. Louis H. Sullivan. Skizzierte Vorstudie zu einem Ornamententwurf, geplantes Denkmal für die National Terracotta Society, 25. Januar 1921. Bleistift auf blauem Papier, 15,2 x 14. Schenkung von Robert Kueny und den University Archives der University of Wisconsin-Parkside an The Art Institute of Chicago.

156. Louis H. Sullivan. Ansicht eines geplanten Denkmals, Ausstellungspylon, National Terracotta Society, 4. April 1923. Bleistift auf Papier, 28 x 21,5. Schenkung von Robert Kueny und den University Archives der University of Wisconsin-Parkside an The Art Institute of Chicago.

157. Louis H. Sullivan. ›Entwicklung eines reinen Quaders durch eine Reihe mechanischer Manipulationen‹, 1922, Tafel 1 aus *A System of Architectural Ornament, According with a Philosophy of Man's Powers,* 1924. Bleistift auf Strathmore, 57,5 x 73,5. The Art Institute of Chicago. (Siehe Pollak, Abb. 17, S. 262.)

158. Louis H. Sullivan. ›Manipulation des Organischen‹, 1922, Tafel 2 aus *A System of Architectural Ornament...,* 1924. Bleistift auf Strathmore, 57,7 x 73,5. The Art Institute of Chicago.

159. Louis H. Sullivan. ›Die Bedeutung paralleler Achsen‹, 1922, Tafel 7 aus *A System of Architectural Ornament...,* 1924. Bleistift auf Strathmore, 57,7 x 75,5. The Art Institute of Chicago.

160. Louis H. Sullivan. ›Die Bedeutung paralleler Flächen...‹, 1922, Tafel 11 aus *A System of Architectural Ornament...,* 1924. Bleistift auf Strathmore, 57,7 x 73,5. The Art Institute of Chicago. (Siehe Tafel 40.)

161. Louis H. Sullivan. ›Durchdringung...‹, 1922, Tafel 13 aus *A System of Architectural Ornament...,* 1924. Bleistift auf Strathmore, 57,7 x 73,5. The Art Institute of Chicago.

162. Louis H. Sullivan. ›Phantasie, eine Kurvenstudie...‹, 1922, Tafel 14 aus *A System of Architectural Ornament...,* 1924. Bleistift auf Strathmore, 57,7 x 73,5. The Art Institute of Chicago. (Siehe Tafel 41.)

163. Louis H. Sullivan. ›Impromptu‹, 1922, Tafel 16 aus *A System of Architectural Ornament...,* 1924. Bleistift auf Strathmore, 57,7 x 73,5. The Art Institute of Chicago. (Siehe Pollak, Abb. 18, S. 263.)

164. Louis H. Sullivan. Ornamententwurf ohne Titel, 1922, Tafel 18 aus *A System of Architectural Ornament...,* 1924. Bleistift auf Strathmore, 57,7 x 73,5. The Art Institute of Chicago.

Abb. 13 Frank Lloyd Wright, Detail vom Eingang der Francis Apartments, 4304 South Forestville Avenue, 1895 (abgerissen)

Abb. 14 Frank Lloyd Wright, Skulptur von Alfonso Iannelli in den Midway Gardens, Ecke Cottage Grove Avenue und 60th Street, 1914 (zerstört)

Abb. 15 Francis Barry Byrne mit Alfonso Iannelli, St. Thomas the Apostle Church, Ecke 55th und Kimbark Street, 1924

Abb. 16 Frank Lloyd Wright, Imperial Hotel, Tokio, 1915-16 (zerstört)

V. Frank Lloyd Wright und die Prairie-Schule: Internationale Beziehungen

Frank Lloyd Wright ist zweifellos Amerikas berühmtester Architekt und Sullivans berühmtester Schüler. Er verwandte in seinen frühen Werken Ornamente im Stile Sullivans (Abb. 13), den er seinen »lieben Meister« nannte, und setzte dessen Suche nach einer amerikanischen Architektur fort, indem er die Wohnhausentwürfe der Prairie-Schule mit ihrer einzigartigen Beziehung und Verbundenheit zur sanften Hügellandschaft des Mittleren Westens und Wrights Heimatstaat Wisconsin entwickelte. Wrights Architekturstil enthält jedoch über den Rationalismus Viollet-le-Ducs hinaus fremdländische Elemente; so bestehen Beziehungen zu räumlichen Traditionen Japans, zu Jugendstilentwürfen aus Deutschland und Österreich sowie zur englischen Arts-and-Crafts-Bewegung. Innenarchitekten wie George Mann Niedecken, der in Wien ausgebildet war, und Bildhauer wie der aus Italien eingewanderte Alfonso Iannelli arbeiteten mit Wright bei einer Reihe von Aufträgen zusammen; die bemerkenswertesten Beispiele hierfür stellen Niedeckens Innenräume für das berühmte Robie House aus dem Jahre 1909 und Iannellis Skulpturen für die Midway Gardens von 1914 (Abb. 14; zerstört) dar. Unter dem Einfluß der räumlichen und dekorativen Merkmale von Wrights Prairie-Stil entstanden darüber hinaus Häuser von Thomas E. Tallmadge, Vernon Watson und William Drummond.

Wright selbst exportierte seinen ›amerikanischen‹ Baustil mittels der 1910 in Berlin erschienenen Publikation *Ausgeführte Bauten und Entwürfe von Frank Lloyd Wright* nach Europa. Eine zur selben Zeit in Berlin stattfindende Ausstellung beeinflußte zahlreiche deutsche Architekten, darunter Mies van der Rohe, der später äußerte: »Hier endlich gab es einen Baumeister, der sich an der wirklichen Quelle der Architektur befand und der mit echter Originalität seine Schöpfungen ans Licht brachte. Hier endlich blühte wirklich organische Architektur ... Sein Einfluß war außerordentlich, auch wenn dies nicht unmittelbar sichtbar wurde.« Dieser Einfluß reichte von den offen fließenden Räumen Mies van der Rohes und Walter Gropius' bis zu den von der Prairie-Schule geprägten Entwürfen J. J. P. Ouds und Robert van T'hoffs in Holland.

In der östlichen Hemisphäre bot sich Wright selbst die Gelegenheit zu bauen; im Jahre 1915 entstand in Tokio das berühmte Imperial Hotel (Abb. 16; zerstört) und in den folgenden Jahren eine Reihe weiterer Bauten, darunter das Aisaku Hayashi House (1917) in Tokio, das Tazaemon Yamamura House (1918) in Ashiya und die Jiyu-Gakauen-Mädchenschule (1921) in Tokio.

Drei von Wrights ehemaligen Angestellten sorgten ebenfalls für die Verbreitung des Prairie-Stils. Walter Burley Griffin und seine Frau Marion Mahony zogen nach Australien, nachdem sie im Jahre 1921 den Wettbewerb zur Planung von Canberra gewonnen hatten, und entwarfen dort eine Reihe von Projekten in Melbourne und Sydney. Francis Barry Byrne, ein Spezialist für Kirchenbauten im Prairie-Stil (Abb. 15), errichtete im Jahre 1927 die Kirche Christ the King in Cork, Irland. Wenn wir also Wrights Architektur in vieler Hinsicht als Weiterentwicklung Sullivans betrachten, dann zählt die internationale Geltung Wrightscher Entwürfe ebenfalls zu Sullivans bedeutendem Vermächtnis.

165. Frank Lloyd Wright. Schmuckgeländer der Roloson Apartments, 3213-3219 South Calumet Avenue, Chicago, 1894. Terrakotta, 43 x 20 x 20. Leihgabe des Deutschen Architekturmuseums, Frankfurt.

166. Frank Lloyd Wright. Perspektivische Ansicht der Francis Apartments, 4304 South Forestville Avenue, Chicago, 1895 (abgerissen). Brauner Stift, cremefarben laviert auf Transparentpapier, 30 x 43. Leihgabe des Royal Institute of British Architects. British Architectural Library, Drawings Collection. (Siehe Tafel 45.)

167. Frank Lloyd Wright. Rundes Fragment aus der Sockelverkleidung, Francis Apartments, 1895. Terrakotta, 45,7 x 44,4 x 10,1. Leihgabe von Timothy Samuelson.

168. Frank Lloyd Wright. Runde Abdeckplatte einer Entlüftungsöffnung, Francis Apartments, 1895. Gußeisen, Durchmesser 97,5. Schenkung der Antiquarian Society, The Art Institute of Chicago, durch den Mrs. Robert Hixon Glore Fonds.

169. Vernon Watson von Tallmadge and Watson. Aufrisse und Schnitte des Vernon Watson House, 143 Fair Oaks Avenue, Oak Park Illinois, 1904. Tusche auf Leinenpapier, 46 x 66,7. Schenkung aus dem Nachlaß von Vernon Watson an The Art Institute of Chicago.

170. George Mann Niedecken. Perspektivische Ansicht des Innenraums der Bresler Art Gallery, Milwaukee, Wisconsin, um 1904. Tusche auf Leinenpapier, 48 x 74. Vorläufige Schenkung der Thomas J. und Mary E. Eyerman Stiftung an The Art Institute of Chicago. (Siehe Wilson, Abb. 4, S. 210.)

171. George Mann Niedecken für Frank Lloyd Wright. Zeichnung eines Schreibtischs für das Avery Coonley House, 300 Scottswood Road, Riverside, Illinois, um 1907. Tusche und Aquarell auf Papier, 27,9 x 39,4. Schenkung von Mr. und Mrs. James Howlett an The Art Institute of Chicago.

172. George Mann Niedecken für Frank Lloyd Wright. Perspektivische Studien zu Entwürfen der Flurbestuhlung des Avery Coonley House, um 1908. Tusche und Aquarell auf Transparentpapier, 24,7 x 15; und Bleistift auf Papier, 26,4 x 13,5. Ankauf, Department of Architecture, The Art Institute of Chicago.

173. Frank Lloyd Wright. Fenster des Avery Coonley House, 1908. Glas mit Bleifassung, 111,5 x 52. Schenkung von Mr. und Mrs. James Howlett an The Art Institute of Chicago.

174. Frank Lloyd Wright. Fenster des Evans House, 9914 Longwood Drive, Chicago, 1908. Klares, opakes und farbiges Glas (grün und weiß), 105,2 x 94,8. Schenkung von Mr. und Mrs. F. M. Fahrenwald an The Art Institute of Chicago.

175. Frank Lloyd Wright. Bibliothekstisch des Evans House, 1908. Eiche, 73 x 91 x 168. Schenkung von Mr. und Mrs. F. M. Fahrenwald an The Art Institute of Chicago. Wird nur in Chicago gezeigt.

176. Frank Lloyd Wright. Eßzimmermöbel des Robie House, 5757 Woodlawn Avenue, Chicago, 1909. Tisch: Eiche, farbiges Glas und Keramikfliesen, 141,3 x 249,4 x 135,8; Stühle: Eiche und Leder, 133 x 43,2 x 50,2. Leihgabe der David and Alfred Smart Gallery, the University of Chicago. (Siehe Tafeln 52, 53.)

177. Frank Lloyd Wright. Fenster des Robie House, 1909-10. Klares und farbiges Glas mit Bleifassung, 124,5 x 76,8. Leihgabe der David and Alfred Smart Gallery, the University of Chicago.

178. Frank Lloyd Wright. Schnittmodell mit Wohn- und Eßzimmer des Robie House, 1909. 1986 von Richard Tickner für das Musée d'Orsay angefertigt.

179. George Mann Niedecken für Frank Lloyd Wright. Perspektivische Ansicht der geplanten Wohnraumdekoration für das Robie House, 1909-1910. Bleistift und Aquarell auf Tonpapier, 26,1 x 79,4. Leihgabe der Milwaukee Art Museum Collection, Schenkung von Mr. und Mrs. Robert L. Jacobson.

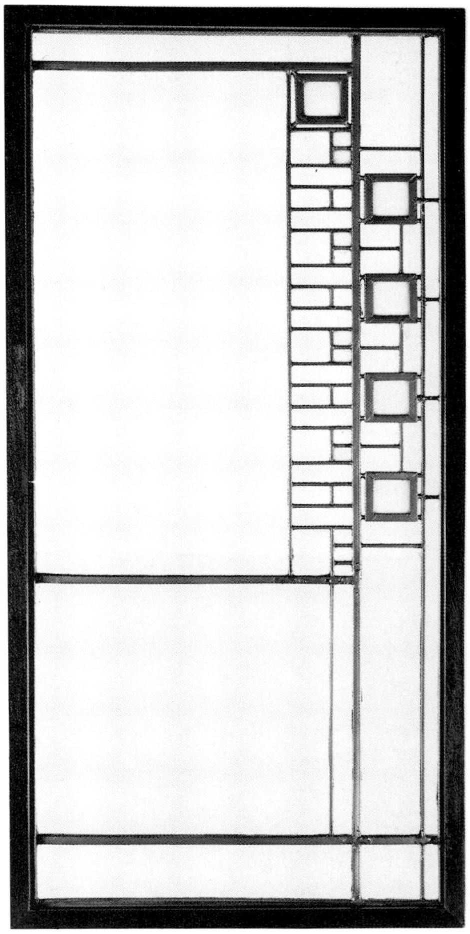

Kat. 173

180. George Mann Niedecken. Sessel des Robie House (siehe Kat. 179). Laminiertes Eichenholz, 100,3 x 80 x 78,7. Leihgabe der David and Alfred Smart Gallery, the University of Chicago.

181. *Ausgeführte Bauten und Entwürfe von Frank Lloyd Wright* (Berlin 1910). Burnham Li-

Kat. 169, Detail

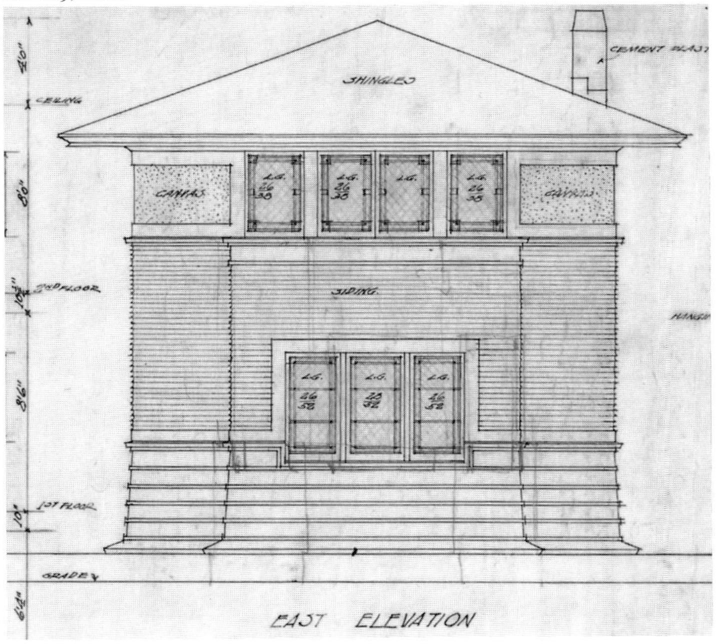

Kat. 171

brary of Architecture, The Art Institute of Chicago.

182. George Mann Niedecken von Niedecken-Walbridge Co., Innenarchitekten. Präsentationszeichnung des geplanten Innenraums des Henry Ford House, Dearborn, Michigan, um 1910. Bleistift und Aquarell auf Leinenrolle, 51 x 224. Schenkung der Thomas J. und Mary E. Eyerman Stiftung an The Art Institute of Chicago. (Siehe Tafel 48.)

183. Frank Lloyd Wright. Dreiteiliges Fenster einer Nische im Avery Coonley Playhouse, 350 Fairbanks Road, Riverside, Illinois, 1912. Klares und farbiges Glas mit Bleifassung; mittleres Fenster, 89,5 x 109,3; Seitenteile, 91,5 x 19,8. Vorläufige Schenkung der Walter E. Heller Stiftung und von Dr. Edwin J. DeCosta und Frau an The Art Institute of Chicago. (Siehe Tafeln 50, 51.)

184. Walter Burley Griffin und Marion Mahony Griffin. Blick vom Mount Ainslie auf Canberra, um 1911-12. Tusche auf Leinenpapier, 61,5 x 233,5. Schenkung von Marion Mahony Griffin durch Erich Nicholls an The Art Institute of Chicago. (Siehe Van Zanten, Abb. 11, S. 329.)

185. Walter Burley Griffin und Marion Mahony Griffin. Lageplan von Canberra, 1912. Tusche auf Leinenpapier, 104 x 76. Schenkung von Marion Mahony Griffin durch Eric Nicholls an The Art Institute of Chicago.

186. Walter Burley Griffin und Marion Mahony Griffin. Perspektivische Ansicht von Rock Crest-Rock Glen, Mason City, Iowa, um 1912. Lithographie und Gouache auf grünem Satin, 59 x 201. Schenkung von Marion Mahony Griffin an The Art Institute of Chicago. (Siehe Tafel 49.)

187. Francis Barry Byrne mit Walter Burley Griffin (?). Aufrißstudie des geplanten C. A. Dakin House, Mason City, Iowa, um 1912. Bleistift und Farbstift auf Papier, 39,5 x 43,2. Leihgabe der Chicago Historical Society, Schenkung von Mrs. Annette C. Byrne. (Siehe Wilson, Abb. 14, S. 219.)

Kat. 197

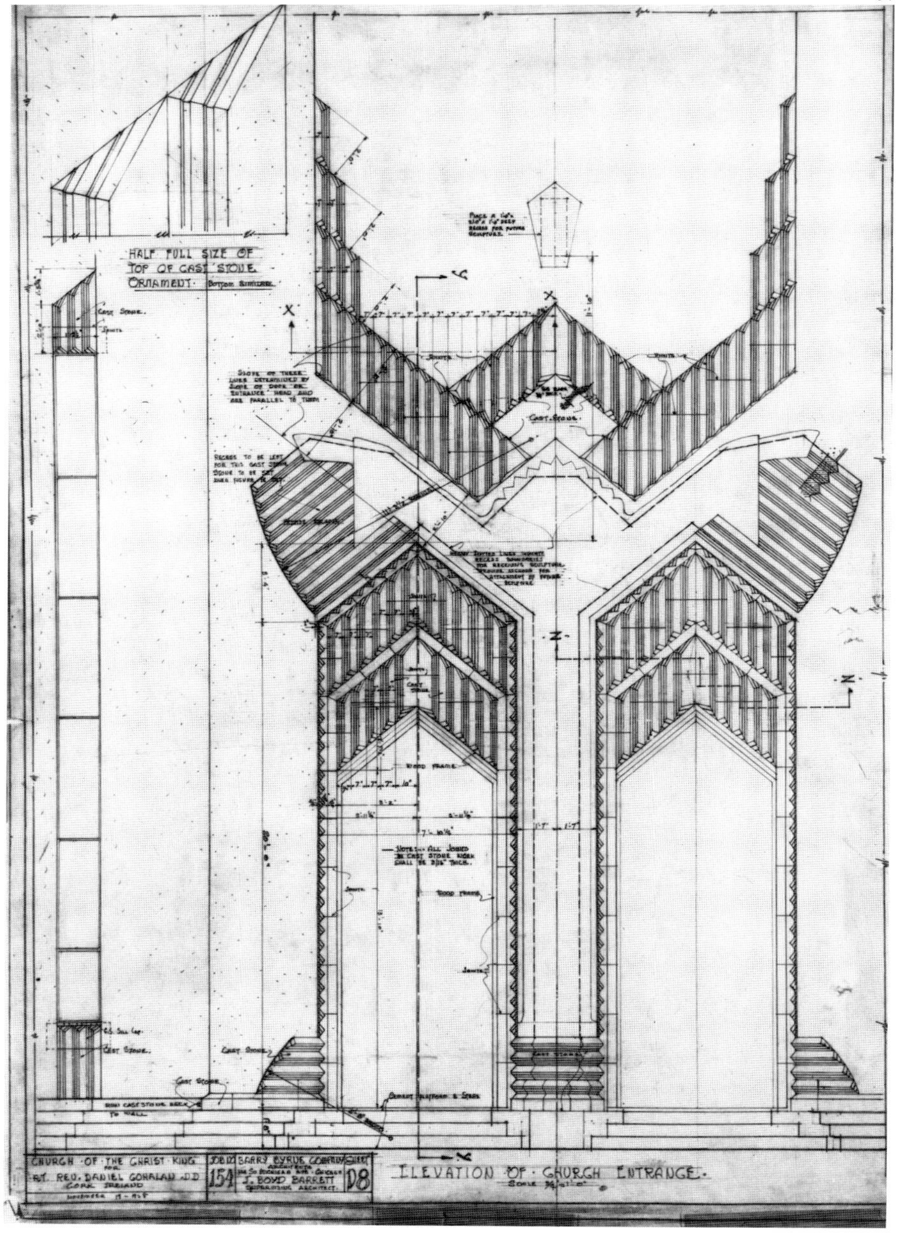

188. Augustus Fritsch mit Walter Burley Griffin und Marion Mahony Griffin. Perspektivische Ansicht des Newman College, University of Melbourne, Swanston Street, Melbourne, Australien, um 1915-17. Lithographie und Gouache auf beigem Satin, 48 x 118. Schenkung von Marion Mahony Griffin durch Eric Nicholls an The Art Institute of Chicago.

189. William Drummond. Perspektivische Studie eines Appartementhauses im Stil der Prairie-Schule, um 1914. Tusche auf Leinenpapier, 61 x 89. Leihgabe der Chicago Architecture Foundation.

190. Frank Lloyd Wright. Modell der Midway Gardens, Ecke Cottage Grove Avenue und 60th Street, Chicago, Illinois, 1914 (abgerissen). 1986 von Richard Tickner für The Art Institute of Chicago angefertigt.

191. Alfonso Iannelli. Ansichtsstudie einer Groteske, Midway Gardens, am 28. März 1914 gezeichnet. Federzeichnung auf Karton, ca. 33 x 20. Leihgabe des Metropolitan Museum of Art, Schenkung von Scott Elliott im Gedenken an Alex Sutherland.

192. Alfonso Iannelli mit Frank Lloyd Wright. Kopf einer Groteske aus den Midway Gardens, 1914. Gips, 54 x 24 x 29. Schenkung der Thomas J. und Mary E. Eyerman Stiftung an The Art Institute of Chicago. (Siehe Tafel 47.)

193. Alfonso Iannelli mit Frank Lloyd Wright. Vier Bozzetti von Grotesken für die Midway Gardens, 1914. Gips, jede Figur ca. 27. Leihgabe von Seymour H. Persky.

194. Purcell and Elmslie. Zwei Aufrisse des Amy Hunter House, 1441 Braeburn Road, Flossmoor, Illinois, gezeichnet von G. G. E. (George Grant Elmslie) und F. A. S., 20. Dezember 1916. Tusche auf Leinenpapier, 62,4 x 88,9. Leihgabe des Northwest Architectural Archive, University of Minnesota. (Siehe Wilson, Abb. 10, S. 216).

195. Francis Barry Byrne mit Alfonso Iannelli. Perspektivische Ansicht der St. Francis Xavier High School, 808 Linden Avenue, Wilmette, Illinois, 1923. Bleistift auf Transparentpapier, auf Papier gezogen, 41,5 x 66. Vorläufige Schenkung der Thomas J. und Mary E. Eyerman Stiftung an The Art Institute of Chicago.

196. Francis Barry Byrne. Erste Skizzen für die Kirche Christ the King, Cork, Irland, bezeichnet »an Bord des Schiffes auf dem Weg nach Irland skizziert – erstes Ideenstadium«, um 1927. Bleistift auf Papier, 15,2 x 22,9. Leihgabe der Chicago Historical Society, Schenkung von Mrs. Annette C. Byrne.

197. Francis Barry Byrne mit J. R. Boyd Barrett. Aufriß des Eingangs der Kirche Christ the King, 1928. Bleistift auf Transparentpapier, 100 x 69. Leihgabe der Chicago Historical Society, Schenkung von Mrs. Annette C. Byrne.

Kat. 179

Kat. 188

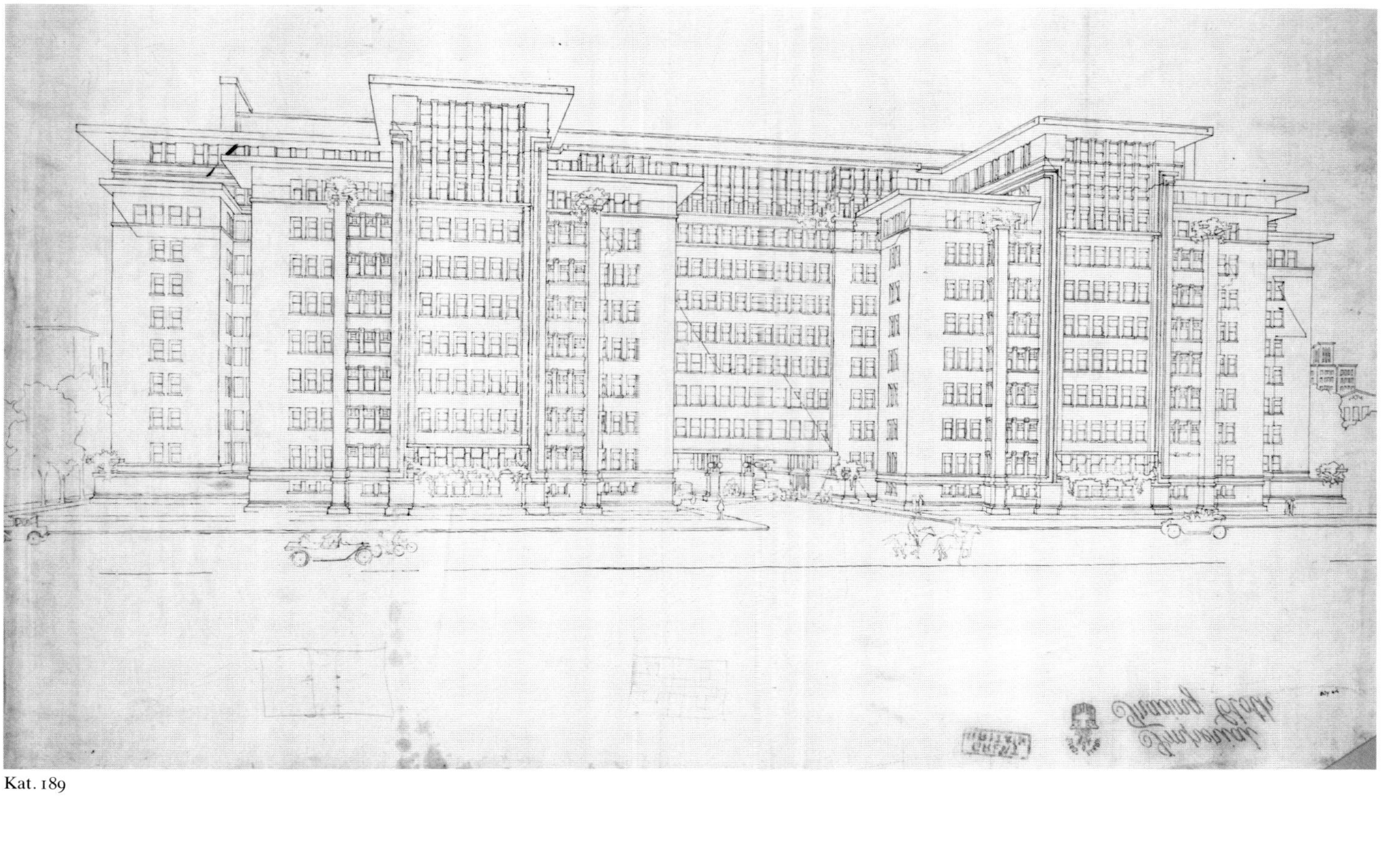

Kat. 189

VI. Paris in der Prärie: Burnhams Vision von Chicago

Anders als Sullivan und Wright wurde Daniel H. Burnham erst vor kurzem und zudem etwas zögernd in den Kreis der ›Heroen‹ aufgenommen. Das liegt zum Teil darin begründet, daß Sullivan und Wright nach Meinung der Architekten der Moderne bewußt nach der Schaffung einer originär amerikanischen Architektur strebten, obgleich sie, wie Burnham, auch von der europäischen Architektur Anregungen bezogen. Burnhams Architektur und Bauweise ist jedoch keineswegs weniger amerikanisch als die von Sullivan und Wright, und seine Wirkung auf Chicago und die Welt ist vielleicht noch größer einzuschätzen. Als Burnhams Partner John Wellborn Root im Jahre 1891 starb, hatte er unter der Oberleitung Burnhams die Stellung eines beratenden Architekten für die Weltausstellung von 1893 inne. Burnham vergab die Aufträge für Entwürfe wichtiger Bauten und Plätze auf der Ausstellung nicht nur an eine Reihe von Architekten und Planern der Ostküste, sondern holte auch andere Architekten nach Chicago, um die Stelle seines verstorbenen Partners wieder zu besetzen. Er wurde auf diese Weise zum ersten amerikanischen Architekten, der sein Büro in der Art einer Körperschaft organisierte, innerhalb der er selbst die Stellung eines Präsidenten einnahm und verschiedene, für Entwurfs- und Konstruktionsfragen zuständige Vizepräsidenten neben sich hatte. Der bekannteste dieser Assistenten war Charles B. Atwood, der wiederum einem Team von Designern vorstand, zu dem der deutsche Architekt Peter J. Weber und Atwoods New Yorker Kollege Frederick P. Dinkelberg gehörten. Diese und andere Mitglieder von Burnhams Büro, wie zum Beispiel der nach Beaux-Arts-Prinzipien ausgebildetet Peirce Anderson, entwarfen einige von Burnhams bekanntesten Bauten in Amerika, darunter den im Jahre 1900 entstandenen Anbau zum Land Title and Trust Company Building (Abb. 17) in Philadelphia, das Flatiron Building in New York aus dem Jahre 1902 und in Chicago das Railway Exchange Building (Abb. 18) von 1903-04, in das Burnham seine Büroräume verlegte, sowie das Conway Building aus dem Jahre 1912. Alle weisen klassizistische Details auf, die auf französische und römische Vorbilder zurückgehen. Im Falle der um einen Innenhof gruppierten Warenhäuser, wie dem hier gezeigten, geplanten, aber nicht realisierten Eaton's Department Store, fanden französische Planungsprinzipien Anwendung. Kaufhäuser wie Eaton's, Marshall Field's in Chicago und Selfridge's in London können jedoch hinsichtlich ihrer technischen Ausstattung und Größe eher als amerikanisch denn als europäisch bezeichnet werden. Das feuersichere Stahlskelett und die häufige Verwendung standardisierter Detailformen aus Terrakotta und anderen Materialien weisen sie als Weiterentwicklungen von Bauten der achtziger Jahre des 19. Jahrhunderts aus.

Burnhams Planungsmethoden zeichnen sich durch eine ganz ähnliche Zwitterstellung aus. Seine ersten Erfahrungen mit Planungen größeren Maßstabs sammelte er als Baudirektor der Weltausstellung. Die Administration jener Ausstellung orientierte sich zum Teil an den Erkenntnissen, die man bei der Weltausstellung des Jahres 1889 in Paris gewonnen hatte. Der klassizistische Architekturstil sowie die einheitliche Farbgebung und Gesimshöhe der um einen zentralen Ehrenhof angeordneten sogenannten ›White City‹ offenbarten europäische Vorbilder und Beaux-Arts-Planungsprinzipien. Burnhams Fähigkeit, große Projekte zu koordinieren, erhöhte sich durch seine Arbeit an der Planung von Washington, D.C. (1902), dem Civic Center in Cleveland, Plänen für Manila und Baguio auf den Philippinen sowie dem Stadtplan von San Francisco (sämtlich 1905 entstanden). Bei dem letztgenannten Projekt arbeitete er mit Edward H. Bennett zusammen, einem jungen Einwanderer aus England, der an der Ecole des Beaux-Arts studiert hatte; er sollte der Mitautor von Burnhams planerischem Meisterstück werden – dem vielgerühmten *Plan of Chicago* (1909).

Burnham und Bennett vereinten in ihrem Chicago-Plan Elemente verschiedener europäischer Städte wie Rom, Wien, Berlin, Budapest und besonders Paris. Zeitungsartikel jener Zeit konstatierten, daß die Planung mit den vorgesehenen breiten Boulevards, die mit den von Baron Georges-Eugène Haussmann in der Mitte des 19. Jahrhunderts in der französischen Hauptstadt angelegten Boulevards vergleichbar waren, Chicago in ein »Paris am (Michigan-)See« verwandeln würde. Burnham holte sogar den Franzosen Fernand Janin nach Chicago, wo er an den Zeichnungen für die Stadtplanung mitwirken sollte. Auch Jules Guérin, ein aus St. Louis stammender, an der Ecole des

Abb. 17 D. H. Burnham and Co., Anbau zum Land Title and Trust Co. Building, 1400 Chestnut Street, Philadelphia, 1900-04

Abb. 18 D. H. Burnham and Co., Railway Exchange Building (heute Santa Fe Center), 224 South Michigan Avenue, 1903-04

Abb. 19 Henry Ives Cobb, Ryerson Physical Laboratory Building der University of Chicago, 1100-14 East 58th Street, 1894

Beaux-Arts als Maler ausgebildeter Künstler, fertigte eine Reihe von Zeichnungen an, ebenso wie einige von Burnhams Mitarbeitern.

Einige der Darstellungen nehmen direkt Bezug auf Kulturbauten in Paris, so zum Beispiel auf die 1860-75 von Charles Garnier erbaute Opéra, die man sozusagen an die Michigan Avenue verlegte (siehe Tafel 76; Kat. 230). Es kann nicht überraschen, daß der *Plan of Chicago* derartige Leitbilder aufweist. Die Weltausstellung gab Chicago den Anstoß zur Erweiterung und Verbesserung sowohl der privaten wie öffentlichen Kultur- und Bildungseinrichtungen der Stadt. Bauten wie das Art Institute of Chicago und die Chicago Public Library (Tafeln 65, 66), beide von Shepley, Rutan and Coolidge, sowie die Gebäude von Henry Ives Cobb für die University of Chicago (Abb. 19) beziehen sich mehr oder weniger direkt auf die Weltausstellung. Burnham war darüber hinaus selbst ein eifriger Förderer der Künste, der einen engen Bezug zwischen historischen und kulturellen Stätten und dem wirtschaftlichen Erfolg

Abb. 20 Ausstellung der Zeichnungen des Chicago-Plans in Düsseldorf, August 1910; aus Charles Moore, Daniel H. Burnham, *Boston 1921*

Abb. 21 D. H. Burnham and Co., Orchestra Hall, 220 South Michigan Avenue, 1904

solcher Städte wie Paris oder Chicago sah. Zu seiner architektonischen Vorstellung vom ›Paris in der Prärie‹ gehörten Bauten wie die Orchestra Hall (Abb. 21) des Jahres 1904 ebenso wie das Field Museum of Natural History, das von Burnham begonnen und nach seinem Tod im Jahre 1912 von seiner Nachfolgefirma Graham, Anderson, Probst and White vollendet wurde.

Die Zeichnungen für den Chicago-Plan wurden am 5. Juli 1909, dem Erscheinungsdatum des Buches, im Art Institute der Öffentlichkeit vorgestellt. Nach der Ausstellung in Chicago wurden die Zeichnungen im folgenden Jahr für Stadtplanungspräsentationen in Düsseldorf (Abb. 20) und London angefordert. Auf der Londoner Stadtplanungskonferenz des Jahres 1910 soll Burnham seine oft zitierten mahnenden Worte geäußert haben: »Macht keine kleinen Pläne; sie besitzen nicht die Zauberkraft, der Menschen Gemüt zu bewegen, und werden daher vermutlich nicht verwirklicht.«

Als sich Burnham kurz darauf zur Ruhe setzte, übergab er die planerischen Aufgaben an seinen Assistenten Bennett, dessen frühere Mitarbeit am Chicago-Plan ihn dazu befähigte, im Laufe der nächsten beiden Jahrzehnte einige von Burnhams Vorstellungen in die Tat umzusetzen. Bennett wurde zu einem der führenden Verfechter der City-Beautiful-Bewegung; er entwarf Gebäude, Boulevards und Straßenlampen im Stil französischer und römischer klassizistischer Vorbilder, deren Form er den Erfordernissen moderner Materialien wie Stahl und Beton anpaßte und die in Chicago und ganz Nordamerika, ja sogar in Kleinstädten wie Cedar Rapids, Iowa, Verbreitung fanden.

Andere Architekten folgten Bennetts Beispiel und zogen den geänderten Bedingungen angepaßte Vorlagen des französischen Klassizismus für den Ausbau Chicagos heran. Rapp and Rapp entwarfen in den frühen zwanziger Jahren zahlreiche Kinopaläste, für die Bauten der französischen und spanischen Renaissance als Vorlagen dienten. Von Marshall and Fox wurden in der Stadt eine Reihe Hotels und Appartementhäuser errichtet, von denen zwei – das Blackstone Hotel mit Mansarddach von 1908 und das 1911 erbaute Appartementhaus am North State Parkway 1550 – ganz eindeutig von französischen Vorbildern inspiriert, hinsichtlich ihrer vielgeschossigen Bauweise jedoch der Tradition Chicagos zuzurechnen sind. Die klassizistischen Einzelformen und Erkerfenster des Appartementhauses lassen sich gut mit Peter Webers Zeichnung eines ähnlichen Gebäudes an der North Sheridan Road 3400 aus dem Jahre 1917 vergleichen. Das 1925 erbaute Palmer House von Holabird and Roche war in Europa – trotz seiner kunstvollen Fassadengestaltung in diversen französischen Stilrichtungen von der Renaissance bis zum Empire – wegen seiner hochmodernen Grundrißgestaltung und Stahlskelettkonstruktion berühmt; es wurde ausführlich in Richard Neutras 1927 erschienenem Buch *Wie baut Amerika?* besprochen. Der gebürtige Österreicher Neutra arbeitete während seiner Lehrzeit bei Holabird and Roche an diesem Projekt mit; nach einer Entwurfsschulung durch Frank Lloyd Wright begann er seine eigene Laufbahn in Kalifornien. Ein anderer Hotelbau in Chicago, das Stevens (heute Chicago Hilton and Towers; Tafeln 86, 87) von Holabird and Roche, erlangte zum Zeitpunkt seines Entstehens im Jahre 1927 den internationalen Ruf als größtes Hotel der Welt.

Burnhams Ideen fanden somit durch seine Bauten und Stadtplanungen und durch das Werk seiner Anhänger und Förderer weltweite Verbreitung. Noch definitiver jedoch formte seine Konzeption Chicagos aus dem Jahre 1909 das Aussehen der Stadt während der sich anschließenden Jahrzehnte des wirtschaftlichen Aufschwungs zwischen dem Ende des Ersten Weltkriegs und der Weltwirtschaftskrise der dreißiger Jahre.

Kat. 206, Detail

198. P. B. Wight. Perspektivische Ansicht eines Wettbewerbsentwurfs für die Chicago Public Library, 1891. Tusche auf Papier, 54 x 74. Schenkung von Peter B. Wight an The Art Institute of Chicago. (Siehe Tafel 64.)

199. John Wellborn Root. Perspektivische Ansicht eines geplanten Kunstmuseums (The Art Institute of Chicago?) für die Weltausstellung, Chicago, gezeichnet von Paul Lautrup, um 1890. Bleistift und Aquarell auf Papier, 55,5 x 115. Schenkung von John Wellborn Root jr. an The Art Institute of Chicago. (Siehe Tafel 62.)

200. Peter J. Weber. Ansichtsstudie der Partello Tower Company oder des Elevated Electric Railroad Tower (für die Weltausstellung?), 26. Februar 1892. Bleistift auf Transparentpapier, ca. 53,5 x 42. Schenkung von Bertram A. Weber an The Art Institute of Chicago.

201. Peter J. Weber. Entwurf für den Eingang zum Weltausstellungsgelände an der 64th Street, 31. Dezember 1892. Tusche auf Leinenpapier, 51 x 55,5. Schenkung von Bertram A. Weber an The Art Institute of Chicago. (Siehe Tafel 67.)

202. Peter J. Weber. Entwurf für den Eingang zum Weltausstellungsgelände an der 60th Street,

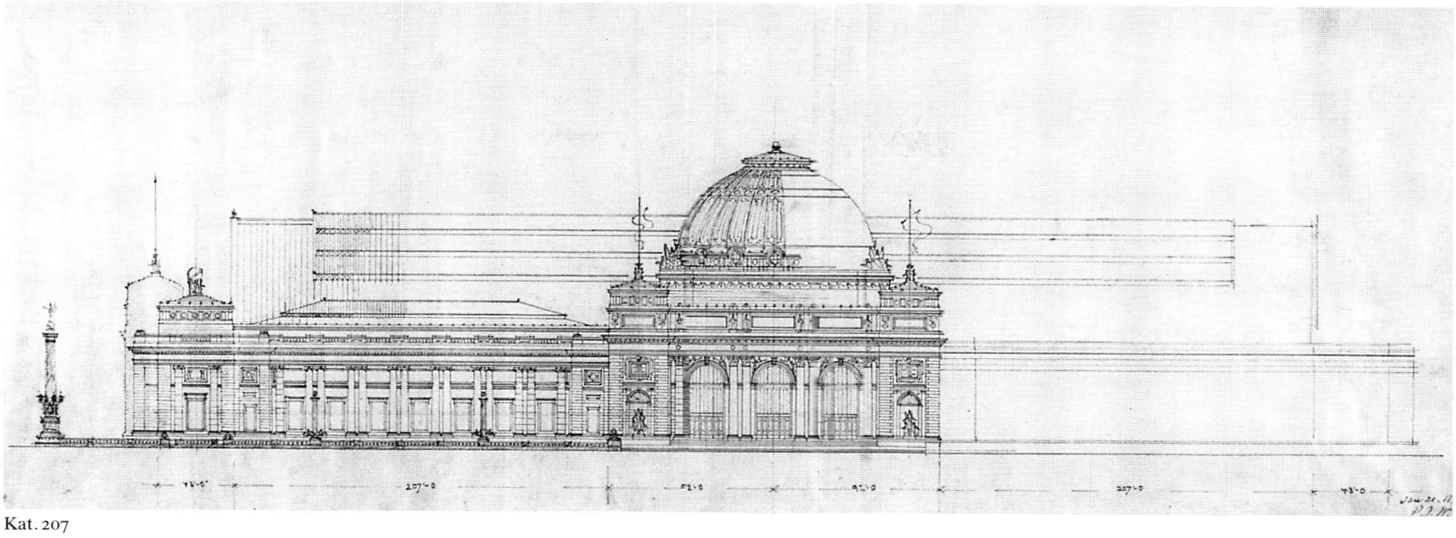

Kat. 207

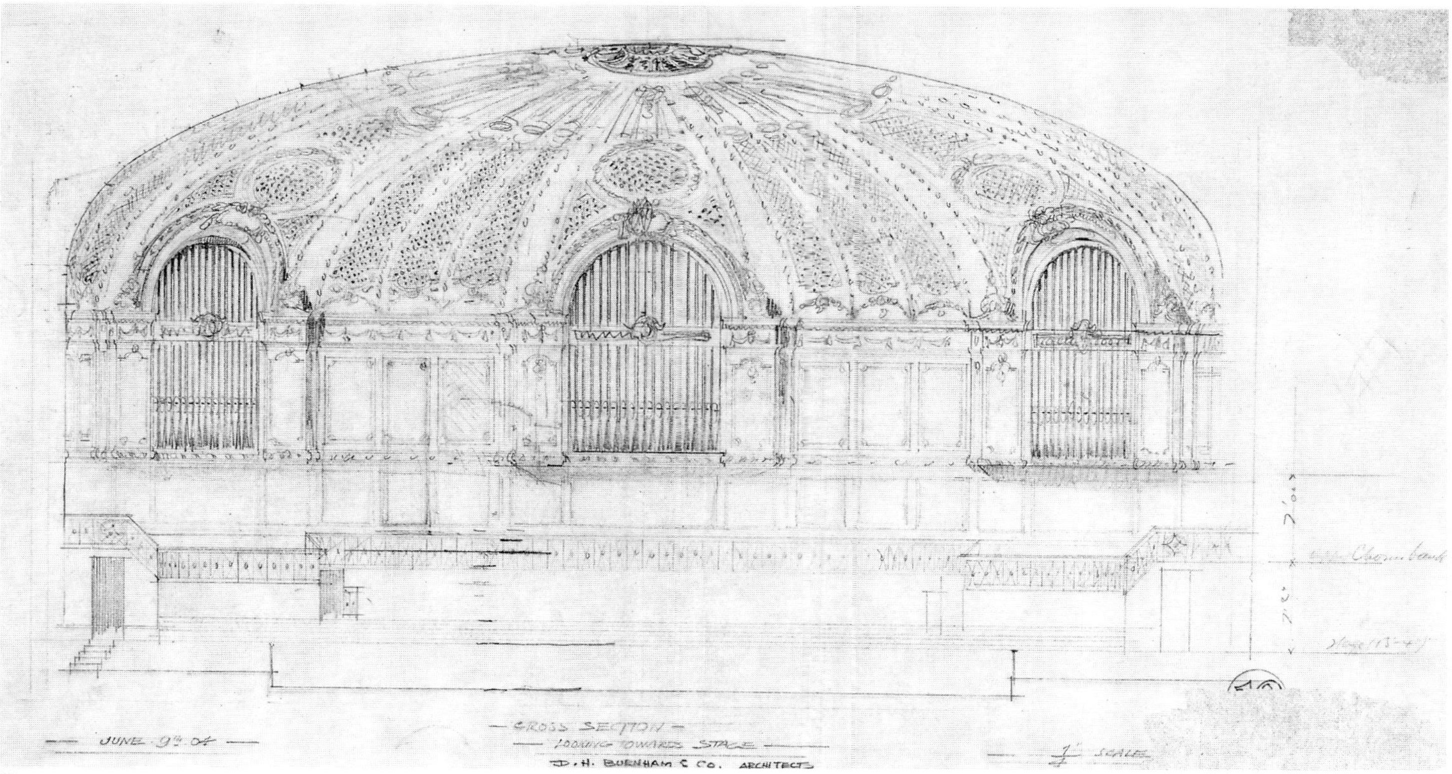

Kat. 217

7. Januar 1893. Tusche auf Leinenpapier, 49 x 75,5. Schenkung von Bertram A. Weber an The Art Institute of Chicago. (Siehe Tafel 68).

203. Peter J. Weber. Perspektivische Ansicht des Chocolat-Menier-Pavillons, Weltausstellung, 1893 (abgerissen). Farblithographie, 41,5 x 55. Schenkung von Bertram A. Weber an The Art Institute of Chicago. (Siehe Tafel 63.)

204. Peter J. Weber. Skizzierter Schnitt des Chocolat-Menier-Pavillons, 8. März 1893. Bleistift und Farbstift auf Transparentpapier, 41 x 48,5. Schenkung von Bertram A. Weber an The Art Institute of Chicago.

205. Peter J. Weber. Skizze mit Ansicht, Schnitt und Grundriß des Chocolat-Menier-Pavillons, 5. März 1893. Tusche und Bleistift, laviert auf Papier, 54 x 53,7. Schenkung von Bertram A. Weber an The Art Institute of Chicago.

206. Peter J. Weber for Charles B. Atwood, Architekt. Aufriß und Teilgrundriß des Ausstellungspavillons der Firma Cluett Coon and Co., Weltausstellung, 3. Januar 1893. Blaupause, 66 x 65,5. Schenkung von Bertram A. Weber an The Art Institute of Chicago

207. Peter J. Weber. Ansicht einer geplanten Ausstellungshalle am Seeufer (im Grant Park), Chicago, 1898. Tusche und farbige Tusche auf Leinenpapier, 37,5 x 85. Vorläufige Schenkung der Architecture Society Fellows an The Art Institute of Chicago.

208. Peter J. Weber. Fenster des Casino (abgerissen), Ravinia, Highland Park, Illinois, 1904. Farbiges Glas mit Bleifassung, 56,4 x 81. Schenkung des Ravinia Festival an The Art Institute of Chicago.

209. William C. Whitney. Perspektivische Ansicht des Minnesota-Pavillons, Weltausstellung, 1893 (abgerissen). Aquarell auf Papier, 36,4 x 44,5. Leihgabe der Northwest Architectural Archives, the University of Minnesota.

210. Lewis Edward Hickmott. Perspektivische Ansicht des Court of Honor, Weltausstellung, 1894. Öl auf Leinwand, 130 x 203,5. Leihgabe der Chicago Historical Society. (Siehe Tafel 60.)

211. Thure de Thulstrup. Perspektivische Ansicht des Seeufers während der Weltausstellung, um 1893. Aquarell und Gouache auf Papier, 75 x

Kat. 223

Kat. 235

Kat. 224

95. Leihgabe von Mr. und Mrs. Daniel Burnham IV. (Siehe Tafel 61.)

212. Daniel H. Burnham. Perspektivische Skizze eines Parks am südlichen Seeufer, um 1896. Aquarell auf Papier, 16 x 25. Schenkung von Hubert Burnham und Daniel Burnham jr. an The Art Institute of Chicago.

213. D. H. Burnham and Co. Perspektivische Ansicht eines geplanten Anbaus zum Land Title and Trust Co. Building von 1897, 1400 Chestnut Street, Philadelphia, gezeichnet von Hughson Hawley, 1900. Bleistift und Aquarell auf Papier, 132,7 x 77,1. The Art Institute of Chicago. (Siehe Tafel 56.)

214. D. H. Burnham and Co. Perspektivische Ansicht des Flatiron Building, Ecke 23rd Street und Broadway, New York, gezeichnet von Jules Guérin, 1902. Kohle und Tusche, laviert auf grundiertem Leinenpapier, 80 x 50,8. Vorläufige Schenkung der Thomas J. und Mary E. Eyerman Stiftung an The Art Institute of Chicago. (Siehe Tafel 54.)

215. D. H. Burnham and Co. Quader des Railway Exchange Building, 224 South Michigan Avenue, Chicago, 1903-04. Weiß glasierte Terrakotta, 23 x 49,5 x 23. Schenkung der Santa Fe Southern Pacific Corporation an The Art Institute of Chicago.

Kat. 226, Detail

Kat. 226

216. D. H. Burnham and Co. Perspektivische Studie der Orchestra Hall, 220 South Michigan Avenue, Chicago, um 1904. Bleistift auf Transparentpapier, ca. 115 x 66. Vorläufige Schenkung der Frank E. und Seba B. Payne Stiftung an The Art Institute of Chicago.

217. D. H. Burnham and Co. Querschnitt mit Blick auf die Bühne der Orchestra Hall, 9. Juni 1904. Bleistift und Farbstift auf Transparentpapier, ca. 40,5 x 73,5. Vorläufige Schenkung der Frank E. und Seba B. Payne Stiftung an The Art Institute of Chicago.

218. D. H. Burnham and Co. Aufrißstudie des Penthouse für den Cliff Dwellers Club auf der Orchestra Hall, um 1907. Bleistift und Farbstift auf Transparentpapier, ca. 50 x 92. Vorläufige Schenkung der Frank E. und Seba B. Payne Stiftung an The Art Institute of Chicago.

219. D. H. Burnham and Co. mit Swales, Atkinson und Burnet. Perspektivische Ansicht von Selfridge's Department Store, Oxford Street, London, gezeichnet von Harold Oakley, um 1906. Farbdruck, 63,5 x 104. Schenkung von Harry J. Scharres an The Art Institute of Chicago. (Siehe Harris, Abb. 15, S. 146.)

220. D. H. Burnham and Co., später Graham, Burnham and Co. Perspektivische Studie der geplanten Kolonnade des Eaton's Department Store, Toronto, gezeichnet von J. L. B., 20. Januar 1912. Bleistift auf Transparentpapier, 122 x 83. Ankauf des Department of Architecture, The Art Institute of Chicago. (Siehe Tafel 5[illegible].)

221. D. H. Burnham and Co., später Graham, Burnham and Co. Aufrißskizze des geplanten Eaton's Department Store, 14. Februar 1912. Bleistift und roter Stift auf Transparentpapier, 64,6 x 55,8. Vorläufige Schenkung der Benefactors of Architecture, The Art Institute of Chicago.

222. D. H. Burnham and Co., später Graham, Burnham and Co., umbenannt in Graham, Anderson, Probst and White. Perspektivische Ansicht des geplanten Eaton's Department Store, 1912. Bleistift auf Transparentpapier, 64 x 97,5. Ankauf des Department of Architecture, The Art Institute of Chicago.

223. D. H. Burnham and Co., später Graham, Burnham and Co. Perspektivische Studie des Atriums des geplanten Eaton's Department Store, Ansicht ähnlich der des Marshall Field's Department Store, Chicago, um 1912. Bleistift auf Transparentpapier, 65 x 45. Vorläufige Schenkung der Benefactors of Architecture, The Art Institute of Chicago.

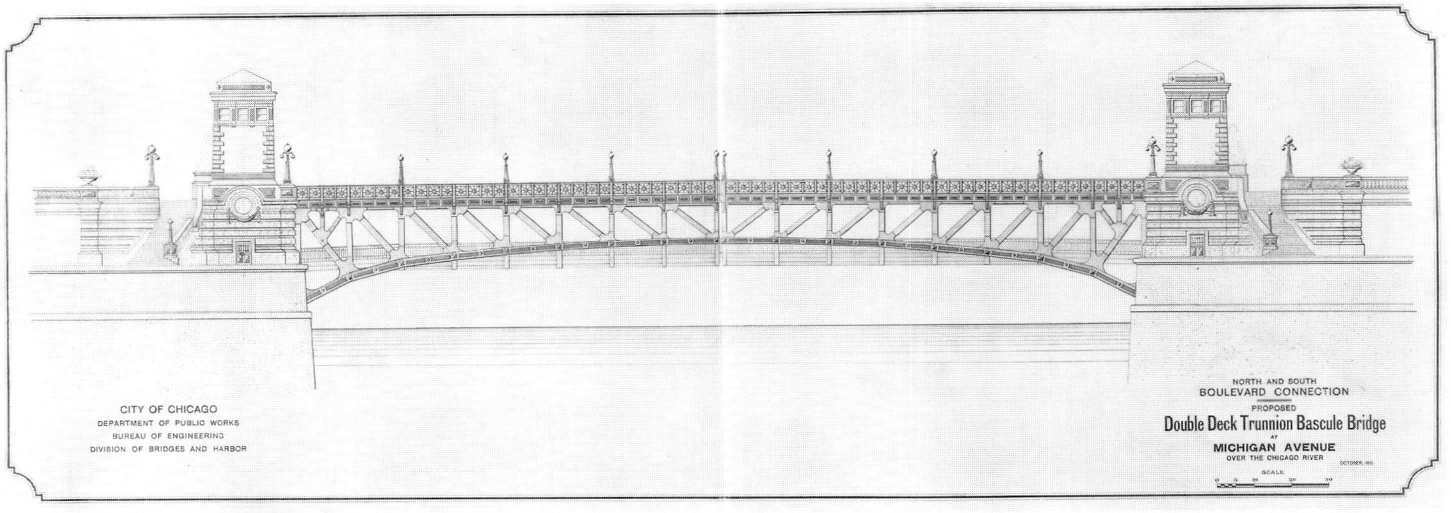

Kat. 237

Kat. 238

224. D. H. Burnham and Co., später Graham, Burnham and Co. Zwei perspektivische Studien des Atriums des geplanten Eaton's Department Store, ähnlich dem Pariser Warenhaustyp, um 1912. Bleistift auf Transparentpapier, 87,5 x 57 und 87,5 x 60,5. Schenkung der Benefactors of Architecture, The Art Institute of Chicago. (Siehe Harris, Abb. 17, S. 147.)

225. D. H. Burnham and Co., später Graham, Burnham and Co. Zwei perspektivische Ansichten der geplanten Fassadengestaltung des Conway Building, 111 West Washington Street, Chicago, gezeichnet von C. B., um 1912-14. Aquarell auf Papier, jedes Blatt 96 x 44. Leihgabe von Rubloff Inc. (Siehe Tafel 59.)

226. D. H. Burnham and Co., später Graham, Burnham and Co. Fragmente der Lobby des Conway Building, 1912-14. Glasierte Terrakotta, jeweils ca. 30 x 15 x 7. Schenkung von Jack Train Associates und Pepper Construction Co. an The Art Institute of Chicago.

227. Jules Guérin für Daniel H. Burnham und Edward H. Bennett. Ansicht Chicagos vom Jackson Park bis zum Grant Park, 1907, Tafel 49 des *Plan of Chicago,* 1909. Aquarell und Bleistift auf Papier, 104 x 477. Dauerleihgabe der Stadt Chicago an The Art Institute of Chicago. (Siehe Tafeln 70, 71.)

228. Jules Guérin für Daniel H. Burnham und Edward H. Bennett. Ansicht von Chicago nach Westen, Dezember 1907, Tafel 87 des *Plan of Chicago,* 1909. Aquarell und Bleistift auf Papier, 145,5 x 233. Leihgabe von Patrick Shaw. Wird nur in Paris und Chicago gezeigt. (Siehe Tafel 78.)

229. Jules Guérin für Daniel H. Burnham und Edward H. Bennett. Entwurf für einen Boulevard als Verbindung zwischen dem nördlichen und südlichen Flußufer, Chicago, um 1908, Tafel 112 des *Plan of Chicago,* 1909. Bleistift, Aquarell und Tempera auf Papier, 185 x 145. Leihgabe der Chicago Historical Society. (Siehe Tafel 77.)

230. Chris. U. Bagge für Daniel H. Burnham und Edward H. Bennett. Ansicht der Michigan Avenue nach Süden, Chicago, um 1908, Tafel 118 des *Plan of Chicago,* 1909. Bleistift, Aquarell und

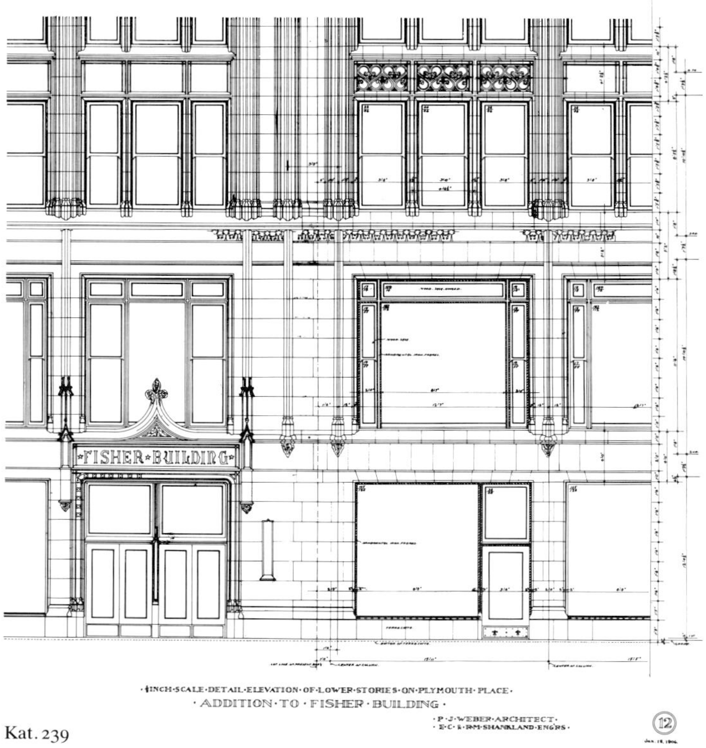

Kat. 239

Tempera auf Papier, 75 x 103. Leihgabe der Chicago Historical Society. (Siehe Tafel 76.)

231. Jules Guérin für Daniel H. Burnham und Edward H. Bennett. Ansicht der geplanten Bahnhofsanlage auf der Westseite des Flusses, Chicago, 1908, Tafel 122 des *Plan of Chicago,* 1909. Bleistift und Aquarell auf Papier, 88 x 198. Dauerleihgabe der Stadt Chicago an The Art Institute of Chicago. (Siehe Draper, Abb. 4, S. 109.)

232. Jules Guérin für Daniel H. Burnham und Edward H. Bennett. Westansicht der geplanten Civic Center Plaza, Chicago, 1908, Tafel 132 des *Plan of Chicago,* 1909. Bleistift und Aquarell auf Papier, 76 x 105. Dauerleihgabe der Stadt Chicago an The Art Institute of Chicago. (Siehe Tafel 73.)

233. Fernand Janin (zugeschrieben) für Daniel H. Burnham und Edward H. Bennett. Plan des Geschäftszentrums von Chicago, um 1908, Tafel 129 des *Plan of Chicago,* 1909. Bleistift und Tusche, laviert auf Papier, 171 x 89,5. Dauerleihgabe der Stadt Chicago an The Art Institute of Chicago. (Siehe Tafel 74.)

234. Jules Guérin für Daniel H. Burnham und Edward H. Bennett. Aufriß des geplanten Civic Center, Chicago, 1908. Tusche, farbige Tusche, Aquarell und Bleistift auf Papier, 76,8 x 58,5.

Kat. 246, Detail

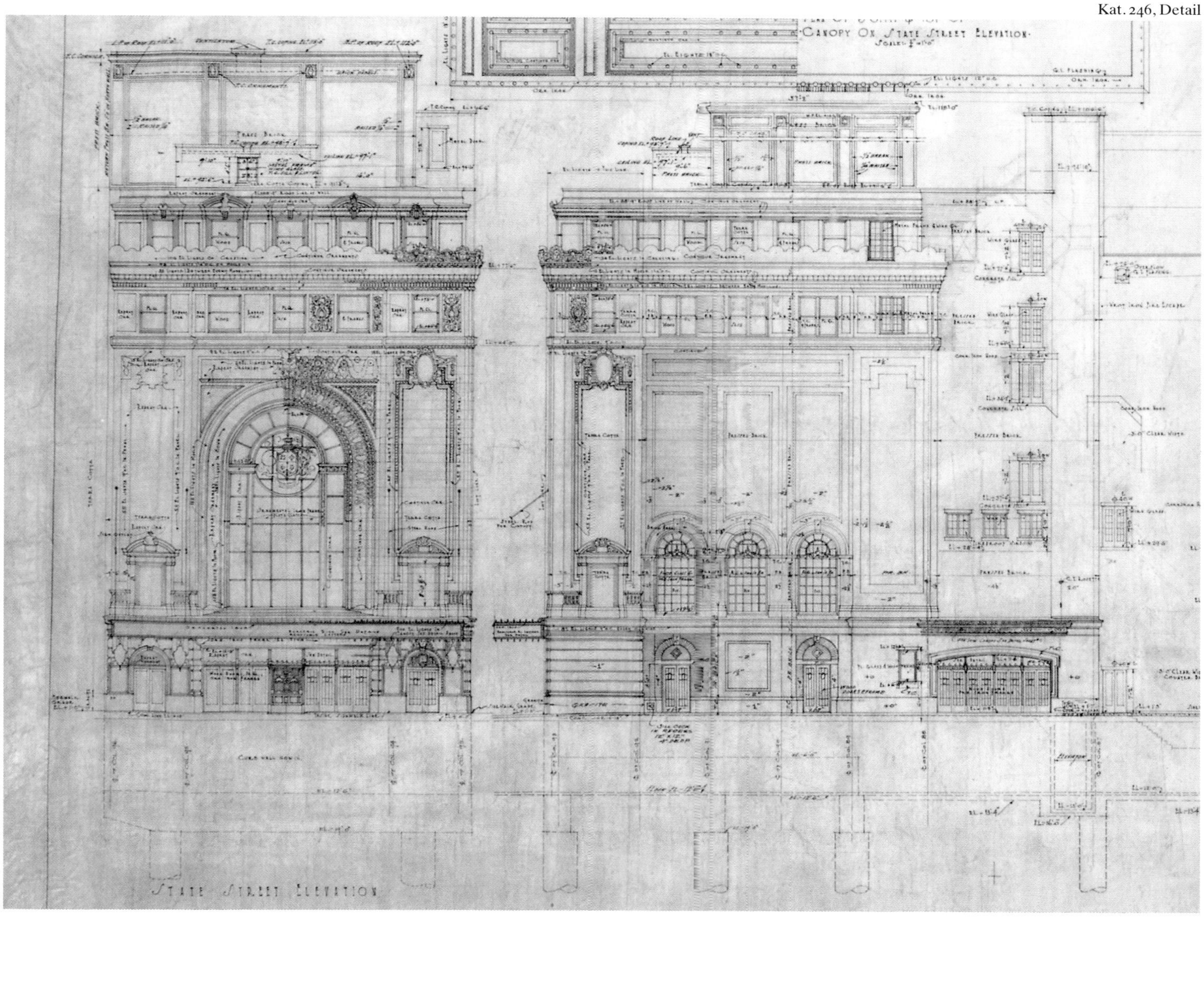

Kat. 250

Schenkung von Edward H. Bennett jr. an The Art Institute of Chicago. (Siehe Tafel 69.)

235. Fernand Janin für Daniel H. Burnham und Edward H. Bennett. Aufriß des geplanten Civic Center, Chicago, 1908, Tafel 131 des *Plan of Chicago,* 1909. Tusche, laviert auf Papier, 103 x 305. Dauerleihgabe der Stadt Chicago an The Art Institute of Chicago. (Siehe Tafel 75.)

236. Jules Guérin für Daniel H. Burnham und Edward H. Bennett. Entwicklungsplan für das Stadtzentrum, Chicago, 1907, Tafel 137 des *Plan of Chicago,* 1909. Tempera und Bleistift auf Tonpapier, 84,7 x 122. Dauerleihgabe der Stadt Chicago an The Art Institute of Chicago. (Siehe Tafel 72.)

237. Edward H. Bennett. Geplante doppelstökkige Zugbrücke an der Michigan Avenue, Chicago, Oktober 1912. Tusche auf Leinenpapier, 59 x 131,5. Leihgabe der Stadt Chicago, Department of Public Works, Bureau of Engineering.

238. Edward H. Bennett. Entwicklungsplan für das Ufer, Cedar Rapids, Iowa, um 1916. Tusche auf Papier, 74,5 x 112. Leihgabe des Cedar Rapids Art Museum, City of Cedar Rapids Collection.

239. Peter J. Weber. Drei Entwürfe eines Anbaus für das Fisher Building (D. H. Burnham and Co., 1894-96), Ecke Dearborn und Van Buren Street, Chicago, 18.-26. Januar 1906. Tusche und farbige Tusche auf Leinenpapier, 106,5 x 77; 93 x 76,5; 116 x 76,5. Schenkung von Bertram A. Weber an The Art Institute of Chicago. (Siehe Tafeln 18, 19.)

240. Peter J. Weber. Entwurf eines Hochhauses im Stil der Chicagoer Schule, 1910. Bleistift, Gouache und Aquarell auf Zeichenkarton, 83,7 x 42,7. Schenkung von Bertram A. Weber an The Art Institute of Chicago. (Siehe Tafel 81.)

241. Peter J. Weber. Entwurf eines Hochhauses im klassizistischen Stil, um 1910-15. Tusche und Aquarell auf Papier, ca. 101 x 60. Schenkung von Bertram A. Weber an The Art Institute of Chicago. (Siehe Tafel 82.)

242. Marshall and Fox. Perspektivische Ansicht des Blackstone-Hotels (1908) und -Theaters (1910) mit geplantem Anbau (um 1911-15, nicht ausgeführt), Chicago, gezeichnet von J. N. T. (J. N. Tilton jr.). Tusche auf Papier, 37,2 x 36. Leihgabe der University of Texas at Austin, Architectural Drawings Collection. (Siehe Tafel 84.)

243. Marshall and Fox. Katasterplan des Gebäudes 1550 North State Parkway, Chicago, um 1910-1911. Tusche auf Leinenpapier, 88,3 x 90,2. Leihgabe der University of Texas at Austin, Architectural Drawings Collection.

244. Marshall and Fox. North-Avenue-Aufriß des Gebäudes 1550 North State Parkway, gezeichnet von P. N. und S. S. N., um 1911. Tusche auf Leinenpapier, 127 x 85. Leihgabe der University of Texas at Austin, Architectural Drawings Collection.

245. Peter J. Weber. Perspektivische Ansicht des Gebäudes 3400 North Sheridan Road, Chicago, gezeichnet von L. R., um 1915-17. Bleistift und Gouache auf Zeichenkarton, 77,5 x 58. Schenkung von Bertram A. Weber an The Art Institute of Chicago. (Siehe Tafel 89.)

246. Rapp and Rapp. Aufriß des Capital Theater (später Chicago Theater), 175 North State Street, Chicago, 27. März 1920, 21. April 1920, 28. Januar 1921. Tusche auf Leinenpapier, 78 x 111. Leihgabe der Rapp and Rapp Collection.

247. Benjamin Marshall von Marshall and Fox. Perspektivische Skizze des Schlafzimmers für Warren Wright, 209 East Lake Shore Drive, Chicago, um 1924. Bleistift auf Papier, 28 x 35,5. Leihgabe der University of Texas at Austin, Architectural Drawings Collection.

248. Benjamin Marshall von Marshall and Fox. Zwei Aufrißstudien der Badezimmer für Warren Wright, um 1924. Bleistift und Farbstift auf Papier, 40 x 42,5 und 43,5 x 59,5. Leihgabe der University of Texas at Austin, Architectural Drawings Collection.

249. Holabird and Roche. Perspektivische Ansicht der Lobby mit geplanter Dekoration, Palmer House, 17 East Monroe Street, Chicago, gezeichnet von Mack, Jenny and Tyler, Innenausstatter, 1925. Aquarell auf Zeichenkarton, 68,7 x 55,7. Vorläufige Schenkung der Benefactors of Architecture, The Art Institute of Chicago. (Siehe Westfall, ›Vom Haus zum Hochhaus‹, Abb. 16, S. 280.)

250. Holabird and Roche. Perspektivische Ansicht des Speisezimmers im Empirestil mit geplanter Dekoration, Palmer House, gezeichnet von Mack, Jenny and Tyler, Innenausstatter, 1925. Aquarell auf Zeichenkarton, 57 x 80. Vorläufige Schenkung der Benefactors of Architecture, The Art Institute of Chicago.

251. Marshall and Fox. Perspektivische Ansicht der Edgewater Beach Apartments, Südostecke Bryn Mawr Avenue und Sheridan Road, Chicago, gezeichnet von Charles Dornbusch, 1927. Bleistift und Farbstift auf Papier, 61,5 x 45,7. Leihgabe der University of Texas at Austin, Architectural Drawings Collection. (Siehe Tafel 85.)

VII. Metropole an der ›Magnificent Mile‹: Der internationale Wettbewerb für den Chicago Tribune Tower, 1922

Obgleich die Bezeichnung ›Magnificent Mile‹ von dem Grundstücksmakler Arthur Rubloff geprägt wurde, um die von ihm nach dem Zweiten Weltkrieg vorgeschlagene Entwicklung der North Michigan Avenue zu fördern, ist es letztlich Burnhams Verdienst, daß sich die Michigan Avenue zu der heutigen Prachtstraße entwickeln konnte. Die Eröffnung der Michigan Avenue Bridge im Jahre 1920 und die Verbreiterung der Avenue zu einem Boulevard läßt sich bis zum *Plan of Chicago* von 1909 zurückverfolgen. Zu den in den frühen zwanziger Jahren im Umfeld der Brücke entstandenen Stadtentwicklungsprojekten zählten Alfred S. Alschulers London Guarantee and Accident Building (Abb. 22), das Wrigley Building von Graham, Anderson, Probst and White sowie der Chicago Tribune Tower. Letzterer wurde von Howells and Hood erbaut, nachdem ihr Büro einen bedeutenden internationalen Wettbewerb gewonnen hatte, an dem sich Architekten aus aller Welt, darunter auch eine Reihe aus Deutschland und anderen europäischen Ländern, beteiligt hatten. Ein Vergleich der amerikanischen Wettbewerbsbeiträge mit denen der Europäer offenbart die an der Theorie orientierten Vorstellungen der Ausländer im Vergleich zur Praxisnähe der Amerikaner. Gropius, Loos, Rosen und Saarinen zum Beispiel waren mehr um Entwurfsprinzipien und -theorien bemüht als ihre amerikanischen Konkurrenten, die stilistisch konservativere, aber dafür realisierbare Entwürfe in mehrheitlich neugotischer Ausprägung vorlegten. So ahmte der Wettbewerbsteilnehmer Richard Yoshijiro Mine bewußt einen amerikanischen Hochhausprototypen nach – das 1914 von Cass Gilbert in New York erbaute Woolworth Building, das damals der höchste und daher offensichtlich am meisten geschätzte und reizvollste Wolkenkratzer der Welt war.

Abb. 22 Alfred S. Alschuler, Eingang des London Guarantee and Accident Building (heute Stone Container Building), 360 North Michigan Avenue, 1923 (verändert)

Abb. 23 Das Chicagoer Geschäftsviertel bei Nacht, um 1930-35. Beleuchtete Gebäude v.l.n.r.: Palmolive Building von Holabird and Root, 1928-29 (Hintergrund links); LaSalle-Wacker Building von Holabird and Root mit Rebori, Wentworth, Dewey and McCormick, 1929-30 (Vordergrund links); Wrigley Building von Graham, Anderson, Probst and White, 1919-24, und Chicago Tribune Tower von Howells and Hood, 1922-25 (beide Hintergrund Mitte); Jewelers Building von Giaver and Dinkelberg mit Thielbar and Fugard, 1926 (Mittelgrund rechts); und Carbide and Carbon Building von Hubert Burnham und Daniel Burnham jr., 1928-29

In den vom Aufschwung geprägten zwanziger Jahren entstanden in der Chicagoer Innenstadt zwar zahlreiche Hochhäuser aus Kalkstein, richtungsweisend aber waren vor allem das London Guarantee Building und der Chicago Tribune Tower aus Kalkstein sowie das Wrigley Building aus weißer Terrakotta (Abb. 23); man errichtete diese Gebäude in dem bewußten Bemühen, die Michigan Avenue noch großartiger als die Pariser Boulevards zu gestalten. So stiftete beispielsweise der Kaugummimagnat William Wrigley den Skulpturenschmuck der beiden Brückenhäuser auf der Michigan Avenue Bridge in der Absicht, dieses Eingangstor »so berühmt wie die Place de la Concorde in Paris« zu machen.

Die rege Bautätigkeit der zwanziger Jahre festigte die Stellung Chicagos als kosmopolitische Hauptstadt des Mittleren Westens, was zu einem guten Teil auf die von Daniel H. Burnham geschaffenen Voraussetzungen in der Stadt zurückzuführen war. Bedingt durch den Beginn der Weltwirtschaftskrise der dreißiger Jahre und des Zweiten Weltkriegs, wurden dem Stadtbild nur noch wenige Bauten hinzugefügt, obgleich der architektonische Austausch mit Europa in der 1933 veranstalteten Century of Progress Exposition und durch die Umsiedlung einiger renommierter deutscher Architekten, die Ende der dreißiger Jahre aus Nazideutschland flohen, eine Fortsetzung fand. Im Grunde aber bestand das Image Chicagos als Metropole mitten in Amerika während der zwanziger und dreißiger Jahre weiter, und die Gültigkeit dieser Vorstellung kann von den negativen Assoziationen, die der Stadt durch die zahlreichen Gangster, ›Flüsterkneipen‹ und durch die Prohibition während dieser Jahre anhafteten, nicht beeinträchtigt werden. Das Erscheinungsbild Chicagos blieb also im wesentlichen bis in die Zeit nach dem Zweiten Weltkrieg unverändert, als Architekten wie Mies van der Rohe sowie die Architekturbüros Skidmore, Owings and Merrill und C. F. Murphy Associates damit begannen, der Skyline zu ihrem heutigen Aussehen zu verhelfen.

Kat. 252, Detail

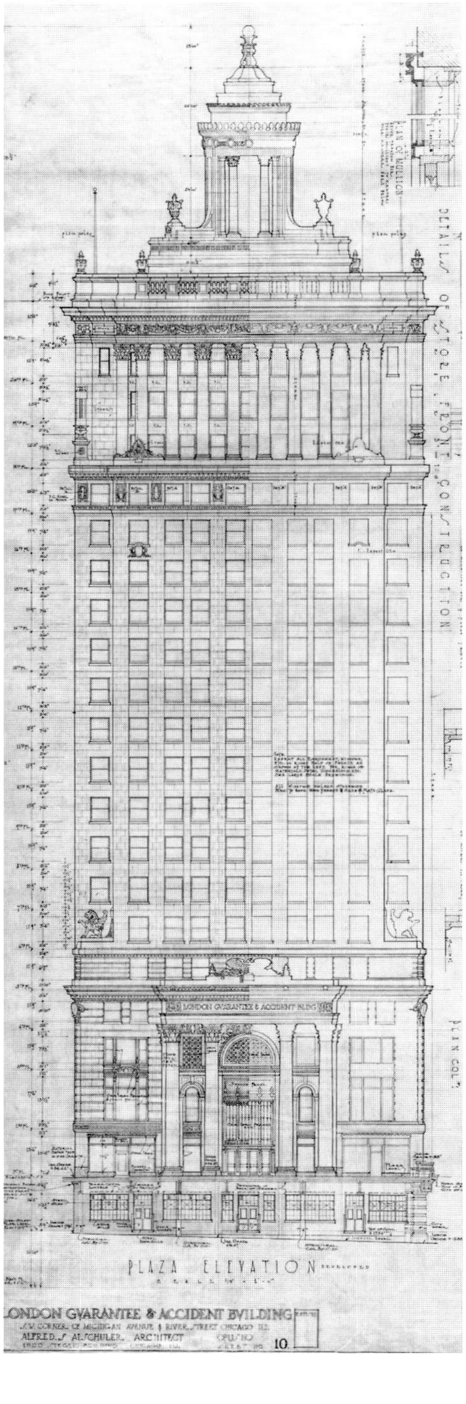

Kat. 259

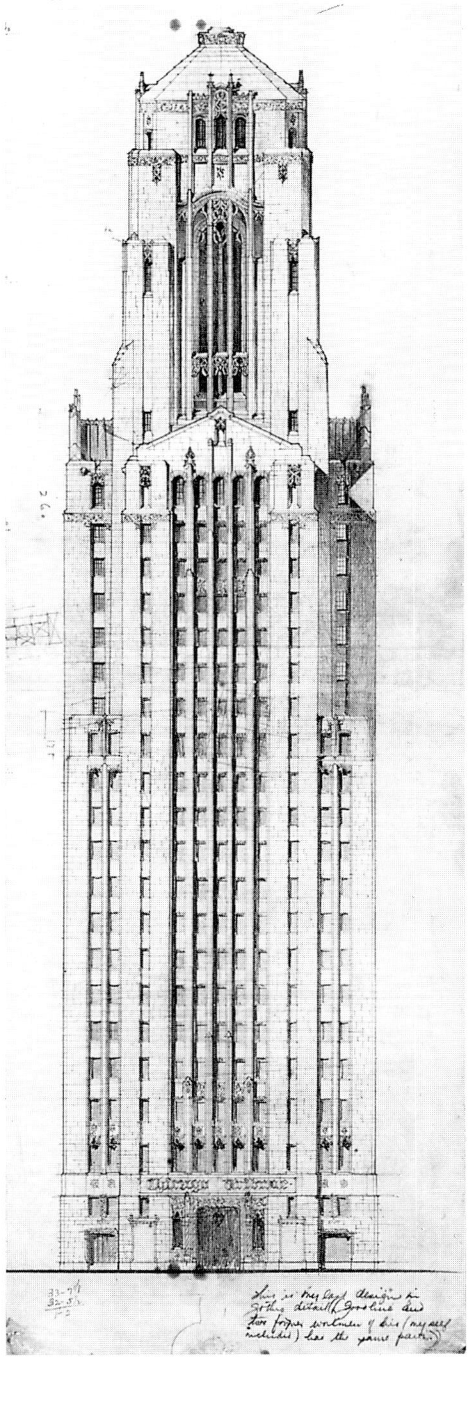

252. Alfred S. Alschuler. Aufriß des London Guarantee and Accident Building, 360 North Michigan Avenue, Chicago, 1922. Tusche auf Leinenpapier, 132 x 75. Schenkung von Friedman, Alschuler und Sincere an The Art Institute of Chicago.

253. Graham, Anderson, Probst and White. Kreuzblume vom Turm des Wrigley Building, 410 North Michigan Avenue, Chicago, 1921, Anbau von 1924. Glasierte Terrakotta, 85 x 110. Schenkung von William Wrigley jr. an The Art Institute of Chicago.

254. Buch des Wettbewerbs für den Chicago Tribune Tower (1923) und Modelle ausgewählter Beiträge, 1987 von Richard Tickner für The Art Institute of Chicago angefertigt.

255. Richard Yoshijiro Mine. Wettbewerbsbeitrag für den Chicago Tribune Tower, Aufriß zur Michigan Avenue, 1922. Tusche, laviert auf Papier, 140,3 x 59,7. Schenkung von Yoshijiro Mine an The Art Institute of Chicago. (Siehe Tafel 92.)

256. Walter Gropius. Wettbewerbsbeitrag für den Chicago Tribune Tower, Aufriß zur Michigan Avenue, 1922. Tusche auf Papier, 170,2 x 91,5. Leihgabe der Harvard University Museums (Busch-Reisinger Museum), Schenkung von Walter Gropius. (Siehe Tafel 93.)

257. R. Harold Zook. Wettbewerbsbeitrag für den Chicago Tribune Tower, perspektivische Ansicht, 1922. Tusche, laviert auf Papier, 151 x 73,7. Leihgabe von Robert H. Reinhold.

258. William Drummond. Wettbewerbsbeitrag für den Chicago Tribune Tower, perspektivische Vorstudie, 1922. Bleistift, Farbstift und Aquarell auf Papier, 59,7 x 35,6. Leihgabe der Chicago Architecture Foundation. (Siehe Tafel 90.)

259. Ralph Walker. Wettbewerbsbeitrag für den Chicago Tribune Tower, Aufrißstudie, 1922. Bleistift auf Transparentpapier, 71,1 x 24,1. Leihgabe von Haines Lundberg Waehler, Nachfolgefirma von Vorhees, Gmelin and Walker und Mckenzie, Vorhees and Gmelin.

260. Leroy Buffington. Wettbewerbsbeitrag für den Chicago Tribune Tower, Aufrißstudie und Schnitt, unterzeichnet mit »L. B. Archit.«, 1922. Bleistift auf Papier, 34,3 x 66. Leihgabe der Northwest Architectural Archives, University of Minnesota.

261. I. N. Phelps Stokes. Wettbewerbsbeitrag für den Chicago Tribune Tower, perspektivische

Kat. 257

Kat. 261

Studie, 1922. Tusche, laviert auf Papier, 69,2 x 36. Leihgabe der Avery Architecture and Fine Arts Library, Columbia University.

262. Anton S. Rosen. Wettbewerbsbeitrag für den Chicago Tribune Tower, Aufrißskizze, 1922. Kohle auf Papier, 77,7 x 39,6. Leihgabe der Kunstakademiets Bibliotek, Kopenhagen.

263. Anton S. Rosen. Wettbewerbsbeitrag für den Chicago Tribune Tower. Aufrißstudie der oberen Geschosse, 1922. Tusche, laviert auf Papier, 31,8 x 35,2. Leihgabe der Kunstakademiets Bibliotek, Kopenhagen.

264. Holabird and Roche. Wettbewerbsbeitrag für den Chicago Tribune Tower, Aufrißstudie, 1922. Tusche, laviert auf Papier, 70,5 x 32,7. Leihgabe der Chicago Historical Society, Schenkung von Holabird and Root. (Siehe Tafel 51.)

265. Holabird and Roche. Wettbewerbsbeitrag für den Chicago Tribune Tower, Aufrißstudie, 1922. Bleistift und Tusche, laviert auf Papier, 70,5 x 30,5. Leihgabe der Chicago Historical Society, Schenkung von Holabird and Root.

266. Eliel Saarinen. Wettbewerbsbeitrag für den Chicago Tribune Tower, Südaufrißstudie, 1922. Bleistift auf Transparentpapier, ca. 79 x 26. Leihgabe des Museum of Finnish Architecture.

267. Raymond Hood von Howells and Hood. Wettbewerbsbeitrag für den Chicago Tribune Tower, frühe Fassadenstudie Nr. 19, Michigan-Avenue-Fassade, 1922. Bleistift und Aquarell auf Zeichenkarton, 61,5 x 33,5. Leihgabe der Raymond M. Hood Papers, Archives of American Art, Smithsonian Institution.

268. Raymond Hood von Howells and Hood. Wettbewerbsbeitrag für den Chicago Tribune Tower, frühe perspektivische Studie Nr. 21, 1922. Bleistift und Aquarell auf Zeichenkarton, 74 x 50,5. Leihgabe der Raymond M. Hood Papers, Archives of American Art, Smithsonian Institution.

269. Raymond Hood von Howells and Hood. Wettbewerbsbeitrag für den Chicago Tribune

Kat. 273

Kat. 274

Kat. 263

Tower, perspektivische Studie Nr. 35, 1922. Bleistift, laviert auf Zeichenkarton, 69 x 41. Leihgabe der Raymond M. Hood Papers, Archives of American Art, Smithsonian Institution. (Siehe Tafel 94.)

270. Raymond Hood von Howells and Hood. Wettbewerbsbeitrag für den Chicago Tribune Tower, perspektivische Studie Nr. 32, 1922. Bleistift und Aquarell auf Zeichenkarton, 50,4 x 51,5. Leihgabe der Raymond M. Hood Papers, Archives of American Art, Smithsonian Institution.

271. Maßstabsgetreues Gipsmodell gotisieren-

Kat. 270

der Detailformen des Chicago Tribune Tower, 425 North Michigan Avenue, Chicago, um 1922. Leihgabe der Chicago Tribune.

272. Modell der geplanten Anbauten zum Chicago Tribune Tower, um 1940. Leihgabe der Chicago Tribune.

273. Graham, Anderson, Probst and White. Zwei Vorstudien für den National Life Insurance Tower, Nordwestecke Erie Street und Michigan Avenue, Chicago, um 1921-23. Bleistift und Farbstift auf Transparentpapier, jedes Blatt ca. 70 x 45,5. Ankauf des Department of Architecture, The Art Institute of Chicago.

274. Graham, Anderson, Probst and White. Drei ausgearbeitete Studien (Neogotik, Neorenaissance, Neoklassizismus) für den National Life Insurance Tower, um 1921-23. Bleistift auf Transparentpapier, jedes Blatt ca. 73,5 x 51,5. Schenkung der Benefactors of Architecture, The Art Institute of Chicago.

275. Eliel Saarinen. Grundstücksplan und Schnitt des Chicago Lakefront Project, 1923. Tusche, Bleistift und blauer Stift auf Transparentpapier, ca. 48,9 x 145. Leihgabe des Museum of Finnish Architecture.

276. Eliel Saarinen. Perspektivische Studie des Chicago Lakefront Project, 1923. Bleistift auf Transparentpapier, 52,7 x 39,8. Leihgabe des Cranbrook Academy of Art Museum. (Siehe Tafel 95.)

277. Nächtliche Ansicht des Chicagoer Geschäftsviertels der späten zwanziger Jahre im Modell. 1987 von Richard Tickner für The Art Institute of Chicago angefertigt.

Ausgewählte Bibliographie

Zusammengestellt von Stephen Sennott unter Mitarbeit von Ines Dresel, Maya Moran, Gabriella Scanu und John Zukowsky

Zahlreiche der in diese Bibliographie aufgenommenen Einträge beleuchten das Verhältnis der Europäer zur Architektur in Chicago, und unsere Kommentare zu den frühen Publikationen gehen häufig auf diese internationalen Zusammenhänge ein. Darüber hinaus sind eine Reihe von Standardwerken zur Architektur und zu den Architekten von Chicago berücksichtigt worden, von denen die meisten in den letzten vierzig Jahren erschienen. Viele der Nachschlagewerke, die hier aufgelistet sind, finden sich in der Burnham Library of Architecture im Art Institute of Chicago, stehen jedoch auch in anderen größeren wissenschaftlichen Bibliotheken zur Verfügung.

Edward H. Bennett

Daniel H. Burnham

Teil I Frühe Quellen

Akademie der Künste zu Berlin, *Ausstellung neuer amerikanischer Baukunst*, Berlin 1926.

In dieser Ausstellung wurden Werke von Louis Sullivan, Bertram Goodhue und anderen amerikanischen Architekten gezeigt. Den Arbeiten Sullivans wurde ein vollständiger Ausstellungsraum zur Verfügung gestellt. Der Ausstellungskatalog enthält ein Vorwort von Irving Pond und Aufsätze von Louis Sullivan und Thomas Tallmadge.

›Die amerikanischen Thurmhäuser‹, *Deutsche Bauzeitung* 26, 16. Jan. 1892, S. 29-30.

Mit Bezug auf den Eklektizismus und den vorherrschenden Einfluß der normannisch-romanischen Architektur Englands werden amerikanische Bürogebäude in New York, Boston und Chicago kurz analysiert.

›Architekten-Verein zu Berlin‹, *Deutsche Bauzeitung* 29, 13. März 1895, S. 30.

Ein kurzer Artikel über Karl Hinckeldeyn, der Louis Sullivans Vortrag über Polychromie in Bauwerken kannte und Arbeiten von Adler and Sullivan und Healy and Millet in Chicago beschrieb.

Ashbee, Charles R., *American Sheaves and English Seed Corn*, London und New York 1901.

Ashbee schrieb diesen Bericht über eine Reise, die ihn in verschiedene amerikanische Großstädte führte, für den britischen ›National Trust‹, der seine Reisen finanziell gefördert hatte. Im Art Institute of Chicago hielt er Vorträge über architektonische Konservierungsmaßnahmen, moderne Architektur, die Präraffaeliten und industrielle Gestaltgebung.

Ashbee, Charles R., Einführung zu *Frank Lloyd Wright: Ausgeführte Bauten*, Berlin 1911.

Aufgrund ihrer langen Zusammenarbeit, die ihren Anfang in Chicago genommen hatte, wußte Frank Lloyd Wright, daß Ashbee sich in seine Architektur und seine Theorien zur Gestaltung einfühlen konnte, und bat ihn, seine Arbeiten zu kommentieren, als sie dem europäischen Publikum vorgestellt werden sollten. Die Einführung wurde in leicht geänderter Form ins Englische übersetzt: ›Frank Lloyd Wright: A Study and an Appreciation‹, *Western Architect* 19, Feb. 1913, S. 17-19.

Ashbee, Charles R., ›Frank Lloyd Wright: Chicago‹, *Sonderheft der Architektur des XX. Jahrhunderts*, Bd. 2, Kap. 8, Berlin 1911.

Ashbee beschreibt zunächst kurz einige Gebäude von Richardson und McKim, Mead and White und anderen amerikanischen Architekten und feiert dann den Chicagoer Architekten Wright als einen neuen, durch die Gestaltungsprinzipien der Arts-and-Crafts-Bewegung, der deutschen Sezession und der europäischen Art nouveau beeinflußten Geist in der amerikanischen Architektur.

›Aus dem technischen Vereinsleben Amerikas‹, *Deutsche Bauzeitung* 24, 15. Jan. 1890, S. 25-30.

In diesem Artikel geht es um den regen Gedankenaustausch zwischen deutschen und amerikanischen Fachzeitschriften, um das Treffen des American Institute of Architects in Chicago von 1887, die Aktivitäten der Western Association of Architects in Chicago und um die Gemeinsamkeiten zwischen dem A. I. A. und entsprechenden deutschen und europäischen Gesellschaften. Daniel Burnham wird als wichtiger Wortführer der amerikanischen Architektur gesehen.

Badovici, Jean, *Frank Lloyd Wright, Architecte Américain*, Paris 1930.

Eine sehr nützliche Sammlung früher Photographien und Zeichnungen von Gebäuden und Entwürfen aus den Jahren 1901 bis 1923. Unter anderem enthält das Buch Innenansichten, Fassaden und dekorative Details folgender Gebäude: Imperial Hotel in Tokio, Midway Gardens, Taliesin, Coonley House und Robie House. In einer kurzen Biographie weist Badovici Wright für Amerika die gleiche Bedeutung zu, die Berlage für Holland oder Garnier und Perret für Frankreich hatten. Vorher schon hatte Badovici in *L'Architecture Vivante* 2, 1924, und in *Cahiers d'art* 1, 2, 1926, Artikel über Wright geschrieben.

Behne, Adolf, *Der moderne Zweckbau*, München 1926.

Behne erörtert den Einfluß, den Wright auf Behrens, Gropius, Mendelsohn und Mies van der Rohe in Deutschland, auf Oud, Wils, van t'Hoff und Greve in Holland, Le Corbusier in der Schweiz und sogar auf verschiedene tschechoslowakische Architekten ausübte. Wrights Artikel ›In the Cause of Architecture‹ von 1908 wird häufig zitiert.

Behne, Adolf, *Neues Wohnen – Neues Bauen*, Leipzig 1927.

In diesem Text zur modernen Wohnarchitektur betrachtet Behne Wright als den bedeutendsten amerikanischen Architekten und hebt insbesondere hervor, daß sich in seinen Entwürfen kaum historische Bezüge finden lassen.

Behrendt, Walter C., ›Skyscrapers in Germany‹, *Journal of the American Institute of Architects* 21, Sept. 1923, S. 365-70.

Der Autor beschäftigt sich mit den Bürohochhäusern, die nach dem Ersten Weltkrieg nach amerikanischen Vorbildern in Deutschland und England gebaut wurden. Er hebt hervor, daß die deutschen Architekten den Wolkenkratzer leichter akzeptieren konnten als ihre englischen Kollegen, da die Deutschen die Stahlskelettbauweise übernahmen, auch wenn sie ihre eigenen Planungsvorstellungen einbrachten.

Behrendt, Walter C., *Der Sieg des neuen Baustils*, Stuttgart 1927.

Behrendt erörtert deutsche und nordeuropäische Industriearchitektur von Taut, Oud, Dudok, Le Corbusier, Behrens, Mendelsohn und anderen und geht auf den Hochhauswettbewerb der Chicago Tribune ein. Er stellt dem mit dem ersten Preis prämierten Entwurf von Howells and Hood den von Walter Gropius und Adolph Meyer gegenüber. Er befaßt sich im weiteren mit Arbeiten von Henry van de Velde und dann mit Wright, den er als den herausragendsten amerikanischen Architekten dieses neuen Stils bezeichnet. Der Einfluß Wrights auf die Architektur der Länder in der Nordhälfte Europas wird aufgezeigt. Stahlskelettkonstruktionsmethoden und der Freimaurertempel von Burnham and Root werden photographisch dokumentiert.

Behrendt, Walter C., *Modern Building: Its Nature, Problems, and Forms*, New York 1937.
Behrendt erörtert Ingenieure, Art nouveau und bedeutende amerikanische Architekten wie Richardson, Sullivan und Wright und feiert den »neuen Geist« des »International Style« und den Aufstieg der Moderne.

Berlage, Hendrik P., ›Art and Community‹, *Western Architect* 18, 1912, S. 85-89.
Berlage beschäftigt sich hier mit dem Eklektizismus und dessen inhärentem Mangel an spirituellen Ideen, der aus der Nachahmung herrührt. Er tritt für die »Realität in der Konstruktion« und der Ornamentierung in der modernen europäischen und amerikanischen Architektur ein. Er schrieb auch den Aufsatz ›Foundations and Development of Architecture‹, *Western Architect* 18, 1912, S. 96-99, 104-108, in dem er den Einfluß von Viollet-le-Duc auf die moderne Architektur erörtert.

Berlage, Hendrik P., *Amerikanische Reisherinneringen*, Rotterdam 1913.
In seinen Erinnerungen an seine Amerikareise im Jahre 1911 erörtert Berlage Richardsons Bauten im romanischen Stil in Boston und Chicago, Bürohochhäuser in New York, Sullivans Schriften und dessen Bauten in Chicago und Wrights Architektur im Mittleren Westen.

Bing, Samuel, *Artistic America, Tiffany Glass, and Art Nouveau*, ins Englische übersetzt von Benita Eisler, Cambridge, Mass. 1970.
In diesem Band sind drei Aufsätze zusammengefaßt, die Bing in den Jahren um die Jahrhundertwende schrieb. Sie behandeln Kunst und Architektur in Amerika, Glas von Tiffany und die Art nouveau. Die Übersetzung des Aufsatzes *La Culture artistique en Amérique* von 1895 enthält einen Abschnitt über die amerikanische Architektur, in dem unter anderem Arbeiten von Richardson und Sullivan untersucht und gewürdigt werden. Sullivans Auditorium Building und sein Transportation Building für die Weltausstellung finden besonders großen Beifall. Es sollte darauf hingewiesen werden, daß in Gabriel P. Weisberg, *Art Nouveau Bing: Paris Style 1900*, New York 1986, Bings Vorname völlig richtig als Siegfried angegeben ist.

Birkmire, William H., *The Planning and Construction of American Theatres*, New York und London 1906.
Anhand von Grundrissen, Aufrissen, Innenausstattungen, Ornamenten und relevanten Bauvorschriften untersucht der Autor das vielseitige Bauprogramm für Schauspiel- und Opernhäuser in amerikanischen Städten. Das Auditorium von Adler and Sullivan, das die New Yorker Metropolitan Opera in den Schatten stellen sollte, wird aufgrund seiner Fachwerkkonstruktion und hydraulischen Aufzüge gerühmt. Die Aufzüge beruhten auf Vorbildern in Budapest, Wien und Halle.

Bouilhet, André, ›L'Exposition de Chicago: Notes de voyage d'un orfèvre‹, *Revue des Arts Décoratifs* 14, 1893, S. 65-79.
Der Autor befaßt sich mit der Architektur der Weltausstellung. Insbesondere werden das Transportation Building von Adler and Sullivan, das Fisheries Building von Henry Ives Cobb sowie das Auditorium von Adler and Sullivan hervorgehoben.

Bragdon, Claude, ›»Made in France« Architecture‹, *Architectural Record* 16, Dez. 1904, S. 561-68.
Bragdon untersucht den Einfluß der klassizistischen Architektur der Beaux-Arts-Schule innerhalb der kurzen Zeitspanne, die auf Richardson folgte, dessen Architektur den amerikanischen Baustil in den Jahren zuvor dominierte. Bragdon gibt zu bedenken, daß diese Nachahmung der klassizistischen Tradition den amerikanischen Bedürfnissen und den neuen Konstruktionsmethoden nicht gerecht werden kann. Louis Sullivan dagegen steht – so Bragdon – für Erneuerung anstelle von Nachahmung und für Demokratie statt Aristokratie.

Bragdon, Claude, ›Architecture in the United States: The Skyscraper‹, *Architectural Record* 26, Aug. 1909, S. 84-96.
In diesem Text, dem dritten Teil einer Serie zur amerikanischen Architektur, untersucht Bragdon die rapide Entwicklung des Wolkenkratzers in New York und Chicago und drängt auf gesetzliche Maßnahmen, um die unkontrollierte Errichtung von Wolkenkratzern in städtischen Ballungsräumen zu verhindern. Er zitiert Paul Bourget, der in seinem *Outre-Mer* von 1895 dem Wolkenkratzer positiv gegenüberstand.

›Briefe von der Columbien-Weltausstellung‹, *Deutsche Bauzeitung* 27, 28. Juni 1893, S. 313-14.
Im Jahrgang 1893 der Deutschen Bauzeitung erschienen mehrere Beiträge zur Chicagoer Weltausstellung. Dieser behandelt die Machinery Hall und untersucht deren Metallrahmenkonstruktion.

Brinkmann, A. E., *Stadtbaukunst vom Mittelalter bis zur Neuzeit*, Wilpark-Potsdam 1925.
Der Autor hat in diese Übersicht Daniel Burnhams Plan von Chicago, der in der Düsseldorfer Ausstellung von 1912 vorgestellt wurde, sowie das Bostoner und das Chicagoer Parkanlagensystem aufgenommen.

Burnham, Daniel H., und Edward H. Bennett, *Plan of Chicago*, Charles Moore (Hrsg.), Chicago 1909.
Diese klassische Zusammenfassung der Planvorstellungen Burnhams wurde unter der Schirmherrschaft des Commercial Club ausgearbeitet. In den etwas langatmigen Begleitaufsätzen wird die beabsichtigte Anbindung Chicagos an die europäische und amerikanische Stadtplanung erörtert.

Calonne, Alphonse de, Graf, ›The French Universal Exposition of 1900‹, *Architectural Record* 5, Jan.-März 1896, S. 217-26.
Der Autor zeigt auf, wie die Wahl und die Gestaltung des Geländes für die französische Weltausstellung von 1900, die 1892 in Auftrag gegeben wurde, der Weltausstellung von Chicago nachempfunden wurde, um eine vergleichbare Einheitlichkeit und Größe zu gewährleisten.

Caparn, H. A., ›The Riddle of the Tall Building: Has the Skyscraper a Place in American Architecture?‹, *Craftsman* 10, April 1906, S. 477-88.
Der Autor greift den Wolkenkratzer als Ausdruck der »Tyrannei und Rücksichtslosigkeit des modernen Geschäftslebens« an. Er hält die meisten Hochhäuser für häßlich und behauptet, daß sie einander immer nur imitieren und inkonsequent eingesetzte vertikale und horizontale Elemente aufweisen. Seinen Beifall finden allerdings das Garrick Theater und das Kaufhaus

Daniel H. Burnham und John Wellborn Root in ihrem Büro in der Rookery

Schlesinger and Mayer von Sullivan, an denen er den aufrichtigen, gestellartigen Ausdruck der Stahlkonstruktion schätzt, der ihn an den Eiffelturm oder den Kristallpalast erinnert.

Emerson, William, ›The World's Fair Buildings, Chicago‹, *The Architectural Journal* 1, 3. Folge, Nov. 1883-Okt. 1884, S. 65-74.
Als von Großbritannien entsandtes Mitglied der Architekturjury beschreibt der Autor den Grundriß und das Gelände als wohlüberlegt und würdigt die harmonische Anlage der Ausstellung. Er lobt das Agriculture Building von McKim, Mead and White, tadelt jedoch die Ornamentik und die allegorischen Skulpturen des Transportation Building von Adler and Sullivan.

Freitag, Joseph K., *Architectural Engineering*, 2. Aufl., New York 1907.
Während sich die erste Ausgabe von 1886 vor allem auf die Hochhäuser von Chicago konzentrierte, befaßt sich diese zweite, revidierte Auflage mit Wolkenkratzern in New York und anderen Städten an der Ostküste, die mit denen in Chicago rivalisierten.

Fries, Henri de, *Moderne Villen und Landhäuser*, Berlin 1924.
Der Berliner Architekt de Fries beschreibt zeitgenössische Landhäuser und Villen, die von jungen Architekten entworfen wurden, von denen die meisten in der Nordhälfte Europas und an der West- und Ostküste der Vereinigten Staaten lebten. In seiner Einleitung bezeichnet er Wright als den größten lebenden Architekten überhaupt, und er weist darauf hin, daß die Grund- und Aufrisse verschiedener deutscher und niederländischer Architekten Gemeinsamkeiten mit Arbeiten Wrights und der Brüder Greene aus Kalifornien aufweisen.

German-American Biographical Publishing Company, *Chicago und sein Deutschtum*, Cleveland 1901-02.
Die Herausgeber der ›deutsch-amerikanischen biographischen Verlagsgesellschaft‹ sammelten Aufsätze und Hunderte von Photographien, um der Bedeutung der deutsch-amerikanischen Bürger für die Entwicklung der Stadt nachzuspüren. Ein großer biographischer Teil wird durch Photographien von Gebäuden und Wohnhäusern ergänzt, die zu den biographischen Angaben in Beziehung stehen.

Gerson, Ernst, ›Reise-Eindrücke in Nord-Amerika‹, *Stadtbau* 24, 1929, S. 293-300.
Gerson hatte auf einer Amerikareise Detroit, Chicago und New York besucht und hebt vor allem das Woolworth Building in New York und die Wolkenkratzer längs der Michigan Avenue und des Chicago River hervor.

Gilbert, Paul, und Charles L. Bryson, *Chicago and Its Makers*, Chicago 1929.
Dieses Standardwerk untersucht die Geschichte Chicagos von der frühesten Ansiedlung bis zur Planung der ›Century of Progress Exposition‹ von 1933. Hunderte historischer Photographien belegen jeden Gebäudetypus in Chicago bis ins Jahr 1929. Weiterhin enthält das Buch Einzelbiographien bedeutender Industrieller, Philanthropen und Wirtschaftsführer aus Chicago – unter ihnen zum Beispiel Harry G. Selfridge, der Chicagoer Kaufmann, der nach London ging und dort Selfridge's, Ltd. gründete, und für den Daniel H. Burnham nach dem Modell der Chicagoer Warenhäuser ein bedeutendes Geschäftsgebäude entwarf.

Gmelin, Leopold, ›American Architecture from a German Point of View‹, *The Forum* 27, März 1899-Aug. 1899, S. 690-704.
Gmelin rühmt die Originalität der amerikanischen Architektur der 1890er Jahre und erwähnt das Verwaltungsgebäude, das Richard Morris Hunt für die Weltausstellung gebaut hatte. Hinsichtlich der Stadt Chicago selbst äußert er sich über den gitternetzförmigen Straßenplan, über berühmte Wolkenkratzer, über die Bauvorschriften ohne Höhenbegrenzungen, über Aufzüge, Eisen- und Stahlkonstruktionen und über die hohen Bodenpreise. Eine ähnliche Übersicht hatte Gmelin schon einige Jahre vorher in *Deutsche Bauzeitung* 28, 1894, S. 453-56, 532-34 veröffentlicht.

Graef, Paul, *Neubauten in Nordamerika*, Berlin 1897-1905.
Dieser umfangreiche Band enthält vor allem Pläne, Photographien und kurze Angaben zu Materialien und Kosten für zahlreiche Wohn- und Geschäftsgebäude in Boston, Detroit und Chicago. Den größten Anteil haben Gebäude und Architekten aus Chicago Unter anderem werden Arbeiten von Burnham and Root, W. W. Boyington, Treat and Foltz, Holabird and Roche und William Le Baron Jenney behandelt. Das Vorwort schrieb Karl Hinckeldeyn.

Greber, Jacques, *L'Architecture aux Etats-Unis*, Paris 1920.
Der Autor gibt einen Überblick über die amerikanische Architektur von den Kolonialbauten in Neuengland bis zu den Wolkenkratzern des frühen 20. Jahrhunderts. Greber führt zahlreiche Beispiele aus Chicago und Umgebung an, zum Beispiel die Arbeiten Howard Van Doren Shaws in Lake Forest, Ill., Burnhams Continental and Commercial Bank Building, sein Peoples Gas Company Building sowie seine Bahnhofsgebäude in Chicago und Washington, D. C. Edward H. Bennetts Plan für Minneapolis wird mit Burnhams Plänen für Chicago, Washington, D. C. und San Francisco und mit Grebers eigenen Plänen für Philadelphia verglichen.

Hegemann, Werner, *Amerikanische Parkanlagen*, Berlin 1911.
Dieser Sammelband mit seinen Aufsätzen und Illustrationen erschien als Begleitband zu einer Ausstellung über amerikanische Parkanlagenplanung in Boston, New York, Washington, Philadelphia und Chicago. Verschiedene Parkanlagenpläne, die Frederick Law Olmsted für diese Städte entwarf, sind abgebildet – darunter die Pläne für den Jackson Park, Sherman Park, Gage Park und David Square, allesamt Chicagoer Parkanlagen.

Hegemann, Werner, *Der Städtebau nach den Ergebnissen der Allgemeinen Städtebau-Ausstellung*, Berlin 1913.
Dieses zweibändige Werk erschien anläßlich einer Ausstellung zur Stadtplanung in Paris, Wien, Budapest, München, Köln, London, Stockholm, Chicago und Boston, die 1912 in Düsseldorf gezeigt wurde. Hegemann untersucht darin Burnhams *Plan of Chicago* und Pläne für verschiedene europäische Städte mit Bezug auf den Stadtplan von Berlin.

Hegemann, Werner, *Amerikanische Architektur und Stadtbaukunst*, Berlin 1927.
Ein reichhaltiger Band, der die strahlenförmigen und zentralisierten Planungsvorschläge für verschiedene amerikanische Städte untersucht – unter anderem Burnhams Pläne für Cleveland, Chicago und Manila wie auch Bennetts Entwürfe für Minneapolis und Chicago. Außerdem berücksichtigt Hegemann den Wettbewerb der Chicago Tribune, der mit 28 Illustrationen vorgeführt wird, Bürohausprojekte von Graham, Anderson, Probst and White, verschiedene Ausstellungen in Chicago, St. Louis und San Diego sowie Wrights Martin House, Taliesin, Coonley House und Larkin Building. Er befaßt sich auch mit Sullivans Börse, seinem Wainwright Building und -Grabmal und seinem Charnley House, mit Andrew Reboris Plänen für die Entwicklung der North Michigan Avenue sowie mit dem Grant-Park-Stadion von Holabird and Roche.

›Henry Richardson und seine Bedeutung für die amerikanische Architektur‹, *Deutsche Bauzeitung* 26, 6. Feb. 1892, S. 64-66.
In diesem Artikel ist die Trinity Church in Boston abgebildet, und mehrere Gebäude, die Richardson in den frühen 1880er Jahren in Massachusetts baute, werden besprochen. Auch der romanische Charakter seiner Gebäude und die sparsam eingesetzte Ornamentik werden behandelt. Der Artikel bezeugt das Interesse der Deutschen an den Arbeiten, die Richardson und seine Nachfolgefirma in Chicago ausführten.

Hermant, Jacques, ›L'Architecture à l'Amérique et à la World's Fair‹, *Gazette des Beaux-Arts*, Juli – Dez. 1893, S. 237-53, 416-25, 441-61.
Eine weitschweifige Besprechung der Architektur der Weltausstellung von 1893. Besonders herausgehoben werden Cobbs Fisheries Building und Sullivans Transportation Building. (Ähnlich äußerte sich André Bouilhet; siehe oben.)

Herzberg, A., ›Die Ausstellung Deutscher Architektur- und Ingenieurwerke auf der Columbischen Weltausstellung zu Chicago‹, *Deutsche Bauzeitung* 27, 16. Dez. 1893, S. 613-15.
Dieser Artikel erörtert die Ausstellung mit Werken deutscher Architekten und Ingenieure anläßlich der Weltausstellung in Chicago, die Architekten aus Deutschland und aus Chicago die Gelegenheit zum Gedankenaustausch gab.

Hilberseimer, Ludwig, *Großstadt-Architektur*, Stuttgart 1927.
Hilberseimer hebt die Bedeutung Chicagos für die Entwicklung der Wohn-, Industrie- und Geschäftsarchitektur in Europa hervor. Er untersucht zum Beispiel den Einfluß von Wrights Lexington Terrace in Chicago auf die Wohnarchitektur des niederländischen Architekten J. J. P. Oud. Der Grundriß des Surf-Apartment-Hotels und das Palmer House von Holabird and Roche sind abgebildet. Hinsichtlich der Geschäftsarchitektur werden die Fassaden von Richardsons Marshall Field Wholesale Store sowie das Auditorium Theater und das Kaufhaus Carson Pirie Scott von Adler and Sullivan im Vergleich zu Otto Wagners Kaufhaus Neumann in Wien untersucht. Der Grundriß des Navy Piers und dessen gute Zugänglichkeit für den Fahrzeugverkehr werden gerühmt. Roots berühmtes Monadnock Building und Sullivans Schiller Building werden ebenso erörtert wie die Arbeiten der deutschen Emigranten Baumann und Huehl.

Hitchcock, Henry-Russell, und Philip Johnson, *Modern Architecture: International Exhibition*, New York 1932.
Dieser dem ›International Style‹ gewidmete Ausstellungskatalog, der sich bewußt von der Weltausstellung von 1893 und dem Wettbewerb der Chicago Tribune von 1922 abhebt und sich auf diese Veranstaltungen bezieht, enthält Aufsätze und Bibliographien zu Wright, Gropius, Le Corbusier, Oud, Mies van der Rohe, Hood, Howe und Lescaze, Neutra und den Brüdern Bowman. Von den Chicagoer Architekten wird Wright als eine Hauptquelle für europäische Modernisten wie Oud, Mies und Gropius vorgestellt. Die Brüder Bowman aus Chicago werden aufgrund der strukturellen Offenheit ihrer Stahlkonstruktionen erwähnt.

Jessen, Peter, ›Kunstleben und Kunstpflege in den Vereinigten Staaten‹, *Kunstgewerbeblatt* 27, 1915-16, S. 221-28.
Der Autor hatte auf einer Amerikareise Boston, New York, Los Angeles und Chicago besucht und kommentiert Kunstgewerbe von Tiffany und weiteren namhaften Arts-and-Crafts-Gestaltern, Entwürfe von Whitney Warren, Privatdruckereien, die Bostoner Arts-and-Crafts-Bewegung und verschiedene Gebäude Chicagoer Architekten. Abgebildet sind Burnhams Peoples Gas Company Building, ein Wohnhaus von Shaw, eine von Dwight Perkins entworfene Innenausstattung eines Auditoriums und Wrights Coonley House. Einige besprochene Beispiele – die Bauten für den Garfield Park von Richard Schmidt – spiegeln den Einfluß der Arts-and-Crafts-Bewegung.

Irving K. Pond

Richard E. Schmidt

Jones, John H., und Fred Britten (Hrsg.), *A Half Century of Chicago Buildings*, Chicago 1910.
Eine nützliche Quellensammlung, die Bauvorschriften und -verordnungen dokumentiert, die 1910 in Chicago in Kraft waren. Architekten und Autoren aus Chicago – unter ihnen Frost, Holabird, Perkins und Schmidt – sind mit Artikeln zu Themen wie Bahnhöfen, Theatern, Stahlbeton, Bibliotheken und Museen und Immobilien vertreten.

Kostanecki, Michal, ›Rozwoj Nowoczesnej Architektury Amerykanskiej‹, *Architektura: Budownictwo* 2, 1932, S. 33-48.
In dieser ›Rarität‹, einer polnischen Übersicht über die Entwicklung der amerikanischen Architektur von den 1870er bis in die 1930er Jahre, ist Chicago mit Werken von Adler and Sullivan, Burnham and Root, Holabird and Roche und Frank Lloyd Wright vertreten. Kostanecki schätzt die Arbeiten dieser Architekten höher ein als die ihrer New Yorker Kollegen. Zu den Ereignissen, die angesprochen werden, zählen die Weltausstellung von 1893 und der Wettbewerb der Chicago Tribune von 1922.

Kunz, Fritz, *Der Hotelbau von heute im In- und Ausland*, Stuttgart 1930.
Dieses Buch befaßt sich mit den technischen Aspekten des Hotelbaus und konzentriert sich weitgehend auf Europa. Im Bildteil sind jedoch zwei neue amerikanische Hotels aufgeführt – das Stevens (heute Chicago Hilton and Towers) von Holabird and Roche und das Arizona-Biltmore Hotel von Albert Chase McArthur (mit Frank Lloyd Wright).

Mendelsohn, Erich, *Amerika: Bilderbuch eines Architekten*, Berlin 1926.
Das Buch besteht hauptsächlich aus Abbildungen von Beispielen für die Architektur in Chicago und New York und bot dem europäischen Publikum eine Einführung in die neueste amerikanische Architektur der damaligen Zeit. Es zeigt frühe Ansichten der Michigan Avenue, Gebäude, die die Gleise der Hochbahn säumen, den Wolkenkratzer der Chicago Tribune im Bau, Getreidespeicher, Roots Monadnock Building und Wrights Unity Temple sowie dessen Heurtley House.

Mendelsohn, Erich, *Briefe eines Architekten*, Passau 1961.
Diese posthum veröffentlichte Briefsammlung betrifft die Jahre, die Mendelsohn in Amerika verbrachte. Es finden sich auch zahlreiche Verweise auf seinen Amerikaaufenthalt im Jahre 1924. Er bewunderte das Woolworth Building in New York und Wrights Larkin Building in Buffalo, das ihn besonders aufgrund seiner disziplinierten Ornamentik und der monumentalen Proportionen beeindruckte. In Detroit begegnete Mendelsohn Emil Lorch, einem Kunsthistoriker, der mit Sullivan bekannt war und der Wrights Entwicklung beobachtete, und Eliel Saarinen, der seinerzeit an verschiedenen Projekten in Chicago arbeitete. In Taliesin im Bundesstaat Wisconsin besuchte er Wright, den Richard Neutra auf Mendelsohn aufmerksam gemacht hatte. Zusammen mit Barry Byrne besichtigte Mendelsohn Wrights Coonley House und Midway Gardens. Später, im Jahre 1929, hielt Mendelsohn die Eröffnungsrede für die Wright-Ausstellung in der Berliner Akademie der Künste.

Millet, Louis, ›L'Architecture aux Etats-Unis et l'Influence Français‹, *France-Amérique*, 1912, S. 240-44; 1913, S. 288-91.
Millet, ein Buntglasgestalter, der seine Ausbildung an der Ecole des Beaux-Arts erhalten und sich als Partner von George Healy in Chicago niedergelassen hatte, schreibt hier über den Einfluß des französischen Architekturunterrichts und insbesondere der Ecole des Beaux-Arts auf die amerikanische Architektur.

Monroe, Harriet, *John Wellborn Root. A Study of His Life and Work*, New York 1896.
Eine wichtige frühe Biographie Roots, die seine in Fachkreisen bekannte Schwägerin kurz nach seinem Tod verfaßte. Root starb 1891; zuletzt arbeitete er für Burnham als Konstruktionsleiter für die Weltausstellung.

Moore, Charles, *Daniel H. Burnham Architect, Planner of Cities*, 2 Bde., Boston 1921, Nachdruck New York 1968.
Diese zweibändige Standardbiographie enthält zahlreiche Zeichnungen und Photographien, die alle Schaffensperioden Burnhams belegen. Moore beschreibt Burnhams Bedeutung für die Skelettbauweise und die frühen Wolkenkratzer, den Einfluß, den Richardson auf ihn ausübte, und auch die Arbeiten, die vor der Weltausstellung von 1893 in Zusammenarbeit mit Root entstanden. Moores chronologische Auflistung diente als Grundlage für die, die Thomas S. Hines 1974 in seinem *Burnham of Chicago* veröffentlichte.

Neutra, Richard J., *Amerika: Die Stilbildung des neuen Bauens in den Vereinigten Staaten*, Wien 1930.
In diesem gut illustrierten Buch untersucht Neutra Materialien und Konstruktionsweisen in der modernen amerikanischen Architektur. Unter anderem behandelt er den Holzrahmen, das Stahlskelett und verschiedene Wolkenkratzerkonstruktionsmethoden. Burnham, Sullivan und Root sowie Wright und Irving Gill sind jeweils eigene Kapitel gewidmet; von Wright abgebildet sind ein Bürogebäude aus dem Jahr 1923, Taliesin, Midway Gardens und der Glencoe Country Club, zwei Planquadratentwürfe von Wright und Drummond aus dem Jahr 1916, innerstädtische Parkanlagen und -gebäude von Schmidt, Garden and Martin aus den Jahren 1915-16, Roots Monadnock Building, das Century Building von Holabird and Roche aus dem Jahr 1915, Hotels von Marshall and Fox, ein Wolkenkratzerprojekt von Walter Ahschlager und William Drummonds River Forest Women's Club.

Neutra, Richard J., *Wie baut Amerika?*, Stuttgart 1927.
Dieses Buch erörtert die Entwicklungen in der Bauindustrie, die die Konstruktion von Hochhäusern betrafen, die Wohnarchitektur, das Palmer House Hotel in Chicago und die Hotelarchitektur, Baubestimmungen und die darauf zurückgehenden gestaffelten Entwürfe sowie Baumaterialien. Die Abbildungen zeigen Konstruktionspläne und Grund- und Aufrisse fertiggestellter Gebäude. Neutra bespricht und zeigt mehrere Gebäude aus Chicago, unter anderem das Kaufhaus Carson Pirie Scott von Sullivan und – besonders ausführlich – das Palmer House Hotel, das seinerzeit im Bau war.

Nimmons, George C., ›Skyscrapers in America‹, *Journal of the American Institute of Architects* 21, Sept. 1923, S. 370-72.
Als Antwort auf den Artikel von Behrendt, der in der gleichen Nummer dieser Zeitschrift erschien (siehe oben), argumentiert Nimmons hier, daß die hohen Baulandpreise die rechtwinkligen Grundrisse verursachten, und er verteidigt den zentralen Hofplan und die Verwendung feuerfester Materialien.

Orear, G. W., *Commercial and Architectural Chicago*, Chicago 1887.
Photographien und Kupferstiche von Chapin und Gulick dokumentieren die wirtschaftliche und architektonische Entwicklung Chicagos in den Jahrzehnten vor der Brandkatastrophe von 1871. Im Bericht über diese Katastrophe wird beschrieben, wie das Feuer die metallenen Bestandteile der Gebäude zum Schmelzen brachte. Daraufhin wird behauptet, daß die Architekten daraus lernten, daß Ziegelstein ein feuerfesteres Material als Metall und damit diesem überlegen sei.

Oud, Jacobus J. P., ›Architectonische Beschouwing bij Bijlage VII‹, *De Stijl* 1, 4, Feb. 1918, S. 39-41.
Der niederländische Architekt Oud befaßt sich speziell mit Wrights Robie House und erörtert den Grundriß dieses Hauses mit Blick auf dessen Funktionen. Außerdem vergleicht Oud das Haus mit bestimmten Elementen der modernen Malerei der Futuristen und der Kubisten.

Oud, Jacobus J. P., *Holländische Architektur*, München 1926.
Oud erörtert zunächst die Entwicklung der moder-

Louis H. Sullivan

nen Architektur in Holland und untersucht dann den Einfluß Wrights auf die europäische Architektur. Die Illustrationen beschränken sich zwar ausschließlich auf Beispiele für die niederländische Architektur des späten 19. und des frühen 20. Jahrhunderts von Berlage, de Klerk und anderen, doch zeigt Oud auch den nicht eingereichten Beitrag von Lonberg und Holm für den Wettbewerb der Chicago Tribune von 1922.

Pierce, Bessie Louise, und Joe L. Norris (Hrsg.), *As Others See Chicago: Impressions of Visitors, 1673-1933*, Chicago 1933.
Diese ausgewählten Briefe, Artikel und Buchausschnitte dokumentieren die unterschiedlichen Reaktionen von Besuchern und Einwanderern aus Europa und Amerika auf Chicago. Zur Sprache kommen Themen wie die Bauweise der Zeit vor der Brandkatastrophe, Straßenplanung und Landschaft, monotone Gebäude und pittoreske Villen. Der schottische Wissenschaftler William Ferguson äußerte sich 1855 zur gitternetzförmigen Anlage und zu den Gebäuden der Stadt. F.B. Zincke beschrieb 1867 Chicagoer Gebäude, unter anderem das Sherman House Hotel, die City Hall mit ihrer Kuppel, Wohnhäuser an der Michigan Avenue und die Trinity Church. Der New Yorker Autor Julian Ralph schrieb in den frühen 1890er Jahren Artikel über Chicago für *Harper's Magazine*, in denen er sich mit den Hochhäusern der Stadt und mit der »Konstruktionsmethode von Chicago« beschäftigte.

Pond, Irving K., *The Meaning of Architecture: An Essay in Constructive Criticism,* Boston 1918.
Dieser Chicagoer Architekt und Pädagoge verfaßte eine Reihe von Essays zu architektonischen Prinzipien, die mit dem Geist der antiken griechischen Kunst zusammenhängen, wie er in der Renaissance und auch in der expressiven und kreativen Architektur des Mittleren Westens hervortritt. Nach Pond spricht aus der Horizontalität dieser Architektur der Geist der Prärie und der Demokratie.

Ponten, Josef, *Architektur, die nicht gebaut wurde. Mit am Werke Heinz Rosemann und Hedwig Schmelz*, 2 Bde., Stuttgart 1925.
Eine Übersicht über unausgeführte Projekte von der Renaissance bis zum frühen 20. Jahrhundert, die mit einem Abschnitt über »Städte der Zukunft« endet, in dem Griffins Plan für Canberra und der Plan für Chicago von Burnham und Bennett besprochen werden.

Purcell, William, und George G. Elmslie, ›Purcell und Elmslie‹, *Western Architect* 21, Jan. 1915, S. 1-8.
Die Herausgeber widmeten diese Ausgabe der Zeitschrift ausschließlich der Architektur der Prairie-Schule und den Entwürfen von Purcell und Elmslie. Die Korrespondenz der Architekten und schriftliche Äußerungen von Berlage und anderen beziehen sich auf die Arts-and-Crafts-Bewegung.

Rappold, Otto, *Der Bau der Wolkenkratzer*, München und Berlin 1913.
Rappold gibt einen Überblick über die seinerzeit neuesten Wolkenkratzerentwürfe in New York und untersucht dann kurz die frühere Entwicklung des Wolkenkratzers in Chicago. Im übrigen Teil dieses umfangreichen Bandes geht es um die neuesten bautechnischen Entwicklungen in New York und Chicago. Als Beispiele für New York werden etwa das Singer Building, das Woolworth Building und der Metropolitan Life Tower vorgeführt, Chicago ist unter anderem mit Burnhams Butler Brothers Building und dem LaSalle Hotel von Holabird and Roche vertreten. Das Buch enthält nützliche technische Zeichnungen und Konstruktionsphotographien.

Rey, A., ›Les Grands Magasins aux Etats-Unis‹, *L'Architecture* 34, 10. Juli 1921, S. 3-4.
Der Artikel wirft einen kurzen Blick auf die Gestaltung der amerikanischen Kaufhäuser und deren Beziehung zu französischen Gestaltungsprinzipien.

Saylor, Henry H., *Bungalows*, New York 1911.
Der Autor definiert verschiedene Bungalowtypen, ihre Grundrisse, Materialien, Innenausstattungen und mechanischen Systeme. Außerdem erörtert er den für die Chicagoer Schule typischen Bungalow, der durch Beispiele von Schmidt, Garden and Martin und von Tallmadge and Watson illustriert wird, deren Häuser auf dem Modell des indischen Bungalows beruhen.

Schmidt, Richard E., und John Allan Hornsby, *The Modern Hospital*, Philadelphia und London 1913.
Richard E. Schmidt, einer der zwei Autoren dieses wegweisenden Buches zum Krankenhausbau, war ein in Bayern geborener Chicagoer Architekt, dessen Firma, Schmidt, Garden and Martin, sich auf diesem Gebiet spezialisiert hatte.

Schuyler, Montgomery, *American Architecture and Other Writings*, William H. Jordy und Ralph Coe (Hrsg.), 2 Bde., Cambridge, Mass. 1961.
Schuyler hatte 1891 sieben Essays unter dem Titel *American Architecture – Studies* veröffentlicht. Dieses zweibändige Werk dokumentiert Schuylers umfassendes Denken über die amerikanische Architektur mit Schriften, die zwischen 1870 und 1914 entstanden. Zu Schuylers Themen, die für die Architektur von Chicago relevant sind, gehören Leopold Eidlitz, die Wiederbelebung der Romanik, die Entwicklung des Wolkenkratzers, die Hochhäuser von Adler and Sullivan und von D. H. Burnham and Co., die Reaktion auf die Beaux-Arts-Schule, wie sie in der Weltausstellung von 1893 zum Ausdruck kam, und die Arbeiten Sullivans und Wrights aus der Zeit vor 1914. Von besonderem Interesse ist sein Artikel ›Glimpses of Western Architecture: Chicago‹, zuerst veröffentlicht in *Harper's Magazine* 83, Aug. 1891, S. 395-406; Sept. 1891, S. 540-70.

Simon, Andreas, *Chicago, die Gartenstadt: Unsere Parks, Boulevards und Friedhöfe in Wort und Bild*, Chicago 1893.
Dieser Stadtführer, der im Jahr der Weltausstellung erschien, beschreibt in erster Linie die Grünanlagen Chicagos. Die geschäftlichen Aktivitäten der Deutschen in Chicago werden – was niemanden verwundern dürfte – weitschweifig dargelegt.

Thomas E. Tallmadge

Starrett, Col. W. A. *Skyscrapers and the Men Who Build Them*, New York 1928.
Der Architekt Starrett schreibt Chicago den ersten Wolkenkratzer überhaupt zu. Er erörtert Planungen, Bauordnungen, Stilrichtungen, Materialien und Konstruktionsmethoden. Er berücksichtigt dabei Wolkenkratzer von Jenneys Home Insurance Building bis zum Paramount Building, das die Brüder Rapp 1927 in New York bauten. George Fuller, John Griffiths, Jenney, Burnham und Root gehören zu den Architekten und Bauunternehmern aus Chicago, mit denen er sich befaßt. Auch Themen wie die Weltausstellung, Luftrechte und die Verwendung von Terrakotta oder Stein beim Bau von Hochhäusern werden angesprochen.

Starrett, Theodore, *Skyscraper-Building*, New York 1907.
Starrett entnahm das Material für seine kurzen, informativen Aufsätze New Yorker Tageszeitungen. Er erörtert Baumaterialien, Kosten, Konstruktionsmethoden und die Architektenschaft in bezug auf Wolkenkratzer in New York und Chicago.

Sullivan, Louis, ›The Chicago Tribune Competition‹, *Architectural Record* 53, Feb. 1923, S. 151-57.
Sullivan schreibt philosophisch über »masters of ideas« und über demokratische Ideale im Unterschied zu eher konservativen Vorstellungen. Er beschreibt, wie diese Ideen im mit dem ersten Preis prämierten Entwurf von Howells and Hood und dem – von ihm höher eingeschätzten – Beitrag von Eliel Saarinen, der den zweiten Preis erhielt, zutage traten.

Sullivan, Louis, *Kindergarten Chats and Other Writings*, Isabella Athey (Hrsg.), New York 1947.
Diese frühe Textsammlung wurde in der Reihe ›Documents of Modern Art‹ veröffentlicht, die von Robert Motherwell für ›Wittenborn Art Books‹ herausgegeben wurde. Der Band enthält unter anderem Sullivans berühmte Essays ›Ornament in Architecture‹ von 1892 und ›The Tall Office Building Artistically Considered‹ von 1896 sowie eine umfassende Bibliographie seiner Schriften.

Arthur Woltersdorf

Tallmadge, Thomas E., ›The Chicago School‹, *Architectural Review* 15, April 1908, S. 69-74.
Dieser Chicagoer Architekt war einer der ersten, der die Arbeiten der Chicagoer Schule kommentierend zusammenfaßte und erläuterte und der auf die bedeutenden Bauten und Architekten aufmerksam machte, die damals bereits die Architektur der Stadt auszeichneten. Bei seinen späteren Büchern *Architecture in Old Chicago*, Chicago 1941, und *The Story of Architecture in America*, New York 1927, handelt es sich um Standardwerke der Historiographie der Chicagoer Architektur.

Taut, Bruno, *Die neue Baukunst in Europa und Amerika*, Stuttgart 1929, ins Englische übersetzt als *Modern Architecture*, London 1929.
Der Architekt Taut, der durch seinen Glaspavillon auf der Werkbund-Ausstellung von 1914 bekannt geworden war, untersucht Grund- und Aufrisse einer Vielfalt von Gebäudetypen. An der Architektur von Chicago hebt Taut Wrights und Sullivans Bürohochhäuser hervor, die ihn durch ihre klare Konstruktion, die geschmeidige Befensterung und den deutlichen Ausdruck der Struktur und der Konstruktion beeindrucken. Taut illustriert Roots Monadnock Building, Sullivans Kaufhaus Carson Pirie Scott und Burnhams Peoples Gas Company Building. An der Entwicklung des amerikanischen Wolkenkratzers seit den 1890er Jahren kann er kaum etwas Lobenswertes entdecken. Im Werk Wrights findet er Formen der europäischen Gestalter Olbrich, Mackintosh, Wagner und Behrens wieder. Zusammen mit Wagner und Behrens zählt Taut Wright zu den drei wirklich schöpferischen Architekten seiner Zeit.

Unwin, Raymond und Paul Waterhouse, *Old Towns and New Needs. Also the Town Extension Plan*, Manchester 1912.
In seinen Vorträgen zu alten Städten und zu Stadterweiterungsplänen untersucht Unwin Düsseldorf, Köln und Berlin als Beispiele für vernünftige Stadtplanung und stellt diesen Städten Manchester und andere englische Städte mit ihren Vororten gegenüber. Dem extrem schnell wachsenden Chicago wird die Planung für Köln gegenübergestellt; Unwin mißbilligt die gitternetzförmige Anlage von Chicago, da sie allzu simpel und ohne Bezug zur landschaftlichen Umgebung sei. Nichtsdestoweniger lobt er das neu entstandene städtische Bewußtsein der Bürger von Chicago, das sich in neuen Parkanlagen, im unverbauten Seeufer und in ausgedehnten Boulevards zeigte. Das Buch enthält Abbildungen von Parks, Spielplätzen und Sportanlagen.

Van Brunt, Henry, *The Essays of Henry Van Brunt*, William A. Coles (Hrsg.), Cambridge, Mass. 1969.
Coles stellte 22 Essays zusammen, die die Gedanken Van Brunts zur Architektur in ihrer ganzen Bandbreite darstellen. Mehrere dieser Essays beziehen sich unmittelbar auf die Architektur von Chicago: in ›Architecture of the West‹ von 1889 befaßt er sich mit den Übergangserscheinungen in der westlichen Architektur. Er behauptet, daß Chicago für die am weitesten fortgeschrittenen Reformideen in der Architektur steht, da die Architekten der Stadt an keine Schulen, Vorläufer und Traditionen gebunden sind. Andere Aufsätze sind John Wellborn Root und der Weltausstellung von 1893 gewidmet. Zahlreiche Gebäude europäischer Architekten werden in Zusammenhang mit Chicagoer Bauten von Burnham and Root, Cobb and Frost, Holabird and Roche und Adler and Sullivan erörtert.

Van Rensselaer, Mariana Griswold, *Henry Hobson Richardson and His Works*, Boston 1888.
Eine frühe, umfassende Studie zu Richardsons Laufbahn und zu seinen Bauten. Das Buch ist mit Richardsons eigenen Strichzeichnungen illustriert. Von Richardsons Gebäuden in Chicago werden der Marshall Field Wholesale Store und das Glessner House erörtert.

›Die Vertretung der deutschen Architektur auf der Weltausstellung in Chicago 1893‹, *Deutsche Bauzeitung* 26, 29. Juni 1892, S. 309.
Ein kurzer, illustrierter Bericht über die Arbeit der deutschen Architekten und Pädagogen, die an der Organisation der deutschen Architekturausstellung auf dieser Weltausstellung mitwirkten.

Vogel, F. Rudolph, *Das amerikanische Haus*, Berlin 1910.
Vogel untersucht anhand von Photographien und Illustrationen aus den amerikanischen Zeitschriften *American Architect* und *Architectural Record* den folgenreichen Gedankenaustausch zwischen amerikanischen und europäischen Architekten. Als Beispiele für die Wohnarchitektur in Chicago werden Häuser von Silsbee, Cobb, Pond, Sullivan und Wright erörtert.

Von Holst, Herman, *Modern American Homes*, Chicago 1912.
Der Chicagoer Architekt Von Holst stellte in diesem Buch Beispiele für aufwendige und für preiswerte Wohnhaustypen zusammen, die aus unterschiedlichen Materialien gebaut und in den damaligen Modestilen – zum Beispiel als Bungalow oder als Landhaus – entworfen wurden. Häuser von Chicagoer Architekten wie Walter Burley Griffin, Henry Holsman oder E. E. Roberts sind im Grundriß und mit Innen- und Außenansichten abgebildet.

Von Holst, Herman, *Country and Suburban Houses of the Prairie School Period*, 1913 Nachdruck Chicago 1982.
Von Holst erörtert anhand von Photographien von Grund- und Aufrissen ein- und zweistöckiger Häuser, die aus verschiedenen Materialien gebaut und vornehmlich von Chicagoer Architekten wie Tallmadge und Watson, Griffin, Roberts, Holsman oder R. C. Spencer entworfen wurden, die Gestaltung des Einfamilienhauses im Kontext einer ›Zurück-zur-Natur‹-Bewegung.

Wattjes, J. G., *Moderne Architectuur*, Amsterdam 1927.
Diese photographische Übersicht über zeitgenössische Architektur aus der Nordhälfte Europas und aus den Vereinigten Staaten wird von kurzen Essays begleitet. Die Architektur von Chicago ist durch Bauten von Sullivan, Schmidt, Garden and Martin, Wright und anderen aus der Zeit zwischen 1903 und den zwanziger Jahren vertreten.

Frank Lloyd Wright

Wight, Peter B., ›Additions to Chicago's Skyline: A Few Recent Skyscrapers‹, *Architectural Record* 28, Juli 1910, S. 15-24.
Wight, ein Chicagoer Architekt und ein produktiver Autor zu architektonischen Fragen, äußert sich in diesem Artikel zum damaligen Wettstreit um das höchste Gebäude in New York und Chicago und zur Forderung einiger Kritiker nach Höhenbeschränkungen für Wolkenkratzer. Zahlreiche bedeutende Wolkenkratzer Chicagoer Architekten werden angesprochen, unter anderem von Holabird and Roche die neue City Hall, das LaSalle Hotel und das McCormick Building, das Peoples Gas Company Building von D. H. Burnham and Co. und das Steger Building von Marshall and Fox.

Wijdeveld, Hendrik Theodore, *The Life Work of the American Architect Frank Lloyd Wright*, Santpoort, Holland 1925.
Wie mit dem berühmten Buch *Ausgeführte Bauten und Entwürfe von Frank Lloyd Wright* von 1911 Wrights Werk den Architekten in Berlin und Deutschland vorgestellt wurde, so führte diese Monographie des niederländischen Architekten Wijdeveld Wrights Bauten einem breiten niederländischen Publikum vor Augen. Das Buch basiert teilweise auf Artikeln über Wright, die Wijdeveld seit den frühen zwanziger Jahren in seiner Zeitschrift *Wendingen* veröffentlicht hatte.

Wohler, Gerhard, ›Das Hochhaus im Wettbewerb der Chicago Tribune‹, *Deutsche Bauzeitung* 58, 1924, S. 325 ff.
Dieser wichtige Artikel erörtert und illustriert Wettbewerbsbeiträge von führenden Architekten aus 23 Ländern. Von insgesamt 263 Beiträgen wurden 135 von amerikanischen Architekten eingereicht. Die meisten ausländischen Wettbewerbsbeiträge kamen aus Deutschland; Wohler sieht darin den Ausdruck

des ausgeprägten Interesses der deutschen Architekten an der amerikanischen Architektur, insbesondere an der von Chicago.

Woltersdorf, Arthur (Hrsg.), *Living Architecture*, Chicago 1930.
Eine Sammlung von Essays aus der Feder Chicagoer Architekten wie Schmidt, Zimmerman, Pond, Holabird und Woltersdorf zu Themen wie Hochhäuser, Hochschulanlagen, Opernhäuser in Europa und Amerika, Filmtheater, Krankenhäuser, Chicagoer Kirchen oder Ziegelarchitektur. Einen weiteren Aspekt stellen die Zusammenhänge zwischen der europäischen Architektur und der von Chicago dar. Zum Beispiel wird das städtische Opernhaus von Chicago mit den Plänen für das Staatstheater in Stuttgart verglichen. Zu den weiteren wichtigen Gebäuden in Chicago, die besprochen werden, zählen das Shedd Aquarium, das Palmolive Building, die Kapelle der University of Chicago und die berühmten Hochhausgruppen an der Michigan Avenue und am Chicago River. Auch Eliel Saarinens mit dem zweiten Preis ausgezeichneter Entwurf für das Bürohochhaus der Chicago Tribune wird gewürdigt.

Wright, Frank Lloyd, *An Autobiography*, London und New York 1932.
Zwar hatte Wright schon in seinem frühen Essay ›The Art and Craft of the Machine‹ von 1901 die Bedeutung angesprochen, die Europa und insbesondere William Morris für ihn hatten, doch äußerte er sich erst in seiner Autobiographie, die die fünfziger Jahre hindurch zahlreiche Neuauflagen erfuhr, zu seinem – trotz seiner Abneigung gegen die Pariser Kultur und seiner Liebe zur deutschen Literatur und Musik – frühen Interesse an Viollet-le-Duc. Insbesondere gibt das Buch einen Einblick in die Atmosphäre seiner frühen Jahre in Chicago, als er für Adler and Sullivan arbeitete.

Yerbury, Francis R., *Modern Dutch Buildings*, New York 1931.
Dieser Band besteht hauptsächlich aus Photographien von Beispielen für die moderne niederländische Architektur von Baunders, Berlage, Dudok, Kramer, de Klerk und anderen Anhängern der modernen Bewegung. Außerdem enthält er einen Essay, in dem Wright wie auch Baillie-Scott, Voysey und Mackintosh ein nachhaltiger Einfluß auf die Praxis und Theorie der modernen niederländischen Architektur zugesprochen wird.

Teil II Spätere Quellen

Andrew, David, *Louis Sullivan and the Polemics of Modern Architecture*, Urbana und Chicago 1985.

Andrews, Wayne, *Architecture in Chicago and Mid-America*, New York 1968.

Bach, Ira J. (Hrsg.), *Chicago's Famous Buildings*, 3. Aufl. Chicago 1980.

Block, Jean F., *Hyde Park Houses*, Chicago 1978.

– *The Uses of Gothic: Planning and Building the Campus of the University of Chicago, 1892-1932*, Chicago 1983.

Boris, Eileen, *Art and Labor: Ruskin, Morris, and the Craftsman Ideal in America*, Philadelphia 1986.

Brooks, H. Allen, *Writings on Wright: Selected Comment on Frank Lloyd Wright*, Cambridge, Mass. 1981.

– *The Prairie School: Frank Lloyd Wright and His Midwest Contemporaries*, Toronto 1972.

Bruegmann, Robert, Sarah Clark, Paul Florian, Douglas Stoher und Cynthia Weese, *A Guide to 150 Years of Chicago Architecture*, Chicago 1985.

Burg, David F., *Chicago's White City of 1893*, Lexington, Kentucky 1976.

Chappell, Sally Kitt, und Ann Van Zanten, *Barry Byrne. John Lloyd Wright. Architecture and Design*, Chicago 1982.

Charerbhak, Wichit, ›Architectural Criticism as Reflected in Publications on Chicago Commercial Architecture in the 1880s and 1890s‹, Phil. Diss., University of Michigan 1978.

Ciucci, Giorgio, Francesco Dal Co, Mario Manieri-Elia und Manfredo Tafuri, *The American City: From the Civil War to the New Deal*, ins Englische übersetzt von Barbara Luigia La Penta, Cambridge, Mass. 1979.

Cohen, Stuart, und Stanley Tigerman, *Chicago Architects*, Chicago 1976.

Condit, Carl W., *The Rise of the Skyscraper*, Chicago 1952.

– *The Chicago School of Architecture: A History of Commercial and Public Building in the Chicago Area, 1875-1925*, Chicago 1964.

– *Chicago, 1910-29: Buildings, Planning, and Urban Technology*, Chicago 1974.

Connors, Joseph, *The Robie House of Frank Lloyd Wright*, Chicago 1984.

Crawford, Alan, *C.R. Ashbee: Architect, Designer and Romantic Socialist*, New Haven, Conn. 1985.

Cummings, Kathleen R., *Architectural Records in Chicago*, Chicago 1981.

Darling, Sharon, *Chicago Metalsmiths*, Chicago 1977.

– *Chicago Ceramics and Glass: An Illustrated History from 1871-1933*, Chicago 1979.

– *Chicago Furniture: Art, Craft, and Industry, 1833-1983*, Chicago und New York 1984.

Duis, Perry, *Chicago: Creating New Traditions*, Chicago 1976.

Draper, Joan E., *Edward H. Bennett: Architect and City Planner, 1874-1954*, Chicago 1982.

Drury, John, *Old Chicago Houses*, Chicago 1941.

Eaton, Leonard K., *Landscape Artist in America: The Life and Work of Jens Jensen*, Chicago und London 1964.

– *American Architecture Come of Age: European Reaction to H.H. Richardson and Louis Sullivan*, Cambridge, Mass. 1972.

Gebhard, David, ›C.F.A. Voysey – To and From America‹, *Journal of the Society of Architectural Historians* 30, Dez. 1971, S. 304-12.

Geraniotis, Roula, ›German Architects in Nineteenth-Century Chicago‹, Phil. Diss., University of Illinois 1985.

Graf, Otto A., David Hanks und Jennifer Toher, *Frank Lloyd Wright: Architectural Drawings and Decorative Art*, London 1985.

Grube, Oswald, Peter C. Pran und Franz Schulze, *One Hundred Years of Architecture in Chicago*, rev. engl. Ausgabe, übersetzt von David Norris, Chicago 1976.

Hanks, David A., *The Decorative Designs of Frank Lloyd Wright*, New York 1979.

Hasbrouck, Wilbert R. (Hrsg.), *Chicago School: Architectural Essays from 1900 to 1909*, Park Forest, Ill. 1967.

– ›The Early Years of the Chicago Architectural Club‹, *Chicago Architectural Journal* 1, 1981, S. 7-14.

Hines, Thomas S., *Burnham of Chicago: Architect and Planner*, New York 1974.

Hitchcock, Henry-Russell jr., *In the Nature of Materials: The Buildings of Frank Lloyd Wright, 1887-1941*, New York 1942.

– *Wright's Influence Abroad*, New York 1940.

– ›American Influence Abroad‹, *The Rise of an American Architecture*, Edgar Kaufmann jr. (Hrsg.), New York 1970.

Hoffman, Donald, ›Chicago Architecture: The Other Side‹, *American Architecture: Innovation and Tradition*, David DeLong, Helen Searing und Robert A.M. Stern (Hrsg.), New York 1986.

– *The Architecture of John Wellborn Root*, Baltimore und London 1973.

– *Frank Lloyd Wright's Robie House*, New York 1984.

Johnson, Donald L., *The Architecture of Walter Burley Griffin*, South Melbourne, Australien 1977.

Karlowicz, Titus M., ›The Architecture of the World's Columbian Exposition‹, Phil. Diss., Northwestern University, Chicago 1965.

Kaufmann, Edgar jr., *An American Architecture: Frank Lloyd Wright*, New York 1955.

Kaufmann, Edgar jr. und Ben Raeburn (Hrsg.), *Frank Lloyd Wright: Writings and Buildings*, New York 1960; deutsche Ausgabe: *Frank Lloyd Wright: Schriften und Bauten*, München und Wien 1963.

Kief-Niederwohrmeier, Heide, *Frank Lloyd Wright und Europa: Architekturelemente, Naturverhältnis, Publikationen, Einflüsse*, Stuttgart 1983.

Koch, Robert, ›American Influence Abroad, 1886 and Later‹, *Journal of the Society of Architectural Historians* 18, Mai 1959, S. 66-69.

Kuhn, Gerald W., ›A History of the Financing of Commercial Structures in the Chicago Central Business District, 1868 to 1934‹, Phil. Diss., Indiana University 1969.

Lambourne, Lionel, *Utopian Craftsmen: The Arts and Crafts Movement from the Cotswolds to Chicago*, Salt Lake City, Utah 1980.

Landau, Sarah B., *P.B. Wight: Architect, Contractor, and Critic, 1838-1925*, Chicago 1981.

Lewis, Dudley, ›Evaluation of American Architecture by European Critics, 1875-1900‹, Phil. Diss., University of Wisconsin 1962.

– ›European Profile of American Architecture‹, *Journal of the Society of Architectural Historians* 37, 1978, S. 265-82.

Lewis, Julius, ›Henry Ives Cobb and the Chicago School‹, Phil. Diss., University of Chicago 1954.

Manson, Grant, *Frank Lloyd Wright to 1910*, New York 1958.

Mayer, Harold M. und Richard C. Wade, *Chicago: Growth of a Metropolis*, Chicago 1969.

Meehan, Patrick J. (Hrsg.), *The Master Architect. Conversations with Frank Lloyd Wright*, New York 1984.

Menocal, Narciso, *Architecture as Nature: The Transcendentalist Idea of Louis Sullivan*, Madison 1981.

Morrison, Hugh, *Louis Sullivan: Prophet of Modern Architecture*, New York 1935.

Nederlandse Architectuure 1880-1930: Americana, Amsterdam 1975.

Ochsner, Jeffrey K., *H. H. Richardson: Complete Architectural Works*, Cambridge, Mass. 1982.

O'Gorman, James F., ›The Marshall Field Wholesale Store: Materials Toward a Monograph‹, *Journal of the Society of Architectural Historians* 37, Okt. 1978, S. 175-94.

Peisch, Mark L., *The Chicago School of Architecture: Early Followers of Sullivan and Wright*, New York 1964.

Pfeiffer, Bruce B. (Hrsg.), *Frank Lloyd Wright: Letters to Architects*, Fresno 1984.

Posener, Julius, *Anfänge des Funktionalismus. Von Arts and Crafts zum Deutschen Werkbund*, Berlin 1964.

Prestiano, Robert V., ›»The Inland Architect«: A Study of the Contents, Influence, and Significance of Chicago's Major, Late Nineteenth Century Architectural Periodical‹, Phil. Diss., Northwestern University, Chicago 1973.

Randall, Frank A., *History of the Development of Building Construction in Chicago*, Urbana, Ill. 1949.

Reinink, A. W., ›American Influences on Late Nineteenth Century Architecture in the Netherlands‹, *Journal of the Society of Architectural Historians* 29, 1970, S. 163-74.

Robertson, Cheryl und Terence Marvel, *The Domestic Scene (1897-1927). George M. Niedecken, Interior Architect*, Milwaukee 1981.

Rudd, William J. (Hrsg.), *Historic American Buildings Survey: Chicago and Nearby Illinois Area*, Chicago 1966.

Schlereth, Thomas J., ›Solon Spencer Beman, 1853-1914: The Social History of a Midwest Architect‹, *Chicago Architectural Journal* 5, 1985, S. 8-31.

Scully, Vincent, *Frank Lloyd Wright*, New York 1960.

Smith, Norris K., *Frank Lloyd Wright: A Study in Architectural Content*, Englewood Cliffs, N.J. 1966.

Spencer, Brian A. und Victoria T. Hansen (Hrsg.), *The Prairie School Tradition*, Milwaukee 1979.

Sprague, Paul, *The Drawings of Louis Henry Sullivan*, Princeton 1979.

– ›The Origin of Balloon Framing‹, *Journal of the Society of Architectural Historians* 40, 4, Dez. 1981, S. 311-19.

Storrer, William S., *The Architecture of Frank Lloyd Wright*, 2. Aufl., Cambridge, Mass. 1978.

Sweeney, Robert L., *Frank Lloyd Wright: An Annotated Bibliography*, Los Angeles 1978.

Szarkowski, John, *The Idea of Louis Sullivan*, Minneapolis 1956.

Takayama, Masami (Hrsg.), ›The Chicago School of Architecture‹, *Process Architecture* 35, 1982.

Tigerman, Stanley (Hrsg.), *Chicago Tribune Tower Competition*, 2., rev. Aufl., New York 1981.

Tolzmann, Rainer H., ›Objective Architecture: American Influences in the Development of Modern German Architecture‹, Phil. Diss., University of Michigan 1975.

Tselos, Dimitri, ›Frank Lloyd Wright and World Architecture‹, *Journal of the Society of Architectural Historians* 28, März 1969, S. 58-72.

Turak, Theodore, *William Le Baron Jenney: A Pioneer of Modern Architecture*, Ann Arbor, Mich. 1986.

Twombly, Robert C., *Frank Lloyd Wright: His Life and His Architecture*, New York 1979.

– *Louis Sullivan and His Life*, New York 1986.

Van Leeuwen, Thomas A. P., ›The Skyward Trend of Thought: Some Ideas on the History of the Methodology of the Skyscraper‹, *American Architecture: Innovation and Tradition*, David DeLong, Helen Searing und Robert A. M. Stern (Hrsg.), New York 1985.

Van Zanten, David, *Walter Burley Griffin: Selected Designs*, Palos Park, Ill. 1970.

Weingarden, Lauren, ›Louis H. Sullivan's Metaphysics of Architecture (1885-1901): Sources and Correspondences with Symbolist Art Theories‹, Phil. Diss., University of Chicago 1981.

Wille, Lois, *Forever Open, Clear, and Free*, Chicago 1972.

de Wit, Wim (Hrsg.), *Louis Sullivan: The Function of Ornament*, New York 1986.

Wright, Frank Lloyd, *An American Architecture*, New York 1955.

Wright, Gwendolyn, *Moralism and the Moral Home: Domestic Architecture and Cultural Conflict in Chicago 1873-1913*, Chicago 1980.

Zukowsky, John, ›The Chicago Architectural Club, 1895-1940‹, *Chicago Architectural Journal* 2, 1982, S. 170-74.

Zukowsky, John, Sally Chappell und Robert Bruegmann, *The Plan of Chicago: 1909-1979*, Chicago 1979.

Zukowsky, John, Pauline Saliga und Rebecca Rubin, *Chicago Architects Design: A Century of Architectural Drawings from The Art Institute of Chicago*, Chicago 1982.

Zukowsky, John, David Van Zanten und Carol Herselle Krinsky, *Chicago and New York: Architectural Interactions*, Chicago 1984.

Register

Fettgedruckte Zahlen verweisen auf Seiten mit Abbildungen